UTB **8217**

Eine Arbeitsgemeinschaft der Verlage

Beltz Verlag Weinheim · Berlin · Basel
Böhlau Verlag Köln · Weimar · Wien
Wilhelm Fink Verlag München
A. Francke Verlag Tübingen und Basel
Paul Haupt Verlag Bern · Stuttgart · Wien
Verlag Leske + Budrich Opladen
Lucius & Lucius Verlagsgesellschaft Stuttgart
Mohr Siebeck Tübingen
C.F. Müller Verlag Heidelberg
Ernst Reinhardt Verlag München und Basel
Ferdinand Schöningh Verlag Paderborn · München · Wien · Zürich
Eugen Ulmer Verlag Stuttgart
UVK Verlagsgesellschaft Konstanz
Vandenhoeck & Ruprecht Göttingen
WUV Facultas · Wien

Harald Bathelt
Johannes Glückler

Wirtschafts-
geographie

Ökonomische Beziehungen
in räumlicher Perspektive

2., korrigierte Auflage

89 Abbildungen
16 Tabellen

Verlag Eugen Ulmer Stuttgart

Prof. Dr. rer. nat. Harald Bathelt, geb. 1960 in Berleburg. Professor an der Universität Marburg (Fachbereich Geographie).
Forschungsschwerpunkte: Wirtschaftsgeographie, Technologischer, wirtschaftlicher, gesellschaftlicher Wandel und Raumstruktur, Industrielle Clusterbildung, Standort- und Regionalanalyse, Angewandte Geostatistik.

Johannes Glückler, geb. 1973 in Fulda. Diplom-Geograph, Universität Frankfurt am Main (Institut für Wirtschafts- und Sozialgeographie).
Forschungsschwerpunkte: Wirtschaftsgeographie, Organisations- und Netzwerktheorien, Internationalisierung von Dienstleistungen, Raumkonzeptionen.

Bibliografische Informationen Der Deutschen Bibliothek
Die Deutsche Bibliothek verzeichnet diese Publikation in der Deutschen Nationalbibliografie; detaillierte bibliografische Daten sind im Internet über **http://dnb.ddb.de** abrufbar.

ISBN 3-8252-8217-1 (UTB)
ISBN 3-8001-2832-2 (Ulmer)

© 2002, 2003 Verlag Eugen Ulmer GmbH & Co.
Wollgrasweg 41, 70599 Stuttgart (Hohenheim)
E-Mail: info@ulmer.de   Internet: www.ulmer.de
Lektorat: Dr. Eckhard Jedicke, Dr. Nadja Kneissler
Printed in Germany
Satz und Repro: Laupp & Göbel, Nehren
Druck und Bindung: Friedr. Pustet, Regensburg

ISBN 3-8252-8217-1 (UTB-Bestellnummer)

Inhaltsverzeichnis

Vorwort zur 2. Auflage

Wirtschaftliche Prozesse sind stets an bestimmte Akteure wie z. B. Arbeitskräfte und Unternehmer oder an Akteurskollektive wie Unternehmen und formelle Institutionen geknüpft. All diese Akteure haben einen physischen Ort, so dass die von ihnen ausgehenden Prozesse des Handels, der arbeitsteiligen Produktion oder des kollektiven Lernens und Transfers von Wissen lokalisierbar sind. Häufig sind wirtschaftliche Aktivitäten in bestimmten Lokalitäten, Regionen oder Nationen stark konzentriert und wechselseitig mit anderen Aktivitäten in derselben Raumkategorie verknüpft. Sie werden dabei durch spezifische soziale, kulturelle, politische, technologische und wirtschaftliche Strukturen dieses Umfelds mit beeinflusst und wirken umgekehrt an der Gestaltung dieser Strukturen mit. Aus dieser Erkenntnis heraus haben sich in vielen Wissenschaften Strömungen wie die neue Institutionenökonomie, die *geographical economics*, der neue soziologische Institutionalismus oder die *new economic sociology* entwickelt, in denen Raumbezüge und regionale Zusammenhänge eine *renaissance* erfahren.

Ein wichtiges Ziel der Wirtschaftsgeographie ist es zu verstehen, warum ökonomische Prozesse in verschiedenen sozio-institutionellen Kontexten unterschiedlich organisiert sind, wieso es folglich zu beobachtbaren und messbaren sozio-ökonomischen Differenzierungen in räumlicher Perspektive kommt. Damit zusammen hängend stellt sich die Frage, wie Unternehmen auf unterschiedliche Weise in die lokalen, regionalen, nationalen oder supranationalen Entwicklungszusammenhänge eingebunden sind. Aufgabe der Wirtschaftsgeographie ist es insbesondere zu erklären, warum lokalisierte Ballungs- und Spezialisierungsprozesse bestimmter Wirtschaftssektoren einsetzen und wie sie ablaufen.

Angesichts der öffentlichen Debatte über Globalisierungsprozesse entsteht manchmal der Eindruck, das Lokale, Regionale und Nationale seien in der Auflösung begriffen und würden im Globalen untergehen. Aus diesem Grund sind territoriale Institutionen unterschiedlicher Maßstabsebenen und ihre Repräsentanten auf der Suche nach neuen Gestaltungsspielräumen, um nicht den globalen Umstrukturierungsprozessen ausgeliefert zu sein. Wir werden der schon von MARX & ENGELS (1848) geäußerten Einschätzung, nationale Produktionszusammenhänge würden im Zeitablauf vernichtet, entgegen treten und aufzeigen, dass Globalisierung nicht zu einer Entterritorialisierung führt. Die mit der Internationalisierung und Globalisierung verbundenen substanziellen Re-Skalierungen und Neuordnungen ökonomischer Strukturen und Beziehungen können sogar zu einer Stärkung lokal-regionaler Produktionszusammenhänge führen und neue Chancen für subnationale Entwicklungspfade eröffnen. Aus der Analyse der wirtschaftlichen und sozialen Prozesse heraus versuchen wir Ansatzpunkte dafür zu finden, wie regionale Wirtschaftsballungen und -spezialisierungen gefördert und deren sozio-institutionelle Einbettung in lokale Zusammenhänge gestärkt werden können.

Ein wichtiger Anlass für uns, dieses Buch zu schreiben, war die Unzufriedenheit mit vorhandenen Lehrbüchern, die nur einen Ausschnitt der von uns als wichtig erachteten wirtschaftsgeographischen Konzeptionen behandeln und die neueren Strömungen und Perspektiven der Wirtschaftsgeographie zumeist eher randlich oder gar nicht aufgreifen. Somit stellte sich für uns die Frage, wie sich die Wirtschaftsgeographie in ihrem Problem- und Lösungsverständnis anders ausrichten kann. Die Frage der zukünftigen Orientierung der Wirtschaftsgeographie stellt sich gegenwärtig auch international. Dabei illustriert die Debatte, die von AMIN & THRIFT (2000) angestoßen und in einem Themenheft der Zeitschrift *Antipode* in 2001 von renommierten Fachvertretern fortgeführt wurde, dass neben der neoklassischen Wirtschaftstheorie, die in der *geographical economics* aufgegriffen wird, auch organisationstheoretische, wirtschaftssoziologische, kulturwissenschaftliche, politisch-ökonomische und andere interdisziplinäre Ansätze das Verständnis ökonomischer Beziehungen und deren evolutionären Wandel nachhaltig bereichert haben.

Gegenwärtig steht die Wirtschaftsgeographie vor der Frage, welche Rolle sie als wissenschaftliche (Teil-)Disziplin zukünftig bei der Lösung gesellschaftlicher Probleme spielen kann und möchte. Dies gilt erst recht, als sie unseres Erachtens nach dringend einer Rekonzeptionalisierung und damit verbunden einer veränderten Perspektive und Methodik bedarf. Mit dem Argument der zweiten Transition plädieren wir in diesem Buch für eine stärker als bisher sozialwissenschaftlich orientierte Wirtschaftsgeographie, in der wir das Ökonomische und Soziale als gleichwertige, eng aufeinander bezogene Dimensionen zum Verständnis und zur Erklärung wirtschaftsgeographischer Phänomene ansehen. Ökonomische Prozesse sind stets auch soziale Prozesse. Wir weisen an vielen Stellen auf die Ko-Präsenz ökonomischer und sozialer Routinen hin, um das Ineinandergreifen des Ökonomischen und Sozialen zu verdeutlichen. Das Ökonomische ist streng genommen ein Ausschnitt des Sozialen (das heißt der auf andere Menschen bezogenen Phänomenalität) und von diesem nicht zu separieren. Wir betonen in unserer Argumentation die Gemeinsamkeit des Ökonomischen *und* Sozialen, weil in traditionellen Konzeptionen Handeln oftmals als rein ökonomisch gesteuert und intendiert betrachtet wird. In diesem Buch streben wir an, wichtige Leitlinien noch relativ junger wirtschafts- und sozialwissenschaftlicher Ansätze auszuformulieren und zu der Rahmenkonzeption einer relationalen Wirtschaftsgeographie zusammenzufügen. Ihr vorrangiges Ziel soll es sein, wirtschaftliche und soziale Prozesse aus einer spezifisch räumlichen Perspektive zu beschreiben, zu erklären und daraus Schlussfolgerungen für strategische, planerische und politische Aktivitäten von Akteuren in Unternehmen, Städten, Gemeinden und Regionen abzuleiten.

Das Buch ist als Lehrbuch konzipiert. Allerdings unterscheidet es sich von klassischen Lehrbüchern dadurch, dass es über die scheinbar neutrale Darstellung etablierter Theorien und anerkannten Wissens hinausgeht. Es dient nicht als Enzyklopädie, die ein statisches Gesamtbild der Disziplin zeichnet. Im Gegenteil: Wir führen einen konzeptionellen Diskurs wirtschaftsgeographischen Denkens mit dem Ziel, Studierende und Fachinteressierte aufgrund der Darlegung von Begriffen, Konzepten und deren Implikationen zu einem kritischen und grundlegenden Verständnis von Wirtschaftsgeographie anzuregen. Wir möchten den Übergang von einem raumwirtschaftlichen zu einem relationalen Denken kritisch und konzeptionell erarbeiten, indem wir nicht nur einfach verschiedene Konzepte einander gegenüber stellen oder einen abrupten Bruch mit etablierten Ansätzen herbei führen. Vielmehr stellen wir im zweiten Teil des Buchs zunächst ausführlich die traditionellen Ansätze dar, um durch kritische Diskussion ihrer Perspektiven und Begrenzungen die Ziele und Arbeitsmethoden der Wirtschaftsgeographie in ein weiter entwickeltes Arbeitsprogramm zu integrieren. Diesen Übergang werden wir als zweite Transition der Wirtschaftsgeographie formulieren und in einer neuen Perspektive im dritten Teil des Buchs entwickeln. Unser Vorgehen beruht auf der Überzeugung, Denkfiguren so zu dekonstruieren, dass der interessierte junge Leser ebenso wie der etablierte Akademiker ein Angebot erfährt, Kritik und neue Konzepte nachzuvollziehen, um möglicherweise mit TOULMIN (1972) „aus guten Gründen" zu neuen Perspektiven zu finden. Dieses Lehrbuch betont letztlich weniger das Wissen als vor allem das kritische Denken.

So wenig die Konzeptionen der relationalen Wirtschaftsgeographie bisher ein geschlossenes Theoriegebäude darstellen, so wenig erheben wir in diesem Buch den Anspruch auf Vollständigkeit. Es gibt wichtige Themenbereiche, die wir aus Zeit- oder aus Platzgründen – oder einfach, weil wir meinten, für unser Argument darauf verzichten zu können – nicht mit berücksichtigt haben. Zudem ist dies in erster Linie ein konzeptionelles Buch, das nicht anstrebt, den Stand der empirischen Forschung auf breiter Ebene genau wiederzugeben.

Das Buch ist multiperspektivisch gedacht und führt Disziplin übergreifende Einflüsse zusammen. Es richtet sich deshalb an ein breites wissenschaftliches Publikum, bestehend aus Geographen, Ökonomen sowie Politik- und Sozialwissenschaftlern, deren übergeordnetes Interesse es ist, ökonomische und soziale Prozesse aus räumlicher Perspektive zu untersuchen. Zudem richten wir uns an alle Unternehmer, Planer, Politiker und sonstige Interessenten aus der Praxis, die sich bereits transdisziplinär mit den räumlichen Wirkungen wirtschaftlicher Prozesse beschäftigen und hierfür einen konzeptionellen Rahmen suchen. Hauptzielgruppe unseres Buchs sind aber die Studierenden der verschiedenen Fachrichtungen, die einen breiten und Disziplin übergreifenden Handlungsrahmen suchen, wenn sie eine räumliche Perspektive auf Wirtschaft und Gesellschaft anwenden.

Wir schätzen uns glücklich, in enormer Weise von Anregungen in unzähligen Gesprächen, Diskussionen und Kritikansätzen profitiert zu haben. Besonders wichtig waren in dieser Entwicklung Gordon L. Clark, Meric S. Gertler, Ernst Giese, Alfred Hecht, Günter Löffler, Stefanie Lowey, Josef Nipper, Gerald Romsa, Eike W. Schamp, Leslie Sklair und Benno Werlen. Zudem haben wir im Rahmen unserer Tätigkeit an der Justus-Liebig-Universität in Gießen, der Wilfrid Laurier University in Waterloo (Kanada), der Julius-Maximilians-Universität in Würzburg, der London School of Economics and Political Science (Großbritannien) und der Johann Wolfgang Goethe-Universität in Frankfurt am Main seit Ende der 1980er Jahre vielfältige Erfahrungen sammeln können und Anregungen durch Studentinnen und Studenten sowie Kolleginnen und Kollegen an den betreffenden geographischen Instituten erhalten, die in die Konzeption dieses Buchs eingegangen sind. Für wertvolle kritische Hinweise zu einzelnen Kapiteln besonders dankbar sind wir Gerhard Bahrenberg, Hans Elsasser, Ernst Giese, Gernot Grabher, Ilse Helbrecht, Frank Kobiela, Ute Wardenga, Benno Werlen und Guido Zakrzewski. Des weiteren gebührt unser Dank Katrin B. Anacker, Kai Bunke, Heiner Depner, Katrin Griebel, Caroline Jentsch, Elke Lerch und Bernd Rentmeister für ihre unverzichtbare, superbe Mithilfe bei der Erarbeitung und Korrektur des Manuskripts, Ömer Alpaslan und Ulrich Himmelsbach für ihr umfassendes Engagement bei der Erstellung der Grafiken sowie Eckhard Jedicke und Nadja Kneissler für die konstruktive Verlagsbetreuung. Von unschätzbarer Bedeutung war für uns die stets motivierende Unterstützung und offene Kritik durch unsere Partnerinnen Clare L. S. Wiseman und Katrin Ullrich, die für dieses Projekt zudem etliche Entbehrungen auf sich nehmen mussten. Ihnen möchten wir dieses Buch widmen.

Wir bedanken uns herzlich für die regen Rückmeldungen und Kommentare, die wir von unseren Leserinnen und Lesern erhalten haben. Einen Teil der Vorschläge konnten wir in dieser korrigierten Auflage bereits berücksichtigen, um Fehler und Ungereimtheiten zu verbessern. Deshalb möchten wir unsere Leserinnen und Leser bitten, uns auch weiterhin Verbesserungsvorschläge mitzuteilen.

Marburg und Frankfurt am Main, im Sommer 2003

Harald Bathelt und Johannes Glückler

Teil I

Wirtschaftsgeographische Grundperspektiven

Ein illustratives Beispiel zum Auftakt

Unternehmen sind unterschiedlich erfolgreich. Wenn die Unternehmen einer Region *RegioTopia* ein hohes Wachstum erzielen, in zwei anderen Regionen *RegioCopia* und *RegioNova* hingegen schrumpfen, entstehen räumliche Disparitäten. Um diese räumlichen Entwicklungsunterschiede auszugleichen, können staatliche und private Institutionen eine Förderpolitik verfolgen, die Unternehmensansiedlungen und -neugründungen unterstützt. Aber woran sollen die Regionen *RegioCopia* und *RegioNova* ihre Förderpolitik orientieren?

Vorher. *RegioCopia* entsendet zunächst eine Expertengruppe in die erfolgreiche Nachbarregion *RegioTopia*, um die Wirtschaftsstruktur zu untersuchen. Dort gibt es große Universitäten, ein modernes Verkehrsnetz, niedrige Steuern und Lohnkosten, verfügbares Investitionskapital sowie einen hohen Anteil von Managern und hochqualifiziertem Personal. Auch wird die Lebensqualität der Bewohner als sehr hoch eingeschätzt. Aufgrund dieser Analyse kommt die Expertengruppe zu dem Ergebnis, dass die Unternehmen in *RegioCopia* mit den gleichen Faktoren versorgt werden müssen wie in *RegioTopia*, um einen ähnlichen Anstieg der Betriebsgründungen und Innovationsaktivitäten der Unternehmen zu erreichen. Nur wenn die Rahmenbedingungen der erfolgreichen Region auch in *RegioCopia* hergestellt sind, wird diese, so die Expertengruppe, Erfolg haben. Aus diesem Grund beschließt *RegioCopia* die Einrichtung eines Gründerzentrums, um neuen Unternehmen genau diese Bedingungen zu bieten [...]

RegioNova hat ebenfalls schlechte Voraussetzungen für wirtschaftliches Wachstum. Sie liegt abseits der großen Ballungsräume an der Peripherie, ist dünn besiedelt und nur wenige Industrien haben sich hier niedergelassen. Ein kleine Universität hat sich in elektronischer und elektrotechnischer Forschung einen Namen gemacht, so dass der Region zumindest junge Studenten für die Zeit ihrer Ausbildung zuwandern. Darüber hinaus verfügt die Region über keine besonderen Ressourcen. Sie liegt in einer kargen Berglandschaft, die nicht einmal Touristen anzieht. Die lokale Regierung sieht sich machtlos und entwickelt keine konkreten Förderkonzepte. Unternehmen scheinen in *RegioNova* nicht die nötigen Faktoren zu finden, die sie für eine Standortansiedlung benötigen [...]

Nachher. [...] Inzwischen hat *RegioCopia* Millionen von Fördergeldern in die Errichtung eines Gründerzentrums investiert und zahllose Kooperationen mit Investoren begründet, die große Mengen an Risikokapital bereit halten. Das Gründerzentrum besitzt eine gute technische Infrastruktur und hält preiswerte Flächen für Existenzgründer vor. Darüber hinaus hat die Wirtschaftsförderungsgesellschaft eine massive Anwerbungspolitik gegenüber Unternehmen aus anderen Regionen betrieben. Doch die Politik zeigt keine Wirkung. Etwa 70% der Unternehmen des Gründerzentrums haben schon früher in der Region existiert und weitere 10% der Betriebe arbeiten in neuen Zweigen bereits bestehender Unternehmen. Außerdem sind noch zahlreiche Flächen des Zentrums ungenutzt. Auch die wenigen neu angesiedelten Unternehmen haben keine lokalen Verflechtungen mit Zulieferern, Dienstleistern oder dem Arbeitsmarkt aufgenommen. Obwohl *RegioCopia* mit Erfolgsfaktoren ausgestattet wurde, hat sich die Gründungsquote kaum verändert. [...] In *RegioNova* haben sich einige Hochschulabsolventen mit einer Idee selbständig gemacht. In den Labors der Universität haben sie an Experimenten mit Elektronikkomponenten teilgenommen und entwickeln nun in Zusammenarbeit mit ihrem Institut EDV-Anwendungen. Ein Unternehmen in der Umgebung findet Interesse an der Idee und bietet seine Mitwirkung bei der Weiterentwicklung an. Nach wenigen Monaten gelangt das Produkt auf den Markt und findet reißenden Absatz. Das schnelle Wachstum des jungen Betriebs wird durch junge, flexible Mitarbeiter aus der Region getragen. Ihr Erfolg spricht sich herum und Studenten, die bei ihnen ausgeholfen haben, gründen partnerschaftlich eigene Existenzen. Die Produkte der wachsenden Anzahl von *start-up*-Unternehmen sind miteinander verbunden, so dass die Mitarbeiter der Unternehmen sich in ständigen Austausch- und Lernprozessen befinden. Es herrscht eine hohe Fluktuation der Arbeitsplätze mit kurzen Verweildauern der Mitarbeiter in den einzelnen Betrieben. Die Zahl der Arbeitsplätze steigt kontinuierlich an und es werden ständig neue, innovative Produkte im Bereich der Hard- und Software entwickelt. *RegioNova* wird zu einem Innovationszentrum und zieht Talente aus anderen Regionen an.

Wieso? Aus der Entwicklung der Region *RegioNova* kann man keineswegs ableiten, dass eine gute Idee alleine bereits ausreicht, um Unternehmen einer Region oder gar die ganze Region erfolgreich zu machen. Ferner lässt sich auch nicht schlussfolgern, dass eine regionalpolitische Förderung eigentlich überflüssig sei, weil sich der Erfolg ohnehin von selbst einstellen würde. Nein, aus der Entwicklung von *RegioNova* kann man vor allem lernen, dass sich der Erfolg nicht aus Strukturfaktoren und Rahmenbedingungen erklärt, sondern dass konkrete Ideen, Initiativen und gemeinsame Lern- und Arbeitsprozesse aufeinander aufbauen und so das Wachstum von Grund auf ermöglichen.

Aber warum war die Förderung in *RegioCopia* so erfolglos? Es wurden Faktoren aus einer erfolgreichen Region nachgeahmt und nachgebildet. Die Förderpolitik wurde in einer Analyse begründet, die vermutlich selbst schon an den eigentlichen Ursachen vorbei zielte und die daher keine großen Erfolgsaussichten hatte. Eine derartige Förderpolitik setzt mit ihrem theoretischen Verständnis bei Rahmenbedingungen an und ignoriert die spezifischen ökonomischen und sozialen Motive und Prozesse. Selbst wenn Kapital und Infrastruktur gegeben sind, so hängt der wirtschaftliche Erfolg von Unternehmen und langfristig auch der von Regionen immer davon ab, was Akteure und Akteurskollektive durch ihre Handlungen aus diesen Möglichkeiten machen.

1 Wirtschaftsgeographie im Wandel: Das Argument der zweiten Transition

Die zahlreichen Konzepte aus der Geographie sowie den Wirtschafts- und Sozial-wissenschaften, die in diesem Lehrbuch entwickelt werden, folgen einem umfassen-den konzeptionellen Rahmen. Im ersten Kapitel legen wir die zentralen Argumente einer relationalen Sichtweise in der Wirtschaftsgeographie dar und unterscheiden ihre Grund-perspektive von traditionellen wirtschaftsgeographischen Denkweisen. Hierzu werden neben der Bedeutung von Kontextualität, Pfadabhängigkeit und Kontingenz die Ionen Organisation, Evolution, Interaktion und Innovation hervor gehoben. Damit soll ein fundiertes Verständnis der einzelnen Ansätze in einem größeren theoretischen Rahmen ermöglicht werden. Auch wenn die Ausführungen ein gewisses disziplintheoretisches und wissenschaftliches Vorverständnis voraussetzen, sollten die ungeübte Leserin und der ungeübte Leser trotz eventuell noch bestehender Unklarheiten dieses Kapitel nutzen, um die Ziele und Grundüberlegungen der Wirtschaftsgeographie kennen zu lernen. Das Kapitel wirft bereits viele Fragen auf, die die verbleibenden Kapitel des Buchs schritt-weise zu beantworten suchen. Das Kapitel kann wahlweise auch zu einem späteren Zeit-punkt gelesen werden. Die notwendigen Verweise dazu finden sich im Text.

1.1 Geographie im Paradigmenwechsel

Die Wirtschaftsgeographie steht wie andere Teil-Geographien in der Tradition geographischer Forschung. Die Beobachtungen und Theorien, die Wirtschaftsgeographen formulieren, sind stets geprägt von deren Fach- und Wissenschaftsverständnis. Wenngleich sich die Perspektiven einer Disziplin nicht sprunghaft ändern und sich meist auch nicht exakt datieren lassen, so ist es dennoch möglich, unterschiedliche Auffassungen, Methoden, Interessen und Vorgehensweisen hervorzuheben und von anderen argumentativ abzugrenzen. Auch die Theoriegeschichte der Wirtschaftsgeographie, so ein Argument dieses Buchs, kann einer solchen Unterscheidung unterzogen werden. Sie wird für sinnvoll erachtet, um einen kontextbewussten Zugang zu den Voraussetzungen und Inhalten ihrer Behauptungen zu erlangen und damit gleichsam eine differenzierte Kritik zu ermöglichen. Daher wird zunächst kurz das Konzept des Paradigmas vorgestellt und anschließend eine stark vereinfachte, von der Forschergemeinschaft weitgehend anerkannte Unterscheidung der drei großen Paradigmen wissenschaftlicher Geographie skizziert. Um unsere Argumentation in Bezug auf die Paradigmen und Paradigmenwechsel in der Geographie und in der Wirtschaftsgeographie klar herauszuarbeiten, werden wir uns gezielt auf zentrale Aussagen ausgewählter Ansätze konzentrieren und andere nur verkürzt oder gar nicht darstellen. Dies hat vor allem didaktische Gründe.

Richtung weisend für die Konzeption der Wissenschaftspraxis in Form von Paradigmen ist die Arbeit von KUHN (1962) über die Struktur wissenschaftlicher Revolutionen, die als Kritik an der Idee eines linearen, kumulativen Erkenntnisfortschritts populär geworden ist. Ein **Paradigma** kann danach definiert werden als eine Menge von wissenschaftlichen Leistungen, die ähnlichen Regeln hinsichtlich ihrer theoretischen Perspektiven, Basisbegriffe, Erklärungsansätze und Methoden unterliegen (HARVEY 1969, Kap. 2). Ein Paradigma beschreibt eine sozial geteilte Forschungstradition, die Wissenschaftlern etabliertes Schulwissen bereitstellt (KUHN 1962). Dabei strukturiert ein Paradigma nicht etwa nur Lösungsansätze, sondern gibt implizit in seinen Regeln auch die schulmäßigen Forschungsprobleme bzw. „Rätsel" vor. Klassisches Beispiel eines

herausragenden Paradigmas in den Naturwissenschaften ist die NEWTON'sche Physik, in der die kosmischen Kräfte in einem unveränderlichen, absoluten Raum angenommen werden. Im Gegensatz dazu setzte sich Anfang des 20. Jahrhunderts die Relativitätstheorie EINSTEINS durch, in der Raum und Zeit nicht mehr absolut, sondern als veränderliche, relative Größen gesehen werden.

Die Phasen, in denen sich die praktische Forschung paradigmatisch vollzieht, gelten als Phasen normaler Wissenschaft. Dem stehen die wissenschaftlichen Revolutionen gegenüber, die bestehende Regelzusammenhänge durch neue Regeln, Bezüge und Begriffe ersetzen (CHALMERS 1976). So erschütterte beispielsweise die Formulierung des kopernikanischen Weltbilds das grundlegende Verständnis des Kosmos. Die Erde wird darin nicht mehr als im Mittelpunkt der Welt stehend angesehen, sondern ist nur noch dezentraler Teil eines unendlich großen Universums. Das Selbstverständnis der Menschheit, religiöse Postulate sowie astronomische und physikalische Regeln und Interpretationsschemata wurden dadurch „revolutioniert".

Unterschiedliche Paradigmen können hinsichtlich ihrer Forschungsperspektiven so weit auseinander liegen, dass keine gemeinsame Kommunikation über den Sachzusammenhang mehr möglich ist. Solche Paradigmen nennt man inkommensurabel. Die Probleme und Lösungen der einen Perspektive sind dann nicht mehr in der Sprache der anderen zu formulieren. Insofern können inkommensurable Paradigmen einander nicht widerlegen und auch nicht zu einem linearen Erkenntnisfortschritt beitragen. Die Idee der Inkommensurabilität ist allerdings nicht unumstritten. So argumentiert TOULMIN (1972), dass neue Paradigmen sehr wohl in einen argumentativen Diskurs mit alten Paradigmen treten können und dass Vertreter eines alten nicht zufällig, sondern wohl begründet einen **Paradigmenwechsel** zu einem neuen Paradigma vollziehen. Die Dynamik wissenschaftlichen Denkens muss daher weder linear-kumulativ noch revolutionsartig geschehen. Vielmehr können wissenschaftliche Programme in Dialog treten, Perspektiven verhandeln und dabei gleichzeitig fortbestehen.

Die paradigmatischen Möglichkeiten der Wirtschaftsgeographie kreisen, ebenso wie die der Geographie überhaupt, um das Verhältnis von bestimmten Gegenstandsbereichen zum Raum. In der Wirtschaftsgeographie gilt es, eine spezifische Perspektive auf die Beziehung von ökonomischen Phänomenen zum Raum als Forschungsinteresse einzunehmen. Gerade die Auffassung des Begriffs Raum sowie der Beziehung von Raum und Wirtschaft ist aber unterschiedlich konzipierbar und in der Entwicklung des Fachs tatsächlich auch verschieden definiert worden. Hier liegt der Ursprung für die Formulierung unterschiedlicher Paradigmen (wirtschafts-)geographischer Forschungsprogramme. Wir unterscheiden im Folgenden die Paradigmen der Länderkunde, der Raumwissenschaft und einer sozialtheoretisch revidierten Geographie, die fachhistorisch aufeinander folgen, heute jedoch zum Teil parallel weiter existieren (GLÜCKLER 1999).

Die Details eines wissenschaftshistorischen Diskurses sowie individueller Konzepte werden in einer paradigmatischen Perspektive bewusst vernachlässigt, um stattdessen die Charakteristika einer weitgehend geteilten Grundperspektive oder einer fachspezifischen Weltsicht zu identifizieren. Paradigmen sind daher nicht unbedingt als solche historisch eindeutig identifizierbar, sondern sie sind ein Produkt des Wissenschaftsdiskurses. Sie werden zumeist erst im Nachhinein konstruiert, um von einer Weltsicht Abstand zu nehmen, die zuvor nicht einmal notwendigerweise bewusst reflektiert wurde (WARDENGA 1996). In diesem Sinne ist unsere Unterteilung der Geographie in Paradigmen ebenfalls eine Konstruktion, die wir vornehmen, um für den Übergang zu einer neuen Grundperspektive zu plädieren. Paradigmen sind keineswegs wahre Geschichte, sondern rückwärtige Konstruktionen grundlegender Anschauungen und Überzeugungen.

Im Kontext dieser Perspektive zielt dieses Buch darauf, aus einer umfassenden Kritik des Paradigmas raumwirtschaftlichen Denkens neue Positionen zu verhandeln und Argumente für eine veränderte Grundperspektive anzubieten. Die von uns in ersten Ansätzen vorgezeichnete Rekonzeptionalisierung der Wirtschaftsgeographie schließt traditionelle Positionen nicht aus. Vielmehr schlagen wir eine Transition des raumwirtschaftlichen Ansatzes in Richtung einer stärker sozialwissenschaftlich informierten Rahmenkonzeption vor. Es handelt sich hierbei nicht um eine lineare Erweiterung traditioneller Konzepte, sondern um eine Fortentwicklung, die mit einer veränderten Grundperspektive verbunden ist.

1.1.1 Die Ursprünge wissenschaftlicher Geographie: Länder- und Landschaftskunde

Die Geographie hielt als wissenschaftliches Fach erst im letzten Drittel des 19. Jahrhunderts und damit im Vergleich zu anderen Disziplinen relativ spät Einzug in die Hochschule (WARDENGA 1989). Den Ausgangspunkt der wissenschaftlichen Geographie markiert die **Länder- und Landschaftskunde**. Befruchtet durch die Tradition der großen Entdeckungen und der Kolonialisierung der Erdteile seit dem späten 15. Jahrhundert befriedigten Geographen als Erdbeschreiber (Geo = Erde und graphein = schreiben, malen, einritzen) ein gesellschaftliches Bedürfnis nach Entdeckung und Kenntnis ferner Erdregionen und Kulturen. Aus der Tradition dieses Wissensbedürfnisses und aus dem tief greifenden gesellschaftlichen und politischen Diskurs um den Nationalstaat im 19. Jahrhundert begründete HETTNER (1927) in einer Auseinandersetzung mit der Geschichte des Fachs und der Philosophie das Programm der wissenschaftlichen Länderkunde, das später erweitert, systematisiert und vor allem auch reinterpretiert und modifiziert wurde. Aufgabe der Geographie ist es demnach, die Welt gemäß ihrer Einteilung in „natürlich" begrenzte Länder zu gliedern (HETTNER 1927, IV. Buch; WERLEN 1995c) und in ihrer gesamten Komplexität zu beschreiben. Dabei hat der Landbegriff zunächst noch keine feste räumliche Größenordnung, sondern kann sich auf die ganze Erdoberfläche, Kontinente oder einzelne Orte beziehen. Erst später wird er zusehends auf nationalstaatliche Territorien angewendet.

Das **länderkundliche Schema** verleiht dem Verständnis Ausdruck, dass ein Land als Gesamtheit aller in ihm vorkommenden Phänomene das höchste Erkenntnisziel darstellt (WEIGT 1961). Demnach sind Beschreibungskategorien wie Klima, Boden und Vegetation ebenso bedeutsam wie Bevölkerung, Siedlungen, Kultur, Religion und letztlich die Wirtschaft. Sie lassen sich als Schichten im Gesamtaufbau eines Landes denken und zunächst einzeln beschreiben. Die einzelnen Schichten, später als Geofaktoren bezeichnet, bilden in ihrer jeweiligen Einzelbetrachtung die Grundlage der allgemeinen Geographie (UHLIG 1970). Auch die Wirtschaftsgeographie ist in dieser Konzeption nur eine einzelne Disziplin im System der allgemeinen Geographie. Die Untersuchung der Geofaktoren ist der erste, manchmal

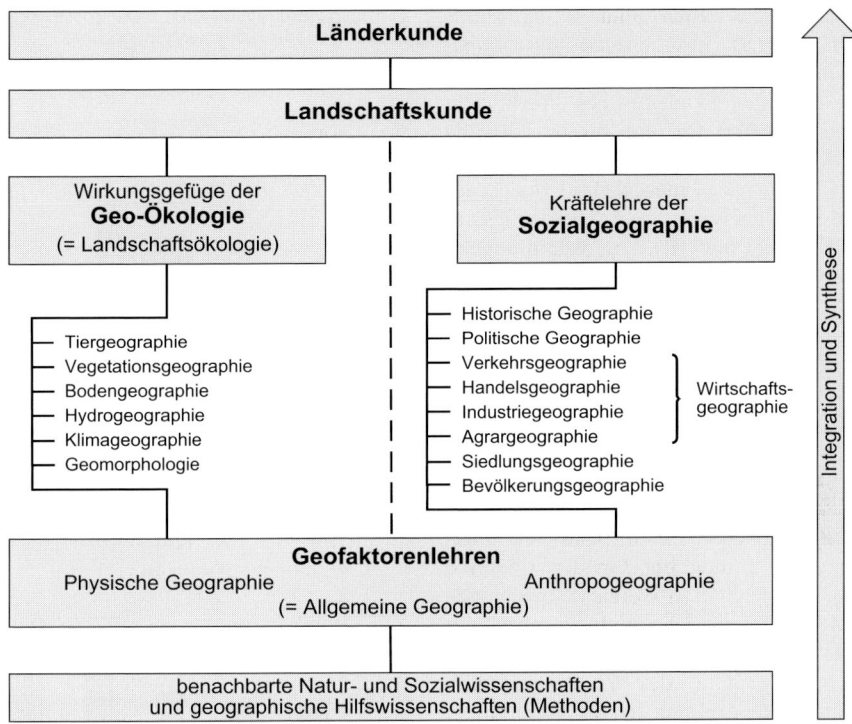

Abb. 1: Organisationsplan der länder- und landschaftskundlichen Geographie (Quelle: nach UHLIG 1970, S. 28)

sogar als propädeutisch bzw. vorwissenschaftlich
bezeichnete Schritt, aus dem das komplexe Wirkungsgefüge der Landschaft erschlossen wird
(→ Abb. 1). Die später formulierte Landschaftskunde verfolgt demgegenüber das Ziel, in der
vergleichenden Betrachtung der Erdoberfläche
aufgrund des Wirkungsgefüges einander ähnliche
Landschaften in Gattungen zu ordnen (BOBEK &
SCHMITHÜSEN 1949).

Höchstes Ziel der Länderkunde ist es, über die
landschaftstypischen Wirkungszusammenhänge
hinaus alle Schichten der Landschaft so zu integrieren, dass ein ganzheitliches Verständnis des
Landes – gleichsam dessen Totalcharakter – erschlossen wird. Diese Zusammenschau aller
Schichten gleicht einer Sicht von oben auf über-
einander gelegte Folien, die nun alle Einzel-
elemente gemeinsam zum Vorschein bringt. Im
Gegensatz zur Landschaftskunde gilt die Länderkunde als idiographisch, d. h. sie begreift einen
Erdausschnitt nicht als Raumtyp, sondern als ein-
maliges Raumindividuum mit einem einzigartigen Schicksal. Die idiographische und syntheti-
sche Zusammenschau der Erdoberfläche zu Län-

dern genießt in der Länder- und Landschaftskunde allerhöchste Priorität und steht an der Spitze
einer hierarchisch gedachten Konzeption der
Geographie, wie sie noch 1970 von UHLIG (1970)
vorgestellt wurde (→ Abb. 1).

Wissenschaftshistorisch ist es wichtig hervorzuheben, dass dieser Organisationsplan nicht
etwa den systematischen Ursprung, sondern das
Ergebnis eines fast hundertjährigen Prozesses
fortschreitender Konzeption, Kritik und Rekon-
zeption des Geographieverständnisses darstellt.
Der Organisationsplan von UHLIG (1970) spiegelt
daher nicht präzise die HETTNER'sche Idee der
Länderkunde wider, sondern veranschaulicht die
Grundperspektive wissenschaftlicher Geographie, wie sie aus dem länderkundlichen Diskurs
zahlreicher Autoren über mehrere Generationen
hervorgegangen ist. Das daraus erwachsene Geo-
graphieverständnis erlangte bis zur Mitte des
20. Jahrhunderts große Bedeutung. Aus der Betrachtung der Anzahl von Publikationen, die den
Begriff Landschaft im Titel tragen, wird die
sprunghaft zunehmende Verbreitung der Länder-
und Landschaftskunde deutlich (→ Abb. 2). Die
große Verbreitung des Begriffs impliziert dabei
auch eine zunehmende Differenzierung und Hete-
rogenisierung der dabei verwendeten Konzepte,

so z. B. des Länder- und Landschaftskonzepts (WEIGT 1961; UHLIG 1970), wie dies für jede paradigmatische Denkströmung typisch ist. Selbst HETTNERS gesamtes akademisches Werk steht nicht widerspruchsfrei für eine einzige Fassung der Länderkunde (WARDENGA 1996) und ist im Verlauf des Diskurses in mancherlei Hinsicht reduziert und sogar missverstanden worden (WARDENGA 1995, Teil I und III). Die Vereinfachung der paradigmatischen Sicht hebt vor allem darauf ab, dass sich länder- und landschaftskundliche Konzepte stets im raumzentrierten, naturalistischen und beschreibenden Denken bewegt haben und nur vereinzelt, nicht aber systematisch darüber hinaus gingen.

Die Entwicklung der Publikationen mit dem Titelbegriff Landschaft macht außerdem deutlich, dass die Entwicklung eines Paradigmas wie der Länder- und Landschaftskunde nicht nur innerhalb des Faches begründet liegt, sondern oft durch allgemeine gesellschaftliche Denkströmungen mit bedingt wird. So lässt sich eine Zunahme des Landschaftsbewusstseins nicht nur in der wissenschaftlichen Geographie (→ Abb. 2a), sondern auch in anderen Disziplinen für die erste Hälfte des 20. Jahrhunderts nachweisen (→ Abb. 2b). Mit dem Beginn der methodologischen Revolution setzte jedoch seit den 1940er Jahren eine zunehmende Kritik am länderkundlichen Denken ein (HARD 1973, 2. Teil).

1.1.2 Die methodologische Revolution: Geographie als Raumwissenschaft

Der Deutsche Geographentag in Kiel versammelte 1969 von Seiten der Studenten, Assistenten und einiger Hochschullehrer eine umfassende Kritik des länderkundlichen Programms (MECKELEIN & BORCHERDT 1970, S. 191–232): Es wurde als wissenschaftstheoretisch unfundiert, beschreibend statt erklärend, holistisch und naturalisierend charakterisiert. Sein Ziel sei nicht die Erklärung von Zusammenhängen, sondern die unkritische, ganzheitliche Beschreibung natürlicher Totalregionen (BARTELS 1968b; 1988; SEDLACEK 1978). Kurz zuvor hatte BARTELS (1968a) die Grundlage einer neuen wissenschaftlichen Geographie formuliert, in der er die analytische Erklärung der reinen Beschreibung entgegen setzte, das naturalisierende Konzept des Raums als Landschaft durch das Konzept des Raums als geometrisches Gebilde ersetzte und es als Ziel erklärte, Geographie als **chorologische Wissen-**

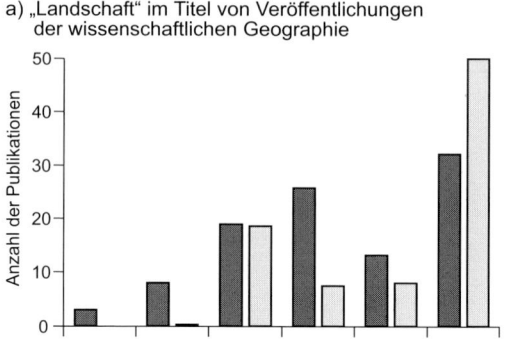

a) „Landschaft" im Titel von Veröffentlichungen der wissenschaftlichen Geographie

■ Monografien   □ Dissertationen

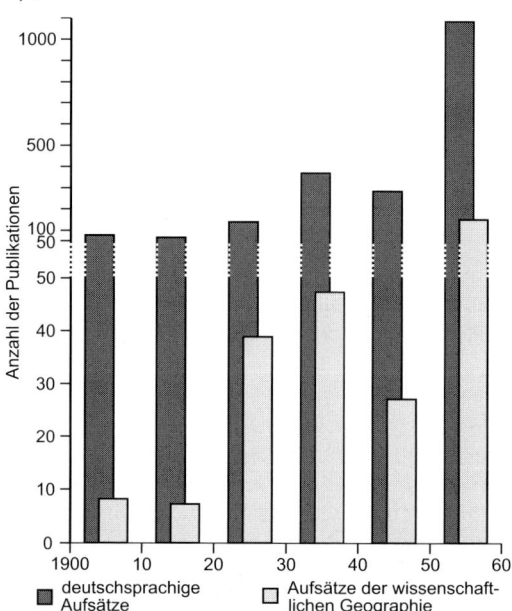

b) „Landschaft" im Titel von Aufsätzen

■ deutschsprachige Aufsätze   □ Aufsätze der wissenschaftlichen Geographie

Abb. 2: Veröffentlichungen mit dem Begriff „Landschaft" im Titel 1900 bis 1960 (Quelle: verändert nach HARD 1969, S. 253 ff.)

schaft, als Wissenschaft des Raums zu begründen (BAHRENBERG 1972; BARTELS 1970b). Regionen wurden von nun an nicht mehr als natürlich vorgegeben, sondern als analytisch bestimmbar zur Bearbeitung spezifischer Problemstellungen angesehen. Nicht mehr Landschaften und Länder wurden beschrieben, sondern räumliche Verteilungen und Verflechtungen von Phänomenen erfasst und auf der Grundlage von Raumgesetzen zu erklären versucht (BARTELS 1968b; 1970c; 1988).

Abb. 3: Vernetzte Problemforschung in der Geographie (Quelle: nach HAGGETT 1991, S. 750)

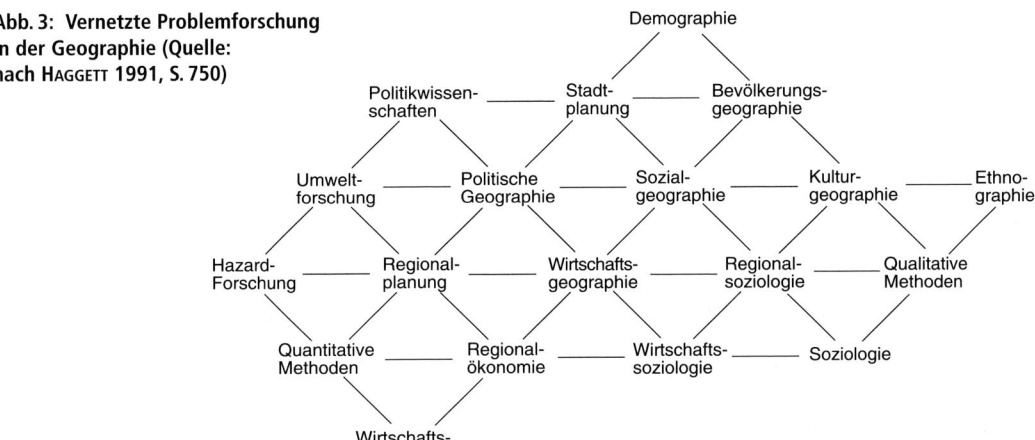

Das hierarchische Gefüge geographischer Teildisziplinen unter einer allgemeinen Länder- und Landschaftskunde wurde aufgegeben durch ein Konzept vernetzter Problembereiche, die wechselseitig Methoden und Theorien aufeinander und voneinander beziehen (HAGGETT 1991, Kap. 24). Die in diesem Ansatz durchgeführte Verknüpfung ausgewählter Forschungsfelder ist durch den gezielten Einbezug von Theorien und Methoden benachbarter Forschungsfelder zur Bestimmung und Erklärung spezifischer Probleme gekennzeichnet. Daher ist die Darstellung in Abb. 3 in zweierlei Hinsicht selektiv: Erstens repräsentiert sie eine sozialwissenschaftliche Perspektive auf geographisches Forschen. Eine naturwissenschaftliche Perspektive würde analog Theorien und Methoden naturwissenschaftlicher Forschungsfelder vernetzen und in den Mittelpunkt stellen. Zweitens setzt sie Forschungsfelder in einer relativen Weise in Beziehung zueinander. Die Verknüpfungen können entsprechend auch anders notwendig sein. Denn im Unterschied zur hierarchischen und synthetischen Sicht der Geographie in der Länder- und Landschaftskunde folgt die Beziehung zwischen den Arbeitsbereichen in diesem auf gesetzesartiger Erklärung beruhenden, deduktiv-nomologischen Konzept keiner äußeren, unveränderlichen Logik. Das jeweilige, vom Forscher definierte Problem bildet die Grundlage für die spezifische Verknüpfung der Arbeitsfelder, aus denen Theorien und Methoden entliehen werden.

Die Wirtschaftsgeographie nimmt im **raumwissenschaftlichen Paradigma** die Rolle einer Problemforschung ein, die es zum Ziel hat, Raumgesetze für ökonomische Strukturen und Prozesse zu formulieren, d. h. Erklärungen von Standortstrukturen, Handelsbewegungen und räumlichen Konzentrationen von Unternehmen auf der Grundlage räumlicher Parameter zu entwickeln. Das Ergebnis dieser paradigmatischen Zielsetzung in der Wirtschaftsgeographie wird im Folgenden als Raumwirtschaftslehre bezeichnet (SCHÄTZL 1998, Kap. 1). Insgesamt stellt die raumwissenschaftliche Geographie eine methodologische Revolution dar, in der differenzierte analytische Verfahren etwa der Regionalisierung (→ Kap. 2.1) und deduktiven Erklärung von Zusammenhängen entwickelt worden sind (WERLEN 1997, Kap. 2).

1.1.3 Die (sozial-)theoretische Revolution: Geographie als Akteurswissenschaft

In den 1980er Jahren etablierte sich ein stärker sozialtheoretisch orientiertes Bewusstsein, das zuvor zwar in Ansätzen vorhanden (z. B. HARTKE 1956), nicht aber dominant war und welches das raumwissenschaftliche Programm einer umfassenden Kritik unterzog. In der wissenschaftstheoretischen Revolution der Raumwissenschaft erkannten viele Autoren vor allem eine methodisch-instrumentelle Revolution der Verfahren, nicht aber der zentralen Konzepte von Raum und dem Verhältnis von Raum und Gegenstand. Wenngleich Raum nicht mehr als natürliche Landschaft angesehen wurde, so doch als Erklärungsfaktor für soziale und wirtschaftliche Phänomene. Räumliche Distanz operiert in diesem Ansatz als Ordnungskraft menschlicher Entscheidungen und determiniert im Rahmen universeller Raumgesetze das Handeln. Dem Ansatz folgend kann jede Wissenschaft zum Gegenstand raumwissenschaftlicher Forschungen werden, wenn die Distanz als Erklärungsgröße für Verteilungen und Austauschbeziehungen herangezogen wird.

Empirisch und theoretisch lassen sich ökonomische und soziale Prozesse und Strukturen hingegen nicht als entfernungsdeterminiert nachweisen. Soziale Tatbestände werden dadurch auf den Raum reduziert und gleichsam Theorie frei behandelt. Stattdessen sind Distanzen das Ergebnis von inhaltlichen Zusammenhängen jeweiliger ökonomischer oder sozialer Problembereiche, nicht aber deren Ursache. Aus dieser Inversion der Kausalrichtung lässt sich die Kritik an der Raumwissenschaft zusammenfassen (GLÜCKLER 2002): Physisch-geometrische Distanzen sind Randbedingungen und Ergebnisse von sozialen und ökonomischen Prozessen, nicht aber deren Ausgangspunkte. Über die soziale oder ökonomische Bedeutung des Physischen lässt sich aus dem Physischen allein nichts aussagen (HARD 1973, 2. Teil; 1993; WERLEN 1995a; 1997, Kap. 2; 2000, Kap. 9). Die Ursachen räumlicher Verteilungen liegen in den Theorien der Gegenstandsbereiche, so dass über geographische Phänomene geographie-extern nach Lösungen zu suchen ist (BAHRENBERG 1987). Während Regionalisierungs-, Begrenzungs- und Definitionsverfahren methodologisch modernisiert worden sind, bleibt das Paradigma einem vor-modernen Raumverständnis sowie einem vor-modernen Verständnis der Raum-Gesellschafts-Beziehung verhaftet. WERLEN beurteilt das raumwissenschaftliche Programm daher als Revolution einer halbierten Modernisierung (WERLEN 1997, S. 61).

Das Programm der **sozialtheoretisch revidierten Geographie** eröffnet demgegenüber eine neue Perspektive auf den Gegenstandsbereich. Durch die Inversion der Verursachungsrichtung bestimmen nunmehr das Soziale und Ökonomische die räumliche Struktur und nicht umgekehrt. Dadurch rücken die Akteure – die Individuen oder Organisationen – in den Mittelpunkt und ihr Handeln wird als Ursache für Strukturen anerkannt (WERLEN 1988; SEDLACEK & WERLEN 1998). Diese Einsicht öffnet den Rahmen für eine Repositionierung der sozialwissenschaftlichen Geographie hin zum Handeln des Menschen (WEICHHART 1986; WERLEN 1987; 1995b).

Neben der Kritik des Raumverständnisses vollzieht sich ferner eine Kritik der wissenschaftstheoretischen Auffassung. Da das Handeln menschlicher Akteure nicht gesetzesartig beschrieben werden kann, wird auch das *de facto* präsente Ziel deterministischer Theoriebildung aufgegeben. Stattdessen gilt das Prinzip der Kontingenz, durch das der Kontextabhängigkeit stärkeres Gewicht beigemessen wird (SAYER 2000, Kap. 1; GLÜCKLER 1999, Kap. 6). In der Wirtschaftsgeographie äußert sich dieser Wandel von Theorie und Methodologie in einer Fokussierung auf Unternehmen und deren Entscheidungsträger und nicht auf Regionen und Raumeinheiten als Akteure. Unternehmensziele und Beziehungen zwischen Unternehmen rücken dabei in den Mittelpunkt der Betrachtung und die Forschung bedient sich ökonomischer und sozialer Theorien, um den Gegenstandsbereich des ökonomischen Handelns und ökonomischer Beziehungen aus räumlicher Perspektive zu untersuchen.

1.1.4 Die Evolution der Paradigmen im Zeichen der Moderne

Der im Folgenden dargestellte **Modernisierungsdiskurs** ermöglicht es, unterschiedliche Sichtweisen des Zusammenhangs von Raum und Gesellschaft historisch nachvollziehen zu können. In Anlehnung an den britischen Sozialtheoretiker GIDDENS (1997) lässt sich zwischen einer traditionellen bzw. vor-modernen und einer modernen Epoche der gesellschaftlichen Entwicklung unterscheiden (WERLEN 2000, Kap. 3). Dabei sind drei interdependente, wechselseitig von einander abhängige Prozesse ausschlaggebend für die Veränderung des Verhältnisses von Raum, Zeit und Gesellschaft:

(1) **Trennung von Raum und Zeit.** Durch die Moderne hat eine Trennung von Raum und Zeit stattgefunden. Im Unterschied zur traditionellen Gesellschaft ist es in der modernen Gesellschaft nicht mehr notwendig, Güter zum Zeitpunkt ihrer Entstehung und am Ort ihrer Erzeugung zu konsumieren. Man kann sie tauschen, über längere Zeiträume aufbewahren oder in andere Räume verkaufen. Personen sind damit zur Befriedigung ihrer Bedürfnisse nicht auf diejenigen Güter angewiesen, die zu einem bestimmten Zeitpunkt an den Orten hergestellt werden, an denen sie sich aufhalten, sondern sie können Produkte von anderen Orten und Produkte, die zu früheren Zeitpunkten hergestellt worden sind, konsumieren. Wichtige Bedingung hierfür sind neu entwickelte Technologien wie z. B. der Kühlschrank zur Frischhaltung von Agrarprodukten oder der Bau

neuer Straßen- und Schienensysteme zum Transport von Gütern.

(2) **Entbettung der sozialen Systeme.** Zugleich hat die Moderne zu einer Entbettung der sozialen Systeme geführt. Darunter versteht GIDDENS (1997, Kap. 1) das Herauslösen sozialer Aktivitäten aus ihren lokalen Kontexten. In der modernen Gesellschaft ist es normal, Produkte zu konsumieren, die in anderen Teilen der Welt unter nicht nachvollziehbaren Bedingungen produziert werden. Durch dieses Herauslösen aus dem unmittelbaren lokalen Aktivitätsraum übt man, ohne es zu wissen, durch die in Konsumhandlungen zum Ausdruck kommenden Präferenzen Einfluss auf Produktionsweisen und Gesellschaften aus, die sich in entfernten Teilen der Welt befinden. Vertrauen in symbolische Zeichen wie etwa Geld und Uhrzeit und Vertrauen in Expertensysteme sind notwendige Voraussetzung für den Prozess der Entbettung sozialer Systeme. Eine zentrale Voraussetzung zum Tausch ist, dass Geld überall als Gegenwert akzeptiert wird. Vertrauen in Expertensysteme bedeutet, dass man sich darauf verlässt, dass Experten existieren, die Technologien wie etwa Autos und Flugzeuge so beherrschen, dass man diese mit begrenztem Risiko für die eigene Gesundheit und ohne spezifische technische Kenntnisse benutzen kann.

(3) **Reflexivität gesellschaftlicher Beziehungen.** Mit der Moderne hat sich eine systematische Reflexivität menschlicher Verhaltensweisen durchgesetzt. Die Aneignung von Wissen erfolgt über Reflexivität. Es findet eine ständige Hinterfragung und Überprüfung aller durchgeführten Aktionen statt, um durch Lernprozesse systematisch neues, verbessertes Wissen zu erzielen. Mit der Moderne und im Unterschied zur traditionellen Gesellschaft wird dieses neue Wissen unmittelbar in zukünftige Aktionen umgesetzt.

Aus Sicht der Moderne erscheint es daher korrekt, eine Abhängigkeit von Raum und Gesellschaft in der vor-modernen Gesellschaft zu behaupten. Handeln erscheint sehr stark von räumlichen Bedingungen bestimmt und ermöglicht die Abfassung von Raumtheorien. Durch die Trennung von Raum und Zeit wird jedoch deutlich, dass eine theoretische Abhängigkeit zwischen Mensch und Raum nicht besteht. Während sie in der Vor-Moderne noch zu richtigen Beobachtungen führen kann, lassen sich in der Moderne keine zuverlässigen Aussagen mehr aus dem Raum auf das Gesellschaftliche ableiten (z. B. HARD 1993). Der in der Raumwissenschaft angenommene Zusammenhang zwischen sozio-ökonomischen Strukturen und räumlichen Eigenschaften beschreibt damit nur eine scheinbare sachliche Verknüpfung. Der Prozess der Modernisierung verdeutlicht, dass soziale Entbettung aus räumlichen Kontexten nur aus dem Sozialen, nicht aber aus dem Räumlichen erklärt werden kann (WERLEN 1997, Kap. 2; 1998b). Der historische Übergang von der traditionellen zur modernen Gesellschaft kann als Verständnisgrundlage dafür dienen, warum die Raumwissenschaft einer wachsenden Kritik ausgesetzt und von einer sozialtheoretisch revidierten Geographie abgelöst worden ist.

1.2 Wirtschaftsgeographie im Paradigmenwechsel

Ähnlich wie für die gesamte Disziplin der Geographie kann eine paradigmatische Perspektive auch auf die Wirtschaftsgeographie eröffnet werden, um grundlegende programmatische Denkmuster oder *mind maps* zu unterscheiden. Dabei lassen sich die Grundfiguren der Länder- und Landschaftskunde, der Raumwissenschaft und einer akteursperspektivischen Geographie in den wirtschaftsgeographischen Ansätzen wieder identifizieren. Mit einem veränderten Verständnis von Raum und der Beziehung von Raum und Forschungsgegenstand verändern sich die Programme und Grundpositionen (WERLEN 1997, Kap. 2; 1998b). Hinsichtlich der wirtschaftsgeographischen Denkschulen muss neben den unterschiedlichen Auffassungen über das Raum-Gesellschafts-Verhältnis hinaus ein Wandel des Menschenbildes des ökonomisch Handelnden berücksichtigt werden.

1.2.1 Wandel des Menschenbildes

Konzepte des menschlichen Handelns können in einem Kontinuum zwischen zwei extremen Polen gedacht werden. Wenn menschliches Handeln als notwendige Reaktion auf gegebene Reize gedacht wird, gilt der Mensch in seinen Aktionen als determiniert. Da seinem Handeln keine Wahlfreiheit zugrunde liegt, spricht man hierbei von einem **deterministischen Menschenbild.** Umgekehrt besteht das andere Extrem darin, Handeln als vollkommen unbestimmt und frei zu betrachten. Ein Akteur besitzt dann zu jeder Zeit vollständige

Abb. 4: Menschenbilder des ökonomisch Handelnden (Quelle: BERRY et al. 1987, S. 33)

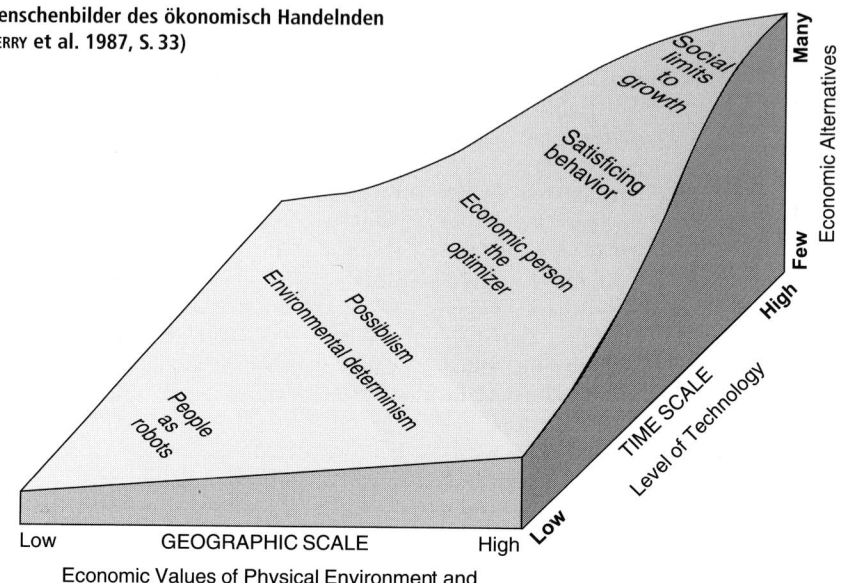

Handlungsfreiheit unabhängig von den Rahmenbedingungen seines Handelns. Da dem Menschen in dieser Sichtweise keine Schranken zu entstehen scheinen, spricht man von dieser Position als **Voluntarismus**. Beide Extreme erscheinen in der Realität unangemessen zu sein, jedoch erleichtern sie die Einordnung und das Verständnis von den Menschenbildern, die wissenschaftlichen Theorien implizit oder explizit zugrunde liegen. In der Tat eignet sich dieses Schema dazu, das sich wandelnde Verständnis des menschlichen Handelns (→ Abb. 4) in der Entwicklung der Wirtschaftsgeographie nachzuzeichnen (BERRY et al. 1987, Kap. 2).

In der länderkundlichen Geographie wurde menschliches Verhalten im 19. Jahrhundert zunächst als maßgeblich durch die Umwelt bedingt angesehen. Natürliche Bedingungen wie Bodenschätze, physische Barrieren und klimatische Beschränkungen wurden in ihrer Wirkung auf den Menschen in den Mittelpunkt gestellt. Diesem Determinismus stellte VIDAL DE LA BLACHE später den **Possibilismus** als ein Verständnis gegenüber, das die Wirkungen der Natur auf den Menschen als wahrscheinlich, nicht aber als selbstverständlich begriff und somit die Umweltabhängigkeit menschlichen Handelns abschwächte (WERLEN 2000, Kap. 4).

In der ökonomischen Theorie dominiert das Bild des **homo oeconomicus**, der nicht von seiner Umwelt bestimmt wird. Der *homo oeconomicus*

bindet die Umwelt in Form von Randbedingungen in ein Entscheidungsmodell ein, das auf vollständiger Rationalität im Verhalten und vollständigen Informationen über alle Umweltzustände basiert. Zu den Prinzipien des Wirtschaftens des *homo oeconomicus* gehört es, mit gegebenen Mitteln den größtmöglichen Erfolg zu erzielen oder einen vorgegebenen Erfolg mit möglichst geringen Mitteln zu erwirtschaften. Dabei wird Nutzen- bzw. Gewinnmaximierung oder Kostenminimierung angestrebt. Der *homo oeconomicus* ist das vorherrschende Bild des ökonomisch Handelnden in der Raumwirtschaftslehre (RICHARDSON 1978, Kap. 3; BERRY et al. 1987, Kap. 8). Er ist besonders in der industriellen Standortlehre präsent, in der versucht wird, Standortentscheidungen durch rationales Verhalten zu erklären (ISARD 1956).

Die Verhaltensannahme des *homo oeconomicus* wird von verschiedenen Seiten kritisiert. In der **Informationsökonomie** wird die Annahme bemängelt, die Entscheidungsträger verfügten über vollständige Information. Dem werden Konzepte mit ungleicher, asymmetrischer Informationsverteilung gegenüber gestellt (ENDRES 2000, Kap. 1 und 7):

(1) *Unvollständige Information.* Eine Situation mit unvollständiger Information liegt vor, wenn ein Entscheidungsträger nur unzureichend über die Eigenschaften eines Vertragspartners oder seiner Produkte informiert ist.

(2) *Unvollkommene Information.* Sie beschreibt eine Situation, in der ein Akteur nach Abschluss eines Vertrags bei dessen Ausführung noch über Handlungsspielräume verfügt, in die sein Gegenüber keinen Einblick hat oder die er nicht beurteilen kann.

Derartige Informationsasymmetrien setzen den besser informierten Partner der Versuchung aus, sich betrügerisch, d. h. opportunistisch zu verhalten, wie dies beispielsweise in der neuen Institutionenökonomik berücksichtigt wird (WILLIAMSON 1985, Kap. 2).

In **verhaltenswissenschaftlichen Ansätzen** wird das Bild des *homo oeconomicus* ebenfalls als unrealistisch dargestellt. Konzepte der beschränkten Rationalität (*bounded rationality*) nehmen deshalb eine geringere Informiertheit sowie eine geringere Kapazität der Informationsverarbeitung der Entscheidungsträger an. Das *satisficer*-Konzept geht davon aus, dass Personen nicht unbedingt ihre Gewinne zu maximieren suchen (SCHAMP 1983). Sie mögen aus einer Menge von Alternativen diejenige wählen, die ein zufrieden stellendes Ergebnis erbringt, das mit anderen nicht-ökonomischen Zielen möglichst kompatibel ist (UCHATIUS 2000). Sie stellen bewusst Gewinnmaximierung hinter andere Ziele zurück und präferieren eine Anspruchsniveau orientierte Zielsetzung. In der experimentellen Wirtschaftsforschung ist auf der Grundlage wirklichkeitsnaher Entscheidungsspiele demonstriert worden, dass individuell gewinnmaximales Handeln ein keineswegs dominantes Verhalten ist. Stattdessen tendieren Personen vielmehr dazu, ihr Handeln unter Einbezug sozialer Regeln auf andere Personen abzustimmen (FEHR & GÄCHTER 1998) und reziproke, d. h. auf Gegenseitigkeit beruhende Austauschbeziehungen zu entwickeln (→ Kap. 5.2). WOLPERT (1964) hat in einer Studie über die landwirtschaftliche Produktion in Schweden schon frühzeitig festgestellt, dass die tatsächlichen Landnutzungsformen nicht mit dem Ziel der Gewinnmaximierung in Einklang stehen. Die Verfolgung einer Anspruchsniveau orientierten Zielsetzung soll im Folgenden als **intendiertes** *satisficer*-**Verhalten** bezeichnet werden.

Davon zu unterscheiden ist nicht-intendiertes *satisficer*-Verhalten, wie es etwa in der *hazard*-Forschung beschrieben wird. In der *hazard*-Forschung wird untersucht, wie Risiken und Chancen von Menschen wahrgenommen werden und wie diese Wahrnehmungen Entscheidungen beeinflussen (z. B. MITCHELL et al. 1989; BOHLE 1994). Hieraus haben sich die Forschungsfelder *risk perception*, *risk analysis* und *risk management* entwickelt (z. B. SLOVIC 1987; OTWAY 1992). In der *satisficer*-Sicht sind Informationsflüsse und die Fähigkeit Informationen zu nutzen wichtige Aspekte, um raumbezogene Entscheidungen zu verstehen. Dementsprechend werden **nicht-intendierte** *satisficer* als Akteure verstanden, die zwar Gewinnmaximierung anstreben, diese aber wegen unvollständiger Informationen nicht erreichen können.

In der **Phänomenologie**, einer Erkenntnisperspektive, die Realität in ihrer subjektiv wahrgenommenen Phänomenalität begreift, wird das Bild des *homo oeconomicus* ebenfalls abgelehnt. Hier wird stattdessen die Bedeutung der Erfahrungswelt von Individuen auf ihr Verhalten und ihre Entscheidungen betont (SCHÜTZ 1932; HARD 1973, 2. Teil). So entwickeln Personen aus ihren sozialen Interaktionen im räumlichen Kontext so genannte *mental maps* (SAARINEN 1976; DOWNS & STEA 1982). In diesen *mental maps* spiegelt sich wider, welche Plätze im Rahmen täglicher sozialer Interaktionen besonders häufig aufgesucht werden, welche Wege hierbei zurückgelegt werden und welche Plätze und Wege demgegenüber gemieden werden. Diese gelebte Welt beeinflusst raumrelevante Entscheidungen.

In der **Evolutionsökonomie** wird davon ausgegangen, dass Entscheidungen, die heute getroffen werden, immer auch von Vergangenheitsentscheidungen abhängen und von diesen geprägt werden. Im Zeitablauf definieren aufeinander folgende Entscheidungen so genannte Entwicklungspfade oder Trajektorien (DOSI 1982; 1988). Diese bieten immer wieder neue Entscheidungsmöglichkeiten, sind aber dadurch gekennzeichnet, dass vergangene Entscheidungen nicht ohne weiteres umkehrbar sind. Die Vorstellung von Entwicklungspfaden impliziert, dass zu einem bestimmten Zeitpunkt nur innerhalb der bestehenden Möglichkeiten ein bestmögliches Ergebnis, aber nicht notwendigerweise ein absolutes Gewinnmaximum erzielt werden kann. Dies ist darauf zurückzuführen, dass in der Vergangenheit Entscheidungen suboptimal verlaufen sind und nicht mehr rückgängig gemacht werden können. Das Ergebnis – eine nicht-gewinnmaximale Lösung – entspricht dem des intendierten *satisficer*-Konzepts, obwohl Gewinnmaximierung nach wie vor verfolgt wird.

1.2.2 Wirtschaftsgeographie in der Länderkunde

Gemäß dem Ordnungsplan der länder- und landschaftskundlichen Geographie nach UHLIG (1970) nimmt die Wirtschaftsgeographie den Status einer Geofaktorenlehre ein, deren primäre Aufgabe es ist, regional erworbenes Wissen in der synthetischen Gesamtschau komplexer Landschaften und Länder bereitzustellen. Wirtschaftsgeographische Forschung bezieht sich im Wesentlichen auf die Indexierung von Wirtschaftsaktivitäten in bestimmten, meist als natürlich angenommenen Landschaften oder Ländern und verbleibt dabei empirisch weitgehend deskriptiv. Da die Aufgabe der Wirtschaftsgeographie vorwiegend in der Erfassung der Folgen wirtschaftlicher Tätigkeit für die Raumstruktur gesehen wird (WAGNER 1981, S. 183), bleiben die Zusammenhänge und Mechanismen ökonomischer Aktivitäten unterbeleuchtet. Diese Aufgabenteilung zwischen Wirtschaftswissenschaften und Wirtschaftsgeographie illustriert die hierarchische Integration der Teildisziplin unter dem Primat der länder- und landschaftskundlichen Geographie.

Das vergegenständlichte Konzept des Raums im länderkundlichen Paradigma schlägt sich im Forschungsgegenstand der Wirtschaftsgeographie nieder. Zentrales Forschungsobjekt ist – in je unterschiedlichen Stadien des Paradigmas – zuerst die Wirtschaftslandschaft (LÜTGENS 1921), dann die Wirtschaftsformation (WAIBEL 1933c) und schließlich der Wirtschaftsraum (KRAUSS 1933) mit zahlreichen darauf folgenden Modifikationen (OTREMBA 1969; VOPPEL 1970). Die zentrale Gemeinsamkeit dieser Konzepte besteht darin, dass nicht das Handeln ökonomischer Akteure, sondern die lokalisierten Handlungsergebnisse in zusammenhängenden Räumen im Mittelpunkt der Betrachtung stehen (WAGNER 1981, S. 19): „Der Wirtschaftsraum ist [...] das zentrale Forschungsobjekt der Wirtschaftsgeographie." Es gilt als Leitziel, die räumliche Ordnung der Wirtschaft in Wirtschaftsräumen zu erfassen und abzugrenzen. Dies zeigt sich deutlich im Aufbau älterer Lehrbücher (z. B. BARTLING 1926) und findet noch heute Niederschlag in Schulbüchern der Geographie, die allerdings zunehmend problemzentriert aufgebaut sind (z. B. VOLKMANN 1997; ALLKÄMPER et al. 1998).

Da das länder- und landschaftskundliche Denken in verschiedenen Ausprägungen parallel zu den anderen Paradigmen noch fortbesteht, müsste

abgesehen von den hier aufgeführten Grundmerkmalen der Wirtschaftsgeographie die spezifische historische Entwicklung der Länderkunde differenzierter gewürdigt werden. So zeigen sich bei WAGNER (1998) und VOPPEL (1999) nach wie vor länderkundliche Ansatzpunkte, die aber von dynamischen und sozialwissenschaftlich beeinflussten Perspektiven überlagert werden. Jedoch ist die Grundkonzeption der Länder- und Landschaftskunde mit ihrer idiographisch-deskriptiven Methode und ihrer Vergegenständlichung von Raum als Forschungsgegenstand unvereinbar mit einer relationalen Wirtschaftsgeographie. Dies soll nicht darüber hinweg täuschen, dass detailliertes Wissen über regionales Wirtschaftsgeschehen und lokale ökonomische Rahmenbedingungen ein wertvolles gesellschaftliches Gut ist. Ausdruck dessen sind die nach wie vor zahlreichen wirtschaftsgeographischen Länderkunden und Reiseführer (z. B. LUTZ 1980; LENZ 1988; HOFMEISTER 1997; BOAL & ROYLE 1999; HOFMEISTER & LUTZ 1999; LAMPING 1999; 2000). So hat BAHRENBERG (1995) für eine nachfrageorientierte und adressatenspezifische Funktion der **Länderkunde als Expertensystem** plädiert, um territoriumsbezogenes Wissen als gesellschaftliche und politische Dienstleistung in Entscheidungs- und Bildungsprozesse einbringen zu können. Der Versuch von WIRTH (1978) hingegen, ein länderkundliches Forschungsprogramm wissenschaftstheoretisch zu verankern, wird von BAHRENBERG (1979) als gescheitert angesehen.

1.2.3 Raumwirtschaftslehre

Nur zögerd hat sich die Wirtschaftsgeographie in der ersten Hälfte dieses Jahrhunderts von der beschreibenden Ebene des länder- und landschaftskundlichen Schemas zu modelltheoretischen und konzeptionellen Fragestellungen hin entwickelt, die das Ziel der Verallgemeinerung haben. Wichtige Anstöße in der Wirtschaftsgeographie stammen hierbei von Theorien, die in den Nachbarwissenschaften entwickelt wurden, insbesondere in der Ökonomie. Erst Mitte der 1980er Jahre haben auch sozialwissenschaftliche Ansätze verstärkt Einzug in die Wirtschaftsgeographie gehalten. Historisch wichtige Anstöße erhielt die Wirtschaftsgeographie durch die Arbeiten von WEBER (1909) zur industriellen Standortlehre und v. THÜNEN (1875) mit der für den Agrarsektor konzipierten Landnutzungstheorie sowie durch CHRISTALLER (1933) und LÖSCH

(1944) mit ihren Untersuchungen über hierarchische Systeme zentraler Orte und Marktnetze. Wichtige programmatische Anregungen kamen in den 1950er Jahren aus den USA von ISARD (1956; 1960), der die *regional science* als Wissenschaft der räumlichen Ordnung und Organisation der Wirtschaft begründete. Die *regional science* ist stark an ökonomischen Theorien und Modellen orientiert. Durch die Einbeziehung des Raums – zumeist als Kostenfaktor – wurden ökonomische Theorien in die Geographie integriert. Damit entstand eine neue Basis für wirtschaftsgeographische Arbeiten. Es wurden formale Raummodelle entwickelt und allgemeine raumbezogene Zusammenhänge getestet. Insbesondere v. BÖVENTER (1962; 1995) übertrug den Ansatz der *regional science* in seine Raumwirtschaftslehre. Aus der *regional science* ist letztlich auch der von SCHÄTZL (1998, S. 17f.) vertretene **raumwirtschaftliche Ansatz der Wirtschaftsgeographie** hervorgegangen:

„[...] Wirtschaftsgeographie [lässt sich] definieren als die Wissenschaft von der räumlichen Ordnung und der räumlichen Organisation der Wirtschaft. Sie stellt sich in dem [...] raumwirtschaftlichen Ansatz die Aufgabe, räumliche Strukturen und ihre Veränderungen – aufgrund interner Entwicklungsdeterminanten und räumlicher Interaktionen – zu erklären, zu beschreiben und zu bewerten. Dabei sind die Verteilung ökonomischer Aktivitäten im Raum (Struktur), die räumlichen Bewegungen von Produktionsfaktoren, Gütern und Dienstleistungen (Interaktionen) sowie deren Entwicklungsdynamik (Prozeß) als interdependentes Raumsystem zu verstehen."

Ziel der Raumwirtschaftslehre ist es dabei, auf dem Weg der Theorie- und Modellbildung allgemeine Erkenntnisse über die räumliche Ordnung der Wirtschaft zu erhalten. VOPPEL (1999, S. 27) erläutert dies programmatisch wie folgt: „Die theoretischen Grundlagen der Wirtschaftsgeographie basieren auf Gesetzmäßigkeiten, die den Raum und mit dem Raum verbundene ökonomische Entscheidungen und Abläufe betreffen." Nach SCHÄTZL (1998, Kap. 1) stehen hierbei drei spezifische Aufgaben der Wirtschaftsgeographie im Vordergrund:

(1) Untersuchung der Verteilung ökonomischer Aktivitäten im Raum, so etwa die Frage, wie Industriebranchen verteilt sind und welche Faktoren ihre Standortwahl beeinflussen;

(2) Analyse der Veränderungen der räumlichen Struktur und ihrer Entwicklungsdynamik, z. B.

die Untersuchung der Ursachen für Standortverlagerungen sowie für Unternehmensgründungen und -schließungen;

(3) Analyse der räumlichen Bewegungen von Gütern und Produktionsfaktoren, so z. B. der Entstehung von Kundeneinzugsbereichen und Arbeitsmärkten und der Erfassung von Pendlerverflechtungen und Technologietransfers.

BARTELS (1970b; 1988) geht in seiner Vorstellung von Wirtschaftsgeographie einen Schritt weiter, indem er das räumliche Verhalten von Menschen differenziert nach Tätigkeiten und Sozialgruppen in den Mittelpunkt seiner Untersuchung stellt, anstatt das Verhalten anonymer Wirtschaftseinheiten zu untersuchen. Er erkennt für die Wirtschaftsgeographie vor allem folgende Forschungsschwerpunkte: (1) choristische Methodik bzw. Spatialanalyse (Raumanalyse), (2) Sozialgruppenforschung, (3) Perzeptionsforschung (Wahrnehmungsforschung), (4) Mobilitätsforschung, (5) Umweltpotenzialforschung, (6) Siedlungssystemforschung, (7) Raumentwicklungsforschung und (8) Disparitätenforschung (Analyse räumlicher Ungleichheiten).

In den 1980er Jahren hat der raumwirtschaftliche Ansatz der Wirtschaftsgeographie nach SCHÄTZL (1998) eine starke Verbreitung in Deutschland erfahren, obwohl diese Raumsicht problematisch erscheint. So werden Räume quasi personifiziert und zu Akteuren hochstilisiert, indem sie zu Objekten der Untersuchung gemacht werden. Dies drückt sich etwa darin aus, dass räumliche Eigenschaften definiert und identifiziert werden und als Erklärungsmuster für Standortstrukturen oder Standortmuster dienen. Sozialwissenschaftliche Erklärungsdimensionen werden hingegen weitgehend vernachlässigt.

1.2.4 Ansatzpunkte einer *new economic geography*

In der angelsächsischen Literatur haben die Studien von SCOTT (1988; 1998), STORPER & WALKER (1989), STORPER & SCOTT (1990; 1992) und STORPER (1995; 1997a; 1997b) sowie die Arbeiten von AMIN (1994), GERTLER (1993; 1997b), LEE & WILLS (1997), MASKELL & MALMBERG (1998; 1999), BARNES & GERTLER (1999), SHEPPARD & BARNES (2000), CLARK et al. (2000) und MALMBERG & MASKELL (2001) seit Ende der 1980er Jahre entscheidend dazu beigetragen, dass sich eine *new economic geography* etabliert hat. Sie ist eine Gegenposition zur raumwirtschaftlichen Konzeption, die auch in den USA und in England lange Zeit stark verbreitet war und nach wie vor ist. Die Ansätze von KRUGMAN (1998), FUJITA et al. (1999) und anderen Ökonomen werden wir demgegenüber mit dem Begriff *geographical economics* bezeichnen (MARTIN & SUNLEY 1996) und nicht als *new economic geography*, wie die Autoren es selbst vorschlagen. Das hängt damit zusammen, dass in deren Arbeiten nicht wirklich eine Neuorientierung der Wirtschaftsgeographie erfolgt (→ Kap. 3.5). Inzwischen äußert sich selbst KRUGMAN (2000), der zentrale Vertreter dieser Schule, zurückhaltender hinsichtlich der Begrifflichkeit. Den Begriff *new economic geography* halten wir für die zuerst genannten Arbeiten reserviert.

Im Unterschied zum raumwirtschaftlichen Ansatz stellt die *new economic geography* noch kein geschlossenes Theoriegebäude dar, sondern definiert sich vor allem über ihre Kritik und eine erhöhte Komplexität in der Analyse ökonomischer und sozialer Prozesse gegenüber der Raumwirtschaftslehre. Die neuen Ansätze sind längst nicht vollständig konsistent und in sich widerspruchsfrei. Um die unterschiedliche Betrachtungsweise in der *new economic geography* zu erläutern, verwenden wir im Folgenden einige vereinfachte Beispiele.

Beispiel 1. In der Raumwirtschaftslehre ist die Analyse von Standortverteilungen und Standortentscheidungen klassischer Untersuchungsgegenstand (ISARD 1956; RICHARDSON 1978; BARTELS 1988; SCHÄTZL 1998). Es wird definiert, welche Standortanforderungen die Unternehmen einer Branche stellen. Anschließend werden Regionen auf Standorteigenschaften hin untersucht und diese mit den Standortanforderungen verglichen. Die Raumwirtschaftslehre unterstellt dabei, dass Unternehmen sich im Rahmen einer gewinnmaximalen Standortwahl genau in denjenigen Regionen ansiedeln, die ihre Bedürfnisse am besten befriedigen.

Beispiel 2. Eine andere Fragestellung der traditionellen Raumwirtschaftslehre besteht darin, zu untersuchen, warum die Unternehmen einer Branche in einigen Regionen schneller wachsen als in anderen Regionen. Hierzu werden zunächst die Eigenschaften der betreffenden Regionen wie z. B. die Struktur der Arbeitskräfte, Löhne und andere Kosten sowie der Infrastrukturbestand ermittelt. Anschließend wird mit statistischen Verfahren ermittelt, welche Eigenschaften wachsende Regionen gemeinsam haben und welche

Eigenschaften schrumpfende Regionen prägen. Hieraus wird vielfach ein direkter kausaler Zusammenhang abgeleitet, z. B. in der Form, dass niedrige Kosten höheres Wachstum bewirken.

Das Problem hierbei ist, dass in beiden Beispielen Räume so behandelt werden, als seien es selbst Akteure (z. B. HARD 1993). Eine politische Schlussfolgerung, die aus solchen Untersuchungen abgeleitet wird, besagt dann beispielsweise, man müsse Kosten in einer Region senken, damit sich ein höheres Wachstum einstellt. Bei einer solchen Argumentation wird allerdings übersehen, dass Regionen eben keine Akteure sind, sondern eine soziale Konstruktion, abhängig von den konkreten sozialen, ökonomischen, kulturellen und politischen Bedingungen, unter denen Menschen in Unternehmen und anderen Organisationen agieren. Manchmal mag es nur ein einziges großes, dominantes Unternehmen sein, das über seine Verflechtungen mit anderen regionalen Akteuren Schrumpfungs- oder auch Wachstumsprozesse auslöst (z. B. ROMO & SCHWARTZ 1995). Das hat dann weder mit Kosten, Infrastruktur oder anderen Bedingungen vor Ort zu tun, sondern ist möglicherweise nur eine Folge eines nicht-räumlich motivierten, übergeordneten Strategiewechsels dieses Unternehmens (z. B. SCHAMP 2000a, Kap. 3.2). Der ehemalige Chemie-Konzern Hoechst in Frankfurt-Höchst, der 1998 durch Fusion mit Rhône-Poulenc in Aventis überführt wurde, ist ein gutes Beispiel hierfür (BATHELT 1997b). Eine Analyse von Standortfaktoren würde im Fall von Hoechst falsche Erklärungen für dessen Umstrukturierung und die Entwicklung der chemischen Industrie in der Rhein-Main-Region liefern. Dies hätte möglicherweise falsche politisch-planerische Konsequenzen zur Folge.

In den Arbeiten zur *new economic geography* ist die Vorgehensweise demgegenüber eine andere (STORPER 1997a; SCOTT 1998). Hier werden neben wirtschaftswissenschaftlichen auch sozialwissenschaftliche Ansätze integriert. Genau genommen wird die Fragestellung der Raumwirtschaftslehre in ihr Gegenteil verkehrt. Es wird nicht untersucht, welche Regionen sich aufgrund ihrer bestehenden Standortvorteile für die Ansiedlung von Unternehmen gut eignen. Es wird vielmehr analysiert, wie Unternehmen ihr Umfeld selbst gestalten und verändern, so dass sie unter bestmöglichen Bedingungen produzieren können (STORPER & WALKER 1989, Kap. 3): Wie schaffen sich Unternehmen ein geeignetes regionales Umfeld durch die Ausbildung von Mitarbeitern, Ansiedlung von Zulieferern, Inanspruchnahme von Dienstleistungen, Beeinflussung von Politikern und Planern sowie durch Lernprozesse mit ihren Kunden? Auf die Unterschiede zur Herangehensweise der Raumwirtschaftslehre deutet bereits das illustrative Beispiel zum Auftakt dieses Buchs hin.

Dabei wird der Tatsache Rechnung getragen, dass viele Standortentscheidungen im Sinn von LIPIETZ (1985) „geschichtliche Fundsachen" sind, die im Nachhinein gar nicht mehr exakt ergründet werden können. So zeigen die Untersuchungen der 1980er und 1990er Jahre, dass Ansiedlungs- und Verlagerungspotenziale von Unternehmen eher gering sind. Regionale Strukturveränderungen sind vor allem geprägt durch Umstrukturierungen bestehender Unternehmen. Ansätze einer sozialwissenschaftlich informierten Wirtschaftsgeographie haben eine dynamisch-evolutionäre Betrachtungsebene (BATHELT 1991a, Kap. 12). Hierbei werden räumliche Strukturen als soziale Konstrukte betrachtet, die aus vielfältigen Interaktionen von Personen, Unternehmen und formellen Institutionen hervorgehen, wobei diese lokalisierten Strukturen zugleich infolge reflexiver Wissensaneignung das Handeln der Akteure beeinflussen (STORPER 1997a, Kap. 2; 1997b).

Unternehmen sind Organisationen. Eine **Organisation** ist ein System bewusst geplanter und arbeitsteilig koordinierter Handlungen einer begrenzten Anzahl von Mitgliedern mit einer klaren Grenze gegenüber der Umwelt bzw. dem Umfeld (HARTFIEL & HILLMANN 1982). Jedes Unternehmen ist demzufolge eine wirtschaftliche Organisation, die in der geplanten Verfolgung eines Unternehmensziels wie z. B. Marktführerschaft, Gewinnsteigerung, Beschäftigungssicherung oder Produktverbesserung eine spezifische Koordination von Forschungs-, Entwicklungs-, Produktions- und Verwaltungstätigkeiten durchführt und auf eine bestimmte Menge von Standorten, Betriebsstätten und Arbeitsplätzen verteilt. Die organisatorische Grenze des Unternehmens ist juristisch über die Rechtsform definiert.

Neben den Unternehmen als ökonomischen Organisationen spielen Institutionen eine wichtige Rolle. Eine **Institution** bezeichnet Formen sowohl bewusst gestalteter als auch ungeplant entstandener stabiler und dauerhafter Muster sozialer oder ökonomischer Beziehungen (HARTFIEL & HILLMANN 1982). Durch die Stabilisierung von Verfahrensweisen in Form von Regeln,

Normen oder Gesetzen wird die Unsicherheit des gegenseitigen Austauschs reduziert (DAVIS & NORTH 1970) und für die beteiligten Austauschpartner die Erwartungssicherheit über das Verhalten des anderen erhöht. Somit erzeugen Institutionen einen gemeinsamen Handlungsrahmen für Kommunikations-, Lern- und Innovationsprozesse, der einerseits die Handlungsalternativen beschränkt (NORTH 1991), andererseits aber ein arbeitsteiliges Handeln zwischen Akteuren überhaupt erst ermöglicht. Im Folgenden wird zwischen informellen und formellen Institutionen unterschieden (NORTH 1990; 1992):

(1) **Informelle Institutionen.** Sie umfassen nicht formalisierte, sondern in der konkreten Handlungspraxis entstehende Regeln, Normen, Konventionen, Gewohnheiten und Traditionen, die von den Akteuren wechselseitig anerkannt und reproduziert werden. Bedeutende informelle Institutionen des ökonomischen Handelns sind z. B. Vertrauen, eine vertrauensbasierte Kooperation ohne vertragliche Regelung, gemeinsam geteilte Routinen des Lernens oder der Wissensweitergabe, die Verbindlichkeit des Handschlags für eine Kauftransaktion sowie die solidarische Unterstützung von Betrieben untereinander in Zeiten schlechter Konjunktur (UZZI 1997).

(2) **Formelle Institutionen.** Gewohnheiten und Konventionen können sich durch fortwährende Reproduktion auf Dauer festigen und zur formalen Grundlage von Interaktionen gemacht werden (HODGSON 1994). Formelle Institutionen sind festgeschriebene Formen dauerhaft geregelter Transaktionsbeziehungen wie z. B. die Verfassung der Bundesrepublik Deutschland, Arbeitsverträge oder Regeln des Börsenhandels und anderer Tauschvorgänge. Typische formelle Institutionen sind Gesetze. Sie legen allgemein gültige Handlungsvorschriften fest, bilden die Grundlage zur verbindlichen Unterscheidung von zulässigen und sanktionierbaren Handlungen und schaffen somit Erwartungssicherheit von Akteuren in vielen Bereichen des gesellschaftlichen Lebens. Darüber hinaus regeln formelle Institutionen auch die Verfahrensweisen der Reproduktion oder Veränderung von Institutionen. So enthält die parlamentarische Institution des Bundestags einerseits Regeln darüber, wie Regierungsarbeit geleistet wird, andererseits aber auch darüber, wie Regierungen sich erneuern. Während z. B. NORTH (1990, Kap. 1) ein enges Verständnis von Institutionen als Regeln vertritt, werden oft auch Organisationen zu den formellen Institutionen gezählt

(z. B. AMIN & THRIFT 1994a). Diesem Verständnis schließen wir uns an. Zu den formellen Institutionen zählen demnach Organisationen wie z. B. wirtschaftliche Unternehmen als Regelsysteme, staatliche und private Ausbildungs-, Weiterbildungs- und Forschungseinrichtungen sowie Regierungsstellen, die eine bestimmte Politik oder ein Programm verfolgen, und Behörden wie etwa Arbeitsamt oder Wirtschaftsförderung, die Förderpolitiken organisieren und ausführen. Der Prozess der Formalisierung von Institutionen ist oft an das Bestehen derartiger Organisationen gekoppelt, die die Regeln festlegen und deren Einhaltung überwachen.

Wichtige **Fragen** einer veränderten Perspektive der Wirtschaftsgeographie sind:

– Welche Interaktionen finden zwischen Unternehmen statt und welchen Einfluss üben sie auf lokalisierte Prozesse und Strukturen aus?
– Wie interagieren Unternehmen und welche Konsequenzen ergeben sich daraus für lokalisierte Prozesse und Strukturen?
– Wie werden Unternehmen durch den institutionellen und sozio-kulturellen Kontext in ihrer Stammregion geprägt?
– Wie sind Unternehmen und Produktionssysteme organisiert, wie unterscheidet sich die Organisation von Ort zu Ort und welche territorial abbildbaren Folgen ergeben sich daraus?
– Durch welche Kommunikations- und Abstimmungsprozesse können Unternehmen ihr Umfeld nach ihren Vorstellungen prägen, so dass ihre Wettbewerbsfähigkeit steigt und der technische Fortschritt beschleunigt wird?
– Wie kommt es zur Entstehung neuer Institutionen und wie sind diese verortet?
– Wie wirken sich Veränderungen von Technologien, Nachfragewünschen und Wettbewerbsbedingungen auf die Organisation der Produktion aus und in welcher regionalen Variation äußert sich dies?

Mit diesen und anderen Fragestellungen greift die Wirtschaftsgeographie die Kritik von MASSEY (1985, S. 11) an der Geographie als der Wissenschaft des Räumlichen auf:

„Geography set itself up as 'the science of the spatial'. There were spatial laws, spatial relationships, spatial processes. There was a notion that there were certain principles of spatial interaction which could be studied devoid of their social content. [...] There was an obsession with the identification of spatial regularities and an urge to explain them by spatial factors. The explanation of geographical patterns, it was argued, lay within the spatial. There was no need to look further. [...] This is an untenable position. [...] There are no such things as purely spatial processes; there are only particular social processes operating over space."

Ausgangspunkt einer relationalen Wirtschaftsgeographie sind in der Regel nicht Branchen wie die Automobil- oder die chemische Industrie, sondern Unternehmen, die innerhalb einer **Produktions- bzw. Wertschöpfungskette** arbeitsteilig miteinander verflochten sind und soziale Interaktionen aufweisen (DICKEN 1998, Kap. 1). Häufig wird hierbei auch von *filière* gesprochen (z. B. NUHN 1993; LENZ 1997), wobei sich die Konzepte in ihrer empirischen Umsetzung meist nicht wesentlich voneinander unterscheiden (SCHAMP 2000a, Kap. 2.1). Eine Produktionskette ist eine Abfolge von Funktionen, die dem Produkt auf jeder Stufe einen Wert zufügt (DICKEN & THRIFT 1992).

Ein Beispiel, wie man die Produktionskette als Ausgangspunkt wirtschaftsgeographischer Studien verwendet, liefert die Untersuchung von BERTRAM (1992) über die Automobilindustrie (→ Abb. 5). Hier zeigen sich sehr deutlich die Schnittstellen zwischen Unterlieferanten, Hauptzulieferern, den eigentlichen Automobilproduzenten, der Absatzorganisation und den Konsumenten. Die einzelnen Glieder der Produktionskette überschneiden sich, sind eng miteinander durch Kommunikations- und Abstimmungsprozesse verbunden, werden aber dennoch von unterschiedlichen Prozessen beeinflusst. Zunehmende Preiskonkurrenz bei Unterlieferanten führt z. B. zu Verlagerungsprozessen der Produktion ins Ausland. Zunehmende Qualitätskonkurrenz der Hauptzulieferer hat etwa zur Folge, dass diese sich zu strategischen Allianzen zusammenschließen. Neue Konkurrenz der Automobilproduzenten kann schließlich dazu führen, dass neue Produktionskonzepte eingeführt werden. Der Produktionsablauf ist in dieser Konzeption nicht mehr rein linear, sondern unterliegt Einflüssen, die auf mehrere Abschnitte der Produktionskette zugleich rückwirken.

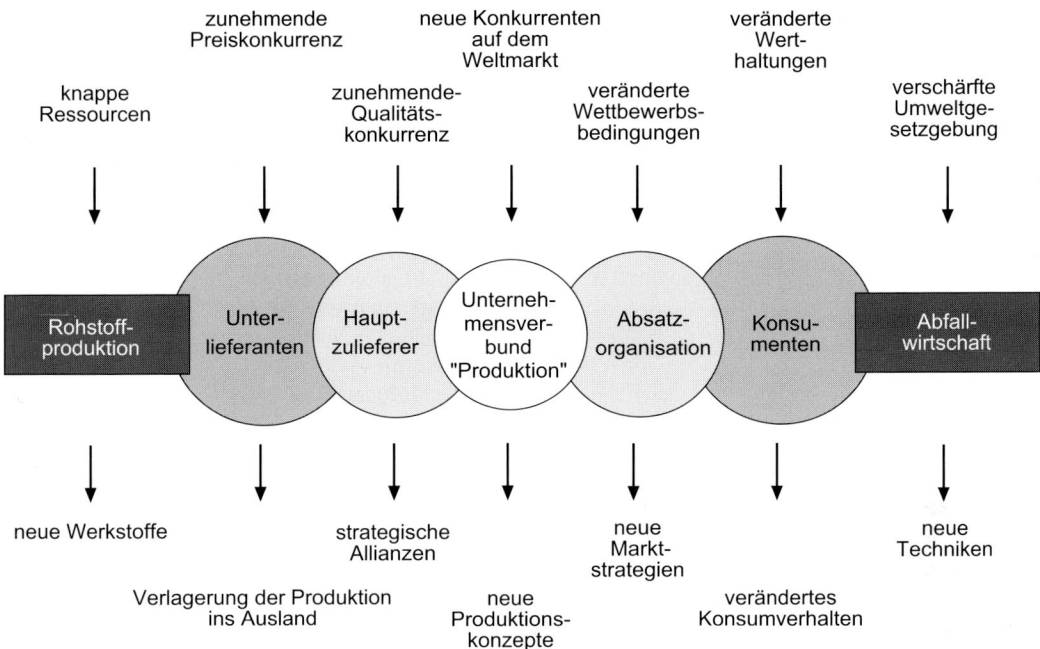

zunehmende
Preiskonkurrenz

neue Konkurrenten
auf dem
Weltmarkt

veränderte
Wert-
haltungen

knappe
Ressourcen

zunehmende-
Qualitäts-
konkurrenz

veränderte
Wettbewerbs-
bedingungen

verschärfte
Umweltge-
setzgebung

Rohstoff-
produktion

Unter-
lieferanten

Haupt-
zulieferer

Unterneh-
mensver-
bund
"Produktion"

Absatz-
organisation

Konsu-
menten

Abfall-
wirtschaft

neue Werkstoffe

strategische
Allianzen

neue
Markt-
strategien

neue
Techniken

Verlagerung der Produktion
ins Ausland

neue
Produktions-
konzepte

verändertes
Konsumverhalten

1.3 Das Argument der zweiten Transition in der Wirtschaftsgeographie

Die in diesem Band entwickelten Argumente plädieren nicht für eine additive Erweiterung des bestehenden raumwirtschaftlichen Paradigmas, sondern für eine Transition zu veränderten Grundkonzepten und -perspektiven des Fachs. Wir plädieren für einen Übergang zu einer sich bereits in Umrissen formierenden neuen Grundperspektive, deren mögliche Konturen wir vorzeichnen wollen. Dieses Buch formuliert die strukturellen Probleme des raumwirtschaftlichen Ansatzes und versucht veränderte und alternative Konzeptionen anzubieten, die Wege zu einer Reorientierung sein können. Nachdem die methodologische Revolution die **erste Transition** von einer länderkundlichen Wirtschaftsgeographie zur Raumwirtschaftslehre bereitete, unternehmen wir den Versuch, den konzeptionellen Rahmen einer sich abzeichnenden **zweiten Transition** hin zu einer relationalen Wirtschaftsgeographie zu formulieren. Unsere Argumentation stützt sich auf zahlreiche jüngere Arbeiten und Konzeptionen vor allem aus dem angelsächsischen Diskurs und versteht sich eher als ein Aufbrechen denn als ein Ankom-

Abb. 5: Produktionskette als ein Ausgangspunkt wirtschaftsgeographischer Untersuchungen (Quelle: BERTRAM 1992, S. 218)

men. Ausgangspunkt unserer Überlegungen stellt die Konzeption der *holy trinity* von STORPER (1997a, Kap. 2; 1997b) dar.

1.3.1 STORPERS Konzeption der *holy trinity*

Den am weitesten entwickelten Versuch einer Neuformulierung der Ansatzpunkte und Ziele der Wirtschaftsgeographie unternimmt STORPER (1997a, Kap. 2; 1997b) mit seiner **Konzeption der *holy trinity***. In der von ihm vorgeschlagenen *holy trinity* basiert die Wirtschaftsgeographie auf den drei Säulen Technologie, Organisation und Territorium, die in enger wechselseitiger Verflechtung stehen. STORPER (1997c) argumentiert, dass lokalisierte Produktionssysteme trotz revolutionärer Verbesserungen in der Kommunikationstechnik und im Verkehrswesen, die zu einer drastischen Raum-Zeit-Verkürzung (HARVEY 1990) geführt haben, eine ungebrochen große Bedeutung besitzen. Er führt dies im wesentlichen auf zwei Ursachen zurück:

(1) Einerseits erhöhen sich durch Respezialisierungs- und Destandardisierungsprozesse die

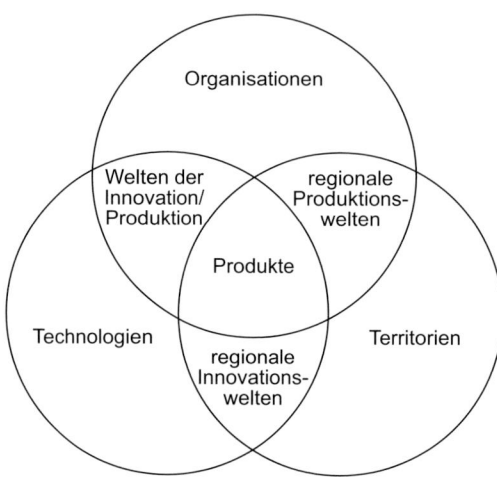

Abb. 6: Produktions- und Innovationswelten in der Storper'schen Konzeption der *holy trinity* (Quelle: nach Storper 1997a, S. 42 und 49)

Transaktionskosten in der industriellen Produktion (→ Kap. 6.1). Diesem Kostenanstieg wird durch die Nutzung von Nähevorteilen in regionalen Ballungen begegnet.

(2) Andererseits bieten spezialisierte Industrieagglomerationen die Möglichkeit zu spezifischen organisatorischen und technologischen Lernprozessen, die Wettbewerbsvorteile bewirken und den Ballungsprozess fördern.

In beiden Fällen spielen so genannte ***untraded interdependencies*** für die Abstimmungs-, Kommunikations- und Lernprozesse zwischen den ökonomischen Akteuren eine zentrale Rolle. Diese haben die Form von Konventionen, informellen Regeln und Gewohnheiten. Sie sind lokalisiert, d. h. an bestimmte Personen und Orte gebunden und können dort, wo sie auftreten, regionsspezifische Vorteile konstituieren. Storper (1992; 1997a, Kap. 3) argumentiert deshalb, dass Nähevorteile trotz mächtiger Globalisierungskräfte nationale und regionale Industrieballungen sowie -spezialisierungen begünstigen. Die dabei zugrunde liegenden sozialen und ökonomischen Prozesse erfasst Storper (1997a, Kap. 2; 1997b) durch die Überlagerung der drei Säulen seiner *holy trinity* der Wirtschaftsgeographie (→ Abb. 6):

(1) **Technologien.** Technologien werden als Motor des Wandels territorialer Wirtschaftsstrukturen angesehen. Technologischer Wandel führt zum Aufstieg neuer und Niedergang alter Produkte und Prozesse, was sich unmittelbar auf die

Struktur und Arbeitsteilung der industriellen Produktion und ihre räumliche Organisation auswirkt.

(2) **Organisationen.** Die Organisation von Unternehmen und Unternehmensnetzwerken in einem Produktionssystem wird unter anderem von der Art des eingeschlagenen technologischen Entwicklungspfads und von den territorialen Kontexten geprägt. Hierbei spielen lokalisierte Fertigkeiten und daraus nutzbare Nähevorteile durch spezialisierte Ressourcen, Qualifikationen sowie gleiche Normen, Regeln und Traditionen eine zentrale Rolle. Durch die Organisationsform werden Informations- und Kommunikationsprozesse ermöglicht und damit Voraussetzungen zum technologischen Wandel geschaffen.

(3) **Territorien.** Auf der Ebene der Territorien (→ Kap. 2.1) lassen sich die Ko-Entwicklungspfade von Organisationen und Technologien erfassen. Über regionale Materialverflechtungen, Wissenstransfers und Anpassungen zwischen Unternehmen kommt es zu *spillover*-Effekten und Lernprozessen, die die Wettbewerbsfähigkeit der in einer Region miteinander verbundenen Unternehmen kollektiv steigert. *Untraded interdependencies* haben eine zentrale Rolle bei der Transformation technologischer und organisatorischer Welten in so genannte regionale Welten (→ Abb. 6).

Storper (1995; 1997a) leistet einen wichtigen Beitrag für eine Neuorientierung der Wirtschaftsgeographie. Seine Argumentation betont die Rolle kontextspezifischer sozialer Institutionen wie Konventionen, Normen und Regeln und stellt die soziale Interaktion als Prozess des Organisierens, Lernens und Innovierens in das Zentrum wirtschaftsgeographischer Forschung. Er identifiziert Mechanismen, in denen sozio-institutionelle Kontexte die geographische Konzentration ökonomischen Handelns erst ermöglichen, und konstruiert eine Erklärungsperspektive, die bei den Akteuren und Akteursgruppen und nicht bei deren Rahmenbedingungen ansetzt. Wir sind allerdings der Auffassung, dass Storpers (1997a, Kap. 2; 1997b) Konzeption der *holy trinity* hinsichtlich des impliziten Raumverständnisses zu kurz greift:

(1) **Aufwertung der Raumdimension.** Das Territorium bildet neben den konzeptionellen Säulen Organisation und Technologie eine eigenständige Säule und hat somit eine scheinbar gleichberechtigte Stellung innerhalb der *holy trinity*. Wir halten es für gefährlich, räumliche Prozesse (als seien Räume handlungsfähige Subjek-

ten und leitet daraus eine Zugangsperspektive wirtschaftsgeographischer Forschung auf ökonomische und soziale Prozesse ab. Hierbei wird der traditionellen, auf Gleichgewichtstendenzen fokussierten neoklassischen Theorie und den empirisch geleiteten polarisationstheoretischen Hypothesen, die dauerhafte räumliche Ungleichgewichte propagieren, mit der von KRUGMAN entwickelten *geographical economics* ein jüngerer Erklärungsansatz gegenüber gestellt. Dieser legt unter bestimmten Annahmen dar, warum regionale Industrieballungen und kleinräumige Industriespezialisierungen entstehen und es zu dauerhaften räumlichen Disparitäten kommt. In der *geographical economics* werden regionalökonomische Entwicklungen zwar als historische pfadabhängige Prozesse modelliert, gleichzeitig aber wird die Einbindung sozio-institutioneller Kontexte vernachlässigt. Das Kapitel schließt mit einigen methodischen Anmerkungen über die Möglichkeiten und Grenzen des Einsatzes statistischer Methoden der regionalen Struktur- und Wachstumsanalyse sowie über Erhebungsmethoden in wirtschaftsgeographischen Untersuchungen.

Kapitel 4 und Kapitel 5 befassen sich mit Standortstrukturen und Standortentscheidungen aus traditioneller wirtschaftsgeographischer Sicht, wobei noch stärker als in Kapitel 3 die Grenzen raumwirtschaftlichen Denkens aufgezeigt werden. In **Kapitel 4** wird zunächst die auf v. THÜNEN basierende landwirtschaftliche Landnutzungslehre und ihre Übertragung auf den städtischen Bodenmarkt durch ALONSO skizziert. Anschließend wird die Theorie zentraler Orte nach CHRISTALLER als Standortstrukturtheorie für Versorgungseinrichtungen des tertiären Sektors behandelt. Den Ansätzen wird basierend auf einer umfassenden Kritik nur noch eine verringerte Bedeutung bei der Erklärung gegenwärtiger räumlicher Wirtschaftsstrukturen beigemessen. Um so problematischer erscheint es, dass das mit diesen Ansätzen transportierte Idealbild der räumlichen Ordnung in planerischen Prozessen nach wie vor zum Teil unkritische Anwendung findet.

Kapitel 5 beschäftigt sich mit der auf WEBER zurückgehenden industriellen Standortlehre und ihren Erweiterungen durch HOOVER, HOTELLING, SMITH und PRED. Es wird gezeigt, dass mit der Fokussierung auf Standortfaktoren in diesen Ansätzen Räume quasi zu Akteuren hochstilisiert werden. Industrielle Standortentscheidungen werden aus vorhandenen Raumeigenschaften abgeleitet. Die den Gründungs-, Standort- und

Investitionsentscheidungen zugrunde liegenden wirtschaftlichen und sozialen Prozesse bleiben dabei zu wenig berücksichtigt. Auch der Versuch, harte, quantifizierbare Standortfaktoren um weiche, intangible Faktoren zu erweitern, ist nicht ausreichend, weil hierbei etwas Unmögliches angestrebt wird, nämlich komplexe Kommunikations- und Interaktionsprozesse als simple Strukturfaktoren abzubilden. Am Ende von Kapitel 5 wird mit PORTERS Analyse der Bestimmungsfaktoren nationaler Wettbewerbsvorteile ein Ansatz vorgestellt, der zwar immer noch traditionellen Analysemustern verhaftet ist, aber zugleich neue Wege in Richtung einer evolutionären Perspektive unter Einbeziehung institutioneller Zusammenhänge aufzeigt.

Im **dritten Teil des Buchs** weisen Kapitel 6 bis Kapitel 8 Wege zu einer veränderten Rahmenkonzeption der Wirtschaftsgeographie auf. Hier werden die vier Ionen einer sozialwissenschaftlich informierten Wirtschaftsgeographie in einer spezifisch räumlichen Perspektive dargestellt. In **Kapitel 6** steht zunächst die Organisationsdimension im Vordergrund. In Anlehnung an die neue Institutionenökonomie werden nach WILLIAMSON verschiedene institutionelle Formen von Transaktionen zwischen Produktionsstufen untersucht, wobei zwischen Märkten, Hierarchien und Netzwerken unterschieden wird. SCOTT folgend wird gezeigt, dass durch die Nutzung von Nähevorteilen Transaktionskosten gesenkt werden und dass regionale Ballungen somit zu einer Stabilisierung von Netzwerkbeziehungen beitragen. Die auf Transaktionskosten zentrierte Sicht wird durch das *embeddedness*-Argument von GRANOVETTER aus der neuen Wirtschaftssoziologie entscheidend erweitert. Demnach ist ökonomisches Verhalten in sozio-instutionelle Beziehungen eingebettet und untrennbar mit diesen verbunden. Die verschiedenen Zusammenhänge werden am Beispiel der Organisation von Großunternehmen aufgegriffen, wobei der wechselseitige Zusammenhang zwischen Standortstruktur, Organisationsstruktur und Unternehmensstrategien herausgestellt wird. Mit Industriedistrikten und innovativen bzw. kreativen Milieus werden zudem zwei Konzeptionen lokalisierter Produktionssysteme dargestellt, in denen die Einbindung regionaler Produktionsnetze in lokale sozio-institutionelle Zusammenhänge zum Ausdruck kommt. Dabei zeigt sich LAWSON folgend, dass beide Ansätze eine größere konzeptionelle Nähe aufweisen, als man zunächst annehmen würde.

Kapitel 7 befasst sich mit der Evolutionsdimension. Hier wird der Prozess der Unternehmensgründung aus dem sozio-ökonomischen Kontext der Gründer heraus verstanden. Gründungsideen basieren auf sozialen und ökonomischen Prozessen, die dort stattfinden, wo die Gründer arbeiten und leben. Eine echte Standortentscheidung findet bei einer Unternehmensgründung oftmals nicht statt. Mit Rückgriff auf das Modell industrieller Entwicklungspfade von STORPER & WALKER wird gezeigt, durch welche Prozesse aus evolutionärer Perspektive bei der Entwicklung neuer Industrien regionale Clusterungsprozesse entstehen. Dies wird an den Beispielen der Entwicklung von *high-tech*-Industrien in den Regionen Boston und *Research Triangle* verdeutlicht. Mit STORPERS Konzeptionalisierung von *untraded interdependencies* wird darüber hinaus ein noch weitergehender Schritt der Einbindung von Konventionen und Beziehungen in die Analyse regionalökonomischer Prozesse dargestellt. Hieraus wird – aufbauend auf den Überlegungen von MALMBERG & MASKELL – versucht, Ansatzpunkte für eine Clustertheorie zu entwickeln.

Kapitel 8 führt schließlich die Dimensionen Innovation und Interaktion zusammen. Im Unterschied zu traditionellen Ansätzen, die von konstanten Technologien ausgehen, konzentrieren sich die Ausführungen in diesem Kapitel auf den eigentlichen Prozess der Wissens- und Technologiegenerierung. Hierbei wird die Entstehung neuen Wissens und neuer Technologien dem evolutionsökonomischen Ansatz von DOSI folgend als kumulativer, pfadabhängiger Prozess angesehen, der auf Lernprozessen und Erfahrungswissen basiert. Innovationen sind in dieser Konzeption eine Konsequenz des Voranschreitens bestimmter technologischer Entwicklungspfade. Dabei spielen Interaktionen zwischen den beteiligten Akteuren, reflexive Verhaltensweisen sowie vielfältige *feedback*-Schleifen eine zentrale Rolle. Aus diesem Grund wird der von LUNDVALL beschriebene Prozess des *learning by interacting* hervorgehoben und es wird betont, dass Innovationsprozesse in regionalen Zusammenhängen besonders effizient organisiert werden können, wenn dabei nicht-kodifiziertes, sich schnell veränderndes Wissen bedeutsam ist, das nicht beliebig an andere Akteure und Orte transferiert werden kann. Am Ende von Kapitel 8 wird der technologische Wandel unter Bezugnahme auf die Theorie der langen Wellen nach SCHUMPETER in eine gesamtwirtschaftliche Sicht der langfristigen wirtschaftlichen Entwicklung eingebunden. Da diese Konzeptionalisierung problematische technologische Determinismen enthält, werden mit der neoschumpeterianischen Variante des Paradigmenwechsels nach FREEMAN & PEREZ und insbesondere mit der Regulationstheorie in Anlehnung an BOYER und LIPIETZ zwei Ansätze dargestellt, die die wirtschaftlich-technischen und gesellschaftlich-institutionellen Strukturen in einen Gesamtentwicklungszusammenhang einbinden.

Kapitel 9 überträgt wichtige Aspekte der im dritten Teil des Buchs vorgestellten Rahmenkonzeption auf die gegenwärtige Phase der Globalisierung wirtschaftlicher und gesellschaftlicher Produktions- und Marktstrukturen. Hierbei wird darauf hingewiesen, dass Globalisierung keineswegs mit einer generellen Deterritorialisierung im Sinne einer Loslösung aus lokalen Produktionsbezügen verbunden ist.

2 Geographische und ökonomische Grundbegriffe

In Kapitel 2 werden grundlegende Begriffe und Basiskonzepte eingeführt, um eine Beschäftigung mit dem Gegenstand der Wirtschaftsgeographie vorzubereiten. Dabei werden folgende Fragen beantwortet: Was unterscheidet die Begriffe der Region, des Territoriums und des Standorts? Was bedeutet räumliche Entfernung und welche Formen der Nähe gibt es? Wie entstehen Preise? Was charakterisiert ein Produktionssystem und welche Faktoren der Produktion werden eingesetzt? Das Verständnis solch grundlegender Konzepte bildet die Voraussetzung zur Formulierung von Problemen und Fragestellungen, für die in den folgenden Kapiteln des Buchs Theorien entwickelt und diskutiert werden. Während das erste Kapitel durch die Vorstellung verschiedener Sichtweisen gewissermaßen die Grammatik wirtschaftsgeographischen Denkens formuliert, stellt dieses Kapitel den notwendigen Grundwortschatz bereit. Mit dem Beginn des dritten Kapitels kann sogleich das „Sprechen" beginnen: die Formulierung von wirtschaftsgeographischen Problemen und ersten Lösungsansätzen in Form von Theorien.

S. 43 – 50

2.1 Positionale Raumkonzepte: Raum, Region, Territorium und Standort

Das allgemeine Anliegen der Wirtschaftsgeographie ist es, die sozialen Prozesse zwischen ökonomischen Akteuren und die Organisation von Wirtschaftsprozessen im Kontext ihrer räumlichen Ausprägungen und Auswirkungen zu beschreiben und zu erklären. Im Mittelpunkt stehen daher räumliche Strukturen, die nicht als unabhängige Entitäten, sondern als Ergebnis sozialer und ökonomischer Prozesse verstanden werden. Diese Perspektive hat zumindest zwei Konsequenzen: Erstens können Raum und wirtschaftsgeographische Raumbegriffe nicht außerhalb des Sozialen als etwas Neutrales definiert werden und zweitens eröffnen sich vielfältige Möglichkeiten, Raum je nach sozialer Perspektive zu konzipieren. Raum ist also keineswegs ein neutraler Gegenstand, sondern muss hinsichtlich seiner sozialen, ökonomischen oder politischen Verwendungsweise untersucht werden (HARD 1973, 2. Teil).

Wie wichtig Raumbegriffe etwa zur Durchsetzung politischer Ziele sind und dabei gebraucht und missbraucht werden können, zeigt das Beispiel der Blut- und Bodenideologie der Nationalsozialisten im Dritten Reich. Diese definierten Raum als Heimat, als Besitzstand der arischen Rasse, der gegen andere Rassen zu erobern und zu verteidigen sei. Hierbei spielten auch Teile der Länderkunde mit ihrem Landschaftsbegriff eine leidvolle Rolle, denn sie leisteten den Zielen der Nationalsozialisten Vorschub. Das haben insbesondere die Studien seit den 1980er Jahren über die Rolle der Geographie in der Zeit des Nationalsozialismus verdeutlicht (SCHULTZ 1987; SANDNER 1988; HEINRICH 1991).

Voneinander abweichende Raumverständnisse sind stets Ausgangspunkte für unterschiedliche Forschungsprogramme und Perspektiven in der Wirtschaftsgeographie. Dennoch gibt es eine Reihe von Begriffen, die verschiedene Aspekte des physischen Raums beschreiben und weitgehend gleich verstanden werden. Unabhängig von den unterschiedlichen paradigmatischen Raumkonzeptionen in der Geographie werden deshalb im Folgenden einige Begriffe eingeführt (BLOTEVOGEL 1995a), um ein Minimalverständnis zu erreichen und daraus an späterer Stelle Konzepte

entwickeln zu können. Es sind dies zunächst die Begriffe physischer Raum, Region, Territorium und Standort sowie im folgenden Unterkapitel die Begriffe Distanz und Nähe.

2.1.1 Physikalischer Begriff des Raums

Der physikalische Raum kann übergeordnet als ein unbestimmter, nicht notwendigerweise abgegrenzter Ausschnitt der Erdoberfläche mit den darin befindlichen dreidimensionalen Gegebenheiten angesehen werden. In dieser Begrifflichkeit ist Raum ein relativ neutraler, wertfreier Begriff, deshalb aber auch wenig brauchbar. Räume werden erst dann zu einem interessanten Forschungsobjekt, wenn sie aufgrund bestimmter Kriterien in Wert gesetzt und abgegrenzt werden.

2.1.2 Region

Region ist eine zentrale Bezugsgröße der Wirtschaftsgeographie, um soziale Interaktionen oder Organisationsformen der Produktion zuzuordnen und zu lokalisieren. Es handelt sich hierbei um einen konkreten Ausschnitt der Erdoberfläche, der aufgrund bestimmter Prinzipien oder Strukturen abgrenzbar ist und dadurch von anderen Regionen unterschieden werden kann (BLOTEVOGEL 1999). Eine Region ist ein zusammenhängender Raumausschnitt und Regionalisierungen werden meist flächendeckend z. B. für ein ganzes Staatsgebiet durchgeführt (SINZ 1995). Es gibt viele Beispiele für Regionstypen, die in der Wirtschaftsgeographie von Interesse sind:

(1) **Industrieregionen.** Sie werden z. B. nach dem Industriebesatz abgegrenzt und sind von Bedeutung, weil sie Arbeitsplätze, aber auch Umweltprobleme schaffen.

(2) **Arbeitsmarktregionen.** Sie werden nach Pendlerverflechtungen abgegrenzt und sind von Interesse, weil sich in diesen räumlichen Einheiten Einkommen verbreiten und weil hier entsprechende Verkehrsinfrastruktur vorhanden sein muss.

(3) **Wachsende und schrumpfende Regionen.** Diese werden z. B. anhand des Wachstums der Arbeitsplätze oder der Einkommen abgegrenzt. Ein generelles Verständnis des Wachstumsprozesses wachsender Regionen hilft dabei, Förderprogramme zu entwickeln, die in schrumpfenden Regionen angewendet werden können, um dort möglichst ebenfalls Wachstum zu erzeugen.

2.1.3 Territorium

Territorium ist ein Raumausschnitt, in dem in Bezug auf einen bestimmten Untersuchungsgegenstand spezifische Besitzverhältnisse, Eigentumsstrukturen und Eigentumsrechte gelten. Innerhalb eines Territoriums gibt es Machtverhältnisse, konkrete Regeln und Befugnisse, die durch die Besitzer erlassen werden und durch die andere Personen teilweise oder ganz ausgeschlossen werden. Beispiel für ein Territorium ist der Nationalstaat, der die äußere Grenze einer Volkswirtschaft bildet. Er wird notfalls durch Gewalt, Konflikt oder sogar Krieg gegen andere Nationalstaaten verteidigt. Eine andere Art von Territorium mit unterschiedlichen Rechten und Befugnissen ist das Territorium eines Unternehmens. Welches Ausmaß ein solches Territorium annehmen kann, zeigt etwa der Verbundstandort des Chemie-Konzerns BASF in Ludwigshafen. Er erstreckt sich über eine Länge von 5 km und eine Breite von 1,5 km mit insgesamt 7 km^2 Fläche, 2000 Gebäuden, 115 km Straßen, 211 km Schienen, 2000 km Pipelines und insgesamt 45.000 Beschäftigten im Jahr 1998 (BASF 1999). Innerhalb dieses Territoriums gibt es spezifische Regelungen für den Zutritt, Verhaltensregeln zur Vermeidung von Unfällen und spezifische Verkehrsregeln. Durch die Reichweite der Machtbefugnisse sind Territorien nach außen abgegrenzt. Im Unterschied dazu sind Regionen ein künstliches Konstrukt. Sie dienen vor allen Dingen analytischen und planerischen Zwecken und sind nicht in erster Linie durch Machtbefugnisse begrenzt.

2.1.4 Abgrenzung von Regionen

Eine wichtige Aufgabe der Wirtschaftsgeographie ist es, für eine konkrete Aufgabenstellung adäquate Regionen abzugrenzen oder einen bestimmten Raumausschnitt in Teilregionen zu untergliedern (SEDLACEK 1998). Hierzu kann man drei Abgrenzungsprinzipien unterscheiden (z. B. LAUSCHMANN 1976, I. Teil):

(1) **Homogenitätsprinzip.** Beim Homogenitätsprinzip werden Raumeinheiten mit weitgehend ähnlicher Struktur zu Regionen zusammengefasst (BARTELS 1970d). Hierzu gibt es verschiedene Methoden. Die **Kennziffernmethode** beruht auf Merkmalen wie dem Pro-Kopf-Einkommen und der Arbeitslosigkeit. Dabei werden Klassen gebildet und Schwellenwerte definiert, um Raumeinheiten einem Gebietstyp (z. B. einem Typ mit hohem oder geringem Pro-Kopf-Einkommen) zuzuordnen. Ein multivariates statistisches Analyseverfahren zur Abgrenzung von homogenen Regionen ist die **Clusteranalyse** (FAHRMEIER & HAMERLE 1984, Kap. 9; BAHRENBERG et al. 1992, Kap. 7; BACKHAUS et al. 1996, Kap. 6). Ausgangspunkt bei diesem Verfahren ist eine Klasseneinteilung, bei der jede kleinste Raumeinheit einen eigenen Regionstyp bildet. In jedem Schritt dieses iterativen Verfahrens werden nun diejenigen beiden Regionen, die sich am ähnlichsten sind, zu einem neuen Regionstyp (Cluster) zusammengelegt. Die Anzahl der Regionen verringert sich hierbei mit jedem Schritt um Eins, weil zwei Regionen jeweils zu einer neuen Region zusammengefügt werden. Im Verlauf des Verfahrens wird die Heterogenität innerhalb der Regionscluster tendenziell immer größer. Das Verfahren kommt zum Abbruch, wenn die zusammengefassten Regionen nach einem vorgegebenen Kriterium zu heterogen werden.

Beispiel für eine Regionalisierung nach dem Homogenitätsprinzip ist die Gliederung Deutschlands nach dem Pro-Kopf-Einkommen auf Ebene der Bundesländer (→ Abb. 8a). Für das Jahr 1997 fällt auf, dass die ostdeutschen Bundesländer ein deutlich geringeres Pro-Kopf-Einkommen aufweisen als die westdeutschen Bundesländer. Die höchsten Pro-Kopf-Einkommen finden sich in den Stadtstaaten, insbesondere in Hamburg, aber auch im mittleren und südwestlichen Teil Deutschlands in Nordrhein-Westfalen, Hessen, Rheinland-Pfalz und Baden-Württemberg. Eine Regionalisierung der deutschen Länder nach Arbeitslosenquoten liefert ein etwas anderes Bild (→ Abb. 8b). Im Dezember 1998 zeigt sich einerseits ein Nord-Süd-Unterschied, wonach Bundesländer im Süden die geringsten Arbeitslosenquoten aufweisen, sowie andererseits ein Ost-West-Unterschied, wonach die Arbeitslosenquoten in Ostdeutschland deutlich höher als in Westdeutschland sind. Bei der Interpretation dieser Daten ist allerdings Vorsicht geboten. Es ist fraglich, ob die Ebene der Bundesländer überhaupt geeignet ist, um die räumliche Verteilung von Pro-Kopf-Einkommen und Arbeitslosigkeit zu untersuchen. Tatsächlich werden dadurch die enormen kleinräumigen Unterschiede in der Wirtschaftsstruktur zwischen Städten, Gemeinden und Ortsteilen desselben Bundeslands ignoriert.

(2) **Funktionalprinzip.** Beim Funktionalprinzip werden Regionen aufgrund interner Inter-

a) Pro-Kopf-Einkommen nach Bundesländern

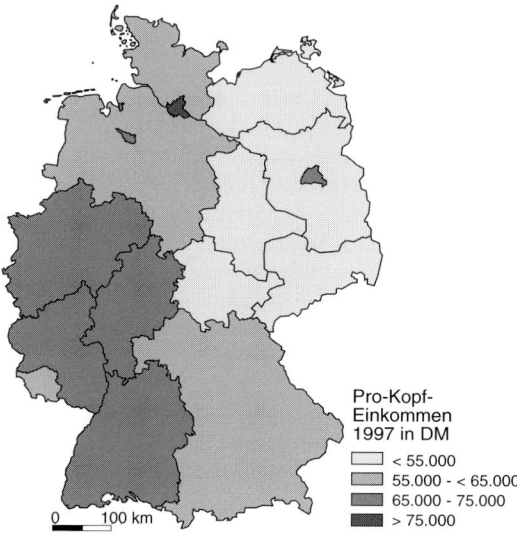

Pro-Kopf-
Einkommen
1997 in DM

☐ < 55.000
◻ 55.000 - < 65.000
▨ 65.000 - 75.000
■ > 75.000

0   100 km

b) Arbeitslosenquote nach Bundesländern

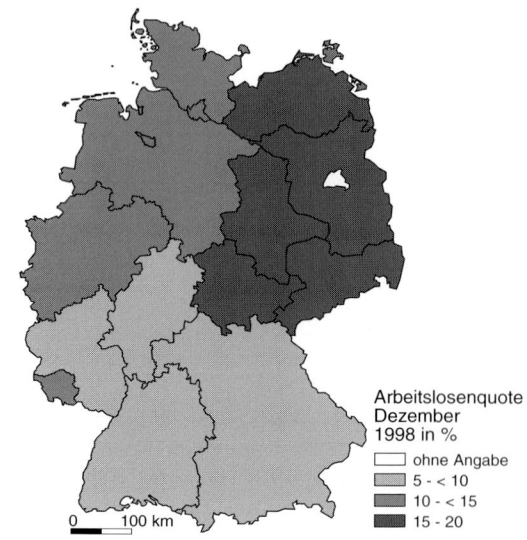

Arbeitslosenquote
Dezember
1998 in %

☐ ohne Angabe
◻ 5 - < 10
▨ 10 - < 15
■ 15 - 20

0   100 km

Abb. 8: Regionalisierung nach dem Homogenitätsprinzip

aktionen und Verflechtungsbeziehungen abgegrenzt. Meist wird hierbei von einem Gravitationskern ausgegangen, zu dem Interaktionen aus dem Umland stattfinden. In der raumwissenschaftlichen Terminologie spricht man auch von einem Zentralfeld (BARTELS 1970b). Gravitationskern ist beispielsweise ein Einkaufszentrum, das von Kunden aus der Umgebung aufgesucht wird, oder ein Industriegebiet, in das Arbeitnehmer täglich von ihrem Wohnort aus einpendeln. Beim Funktionalprinzip wird ein Verflechtungsbereich so festgelegt, dass die Verflechtungen aus dem Umland zum Kern erfasst werden. Resultat ist z. B. ein Kundeneinzugsbereich (HEINRITZ 1979) oder eine Arbeitsmarktregion (ECKEY 1995; FASSMANN & MEUSBURGER 1997; HÖHER 1997). Methodisch können Funktionalregionen mit Hilfe von **Gravitationsmodellen** abgegrenzt werden (LAUSCHMANN 1976, III. Teil). Hierbei wird angenommen, dass die Interaktion zwischen einem Kern i und seiner Umlandgemeinde j (I_{ij}) umso stärker ausgeprägt ist, je größer die Population des Kerns (P_i) und des Ortes im Umland (P_j) ist und je geringer die Distanz zwischen beiden ist (d_{ij}). Der Parameter k stellt hierbei einen Proportionalitätsfaktor dar, der empirisch zu bestimmen ist:

$$I_{ij} = k \cdot \frac{P_i \, P_j}{d_{ij}} \quad \text{bzw.} \quad k \cdot \frac{P_i \, P_j}{d_{ij}^{\,2}}$$

Eine Regionalisierung nach dem Funktionalprinzip ist mit der Aufteilung Mittelhessens in Arbeitsmarktregionen gegeben (HÖHER 1993). Diese basiert auf Daten der Berufs- und Arbeitsstättenzählung aus dem Jahr 1987. Bei dieser Regionalisierung wird davon ausgegangen, dass es bestimmte Arbeitsmarktzentren gibt, in denen sich die überwiegende Anzahl von Arbeitsplätzen befindet, und dass Bewohner aus dem Umland in diese Arbeitsmarktzentren einpendeln, um dort ihrer Arbeit nachzugehen. Man kann sich unschwer vorstellen, dass diese Annahme nur bedingt die Realität beschreibt. So haben selbstverständlich alle Gemeinden in Mittelhessen eigene Arbeitsplätze und weisen Ein- wie auch Auspendler auf. Deshalb ist die dargestellte Abgrenzung von Arbeitsmarktregionen keineswegs eindeutig (→ Abb. 9). Die Arbeitsmarktregionen sind letztlich so abgegrenzt, dass Pendlerverflechtungen innerhalb dieser Regionen stärker sind als solche hin zu anderen Regionen. Nichtsdestotrotz gibt es aber aus dem Bereich Limburg und dem südlichen Kreis Gießen große Pendlerströme in das Rhein-Main-Gebiet, also in andere Arbeitsmärkte.

(3) **Verwaltungsprinzip.** Beim Verwaltungsprinzip sind Regionen administrative Einheiten wie z. B. Länder, Kreise und Gemeinden, die aus dem Zeitablauf heraus gewachsen sind. Sie sind durch spezifische sozio-institutionelle Strukturen geprägt, die im Entwicklungsverlauf entstanden sind. Die Grenzen solcher Regionen sind oft das

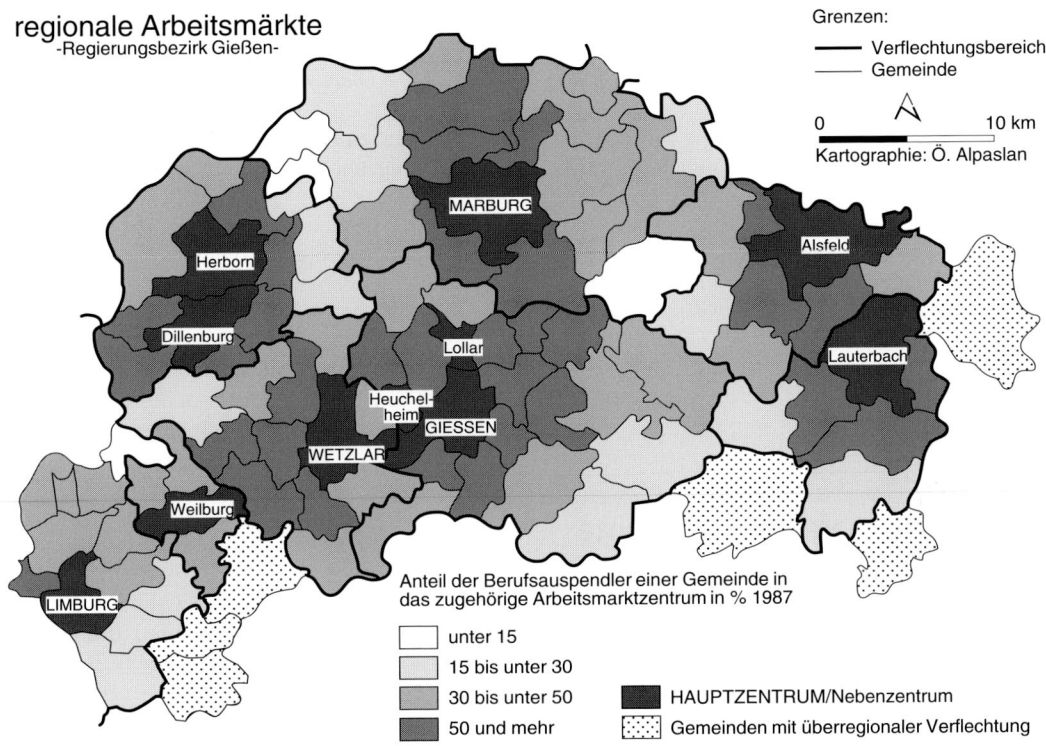

regionale Arbeitsmärkte
-Regierungsbezirk Gießen-

Grenzen:
— Verflechtungsbereich
— Gemeinde

0 ⎯⎯ 10 km

Kartographie: Ö. Alpaslan

Anteil der Berufsauspendler einer Gemeinde in
das zugehörige Arbeitsmarktzentrum in % 1987

unter 15
15 bis unter 30
30 bis unter 50
50 und mehr

HAUPTZENTRUM/Nebenzentrum
Gemeinden mit überregionaler Verflechtung

Abb. 9: Regionalisierung nach dem Funktionalprinzip: Arbeitsmarktregionen (Quelle: Höher 1993, S. 87)

Ergebnis vielfältiger Machtkämpfe, Aushandlungsprozesse und Kriege in der Vergangenheit. In den Grenzen spiegeln sich oft territoriale Prinzipien wider. Fast immer werden administrative Einheiten bei anderen Regionsabgrenzungen als Kleinsteinheiten zugrunde gelegt. Das hängt damit zusammen, dass es praktisch immer nur auf der Ebene administrativer Raumeinheiten offizielle statistische Daten gibt, die bei einer anderen Regionalisierung zugrunde gelegt werden können. Deshalb sind viele Regionen nach dem Homogenitäts- oder Funktionalprinzip gemeinde- und kreisscharf abgegrenzt.

2.1.5 Standort

Im Unterschied zu Regionen weisen Standorte keine flächenhafte Ausdehnung auf, sondern sind punktuell angelegt. In der traditionellen Raumwirtschaftslehre steht der Standort im Zentrum des Interesses. Es interessiert, warum welche Orte z. B. als Industriestandorte zu Zentren wirtschaftlicher Aktivität geworden sind und welche Güter-

flüsse zwischen diesen Standorten stattfinden. Aber Standorte sind nicht wirklich Raumpunkte. Dies zeigt sich beispielsweise, wenn man das Hauptwerk der BASF oder ein Stadtzentrum als Standort betrachtet. Häufig werden sogar Großstädte wie Frankfurt am Main und New York oder riesige Länder als Standorte behandelt, wie die Debatte um den „Standort Deutschland" zeigt. In dieser unpräzisen Verwendung des Begriffs Standort zeigt sich, dass es verschiedene **räumliche Maßstabsebenen** in der Geographie gibt, die zu unterscheiden sind: die lokale, die regionale, die nationale, die supra-nationale und die globale Ebene. Der Standortbegriff ist ein relativer und damit abhängig von der gewählten räumliche Maßstabsebene. So ist es aus globaler Sicht denkbar, einzelne Staaten als Standorte zu betrachten, nicht aber aus regionaler Perspektive.

Ein besonderes Problem besteht darin, dass in Untersuchungen über die Ursachen und Gründe für Standortentscheidungen die verschiedenen Maßstabsebenen oft nicht sauber voneinander getrennt werden. Bei Befragungen, warum Industrieunternehmen einen konkreten Standort für ihr Unternehmen gewählt haben, denken einige Gesprächspartner möglicherweise eher daran, warum der gewählte Stadtteil einem anderen vorgezogen wurde, während andere Gesprächspartner vor allen Dingen daran denken, welche Vorzüge die Standortregion gegenüber anderen Regionen hatte. So mag der Gründer eines Unternehmens vor allem an die räumliche Dimension Grundstück oder Stadtteil denken, während beim Leiter eines ausländischen Tochterunternehmens die regionale oder nationale Sicht stärker ausgeprägt sein mag. Hiermit ist ein Problem traditioneller Untersuchungen angesprochen, in denen sehr häufig Makro- und Mikro-Standortbedingungen und unterschiedliche Raumdimensionen (KLÜTER 1987; 1994) miteinander vermischt werden.

2.2 Relationale Raumkonzepte: Distanz und Nähe

Distanz und Nähe sind jeweils zentrale Konzepte in der Wirtschaftsgeographie. Im Gegensatz zu den positionalen Begriffen des vorigen Abschnitts stellen Distanz- und Nähebegriffe eine räumliche Beziehung zwischen lokalisierten Phänomenen oder Konzepten her. Man könnte zwar argumentieren, dass Distanz und Nähe zwei einander völlig komplementäre Konzepte seien und es deshalb ausreiche, nur eines der beiden zu behandeln. Jedoch möchten wir mit unserer getrennten Darstellung betonen, dass Distanz und Nähe Ausdruck zweier verschiedener, kontroverser Perspektiven sind. Während das Distanzkonzept auf räumliche Diversität und Heterogenität fixiert ist, zielt das Konzept der Nähe auf räumliche Homogenität und Gemeinsamkeiten im sozio-ökonomischen Kontext ab. Aus diesem Grund wird im Folgenden auf beide Konzepte mit unterschiedlicher Schwerpunktsetzung eingegangen.

2.2.1 Messung von Distanz

In der Wirtschaftsgeographie kommt dem Distanzbegriff eine herausragende Rolle zu, denn hierin drückt sich das fundamentale Problem der Distanzüberwindung beim Wirtschaften aus. Rohstoffe, Produktionsstätten, Beschäftigte und Märkte befinden sich nur in Ausnahmefällen am gleichen Ort und müssen gemäß den Zielsetzungen des Wirtschaftsprozesses erst zueinander geführt werden. Distanzen erschweren und behindern Interaktionen. Häufig nehmen Interaktionen

in ihrer Häufigkeit und Intensität mit zunehmender Distanz ab. Das Überwinden von Distanzen verursacht Kosten, die wiederum Entscheidungen z. B. im Rahmen der Standortwahl beeinflussen. Dass Distanzen Kosten verursachen, ist zentraler Anknüpfungspunkt der Raumwirtschaftslehre (v. BÖVENTER 1962; 1995) und unterscheidet diese von der klassischen Ökonomie, in der das Raumüberwindungsproblem oftmals nicht thematisiert wird. Es gibt unterschiedliche Kriterien der Messung von Distanz, wobei es stets vom sozio-ökonomischen Kontext abhängt, welche Dimension von Distanz heranzuziehen ist (BLOTEVOGEL 1995a). Die wichtigsten Formen der Distanz werden nachfolgend exemplarisch vorgestellt:

(1) **Physische Distanz.** Die physische Distanz kann z. B. als reale straßenkilometrische Entfernung zwischen zwei Orten in Kilometern gemessen und erfasst werden. Algebraisch lässt sich die Distanz zwischen einem Ort 1 und einem Ort 2 als Luftlinienentfernung bzw. **euklidische Distanz** (d_E) oder als **Manhattan-Distanz** bzw. **City-Block-Distanz** (d_M) berechnen (z. B. VOGEL 1975). Dies setzt voraus, dass die x- und y-Koordinaten der betreffenden Orte bekannt sind.

$$d_E = \sqrt{(x_1 - x_2)^2 + (y_1 - y_2)^2}$$

$$d_M = |x_1 - x_2| + |y_1 - y_2|$$

(2) **Ökonomische Distanz.** Unter ökonomischer Distanz werden die kostenwirksamen Aspekte der Distanzüberwindung verstanden. Sie werden zumeist als Transportkosten oder als Transportzeit gemessen. Wie hoch die Transportkosten bzw. die Transportzeit in einem konkreten Fall sind, hängt dabei nicht nur von der Entfernung ab, sondern auch von der Morphologie – z. B. der Frage, ob Wüsten oder Berge zu überqueren sind –, von der Verkehrsinfrastruktur, der Transportierbarkeit der Güter und der Verkehrstechnologie. Inwieweit diese Kosten entscheidungsrelevant sind, ergibt sich daraus, in welchem Verhältnis sie zu anderen Kosten stehen (z. B. RICHARDSON 1978, Kap. 2).

(3) **Soziale Distanz.** Das Konzept der sozialen Distanz kennzeichnet die soziale Entfernung zwischen Personen oder Gruppen von Personen und ist ein Maß sozialer Ungleichheit (YEATES 1990, Kap. 6). Ähnlich wie etwa die Wirtschaftsgeographie ökonomische Aktivitäten aufgrund ihres räumlichen Zusammenhangs regionalisiert, formulieren die Sozialwissenschaften unterschiedliche Stratifizierungsmodelle zur Abgrenzung so-

zial entfernter Gruppen. Soziale Distanzen zwischen gesellschaftlichen Schichten drücken sich durch Unterschiede in Bildungshintergründen, in beruflichen Qualifikationen oder in Haushaltseinkommen aus. Im Gegensatz zu diesen vertikalen sozialen Distanzen, die hierarchisch gestufte gesellschaftliche Gelegenheiten beschreiben, treten im Zuge fortschreitender Differenzierung der modernen Industriegesellschaft horizontale Ungleichheiten immer stärker in den Vordergrund. Sie werden in unterschiedlichen Werten, Lebenseinstellungen, Gewohnheiten und Geschmäckern offensichtlich (BOURDIEU 1987; BERGER & HRADIL 1990). Diese sozialen Unterschiede drücken sich in Konzepten wie denen der sozialen Milieus oder der Lebensstil-Gruppen aus (LÜDTKE 1989; MÜLLER 1992), die sich als Ensembles von Akteuren mit ähnlichen Stellungen, Dispositionen und Praktiken von anderen Milieux unterscheiden (BOURDIEU 1995). Soziale Distanz und räumliche Distanz hängen keineswegs systematisch zusammen (HARD 1993). Soziale Distanz begründet aber dann besonders interessante Formen raumrelevanten Handelns, wenn beispielsweise eine Person ihre Versorgungseinkäufe lieber an räumlich weiter entfernten Orten ausführt, die eine geringere soziale Distanz zu ihren Lebensgewohnheiten aufweisen, als in räumlich näher gelegenen, jedoch sozial entfernteren Geschäftszentren einzukaufen. An diesem Beispiel wird auch deutlich, dass eine ausschließlich ökonomische bzw. kostenspezifische Interpretation physischer Distanz ein solches Verhalten unerklärt ließe.

Die oben stehenden Erläuterungen zum Distanzbegriff sollen zeigen, dass Distanz keineswegs ein ausschließlich objektives Kriterium ist, sondern dass dabei auch subjektive Einschätzungen eine wichtige Rolle spielen. HARVEY (1990) hat eindrucksvoll gezeigt, dass technologische Entwicklungen im Bereich der Informations-, Kommunikations- und Verkehrstechnologien während des 20. Jahrhunderts zu einer *time-space compression* bzw. Raum-Zeit-Verkürzung geführt haben. Durch neue Technologien erscheint die Welt näher zusammengerückt zu sein.

2.2.2 Konzepte der Nähe

Ein grundsätzliches Problem bei der Organisation industrieller Arbeits- und Produktionsprozesse besteht darin, die Arbeitskräfte, Rohstoffe, Zwischenprodukte, Maschinen und Anlagen auf betriebsinterner, unternehmensinterner und unternehmensübergreifender Ebene in räumlicher Perspektive so zusammenzubinden, dass eine möglichst effiziente Teilung und Integration der Arbeit erfolgt. Nach dieser Abgrenzung von SAYER & WALKER (1992, Kap. 3) muss eine hinreichende Koordination und Kontrolle des Produktionsablaufs auf den verschiedenen Ebenen der Produktion innerhalb und zwischen Betriebsstätten und Betrieben sichergestellt sein, damit qualitativ hochwertige Produkte zuverlässig nach Kundenbedürfnissen angefertigt werden können. So gilt es zu entscheiden, welche Vor- und Zwischenprodukte ein Unternehmen selbst herstellt und welche es von Vorfertigern zukauft, welche Prozesstechnologien eingesetzt werden, wie die verschiedenen Produktionsschritte verknüpft werden, welche Zulieferer ausgewählt werden und an welchen Standorten auf regionaler, nationaler und internationaler Ebene die verschiedenen Produktionsabschnitte angesiedelt werden sollen. Eine wichtige Strategie, um die Koordination und Überwachung der komplexen Produktionsabläufe zu sichern, besteht darin, zwischen den verschiedenen Produktionsstufen Nähe zu erzeugen. Hierbei kann zwischen verschiedenen Konzepten der Nähe unterschieden werden (LUNDVALL 1988; GERTLER 1993; BATHELT 1995; 2000a).

(1) **Räumliche Nähe.** Das naheliegendste Konzept der Nähe ist das der räumlichen Nähe. Räumliche Nähe im Sinne rein geometrischer Nähe ist eine theoretisch weder hinreichende noch notwendige Bedingung für das Zustandekommen von Interaktionen. Allerdings dient sie oft als wichtige Voraussetzung, um Menschen und Unternehmen zusammenzubringen, um Wissen zu teilen und Probleme zu lösen (STORPER & WALKER 1989, Kap. 3). Räumliche Nähe verringert nicht nur Transportkosten und vermindert die Kosten bei der Suche nach Informationen über mögliche Zulieferer, als soziales Konstrukt erleichtert sie zugleich das Entstehen von Vertrauensbeziehungen (HARRISON 1992), vermindert das Risiko unternehmensübergreifender Abstimmungsprozesse und ermöglicht interaktive Problemlösungen. Das hängt damit zusammen, dass die Akteure durch räumliche Nähe in ein relativ homogenes sozio-institutionelles Gefüge eingebettet sind. Gerade kleine, neu gegründete Unternehmen sind vergleichsweise stark in ihrem lokalen Umfeld tätig, das ihnen vertraut ist und wo sie potenzielle Geschäftspartner bereits kennen.

(2) **Kulturelle bzw. institutionelle Nähe.** Eine äußere Grenze der räumlichen Nähe ist durch die für ökonomische Verflechtungsbeziehungen erforderliche kulturelle Nähe gegeben. Kulturelle Nähe bezieht sich nach GERTLER (1992; 1997b) auf die einheitlichen nationalstaatlich definierten Koordinationsstrukturen und -prinzipien, die die Art und Stabilität der Beschäftigungs- und Produktionsverhältnisse und der Arbeits-Kapital-Beziehungen betreffen, so z. B. die Zusammenhänge zwischen Bildungssystem, Industriearbeit und technologischem Wandel. Dieser auf eine einheitliche Wirtschafts- bzw. Industriekultur zielende Begriff wird auch als institutionelle Nähe bezeichnet (NELSON 1988; BERNDT 1996). Diese ist um so größer, je geringer die zu überwindenden institutionellen Unterschiede sind. Eine zu geringe kulturelle Nähe kann Probleme bei der Adaption neuer Technologien und Organisationsprinzipien verursachen, die in anderen Ländern entwickelt worden sind und dort erfolgreich angewendet werden (GERTLER 1995; 1996). Dies mag auch erklären, warum Zulieferbeziehungen innerhalb nationalstaatlicher Grenzen relativ stark, in industriellen Ballungsräumen – d. h. in räumlicher Nähe – hingegen nur schwach ausgeprägt sind. Anders als in den Studien der 1960er und 1970er Jahre, die dies zunächst als scheinbaren Widerspruch bewerteten (SCHICKHOFF 1983, Kap. II und III), zeigt sich hierin gerade die große Bedeutung kultureller und institutioneller Nähe, die enge nationalstaatliche Bezüge bewirkt.

(3) **Organisatorische Nähe.** Internationalisierungs- und Globalisierungsprozesse von Produktions- und Marktbeziehungen sind den Konzepten der räumlichen und kulturellen Nähe offensichtlich entgegengerichtet. Fehlende räumliche oder kulturelle Nähe kann jedoch durch organisatorische Nähe ersetzt oder ausgeglichen werden. Dies geschieht, indem Unternehmen im Rahmen von Fusions- und Akquisitionsaktivitäten neue Unternehmen oder Unternehmensteile in anderen Ländern erwerben, um somit Zugang zu deren angestammten Märkten, d. h. eine größere Marktnähe zu erlangen und entsprechendes Marktwissen zu erwerben (DICKEN 1994; SCHAMP 1996; STORPER 1997c). Durch diesen Schritt findet tendenziell eine Substitution von distanzabhängigen gleichberechtigten Verflechtungsbeziehungen durch distanzunempfindliche hierarchische Anweisungsstrukturen in der Produktion statt.

(4) **Virtuelle Nähe.** Moderne Informations- und Kommunikationstechnologien ermöglichen in Echtzeit, also ohne Zeitverzögerung und über große Entfernungen hinweg, eine effektive Wahrnehmung von Koordinations- und Überwachungsaufgaben in der Produktion. Weltweite Vernetzungen im Internet erzeugen innerhalb einer Unternehmensorganisation sowie zwischen selbständigen Unternehmenseinheiten eine neuartige virtuelle Nähe. Es ist abzusehen, dass diese durch die Ausbreitung von Internetdiensten in Zukunft an Bedeutung gewinnen wird und zur Erschließung neuer Potenziale für weltweit integrierte Produktions- und Marktstrukturen führt.

2.3 Ökonomische Bedürfnisse und Bedürfnisbefriedigung

Ausgangspunkt der Güterproduktion sind menschliche Bedürfnisse, worunter Existenzbedürfnisse wie z. B. sich zu kleiden, zu essen und zu arbeiten sowie Kulturbedürfnisse wie sich zu bilden zu verstehen sind (z. B. RUPPERT & SCHAFFER 1969; SCHAFFER 1970). In verschiedenen Gesellschaften können unterschiedliche Bedürfnisstrukturen bestehen. So sind Kulturbedürfnisse beispielsweise abhängig vom Entwicklungsstand und der Technologie in einem Land. Insgesamt resultieren räumliche Unterschiede in den Bedürfnisstrukturen. Wenn Kaufkraft vorhanden ist, werden Bedürfnisse zu konkreter Nachfrage. Nachfrager sind hierbei private Haushalte, Unternehmen und staatliche Organisationen.

In der Marktwirtschaft wird die Bedürfnisbefriedigung durch Beziehungen zwischen Konsumenten und Produzenten geregelt, die ein Angebot und eine Nachfrage definieren (z. B. DEMMLER 1990, Kap. 2 und 6; LIPSEY et al. 1993, Kap. 4). Die Abstimmung und Koordination zwischen Angebot und Nachfrage erfolgt über den Preis. Die Nachfrage ist generell so strukturiert, dass mit sinkendem Preis die nachgefragte Menge zunimmt. Demgegenüber ist die angebotene Menge um so größer, je höher der Preis ist. Dieser strukturelle Interessengegensatz zwischen Angebot und Nachfrage wird auf dem Markt über den Preis zum Ausgleich gebracht. Dies lässt sich in einem Preis-Mengen-Diagramm zeigen, in das eine fallende Nachfrage- und die zugehörige steigende Angebotsfunktion eingezeichnet sind (→ Abb. 10). Es zeigt sich, dass nur in einem einzigen Punkt, d. h. bei einer einzigen Preis-Mengen-Konstellation, Angebot und Nachfrage zum Einklang gebracht werden können. Diese Konstellation wird als Gleichgewicht bezeichnet. Im **Preis-Mengen-Diagramm** lässt sich anschaulich verdeutlichen, wie sich der Gleichgewichtspreis und die Gleichgewichtsmenge verändern, wenn sich die Angebots- und Nachfragebedingungen verändern:

(1) Sinkende Herstellungskosten bewirken beispielsweise, dass sich die Angebotsfunktion nach unten verschiebt (→ Abb. 10a). Dies führt dazu, dass ein neues Gleichgewicht entsteht. Gegenüber der Ausgangssituation hat sich der Preis verringert, aber die Absatzmenge ist angewachsen. Ob sich dadurch die Umsatzsituation der Hersteller verbessert, hängt von der so genannten Preiselastizität der Nachfrage ab – d. h. davon, ob die Effekte durch den Mengenzuwachs größer sind als die Auswirkungen durch den Preisrückgang.

(2) Wenn sich, ausgehend von einem Marktgleichgewicht, die Nachfrage erhöht (→ Abb. 10b), so hat dies ebenfalls Auswirkungen auf Preis und Menge (MCGUIGAN & MOYER 1993, Kap. 11). Ein Anstieg der Nachfrage kann z. B. dadurch ausgelöst werden, dass höhere Einkommen zur Verfügung stehen. In diesem Fall verschiebt sich die Nachfragefunktion nach rechts. Das in dieser Situation resultierende neue Marktgleichgewicht ist durch einen höheren Preis und eine höhere Menge gekennzeichnet.

(3) Eine wiederum andere Art der Marktanpassung findet statt, wenn der Staat eine neue indirekte Steuer einführt oder die bestehende Mehrwertsteuer erhöht (→ Abb. 10c). Dies führt dazu, dass die Angebotskurve nun einen steileren Verlauf hat, sich folglich gegenüber der ursprünglichen Angebotskurve nach links dreht. Die sich einstellende neue Gleichgewichtssituation ist dadurch gekennzeichnet, dass sich der Preis bei einem gleichzeitigen Mengenrückgang erhöht hat.

In einem **marktwirtschaftlichen System** führt der Preis also zu einem Interessenausgleich zwischen Angebot und Nachfrage. Über den Preis erhalten die Produzenten Informationen darüber, welche Menge sie auf dem Markt anbieten müssen bzw. können. Es gibt allerdings Situationen, in denen der Preis nicht oder nur bedingt als Koordinations- und Lenkungsinstrument von Angebot und Nachfrage wirkt. Man spricht dann in der Ökonomie von **Marktversagen** (ENDRES 2000, Kap. 5 und 6). Dies stellt sich beispielsweise ein, wenn statt einer Wettbewerbssituation bei voll-

a) sinkende Herstellungskosten

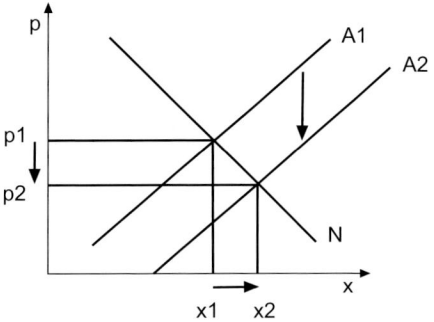

b) Anstieg der Nachfrage

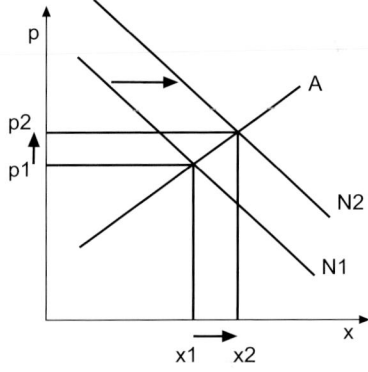

c) Mehrwertsteuererhöhung

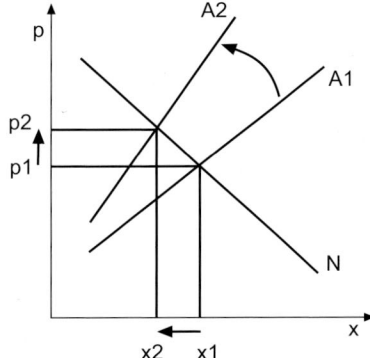

Abb. 10: Marktwirtschaftliche Preisbildung

ständiger Konkurrenz, bei der eine große Anzahl kleiner Anbieter einer Vielzahl kleiner Nachfrager gegenübersteht, eine Konzentration der Angebotsseite auf eine geringe Anzahl großer Unternehmen (Oligopol) oder gar auf nur ein einziges Unternehmen (Monopol) stattfindet. Ein zweites Beispiel für Marktversagen ergibt sich infolge der Wirkung so genannter externer Effekte (SCHLIE-

PER 1988). Externe Effekte entstehen, wenn ein Unternehmen durch seine Produktionstätigkeit andere Unternehmen positiv (z. B. durch Wissenstransfers) oder negativ (etwa durch Schadstoffimmissionen) mit beeinflusst, ohne dass sich dies in Preisen bzw. Kosten niederschlägt oder darüber gesteuert wird (→ Kap. 5.1).

In einem **planwirtschaftlichen System** legt der Staat im Unterschied dazu fest, welche Bedürfnisstruktur wie befriedigt werden soll. Vereinfacht dargestellt bestimmt er die produzierte Menge und den zu zahlenden Preis (LIPSEY et al. 1993, Kap. 6). Dies muss aber nicht mit den tatsächlichen Bedürfnissen korrespondieren, denn die Nachfragekurve, die ja menschliche Bedürfnisse widerspiegelt, existiert nach wie vor. In den osteuropäischen Planwirtschaften zeigten sich die Probleme derartiger Wirtschaftssysteme in der Nachkriegszeit sehr deutlich. So wurden einige Güter wie etwa Grundnahrungsmittel staatlich subventioniert und zu einem geringeren Preis angeboten als der, der sich in einem marktwirtschaftlichen System ergeben hätte. Dies führte zu staatlichen Verlusten. Bei anderen Gütern wie z. B. Luxusgütern, die zu einem staatlichen Gewinn hätten führen können, wurde zwar ein höherer Preis als der Marktpreis verlangt, dafür aber schlug die Mengenplanung fehl. Insgesamt entstanden massenweise unbefriedigte Bedürfnisse. Dies mag auch erklären, warum der Preis für gebrauchte Autos in der ehemaligen DDR über dem für Neuwagen lag, obwohl dieser Preis bereits über demjenigen lag, der sich unter Marktbedingungen in einer offenen Volkswirtschaft gebildet hätte. Es soll hier keineswegs die Überlegenheit des marktwirtschaftlichen gegenüber dem planwirtschaftlichen System dokumentiert, sondern lediglich festgestellt werden, wie bedeutsam Preise als Koordinationsinstrumente sind, da sie die Handlungen einer Vielzahl von Akteuren dezentral beeinflussen und einen Interessenausgleich ermöglichen. Dieses Koordinationsinstrument kann offensichtlich durch planwirtschaftliche Elemente nicht so leicht ersetzt werden.

In der Ökonomie lassen sich unabhängig von der Art des Wirtschaftssystems verschiedene **Arten von Gütern** unterscheiden: Es gibt materielle Güter und daneben immaterielle Güter, wie z. B. Dienstleistungen. Ferner können freie und knappe Güter unterschieden werden. Freie Güter sind unbegrenzt verfügbar, während knappe Güter begrenzt sind. Für letztere existiert deshalb ein Preis. Des Weiteren können Konsumgüter von Produktions- bzw. Investitionsgütern, wie z. B. Maschinen und Anlagen, unterschieden werden.

2.4 Wirtschaftliche Produktion und Produktionsfaktoren

In der wirtschaftlichen Produktion kann man einen Primär-, einen Sekundär- und einen Tertiärsektor unterscheiden (VOPPEL 1999, Kap. 3). Der Primärsektor setzt sich zusammen aus Bergbau, Landwirtschaft, Forstwirtschaft sowie Jagd und Fischerei. Er liefert Rohstoffe an den Sekundärsektor, wo diese in Industrie und Handwerk weiterverarbeitet werden. Industrie und Handwerk liefern schließlich Fertigprodukte an den Tertiärsektor, den Großhandel und den Einzelhandel, der diese an Konsumenten weiterverkauft. Im Produktionsprozess werden vereinfacht die *inputs* Arbeit und Kapital in *outputs* umgewandelt (→ Abb. 11a).

Unter einem **Produktionssystem** wird allerdings nicht nur der Transformationsprozess von *inputs* zu *outputs* verstanden, sondern ein interdependentes System (→ Abb. 11b), bestehend aus mehreren miteinander verflochtenen Teilprozessen. Das Produktionssystem ist dabei als ein nach außen offenes, aber in sich kohärentes System konzipiert (DICKEN & LLOYD 1990):

- **Produktionsprozess.** Dieser beinhaltet die Transformation von Rohstoffen und Zwischenprodukten in Endprodukte.
- **Zirkulationsprozess.** Dieser enthält Bereiche wie das Finanz-, Transport- und Kommunikationssystem sowie das Servicesystem.
- **Verteilungsprozess.** Hier erfolgt die Verteilung von Gütern z. B. über Einzelhandelssysteme.
- **Regulierungs- und Kontrollprozess.** Dieser beinhaltet die zur Koordination notwendigen Gesetze, Regeln, Praktiken und Gewohnheiten.
- **Nachfrage bzw. Konsum.**

Ausgangspunkt der Analyse eines Produktionssystems kann eine Produktions- bzw. Wertschöpfungskette sein, in einem Produkt stufenweise ein neuer Wert zufügt wird (→ Kap. 1.2). Die Perspektive der Wirtschaftsgeographie bei der Untersuchung der fünf Teilprozesse des Produktionssystems besteht darin, die Organisation der Produktion aus räumlicher Perspektive zu beschreiben und zu erklären und den Einfluss der Produktion auf soziale und ökonomische Prozesse im räumlichen Kontext zu untersuchen.

a) Elemente des Produktionsprozesses

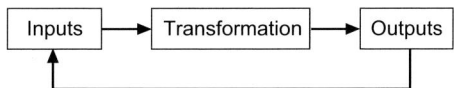

b) Organisation des Produktionssystems

Abb. 11: Prozess und System der Produktion (Quelle: nach DICKEN & LLOYD 1990, S. 7)

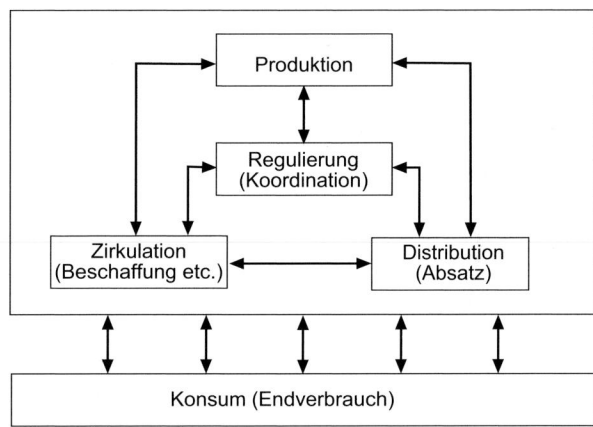

In der volkswirtschaftlichen Theorie gehen Boden (natürliche Ressourcen), Arbeit und Kapital (Sach- und Humankapital) als Produktionsfaktoren in den Produktionsprozess ein (z. B. HEALEY & ILBERY 1990, Kap. 4.; BONTRUP 1998, Kap. 2.1 bis 2.9). Die neuere soziologische Debatte unterscheidet neben Sach- und Humankapital als weitere Kapitalform das soziale Kapital, das die Gesamtheit der Gelegenheiten aus sozialen Beziehungen widerspiegelt. Das soziale Kapital wird insbesondere in jüngeren, sozialwissenschaftlich motivierten Ansätzen als Form des Kapitals aufgegriffen.

2.4.1 Produktionsfaktor Boden

Der Boden hat als Produktionsfaktor eine dreifache Stellung: Er ist landwirtschaftliche Nutzfläche, Fundort nicht ersetzbarer Rohstoffe und Energieträger sowie Standort für Wohnungsbau, Industriebetriebe und Verkehrsanlagen. Im Zusammenhang mit dem Produktionsfaktor Boden lassen sich verschiedene Probleme aufzeigen, die in der Wirtschaftsgeographie thematisiert werden. So ist die Nutzung von Boden durch eine zunehmende Flächenbeanspruchung gekennzeichnet, was zu Landnutzungskonflikten zwischen verschiedenen sozialen Gruppen führt und in der

Vergangenheit sogar Kriege bewirkt hat. Ein weiteres wichtiges Kennzeichen, das menschliche Verhaltensweisen beeinflusst, ist die Abnahme natürlicher Ressourcen und die damit einhergehende Verknappung. Für den Produktionsfaktor Boden wird oftmals das **Gesetz vom abnehmenden Ertragszuwachs** angenommen. Dieses besagt, dass der durch die zuletzt eingesetzte Faktoreinheit erzielte zusätzliche Ertrag mit zunehmendem Faktoreinsatz (z. B. in Form von Düngemitteln) immer geringer wird. Je größer die bereits eingesetzte Menge an Düngemitteln ist, desto mehr Düngemittel müsste man zusätzlich einsetzen, um den Ertrag pro Flächeneinheit weiter zu erhöhen.

In einer Studie über die **Grenzen des Wachstums** haben MEADOWS et al. (1973) im Auftrag des *Club of Rome* untersucht, welche zusätzliche landwirtschaftliche Nutzfläche bei steigender Weltbevölkerung benötigt wird (→ Abb. 12). In ihrer Studie gingen sie davon aus, dass die zur Ernährung der stetig wachsenden Weltbevölkerung notwendige landwirtschaftliche Produktion exponenziell im Zeitablauf anwachsen müsste. Zugleich erkannten sie, dass die unter realistischen Bedingungen herzustellende landwirtschaftliche Produktionsmenge unter Nutzung der auf der Erde vorhandenen Fläche langfristig ma-

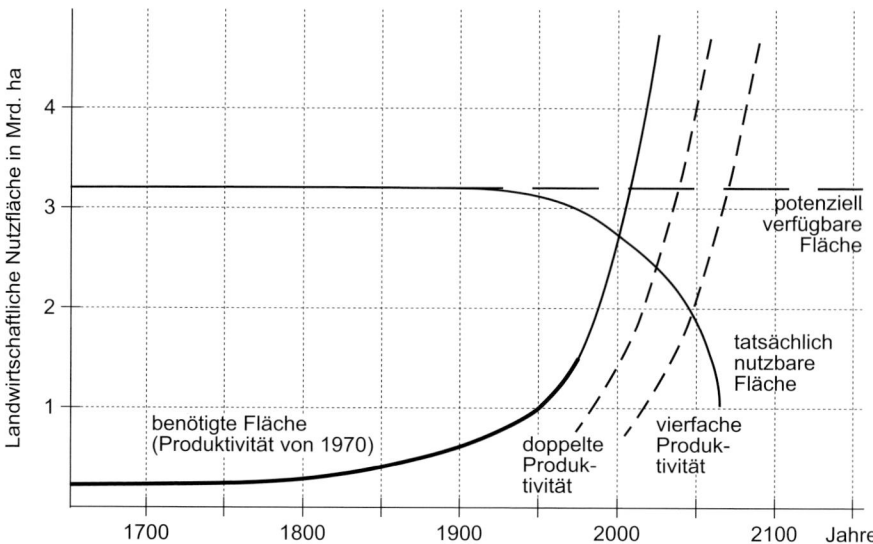

Abb. 12: Grenzen des Wachstums (Quelle: nach MEADOWS et al. 1973, S. 40)

ximal linear anwachsen könnte. Daraus erkannten MEADOWS et al. (1973), dass irgendwann ein Zeitpunkt erreicht sein würde, zu dem die tatsächlich hergestellte landwirtschaftliche Produktion nicht mehr zur Ernährung der Weltbevölkerung ausreicht. Sie zeigten, dass der zusätzliche Bedarf an Boden auch durch erhebliche Produktivitätssteigerungen nicht kompensiert werden kann. Die Folgen dieser Situation wären dramatisch: Armut, Hunger, Konflikte und sogar Kriege um landwirtschaftliche Nutzfläche in bestimmten Teilen der Welt. Es ist klar, dass eine Überwindung dieses Problems in erster Linie eine Verringerung des Bevölkerungswachstums erfordert. Dies wiederum bedingt veränderte soziale Verhaltensweisen, die wiederum von ökonomischen Strukturen und wirtschaftlichen Wachstumschancen beeinflusst werden.

Aus Sicht der Wirtschaftsgeographie erhält die Standortwahl ökonomischer Akteure und die Standortverteilung ökonomischer Aktivitäten in diesem Zusammenhang eine große Bedeutung. Um Wachstum steuern und damit Einfluss auf die räumliche Wohlstandsverteilung nehmen zu können, muss man zunächst einmal verstehen, nach welchen Prinzipien Betriebe und Unternehmen ihre Standorte wählen. Dies ist ein traditioneller Untersuchungsgegenstand der Wirtschaftsgeographie (MIKUS 1978; WAGNER 1981; BRÜCHER 1982; BERRY et al. 1987; SCHÄTZL 1998; VOPPEL

1999). Raumwirtschaftliche Studien sind exemplarisch zu folgenden Erkenntnissen über die Standortwahl gelangt:

(1) **Industrielle Standorte.** Industriebetriebe wählen ihre Standorte je nach ihren Bedürfnissen mit unterschiedlicher Standortorientierung. Während Sägewerke und Stahlwerke ihre Standorte beispielsweise eher rohstoff- oder materialorientiert wählen, werden Standortentscheidungen von Aluminiumhütten in der Regel energieorientiert z. B. in der Nähe von Wasserkraftwerken getroffen. Demgegenüber sind Standorte von Textilfabriken stärker arbeitsorientiert und Standorte von Molkereien absatz- bzw. konsumorientiert.

(2) **Landwirtschaftliche Standorte.** Im Unterschied zu Industriebetrieben ist bei landwirtschaftlichen Betrieben der Produktionsort oftmals vorgegeben, während das Produktionsziel variabel und zu bestimmen ist. Hier stellt sich die Frage, welche Landnutzung in Abhängigkeit von Klima, Bodenrelief, Verkehrslage und Nachfrage gewählt wird.

(3) **Standorte von Dienstleistungsunternehmen.** Dienstleistungsunternehmen produzieren immaterielle Güter zur Versorgung von Haushalten und Unternehmen. Ihre Standorte sind in Städten konzentriert. Höchstrangige Dienstleistungen finden sich oftmals sogar nur in den größten Metropolen eines Landes. Wichtige Aspekte, die die Standortwahl von Dienstleistungen beeinflussen, sind zentrale Lage, die Verkehrsanbindung, Fühlungs- und Nähevorteile sowie ein kreatives Umfeld.

Diese Ergebnisse raumwirtschaftlicher Forschung werden insbesondere in Kapitel 4 und Kapitel 5 an verschiedenen Stellen wieder aufgegriffen, hinterfragt und weiterentwickelt.

2.4.2 Produktionsfaktor Arbeit

Der Produktionsfaktor Boden liefert Rohstoffe, die abgebaut, geerntet bzw. weiterverarbeitet werden müssen. Die Weiterverarbeitung erfordert den Einsatz des Produktionsfaktors Arbeit, dem somit eine zentrale Bedeutung unter den Produktionsfaktoren zukommt. Ähnlich wie beim Gesetz vom abnehmenden Ertragszuwachs wird für den Produktionsfaktor Arbeit häufig angenommen, dass die Leistung der zuletzt eingesetzten Arbeitseinheit *ceteris paribus*, d. h. unter sonst gleichen Bedingungen, umso geringer ist, je mehr an Arbeit bereits eingesetzt worden ist. Man sagt, mit zunehmendem Arbeitseinsatz sinkt das **Grenzprodukt der Arbeit**. Die Neoklassik geht davon aus, dass sich damit quasi der „Wert" der Arbeit verringert und das Lohnniveau sinkt (KÜLP 1988). Ein ähnlicher Zusammenhang lässt sich auch zwischen dem Produktionsfaktor Kapital und dem Kapitalzins herstellen. Allerdings wird der Zusammenhang durch den technologischen Wandel, arbeitsorganisatorische Neuerungen und gesellschaftliche Aushandlungsprozesse vielfach außer Kraft gesetzt.

Aufbau und Entwicklung von Gesellschaften beruhen seit jeher auf dem **Prinzip der Arbeitsteilung**, das vielfache Vorzüge bietet. Durch Arbeitsteilung kann der oder die Einzelne diejenige Tätigkeit erlernen und ausführen, zu der er oder sie am besten befähigt ist bzw. die ihm oder ihr am meisten Freude bereitet. SMITH (1776, I. Buch Kap. I bis III) hat am Beispiel der Stecknadelherstellung im 18. Jahrhundert gezeigt, dass dadurch die Produktivität in der industriellen Produktion enorm gesteigert werden kann. Erst durch Arbeitsteilung ist eine rationelle Nutzung von Maschinen überhaupt möglich. Durch den technischen Fortschritt und den vermehrten Maschineneinsatz wurde die Organisation der Arbeitsteilung Ende des 19. Jahrhundert allerdings auch zu einem immer komplexeren Problem. Zudem veränderte sich die Struktur der Arbeitsteilung mit dem Übergang vom Handwerksbetrieb zur Manufaktur, in der die Produktion in isolierte maschinengesteuerte Teilprozesse gegliedert war, und schließlich zum Industrieunternehmen mit integriertem Maschinensystem (MARX 1890, Kap. XIII).

TAYLOR (1919) untersuchte im Rahmen des von ihm entwickelten *scientific management* systematisch Produktions- und Arbeitsprozesse, um optimale Bewegungsabläufe bei der Bedienung von Maschinen abzuleiten, und um Maschinen bestmöglich in den Arbeitsprozess einzubinden. Er plädierte für eine strikte Trennung zwischen konzeptionellen und ausführenden Tätigkeiten und eine extreme Aufspaltung der ausführenden Arbeiten. FORD (1923) übertrug tayloristische Prinzipien Anfang des 20. Jahrhunderts systematisch in die maschinenbestimmten Fließprozesse der industriellen Massenproduktion. Art und Ausmaß der so genannten **tayloristisch-fordistischen Arbeitsteilung** erlangten nunmehr eine neue Tiefe und Qualität (KIESER 1999b, Kap. XIII).

In seiner Analyse der Entwicklung der kapitalistischen Gesellschaft stellte MARX (1890, Kap. XIII) fest, dass der Übergang zu großen, massenproduzierenden Industrieunternehmen zunächst eine strukturelle Verschlechterung der Arbeitsverhältnisse bewirkte. Nicht nur führte der systematische Einsatz von Maschinen zur Freisetzung von Arbeitern. Da Maschinen außerdem Muskelkraft entbehrlich machten, sank der Preis für Muskelkraft und zugleich wurden Frauen und Kinder in der Produktion eingesetzt. Die hohen Kosten für die Anschaffung der Maschinen machten die Unternehmen durch verlängerte Maschinenlaufzeiten und längere Arbeitszeiten wett. Als später die Länge des Arbeitstags gesetzlich begrenzt wurde, beschleunigten die Unternehmen ihre Arbeitsabläufe durch höhere Maschinengeschwindigkeiten und steigerten die Arbeitsintensität. Diese Prozesse bewirkten insgesamt erhöhte Gesundheitsprobleme der Arbeiter, eine Entleerung der Arbeit, einen Anstieg der Gefahren am Arbeitsplatz und eine Schwächung der Fähigkeit der Arbeiter zum Widerstand. Nach MARX (1890, Kap. XIII) waren diese Arbeitspraktiken letztlich Ausdruck des fundamentalen Widerspruchs zwischen Arbeit und Kapital. Die Produktionsverhältnisse änderten sich erst im 20. Jahrhundert mit der Erweiterung und Vertiefung nationalstaatlicher Regulierungen und dem kontinuierlichen Einkommenszuwachs der Beschäftigten, der zu einem allgemeinen Wohlstandsanstieg führte.

Anknüpfend an die genannten Arbeiten werden im Folgenden drei Arten der Arbeitsteilung voneinander unterschieden:

(1) **Unternehmensinterne Arbeitsteilung.** Sie bezeichnet die konkrete Art der Arbeitsteilung zwischen Mensch und Maschine am Arbeitsplatz

bzw. die Arbeitsteilung zwischen den verschiedenen Produktionsstufen in einer Betriebsstätte, einem Betrieb oder einem Unternehmen.

(2) **Unternehmensübergreifende Arbeitsteilung.** Sie beschreibt die Arbeitsteilung zwischen den Unternehmen, d. h. zwischen Zulieferern, Produzenten und Abnehmern. Hierbei lassen sich verschiedene Erscheinungsformen der Arbeitsteilung unterscheiden, die auf Kooperationsprinzipien oder Marktprinzipien beruhen können. Da in der unternehmensübergreifenden Arbeitsteilung die Interaktionen zwischen den betreffenden Akteuren und Akteursgruppen eine zentrale Rolle spielen, wird im Englischen der Begriff *social division of labor* verwendet (SCOTT 1988; 1998, Kap. 5). Vor allem an den Schnittstellen der Produktion zwischen verschiedenen Produktionsstufen kann sich die Arbeitsteilung verändern, was dann zu Veränderungen in den Kommunikations- und Abstimmungsprozessen zwischen den Unternehmen führt. Dies kann durch die Auslagerung einzelner Arbeitsschritte an andere Hersteller und den Übergang zu Fremdfertigung geschehen.

(3) **Räumliche Arbeitsteilung.** Sie ist eine Projektion der unternehmensinternen und unternehmensübergreifenden Arbeitsteilung in räumlicher Perspektive. Hierbei interessiert beispielsweise, welchen Einfluss räumliche Nähe auf Zuliefer- und Absatzbeziehungen hat. Die räumliche Arbeitsteilung ist auch ein Spiegelbild räumlicher Disparitäten. So ballen sich in einigen Regionen besonders viele Zulieferer, während andere Regionen spezialisierte Abnehmer beherbergen. Folge derartiger Strukturen sind Verflechtungsbeziehungen zwischen den Unternehmen verschiedener Regionen, die sich als räumliche Arbeitsteilung niederschlagen.

Durch die Dynamik der modernen Industriegesellschaft, Reflexivität im Verhalten ökonomischer Akteure sowie durch Lern- und Innovationsprozesse ist die Arbeitsteilung in einer Volkswirtschaft fortlaufenden Umstrukturierungsprozessen unterworfen. Solche Umstrukturierungen haben zur Folge, dass alte Arbeitsplätze wegfallen und neue Arbeitsplätze mit neuen Technologien und neuen Organisationsprinzipien entstehen. Die Arbeitsteilung ist somit einem ständigen Wandel unterworfen.

2.4.3 Produktionsfaktor Kapital

Kapital wird oft als abgeleiteter Produktionsfaktor bezeichnet, der erst vom Menschen geschaffen

werden muss. Er entsteht aus der Kombination von natürlichen Ressourcen und Arbeitskraft. Kapital ist ein Produktionsfaktor, der verschiedene Zwecke erfüllt. Er dient der effizienten Allokation der ursprünglichen Produktionsmittel Arbeit und Boden, der intertemporalen Allokation der Ressourcen durch Sparen und dem Durchsetzen von Innovationen durch technischen Fortschritt. Zugleich steuert er als Vermögensfaktor die Einkommensverteilung (MÄNNER 1988). In der Ökonomie wird Kapitalbildung einerseits durch Konsumverzicht und Sparen, andererseits durch Investitionen erklärt. Konzeptionell lässt sich zwischen Sachkapital (Maschinen und Anlagen) und Humankapital (Wissen und technischer Fortschritt) unterscheiden. Angeregt durch die neuere wirtschaftssoziologische Debatte kann ferner soziales Kapital, definiert als Gelegenheiten durch soziale Beziehungen, hinzugezählt werden (BOURDIEU 1986).

(1) **Sachkapital.** Als Sachkapital gelten die materiellen Ressourcen, die zur Realisierung des Produktionsprozesses notwendig sind. Vor allem die industrielle Produktion von Gütern für Massenmärkte bedarf eines hohen Sachkapitalvolumens. Große und zunehmend automatisierte maschinelle Anlagen ebenso wie industrielle Vorprodukte bilden den zentralen Kapitalbestand zur Transformation von Gütern in Zwischen- und Endprodukte. Auch Dienstleistungsunternehmen haben mitunter einen hohen Aufwand an Sachkapital. So repräsentieren z. B. Transportfahrzeuge den Sachkapitalbestand von Speditions- und Transportunternehmen.

(2) **Humankapital.** Naturwissenschaftlich-technisches Wissen kann einerseits aus der Grundlagenforschung resultieren oder andererseits aus Lernprozessen in der Produktion wie z. B. durch *trial and error* entstehen. Wissen ist ein immaterielles Gut, für das es allerdings keinen echten Markt und damit auch keinen Marktpreis gibt. Die Nachfrage nach und das Angebot an Wissen sind nicht genau spezifizierbar. Um den Wert von neuem Wissen genau taxieren zu können und einen Preis festzulegen, würde ein potenzieller Käufer Informationen darüber benötigen, wie er dieses neue Wissen verwenden kann. Er müsste also Kenntnisse über dieses Wissen haben. Sobald er diese Kenntnisse aber besitzt, müsste er dieses Wissen nicht mehr kaufen. In dieser Überlegung zeigt sich ein fundamentales Problem bei der Bestimmung eines Marktpreises für Wissen.

Bezüglich der Arten von Wissen kann zwischen explizitem, kodifiziertem Wissen (*explicit, codified knowledge*) und implizitem, stillem Wissen (*implicit, tacit knowledge*), das nicht-kodifiziert oder gar nicht-kodifizierbar ist, unterschieden werden (NONAKA 1994; NOOTEBOOM 2000; GERTLER 2001). **Kodifiziertes Wissen** ist Wissen, das z. B. in Form von Regeln oder Formeln niedergeschrieben ist. Es kann leicht weitergegeben werden und ist im Prinzip an jedem Ort erhältlich. **Stilles Wissen** ist demgegenüber an Personen gebunden und lässt sich nach POLANYI (1967, S. 4) daraus erklären, „*that we know more than we can tell*". POLANYI (1967, Kap. 1) führt die Entstehung von *tacit knowing* darauf zurück, dass Menschen ihre Aufmerksamkeit auf ein Ereignis lenken und dadurch den eigentlichen Ereignisauslöser nicht bewusst erleben. Beispielsweise konzentriert sich ein Anlagenfahrer in einem Industrieunternehmen ganz auf den störungsfreien Prozessverlauf und dessen Prozessparameter und führt die konkreten Steuerungseingriffe wie beim Autofahren nicht bewusst aus. Die hierzu notwendigen Fähigkeiten können nicht erklärt, sie müssen erlernt werden. Deshalb ist der Erwerb dieses Wissens an zeitaufwendige Lernprozesse geknüpft, die andauernde Praxis vor Ort bzw. ko-präsentes Interagieren von Akteuren erfordern. Das Wissen wird laufend verändert, wenn neue Erkenntnisse vorliegen und Konventionen über neue Produkte verändert werden müssen. Es ist dadurch lokalisiert, dass Akteure als die Träger des Wissens an bestimmte Standorte gebunden sind, und kann nicht ohne weiteres an andere Orte transferiert werden (MASKELL & MALMBERG 1998; 1999). Aber auch kodifiziertes Wissen kann durch Kontextualisierung in eine Form gebracht werden, die nicht leicht in andere räumliche Zusammenhänge übertragen werden kann (ASHEIM & DUNFORD 1997; BELUSSI & PILOTTI 2001). Es ist dies der Fall, wenn das Wissen vor der Anwendung an die spezifischen Bedingungen der Produktion vor Ort angepasst werden muss, also um Kontext spezifische Komponenten angereichert und somit lokalisiert wird. Die Formen kodifizierten und nicht-kodifizierten Wissens lassen sich auf eine Unterscheidung von menschlichen Bewusstseinsebenen übertragen, wie sie GIDDENS (1995, Kap. 1 und 2) vorschlägt. Kodifiziertes Wissen ist im diskursiven Bewusstsein verortet. Es befähigt den Akteur, sein Denken und Handeln zu explizieren. Stilles, nicht-kodifiziertes Wissen hingegen, das sich als Erfahrungs-

wissen in Routinen befindet, ist dem praktischen Bewusstsein zuzuordnen. Menschen wenden fortwährend etablierte Routinen an, die sie wie im Beispiel des Anlagen- und des Autofahrers nicht mehr reflektieren und folglich auch nicht mehr explizit erläutern können.

Technischer Fortschritt entsteht, wenn neues Wissen problembezogen angewendet wird und zur Verbesserung bestehender bzw. zur Schaffung neuer Produkte und Prozesse eingesetzt wird. Dies ist besonders dann wichtig, wenn es gelingt, dieses Wissen etwa in Form neuer Maschinen oder Organisationsformen kommerziell umzusetzen, die eine kostengünstigere, effizientere und schnellere Produktion ermöglichen. Die Entstehung technischen Fortschritts kann einerseits entlang eines bekannten technologischen Entwicklungspfads erfolgen, indem bestimmte Heuristiken und Lösungsprinzipien, die sich in der Vergangenheit bewährt haben, weiter fortgeschrieben werden (DOSI 1982; 1988). Ein Beispiel für eine derartige Entwicklung technischen Fortschritts ist die Miniaturisierung in der Computer- und Halbleiterindustrie. Alternativ kann technischer Fortschritt auch durch einen Wechsel zu einem anderen neuartigen Entwicklungspfad oder gar durch einen fundamentalen Wechsel des zugrunde liegenden technologischen Paradigmas entstehen (→ Kap. 8.2) wie etwa beim Übergang von der Transistor- zur Halbleitertechnik (BATHELT 1991a, Kap. 2). Die Erkenntnis, dass Wissen im Wirtschaftsprozess offensichtlich eine immer zentralere Rolle spielt, kommt darin zum Ausdruck, dass zunehmend von einer *knowledge-based economy* und von *knowledge-based industries* gesprochen wird (z. B. STRAMBACH 1995; PARK 2000).

(3) **Soziales Kapital.** Das Konzept des sozialen Kapitals thematisiert eine Ressource, die im Gegensatz zu Sach- und Humankapital nicht in der Verfügungsgewalt eines Akteurs oder einer Organisation liegt, sondern in der Beziehung zwischen Akteuren besteht und somit nur in Abhängigkeit von Partnern mobilisiert werden kann. Soziales Kapital beschreibt das Potenzial an Chancen und Gelegenheiten, die ein Akteur oder eine Organisation durch die Beziehungen zu anderen realisieren kann (BURT 1997; JANSEN 1999, Kap. 9). So stellen z. B. soziale Netzwerke zwischen Akteuren eine Form sozialen Kapitals dar, da sie die Unsicherheit der Interaktion auf der Grundlage von Vertrauen reduzieren und dadurch die Möglichkeit der Kooperation bei gemeinsamen Zielen

eröffnen. Ebenso ist es möglich, durch die Realisierung sozialen Kapitals Humankapital (COLEMAN 1988) oder Sachkapital zu erwerben. Der Unterschied zu Human- und Sachkapital kann an folgendem Beispiel illustriert werden: Eine Fußballmannschaft mag für ein Spiel favorisiert sein, weil sie die besseren Spieler mit den größeren spielerischen Fähigkeiten und somit quasi das qualifiziertere Humankapital besitzt. Dennoch aber kann sie von einer scheinbar schwächeren Mannschaft geschlagen werden, wenn diese durch gutes Zusammenspiel und eine geschlossene Mannschaftsleistung ihr soziales Kapital mobilisiert. Ein anderes Beispiel sind Netzwerke zwischen Händlern derselben ethnischen Gruppe, in denen aufgrund sozialen Kapitals eine hohe Effizienz erreicht wird (BEBBINGTON & PERREAULT 1999).

Es stellt sich nun die Frage, wie Menschen die Fähigkeit bzw. Kompetenz erwerben können, soziales Kapital aufzubauen, wenn es sich hierbei doch um eine Ressource handelt, die nicht im Besitz einer einzelnen Person liegt. Diese Frage lässt sich wohl nicht allgemeingültig beantworten. Sicherlich ist der Erwerb von sozialem Kapital erfahrungsabhängig und geschieht in verschiedenen Gesellschaften aufgrund unterschiedlicher Prozesse. Im Kontext der deutschen Gesellschaft kann man sich vorstellen, wenn man das Beispiel der Fußballmannschaft nochmals aufgreift, dass Erfahrungen im Mannschaftssport für den Aufbau

von sozialer Kompetenz von Bedeutung sein können. BASTIAN (2000, Kap. III.2) argumentiert, dass Musikerziehung in diesem Zusammenhang ebenfalls eine wichtige Rolle spielt und belegt dies anhand von Langzeitstudien an Berliner Schulen. Durch Musizieren im Ensemble lernen Kinder und Jugendliche fast spielerisch, miteinander zu kooperieren, aufeinander zuzugehen und gemeinsam Verantwortung zu tragen. Damit erfahren sie, so Bastian (2000, Kap. III.2), wie bedeutsam es sein kann, eigene Leistungen in das gelingende Gesamtergebnis einzubringen.

2.5 Exkurs: Zur Problematik der Leistungsmessung in der volkswirtschaftlichen Gesamtrechnung

In der volkswirtschaftlichen Gesamtrechnung wird der Wert des Produktionsergebnisses aller Wirtschaftsbereiche einer Volkswirtschaft erfasst (z. B. BONTRUP 1998, Kap. 2.9). Die Konzepte der volkswirtschaftlichen Gesamtrechnung können entsprechend auch auf Regionen übertragen werden. Ausgangsgröße ist der **Bruttoproduktionswert**, d. h. der Wert aller Güter und Dienstleistungen einschließlich der Vorleistungen, die in einer Volkswirtschaft erbracht werden. In die-

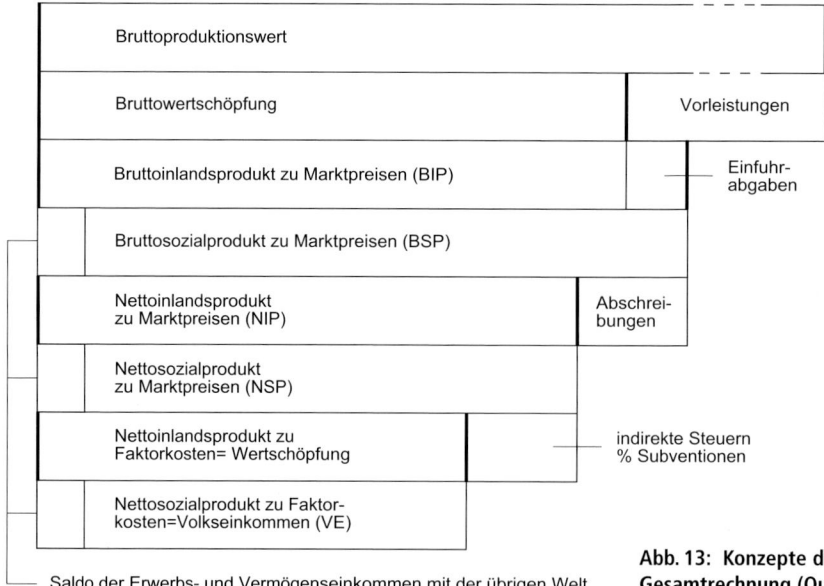

Abb. 13: Konzepte der volkswirtschaftlichen Gesamtrechnung (Quelle: SCHÄTZL 1994, S. 14)

ser Größe sind jedoch erhebliche Doppelzählungen enthalten, weil dieselben Vorleistungen in verschiedenen Verarbeitungsstufen mehrfach mitgezählt werden, so dass der Bruttoproduktionswert insgesamt nur begrenzt aussagekräftig ist. Durch Bereinigung des Bruttoproduktionswerts um die Vorleistungen erfolgt der Übergang zur **Bruttowertschöpfung** einer Volkswirtschaft, die nun keine Doppelzählungen mehr enthält (→ Abb. 13). Nach Hinzurechnung der Einfuhrabgaben gelangt man von der Bruttowertschöpfung zum **Bruttoinlandsprodukt zu Marktpreisen**. Wenn man von dieser Größe weiter die Abschreibungen, d. h. die Wertverluste von Maschinen und Anlagen subtrahiert, gelangt man zum **Nettoinlandsprodukt zu Marktpreisen**. Durch Bereinigung des Nettoinlandsprodukts zu Marktpreisen um indirekte Steuern und Hinzuzählung von Subventionen erhält man schließlich das **Nettoinlandsprodukt zu Faktorkosten**.

In der an SCHÄTZL (1994, Kap. 3.1.1) angelehnten Darstellung werden die Zusammenhänge zwischen diesen Konzepten gut veranschaulicht. Hierin zeigt sich auch, dass man generell zwischen einem Inlandskonzept und einem Inländerkonzept unterscheiden kann. Während die bisher dargestellten Kenngrößen der volkswirtschaftlichen Gesamtrechnung auf dem **Inlandskonzept** beruhen, also für das Gebiet einer Volkswirtschaft konzipiert sind, ist das Inländerkonzept ein personenbezogenes Konstrukt, das alle Inländer berücksichtigt. Man gelangt vom Inlands- zum **Inländerkonzept**, indem man die Einkommen der Auspendler addiert und die der Einpendler subtrahiert. Auf diese Weise erfolgt der Übergang vom Bruttoinlands- zum Bruttosozialprodukt und vom Nettoinlandsprodukt zu Faktorkosten zum Nettosozialprodukt zu Faktorkosten, dem **Volkseinkommen**. Durch Subtraktion der direkten Steuern und Hinzufügung der staatlichen Transferzahlungen ergibt sich daraus das **verfügbare Einkommen** der Inländer.

Auf regionaler Ebene verwendet man als Indikatoren der Leistungskraft entweder die **regionale Bruttowertschöpfung**, d. h. den Wert aller in einer Region hergestellten Güter und Dienstleistungen ohne die Vorleistungen, das **Regionalprodukt** (als regionales Äquivalent zum Bruttoinlandsprodukt) oder die Einkommen der in einer Region wohnenden Bevölkerung. Da es auf regionaler Ebene große Pendlerströme gibt, ist die Unterscheidung von Inlands- und Inländerkonzept

hier sehr bedeutend. Als regionaler Wohlstandsindikator wird häufig das Pro-Kopf-Einkommen der in einer Region wohnenden Bevölkerung herangezogen.

Die Verwendung derartiger Kenngrößen als Messgrößen für die Leistungskraft einer Volkswirtschaft oder einer Region ist allerdings nicht unumstritten (z. B. SCHÄTZL 1994, Kap. 3.1.1). Es gibt zahlreiche **Kritikansätze**, die allesamt darauf hindeuten, dass die Indikatoren nur unvollständig die tatsächliche Leistungskraft ermitteln:

(1) So werden in den Parametern der volkswirtschaftlichen Gesamtrechnung längst nicht alle ökonomisch bedeutsamen Aktivitäten erfasst. Es fehlt beispielsweise die Erfassung der Hausfrauenarbeit, was dazu führt, dass sich in den Indikatorenwerten die gesellschaftliche Benachteiligung von Frauen niederschlägt.

(2) Ferner sind handwerkliche Eigenleistungen nicht erfasst. Dies ist aber in Gemeinden der Mennoniten und Hutterer oder in Ländern wie Italien, wo gemeinschaftliche Aktivitäten einen hohen Stellenwert besitzen, besonders bedeutsam. Derartige Strukturen könnten gerade in der zukünftigen Gesellschaft noch an Bedeutung gewinnen, wenn eine Arbeitsteilung, wie sie im Konzept der neuen Arbeit (*new work*) von dem amerikanischen Soziologen BERGMANN (1997) vertreten wird, sich dauerhaft durchsetzen sollte. Hierin wird Vollzeitarbeit nicht mehr als Standard der Erwerbstätigkeit gesehen. BERGMANN (1997) schlägt angesichts der anhaltenden Rationalisierungs- und Automatisierungstrends vor, die Arbeitszeiten in Unternehmen systematisch zu verkürzen, um Entlassungen zu verhindern. Die so geschaffenen Zeitspannen müssen dabei von den Betroffenen als Befreiung erlebt werden, damit sie in dieser Zeit solche Tätigkeiten verrichten, „die sie wirklich, wirklich tun wollen".

(3) Darüber hinaus wird die Wertschöpfung durch Schwarzarbeit nicht erfasst. Die Bedeutung dieser *informal economy* ist jedoch zunehmend und auch in der Entwicklung der Weltstädte industrialisierter Länder nicht zu unterschätzen (SASSEN 1996).

(4) Ein weiterer Kritikpunkt der volkswirtschaftlichen Gesamtrechnung bezieht sich darauf, dass Umweltschäden als soziale Kosten nicht aus den Kenngrößen herausgerechnet werden. Sie werden aber in Zukunft beträchtliche einzelwirtschaftliche Kosten nach sich ziehen: Finanzmittel, die dann für andere Zwecke nicht mehr zu Verfügung stehen.

(5) Des Weiteren ist ein internationaler Vergleich von Kenngrößen der volkswirtschaftlichen Gesamtrechnung problematisch, weil nationale Buchführungen sehr unterschiedlich und Preise oft nicht vergleichbar sind. Die damit zusammenhängenden Probleme werden deutlich, wenn man das Pro-Kopf-Produkt zu einem interregionalen Vergleich über nationalstaatliche Grenzen hinweg verwendet, wie MCCARTHY (2000) dies beispielsweise für die metropolitanen Regionen in der Europäischen Union durchgeführt hat. Sie kommt zu dem Ergebnis, dass sich unter den 35 reichsten metropolitanen Regionen 25 deutsche Regionen befinden. Das Problem dieser Vorgehensweise besteht darin, dass hierbei unterschiedliche Lebenshaltungskosten, soziale Kosten und institutionelle Strukturen auf nationalstaatlicher Ebene unberücksichtigt bleiben, die bei der Beurteilung von Leistungskraft und Wohlstandsniveau aber eine große Rolle spielen.

Da wirtschaftsgeographische Untersuchungen häufig auf speziellen Erhebungen von ökonomischen Akteuren basieren und es dabei nicht immer gelingt, Indikatoren der Leistungskraft wie z. B. Gewinne zu erfragen, begnügt man sich in der Praxis oft mit Ersatzindikatoren wie etwa den Beschäftigtenzahlen, die wesentlich leichter erfassbar sind. Beschäftigtenzahlen sind von zentraler Bedeutung, wenn man wie in dieser Arbeit Menschen in den Mittelpunkt der Analyse stellt. Sie bieten allerdings keinen vollwertigen Ersatz für Indikatoren der Leistungskraft. Unternehmen schaffen Beschäftigungsmöglichkeiten und erzeugen Wohlstand. Ihre Untersuchung muss unter diesen beiden Aspekten gesehen werden und darf keineswegs Selbstzweck in der Wirtschaftsgeographie sein. Durch die Erfassung von Beschäftigtenzahlen lassen sich aus räumlicher Perspektive zumindest einige erste Anhaltspunkte über die Verteilung von Wohlstand gewinnen.

Teil II

An den Grenzen raumwirtschaftlichen Denkens

3 Verteilung wirtschaftlicher Aktivitäten im Raum

*E*iner der wichtigsten Zugänge zu wirtschaftsgeographischen Problemstellungen besteht in der ungleichen Verteilung von Unternehmen und Arbeitskräften und somit von gesellschaftlichen Entwicklungschancen und Wohlstand. In diesem Kapitel werden Ansätze zur Erklärung regionaler Disparitäten ebenso vorgestellt wie konkrete quantitative Methoden zu ihrer Messung. Die dargestellten Ansätze versuchen die Frage zu beantworten, wie Disparitäten entstehen und ob sie sich langfristig ausgleichen oder verstärken. Das Ziel des Kapitels ist es, ein Verständnis für wirtschaftsgeographische Problemstellungen zu entwickeln und die Argumentation raumwirtschaftlichen Denkens nachzuvollziehen. Somit bildet das dritte Kapitel den Auftakt des zweiten Teils dieses Buchs, in dem traditionelle und jüngere Ansätze der raumwirtschaftlichen Denkweise nachvollzogen und im Sinne einer relationalen Grundperspektive kritisiert werden.

S. 63–73

3.1 Räumliche Disparitäten und unzureichende geographische Begrifflichkeit: Verdichtungsräume und ländliche Räume

Die räumliche Diversität gesellschaftlicher Wirklichkeit kann grundsätzlich als Legitimation und Zugangsperspektive geographischer Forschung auf ökonomische und soziale Phänomene aufgefasst werden (JOHNSTON 1991a; 1991b; MASSEY 1994; SAYER 1985). Zentraler Ausgangspunkt wirtschaftsgeographischer Studien ist die empirisch gewonnene Erkenntnis, dass unausgeglichene Raumstrukturen und Raumungleichgewichte bestehen. **Räumliche Disparitäten** kennzeichnen die ungleiche räumliche Verteilung von Rohstoffen, Industrien und Städten. Industrien tendieren beispielsweise dazu, in bestimmten Regionen Standortschwerpunkte herauszubilden. Dennoch sind räumliche Disparitäten im eigentlichen Sinn keine räumlich bedingten Ungleichheiten. Sie resultieren z. B. daraus, dass wirtschaftliche Produktion nicht überall gleichartig organisiert ist, weil institutionelle Regeln wie etwa Normen und Gesetze sowie Erfahrungen in verschiedenen Volkswirtschaften unterschiedlich sind und auch auf regionaler Ebene voneinander abweichen. Industrielle Ballungen sind in ein bestimmtes regionales sozio-institutionelles Umfeld eingebettet und daraus hervorgegangen. Ihr Entstehungsprozess ist ohne dieses Umfeld nicht begreifbar.

Die Folge regionaler Disparitäten können regionale Wohlfahrtsunterschiede, regionale Unter-schiede in der Erwerbslosigkeit und den Erwerbsmöglichkeiten sowie regionale Unterschiede in der Art und Konzentration wirtschaftlicher Aktivitäten sein. Disparitäten können auf unterschiedlichen räumlichen Maßstabsebenen auftreten. Sie können als weltweite Zentrum-Peripherie-Gegensätze erscheinen, in Deutschland als Nord-Süd- oder Ost-West-Unterschiede, als Stadt-Land-Gegensätze in einem Industrieland oder als Ballungs- und Entleerungsprozesse unterschiedlicher räumlicher Dimension.

Anhand des **Gegensatzes von Stadt und Land** lässt sich zeigen, dass räumliche Disparitäten das Ergebnis räumlich differenziert wirkender sozialer Prozesse sind. So setzte zur Zeit der Industrialisierung eine starke Landflucht ein, die auch heute noch z. B. in Entwicklungsländern beobachtbar ist. Die Zahl der Bevölkerung schnellte in die Höhe und die Sterberate sank (→ Abb. 14) aufgrund neuer Erkenntnisse bei der Gesundheitsvorsorge und Krankheitsbekämpfung (BERRY et al. 1987, Kap. 3; BÄHR et al. 1992, Kap. 5.1). In landwirtschaftlich geprägten Regionen fanden die Menschen keine ausreichenden Beschäftigungsmöglichkeiten mehr. Dies galt in Deutschland insbesondere für Regionen mit Anerbenrecht wie das Münsterland, während in Regionen mit Realerbteilung wie z. B. Hessen zumindest für eine gewisse Übergangszeit die in der Erbfolge verbleibenden Einzelgrundstücke groß genug waren, um eine wachsende Bevölkerung zu ernähren. Im Unterschied dazu gab es in den Städten durch die Expansion von Handwerk und Manufakturen eine wachsende Anzahl von Arbeitsplätzen. Hier kam es deshalb zum Zuzug von Menschen aus ländlichen Regionen, aufgrund der wachsenden Bevölkerung entstanden hier die wichtigsten Märkte.

Abb. 14: Modell des demographischen Übergangs

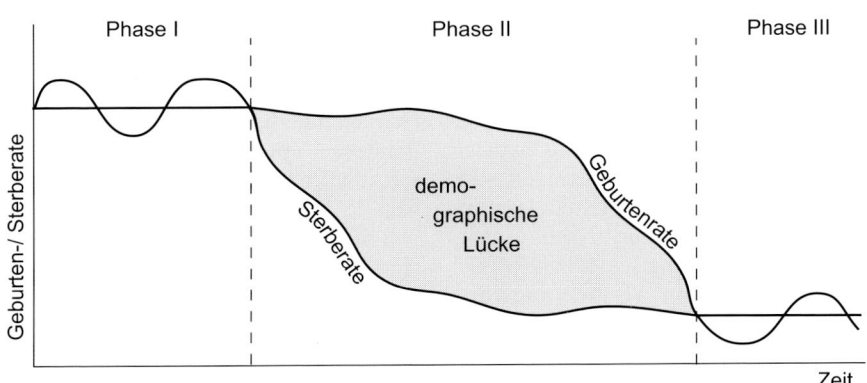

Aus der Existenz solcher Disparitäten ergeben sich wichtige Untersuchungsfragen für die Wirtschaftsgeographie: Welche räumlichen und regionalen Disparitäten gibt es und durch welche sozialen und ökonomischen Prozesse werden diese ausgelöst? Um Fragen dieser Art zu beantworten, ist aus wirtschaftsgeographischer Sicht eine Analyse der unterschiedlichen räumlichen Ausprägungen von Unternehmensgründungen und -verlagerungen sinnvoll. Weitergehend könnte man fragen, welche sozialen und ökonomischen Prozesse darauf wirken, ob ein Ausgleich oder eine Verstärkung solcher Disparitäten eintritt. Wichtig ist hierbei, die richtige räumliche Maßstabsebene zur Betrachtung eines konkreten Prozesses zu wählen, weil ansonsten die interessierenden Disparitäten nicht sichtbar werden. Bei einer Untersuchung sozialer Segregationsprozesse sollte beispielsweise die Stadtteilebene als Ausgangspunkt der Untersuchung dienen und nicht das Bundesland.

Resultat räumlich ungleichmäßiger Wirtschaftsprozesse sind räumlich ungleichwertige Lebens- und Arbeitsbedingungen. Diese sind eine Folge von Wechselwirkungen zwischen Kapitalkonzentration, Bevölkerungskonzentration und Lebenschancen. In einer Demokratie wie Deutschland, die zentral auf dem Prinzip der Chancengleichheit beruht, ist es nicht akzeptabel, dass durch räumliche Ungleichheiten unterschiedliche individuelle Entwicklungsmöglichkeiten vordefiniert werden. Deshalb leitet sich in Deutschland aus dem Grundgesetz das Ziel ab, **gleichwertige Lebens- und Arbeitsverhältnisse** im Gebiet der Bundesrepublik Deutschland zu schaffen (Art. 72 GG). Dieses Ziel wird im **Raumordnungsgesetz** (§ 2 ROG) und in weiteren Gesetzen und Bestimmungen erläutert und präzisiert (STIENS 1988; 1997; ERNST 1995).

3.1.1 Verdichtungsräume

Die beiden Extreme räumlicher Disparitäten sind Ballungen und Entleerungen. In räumlichen Ballungen kommt es zu einer Konzentration von Menschen und damit zu einer Ballung sozialer und ökonomischer Aktivitäten. Es handelt sich hierbei insbesondere um große Metropolen und so genannte Verdichtungsräume. Nach GAEBE (1987, Kap. 7) lassen sich unterschiedliche Merkmale zur **Abgrenzung von Verdichtungsräumen** verwenden:
– städtebaulich-morphologische Merkmale wie die Wohndichte und Geschosshöhe,

– demographische Merkmale, z. B. Mindestbevölkerung und Bevölkerungsdichte,
– ökonomische Merkmale der Arbeitsplatz-, Einkommens- und Berufsstruktur,
– ökologische Merkmale wie etwa Immissionen, Frei- und Erholungsflächen,
– Verflechtungsmerkmale mit dem Umland, z. B. in Form von Berufspendlerverflechtungen.

Erste Abgrenzungsversuche von Verdichtungsräumen waren vorwiegend technischer Art. Sie erfolgten anhand weniger, oft subjektiv ausgewählter Merkmale und waren stark simplifiziert. Beispielsweise legte SCHOTT (1912) einen 10-km-Radius um den Verkehrsmittelpunkt einer Großstadt fest und bezeichnete diesen als Agglomeration. Als Großstädte galten dabei solche Städte mit mehr als 100 000 Einwohnern. Es ist klar, dass sich derartige Abgrenzungen nicht beliebig auf andere Länder übertragen lassen und nicht im Zeitablauf unverändert erhalten bleiben. Inhaltlich hatte SCHOTT (1912) eigentlich etwas anderes abbilden wollen: Als Agglomeration wollte er eine Großstadtgemeinde und die durch ihre Sozial- und Bevölkerungsstruktur beeinflusste Umgebung zusammenfassen, die z. B. in ihrer Wohnweise, Verkehrsinfrastruktur und Pendlerstruktur geprägt wird (GAEBE 1987, Kap. 7).

In der Nachkriegszeit erkannte man, dass Verdichtungsräume keineswegs homogene Einheiten sind, sondern dass sie eine innere Gliederung besitzen. Für diese Sichtweise war die Abgrenzung von BOUSTEDT (1975, Kap. 8) besonders charakteristisch (→ Abb. 15). BOUSTEDT (1975, Kap. 8.4) definierte eine **Stadtregion** anhand von Strukturmerkmalen (Agrarquote, Einwohner-Arbeitsplatzdichte) sowie Verflechtungsmerkmalen (Auspendler). Er unterschied vier Zonen der Stadtregion: Das Kerngebiet umfasste die Kernstadt und ihr Ergänzungsgebiet, welches aus angrenzenden Gemeinden mit ähnlicher Struktur besteht. Nach außen folgte darauf eine verstädterte Zone mit stärker aufgelockerter Siedlungsweise und einer hohen Zahl von Auspendlern in das Kerngebiet. Hiervon unterschied BOUSTEDT (1975) noch eine Randzone mit zunehmendem Anteil landwirtschaftlicher Erwerbspersonen (HEINEBERG 1989, Kap. 2). Auch dieser Gliederung fehlt jedoch letztlich eine theoretische Begründung. Zudem wird eine kreisförmige Struktur der Städte um ihren Mittelpunkt unterstellt. Die Ministerkonferenz für Raumordnung differenzierte Verdichtungsräume im Jahr 1970 in der Bundesrepublik Deutschland nach nur einem einzigen Merkmal, der Einwohner-

Abb. 15: Abgrenzung einer Stadtregion in Deutschland (Quelle: BOUSTEDT 1975, S. 344)

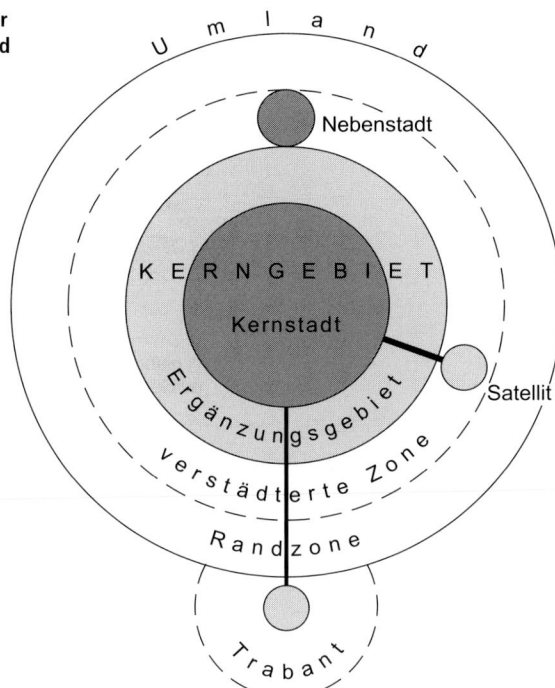

Arbeitsplatzdichte (d. h. der Anzahl der Einwohner plus Beschäftigten je km^2).

Daneben gibt es eine Vielzahl alternativer Abgrenzungsversuche von Verdichtungsräumen und Stadtregionen (LICHTENBERGER 1986, Kap. 2.1; GAEBE 1987, Kap. 7; TÖNNIES 1995). Außerdem bestehen in verschiedenen Ländern voneinander abweichende Festsetzungen von Verdichtungsräumen, die kaum mehr untereinander vergleichbar sind. In den USA werden beispielsweise so genannte *metropolitan statistical areas* abgegrenzt. Die Grenzziehung erfolgt auf der Ebene von *counties* und basiert auf den Merkmalen Mindestgröße, Mindestdichte und Mindestpendleranteil in die zentralen *counties* der Agglomeration.

Insgesamt sind Abgrenzungen von Verdichtungs- und Ballungsgebieten sehr problematisch. So ist die Wahl der Abgrenzungsmerkmale und der Abschneidegrenzen selten zwingend. In der Regel wird eine pragmatische Vorgehensweise bevorzugt, weil eine theoretisch begründete Methodik nicht existiert. Vielfach wird die Bedeutung von Verflechtungsmerkmalen für solche Abgrenzungen hervorgehoben, jedoch in der Praxis zu selten tatsächlich verwendet. Ein weiteres Problem derartiger Konzeptionen besteht darin, dass sie in der Regel von einem Verdichtungskern ausgehen, zu dem hin Verflechtungen von außen

bestehen. Das hierbei unterstellte ringförmige Städtemodell trifft aber auf nordamerikanische Städte nur noch bedingt zu.

Die Raumentwicklung in der Bundesrepublik Deutschland war in der Nachkriegszeit durch drei Prozesse geprägt (GAEBE 1987):

- **Urbanisierung.** Verdichtung der Kerngebiete.
- **Suburbanisierung.** Städtische Expansion ins Umland.
- **Entleerung.** Abwanderungen aus strukturschwachen, dünn besiedelten Regionen, die oft als ländliche Räume bezeichnet werden (MAIER & WEBER 1995).

Das Raumordnungsgesetz aus dem Jahr 1965 bejahte Konzentrationen und strebte sogar explizit eine weitere Verdichtung von Wohn- und Arbeitsstätten an. Eine Grenze des Verdichtungsprozesses wurde über gesunde Strukturen und ausgewogene Lebensverhältnisse sehr verschwommen formuliert. Wann und unter welchen Bedingungen Verdichtungen als unausgewogen zu betrachten waren, wurde nicht operationalisiert. Bei der Abgrenzung von Verdichtungsräumen als Regionen mit einer Bevölkerungsdichte von mehr als 1.250 Einwohnern pro km^2 entfielen auf diese Raumkategorie im Jahr 1970 etwa 7 % der Fläche der Bundesrepublik Deutschland, 45 % der Wohnbevölkerung und 55 % der Beschäftigten.

Abb. 16: Verdichtungsräume in Deutschland (Quelle: nach Bundesforschungsanstalt für Landeskunde und Raumordnung 1994, S. 907)

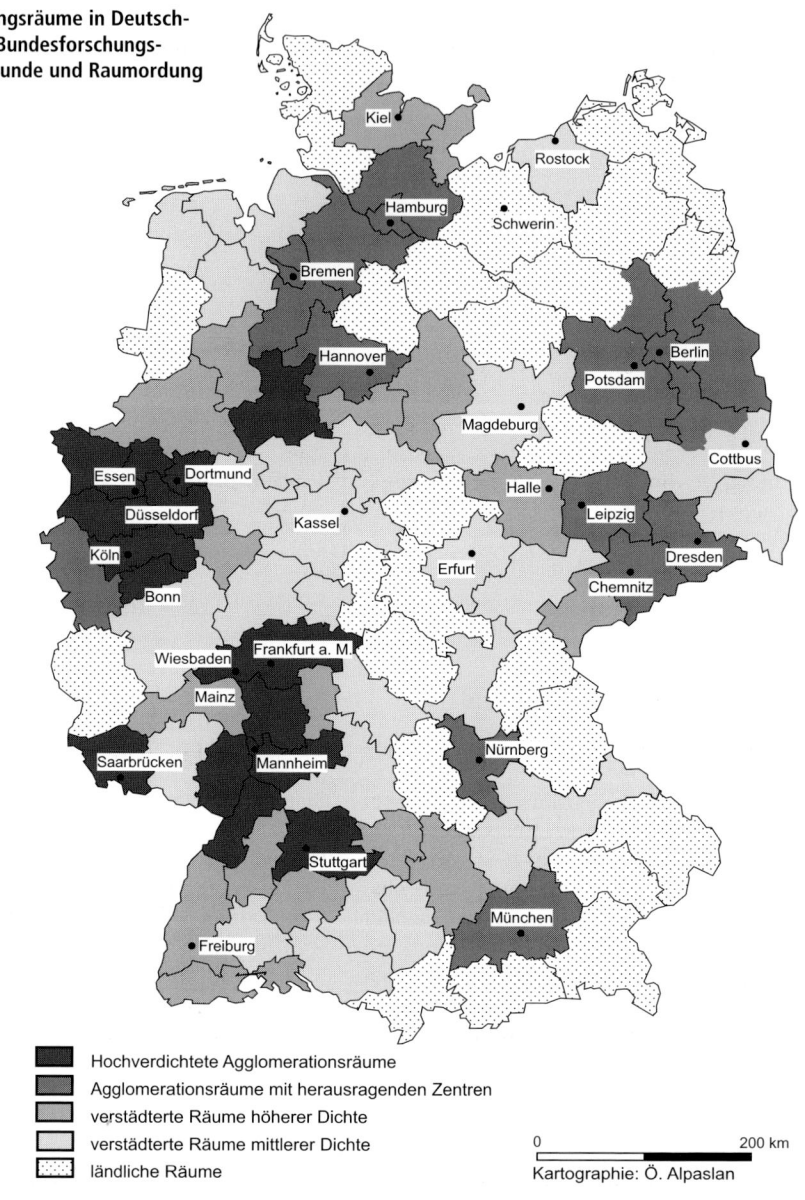

■ Hochverdichtete Agglomerationsräume
▨ Agglomerationsräume mit herausragenden Zentren
▦ verstädterte Räume höherer Dichte
▫ verstädterte Räume mittlerer Dichte
⬚ ländliche Räume

0   200 km

Kartographie: Ö. Alpaslan

In den 1970er Jahren erkannte man aber auch, dass es Gebiete mit negativen **Verdichtungsfolgen** gab. Ausdruck hiervon waren eine zu starke bauliche Nutzung in Relation zu den bestehenden Freiflächen, ein zu hoher Zeitaufwand beim Zurücklegen der Entfernungen zwischen Wohn- und Arbeitsstätte sowie eine Überlastung der Infrastruktur. Bei der Novellierung des Raumordnungsgesetzes Ende der 1980er Jahre wurden derartige Verdichtungsnachteile berücksichtigt und der Vorrang der Verdichtung aufgegeben (TÖN-

NIES 1995). Ziel der Raumordnung ist demnach einerseits die Vermeidung zu starker Verdichtung, andererseits aber auch die Verhinderung von Zersiedlungserscheinungen. Angestrebt wird eine begrenzte Konzentration der Funktionen Wohnen und Arbeiten auf Verdichtungskerne, eine Entlastung dieser Verdichtungen durch kleine Konzentrationen am Verdichtungsrand und außerhalb der Verdichtungen sowie eine Konzentration der Infrastruktur auf bestimmte Achsen (Prinzip der dezentralen Konzentration). Die Bundesforschungsanstalt für Landeskunde und Raumordnung (1994) hat zur **Typisierung siedlungsstruktureller Regionen** in Deutschland die regionale Bevölkerungsverteilung aus dem Jahr 1991 zugrunde gelegt. Dabei sind 31 von insgesamt 97 Raumordungsregionen als Regionen mit großen Verdichtungsräumen klassifiziert worden, in denen über die Hälfte der bundesdeutschen Bevölkerung konzentriert ist (→ Abb. 16).

3.1.2 Ländliche Räume

Ländlicher Raum ist ein Begriff, der aus dem **Dualismus Stadt versus Land** hervorgegangen ist. In dualistischer Sichtweise wurden Städte traditionell als Industrie- und Dienstleistungsstandorte mit hoher Verdichtung, als kulturell geprägte Raumeinheiten sowie als Gebiete mit neuen Gesellschaftsstrukturen und sich verändernden Werten angesehen. Demgegenüber galt das Land als gering verdichtet, agrarisch geprägt, durch natürliche Bedingungen bestimmt und mit traditionellen Strukturen und Werten in Form einer spezifischen ländlichen Lebensweise geprägt (HENKEL 1993). Als mögliche Nachteile von Verdichtungen in den 1970er und 1980er Jahren erkannt wurden, richtete sich das Augenmerk stärker auf die Räume außerhalb von Verdichtungen. Hierbei wurde der ländliche Raum als Restkategorie erfasst und entsprechend abgegrenzt: als strukturschwach ländlich geprägt und mit Ausgleichs- und Erholungsfunktionen besetzt (MAIER & WEBER 1995; HERDZINA 1995).

Die in der Raumordnung verwendete Unterscheidung zwischen Verdichtungsräumen und ländlichen Räumen schafft allerdings einen künstlichen Dualismus und ist höchst problematisch. So ist der ländliche Raum traditioneller Prägung heute kaum noch existent, jedenfalls nicht in flächenhafter Form. Der historische Stadt-Land-Gegensatz ist weitgehend überkommen. In heutiger Zeit findet man außerhalb der Städte verbreitet städtische Lebensformen, zugleich aber innerhalb der Städte ländliche Lebensweisen. So haben sich in einzelnen Stadtteilen großer Städte teilweise ländlich-dörfliche sozio-kulturelle Milieus erhalten. In jedem Fall ist es fragwürdig, ländlich mit strukturschwach oder gar zurückgeblieben gleichzusetzen (z. B. ZAKRZEWSKI 1998) und städtisch automatisch mit strukturstark. Wenn man schon von derartigen Resträumen spricht, sollte man sorgfältig ländliche Räume am Rande von Verdichtungsräumen mit hoher Dynamik, ländliche Räume mit noch ungenutzten Entwicklungspotenzialen und strukturschwache ländliche Räume mit Abwanderungstendenzen von Bevölkerung und Wirtschaftsaktivitäten differenzieren (MAIER & WEBER 1995).

Die hier dargelegten Argumente zeigen, dass wirtschaftliche Aktivitäten nicht gleichmäßig im Raum verteilt sind, sondern dass Produktionsprozesse unterschiedlich organisiert sind und dass diese Organisationsstruktur räumlich variiert. Aufgrund dessen entstehen räumliche Industrieballungen und Industriespezialisierungen. Aus ökonomischer Sicht würde man von räumlichen Ungleichgewichten sprechen. Dabei stellt sich die Frage, ob räumliche Ungleichgewichte normal sind und langfristig erhalten bleiben, oder ob es Tendenzen gibt, die derartigen Ungleichgewichten entgegenwirken. Dieser Frage soll in den folgenden Abschnitten zunächst anhand neoklassischer und polarisationstheoretischer Erklärungsansätze nachgegangen werden.

3.2 Räumliches Gleichgewicht in der neoklassischen Orthodoxie

Die Neoklassik ist ein zentrales Gedankengebäude der Ökonomie und wird auch auf die Entwicklung regionaler Strukturen übertragen. Neoklassische Modellansätze zeigen auf, wie die Knappheit von Produktionsfaktoren zu räumlich ausgeprägten Ungleichgewichten führt, und welche Prozesse dem entgegenwirken. Grundhypothese aus regionaler Perspektive ist dabei, dass interregionale Faktorpreisunterschiede (d. h. Preisunterschiede von Löhnen und Zinsen zwischen Regionen) durch Faktorwanderungen ausgeglichen werden. Dies geschieht, wie im Folgenden dargestellt wird, aufgrund von Marktmechanismen. Die in neoklassischen Modellen verwendeten **Grundannahmen** sind unter anderem (BUTTLER et al. 1977, Teil B.II; RICHARDSON 1978, Kap. 6; SCHÄTZL 1998, Kap. 2.3.1):

– gewinnmaximierendes Verhalten der Unternehmen und Nutzenmaximierung der einzelnen Akteure,
– vollständige Konkurrenz auf den Märkten, wodurch ein einzelner Anbieter bzw. Nachfrager die Preise nicht beeinflussen kann,
– vollständige Informationen.

– Darüber hinaus wird – wie nachfolgend erläutert – angenommen, dass Produktionsfaktoren entsprechend ihrem Grenzprodukt entlohnt werden.

3.2.1 Grundmodell des regionalen Wachstums

In einem **Ein-Regionen-Modell** wird eine Produktionsfunktion unterstellt, die angibt, welche Beziehung zwischen der in einer Region produzierten Gütermenge und der Einsatzmenge der Produktionsfaktoren Arbeit und Kapital besteht. Mit wachsender Einsatzmenge der Produktionsfaktoren steigt *ceteris paribus*, d. h. unter sonst gleichen Bedingungen die produzierte Gütermenge, wobei vereinfacht ein Zusammenhang wie beim Gesetz vom abnehmenden Ertragszuwachs unterstellt wird (→ Kap. 2.4). Mit zunehmendem Faktoreinsatz wird die durch die zuletzt eingesetzte Faktoreinheit zusätzlich erzeugte Gütermenge immer geringer. D. h. im Fall des Produktionsfaktors Arbeit, dass quasi der „Wert" der Arbeit (ihr Grenzprodukt) und damit auch ihr Preis (der Lohnsatz) umso geringer ist, je mehr Arbeitskräfte eingesetzt werden. Analoges gilt für die Beziehung zwischen Kapitaleinsatz, Grenzprodukt des Kapitals und Zinssatz. Demnach hängen Lohnniveau und Kapitalverzinsung vom jeweiligen Faktoreinsatz ab, d. h. der eingesetzten Menge der Produktionsfaktoren Arbeit und Kapital.

Ausgleichstendenz durch Faktorwanderungen. Um räumliche Ausgleichstendenzen durch Faktorwanderungen darzustellen, wird ein einfaches **Zwei-Regionen-Modell** gewählt, wobei in beiden Regionen dieselben Produkte unter gleichen Rahmenbedingungen, d. h. mit demselben technischen Stand und ausreichender regionaler Nachfrage, hergestellt werden. Ausgangspunkt ist die Existenz räumlicher Disparitäten. Dies drückt sich in diesem Beispiel darin aus, dass in Region R_a arbeitsintensiver und in Region R_k kapitalintensiver produziert wird. In Region R_a ist das Arbeitskräftepotenzial größer, das Grenzprodukt der Arbeit geringer und damit das Lohnniveau niedriger als in Region R_k. Umgekehrt sind in Region R_k die Zinsen niedriger als in Region R_a. Ferner wird von vollkommener Faktormobilität ausgegangen. Da die Löhne in Region R_k höher sind als in Region R_a, besteht unter diesen Bedingungen ein Anreiz für Arbeitskräfte aus Region R_a nach Region R_k zu wandern. Durch diese Fak-

torwanderung steigen die Löhne in Region R_a, weil sich der Arbeitskräftebestand verringert, und fallen in Region R_k, wo sich der Arbeitskräftebestand erhöht. Analoges gilt für Kapital, das in umgekehrter Richtung wandert. Faktorpreisunterschiede lösen in diesem Modell also Faktorwanderungen aus, die dazu führen, dass ein Preisausgleich stattfindet und in beiden Regionen die gleiche Kapital- und Arbeitsintensität resultiert (RICHARDSON 1978, Kap. 6; SCHÄTZL 1998, Kap. 2.3.1).

Ausgleichstendenz durch interregionalen Handel. In einem zweiten Fall soll auf der Basis der Überlegungen von HECKSCHER und OHLIN der Frage nachgegangen werden, wie räumliche Ungleichgewichte sich entwickeln, wenn Immobilitäten der Produktionsfaktoren bestehen (SAUERNHEIMER 1988; MAIER & TÖDTLING 1996, Kap. 4). Diese bewirken, dass Faktorwanderungen nicht stattfinden können. In einem einfachen **Zwei-Regionen-Modell** wird wiederum davon ausgegangen, dass in Region R_a arbeitsintensiver und in Region R_k kapitalintensiver produziert wird. Unter der Annahme, dass interregionaler Handel möglich ist, kommt es in diesem Beispiel dazu, dass beide Regionen sich auf die Herstellung bestimmter Produkte spezialisieren. In der Region R_a mit hoher Arbeitsintensität ist der Produktionsfaktor Arbeit preiswerter, so dass arbeitsintensive Produkte hier *ceteris paribus* zu geringeren Kosten als in Region R_k hergestellt werden können. Es kommt also dazu, dass Region R_a sich auf arbeitsintensive und Region R_k sich auf kapitalintensive Produkte spezialisiert. Räumliche Disparitäten in der Faktorausstattung führen hierbei also zu einem unterschiedlichen regionalen Produktionsmix, nicht zu einer Angleichung der Produktionsstrukturen.

Was geschieht aber mit den Faktorpreisen? Wenn in Region R_a nunmehr vorrangig arbeitsintensive Produkte hergestellt werden, um diese auch in Region R_k zu verkaufen, müssten zusätzliche Arbeitskräfte zur Produktion eingesetzt werden. Aufgrund der Immobilität von Arbeit ist es aber nicht möglich, den Arbeitskräfteeinsatz durch Anwerbung von Arbeitskräften aus anderen Regionen zu erhöhen. Eine Lösung des Problems ist aber dennoch wie folgt möglich: In Region R_a, die auf arbeitsintensive Produkte spezialisiert ist, wird der preiswerte Produktionsfaktor Arbeit immer intensiver genutzt. Durch diesen erhöhten Bedarf wird der Produktionsfaktor Arbeit in Region R_a in Relation zu Kapital teurer. In Region

R_k wird umgekehrt der preiswerte Faktor Kapital immer intensiver genutzt und dadurch im Vergleich zu Arbeit teurer. Insgesamt bewegen sich die relativen Faktorpreise in beiden Regionen somit auch ohne Faktorwanderungen aufeinander zu. Langfristig kommt es zu einem Preisgleichgewicht, bei dem eine regionale Spezialisierung – d. h. räumliche Heterogenität – in der Faktorausstattung erhalten bleibt. Ursache für diesen Ausgleichmechanismus ist, dass durch den Handel in jeder Region der jeweils preiswertere Produktionsfaktor intensiver genutzt wird (MAIER & TÖDTLING 1996, Kap. 4). Man kann analog zu RICARDOS Theorem der komparativen Kostenvorteile (→ Kap. 9.2) zeigen, dass eine regionale Spezialisierung der Produktion mit entsprechenden Preiseffekten auch dann stattfindet, wenn in einer Region die absoluten Faktorpreise aller Produktionsfaktoren geringer sind als in einer anderen Region (SCHUMANN 1988).

3.2.2 Kritik an der Neoklassik

Anhand neoklassischer Modelle müssten sich interregionale Ausgleichstendenzen in der Faktorausstattung durch Faktorwanderungen ergeben, zumindest aber müssten Ausgleichstendenzen in den Faktorpreisen vorliegen. Dies scheint in der Realität aber nicht der Fall zu sein. So erweisen sich interregionale Unterschiede in Faktorausstattung und Faktorpreisen zwischen Verdichtungsräumen und nicht-verdichteten Räumen in empirischen Untersuchungen als äußerst persistent und scheinen tendenziell eher zuzunehmen. Offensichtlich gibt es Immobilitäten und natürliche Barrieren wie z. B. Hochgebirge oder Wüsten, die einen räumlichen Ausgleich behindern (SCHÄTZL 1998, Kap. 2.3.1). Noch wichtiger als natürliche sind institutionelle Barrieren, die sich in Form unterschiedlicher Gesetze, Normen, Verhaltensweisen und Gesellschaftssysteme niederschlagen und einen Ausgleich behindern.

Zudem sind die in der Neoklassik unterstellten Grundannahmen unrealistisch. Es gibt beispielsweise keine vollständige Information. Spezifische Kenntnisse sind oft an Personen oder Unternehmen an bestimmten Standorten gebunden und deshalb nicht flächendeckend verfügbar (MASKELL & MALMBERG 1998; 1999). Dies gilt insbesondere für *tacit knowledge* (→ Kap. 2.4). Zum Teil halten ökonomische Akteure Informationen aber auch bewusst zurück oder täuschen ihre Transaktionspartner. Derartiges opportunistisches

Verhalten schafft Unsicherheit (WILLIAMSON 1985, Kap. 2). Weiterhin gibt es in der Realität praktisch keine vollständige Konkurrenz, so dass Faktorpreise nicht dem Grenzprodukt der Faktoren entsprechen. Ein weiterer Kritikpunkt an der Neoklassik besteht darin, dass Produktionsfaktoren keineswegs so homogen sind wie angenommen. So gibt es unterschiedliche Qualitäten von Faktoren – besonders deutlich im Falle des Produktionsfaktors Arbeit –, die sich durch institutionelle Gegebenheiten wie Ausbildungsstrukturen und betriebliche Arbeitsteilung bzw. Arbeitsregeln etablieren. Letztlich wird technischer Fortschritt in der Neoklassik weitgehend ausgeklammert oder zumindest nur unzureichend in Modelle einbezogen.

3.3 Räumliches Ungleichgewicht in der polarisationstheoretischen Gegenorthodoxie

Polarisationstheorien setzen direkt an der Kritik an neoklassischen Gleichgewichtstheorien an und argumentieren, dass es dauerhafte oder zumindest längerfristig existente räumliche Ungleichgewichte gibt, die sich durch verschiedene soziale und ökonomische Prozesse im Zeitablauf sogar verstärken können (RICHARDSON 1978, Kap. 6 und 7; MAIER & TÖDTLING 1996, Kap. 5; SCHÄTZL 1998, Kap. 2.3.5 und 2.3.7). Die Polarisationstheorie ist in wesentlichen Teilen aus der Auseinandersetzung mit der Kritik an der Neoklassik entstanden, stellt aber keine ähnlich geschlossene, in sich konsistente und mathematisch ausformulierte Gegenposition dar. Es handelt sich vielmehr um eine Reihe von Ansätzen, die im Zeitablauf zum Teil sogar unabhängig voneinander entstanden sind. Ihnen ist gemeinsam, dass sie divergierende sektorale bzw. regionale Entwicklungen ermitteln.

Polarisationstheoretische Erklärungen basieren auf der Annahme der Existenz regionaler und/oder sektoraler Entwicklungspfade. Dies wird in den meisten Arbeiten zwar nicht explizit konzeptionalisiert, steht aber zumindest implizit hinter der Überlegung, dass Strukturen, Entscheidungen und Erfahrungen aus der Vergangenheit in die Gegenwart und Zukunft nachwirken können. Heutige Entscheidungen in einer Region hängen damit von den Bedingungen und Strukturen ab, die vergangene Entscheidungen hervorgerufen haben. Das implizite **Grundverständnis polarisationstheoretischer Ansätze** ist also eines, das von Entwicklungspfaden ausgeht, die die Bedingungen für gegenwärtiges Handeln mit prägen. Dies wird in den verschiedenen Ansätzen in Form positiv und negativ rückgekoppelter, räumlich begrenzter Prozesse dargestellt, die sich selbst verstärken können. Allerdings ist diese evolutionstheoretische Sichtweise ($\rightarrow$ Kap. 7.1), so viel sei bereits vorweggenommen, in der Polarisationstheorie stark unterkonzeptionalisiert. In jedem Fall werden die Grundannahmen der Neoklassik in der Polarisationstheorie nicht aufrechterhalten, was damit zusammenhängt, dass die meisten Ansätze aus empirischen Untersuchungen induktiv gewonnen wurden und nicht von normativen Annahmen deduktiv abgeleitet sind.

3.3.1 Sektorale Polarisation

Die Grundaussage der sektoralen Polarisation nach PERROUX (1955) ist, dass Wachstum sektoral ungleichgewichtig verläuft, dass also bestimmte Sektoren und Wirtschaftsbereiche schneller wachsen als andere. Diese Idee knüpft an die Arbeit von SCHUMPETER (1911, Kap. 6) an, wonach grundlegende Innovationen, insbesondere technische Neuerungen, in einer Branche zum „scharenweisen Auftreten von Unternehmern" führen. Dies erfolgt durch Nachahmungen, Folgeinnovationen und Verbesserungen in der gleichen sowie in verbundenen Branchen. Besonders bedeutsam sind hierbei Branchen mit folgenden Kennzeichen: (1) bedeutende Größe, (2) starke Verflechtungen mit anderen Sektoren, (3) Dominanz und Macht im Verhältnis zu anderen Sektoren, (4) hohes Wachstum. Diese Sektoren bezeichnet PERROUX (1955) als **motorische Einheiten** (*unités motrices*), darunter z. B. die Automobilindustrie und die Petrochemie.

Die Impulse motorischer Einheiten entstehen auf zwei Arten:

(1) Einerseits führt das hohe Wachstum der motorischen Einheiten dazu, dass die Stückkosten in der Produktion sinken (*economies of scale*), wodurch die Marktpositionen der betreffenden Unternehmen gestärkt wird. Durch enge Zulieferverflechtungen erhalten dabei auch verbundene Sektoren Wachstumsschübe.

(2) Andererseits haben motorische Einheiten durch ihre Größe und Dominanz die Fähigkeit zur Innovation. Wachstumseffekte infolge erfolg-

reicher Innovationen breiten sich wiederum über Verflechtungsbeziehungen in andere Sektoren aus.

Motorische Einheiten und die mit ihnen verbundenen Sektoren wachsen somit schneller als andere Wirtschaftsbereiche. Sie haben durch ihre Dominanz und durch Verflechtungsbeziehungen Einfluss auf andere Sektoren und üben positive **Anstoßeffekte** und negative **Entzugseffekte** aus (BUTTLER et al. 1977, Teil B.III; SCHILLING-KALETSCH 1980, Kap. 1). Bei der Verwendung der Arbeit von PERROUX (1955) muss man sich allerdings stets vor Augen halten, dass dabei ausschließlich sektorale und nicht räumliche Effekte gemeint sind. Die von ihm behandelten Wachstumspole sind also rein sektoraler Art.

3.3.2 Regionale Polarisation

Ausgehend von PERROUX entwickelte sich in den 1960er Jahren eine französische Wachstumspolschule, aus der auch Arbeiten von BOUDEVILLE (1966) und LASUÉN (1969) hervorgegangen sind, in denen der Übergang von sektoraler zu regionaler Polarisation vollzogen wird. Hierbei liegt vereinfacht folgende Argumentation zugrunde: Wenn motorische Einheiten aufgrund von Kostenvorteilen in großen betrieblichen Einheiten organisiert sind und wenn Zulieferer und Kunden zumindest teilweise in derselben Region angesiedelt sind, dann ist sektorale Polarisation gleichbedeutend mit regionaler Polarisation.

In Anlehnung an PAELINCK lassen sich verschiedene **geographische Effekte** unterscheiden, die aus regionaler Polarisation resultieren (SCHÄTZL 1998, Kap. 2.3.7):

– technische, d. h. produktionsbedingte regionale Verflechtungen,
– regionale Einkommenseffekte durch Multiplikatorwirkungen,
– Anstöße zu Investitionen und Neugründungen in einer Region durch psychologische Effekte.

BOUDEVILLE (1966) versucht, sektorale Polarisationseffekte mit Hilfe der Standortstrukturtheorien von CHRISTALLER (1933) und LÖSCH (1944) auf die räumliche Siedlungs- und Wirtschaftsstruktur zu übertragen. Demnach gehen von Städten mit motorischen Einheiten Wachstumsimpulse aus und wirken auf Siedlungen geringerer Bedeutung (niedrigerer Ordnung), die in ihrem Umland liegen. Kern einer polarisierten Region ist dabei eine industrielle Agglomeration. Es wird argumentiert, dass **Entwicklungs- und Wachs-**

tumspole – BOUDEVILLE trifft hier eine Unterscheidung, die aber in der Literatur nicht einheitlich durchgehalten wird – die Ballungsvorteile einer Stadt und die Vielfalt der dort ansässigen Funktionen benötigen.

LASUÉN (1969) hat den Zusammenhang zwischen Wachstum und Urbanisierung weiter untersucht. Er integriert in seine Arbeit verschiedene Standort- und Wachstumstheorien und erläutert die Entstehung eines räumlichen Systems von Wachstumspolen aus dynamischer Sicht. Seine Arbeit führt zu zwei wesentlichen Erkenntnissen:

(1) Die heute beobachtbaren Siedlungs- und Wachstumspolsysteme haben demnach ihren Ursprung in früheren Innovationsprozessen und den daraus folgenden Wachstumsschüben.

(2) Räumliche Auswirkungen von Innovationsschüben treten diskontinuierlich auf, d. h. in sektoralen und räumlichen Clustern. Innovationen werden folglich in entwickelten urbanen Zentren am schnellsten aufgenommen und breiten sich von dort aus in andere, weniger urbane Zentren im Umland aus (SCHILLING-KALETSCH 1980, Kap. 2 und 3; SCHÄTZL 1998, Kap. 2.3.7).

3.3.3 Zirkuläre Verursachung kumulativer Prozesse

Die regionale Polarisationstheorie hat als Kritik an der aus der Neoklassik abgeleiteten These vom räumlichen Gleichgewicht auch Einzug in die Entwicklungsländerdiskussion gehalten. So setzt MYRDAL (1957) der neoklassischen Gleichgewichtshypothese die Hypothese von der zirkulären Verursachung kumulativer sozio-ökonomischer Prozesse entgegen. Er geht davon aus, dass die Variablen in einer regionalen Wirtschaft so miteinander verknüpft sind, dass die positive Veränderung einer Variablen auch bei anderen Variablen positive Veränderungen nach sich zieht und dass negative Veränderungen analog dazu weitere negative Veränderungen bedingen (SCHILLING-KALETSCH 1980, Kap. 1; CHAPMAN & WALKER 1987, Kap. 9). Rückkopplungseffekte von Nachfrage, Einkommen, Investitionen und Produktion führen somit zu einem kumulativen Wachstums- oder auch einem kumulativen Schrumpfungsprozess. Damit unterscheidet sich diese Argumentation deutlich von der Neoklassik.

An einem einfachen Beispiel verdeutlicht MYRDAL (1957) die kumulativen Wirkungen eines Schrumpfungsprozesses: Ausgangspunkt der Überlegung ist ein so genannter externer Schock (ein unerwartetes, regionsextern verursachtes Ereignis). Eine große Fabrik in einer Gemeinde brennt ab und wird nicht wieder neu aufgebaut. Damit gehen Arbeitsplätze verloren und es kommt zu einem Rückgang der Einkommen. In der Folge sinkt die Nachfrage nach Gütern und Dienstleistungen, die zur lokalen Bedürfnisbefriedigung hergestellt werden. Die Konsequenz sind Entlassungen auch in anderen Branchen der lokalen Wirtschaft und es resultieren Abwanderungen von Arbeitskräften und Unternehmen aus der betroffenen Gemeinde. Dies wiederum führt zu einem Rückgang der Steuereinnahmen, mit denen die Gemeinde dem negativen Schrumpfungsprozess entgegenwirken könnte. Letztlich verstärkt die Mobilität von Arbeit und Kapital in diesem Beispiel die Auswirkung des externen Schocks und führt nicht, wie noch in der Neoklassik angenommen, zu einer Ausgleichstendenz.

Kumulative sozio-ökonomische Prozesse bewirken eine räumliche Differenzierung in wachsende und zurückgebliebene Gebiete im interregionalen und internationalen Maßstab. Hierbei lassen sich zwei Effekte unterscheiden:

(1) **Zentripetale Entzugseffekte** (*backwash effects*) sind die negativen Effekte, die das Wachstum einer Region in anderen Regionen z. B. durch den Abzug von Produktionsfaktoren bedingt.

(2) **Zentrifugale Ausbreitungseffekte** (*spread effects*) sind die positiven Effekte des Wachstums, die in anderen Regionen z. B. durch die Ausbreitung technischen Wissens wirksam werden (SCHÄTZL 1998, Kap. 2.3.5).

MYRDAL (1957) geht davon aus, dass Entzugseffekte dauerhaft stärker sind als Ausbreitungseffekte und fasst seine Ergebnisse in zwei Schlussfolgerungen zusammen:

(1) Erstens besteht demnach eine immerwährende Tendenz zu räumlichen Ungleichgewichten durch ungleiche räumliche Wachstums- und Entwicklungsprozesse.

(2) Zweitens ist diese Tendenz umso stärker ausgeprägt, je ärmer ein Land ist. Eine zentrale Kritik an diesem Modell setzt bei der Entstehung kumulativer Prozesse an, die nicht modell- bzw. regionsintern, sondern über externe Ereignisse erklärt werden.

HIRSCHMAN (1958) greift in seinem Polarisationsansatz wie MYRDAL die Entwicklungsländerperspektive auf. Er geht von einem Zwei-Regionen-Modell mit einer wachsenden Nordregion und einer zurückgebliebenen Südregion aus und unterscheidet zwei Effekte, die durch das Wachstum der Nordregion ausgelöst werden: (1) positive **Sickereffekte** (*trickling-down effects*) und (2) negative **Polarisationseffekte** (*polarization effects*) aus der Nord- in die Südregion. Während MYRDAL (1957) zu dem Ergebnis kommt, dass räumliche Ungleichgewichte dauerhaft bestehen bleiben, gelangt HIRSCHMAN (1958) zu der Schlussfolgerung, dass auf lange Sicht Gegenkräfte auf einen Abbau räumlicher Disparitäten hinwirken (KRÄTKE 1995a, Kap. 3). Ursachen für längerfristige regionale Entwicklungsunterschiede können sein: Immobilitäten der Produktionsfaktoren, unvollständige Informationen, unelastische Faktorpreise (die z. B. nicht auf Faktorwanderungen reagieren) sowie positiv oder negativ rückgekoppelte Prozesse. Genau dies sind jedoch die Strukturen, die in vielen neoklassischen Modellformulierungen von vornherein ausgeschlossen werden.

3.3.4 Zentrum-Peripherie-Modelle

Zentrum-Peripherie-Modelle greifen polarisationstheoretische Überlegungen auf, haben aber eine eigenständige konzeptionelle Basis, die aus den auf Entwicklungsländer bezogenen Dependenz- und der Imperialismustheorien hervorgegangen ist. In diesen Erklärungsansätzen wird vereinfacht zwischen einem reichen Zentrum mit industrieller Produktion und Weiterverarbeitung sowie einer verarmten, ausgebeuteten Peripherie mit Rohstoffabbau unterschieden. In Konzeptionen, die dies in Form eines ungleichen Tauschs (PREBISCH 1959) oder der Einflussnahme durch so genannte Brückenköpfe (GALTUNG 1978) abbilden, wird verdeutlicht, dass das Wachstum des Zentrums zu Lasten der Peripherie geht und dass dieses Wachstum erst durch die Ausbeutung der Peripherie möglich wird. Infolge des ungleichen Tauschs von veredelten Industriegütern gegen Rohstoffe bleiben nicht nur Entwicklungsunterschiede z. B. beim technischen Fortschritt erhalten, sondern durch Brückenköpfe in der Peripherie wird die Abhängigkeit der Peripherie vom Zentrum weiter verstärkt. Radikale Dependenztheoretiker fordern zur Überwindung der Abhängigkeit die Durchführung von Revolutionen in der Peripherie.

Ein vergleichsweise umfassendes, weniger revolutionäres Zentrum-Peripherie-Modell, das viele andere Ansätze und Vorstellungen integriert, stammt von FRIEDMANN (1966). An polarisationstheoretischen Überlegungen anknüpfend wird hierin davon ausgegangen, dass Innovationsprozesse räumliche und sektorale Ungleichgewichte nach sich ziehen. Die daraus entstehenden Zentren üben Macht und Einfluss auf die Peripherie aus (SCHILLING-KALETSCH 1980, Kap. 3). Hierbei gibt es verschiedene Effekte, die zu rückgekoppelten Prozessen führen. Dazu zählen

- Domination und Entzug,
- psychologische Effekte z. B. in Form von Nachahmung,
- Informationseffekte durch die hohe Informationsdichte im Zentrum,
- Input-Output-Verflechtungen.

Die Dominanz des Zentrums bewirkt zunehmend Widerstände in der Peripherie, weil Vorteile einseitig auf die Eliten der Peripherie konzentriert sind. Daraus erwachsen gesellschaftliche Konflikte, die auf unterschiedliche Weise – z. B. durch gewaltsame Unterdrückung, Ablösung der Eliten oder eine gleichmäßigere Machtverteilung – gelöst werden können.

Die Entwicklung des **Zentrum-Peripherie-Musters** lässt sich nach FRIEDMANN (1966) in vier Stufen darstellen (RICHARDSON 1978, Kap. 6; DICKEN & LLOYD 1990, Kap. 6; SCHÄTZL 1998, Kap. 2.3.6):

(1) Die **präindustrielle Stufe** ist durch eine stabile Raumstruktur ohne ausgeprägte Zentrum-Peripherie-Gegensätze gekennzeichnet (→ Abb. 17a). Es existieren vorwiegend kleine Siedlungen mit räumlich begrenzten Austauschprozessen.

(2) Mit der **beginnenden Industrialisierung** entstehen erstmals dominante Zentren, so genannte Primatstädte, die der Peripherie Produktionsfaktoren entziehen (→ Abb. 17b). Die Folge ist eine instabile Raumstruktur.

(3) Mit **fortschreitender Industrialisierung** bewirken politische Gegenkräfte die Bildung von Subzentren (→ Abb. 17c). Es bestehen differenzierte Zentrum-Peripherie-Beziehungen, wobei zunehmend periphere Gebiete in die Wirtschaftsprozesse integriert werden.

(4) Die **postindustrielle Phase** ist schließlich durch ein differenziertes hierarchisches Zentrengefüge und komplexe räumliche Austauschprozesse gekennzeichnet, die nicht mehr einseitig zu Lasten bestimmter Regionen gehen (→ Abb. 17d).

Das Gesamtsystem ist stabil und regionale Disparitäten sind relativ gering ausgeprägt. Problematisch an diesem Zentrum-Peripherie-Modell ist, dass – wie in vielen polarisationstheoretischen Ansätzen – der Versuch unternommen wird,

a) präindustrielle Phase

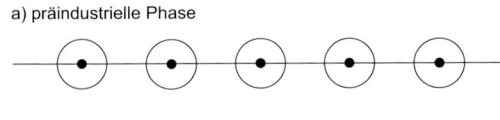

b) Übergangsphase

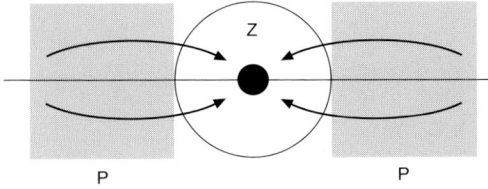

c) industrielle Phase

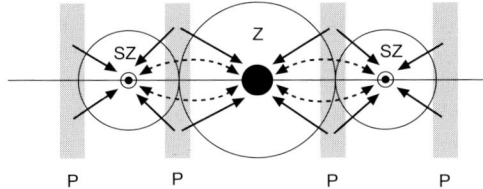

d) postindustrielle Phase

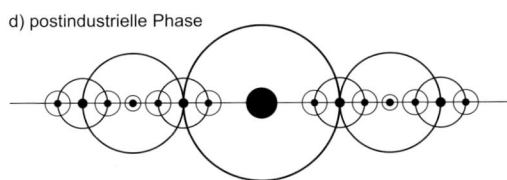

Abb. 17: Zentrum-Peripherie-Strukturen in der historischen Entwicklung (Quelle: SCHÄTZL 1998, S. 170)

deskriptive Aussagen über empirische Einzelbeobachtungen zu verallgemeinern. Derartige Ansätze erfassen jedoch nur unzureichend die dahinter stehenden sozialen und ökonomischen Prozesse, so dass ihre Relevanz letztlich unklar bleibt.

3.3.5 Kritik an der Polarisationstheorie

Die Polarisationstheorie liefert insgesamt kein geschlossenes Theoriegebäude, sondern besteht aus einer Vielzahl von Einzelansätzen, die nur teilweise miteinander kompatibel sind (MAIER & TÖDTLING 1996, Kap. 5). Sie bildet kein konsistentes Gegenmodell zur Neoklassik und hat insofern in der Ökonomie auch keine breite Resonanz gefunden. So zeigt die Polarisationstheorie zwar, wie durch Rückkopplungseffekte räumliche Un-

gleichgewichte entstehen können. Es fehlt aber eine Erklärung, warum Rückkopplungen sich nicht so weit aufschaukeln, dass es zu einem Zusammenbruch der Wirtschaft kommt. Zum Teil bildet die Neoklassik sogar den Ausgangspunkt polarisationstheoretischer Überlegungen, was zu Widersprüchen in den Konzepten führt.

In polarisationstheoretischen Ansätzen sind implizit zahlreiche Ideen enthalten, die in einer relationalen Wirtschaftsgeographie eine zentrale Rolle spielen und zum Inhalt von Forschungsprojekten werden. So sind in der Polarisationstheorie Verflechtungen zwischen Unternehmen und Institutionen von großer Bedeutung, weil über diese Verflechtungen Ballungs- und Entleerungsprozesse übertragen werden. Implizit wird hierbei die Existenz von Entwicklungspfaden unterstellt. Allerdings werden Verflechtungen in der Polarisationstheorie primär als Input-Output-Beziehungen verstanden. Der soziale Hintergrund, die Gestaltung und Intensität von Verflechtungsbeziehungen, wird nicht beachtet. Die Polarisationstheorie verbleibt insofern auf einer beschreibenden Ebene dieser Verflechtungen. Sie untersucht nicht, wie soziale Interaktionen zu Lernprozessen führen, die Innovationen stimulieren, und wie Polarisation letztlich das Ergebnis sozialer und ökonomischer Selektionsprozesse ist.

3.3.6 Exkurs: Neue endogene Wachstumstheorie

In den 1980er und 1990er Jahren hat sich in der Ökonomie durch den Einfluss der Arbeiten von ROMER (1986; 1990) ein Forschungsfeld entwickelt, das unter dem Oberbegriff der neuen endogenen Wachstumstheorie zusammengefasst wird. Zum Teil werden die Ansätze sogar dem neoklassischen Gedankengebäude zugerechnet, das dadurch fast endlos ausdehnbar erscheint. In den Arbeiten zur neuen endogenen Wachstumstheorie werden interessanterweise polarisationstheoretische Argumente aufgegriffen. Durch die Einbeziehung unvollkommener Märkte (z. B. monopolistischer Wettbewerbsstrukturen), externer Effekte und steigender Skalen- bzw. Durchschnittserträge (*increasing returns*; insbesondere durch Größeneffekte) werden hierbei Entwicklungsprozesse modelliert, die nicht notwendigerweise zu einem Gleichgewicht führen müssen, sondern auch langfristig divergieren können (MAIER & TÖDTLING 1996, Kap. 6; MARTIN & SUNLEY 1998).

Im Grundmodell der neoklassischen Theorie wird technischer Fortschritt als exogen vorgegeben angesehen. Tatsächlich aber entsteht technischer Fortschritt vor allem durch den systematischen Einsatz von Ressourcen innerhalb des Wirtschaftsprozesses (z. B. infolge von Forschungs- und Entwicklungsaktivitäten) und ist deshalb als interner Faktor anzusehen. Er wird allerdings von externen Effekten geprägt und hat als Wissen die Eigenschaft, dass er nicht immer wieder neu produziert werden muss. Einmal hergestellt, kann er von verschiedenen ökonomischen Akteuren an verschiedenen Orten und zu verschiedenen Zeitpunkten immer wieder aufs Neue eingesetzt werden. Dies wird in der neuen endogenen Wachstumstheorie berücksichtigt. Insofern formuliert sie keine neuen Argumente, sondern passt bekannte Zusammenhänge in den Rahmen ökonomischer Modelle ein (ROMER 1986; 1990):

(1) **Externalitätenmodell.** In diesem Modell wird technischer Fortschritt als zusätzlicher Produktionsfaktor eingeführt, der aber nicht nach dem Grenzprodukt entlohnt werden kann. ROMER (1986) definiert technischen Fortschritt als die Vermehrung von Humankapital, der quasi als externer Effekt aus der Investitionstätigkeit resultiert. Durch zusätzliche Investitionen entsteht hierbei automatisch und kostenlos technischer Fortschritt.

(2) **Innovationsmodell.** Hierin hängt der Zuwachs des technologischen Wissens von zwei Faktoren ab: dem bisherigen Bestand an Wissen sowie dem eingesetzten Humankapital. In dieser Modellkonzeption basiert die Erfindung eines neuen Produkts also auch auf den Erfahrungen bei der Entwicklung früherer Produkte. Entgegen einem reinen Marktmodell werden hierbei im Zeitablauf nicht zuerst die produktivsten und nachfolgend immer weniger produktive Erfindungen gemacht. Durch diese Art der Konzeptionalisierung wird die Akkumulation technologischen Wissens zum eigentlichen Wachstumsmotor einer Volkswirtschaft.

Im Unterschied zur Neoklassik werden Ungleichgewichte und räumliche Disparitäten in der neuen endogenen Wachstumstheorie nicht automatisch ausgeglichen. Externe Effekte und Monopole stören diesen Prozess. In den eingesetzten Modellen wächst eine Region mit großem Kapitalbestand schneller als eine Region mit geringem Kapitalbestand, wobei sich die Einkommensunterschiede im Zeitablauf fortlaufend vergrößern können. Allerdings gibt es auch Modellansätze mit langfristiger Konvergenz.

Bisher bildet die neue endogene Wachstumstheorie allerdings noch kein geschlossenes Theoriegebäude (MAIER & TÖDTLING 1996, Kap. 6). Sie besteht aus unterschiedlichen Modellvarianten, die versuchen, Innovationsprozesse im Rahmen von Gleichgewichtsmodellen zu erfassen. Dadurch, dass die neue Wachstumstheorie Externalitäten und Größeneffekte einbezieht, lassen sich spezifische räumliche und historische Gegebenheiten berücksichtigen. Es ist möglich, dass zufällige Ereignisse auch modelltheoretisch den Entwicklungspfad einer Region entscheidend prägen können. Daraus lassen sich entsprechend Rückschlüsse auf die Existenz räumlicher Ballungen und kumulativer Wachstums- und Schrumpfungsprozesse ziehen. In einer umfassenden Bewertung der neuen endogenen Wachstumstheorie kritisieren MARTIN & SUNLEY (1998), dass in den betreffenden Studien formale Modelle überbetont werden, die es nicht gestatten, sozio-institutionelle Kontexte zu erfassen. Es besteht die Gefahr, dass vor allem der Grad räumlicher Konvergenz bzw. Divergenz gemessen wird und dabei die zugrunde liegenden sozialen und ökonomischen Prozesse unbeachtet bleiben.

3.4 Grenzen der Wachstumspoltheorie und des Exportbasis-Ansatzes

Trotz ihrer konzeptionellen Schwächen fand die Polarisationstheorie in Form des Wachstumspolansatzes Eingang in die Praxis der regionalen Wirtschaftsförderung und Regionalplanung. Die aus polarisationstheoretischen Überlegungen abgeleitete Schlussfolgerung war, dass man mit einer flächenhaften Förderpolitik in wirtschaftlich zurückgebliebenen Regionen angesichts knapper Mittel nicht viel Erfolg haben kann. Deshalb wurde das Ziel definiert, geeignete Ballungen auszuwählen, die Ansätze von Wachstumspolen in sich bergen, um durch räumlich konzentrierte Förderung die gewünschten räumlichen Ausbreitungs- und Multiplikatoreffekte zu erzielen. Derartige Effekte wurden zuerst in der Exportbasis-Theorie thematisiert.

3.4.1 Regionalwirtschaftliche Multiplikatoreffekte im Exportbasis-Ansatz

Exportbasis-Ansätze gehen von der Idee aus, dass das Wirtschaftswachstum einer Region vor allem von ihrem Exportsektor abhängt. Durch Exporte werden Einkommensströme in die Region gelenkt, die zum Teil in der Region verausgabt werden (LAUSCHMANN 1976, III. Teil; KRIETEMEYER 1983; KRÄTKE 1995a, Kap. 2; MAIER & TÖDTLING 1996, Kap. 3; SCHÄTZL 1998, Kap. 2.3.3). Aus diesem Grund wird zwischen Export- bzw. Basissektoren sowie Nicht-Basissektoren unterschieden, die für die Bedürfnisse des lokalen Marktes produzieren. **Regionale Multiplikatoreffekte** entstehen durch folgenden ökonomischen Prozess (→ Abb. 18): Exportaktivitäten der Basissektoren lenken zusätzliche Einkommen in die Region, die teilweise zwar in Form von Gewinntransfers und Ausgaben für Importe abfließen, zum Teil aber auch für lokale Güter und Dienstleistungen ausgegeben werden. Dadurch entsteht in den Nicht-Basissektoren eine erhöhte Nachfrage. Es erfolgt auch hier eine Produktionsausweitung, aus der wiederum zusätzliches Einkommen hervorgeht, das zwar teilweise für Importe von Vor- und Zwischenprodukten in andere Regionen

abfließt, zum Teil aber erneut innerhalb der Region verausgabt wird. Durch Exportaktivitäten entsteht somit ein inkrementaler Wachstumsprozess, der am Ende zu einer neuen Gleichgewichtssituation führt. Die regionalen Multiplikatorwirkungen sind umso größer, je größer der Anteil der in der Region verbleibenden Einkommen ist, d. h. je größer die Konsumquote ist und je geringer die Importaktivitäten ausfallen. Diese Zusammenhänge lassen sich in einem einfachen **Kreislaufmodell** für Region i zusammenfassen (BATHELT 1991a, Kap. 9):

Angebot: $\quad A_i = N_i = Y_i$

Nachfrage: $\quad N_i = C_i + I_i + X_i - M_i$

mit: $\quad C_i = C^a_i + c_i Y_i$

$\quad\quad\quad I_i = I^a_i$

$\quad\quad\quad X_i = X^a_i$

$\quad\quad\quad M_i = m_i Y_i$

In dem Modell für Region i wird als Gleichgewichtsbedingung vorgegeben, dass sich das regionale Angebot A_i der regionalen Nachfrage N_i stets anpasst. Beide sind definitionsgemäß gleich dem Regionalprodukt Y_i. Es wird davon ausge-

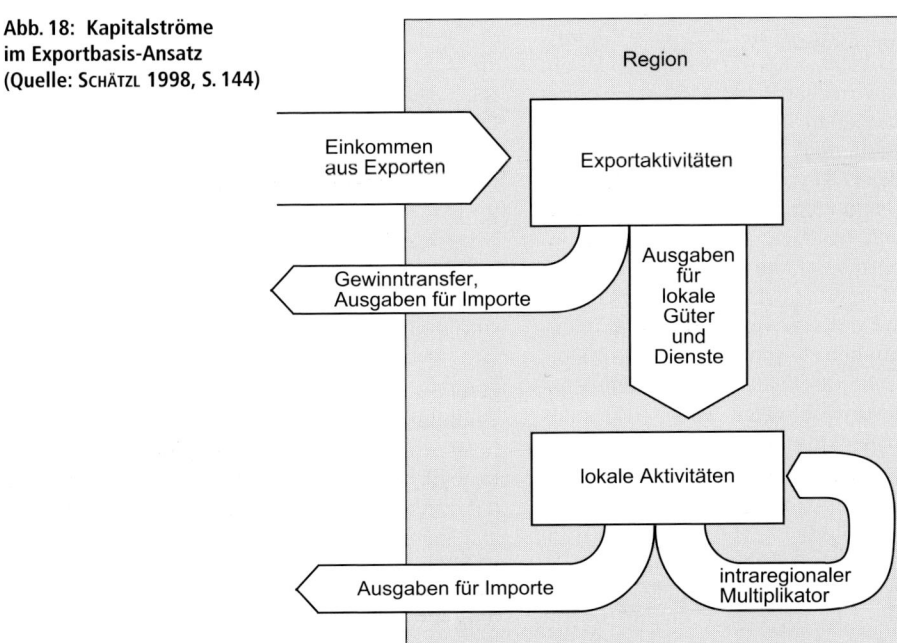

Abb. 18: Kapitalströme im Exportbasis-Ansatz (Quelle: SCHÄTZL 1998, S. 144)

gangen, dass sich die regionale Nachfrage additiv aus dem regionalen Konsum C_i, den regionalen Investitionen I_i, den regionalen Exporten X_i abzüglich der regionalen Importe M_i zusammensetzt. Regionale Investitionen und Exporte werden dabei als autonome (d. h. feste, variablenunabhängige) Größen I^a_i bzw. X^a_i exogen vorgegeben. Diese autonomen Größen werden durch den hochgestellten Index a gekennzeichnet. Von den regionalen Importen M_i wird angenommen, dass sie direkt proportional zum Regionalprodukt sind. Die regionale Importquote m_i gibt an, welche Anteile des Regionalprodukts für Importe verausgabt werden. Für den regionalen Konsum C_i wird ein linearer Zusammenhang mit dem regionalen Einkommen unterstellt. Der Konsum besteht aus einer autonomen Komponente C^a_i und einer einkommensabhängigen Komponente $c_i Y_i$, wobei die marginale Konsumquote c_i angibt, welcher Anteil des zusätzlichen Einkommens für Konsumzwecke anstatt zum Sparen verwendet wird. Durch Auflösung des entstehenden Gleichungssystems ergibt sich folgendes **regionales Gleichgewicht**:

$$Y_i = \frac{1}{1 - c_i + m_i} \cdot \left(C^a_i + I^a_i + X^a_i \right)$$

Der regionale Multiplikator ist in dieser Gleichung umso größer, je größer die regionale Konsumquote und je geringer die regionale Importquote ist (ISARD 1960, Kap. 6). Allerdings ist ein solches regionalwirtschaftliches Modell aufgrund seiner konzeptionellen Schwächen nur eingeschränkt interpretierbar und muss mit Vorsicht behandelt werden (KRIETEMEYER 1983; BATHELT 1991a, Kap. 9; SCHÄTZL 1998, Kap. 2.3.3). Exportbasis-Modelle besitzen generell ein sehr hohes Aggregationsniveau und verwenden nur eine geringe Anzahl regionalwirtschaftlicher Kenngrößen. Sie sind deshalb vergleichsweise ungenau. So wird lediglich zwischen Basis- und Nicht-Basissektoren unterschieden, unternehmensübergreifende Verflechtungen innerhalb eines Sektors und intersektorale Verflechtungen werden hingegen nicht modelliert. Außerdem sind die funktionalen Beziehungen zwischen den einbezogenen Variablen und die dabei unterstellten wirtschaftlichen Verhaltensweisen stark vereinfacht. Zudem sind die Annahmen über exogene Variablen sehr rigide. Ein weiteres Problem besteht schließlich darin, dass Regionen in Exportbasis-Modellen wie miniaturisierte Volkswirtschaften

behandelt werden. Da Regionen aber im Unterschied zu Volkswirtschaften nicht eindeutig begrenzt sind, hängt die Höhe des regionalwirtschaftlichen Multiplikators direkt von der zugrunde gelegten Regionsabgrenzung ab und ist von der Abgrenzungsmethode mitbestimmt.

3.4.2 Exkurs: Gemeinschaftsaufgabe zur Verbesserung der regionalen Wirtschaftsstruktur

Die regionale Wirtschaftsförderung in Deutschland wird wesentlich durch das Gesetz über die Gemeinschaftsaufgabe zur Verbesserung der regionalen Wirtschaftstruktur geregelt (BUTTLER et al. 1977, Teil C; KLEMMER 1995). Das Ziel der Gemeinschaftsaufgabe besteht darin, Investitionsvorhaben zu fördern, die im Sinn des Exportbasis-Ansatzes zusätzliches Einkommen in Regionen lenken. In der Gemeinschaftsaufgabe ist somit der Exportbasis-Ansatz direkt verankert. Dadurch soll strukturschwachen Regionen die Möglichkeit gegeben werden, Anschluss an die allgemeine Wirtschaftsentwicklung zu halten, Standortnachteile auszugleichen und regionale Entwicklungsunterschiede abzubauen. Ursprünglich erfolgte die Förderung in den als förderungswürdig eingestuften Regionen nach dem Wachstumspolkonzept nur in bestimmten, vorher festgelegten Schwerpunktorten (Deutscher Bundestag 1991, Teil I). Dieses Prinzip wurde allerdings in der 1990er Jahren aufgegeben (Deutscher Bundestag 1998, Teil I). Im Rahmen der Gemeinschaftsaufgabe müssen förderungswürdige Unternehmen exportorientiert sein, d. h. ihre Produkte vorwiegend überregional absetzen. Gefördert werden können neben Investitionen der gewerblichen Wirtschaft auch Tourismusvorhaben und wirtschaftsnahe kommunale Infrastrukturmaßnahmen. Seit Ende der 1990er Jahre werden in einer Testphase bis voraussichtlich Ende 2002 auch nicht-investive Fördertatbestände in den Bereichen Beratung, Schulung, Humankapitalbildung sowie angewandte Forschung und Entwicklung berücksichtigt.
In dem Gesetz über die Gemeinschaftsaufgabe „Verbesserung der regionalen Wirtschaftsstruktur" aus dem Jahr 1969 ist regionale Wirtschaftsförderung Ländersache, an der der Bund bei der Rahmenplanung mitwirkt und bei der Finanzierung zu 50 % beteiligt ist. Abstimmungsinstrument der Gemeinschaftsaufgabe ist der rechtsverbindliche Rahmenplan (§ 4 ff. GA), der jähr-

lich überprüft und angepasst wird. In den Rahmenplänen werden Fördergebiete abgegrenzt und in regionale Förderprogramme zusammengefasst. Für jedes regionale Förderprogramm werden Ziele definiert. Ferner werden in den Rahmenplänen Voraussetzungen, Art und Intensität der Förderung geregelt sowie ausgeführte und geplante Maßnahmen sowie die dafür vorgesehenen Mittel genau dargelegt. **Förderwürdige Maßnahmen** können sein:
- Errichtung einer Betriebsstätte,
- Erweiterung einer Betriebsstätte,
- Umstellung oder Rationalisierung bzw. Modernisierung einer Betriebsstätte,
- Erwerb einer stillgelegten oder von Stillegung bedrohten Betriebsstätte (Deutscher Bundestag 2000, Teil II).

Ziel der Förderung ist es, neue Arbeitsplätze zu schaffen oder bestehende zu erhalten. Als **Fördergebiete** kommen dabei drei Arten von Regionen in Frage:
- strukturschwache Regionen, deren Wirtschaftskraft erheblich unter dem Bundesdurchschnitt liegt,
- Regionen mit Strukturproblemen durch den Strukturwandel – in der Regel alte Industrieregionen –,
- die neuen Bundesländer.

Die Abgrenzung der Fördergebiete erfolgt auf der Grundlage von Arbeitsmarktregionen. Diese dienen als Diagnoseeinheiten zur Feststellung der Förderbedürftigkeit (ECKEY & KLEMMER 1991; ECKEY 1995). In den alten Bundesländern wurden im Jahr 2000 hierbei folgende **Indikatoren** herangezogen:
- die durchschnittliche Arbeitslosenquote zwischen 1996 und 1998 mit einer Gewichtung von 40 %;
- das Pro-Kopf-Einkommen der sozialversicherungspflichtig Beschäftigten 1997 mit einer Gewichtung von 40 %,
- ein komplexer Infrastrukturindikator mit einer Gewichtung von 10 %,
- die Erwerbstätigenprognose bis 2004 mit einer Gewichtung von 10 % (Deutscher Bundestag 2000, Teil I).

Die auf der Ebene der Diagnoseeinheiten ermittelten Indikatorwerte werden je Indikator standardisiert und anschließend für jede Arbeitsmarktregion zu einem Gesamtindikator zusammengefügt. Daraus lässt sich schließlich eine Rangfolge der Arbeitsmarktregionen nach ihrer Förderbedürftigkeit erstellen. Im Jahr 2000 wurden dieser Vorgehensweise folgend die 60 strukturschwächsten der 204 westdeutschen Arbeitsmarktregionen in die Förderkulisse aufgenommen.

Vor der Wiedervereinigung war das Zonenrandgebiet automatisch Fördergebiet. Es wurde danach jedoch gestrichen und dafür Ostdeutschland komplett in die Förderkulisse aufgenommen. In den neuen Ländern wurden im Jahr 2000 erstmals ähnliche Indikatoren mit gleicher Gewichtung wie in den alten Bundesländern herangezogen, um kleinräumige Entwicklungsunterschiede zu messen und regional differenzierte Förderprogramme zu erstellen. Einziger Unterschied zu der Abgrenzung in Westdeutschland war, dass statt der durchschnittlichen Arbeitslosenquote die durchschnittliche Unterbeschäftigungsquote herangezogen wurde.

Auf der Basis der verwendeten Indikatoren und der politischen Zielsetzungen werden vier **Arten von Fördergebieten** unterschieden (Deutscher Bundestag 2000, Teil I und II): Die A- und B-Fördergebiete decken die Regionen der neuen Bundesländer sowie Berlin ab, während sich die C- und D-Fördergebiete auf die alten Länder beziehen. Die A-Fördergebiete umfassen die strukturschwächsten ostdeutschen Regionen mit Förderhöchstsätzen bei Investitionen kleiner und mittlerer Unternehmen von 50 % und bei großen Unternehmen von 35 %. Alle anderen ostdeutschen Regionen sind B-Fördergebiete, in denen die Förderhöchstsätze 43 % für kleine und mittlere Unternehmen und 28 % für große Unternehmen betragen. Die C-Fördergebiete umfassen die strukturschwächsten Regionen in Westdeutschland, wobei hier die Förderhöchstsätze bei 28 % für kleine und mittlere Unternehmen und bei 18 % für große Unternehmen liegen. In den ebenfalls strukturschwachen westdeutschen D-Fördergebieten konzentrieren sich staatliche Beihilfen auf kleine und mittlere Unternehmen und sind nochmals niedriger. Sie betragen bei kleinen Unternehmen bis zu 15 % der Investitionssumme, bei mittleren Unternehmen 7,5 % und bei sonstigen Unternehmen maximal 100 000 Euro.

Durch den europäischen Einigungsprozess hat die Gemeinschaftsaufgabe zur Verbesserung der regionalen Wirtschaftsstruktur zusehends nicht mehr nur deutsche, sondern auch europäische Belange zu berücksichtigen, zumal in erheblichem Umfang europäische Fördermittel verfügbar sind. Bei der Abgrenzung für das Jahr 2000 forderte die Europäische Kommission ihren Kriterien entsprechend beispielsweise eine Reduzierung der deutschen Förderkulisse (auf maximal 34,9 % der deutschen Wohnbevölkerung). Dies führte dazu, dass in den alten Bundesländern als Extra-Kategorie D-Fördergebiete mit anderen Förderbedingungen ausgewiesen wurden, die eigentlich schon den Umfang der Förderkulisse von 34,9 % überschritten (Deutscher Bundestag 2000, Teil I).

Ein Problem der Gemeinschaftsaufgabe besteht darin, dass die zur Verfügung stehenden Mittel im Unterschied zu anderen Etats im Zeitablauf praktisch nicht erhöht wurden (BAUMHEIER et al. 1995; KLEMMER 1995). Sie betrugen bis zur Wiedervereinigung Deutschlands rund 500 Millionen DM pro Jahr. In Folge dessen ist das relative Gewicht der Gemeinschaftsaufgabe im Vergleich zu anderen Politiken wie etwa der Agrar-, Technologie- und Sozialpolitik im Zeitablauf gesunken. Ein weiteres Problem ist dadurch gegeben, dass die Koordination mit den anderen Sektorpolitiken nach wie vor gering ausgeprägt ist, auch wenn beispielsweise im Rahmenplan des Jahres 2000 eine engere Verzahnung mit der Arbeitsmarktpolitik angestrebt wird.

Zugleich hat sich offensichtlich die Wirksamkeit der aufgewendeten Mittel verringert. So wurden im 5-Jahres-Zeitraum vom 1986 bis 1990 Investitionen in der gewerblichen Wirtschaft im Umfang von 94,7 Milliarden DM gefördert. Im Berichtssystem der Gemeinschaftsaufgabe wird davon ausgegangen, dass dadurch insgesamt 245 000 Arbeitsplätze geschaffen und 382 000 gefährdete Arbeitsplätze gesichert wurden (Deutscher Bundestag 1991, Teil I). Allerdings ist auch klar, dass nur wenige Investitionen darunter fielen, die ohne die Gemeinschaftsaufgabe nicht stattgefunden hätten.

Im Fünf-Jahres-Zeitraum von 1993 bis 1997 wurden Investitionen in der gewerblichen Wirtschaft in Höhe von 66,5 Milliarden DM gefördert. Hierzustanden insgesamt Mittel in Höhe von 11,6 Milliarden DM zur Verfügung (Bundesamt für Wirtschaft 2000). In der Periode von 1986 bis 1990 wurden demgegenüber insgesamt nur 3,5 Milliarden DM an Fördermitteln aufgewendet. Der stark erhöhte Mittelaufwand ist damit zu erklären, dass es nach der Wiedervereinigung aufgrund der erheblichen Strukturprobleme in Ostdeutschland notwendig war, gezielt zusätzliche Mittel zum Aufbau der Wirtschaft einzusetzen. Von den Fördermitteln entfielen dementsprechend 10,0 Mrd. DM auf die ostdeutschen und 1,6 Mrd. DM auf die westdeutschen Länder. Mit den Fördermaßnahmen wurden nun noch

275 000 Arbeitsplätze geschaffen (hiervon 234 000 in den neuen und 41 000 in den alten Ländern) und 249 000 gesichert (195 000 in den neuen und 54 000 in den alten Ländern).

Wenn man die Ergebnisse beider Berichtsperioden miteinander vergleicht, wird unmittelbar klar, dass das Investitionsvolumen der gewerblichen Wirtschaft in Relation zu den aufgewendeten Mitteln im Zeitablauf stark zurückgegangen ist. Allerdings muss man bei einem derartigen intertemporalen Vergleich vorsichtig sein. In den Zahlenangaben sind jeweils nur diejenigen Förderprojekte enthalten, die bis zum Zeitpunkt der Veröffentlichung durchgeführt und für die die Verwendungsnachweise geprüft sind. Da ursprünglich bewilligte Projekte oft erst lange nach der Bewilligung abgeschlossen sind, ist die Berichtsstatistik somit laufenden Veränderungen unterworfen. Der hier durchgeführte Vergleich der beiden Zeiträume 1986 bis 1990 und 1993 bis 1997 kann deshalb nur grobe Tendenzen in der zeitlichen Entwicklung aufzeigen.

Aufgrund dieser und anderer Hinweise über eine begrenzte Wirksamkeit der Gemeinschaftsaufgabe wird dieses Instrument der regionalen Wirtschaftsförderung schon seit Ende der 1970er Jahre stark kritisiert (BUTTLER et al. 1977, Teil C; HÖHER 1997, Kap. 4). Der Gemeinschaftsaufgabe wird vorgeworfen, dass sie sich zu stark an der Exportorientierung und zu wenig an der Innovationskraft von Unternehmen orientiert (EWERS & WETTMANN 1978; BRUGGER 1984). Ihr wird weiter vorgeworfen, dass sie wenig Wirksamkeit besitzt und geringe Multiplikatorwirkungen verursacht, zugleich aber hohe Mitnahmeeffekte der Unternehmen provoziert (RECKER 1978; ASMACHER et al. 1986). Das ursprüngliche Augenmerk der Gemeinschaftsaufgabe waren Betriebsansiedlungen. Inzwischen scheint aber das Ansiedlungspotenzial von Unternehmen gesunken zu sein, so dass eine erfolgversprechende regionale Wirtschaftspolitik vor allem bei dem vorhandenen Bestand von Unternehmen ansetzen und deren Innovationskraft stärken sollte. Eine Förderpolitik, die wie die Gemeinschaftsaufgabe vor allem auf Betriebsansiedlungen abzielt, birgt zudem die Gefahr in sich, die Entstehung von Zweigwerksökonomien zu fördern, die von regionsexternen Steuerungszentralen der Unternehmen abhängig sind (z. B. SCHACKMANN-FALLIS 1987). Letztlich scheint die Gemeinschaftsaufgabe eher strukturkonservierend als strukturmodernisierend zu wirken.

3.5 *Geographical economics* und räumliche Konzentration: Eine neue Orthodoxie?

Im Folgenden soll der Begriff der *geographical economics* zur Kennzeichnung einer insbesondere durch KRUGMAN inspirierten Schule von Arbeiten verwendet werden, die Agglomerationsprozesse von Unternehmen durch das Zusammenspiel von Transportkosten und steigenden Skalenerträgen (*increasing returns*) begründen und die räumliche Konzentration von Unternehmen modelltheoretisch darstellen (MARTIN & SUNLEY 1996; MARTIN 1999; SCHMUTZLER 1999). Den von ihren Vertretern Ende der 1990er Jahre hierfür verwendeten Begriff der *new economic geography* (KRUGMAN 1998; AMITI 1998; FUJITA et al. 1999) lehnen wir ab, da in den betreffenden Arbeiten keine wirkliche Neuorientierung der Wirtschaftsgeographie erfolgt. KRUGMAN (1991; 1993) fügt weitgehend bereits bekannte Ideengebäude neu zusammen, wobei er allerdings interessante Teilergebnisse ableitet und ökonomische mit wirtschaftsgeographischen Konzepten verbindet. Den Begriff der *new economic geography* reservieren wir in Anlehnung an MARTIN & SUNLEY (1996) für eine relationale Wirtschaftsgeographie, wie sie speziell in den Arbeiten von STORPER (1997a; 1997b) konzipiert wird (→ Kap. 1.2 und 7.3).

Nach KRUGMAN (1991, Kap. I) untersuchen die Außenhandelstheorie und die Standorttheorie ähnliche Fragestellungen. Sie gehen der Frage nach, welche Industrien an welchen Standorten welche Güter herstellen. Im Konzept der *geographical economics* wird angestrebt, beide Ansätze zusammenzuführen. Hierin wird der Analyse von Außenhandelsflüssen zunächst die Untersuchung regionaler Unterschiede in der Verteilung und Spezialisierung von Industrien vorgeschaltet. KRUGMAN (1991, Kap. I) nennt zwei Gründe, warum es sinnvoll ist, Außenhandelstheorie und Standorttheorie zu integrieren:

(1) Einerseits ist der interregionale Handel, der von der Standortverteilung von Industrien innerhalb eines Landes abhängt, für große Nationen wie die USA genauso wichtig oder sogar noch bedeutsamer als der Außenhandel.

(2) Andererseits gehen durch wirtschaftliche und politische Integrationstendenzen etwa in der Europäischen Union Nationen in Regionen über.

Internationaler und interregionaler Handel verschmelzen dabei zusehends.

Bei seinen Überlegungen geht KRUGMAN (1993; 2000) ähnlich wie die neue endogene Wachstumstheorie (→ Kap. 3.3) von unvollkommenen Märkten, externen Effekten und steigenden Skalenerträgen aus. Im Folgenden sind insbesondere drei **Modellannahmen** von Bedeutung:

(1) Es werden steigende Skalenerträge und somit die Existenz von *economies of scale* unterstellt. D. h. es wird angenommen, dass die Durchschnittskosten der Produktion in einem Betrieb umso geringer sind, je größer die produzierte Menge ist. Um diese Kostenersparnis voll auszuschöpfen, wird ein Unternehmen versuchen, die gesamte Produktion in einem einzigen Betrieb, an einem einzigen Standort zu konzentrieren und nicht auf unterschiedliche kleine Betriebe an mehreren Standorten aufzuteilen.

(2) Die Produktionsfaktoren Arbeit und Kapital werden als mobil angenommen.

(3) Im Unterschied zur Außenhandelstheorie werden Transportkosten in das Modell einbezogen.

3.5.1 Regionale Industrieballungen

Ausgangspunkt der Überlegungen ist die Feststellung, dass ökonomische Aktivitäten eine starke räumliche Konzentrationstendenz aufweisen. Ein gutes Beispiel dafür ist der *manufacturing belt* der USA. Hier befindet sich der überwiegende Teil der nicht-standortgebundenen Industrien der USA. Abgesehen aber von den historischen Anfängen der Industrieentwicklung ist die heutige Standortkonzentration im *manufacturing belt* nicht allein durch die vorhandene Ressourcenbasis zu erklären. KRUGMAN (1991, Kap. I) versucht, hierfür mit seinem Modell geographischer Konzentration eine Erklärung zu liefern. Er geht davon aus, dass jeder Produzent aufgrund der Existenz von *economies of scale* nur einen Standort besitzt. Um Transportkosten zu sparen, wird der Standort so gewählt, dass damit eine besonders große Nachfrage regional abgedeckt werden kann. Die Nachfrage wiederum ist dort am größten, wo die meisten Hersteller ihren Standort haben, denn die dort tätigen Arbeitskräfte sind zugleich die Nachfrager. Daraus resultiert eine Zirkularität, die dazu führt, dass eine einmal existierende Industrieballung aufrecht erhalten oder noch weiter verstärkt wird. Agglomerationen schaffen somit dynamische Wettbewerbsvorteile für die dort ansässigen Unternehmen (KRUGMAN, 2000; OSMANOVIC 2000).

In einem einfachen **Zwei-Regionen-Modell** geht KRUGMAN (1991, Kap. I) von folgenden Annahmen aus:

(1) Es gibt zwei Regionen R_Z (*center*) und R_P (*periphery*) sowie zwei Sektoren Landwirtschaft und Industrie.

(2) Die landwirtschaftliche Produktion und die landwirtschaftlich Tätigen sind je zur Hälfte auf beide Regionen aufgeteilt. Die landwirtschaftliche Nachfrage nach Industrieprodukten beträgt sechs Mengeneinheiten, wobei jeweils drei Einheiten auf die Regionen R_Z und R_P entfallen.

(3) Industrieunternehmen können ihren Standort frei wählen, wobei für jeden Betrieb, d. h. jeden Standort fixe Kosten in Höhe von vier Geldeinheiten anfallen. Durch diese Bedingung werden *economies of scale* in das Modell einbezogen.

(4) Transportkosten innerhalb einer Region betragen null Geldeinheiten, zwischen den beiden Regionen hingegen eine Geldeinheit je transportierter Mengeneinheit.

(5) Schließlich wird angenommen, dass die gesamte aus der Industrie wirksame Nachfrage nach Industrieprodukten in Höhe von vier Mengeneinheiten in der bestehenden Industrieregion R_Z konzentriert ist.

Von dieser Konstellation ausgehend stellt sich nun die Frage, wo ein neues Unternehmen, das Industrieprodukte herstellt, seinen Standort wählen wird. Hierzu führt KRUGMAN (1991, Kap. I) eine **Kostenbetrachtung** für drei Fälle durch (→ Tab. 2):

Fall 1. Wenn ein neuer Betrieb in der Industrieregion R_Z errichtet wird, so entstehen Fixkosten in Höhe von vier, Transportkosten in Höhe von drei und Gesamtkosten in Höhe von sieben Geldeinheiten.

Fall 2. Die Ansiedlung eines Betriebes in Agrarregion R_P verursacht Fixkosten in Höhe von vier, Transportkosten in Höhe von sieben und somit Gesamtkosten in Höhe von elf Geldeinheiten.

Fall 3. Wenn sich das Unternehmen entscheidet, ein Standort-*splitting* durchzuführen, d. h. in jeder der beiden Regionen einen neuen Betrieb zu errichten, so entstehen keine Transportkosten. Die Fixkosten und damit die Gesamtkosten betragen jedoch acht Geldeinheiten.

Aufgrund dieser Kostenstrukturen wird ein neues Unternehmen sich entscheiden, nur einen Betrieb aufzubauen und diesen in der bestehenden Industrieregion R_Z anzusiedeln. Somit kommt es zur vollständigen Konzentration der industriellen Produktion in Region R_Z. Welche der beiden Regionen sich dabei zur Industrieballung entwickelt, hängt vom historischen Ausgangszustand ab und wird nicht weiter erklärt (*history matters*). Durch die **Variation der Modellannahmen** lässt sich untersuchen, wann Ballungsprozesse besonders stark und wann sie weniger stark ausgeprägt sind. Dies hängt insbesondere mit der Höhe der *economies of scale* zusammen, der Rohstoffabhängigkeit von Industrien und der Höhe der Transportkosten:

(1) Ballungsprozesse sind dann besonders stark ausgeprägt, wenn *economies of scale* eine große Bedeutung haben. Sind beispielsweise die Fixkosten der Produktionsstätten sehr hoch, so ist ein Unternehmen bestrebt, möglichst die gesamte Produktion an nur einem Standort zu konzentrieren, um Fixkosten zu begrenzen und auf eine möglichst große Produktionsmenge umzulegen.

(2) Ballungsprozesse sind umso stärker ausgeprägt, je weniger Industrien an feste Ressourcenfundorte gebunden sind. Dieses Ergebnis scheint im Widerspruch zur traditionellen Standortlehre zu stehen. In der Standortlehre wird davon ausgegangen, dass Industrien ohne Bindung an Rohstofffundorte (so genannte *footloose industries*) ihren Standort nahezu frei wählen können (→ Kap. 5.2). Sie müssten demzufolge durch eine disperse Standortverteilung gekennzeichnet sein. KRUGMAN (1991, Kap. I) argumentiert demgegenüber anders. Ressourcen gebundene Wirt-

Tab. 2: Prinzip der geographischen Lokalisierung (Quelle: KRUGMAN 1991, S. 17)

Standortkonfiguration	t = 1			t = 2		
	FK	TK	GK	FK	TK	GK
ein Standort in der Region R_z (*center*)	4	3	7	4	6	10
ein Standort in Region R_p (*periphery*)	4	7	11	4	14	18
Standort-*splitting*	8	0	8	8	0	8

Abkürzungen: t = Transportkosten je transportierter Mengeneinheit, FK = Fixkosten, TK = Transportkosten, GK = Gesamtkosten

schaftszweige wie der Bergbau seien nicht in der Lage, ihren Standort frei in Richtung der Nachfragemärkte zu bewegen. Da sie sich gemäß der Standortverteilung der Rohstoffe niederlassen, sind den Ballungsprozessen natürliche Grenzen gesetzt. Erst wenn diese Standortbindung entfällt, kommt es demnach zur vollen Entfaltung der Ballungsprozesse in den Hauptnachfragezentren.

(3) In dieser Konzeption sind Ballungsprozesse außerdem umso stärker ausgeprägt, je geringer die Transportkosten sind. Auch dies scheint gängigen Anschauungen zu widersprechen, die davon ausgehen, dass gerade die Existenz hoher Transportkosten zu räumlichen Standortkonzentrationen führt. KRUGMAN (1991, Kap. I) hingegen argumentiert, dass bei hohen Transportkosten die Tendenz besteht, in jeder Standortregion eine eigene, relativ kleine Produktionsstätte zu errichten, um somit Transporte zwischen Regionen, die hohe Transportkosten verursachen, zu vermeiden. Demzufolge müssen Transportkosten in Relation zu den Fixkosten hinreichend niedrig sein, damit Ballungsprozesse in der Industrieregion R_Z möglich sind. Sind die Transportkosten hingegen Null, so können Unternehmen unabhängig von ihrer Standortwahl *economies of scale* erzielen, wenn sie ihre Produktion in einem einzigen Betrieb konzentrieren. In diesem Fall werden sich aber nicht alle Produktionsstätten in derselben Region ansiedeln, so dass nur eine begrenzte räumliche Konzentration stattfindet.

Die Wirkung hoher Transportkosten lässt sich verdeutlichen, wenn man in dem zuvor dargestellten Zwei-Regionen-Modell die Transportkosten von einer auf zwei Geldeinheiten je transportierter Mengeneinheit verdoppelt ($\rightarrow$ Tab. 2). Bei einem einzigen Betriebsstandort in Industrieregion R_Z würden dabei Fixkosten in Höhe von vier und Transportkosten in Höhe von sechs Geldeinheiten anfallen, in Region R_P sogar Fixkosten in Höhe von vier und Transportkosten in Höhe von 14 Geldeinheiten. Bei einem Standort-*splitting*, d. h. je einer Produktionsstätte in jeder Region, verändern sich die Gesamtkosten gegenüber der Ausgangssituation nicht. Sie betragen weiterhin insgesamt acht Geldeinheiten. In der neuen Situation mit erhöhten Transportkosten wird somit in jeder Region ein kleinerer Betrieb ausschließlich zur Deckung der regionalen Nachfrage errichtet. Es kommt nicht zu einer Standortballung in nur einer einzigen Region.

3.5.2 Kleinräumige Industriespezialisierungen

In einem weiteren Schritt untersucht KRUGMAN (1991, Kap. II), warum viele Industriebranchen kleinräumig hochkonzentriert sind, d. h. warum es an bestimmten Orten zu einer ausgeprägten Spezialisierungstendenz der dortigen Industrien kommt. Beispiele hierfür sind die Computerindustrie im *Silicon Valley*, der Maschinenbau im Umland von Stuttgart und die kleinräumigen Industrieballungen im so genannten Dritten Italien ($\rightarrow$ Kap. 6.4). Bei der Analyse des Entstehungszusammenhangs solcher lokaler Industriespezialisierungen greift KRUGMAN (1991, Kap. II) auf die Arbeiten des britischen Ökonomen MARSHALL (1920, IV. Buch Kap. X; 1927, II. Buch Kap. VI) aus der Jahrhundertwende vom 19. ins 20. Jahrhundert zurück. Entsprechend werden drei Gründe hervorgehoben, warum es zu lokalen Industriespezialisierungen kommt:

(1) **Arbeitsmarkt-*pooling*.** Dadurch, dass sich ein spezialisierter *pool* von Arbeitskräften an einem Standort entwickelt, werden weitere, ähnlich spezialisierte Arbeitskräfte und neue Unternehmen mit entsprechendem Arbeitskräftebedarf angezogen. Ein großer spezialisierter *pool* an Arbeitskräften ist aus Unternehmens- und aus Arbeitnehmersicht vorteilhaft, weil hierdurch eine größere Reagibilität bei Konjunkturschwankungen gegeben ist. Aus Unternehmenssicht stellt sich dies wie folgt dar: Wenn die Unternehmen einer Branche sich an verschiedenen Standorten befinden, ist ein Unternehmen in Phasen des Konjunkturaufschwungs nicht in der Lage, den Mehrbedarf an Arbeitskräften durch kurzfristige Mehreinstellungen zu befriedigen. Durch die Konzentration vieler Unternehmen an einem gemeinsamen Standort und einen wenigstens teilweise asynchronen Konjunkturverlauf dieser Unternehmen können hingegen Arbeitskräfte zusätzlich eingestellt werden, da einige Unternehmen früher als andere in den Genuss einer wachsenden Nachfrage kommen. Aus Arbeitnehmersicht ist eine derartige Konzentration auch in Phasen des Konjunkturabschwungs bedeutsam. Bei wiederum unterstelltem asynchronem Konjunkturverlauf können Arbeitskräfte, die aufgrund nachlassender Konjunktur in einem Unternehmen entlassen werden, wenigstens zum Teil in solchen Unternehmen Beschäftigung finden, in denen der Konjunkturabschwung erst später einsetzt.

(2) **Vorteile einer Ballung spezialisierter Zulieferer.** Durch die kleinräumige Ballung einer speziellen Branche ist auch die Nachfrage nach spezialisierten Vor- und Zwischenprodukten entsprechend hoch. Dadurch besteht ein Anreiz für spezialisierte Zulieferer, sich hier anzusiedeln. Da auch im Zuliefererbereich *economies of scale* anfallen und da auch Zulieferer dazu tendieren, sich dort niederzulassen, wo die Nachfrage am größten ist, werden die Zulieferer ihre Betriebe innerhalb der spezialisierten Industrieballung ansiedeln und kein Standort-*splitting* durchführen.

(3) **Technologische *spillover*-Effekte.** Da Informationen auf lokaler Ebene in persönlichen Treffen häufiger ausgetauscht werden können als über große Entfernungen, ist die Wahrscheinlichkeit groß, dass neue Ideen in einer Lokalität von anderen Akteuren aufgegriffen und verbessert werden. Aufgrund derartiger Beobachtungen spricht MARSHALL (1927, II. Buch Kap. VI) vom Entstehen einer besonderen industriellen Atmosphäre in einer spezialisierten Industrieballung. KRUGMAN (1991, Kap. II) allerdings hält derartige *spillover*-Effekte gegenüber den ersten beiden Faktoren für weniger bedeutsam. Er argumentiert, dass *spillover*-Effekte weithin überschätzt würden und wohl primär in *high-tech*-Industrien von Bedeutung seien. Viele lokalisierte Industrien gehörten aber eben nicht dem *high-tech*-Bereich an. Zudem seien *spillover*-Effekte nur schwer modellierbar und werden schon allein deshalb nicht in die Modelle eingebaut.

3.5.3 Erweiterung und Kritik

Eine wichtige Leistung von KRUGMAN (1991; 1993) besteht darin, dass er regionalökonomische Entwicklungen als einen pfadabhängigen Prozess darstellt. Einmal etablierte Standortmuster erlangen ein *lock-in*, so dass räumliche Persistenz von Standortballungen die Folge ist. Entgegen zahlreichen jüngeren wirtschaftsgeographischen Ansätzen betont KRUGMAN dabei weniger die Rolle kleiner und mittlerer Unternehmen, sondern vor allem die der großen Hersteller, die im Bestreben um *economies of scale* große Marktgebiete suchen (MARTIN & SUNLEY 1996). Demnach haben Konsumgüterindustrien einen Anreiz, sich in den Hauptnachfrageballungen zu konzentrieren, und die Zulieferer haben einen Anreiz, sich nahe der Zentren der Konsumgüterproduktion anzusiedeln (KRUGMAN 2000). Im Unterschied zur Neoklas-

sik ist nach KRUGMAN (1991) eine begrenzte regionale Industrieförderung zur Stärkung der nationalen Wettbewerbsfähigeit dann sinnvoll, wenn sie lokale Spezialisierungen fördert und an bestehende industrielle Konzentrationen anknüpft.

In einem einfachen Diagramm lässt sich verdeutlichen, warum aus KRUGMANS (1991, Kap. 2) Sicht Standortverteilungen mit dispersen Standorten als Folge eines **Standort-*splitting*** instabil sind und warum es deshalb zu regionalen Konzentrationsprozessen der Industrien kommt (→ Abb. 19a). In dem Diagramm ist auf der Abszisse der Arbeitnehmeranteil und auf der Ordinate der Unternehmensanteil in einer Region R_a dargestellt. Die beiden Kurven F und W stellen zum einen aus Unternehmenssicht (F) und zum anderen aus Arbeitnehmersicht (W) dar, bei welchem Verhältnis von Unternehmen und Arbeitnehmern in Region R_a ein Unternehmen bzw. ein Arbeitnehmer indifferent in der Entscheidung zwischen einem Standort in dieser Region und einem Standort in der Alternativregion R_b ist. Ein Punkt oberhalb der F-Kurve besagt aus Unternehmenssicht, dass es in Region R_a in Relation zu den hier vorhandenen Arbeitskräften zu viele Unternehmen gibt. Ein Unternehmen würde deshalb von Region R_a in Region R_b abwandern. Ein Punkt oberhalb der W-Kurve besagt aus Arbeitnehmersicht, dass es in Region R_a in Relation zur Anzahl der vorhandenen Unternehmen zu wenige Arbeitskräfte gibt. Demzufolge würden Arbeitnehmer aus Region R_b in Region R_a zuwandern.

Durch den Schnittpunkt der F- mit der W-Kurve lassen sich vier Quadranten und vier verschiedene Fälle unterscheiden: Im I. Quadrant bestehen sowohl für Arbeitskräfte als auch für Unternehmen Anreize, sich in Region R_a niederzulassen. Es kommt damit zu einer zunehmenden Konzentration in dieser Region, was dazu führt, dass Region R_a zum alleinigen Industriestandort wird. Im III. Quadranten bestehen sowohl für Arbeitskräfte als auch für Unternehmen Anreize, aus Region R_a in Region R_b abzuwandern, so dass langfristig Region R_b zum alleinigen Industriestandort wird. In den Quadranten II und IV kommt es zu einander entgegen gerichteten Arbeitskräfte- und Unternehmenswanderungen, so dass eine Tendenz in Richtung des Schnittpunkts beider Kurven L (*locational split*) entsteht. Das Gleichgewicht L im Schnittpunkt beider Kurven ist allerdings sehr labil, da bereits eine einzige

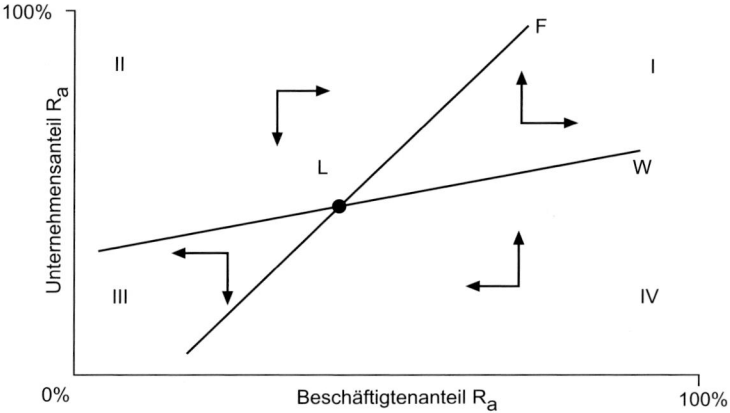

a) Standortsplitting als instabiles Gleichgewicht in Region R_a

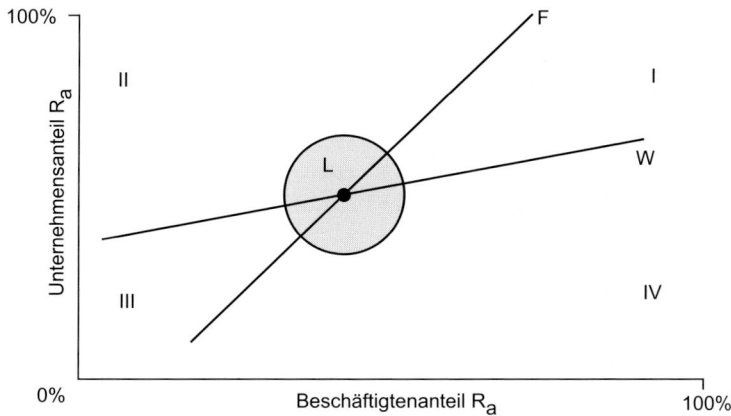

b) Stabilisierung durch Einbezug von Verlagerungskosten in Region R_a

Abb. 19: Argument und Gegenargument zum Prozess geographischer Konzentration (Quelle: STORPER 1997a, S. 74 und 75)

davon abweichende Standortentscheidung zu einer Verschiebung in den I. oder III. Quadranten führen kann, die dann wiederum eine vollständige Konzentration der Unternehmen in einer der beiden Regionen nach sich ziehen würde. Dies würde unumkehrbar Konzentration oder Entleerung in Region R_a bedeuten.

STORPER (1997a, Kap. 4) erhebt allerdings einen Einwand gegen diese Argumentationskette von KRUGMAN (1991). Er führt Verlagerungskosten in das Modell ein und kann dadurch eine

Stabilisierungstendenz feststellen, bei der sowohl in Region R_a als auch in Region R_b Industriestandorte verbleiben, auch wenn nicht die Optimallösung L im Schnittpunkt der F- mit der W-Kurve erreicht wird (→ Abb. 19b). Wenn man nämlich davon ausgeht, dass Standortverlagerungen von Unternehmen bzw. Arbeitskräften Kosten nach sich ziehen, so müssen die positiven Effekte erst einmal diese Kosten übertreffen, damit es überhaupt zu einer Verlagerung kommt. Die Existenz von Verlagerungskosten lässt sich durch eine flächenhafte Erweiterung um den Punkt L darstellen. Das bedeutet, dass nur dann weitere Verlagerungen von Unternehmen oder Arbeitskräften in Frage kommen, wenn eine Verteilungskonstellation in beiden Regionen erreicht ist, die außerhalb der betreffenden Fläche liegt. Im Resultat ergibt sich durch die Einbeziehung von Verlagerungskosten eine größere Stabilität des *locational split*.

Die vorgenommene Erweiterung des Modells um Verlagerungskosten ist ein erster Hinweis darauf, dass die Argumentation von KRUGMAN (1991; 1993) Schwächen aufweist. MARTIN & SUNLEY (1996) kritisieren seine Modelle dahingehend, dass sie auf unrealistischen Annahmen beruhen – eine Kritik, die auch auf neoklassische Modelle zutrifft. KRUGMAN (2000) räumt ein, dass es nicht möglich sei, reale Standortstrukturen vollständig in seinen Modellen abzubilden. Dies gilt schon deshalb, da er in die Modelle nur die seines Erachtens wichtigsten Faktoren einbezieht und bewusst diejenigen ausschließt, die nicht oder nur schwer modellierbar sind (KRUGMAN 1993). Er begründet diese Vorgehensweise mit dem Argument, dass seine Modelle bereits in der von ihm spezifizierten Art und Weise mit empirischen Befunden vereinbare Ergebnisse zu liefern in der Lage sind. Ein wichtiges Gegenargument und zentraler Kritikpunkt an dieser Vorgehensweise ist, dass die Reproduktion von Ergebnissen eben nicht bedeutet, dass damit die tatsächlich wirkenden ökonomischen und sozialen Prozesse und Beziehungen richtig erkannt sind. Darüber hinaus wird die Methode abstrakter mathematischer Modellbildung der Bedeutung ökonomischer und sozialer Diversität in räumlicher Perspektive nicht gerecht, da nur modellierbare Größen (so genannte *stylized facts*) berücksichtigt werden (CLARK 1998).

KRUGMANS Modelle beruhen weitgehend auf exemplarischen Kenntnissen der traditionellen Standortlehre, insbesondere der Arbeiten von v. THÜNEN, WEBER und LÖSCH. MARTIN & SUNLEY (1996), MARTIN (1999) und STORPER (1999) heben jedoch hervor, dass sich jüngere, stärker sozialwissenschaftlich orientierte wirtschaftsgeographische Ansätze zunehmend von dieser Sichtweise entfernt haben. Sie betonen die Bedeutung interaktiver Lernprozesse, sozio-institutioneller Netzwerke und der *embeddedness* in sozio-kulturelle Kontexte. KRUGMAN hingegen klammert technologische *spillover*-Prozesse aus. Zwar gibt es erweiterte Versuche der *geographical economics*, zentripetale und zentrifugale Effekte etwa der Innovativität sowie vor- und nachgelagerte Beziehungen in der Wertschöpfungskette zu modellieren (OTTAVIANO & PUGA 1998). Ein Ver-

ständnis der ursächlichen Prozesse und Bedingungen für Innovativität bleiben allerdings auch diese Modelle schuldig. Jüngere wirtschaftsgeographische Arbeiten hingegen erkennen gerade in den Kommunikations- und Lernprozessen zwischen den Unternehmen sowie zwischen Unternehmen und Institutionen einen zentralen Ausgangspunkt zum Verständnis ökonomischer Prozesse in räumlicher Perspektive.

Noch drastischer fällt die Kritik an der Arbeit von KRUGMAN mit FUJITA und VENABLES über eine räumliche Wirtschaftstheorie aus (FUJITA et al. 1999). In dieser Arbeit wird das Ziel formuliert, eine allgemeine integrierte Theorie der räumlichen Entwicklung aufzustellen. FUJITA et al. (1999) behaupten, sie seien in der Lage, die in eine Sackgasse geratene *regional science* neu zu beleben. Dies beruhe auf verbesserten mathematischen Modellformulierungen und mächtigen Simulationsmöglichkeiten durch den Einsatz von Computern. STORPER (1999) kritisiert daran zurecht, dass die Autoren diesem Ziel vor allem formalistisch begegnen und deshalb ihren Anspruch nicht einlösen können. So werden spezifische Produktionsfunktionen und Zusammenhänge wie die *rank-size rule* (z. B. DICKEN & LLOYD 1990, Kap. 1), die einen mathematisch abbildbaren Zusammenhang zwischen der Stadtgröße und dem Rang einer Stadt in einem nationalen Städtesystem behauptet, auf unzulässige Weise verallgemeinert. Gleichzeitig werden evolutionsökonomische Erkenntnisse vernachlässigt, wonach ungleichgewichtige Prozesse eine fundamentale Bedeutung haben.

In der *geographical economics* wird der Versuch unternommen, zu erklären, wie es zu Ballungs- und Spezialisierungsprozessen auf regionaler Ebene kommt. Hingegen wird nur wenig darüber ausgesagt, an welchen Orten und in welchen Regionen dies geschieht. Letztlich sind Ballungen und Spezialisierungen bei KRUGMAN (1991) vor allem durch exogene Zufälle bedingt, deren historische Kontexte unberücksichtigt bleiben. KRUGMAN (2000, S. 59) selbst scheint sich inzwischen der Grenzen dieses Ansatzes bewusst zu sein, wenn er bemerkt: „*It has become apparent, however, that while new geography models do make it possible for the first time to put spatial considerations into models rigorous enough to become part of the analytic canon, those models are too simple, too stylized to reproduce the real economic geography of the world very well.*"

3.5.4 Zwischenfazit

Die in diesem und den vorhergehenden Abschnitten dieses Kapitels diskutierten Konzeptionen versuchen, durch unterschiedliche Modellformulierungen die Existenz räumlicher Disparitäten bzw. Ungleichgewichte zu erklären. Sowohl neoklassische als auch polarisationstheoretische Ansätze gehen davon aus, dass räumliche Disparitäten vorhanden und zumindest kurzfristig nicht zu beseitigen sind. Bezüglich der langfristigen räumlichen Entwicklungstendenzen gelangen die verschiedenen Konzeptionen allerdings zu unterschiedlichen Beurteilungen. Da die dargestellten Ansätze jeweils mit spezifischen Problemen behaftet sind, ist es schwierig, eine Abwägung gegeneinander vorzunehmen. Am weitreichendsten sind hierbei die jüngeren Arbeiten der *geographical economics*. Insgesamt ergänzen sich die verschiedenen Ansätze eher, als dass sie einander ersetzen können.

Wir wollen deshalb an dieser Stelle vor allem festhalten, dass die Existenz räumlicher Disparitäten einen möglichen Ausgangspunkt für wirtschaftsgeographisches Arbeiten dargestellt. Eine Aufgabe der Wirtschaftsgeographie kann demnach darin bestehen, räumliche Disparitäten zu erkennen, zu beschreiben und als lokalisiertes Ergebnis sozialer und ökonomischer Interaktionen zu erklären.

3.6 Möglichkeiten und Grenzen der Messung räumlicher Verteilungen

Nachdem verschiedene Konzeptionen diskutiert worden sind, die das Vorhandensein räumlicher Disparitäten zu erklären suchen, sollen nachfolgend einige Methoden dargestellt werden, die es ermöglichen, Art und Ausmaß räumlicher Ungleichheiten empirisch zu ermitteln. Hierzu ist es zunächst einmal notwendig, die Struktur räumlicher Verteilungen möglichst exakt zu messen, um die Ungleichheiten und damit Disparitäten überhaupt identifizieren zu können. Dies geschieht mit Hilfe von Parametern der Strukturanalyse. Darauf aufbauend lassen sich Methoden der Wachstumsanalyse einsetzen, um Hinweise über Veränderungen von Standortverteilungen zu erlangen. Ausgangspunkt der folgenden methodischen Diskussionen sind regional und sektoral

differenzierte Beschäftigtenzahlen aller Regionen eines Gesamtraums (z. B. einer Volkswirtschaft). Anhand dieser Daten sollen räumliche Verteilungen gemessen und Disparitäten aufgedeckt werden. Es wird ausgegangen von n Regionen (i = 1, ..., n) und m Sektoren (j = 1, ..., m). Hierbei gelte folgende Notation:

Beschäftigte in Region i und Sektor j:

$$b_{ij}$$

Beschäftigte aller Sektoren in Region i:

$$B_i = \sum_{j=1}^{m} b_{ij}$$

Beschäftigte des Sektors j im Gesamtraum:

$$B_j = \sum_{i=1}^{n} b_{ij}$$

Beschäftigte aller Sektoren im Gesamtraum:

$$B = \sum_{i=1}^{n} b_i = \sum_{j=1}^{m} b_j$$

3.6.1 Parameter der regionalen Strukturanalyse

Um eine räumliche Verteilung zu beschreiben, könnte man zunächst die Beschäftigtenzahlen eines Sektors in allen Teilregionen des Gesamtraums miteinander vergleichen, um festzustellen, wo dieser Sektor die größten räumlichen Konzentrationen aufweist. Diese Vorgehensweise ist aber insofern problematisch, als Absolutzahlen zu dem Ergebnis führen würden, dass große Regionen wie z. B. städtische Agglomerationen in praktisch allen Sektoren die größte Konzentration aufweisen und Regionen außerhalb der Metropolen fast überall nur eine untergeordnete Rolle spielen. Das liegt daran, dass Absolutzahlen keinen Rückschluss darauf zulassen, wo relative Ballungen und Spezialisierungen bestehen. Die Größe einer Region bleibt dabei unberücksichtigt.

Um räumliche Disparitäten zu messen, kann man alternativ Maße der deskriptiven Statistik wie etwa absolute und relative Streuungsmaße oder Konzentrationsmaße verwenden (Bahrenberg et al. 1990, Kap. 4.2). Darauf soll im Folgenden aber nicht weiter eingegangen werden. Vielmehr sollen einige andere Parameter vorgestellt werden, die speziell auf räumliche Verteilungen anwendbar sind (Isard 1960, Kap. 5 und 7; Müller 1976, Teil B; Schickhoff 1983, Teil II; Schätzl 1994, Kap. 3.1.2).

Lokalisations- bzw. Standortquotient (LQ$_{ij}$). Der Standortquotient vergleicht den Anteil eines Sektors j in einer Region i mit dem Anteil, den dieser Sektor im Gesamtraum hat. Sein Zahlenwert ist größer oder gleich Null.

$$LQ_{ij} = \frac{b_{ij}/B_i}{B_j/B} = \frac{b_{ij}/B_j}{B_i/B}$$

Der Standortquotient liefert einen Wert größer Eins, wenn der Beschäftigtenanteil von Sektor j in Region i größer ist als sein Beschäftigtenanteil im Gesamtraum. Entsprechendes gilt für einen Wert kleiner Eins. Je größer ein gemessener Standortquotient ist, desto stärker ist die Konzentration des betreffenden Sektors in der untersuchten Region, gemessen an der Größe der Region. Absolute Größeneffekte werden hierbei also ausgeblendet.

Koeffizient der Lokalisierung (KL$_j$). Der Koeffizient der Lokalisierung ist ein Maß für die räumliche Konzentrationstendenz eines Sektors j im Gesamtraum.

$$KL_j = \frac{1}{2} \sum_{i=1}^{n} \left| \frac{b_{ij}}{B_j} - \frac{B_i}{B} \right|$$

Der Koeffizient der Lokalisierung misst für jede Region i die Differenz zwischen dem Beschäftigtenanteil der Region in Sektor j und dem Gesamtbeschäftigtenanteil dieser Region und addiert die Differenzen über alle Regionen auf. Der Zahlenwert des Koeffizienten kann zwischen Null und einem Wert nahe Eins liegen. Beträgt der Koeffizient der Lokalisierung Null, so ist Sektor j gleichmäßig über alle Regionen des Gesamtraums verteilt. Liegt der Zahlenwert nahe an Eins, so ist Sektor j fast oder vollständig in nur einer einzigen Region des Gesamtraums konzentriert. Der Koeffizient der Lokalisierung wertet die Standortquotienten eines Sektors über alle Teilräume hinweg aus und stellt somit ein zusammenfassendes Maß für die räumliche Verteilungsstruktur eines Sektors dar. In abgewandelter Form kann der Koeffizient der Lokalisierung auch als räumlicher Verknüpfungskoeffizient (Koeffizient der geographischen Assoziation) berechnet werden, um die gemeinsame Konzentration zweier Sektoren in den Regionen des Gesamtraums zu messen.

Koeffizient der Spezialisierung (KS$_i$). Der Koeffizient der Spezialisierung ist ein Parameter, der Aufschluss darüber gibt, wie stark die sektorale Wirtschaftsstruktur einer Region i im Vergleich zum Gesamtraum spezialisiert ist.

$$KS_i = \frac{1}{2} \sum_{j=1}^{m} \left| \frac{b_{ij}}{B_i} - \frac{B_j}{B} \right|$$

Der Koeffizient der Spezialisierung wertet die Standortquotienten einer Region über alle Sektoren hinweg aus. Er kann zwischen Null und einem Wert nahe Eins liegen. Falls der Koeffizient der Spezialisierung den Wert Null erreicht, ist die sektorale Wirtschaftsstruktur einer Region identisch mit der des Gesamtraums. Liegt er nahe Eins, so ist die Region nahezu oder ganz auf einen einzigen Sektor spezialisiert. Während der Koeffizient der Lokalisierung ein Maß für die räumliche Verteilung eines Sektors im Gesamtraum ist, bezieht sich der Koeffizient der Spezialisierung auf die sektorale Struktur innerhalb einer Region und vergleicht diese mit dem Gesamtraum.

Kritik. Zur Kritik an den dargestellten Parametern der Strukturanalyse lässt sich insbesondere anfügen, dass die Ergebniswerte sehr stark vom gewählten räumlichen und sektoralen Aggregationsniveau abhängen. Dadurch können bei der Interpretation und beim Vergleich von Koeffizientenwerten erhebliche Probleme entstehen. So werden bei einer hohen räumlichen oder sektoralen Aggregation Konzentrations- und Spezialisierungstendenzen unterbewertet, weil die den Berechnungen zugrunde liegenden Einheiten bereits in sich sehr heterogen sind. Bei einer geringen räumlichen bzw. sektoralen Aggregation werden räumliche Konzentrations- und Spezialisierungstendenzen umgekehrt überbewertet. Ein damit zusammenhängendes Problem besteht darin, dass die Daten zum Teil nicht in der für die Analyse benötigten regionalen und sektoralen Gliederungstiefe vorhanden sind und man deshalb auf ein anderes Aggregationsniveau ausweichen muss. Dieses Problem tritt auch bei den nachfolgend skizzierten Methoden der regionalen Wachstumsanalyse auf.

3.6.2 Methoden der regionalen Wachstumsanalyse

Die vorgestellten Parameter der Strukturanalyse sind zwar in der Lage, räumliche Disparitäten zu erfassen und zu beschreiben, sie sagen aber nichts über die Dynamik von räumlichen Konzentrationen und Spezialisierungen aus. Einen ersten Anhaltspunkt über Entwicklungstendenzen von

Abb. 20: Relatives Wachstum in räumlicher Perspektive (Quelle: MÜLLER 1976, S. 57)

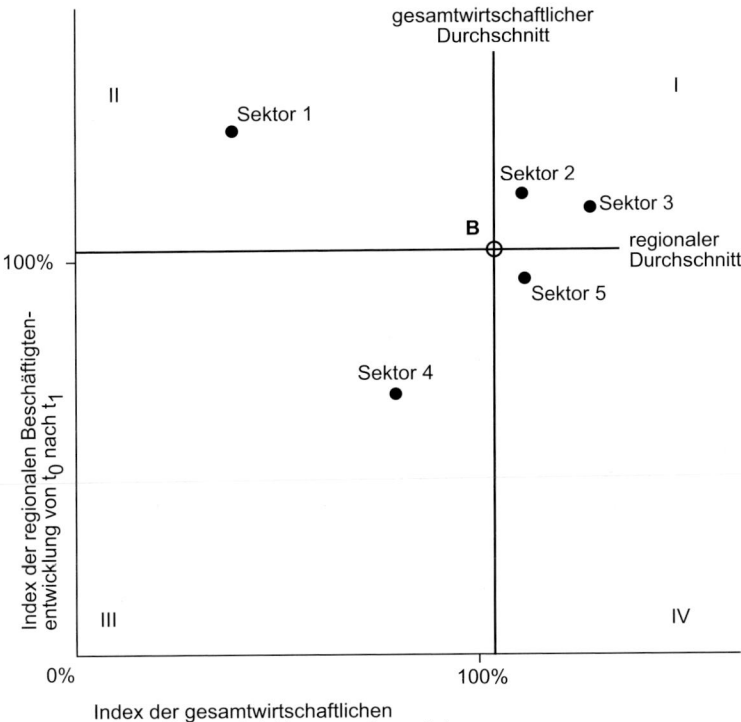

Standortverteilungen erhält man, indem man die Koeffizienten der Lokalisierung und Spezialisierung zu verschiedenen Zeitpunkten berechnet und miteinander vergleicht.

In der traditionellen Raumwirtschaftslehre wird angestrebt, Methoden der Wachstumsanalyse auch für Prognosezwecke einzusetzen. Aufgrund einer unzureichenden Konzeptionierung bleibt das Prognoseziel allerdings unrealistisch. Das ist darauf zurückzuführen, dass sowohl bei den Parametern der Strukturanalyse als auch bei den Methoden der Wachstumsanalyse soziale und ökonomische Prozesse, die die einzigen Ausgangspunkte für Prognosen sein könnten, nicht erfasst werden. Die im Folgenden dargestellte relative Wachstums- und die *shift*-Analyse gehen von einer regional und sektoral disaggregierten Wirtschaftsstruktur aus und vergleichen die Entwicklung von Standortverteilungen zwischen zwei Zeitpunkten 0 und t.

Relative Wachstumsanalyse. In der relativen Wachstumsanalyse wird die Veränderung der Sektorstruktur einer Region zwischen den Zeitpunkten 0 und t den entsprechenden Veränderungen im Gesamtraum gegenüber gestellt. Zu diesem Zweck wird ein relatives Wachstumsdia-

gramm gezeichnet ($\rightarrow$ Abb. 20), auf dessen Ordinate das Wachstum der Region und auf dessen Abszisse das Wachstum des Gesamtraums dargestellt wird (ISARD 1960, Kap. 7; MÜLLER 1976, Teil B). In dem Diagramm wird jeder Sektor j durch einen Punkt repräsentiert, dessen Lage sich aufgrund des Wachstums des Sektors in Region und Gesamtraum ergibt. Als Referenzpunkt ist der Schnittpunkt B aus dem durchschnittlichen Wachstum der Region und dem Durchschnittswachstum des Gesamtraums für die Interpretation des Diagramms von Bedeutung.

Durch den Bezugspunkt B lassen sich vier Quadranten unterscheiden. Jeder Sektor, der im I. Quadranten liegt, ist dadurch gekennzeichnet, dass sein Wachstum sowohl innerhalb der Region als auch im Gesamtraum überdurchschnittlich verlief. Der III. Quadrant enthält Sektoren, die in der Region wie auch im Gesamtraum unterdurchschnittlich gewachsen sind. Besonders interessant als Ausgangspunkt für wirtschaftsgeographische Fragestellungen sind die Quadranten II und IV, weil hier die Wachstumsdynamiken in Region und Gesamtraum differieren. Ein Sektor im II. Quadranten ist dadurch gekennzeichnet, dass er im Gesamtraum unterdurchschnittlich, in der Region aber überdurchschnittlich wächst. Sektoren in Quadrant IV sind entsprechend durch unterdurchschnittliches Wachstum in der Region und überdurchschnittliches Wachstum im Gesamtraum gekennzeichnet. Eine daraus abgeleitete wirtschaftsgeographische Untersuchung könnte beispielsweise der Frage nachgehen, welche Prozesse dazu geführt haben, dass ein Sektor in einer bestimmten Region schneller oder langsamer gewachsen ist als im Gesamtraum, um Schlussfolgerungen für eine verbesserte Förderpolitik zu ziehen.

Shift-Analyse. Die *shift*- bzw. *shift-share*-Analyse geht über die relative Wachstumsanalyse insofern hinaus, als sie versucht, die regional-sektoralen Wachstumsmuster innerhalb des Gesamtraums zu identifizieren und erste Anhaltspunkte zu ihrer Erklärung zu liefern (LAUSCHMANN 1976, III. Teil). Hierbei wird ein systematischer Vergleich der Entwicklung der Produktionsstruktur zwischen den Regionen und dem Gesamtraum durchgeführt. So untersucht z. B. ZELINSKI (1958) in einer Studie über die Regionen der USA, wie sich die regionalen Verteilungen von Bevölkerung, Nettoproduktionswert und Beschäftigung verändert haben. Hierbei unterscheidet er zwischen tatsächlichen und fiktiven Größen, die sich ergeben hätten, wenn regionale Anteile unverändert geblieben wären. Die Berechnung fiktiver Größen ist allen Methoden der *shift*-Analyse gemeinsam. Es ist dies der entscheidende methodische Fortschritt gegenüber anderen Verfahren der Wachstumsanalyse.

DUNN (1960) hat den Ansatz der *shift*-Analyse weiter ausgefeilt und eine sektorale Differenzierung in die Analyse eingeführt. Er berechnet zunächst einen Gesamteffekt TNS (*total net shift*) für eine einzelne Region, der die Differenz ergibt zwischen der tatsächlichen Beschäftigtenzahl und der erwarteten, die resultiert hätte, wenn die Zahl der Beschäftigten im nationalen Durchschnitt gestiegen wäre. Davon ausgehend wird der Gesamteffekt in der *shift*-Analyse in zwei Teileffekte aufgesplittet: Der Struktureffekt NPS (*net proportionality shift*) misst den Teil des Gesamteffekts einer Region, der auf deren vom Gesamtraum abweichende Sektorstruktur zurückzuführen ist. Der Standorteffekt NDS (*net differential shift*) ist demgegenüber Ausdruck der regionalen Besonderheiten, die dazu geführt haben, dass die Sektoren einer Region schneller oder langsamer als im Gesamtraum gewachsen sind (LAUSCHMANN 1976, III. Teil; SCHÄTZL 1994, Kap. 3.1.2; GÜSSEFELDT 1996, Kap. I).

(1) **Gesamteffekt einer Region (TNS$_i$).** Bei der Ermittlung des Gesamteffekts wird zunächst die hypothetische Beschäftigtenzahl der Region i zum Zeitpunkt t ermittelt, die sich ergeben hätte, wenn die Region mit der Wachstumsrate des Gesamtraums gewachsen wäre.

$$TNS_i = B_i^t - \frac{B^t}{B^0} \cdot B_i^0$$

Welches der übergeordnete Gesamtraum ist, hängt von der Fragestellung ab. Häufig ist bei Regionen mittlerer Größe wie z. B. Kreisen oder Arbeitsmarktregionen die gesamte Volkswirtschaft der Bezugsraum. Ein Gesamteffekt größer Null bedeutet, dass die betreffende Region im Beobachtungszeitraum insgesamt schneller gewachsen ist als der Gesamtraum. Das Umgekehrte gilt bei einem Gesamteffekt kleiner Null.

(2) **Standorteffekt einer Region (NDS$_i$).** Bei der Ermittlung des Standorteffekts wird zunächst eine hypothetische Beschäftigtenzahl für die Region i ermittelt, die sich zum Zeitpunkt t ergeben hätte, wenn jeder Sektor mit der Wachstumsrate des Gesamtraums gewachsen wäre.

$$\hat{B}_i^t = \sum_{j=1}^{m} \left(b_{ij}^0 \cdot \frac{B_j^t}{B_j^0} \right)$$

Der Standorteffekt ergibt sich dann als Differenz zwischen der tatsächlichen Beschäftigtenzahl zum Zeitpunkt t und der hypothetischen.

$$NDS_i = B_i^t - \hat{B}_i^t$$

Ein Standorteffekt größer (kleiner) Null bedeutet, dass der Beschäftigtenzuwachs in der Region größer (kleiner) war als der, der sich ergeben hätte, wenn alle Sektoren gleich schnell wie im Gesamtraum gewachsen wären. Der Effekt wird auf nicht näher bestimmte Standortvorteile (-nachteile) zurückgeführt.

(3) **Struktureffekt einer Region (NPS$_i$).** Bei der Berechnung des Struktureffekts einer Region wird zunächst ermittelt, welche Sektoren im Gesamtraum überdurchschnittlich und welche unterdurchschnittlich gewachsen sind. Hierzu werden die sektoralen Wachstumsfaktoren des Bezugsraums mit dem Gesamtwachstumsfaktor des Bezugsraums verglichen:

$$\frac{B_j^t}{B_j^0} - \frac{B^t}{B^0}$$

Anschließend werden die positiven und negativen Wachstumsabweichungen mit der Beschäftigtenanzahl der entsprechenden Sektoren in der Region zum Zeitpunkt 0 multipliziert und zu einem Regionswert über alle Sektoren aufaddiert.

$$NPS_i = \sum_{j=1}^{m} \left[b_{ij}{}^0 \left(\frac{B_j{}^t}{B_j{}^0} - \frac{B^t}{B^0} \right) \right]$$

Falls eine Region dieselbe Sektorstruktur wie der Gesamtraum besitzt, würden sich positive und negative Abweichungen genau zu Null aufaddieren. Wenn hingegen in einer Region wachsende Sektoren überrepräsentiert sind, werden positive Wachstumsdifferenzen höher gewichtet und es resultiert ein Struktureffekt größer Null. Umgekehrtes gilt, wenn schrumpfende Sektoren überrepräsentiert sind.

In dem dargestellten Differenzenverfahren der *shift*-Analyse errechnet sich der regionale Gesamteffekt additiv aus den beiden Einzeleffekten. In einer konkreten Untersuchung genügt es deshalb, den Gesamteffekt und den Standorteffekt direkt zu berechnen und den Struktureffekt als Differenz der beiden zu bestimmen.

$$NPS_i = TNS_i - NDS_i$$

In Deutschland hat sich gegenüber diesem Differenzenverfahren ein durch GERFIN (1964) bei Prognos entwickeltes multiplikatives Verfahren durchgesetzt, das auf einer ähnlichen Aufspaltung und Argumentation basiert. Hierbei wird ein Regionalfaktor TF_i definiert, der sich multiplikativ aus einem Standortfaktor DF_i und einem Strukturfaktor PF_i zusammensetzt (MÜLLER 1976, Teil B). Für eine Region i ergibt sich dabei folgender Zusammenhang:

$$TF_i = DF_i \cdot PF_i$$

Der Regionalfaktor setzt das Beschäftigtenwachstum in Region i über den Beobachtungszeitraum mit dem des übergeordneten Gesamtraums in Beziehung.

$$TF_i = \frac{B_i{}^t / B_i{}^0}{B^t / B^0}$$

Der Regionalfaktor liefert einen Wert größer Eins, wenn das Wachstum in der Region größer als das im Gesamtraum war. Im umgekehrten Fall ist er kleiner als Eins. Standort- und Strukturfak-

tor werden analog zu den entsprechenden Konzepten des Differenzenmodells ermittelt. Allerdings werden statt Differenzen jeweils Quotienten gebildet. Ein Standortfaktor größer (kleiner) Eins deutet dabei auf Standortvorteile (-nachteile) einer Region gegenüber dem Gesamtraum hin, ein Strukturfaktor größer (kleiner) Eins darauf, dass wachsende (schrumpfende) Sektoren in der Region überrepräsentiert sind.

Kritik an der *shift*-Analyse. Wie schon bei den Parametern der Strukturanalyse sind auch die Ergebnisse der *shift*-Analyse extrem abhängig von der gewählten regionalen und sektoralen Untergliederung. Je nach Aggregationsniveau kann die *shift*-Analyse ihr Ziel leicht verfehlen (LAUSCHMANN 1976, III. Teil; SCHÄTZL 1984, Kap. 3.1.2). Bei der *shift*-Analyse ist zudem das Zeitintervall der Untersuchung von großer Bedeutung und muss sorgfältig ausgewählt werden. Ein Vergleich von *shift*-Analysen aus unterschiedlichen Untersuchungen und verschiedenen Zeitintervallen ist äußerst problematisch und kann zu fehlerhaften Schlussfolgerungen führen. Ferner ist die Prognosequalität der *shift*-Analyse grundsätzlich in Frage zu stellen. Inzwischen wird die Eignung der *shift*-Analyse als Methode der Regionalanalyse zusehends angezweifelt, zumal sie weitgehend strukturgleiche Ergebnisse hervorbringt: Fast immer ist nämlich der Standorteffekt erheblich größer als der Struktureffekt. Das ist nicht nur auf das Aggregationsniveau zurückzuführen, sondern auch darauf, dass in dem Standorteffekt alle möglichen Auswirkungen sozialer und ökonomischer Interaktionen und daraus resultierender Entscheidungen in einer Region auf unidentifizierbare Weise vermischt werden. Letztlich ist die *shift*-Analyse deshalb nur eine Methode, um Strukturen und Strukturveränderungen zu beschreiben. Eine wirkliche Erklärung der dahinter stehenden Ursachen vermag sie nicht zu leisten.

3.7 Exkurs: Methoden in den wirtschaftsgeographischen Paradigmen

Die dargestellten Parameter und Methoden der regionalen Struktur- und Wachstumsanalyse eignen sich, um räumliche Standortverteilungen und räumliche Disparitäten zu beschreiben. Sie können eine Grundlage dafür sein, um wirtschaftsgeographische Fragestellungen zu entwickeln, liefern aber selbst keine Erklärungen, da sie nicht die zugrunde liegenden sozialen und ökonomischen Prozesse erfassen. Um wirkliche Erklärungen für Standortverteilungen zu finden, sind deshalb weitergehende empirische Untersuchungen notwendig.

Methodischer Ansatz der Raumwirtschaftslehre. Aufgrund ihres Selbstverständnisses greifen raumwirtschaftliche Studien oftmals auf standardisierte Erhebungen in Form schriftlicher Fragebogenaktionen zurück oder verwenden bestehendes Datenmaterial, das in räumlich disaggregierter Form vorliegt. Diese methodische Schwerpunktsetzung hängt mit der Art der Fragestellung zusammen. Einerseits wird in der Raumwirtschaftslehre angestrebt, Standortentscheidungen durch die Ermittlung von räumlichen Anforderungskatalogen und Standortfaktoren zu erklären. Hierzu reicht bereits eine standardisierte Befragung aus, bei der die Entscheidungsträger gebeten werden, relevante Standortfaktoren zu benennen. Andererseits werden in Studien der Raumwirtschaftslehre räumliche Eigenschaften ermittelt, um mit deren Hilfe regionale Wachstums- und Spezialisierungsprozesse zu analysieren. Bei der Erfassung potenzieller Raumeigenschaften wird oftmals auf bestehende Daten*pools* zurückgegriffen. Bei dieser Vorgehensweise werden Räume gleichsam als Akteure behandelt. Die raumbezogenen Daten werden mittels statistischer Verfahren ausgewertet, um Analogieschlüsse über räumliche Zusammenhänge (z. B. mittels korrelationsanalytischer Verfahren) treffen zu können. Insgesamt sind raumwirtschaftliche Untersuchungen darauf ausgelegt, große Stichproben in Form standardisierter Erhebungen zu ziehen, mit denen ein großer Teil der betreffenden Gesamtheit erfasst werden kann. Soziale und ökonomische Prozessabläufe bleiben hierbei oftmals weitgehend ausgeklammert.

Methodische Orientierung einer relationalen Wirtschaftsgeographie. Ansätze einer relationalen Wirtschaftsgeographie stellen demgegenüber gerade die Analyse sozialer und ökonomischer Prozesse und ihrer räumlichen Auswirkungen in den Mittelpunkt ihrer Untersuchungen. Für entsprechende Studien ist das methodische Standard-Instrumentarium der traditionellen Raumwirtschaftslehre unzureichend. So sind rein quantitative Ansätze ungeeignet, um eine

Prozessanalyse durchzuführen. Demgegenüber können qualitative Erhebungsmethoden, die bei den ökonomischen Akteuren ansetzen und nicht Räume zu Akteuren erklären, ein vertieftes Prozessverständnis erzielen. Jüngere, stärker sozialwissenschaftlich orientierte wirtschaftsgeographische Arbeiten operieren deshalb verstärkt mit qualitativen Forschungsdesigns in Form von Leitfaden gestützten Interviews, teilnehmenden Beobachtungen und Betriebsbegehungen (FLICK et al. 1991; SCHOENBERGER 1991; MILES & HUBERMAN 1994).

Qualitative Erhebungsverfahren haben jedoch einen erheblichen Nachteil gegenüber groß angelegten standardisierten Befragungen. Sie können zwar soziale und ökonomische Prozesse erfassen, konzentrieren sich aber auf kleine Stichproben und vereinzelte Fallstudien, deren Repräsentativität für die betreffende Gesamtheit unklar und zum Teil zweifelhaft ist. Dies ist jedoch nur in vereinzelten explorativen Studien eine methodisch vertretbare Vorgehensweise. Meist besitzen standardisierte Erhebungstechniken bezüglich der Repräsentativität einen klaren Vorteil. Wir plädieren deshalb für eine kombinierte Vorgehensweise, die qualitative und quantitative Erhebungstechniken integriert. Ein Beispiel für eine solche Vorgehensweise liefert die Studie von BATHELT (1997a; 1997b; 2000b) über die chemische Industrie in Deutschland.

Um herauszufinden, welche Trends die allgemeine Entwicklungsrichtung der unternehmensinternen, unternehmensübergreifenden und räumlichen Arbeitsteilung in der chemischen Industrie widerspiegeln, wurden hierbei im Rahmen von drei Branchenstudien in den Branchen Grundchemikalien, Farben und Lacke sowie Pharmazeutika umfangreiche schriftliche und mündliche Unternehmensbefragungen über die industriellen Produktions- und Verflechtungsstrukturen durchgeführt. Den Ausgangspunkt der Erhebungen bildete eine Datenbank der produzierenden Unternehmen der deutschen chemischen Industrie, die mit Hilfe verschiedener Unternehmensverzeichnisse erstellt wurde.

In der ersten Stufe wurde ein weitgehend standardisierter Fragebogen entwickelt, der sich vorrangig auf die Betriebsebene bezog und Aufschluss darüber geben sollte, welche Produkt- und Prozessstrukturen sowie Zuliefer- und Absatzbeziehungen sich unter veränderten Rahmenbedingungen in der chemischen Industrie entwickelt haben. Der Fragebogen wurde in Exper tengesprächen weiterentwickelt und vor Beginn der Erhebungen einem formalen *pretest* unterzogen. Von den 424 ausgewählten und telefonisch vorkontaktierten Unternehmen nahmen 155 an der Befragungsaktion teil. Die Rücklaufquote war mit 36,6 % relativ hoch, wurde aber als zu gering angesehen, um im Nachhinein statistische Inferenzverfahren anzuwenden. Durch die eingeschlagene Methode der Stichprobenauswahl wurde allerdings eine weitreichende Strukturtreue hinsichtlich der Größen-, Alters- und Standortstruktur mit der Grundgesamtheit erreicht.

In einer weiterführenden statistischen Analyse wurden die Ergebnisse der schriftlichen Befragung dazu verwendet, um die befragten Betriebe nach Branchen getrennt in Organisationscluster einzuteilen. Hierzu wurden zunächst geeignete Merkmale und Indikatoren ausgewählt, um die Produkt- und Prozessorganisation der Hersteller zu erfassen (darunter Betriebsgröße, Breite und Tiefe des Produktionsprogramms, Produktionsumfang, Prozesskontinuität und Automatisierungsgrad). Die Gruppierung der Betriebe erfolgte in einem cluster- und diskriminanzanalytischen Klassifikationsprozess (FAHRMEIER & HAMERLE 1984; BAHRENBERG et al. 1992; BACKHAUS et al. 1996). Die durch diese Vorgehensweise abgegrenzten Organisationscluster bildeten die Grundlage zur Auswahl von Herstellern für die mündlichen Unternehmensbefragungen der zweiten Erhebungsstufe.

Durch Leitfadeninterviews und Betriebsbegehungen wurden in Fallstudien die Befragungsergebnisse der ersten Erhebungsstufe überprüft und eine Ursachenanalyse über den Wandel der Produktions- und Verflechtungsstrukturen durchgeführt. Im Mittelpunkt stand hierbei die Erfassung des Einflusses räumlicher Nähe auf die Kommunikations- und Abstimmungsprozesse der Hersteller mit ihren Zulieferern und Abnehmern. Zur Durchführung der mündlichen Befragungen wurden aus jedem Organisationscluster zwei Betriebe ausgewählt, die in allen Rechenvarianten des Klassifikationsprozesses derselben Gruppe zugeordnet worden waren. Die insgesamt 18 Leitfadengespräche wurden mit einem Diktiergerät aufgezeichnet und im Anschluss an die Betriebsbegehungen schriftlich ausgewertet und interpretiert.

4 Im Denken räumlicher Ordnung und Hierarchie

Während das vorherige Kapitel gegensätzliche Theorien zur Erklärung regionaler Disparitäten auf der Ebene räumlicher Aggregate bzw. der Gesamtwirtschaft vorgestellt hat, verfolgen Kapitel 4 und Kapitel 5 eine Erklärung auf der Ebene der Unternehmen, deren Ansiedlungsentscheidungen letztlich die Ursachen für regionale Ballungs- und Entleerungsprozesse und damit für regionale Disparitäten sind. In diesem Kapitel werden zunächst die Standortentscheidungen von landwirtschaftlichen Betrieben und marktorientierten Dienstleistungsunternehmen im Sinn der raumwirtschaftlichen Argumentation dargestellt. Schließlich werden die bisher entwickelten Instrumente eingesetzt, um ein Konzept räumlich hierarchischer Ordnung von Unternehmen und Versorgungsdienstleistungen zu formulieren, das weitreichenden Einfluss auf die Raumordnungs- und Regionalplanung in vielen europäischen Ländern besitzt. Trotz der breiten Anwendung in der Planung ist der Ansatz nicht unproblematisch. Die konzeptionellen Unzulänglichkeiten werden in einer kritischen Diskussion aufgezeigt.

In Kapitel 3 wurde herausgestellt, dass räumliche Disparitäten in der Verteilung ökonomischer Aktivitäten und der Organisation ökonomischer Prozesse ein typisches Phänomen sind. Es wurde gezeigt, wie unter bestimmten Bedingungen Prozesse ausgelöst werden können, die auf einen Ausgleich dieser Disparitäten hinwirken. Offensichtlich kommen die dazu notwendigen Preissignale in der Realität aber nicht immer zur Entfaltung. Zudem gibt es entgegen gerichtete Prozesse, die auf eine dauerhafte Etablierung und Verstärkung räumlicher Ungleichverteilungen hinwirken. Um das Nebeneinander von Ballung und Entleerung zu verstehen, ist es notwendig, die Kalküle der Unternehmen zu untersuchen, die letztlich die Ursache von Ballungsprozessen sind. Dies soll in den nächsten beiden Kapiteln geschehen, wobei einem traditionellen Prinzip folgend die Standortwahl getrennt für den primären, sekundären und tertiären Sektor analysiert wird. In Kapitel 4 wird zunächst die landwirtschaftliche und städtische Landnutzung und daraus das Entstehen räumlicher Ordnung und Hierarchie untersucht, bevor in Kapitel 5 den Regelmäßigkeiten der industriellen Standortwahl nachgegangen wird.

Die dargestellten Ansätze der Landnutzungs- und Standorttheorie sind zentrale Bestandteile der Raumwirtschaftslehre. Es handelt sich hierbei um traditionell-statische Theoriegebäude, die räumliche Beziehungen durch ökonomische Distanzvariablen abbilden. Große Bedeutung besitzen in diesen Ansätzen die Transportkosten, deren Einbeziehung den zentralen Unterschied zu konventionellen ökonomischen Modellformulierungen ausmacht. Mit derartigen Modellstrukturen und Konzeptionen entwickelte sich die Raumwirtschaftslehre in der Nachkriegszeit zu einem eigenständigen Forschungszweig ($\rightarrow$ Kap. 1). Kapitel 4 und Kapitel 5 stellen die Leistung dieser Ansätze heraus, zugleich aber werden auch eindeutige Grenzen aufgezeigt, die eine Reformulierung der eingesetzten Modelle und Konzeptionen für die nachfolgenden Kapitel notwendig machen. Insbesondere werden wir demonstrieren, dass die primär auf Distanzparameter fixierten Modelle nicht in der Lage sind, ökonomische und soziale Prozesse adäquat zu erfassen. Die Ansätze der traditionellen Raumwirtschaftslehre vermögen es oftmals nur, Standortballungen zu beschreiben, nicht aber wirklich zu erklären.

4.1 Geburt des Lagerentenprinzips: Transportkostenprimat und landwirtschaftliche Landnutzung

Die landwirtschaftliche Landnutzungslehre geht auf Untersuchungen des Nationalökonomen v. THÜNEN Anfang des 19. Jahrhunderts zurück (v. THÜNEN 1875). In seiner Arbeit über den so genannten isolierten Staat legte er modellhaft dar, wie die räumliche Anordnung der landwirtschaftlichen Produktion und deren Intensität räumlich variieren. Seine Vorgehensweise war induktiv und deduktiv zugleich. Ausgangspunkt dieser Arbeit waren Beobachtungen und das Erkennen empirischer Regelmäßigkeiten auf seinem Gut Tellow in Mecklenburg. Dort nahm v. THÜNEN für die ihm bekannten Agrarerzeugnisse und Bodennutzungssysteme genaue Kosten- und Ertragsberechnungen vor. Die Ableitung seiner Aussagen erfolgte dann ausgehend von Grundannahmen deduktiv.

4.1.1 Bodenrente und Lagerente

Bei der Betrachtung des landwirtschaftlichen Sektors ist die Wahl des Standorts eines Betriebs meist vorgegeben. Einerseits gibt es natürliche Bedingungen wie z. B. klimatische Verhältnisse und Bodenqualität, die eine Standortgunst oder -ungunst implizieren. Andererseits sind die Standorte historisch vorgegeben. Sie resultieren aus gesellschaftlichen Verteilungs- und Inwertsetzungsprozessen und werden von Generation zu Generation vererbt. Interessanter als die Frage nach dem Standort bei einer vorgegebenen Nutzung ist deshalb die Frage nach der konkreten Landnutzung zu einem vorgegebenen Standort und der Organisation der landwirtschaftlichen Produktion an diesem Standort. So ist zu beobachten, dass trotz der durch Klima, Boden und andere Umweltbedingungen gegebenen Standortgunst Landwirte eine gewisse Wahlfreiheit haben, welche Produkte sie erzeugen. Beobachtungen zeigen, dass diese Wahl stark von gesellschaftlichen Traditionen und Bedürfnissen und damit auch von der Nachfrage geprägt ist.

In Modellen wird normalerweise davon ausgegangen, dass die Landnutzung unter bestimmten physischen Gegebenheiten so erfolgt, dass ein maximaler Gewinn pro Flächeneinheit erzielt wird. Der Mechanismus, der dabei die konkrete Art der Landnutzung koordiniert, heißt **Bodenrente** (DICKEN & LLOYD 1990, Kap. 1; YEATES 1990, Kap. 5). Nach CHISHOLM (1970, S. 22 und 24) lässt sich die Bodenrente wie folgt definieren: *„[...] the economic rent of a particular piece of land is the return that can be obtained above that which can be got from the land which is at the margin of economic cultivation."* Die Bodenrente ist also der Mehrgewinn pro Flächeneinheit einer landwirtschaftlich genutzten Fläche gegenüber einer anderen Flächeneinheit auf einem so genannten Grenzertragsboden, d. h. einem Boden, auf dem die Erträge gerade noch eine kostendeckende Produktion erlauben.

RICARDOS Konzept der **Differentialrente** erfasst denjenigen Teil der Bodenrente, der allein auf eine höhere Bodenqualität zurückzuführen ist (MARSHALL 1920, IV. Buch Kap. III).

In dem an V. THÜNEN (1875) angelehnten Konzept der **Lagerente** wird berücksichtigt, dass die Bodenrente systematisch nicht nur mit der Bodenqualität, sondern auch mit der Entfernung zum Markt variiert. Unter der Lagerente versteht man unter sonst gleichen Bedingungen den Mehrgewinn einer landwirtschaftlich genutzten Fläche aufgrund der geringeren Entfernung zum Markt im Vergleich zu einer anderen gleich großen Fläche, die so weit vom Markt entfernt ist, dass die höheren Transportkosten den Nettoerlös vollständig aufbrauchen. Die Lagerente wird bezogen auf eine Flächeneinheit ermittelt. In ihr spiegeln sich vor allem die mit der Lage zum Markt variierenden Transportkosten wider.

4.1.2 Prinzipien des isolierten Staats

V. THÜNEN (1875) stellt die Lagerente in das Zentrum seiner Überlegungen und analysiert, wie die Art und Intensität der Landnutzung mit der Entfernung vom Markt variiert. Hierzu geht er von einer Vielzahl von **Grundannahmen** aus, von denen im Folgenden einige genannt sind (WAIBEL 1933b; SCHÄTZL 1998, Kap. 2.1.2):

(1) *Natürliche Gegebenheiten.* Der isolierte Staat wird als kreisrunde und von der Außenwelt abgeschnittene homogene Fläche angenommen. Die Homogenität bezieht sich auf die Gleichheit von Boden, Klima und Relief sowie aller weiteren nicht spezifisch berücksichtigten Faktoren. So wird z. B. von der Abwesenheit schiffbarer Gewässer ausgegangen.

(2) *Technische Gegebenheiten.* Neben der Homogenität natürlicher Faktoren wird ferner eine Gleichheit von Bewirtschaftungs- und Verkehrstechnologien angenommen. Da es noch keine Eisenbahn gibt, werden Pferdefuhrwerke eingesetzt. Somit ist die Frachtrate pro Gewichteinheit und Kilometer überall identisch.

(3) *Ökonomisch-räumliche Abstraktion.* Als Markt fungiert eine große Stadt im Zentrum des isolierten Staats. Hier konzentriert sich auch der Industriesektor (Bergwerke und Salinen) und damit ein Großteil der mit landwirtschaftlichen Produkten zu versorgenden Bevölkerung. Die Landwirte beliefern die Bevölkerung dieser Stadt mit ihren Produkten. Dabei streben sie Gewinnmaximierung an. Ferner wird davon ausgegangen, dass alle landwirtschaftlichen Güter gleich groß sind.

Aufgrund dieser Annahmen entstehen um die Stadt, die im Zentrum des isolierten Staats liegt, konzentrische Ringe mit unterschiedlicher landwirtschaftlicher Nutzungsart und Nutzungsintensität. Hierzu kann nach V. THÜNEN folgende Erklärung gegeben werden (CHISHOLM 1970, Kap. 2; BERRY et al. 1987, Kap. 9; MAIER & TÖDTLING 1992, Kap. 6): Mittels der durch den Verkauf landwirtschaftlicher Produkte auf dem städtischen Markt erzielten Erlöse müssen neben den Produktionskosten auch die Transportkosten zum Markt beglichen werden. Da die Transportkosten mit zunehmender Entfernung vom Markt ansteigen, müssen nach außen hin Produkte erzeugt werden, die im Verhältnis zu ihrem Wert geringe Transportkosten verursachen. Es sind dies Produkte mit niedrigen Transportkosten pro Flächeneinheit, relativ langer Haltbarkeit und leichter Transportierbarkeit.

V. THÜNEN (1875) hat sechs derartige Landnutzungsringe bzw. Produktionszonen innerhalb des isolierten Staats identifiziert (WAIBEL 1933b), die sich in konzentrischen Kreisen um die Stadt anordnen (→ Abb. 21):

(1) **Freie Wirtschaft.** Hier dominiert der Gartenbau mit hohen Nettoerlösen pro Flächeneinheit. Die Verderblichkeit dieser Produkte ist ein weiterer Erklärungsfaktor für die Marktnähe. Da der Boden aufgrund der Marktnähe sehr wertvoll ist, ist zugleich die Intensität der Landnutzung sehr hoch, was sich in einem erhöhten Arbeitseinsatz ausdrückt.

(2) **Forstwirtschaft.** Die forstwirtschaftliche Nutzung ist im V. THÜNEN'schen isolierten Staat durch relative Marktnähe gekennzeichnet, weil die Transportkosten pro Flächeneinheit unter den

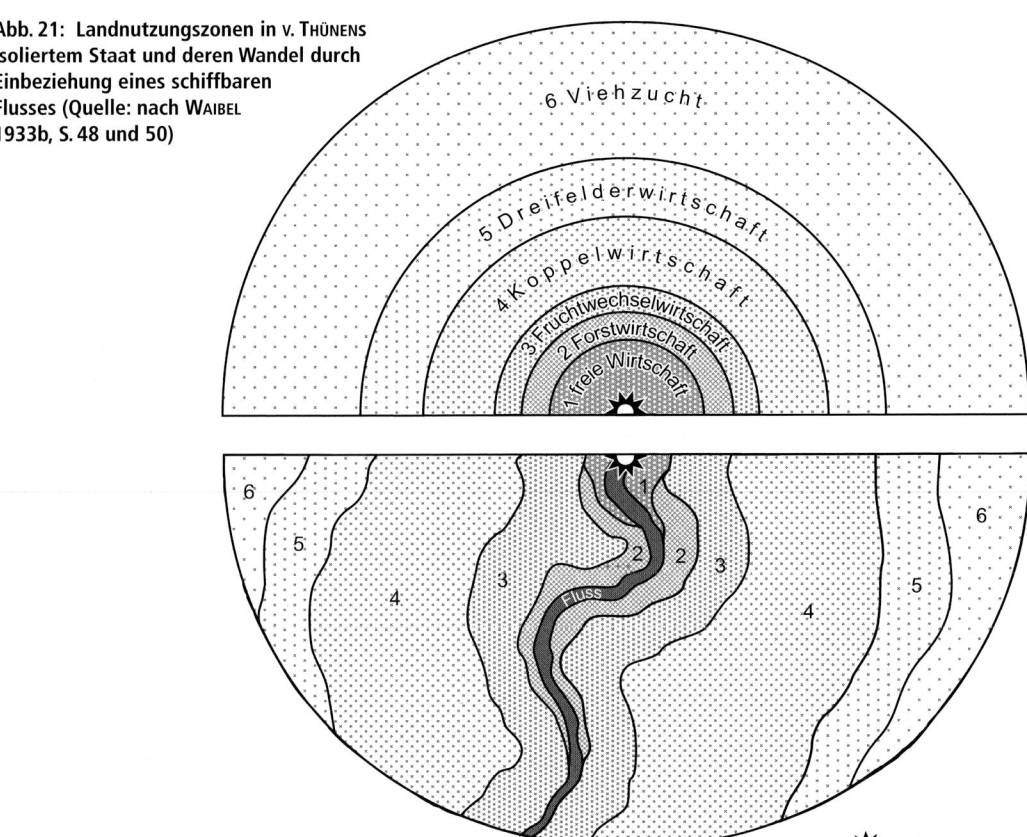

Abb. 21: Landnutzungszonen in v. Thünens **isoliertem Staat und deren Wandel durch Einbeziehung eines schiffbaren Flusses (Quelle: nach** Waibel **1933b, S. 48 und 50)**

✹ Marktstandort

Transportbedingungen des 19. Jahrhunderts sehr hoch sind und die Transportierbarkeit erschwert ist.

(3) **Fruchtwechselwirtschaft.** Hierbei findet ein jährlicher Wechsel der angebauten Fruchtart im mehrjährigen Rhythmus ohne Bracheperiode statt. Durch den jährlichen Fruchtwechsel wird dem Boden die Möglichkeit zur Regeneration wichtiger Bestandteile gegeben.

(4) **Koppelwirtschaft.** Hier existiert zusätzlich zur Fruchtwechselwirtschaft eine Bracheperiode.

(5) **Dreifelderwirtschaft.** Bei der Dreifelderwirtschaft wird in einem Drei-Jahres-Rhythmus zwischen Getreideanbau, Weidewirtschaft und Brache abgewechselt.

(6) **Viehzucht.** Es ist dies die äußerste Nutzungszone des isolierten Staats, an die sich unkultivierte Wildnis anschließt.

Die Landnutzungsringe (3) bis (5) sind durch Getreideanbau gekennzeichnet. Der Hauptunterschied besteht darin, dass die Anbauintensität nach außen abnimmt.

Das Landnutzungsmuster innerhalb des isolierten Staats ändert sich mit der Variation der zugrunde liegenden Annahmen (Waibel 1933b; Berry et al. 1987, Kap. 9). Durch die Einführung eines schiffbaren Flusses kommt es dazu, dass sich die Produktionszonen nun linear und parallel zum Fluss anordnen (→ Abb. 21). Das liegt daran, dass die Kosten für Transporte auf dem Fluss wesentlich geringer sind als für Transporte auf dem Landweg. Durch die Einbeziehung einer zweiten Kleinstadt in das Modell entsteht um diesen zusätzlichen Standort eine eigenständige Landnutzungsstruktur. Wenn man weiterhin den Einfluss von Innovationen im Verkehrswesen wie z. B. die Einführung der Eisenbahn untersucht, so kann man eine sukzessive Ausweitung des isolierten Staats feststellen, weil aus größer werdender Entfernung zu relativ geringen Kosten Produkte angeliefert werden können.

In der Arbeit von v. Thünen (1875) zeigen sich zwei Prinzipien der Herausbildung von Landnutzungszonen, die im Folgenden untersucht werden:

(1) Das Differentialprinzip besagt, dass es aufgrund der Lagerente zu einer räumlichen Differenzierung zwischen verschiedenen Kulturarten kommt.

(2) Nach dem Intensitätsprinzip entwickelt sich eine räumliche Sortierung innerhalb einer Kulturart nach Zonen mit unterschiedlicher Anbauintensität.

Differentialprinzip. In Marktnähe sind die Transportkosten niedrig und die Lagerente ist dementsprechend hoch. Anbauprodukte mit einem hohen Erlös pro Flächeneinheit können einen Standort in Marktnähe mit hoher Lagerente eher verkraften als solche mit geringem Erlös pro Flächeneinheit. Dieser Zusammenhang lässt sich für eine einzelne Anbaufrucht auch formal darstellen (→ Abb. 22). Die Lagerente kann anhand folgender **Lagerentenformel** berechnet werden:

$$R = (p - a) \cdot E - E \cdot f \cdot d$$

wobei gilt:

R = Lagerente (Nettoerlös) pro Flächeneinheit (DM/ha)

p = Marktpreis pro Produkteinheit (DM/Dz)

a = Produktionskosten pro Produkteinheit (DM/Dz)

E = Ertrag pro Flächeneinheit (Dz/ha)

f = Transportkosten pro Produkt- und Entfernungseinheit (DM/[Dz · km])

d = Entfernung zum Markt (km)

Die Lagerente wird demnach als Nettoerlös pro Flächeneinheit ermittelt und sinkt bei einem gegebenen Anbauprodukt mit wachsender Entfernung vom Markt. Bei nur einem Produkt ergibt sich somit ein konzentrisches Anbaugebiet, dessen äußere Grenze sich dort befindet, wo die Transportkosten den Nettoerlös eines Landwirts komplett aufbrauchen, die Lagerente also gleich Null ist (DICKEN & LLOYD 1990, Kap. 1). Die Lagerentenkurve sagt zugleich etwas über die Zahlungsbereitschaft für eine Flächeneinheit und damit über den Bodenpreis aus. Ihre Steigung gibt an, wie viel DM ein Landwirt zu zahlen bereit wäre, um 1 km näher am Markt produzieren zu können.

Auch unter Berücksichtigung mehrerer Anbauprodukte ergibt sich eine konzentrische Landnutzung, wie das folgende hypothetische Beispiel mit den Produkten Gemüse, Kartoffeln und Roggen zeigt (→ Abb. 23). Bei Gemüse sind im Vergleich zu Kartoffeln die Nettoerlöse pro Flächeneinheit größer. Zugleich sind auch die Transportkosten pro Flächeneinheit und Kilometer relativ hoch. Aus diesem Grund besitzt die Lagerentenkurve für Gemüse einen steileren Verlauf und einen größeren Achsendurchgang als die Lagerentenkurve für Kartoffeln. Wenn man entsprechend Roggen als drittes Anbauprodukt in die Überlegungen mit einbezieht, so ergibt sich ein Lagerentendiagramm mit den betreffenden Lagerentenkurven. Entsprechend der Schnittpunkte der Kurven bilden sich drei konzentrische Anbauzonen heraus. Der erste Anbauring ist durch Gemüseanbau als alleinige Landnutzungsform gekennzeichnet, weil dadurch in diesem Bereich die höchste Lagerente erzielt wird. Ein Landwirt wäre hier durch Gemüseanbau in der Lage, im Vergleich zu alternativen Nutzungen einen höheren Bodenpreis zu zahlen. Die weiteren Anbauzonen ergeben sich entsprechend.

Dass die Lagerente zugleich ein wichtiger Bestimmungsfaktor des Bodenpreises ist (ALONSO 1960), zeigt sich, wenn man von einer Situation ausgeht, in der Landwirte jedes Jahr das bewirtschaftete Land von Landbesitzern pachten müssen. Es ist dies eine Situation, wie man sie z. B. in den USA vorfinden kann. Unter Wettbewerbsbedingungen wäre ein Landwirt in der Lage, einen um so höheren Pachtpreis zu bezahlen, je näher sein Standort am Markt liegt und je höher der Nettoerlös pro Flächeneinheit ist, den er mit einer bestimmten Landnutzung erzielt. Der Pachtpreis wäre also direkt abhängig von der Lagerente.

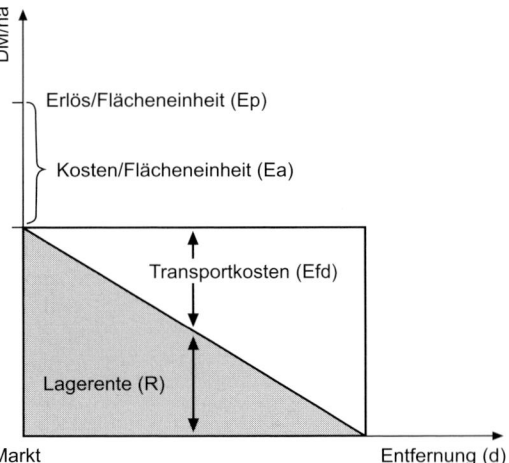

Abb. 22: Prinzip der Lagerente bei einem Anbauprodukt (SCHÄTZL 1998, S. 62)

Abb. 23: Räumliche Sortierung der Landnutzung aufgrund des Differential-prinzips der Lagerente

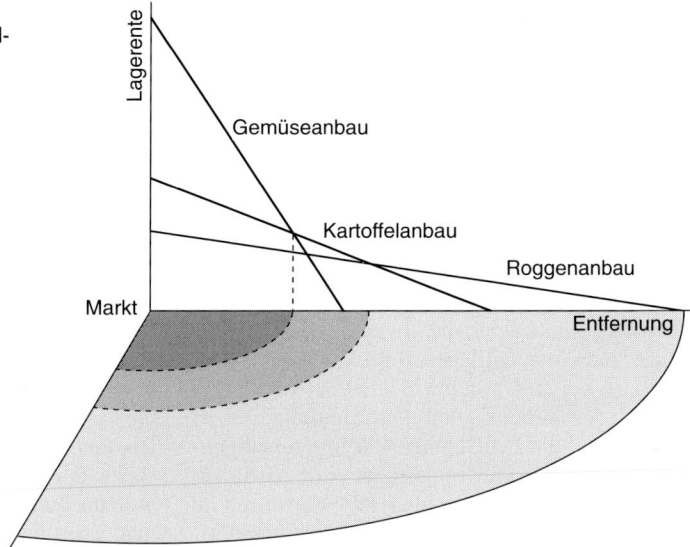

Abb. 24: Räumliche Sortierung der Land-nutzung aufgrund des Intensitätsprinzips der Lagerente

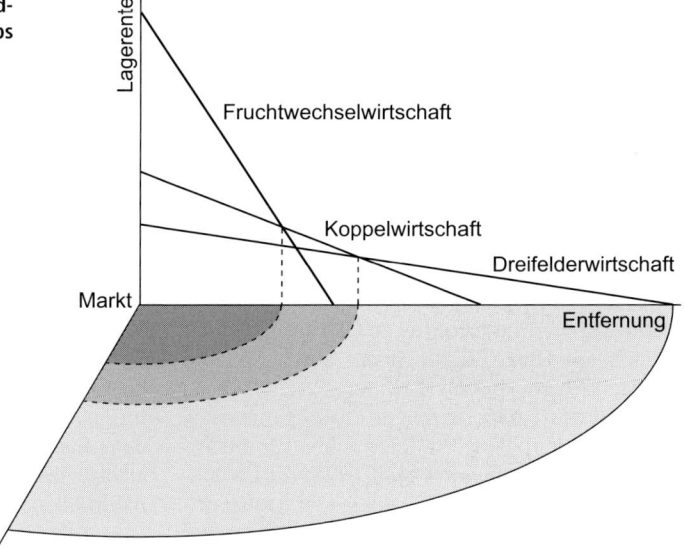

Durch gewinnmaximierendes Verhalten würde unter diesen Bedingungen ein räumliches Gleichgewicht der Landnutzung resultieren, bei dem überall derselbe Gewinn pro Flächeneinheit erzielt würde (DICKEN & LLOYD 1990, Kap. 1).

Intensitätsprinzip. Dieses Prinzip besagt, dass es auch innerhalb einer Kulturart zu einer räumlichen Differenzierung kommt. So gibt es in v. THÜNENS (1875) isoliertem Staat drei aufeinander folgende Getreideringe (→ Abb. 21 und 24). Innerhalb der Getreideringe variieren die Transportkosten ebenfalls mit der Entfernung zum Markt. Mit abnehmender Entfernung zum Markt steigt die Lagerente *ceteris paribus* an. Um einen Standort näher am Markt zu erhalten, müsste ein Landwirt somit einen höheren Bodenpreis oder eine höhere Pacht bezahlen. Eine Möglichkeit dies zu erreichen, besteht darin, die höheren Bodenpreise bzw. Pachtkosten durch eine größere Arbeitsintensität zu kompensieren und somit den Nettoerlös je Flächeneinheit zu steigern. Das führt dazu, dass innerhalb eines Anaurings die Nutzungsintensität in relativer Marktnähe besonders hoch ist. Somit resultiert eine räumliche Sortierung nach Intensitätszonen (CHISHOLM 1970, Kap. 2; BERRY et al. 1987, Kap. 9). Bei den Getreideringen im isolierten Staat nimmt der Bracheanteil mit größerer Entfernung vom Marktzentrum sukzessive zu und die Arbeitsintensität ab.

4.1.3 V. THÜNEN'sche Ringe verschiedener Maßstabsebenen

V. THÜNEN'sche **Ringe kleiner bzw. kleinster Ordnung** sind solche, die um eine Siedlung oder einen landwirtschaftlichen Betrieb entstehen. So lässt sich bei einem landwirtschaftlichen Betrieb anhand des Arbeits- und Düngemitteleinsatzes zeigen, dass die Arbeitsintensität mit zunehmender Entfernung vom Hof geringer wird. MÜLLER-WILLE (1936) hat am Beispiel der Ackerfluren im Birkenfelder Land nachgewiesen, dass landwirtschaftliche Flächen mit zunehmender Entfernung vom Dorfkern immer extensiver bewirtschaftet werden. In Hofnähe finden sich eher Garten- und Ackerbau, in größerer Entfernung hingegen Getreideanbau sowie Weidewirtschaft. CHISHOLM (1970, Kap. 4) hat am Beispiel der sizilianischen Agrostadt Canicatti und STAMER (1995) für Hamburg v. THÜNEN'sche Ringe um eine städtische Siedlung dargestellt. Noch in den 1960er Jahren konnte BLAIKIE (1971), wenn auch mit gewissen Abweichungen von v. THÜNENs Modell, die Existenz konzentrischer Anbauringe um städtische Zentren in Indien nachweisen.

Bei **Anbauringen mittlerer Ordnung** handelt es sich um Ringe, die sich um einen regionalen Markt herausbilden. MÜLLER-WILLE (1952) konnte die Existenz derartiger Produktionszonen in seiner Arbeit über Westfalen schon für die Periode um 1800 belegen (GIESE 1995). Er erkannte zugleich, dass die Bedeutung von Transportkosten im Zeitablauf durch die Einführung neuer Verkehrstechnologien zunehmend geringer wurde und dadurch die ringförmige Struktur der Landnutzung überformt wurde. Die Versorgungsräume weiteten sich aus und Transportkosten verloren zumindest teilweise ihren Einfluss als raumdifferenzierende Größe. Infolge der Veränderungen bildeten sich im 20. Jahrhundert um das Ruhrgebiet als Regionalmarkt drei große Produktionssektoren: Viehsektor, Waldsektor, Anbausektor. Trotz dieser sektoralen Anordnung stellte MÜLLER-WILLE (1952) fest, dass die Nutzungsintensität um 1940 mit abnehmender Entfernung vom Ruhrgebiet einen Anstieg verzeichnete und

sich somit eine Ringbildung nach dem Intensitätsprinzip andeutete (→ Abb. 25a).

V. THÜNEN'sche **Ringe größter Ordnung** auf nationaler bzw. supranationaler Ebene haben beispielsweise v. VALKENBURG & HELD (1952) für Europa ermittelt. Die Autoren betrachteten Südostengland, Nordfrankreich, Benelux und Norddeutschland als großes Verdichtungsgebiet in Europa, das mit Agrarprodukten zu versorgen war und einen riesigen Absatzmarkt darstellte (CHISHOLM 1970, Kap. 5; GIESE 1995). Das v. THÜNEN'sche Intensitätsprinzip zeigt sich in ihrer Karte der Bodennutzungsintensitäten um 1950 (→ Abb. 25b). Die Autoren ermittelten dazu die Hektarerträge für die Nutzpflanzen Weizen, Roggen, Gerste, Hafer, Mais, Kartoffeln, Zuckerrüben und Heu. Die durchschnittlichen Erträge wurden indexiert und gleich 100 gesetzt. Die in den verschiedenen Regionen festgestellten Abweichungen wurden zu einem Gesamtindex über alle Nutzpflanzen hinweg zusammengefasst. Die daraus resultierende Karte der Nutzungsintensität bestätigt das v. THÜNEN'sche Prinzip insofern, als die Indexwerte in der Nähe des Verdichtungsraums mit Werten bis 180 am höchsten sind und nach außen hin in allen Richtungen auf Werte unter 100 abfallen. Die Untersuchung von v. VALKENBURG & HELD (1952) weist allerdings zahlreiche methodische Probleme auf und ist deshalb mit Vorsicht zu behandeln. So sagen die verwendeten Hektarerträge nicht unbedingt etwas über Nutzungsintensitäten oder Produktivitäten aus. Von Mitteleuropa nach außen hin verschlechtern sich die landwirtschaftlichen Anbaubedingungen in allen Richtungen: zunehmende Kontinentalität im Osten, Kälte im Norden, Trockenheit im Süden. Insofern mag die Darstellung der Hektarerträge nichts anderes sein als ein Ausdruck der natürlichen Anbaubedingungen.

4.1.4 Kritik des isolierten Staats

Die kritische Auseinandersetzung mit dem v. THÜNEN'schen Modell belegt, dass der Erklärungsgehalt des Modells in heutiger Zeit nur noch gering ist. Die häufigste Kritik setzt an den unzureichenden Modellannahmen an (SCHÄTZL 1998, Kap. 2.1.2).

(1) **Unrealistische Homogenitätsannahmen und statische Betrachtung.** Besonders problematisch sind die Annahmen über homogene Produktionstechnologien und die Nichteinbeziehung neuer Verkehrstechnologien. So wird der Einfluss

a) Produktionszonen um das Ruhrgebiet 1940 nach MÜLLER-WILLE

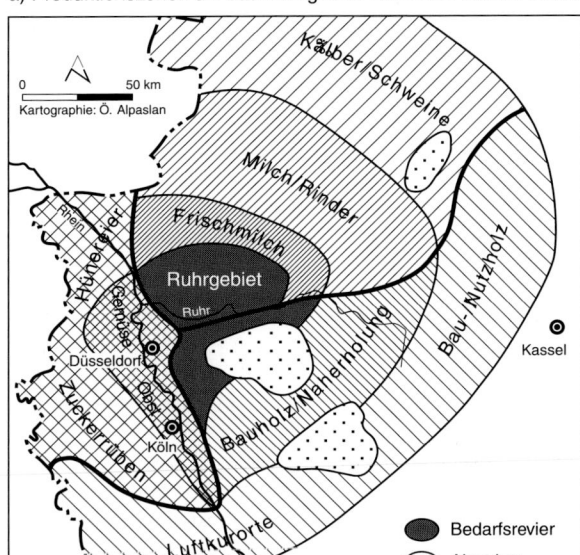

**Abb. 25: Nachweis v. THÜNEN'scher Ringe
a) mittlerer und b) größter Ordnung
(Quelle: nach GIESE 1995, S. 32 und 35)**

b) landwirtschaftliche Nutzungsintensitäten in Europa um 1950
nach v. VALKENBERG/HELD

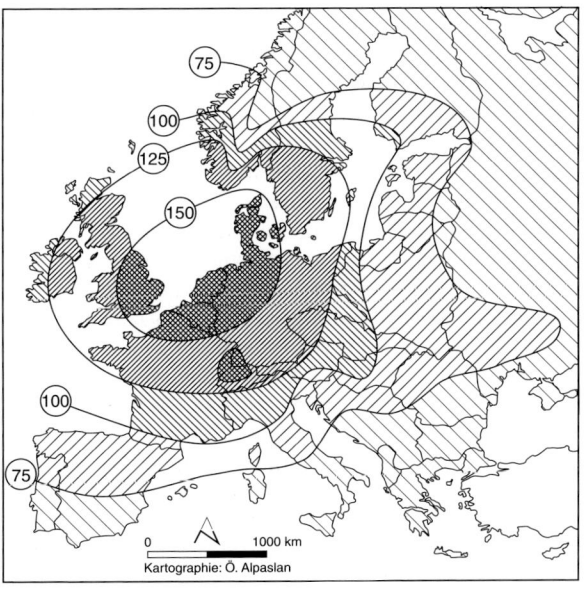

der Lagerente mit neuen Verkehrstechnologien immer geringer. Durch preiswertere und schnellere Transportmöglichkeiten kommt es nicht mehr zu einer Herausbildung konzentrischer Anbauringe.

(2) **Umkehrung der v. THÜNEN'schen Ringe.** SINCLAIR (1967) kritisiert, dass die Analyse von v. THÜNEN primär auf Transportkostenüberle-

gungen basiert, und entwickelt ein Alternativmodell, das zu einer Umkehr der v. THÜNEN'schen Ringe führt (→ Abb. 26). Er geht davon aus, dass die städtische Expansion ins Umland wichtigen Einfluss auf die Bodenrente hat. Da städtische Nutzungen (auch solche in Zentrumsferne) generell eine höhere Bodenrente erzielen als landwirt-

Abb. 26: Umkehrung der v. Thünen'schen Ringe (Quelle: nach Sinclair 1967, S. 80)

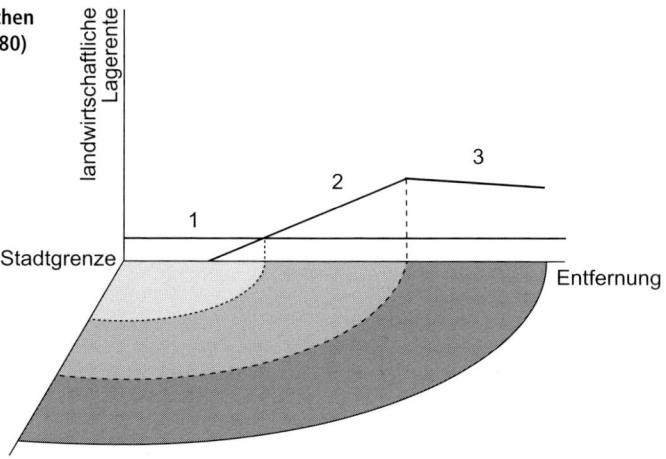

Zone	Landnutzung
1	landwirtschaftliche Flächen, die in Kürze für städtische Nutzungen umgewidmet werden
2	landwirtschaftliche Flächen, die ebenfalls in den Einflussbereich der Stadtexpansionen geraten können
3	landwirtschaftliche Flächen außerhalb des städtischen Einflussbereichs

schaftliche Nutzungen (selbst solche in relativer Marktnähe), kommt es zu einer Umkehr der v. Thünen'schen Ringe landwirtschaftlicher Nutzungsintensität, wenn sich städtische Nutzungen ins Umland ausdehnen (Dicken & Lloyd 1990, Kap. 1; Giese 1995): Da der Boden im städtischen Umland von einer Umnutzung betroffen ist, wenn die Stadt expandiert, investieren die dort ansässigen Landwirte nicht mehr viel Kapital und Arbeit in ihre Produktion. In Erwartung einer Ausweitung städtischer Nutzungen hat der Boden in Zentrumsnähe für landwirtschaftliche Nutzungen nur noch einen geringen Wert und wird extensiv bewirtschaftet. Hingegen steigt die landwirtschaftliche Bodenrente mit weiter zunehmender Distanz zum städtischen Einflussbereich wieder an, weil die Überführung in städtische Nutzungen hier zunächst unwahrscheinlich ist.

(3) **Durchbrechung v. Thünen'scher Ringe durch soziale Prozesse.** Besonders großen Einfluss auf die Art der Landnutzung haben soziale Strukturen, Traditionen und Prozesse. Sie führen dazu, dass v. Thünen'sche Ringe in der aktuellen Landnutzung kaum mehr sichtbar sind. So entstehen wie beim Hopfen- und Weinbau kleinräumige Anbauspezialisierungen, die das sozio-ökonomische Gefüge der betreffenden Regionen stark prägen (z. B. Klohn 1993; Healey & Ilbery

1990, Kap. 11). Solche Spezialisierungen sind durch Transportkostenminimierung und klimatische Gunstfaktoren allein nicht zu erklären. Sie sind vielmehr Ergebnis regionsspezifischer Entwicklungspfade, die ökonomische Prozesse in die regionalen sozio-institutionellen Strukturen einbinden. Ebenso bieten weder die v. Thünen'schen Ringe noch klimatische Gunstfaktoren und geringe Arbeitskosten eine ausreichende Erklärung dafür, dass in lateinamerikanischen Regionen Zierpflanzen für den Weltmarkt angebaut werden (Stamm et al. 1995).

Hartke (1956) hat schon frühzeitig am Beispiel des Phänomens der **Sozialbrache** gezeigt, wie eine Durchbrechung der v. Thünen'schen Ringe durch soziale Prozesse möglich ist. Er fand das Phänomen der Sozialbrache in Gebieten von Hessen, dem Saarland und Baden-Württemberg vor. Dies ist insofern überraschend, als man in den betreffenden Regionen aufgrund ihrer Marktnähe eine intensive Landnutzung erwartet hätte. Hartke (1956) erklärt das Phänomen der Sozialbrache als eines, das durch das Erbrecht, die Realerbteilung, und die damit verbundenen Sozialstrukturen verursacht wird. Bei der Realerbteilung werden landwirtschaftliche Nutzflächen pro Betrieb von Generation zu Generation immer kleiner. Das kann so lange funktionieren, bis die einzelnen Besitzgrößen so klein geworden sind, dass es nicht mehr produktiv ist, landwirtschaftlich zu arbeiten. In der Folge fallen große Gebiete brach.

Obwohl das Modell und die konkreten Ergebnisse bereits frühzeitig kritisiert wurden, war die von v. THÜNEN (1875) beschriebene methodische Vorgehensweise der isolierten Abstraktion von großer Bedeutung. Die Vorgehensweise diente als Vorbild für viele Arbeiten der wirtschaftsgeographischen Standortlehre und wurde z. B. auch auf den städtischen Bodenmarkt übertragen. V. THÜNENS Ansatz, Transportkosten als Indikator ökonomischer Beziehungen im Raum zu verwenden und daraus räumliche Differenzierungen abzuleiten, wurde zu einer konstituierenden Methode der Raumwirtschaftslehre.

4.2 Problematik der Übertragung des Lagerentenprinzips auf den städtischen Bodenmarkt

Das von v. THÜNEN entwickelte Modell der Lagerente und seine Wirkung auf die Landnutzung wurde von ALONSO (1960; 1964) auf den städtischen Bodenmarkt bezogen. Analog zu v. THÜNEN versucht ALONSO (1960), Unterschiede in der Landnutzung durch das Wechselspiel von Lagerente und Transportkosten zu erklären. Ausgangspunkt ist hierbei die Überlegung, dass sich menschliche Bedürfnisse als städtische Nutzungsansprüche ausdrücken und dass diese auf das Stadtzentrum hin ausgerichtet sind. Entsprechend der Nutzungsansprüche entsteht somit ein Flächenbedarf für Büro- und Geschäftsraum, für Wohnraum, Bildungs-, Versorgungs- und Erholungseinrichtungen sowie für Verkehrsinfrastruktur (GIESE 1978; 1995). Die Orientierung der Nutzungsansprüche auf das Zentrum hin lässt sich dadurch rechtfertigen, dass durch eine Ballung von Funktionen im Zentrum einer Stadt (dem klassischen Marktplatz) die ökonomischen Distanzen bei der Bedürfnisbefriedigung minimiert werden.

4.2.1 Prinzipien der städtischen Landnutzungslehre

Aufgrund empirischer Untersuchungen in nordamerikanischen Städten ermittelte ALONSO (1960; 1964) ein deutliches Bodenpreisgefälle zwischen Stadtzentrum und Stadtrand. Besonders drastisch ist der Preisabfall vom *central business district (CBD)*, dem innerstädtischen Geschäftszentrum, in die direkt angrenzenden Gebiete. Dies lässt sich damit begründen, dass der *CBD* für alle konkurrierenden Nutzungsformen ein wünschenswerter Standort ist, da hier die geringsten Transportkosten anfallen. Wenn man nun das v. THÜNEN'sche Modell der Lagerente auf den städtischen Bodenmarkt überträgt, lassen sich analog zum isolierten Staat konzentrische Landnutzungszonen innerhalb der Städte ableiten (HEINEBERG 1989, Kap. 3; KRÄTKE 1995a, Kap. 8). Hierbei können wiederum zwei Prinzipien der Landnutzungsdifferenzierung unterschieden werden: Differential- und Intensitätsprinzip.

Differentialprinzip. Beim Differentialprinzip kommt es aufgrund der Lagerente zu einer räumlichen Differenzierung nach verschiedenen städtischen Landnutzungsarten in Form konzentrischer Ringe (DICKEN & LLOYD 1990, Kap. 1; YEATES 1990, Kap. 5). Dies lässt sich an einem Beispiel mit vier Landnutzungsformen demonstrieren, die aufeinander folgende Landnutzungsringe bilden: Büro- und Geschäftsraum, Industrie, Wohnraum, Landwirtschaft (→ Abb. 27). Je näher ein Standort am Zentrum liegt, desto geringer sind die entstehenden Transportkosten und desto höher ist damit die Lagerente. Dies gilt für jede Art der Landnutzung, aber in unterschiedlichem Ausmaß. So haben die Büro- und Geschäftsraumnutzung die größten Gewinnerwartungen pro Flächeneinheit und können deshalb die höchsten Bodenpreise für ein zentrumsnahes Grundstück zahlen. Mit zunehmender Entfernung vom Stadtzentrum erzielen demgegenüber andere Arten der Landnutzung eine höhere Lagerente und sind entsprechend in der Lage, erfolgreich gegen alternative Nutzungsformen zu konkurrieren. Insgesamt entstehen konzentrische Landnutzungszonen, wobei im Außenbereich Wohnraumnutzung und landwirtschaftliche Nutzungen angesiedelt sind. Hierbei wird unterstellt, dass die Wohnbevölkerung sich im Stadtzentrum versorgt, so dass die Menschen ins Zentrum pendeln und landwirtschaftliche Produkte ebenfalls hierhin geliefert werden.

Intensitätsprinzip. Auch das v. THÜNEN'sche Intensitätsprinzip lässt sich auf den städtischen Bodenmarkt übertragen: einerseits als Prinzip, das zu einer Differenzierung der Bebauung nach der Bebauungshöhe führt, andererseits als Prinzip, das eine räumliche Sortierung innerhalb einer

Abb. 27: **Städtische Landnutzungszonen aufgrund des Differentialprinzips der Lagerente**

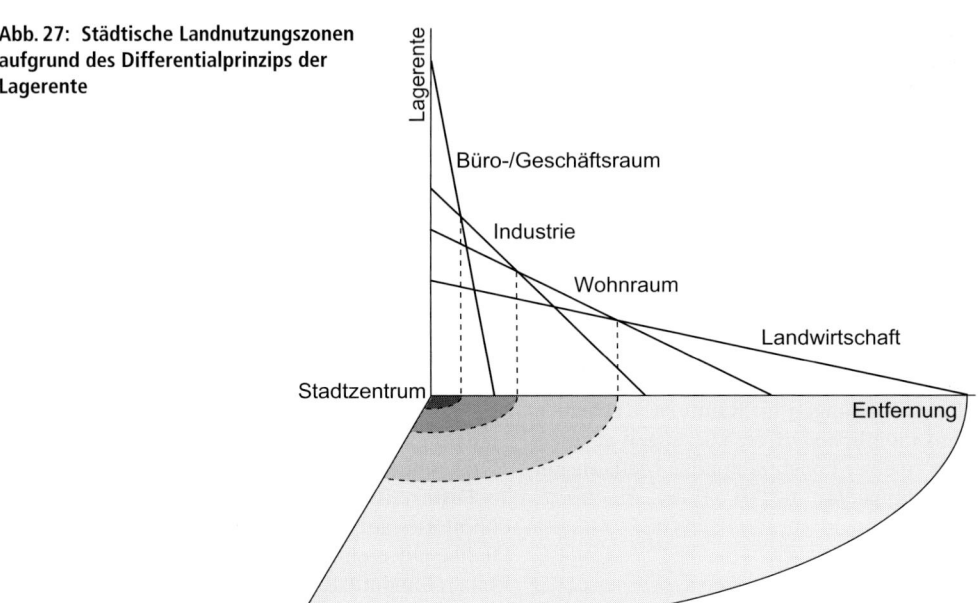

Nutzungsart nach der Bebauungsdichte bewirkt. Dieser Zusammenhang wird schon in der Arbeit von KOHL (1841) angedeutet.

(1) **Nutzungszonen unterschiedlicher Bebauungshöhe.** Da mit zunehmender Nähe zum Zentrum die Transportkosten sinken und die Lagerente sich erhöht, steigen die Bodenpreise in Zentrumsnähe immer mehr an. Eine Strategie, um höhere Bodenpreise in Zentrumsnähe bezahlen zu können, besteht darin, die Bebauungshöhe zu steigern, um damit eine größere Nutzungsintensität, d. h. höhere Nettoerlöse pro Flächeneinheit, zu ermöglichen (CARTER 1972). Dadurch kommt es zu

einer gewissen Korrelation zwischen Bodenpreisen und Bebauungshöhe. Dies zeigt sich besonders deutlich am idealisierten Aufriss einer nordamerikanischer Stadt, wenn man die Hochhausbebauung im Stadtzentrum betrachtet (→ Abb. 28).

(2) **Nutzungszonen unterschiedlicher Bebauungsdichte.** Am Beispiel der Wohnraumnutzung lässt sich demonstrieren, dass das Intensitätsprinzip zu einer räumlichen Sortierung innerhalb einer Nutzungsart nach der Bebauungsdichte führen kann (GIESE 1978; 1995). Wenn man davon ausgeht, dass Personen mit geringem Einkommen bestrebt sind, in Zentrumsnähe zu wohnen, um Transportkosten beim Weg zur Arbeit und bei Versorgungsgängen zu sparen, ergibt sich folgende Differenzierung nach der Nutzungsintensität (→ Abb. 29a): Um sich gegen andere Nut-

Abb. 28: **Wirkungsweise des Intensitätsprinzips in CARTERS Stadtmodell der vertikalen und horizontalen Nutzungsverteilung (Quelle: HEINEBERG 1989, S. 15)**

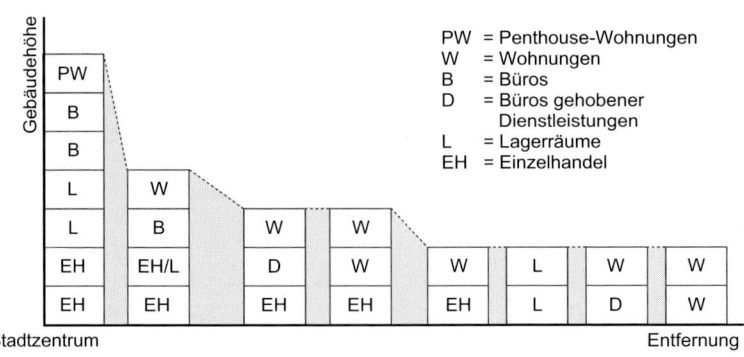

Abb. 29: Harveys Anwendung des Intensitätsprinzips der Lagerente unter a) Transportkosten- und b) Transportzeit-Überlegungen auf die städtische Landnutzung

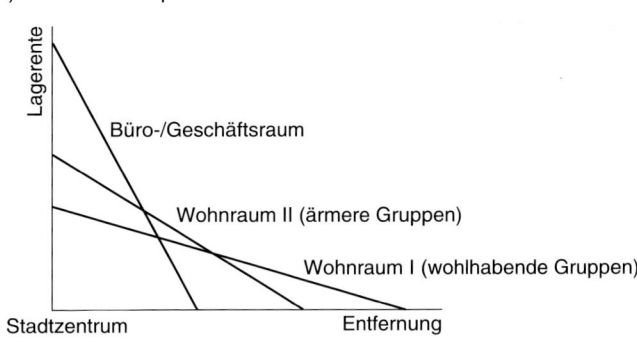

a) Variable: Transportkosten

Lagerente

Büro-/Geschäftsraum

Wohnraum II (ärmere Gruppen)

Wohnraum I (wohlhabende Gruppen)

Stadtzentrum   Entfernung

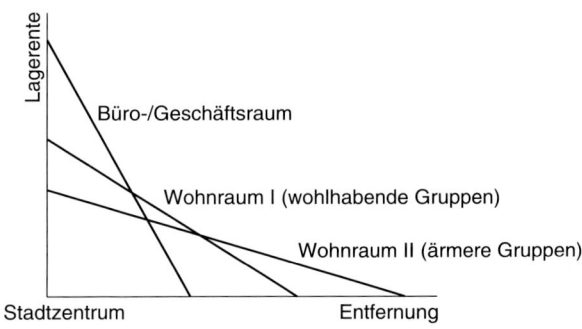

b) Variable: Transportzeit

Lagerente

Büro-/Geschäftsraum

Wohnraum I (wohlhabende Gruppen)

Wohnraum II (ärmere Gruppen)

Stadtzentrum   Entfernung

zungen in Zentrumsnähe durchsetzen zu können, müssen diese Personen höhere Mieten bezahlen. Diese erhöhten Kosten werden nunmehr durch eine intensivere Flächennutzung kompensiert. Somit resultiert in Zentrumsnähe eine Wohnraumzone, in der sich ärmere Schichten mit geringen Einkommen konzentrieren. Diese Zone ist durch eine intensivere Nutzung gekennzeichnet, was sich in einer größeren Bevölkerungsdichte, geringeren Wohnungsgrößen und der Dominanz von Mehrfamilienhäusern widerspiegelt. Demgegenüber sind Personen mit hohem Einkommen nicht auf einen Standort mit geringen Transportkosten in Zentrumsnähe angewiesen. Sie siedeln sich in größerer Entfernung zum Zentrum an, so dass ein zweiter Wohnraumring für wohlhabende Schichten entsteht. Aufgrund der geringeren Bodenrente ist hier eine weniger intensive Bodennutzung möglich, so dass eine geringere Bevölkerungsdichte bei größeren Wohnungsgrößen und Eigenheimbebauung vorliegt.

4.2.2 Kritik der städtischen Landnutzungslehre

Ähnlich wie im Fall des v. Thünen'schen Modells gibt es auch bei der Übertragung auf den städtischen Bodenmarkt eine Vielzahl von Kritikpunkten, von denen einige im folgenden dargestellt werden.

Annahme eines freien Bodenmarkts. Als analytisches Element für seine Analyse verwendet Alonso (1960) Bodenpreisfunktionen, die auf reinen Marktpreisen beruhen. Die Annahme eines freien Bodenmarkts ist in der Realität aber insofern problematisch, als durch städtische Verordnungen über Landnutzungen, Bebauungsarten und -intensitäten sowie durch Nutzungseinschränkungen die Marktprinzipien zumindest teilweise außer Kraft gesetzt sind (Giese 1995). Dennoch mögen die v. Thünen'schen Prinzipien in Deutschland für städtische Nutzungen eher gelten als für landwirtschaftliche, weil städtische Grundstücke tatsächlich versteigert und verkauft werden, während die Besitzverhältnisse bei landwirtschaftlichen Betrieben historisch vorgegeben sind und weitgehend unverändert bleiben. Durch die Bauleitplanung wird der Bildung von kreisförmigen Nutzungszonen jedoch vielfach entgegengewirkt.

Zentrumsfixierung. Das Landnutzungsmodell nach ALONSO geht von einer konzentrisch aufgebauten zentralisierten Stadt aus, in der alle Nutzungen auf das Zentrum hin ausgerichtet sind. Diese Annahme mag im v. THÜNEN'schen Modell im Hinblick auf den Marktstandort für landwirtschaftliche Produkte gerechtfertigt sein. Jedoch ist die Annahme einer monozentralen Organisation der Stadt Ausdruck einer statischen und kontextfreien Sicht der urbanen Struktur. Für die Vielzahl der städtischen Nutzungen gilt diese Annahme heute nicht mehr, denn einerseits variiert die Zentrenstruktur einer Stadt je nach kulturellem Kontext und andererseits haben sich im Zuge der immensen Urbanisierung während des 20. Jahrhunderts in vielen Städten neue, multiple Kerne entwickelt. Sowohl die orientalische Stadt mit ihrer Fokussierung auf die *Medina*, die lateinamerikanische Stadt mit ihrer zentralen Orientierung auf die *Plaza* als auch die chinesische und nordamerikanische Stadt haben eine Evolution neuer Zentren erfahren und zeichnen sich heute durch eine polyzentrische Struktur aus (YEATES 1990; BÄHR & MERTINS 1992; EHLERS 1992b; TAUBMANN 1992).

Durchbrechung der konzentrischen Landnutzungszonen durch mehrkernige Stadtstrukturen. GOLDNER (1968) hat gezeigt, dass

Abb. 30: Durchbrechung der konzentrischen städtischen Landnutzung durch Einbeziehung von Subzentren nach GOLDNER (Quelle: HEINEBERG 1989, S. 17)

die Bodenrente nicht monoton mit der Entfernung vom Stadtzentrum abnimmt, sondern dass in einer mehrkernigen Struktur auch außerhalb des Zentrums hohe Lagerenten möglich sind (→ Abb. 30). Mit dieser Feststellung wird das Prinzip aufgegeben, dass es mit dem innerstädtischen Zentrum nur einen einzigen Bezugspunkt für Interaktionen in einer Stadt gibt (HEINEBERG 1989, Kap. 3). GOLDNER (1968) geht stattdessen davon aus, dass neben dem *CBD* auch Stadtteilzentren und *shopping centers* im Stadtbereich sowie Satellitenstädte mit Zentren im Außenbereich existieren. Da ein Teil der Einkaufsaktivitäten auf diese Nebenzentren gerichtet ist, wird nun auch die Entfernung zu diesen Orten über Transportkosten entscheidungsrelevant. Es resultiert eine Lagerentenkurve mit mehreren Gipfeln und einer differenzierten, nicht mehr konzentrischen Anordnung von Landnutzungen.

Umkehrung der Ringbildung durch ein verändertes Distanzmaß. Wenn nicht die Transportkosten die entscheidende Variable sind, die eine räumliche Variation der Bodenrente bedingt, sondern die Transportzeit, so kann es zu einer Umkehrung der Landnutzungszonen kommen (→ Abb. 29b). Im Modell der städtischen Wohnraumnutzung durch unterschiedliche Einkommensgruppen wird dies verdeutlicht. Wenn statt der Transportkosten die Transportzeit die entscheidende Variable für die Höhe der Bodenrente ist, so sind Personen mit hohem Einkommen bestrebt, ihren Wohnstandort in Zentrumsnähe zu wählen. Dadurch können sie hohe Einkommensverluste durch lange Transportzeiten vermeiden. Durch eine analoge Überlegung für Personen mit geringem Einkommen ergibt sich eine gegenüber dem Intensitätsprinzip umgekehrte Zonierung: In

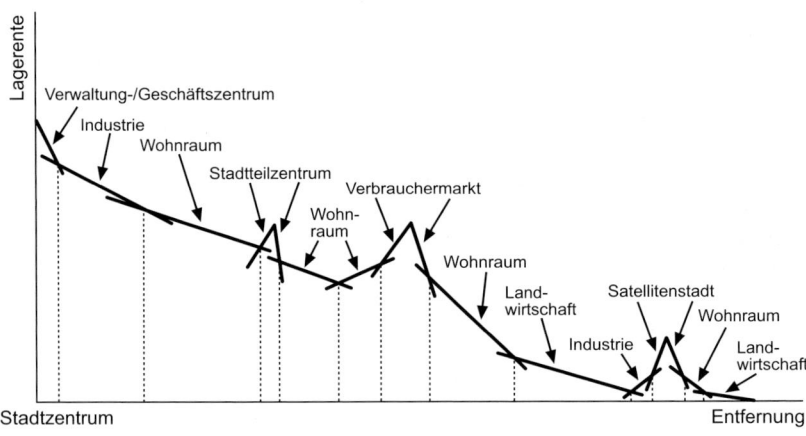

Zentrumsnähe siedeln sich wohlhabende Schichten an, während im Außenbereich Wohngebiete für ärmere Schichten entstehen.

Vernachlässigung sozialer und ökonomischer Prozesse. Ein generelles Problem der Modelle städtischer Landnutzung besteht darin, dass wichtige soziale und ökonomische Prozesse vernachlässigt werden, die großen Einfluss auf städtische Strukturen haben. Beispielsweise ist die Ballung hochwertiger wissensintensiver Dienstleistungen in Stadtzentren keineswegs eine Folge einer Transportkostenminimierung (MARSHALL & WOOD 1992; ILLERIS 1991; 1996, Kap. 9). Hier werden vielmehr spezifische Agglomerations- und Fühlungsvorteile wirksam, die durch die räumliche Nähe dieser Einrichtungen zueinander genutzt werden können. Durch räumliche Nähe können z. B. spezifische Informations- und Kommunikationsvorteile in Bezug auf Markttrends, das Verhalten von Konkurrenten und die Abstimmung mit Partnern realisiert werden. Für kreative Dienstleister bietet räumliche Nähe die Möglichkeit zu ungeplanten Treffen, zu wiederholtem *brainstorming* und spontanen Assoziationen, um auf veränderte Konsumgewohnheiten einzugehen oder neue Designs und Trends zu kreieren. In diesem Segment der Dienstleistungen bestehen gehobene Kommunikationsbedürfnisse, die besonders gut in Stadtzentren befriedigt werden können.

Dass Transportkostenminimierung für städtische Nutzungen keineswegs ausschlaggebend ist, zeigt sich in nordamerikanischen Städten immer mehr daran, dass die Versorgungsdienstleistungen, insbesondere der Einzelhandel, aus den Stadtzentren in *shopping centers* im Außenbereich abwandern. Es ist deshalb auch nicht zwingend, dass hochwertige wissensintensive Dienstleistungen sich ausgerechnet im Stadtzentrum ballen. Eine evolutionäre, pfadabhängige Erklärung hilft dabei zu verstehen, warum in der Realität dennoch das Stadtzentrum der bevorzugte Standort derartiger Dienstleistungen ist. So haben ursprünglich andere Gründe dazu geführt, dass hochwertige wissensintensive Dienstleistungen ihren Standort im Zentrum gewählt haben. Später haben selbstverstärkende Prozesse zu einer weiteren Ballung an diesen Standorten geführt, so dass Stadtviertel wie etwa im Zentrum von Vancouver und San Francisco entstanden sind, in denen eine überdurchschnittliche Ballung kreativer Dienstleister und bestimmter kultureller Szenen besteht (HELBRECHT 1998; EGAN & SAXENIAN 1999). Im Folgenden soll an drei Beispielen skizziert werden, wie Landnutzungen durch komplexe soziale Prozesse beeinflusst werden, die zu einer veränderten räumlichen Differenzierung und zu Spaltungen führen (KRÄTKE 1995a, Kap. 6):

Beispiel 1. Erfahrungen in amerikanischen Städten haben gezeigt, dass traditionelle innenstadtnahe Industriegebiete, die z. B. aufgrund von Umweltproblemen oder aus Platzmangel durch eine Abwanderung von Unternehmen geprägt sind, zunächst keine Folgenutzungen finden (CHAPMAN & WALKER 1987, Kap. 12). Es kommt somit zu flächendeckenden Brachen und in der Folge zu selektiven Verslumungsprozessen. Innenstadtnahe Flächen können deshalb entgegen dem auf Transportkostenüberlegungen basierenden Landnutzungsmodell durch geringe Bodenrenten gekennzeichnet sein.

Beispiel 2. Große soziale Distanzen zwischen weißen und schwarzen Bevölkerungsschichten (z. B. als Folge von Diskriminierungen) führen zu sozialräumlichen Segregationsprozessen (YEATES 1990, Kap. 6). Dies kann zur Folge haben, dass z. B. Viertel mit ärmeren schwarzen Bevölkerungsschichten in Innenstadtnähe und Viertel mit wohlhabenderen weißen Bevölkerungsschichten am Stadtrand entstehen. Mit Transportkostenüberlegungen hat der Prozess, wie ein von Weißen bewohntes Viertel durch massenhafte Abwanderung in kürzester Zeit zu einem vorwiegend von Schwarzen bewohnten Viertel wird, nicht viel zu tun.

Beispiel 3. Auch der Prozess der *gentrification* durch städtebauliche Aufwertung älterer Wohnquartiere kann eine sozialräumliche Segregation bewirken. Dies ist dann der Fall, wenn die renovierten und modernisierten Häuser für die vorher hier ansässigen Bevölkerungsgruppen zu teuer werden und somit einkommensschwache durch einkommensstarke Bevölkerungsgruppen verdrängt werden (SMITH 1979; 1993; ZUKIN 1987; DANGSCHAT 1988; FRIEDRICHS 1995, Kap. 7).

Dynamisierung des städtischen Landnutzungsmodells. Die vorstehenden Bemerkungen über soziale und ökonomische Prozesse zeigen bereits, dass eine evolutionäre, pfadabhängige Sichtweise der städtischen Landnutzung notwendig ist, um heutige Stadtstrukturen zu verstehen. GIESE (1979; 1995) hat dies am Beispiel der Stadt Frankfurt am Main verdeutlicht und durch eine Dynamisierung des städtischen Landnutzungsmodells das Entstehen von Landnutzungskonflikten sichtbar gemacht. Er demonstriert, wie sozio-

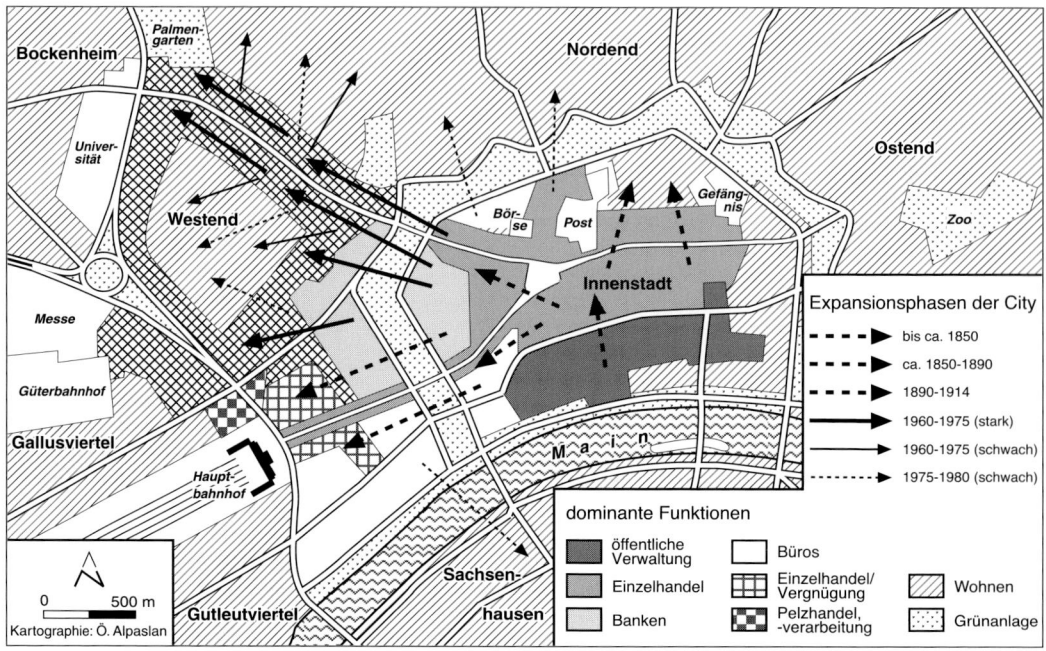

Abb. 31: Expansion innerstädtischer Funktionen in angrenzende Wohnbereiche der Frankfurter Innenstadt in den 1960er Jahren (Quelle: nach VORLAUFER 1981, S. 117)

ökonomische Prozesse auf ökonomische Variablen wirken und damit gesellschaftliche Konflikte hervorrufen. So war das Frankfurter Westend ursprünglich ein an die Innenstadt angrenzendes Wohngebiet, das durch die Expansion von Innenstadtfunktionen in den 1960er Jahren überformt wurde (→ Abb. 31). Mit der Verknappung der verfügbaren Flächen in der Innenstadt expandierten zunehmend Funktionen in angrenzende Bereiche. VORLAUFER (1981) hat gezeigt, dass dies vor allem entlang der Bockenheimer Landstraße und in das Westend hinein geschah.

Diese Ausbreitung war nur möglich, weil die Stadt Frankfurt am Main durch ihre Bauleitplanung dafür die entsprechenden Voraussetzungen schuf. Zwar gab es Bebauungspläne für das Westend, die die Nutzungsart und -intensität festlegten. Für den expandierenden Dienstleistungssektor wurden aber großzügig so genannte Befreiungen von diesen Vorgaben ausgesprochen (GIESE 1979). Dadurch drängte der Dienstleistungssektor nun verstärkt in das Frankfurter Westend, das aufgrund seiner Lagegunst, der Fühlungsvorteile und des guten Imagewerts zum attraktiven Gewerbestandort wurde. Es setzte eine starke Akquisi-

tionstätigkeit von Grundstücken infolge erhöhter Ausnutzungserwartung durch eine mehrgeschossige Bauweise ein, so dass die Bodenpreise schnell anstiegen. Bodenspekulanten kauften Grundstücke und Häuser auf und betrieben zum Teil eine bewusste Wertminderung des Wohnraums, um Abrissgenehmigungen zu erhalten. Der sich daraus formierende Widerstand der Wohnbevölkerung fiel mit den Studentenrevolten Ende der 1960er Jahre zusammen und führte zu massiven, gewalttätigen Konflikten. Die Konfliktsituation entspannte sich erst, als eine Übersättigung des Büroraummarkts und begleitend dazu eine restriktivere Bauleitplanung einsetzte und zu einem Nachlassen der Kauf- und Bautätigkeit im Westend führte.

GIESE (1978) hat diesen Prozess durch eine Dynamisierung des städtischen Landnutzungsmodells dargestellt (→ Abb. 32). So haben die veränderten Landnutzungsansprüche der 1960er Jahre dazu geführt, dass sich die Bodenpreisfunktion für Büroraumnutzung nach oben verschob. In einem Bodenpreis-Entfernungs-Diagramm lässt sich durch die Verschiebung des Schnittpunkts der Kurven für Wohnraum- und Büroraumnutzung der Bereich identifizieren, innerhalb dessen Umnutzungs- und Verdrängungsprozesse stattfanden, die dann Landnutzungskonflikte bewirkten.

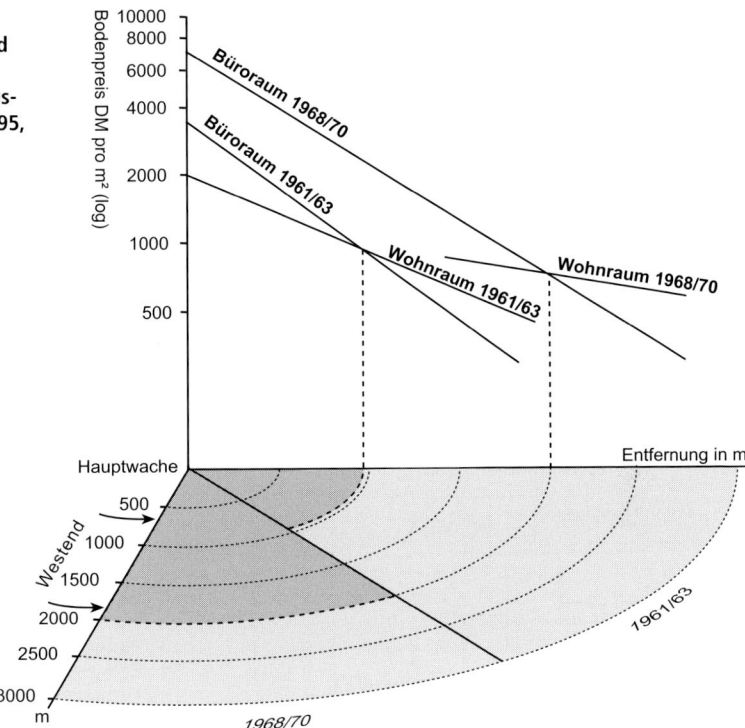

Abb. 32: Bodenpreiskurven im Frankfurter Westend 1961/63 und 1968/70 zur Veranschaulichung des Entstehens von Landnutzungskonflikten (Quelle: nach Giese 1995, S. 45)

4.2.3 Exkurs: Stadtstruktur und Landnutzung

Vorstellungen über die Organisation städtischer Landnutzungen findet man auch in Modellen der Stadtstruktur, die oftmals ohne Kenntnis der v. Thünen'schen Ringe und lange vor der Arbeit Alonsos (1960) über den städtischen Bodenmarkt entstanden sind. Es gibt insbesondere drei Stadtmodelle, die als Standard in Lehrbücher eingegangen sind, weil sie unterschiedliche Prinzipien des Stadtaufbaus repräsentieren (→ Abb. 33): das Ringmodell von Burgess (1925), das Sektormodell von Hoyt (1939) und das Mehrkernemodell von Harris & Ullman (1945). Alle drei Stadtmodelle entstammen der berühmten **Chicagoer Schule der Sozialökologie** (Park et al. 1925; McKenzie 1925; 1926), die die Theorieentwicklung nicht nur in der Geographie, sondern auch in Soziologie, Ökonomie und Organisationstheorie nachhaltig beeinflusst hat. In Analogie zu ökologischen Prozessen in der Natur werden in dieser Schule menschliche Kollektive als Populationen und ihr Verhalten als Prozess der Umweltanpassung, Nischenbesetzung oder Verdrängung anderer Populationen

aufgefasst (Hawley 1968). Im Kontext der Stadtökonomie wurde diese Perspektive auf städtische Nutzungen angewandt, um deren Position innerhalb der urbanen Gesamtstruktur beschreiben zu können. Durch den Einsatz multivariater quantitativer Verfahren gelangte die Chicagoer Schule gemäss der historischen Entwicklung nordamerikanischer Städte zu drei Stadtstrukturmodellen (Boustedt 1975, Kap. 6.4; Lichtenberger 1986, Kap. 2.2; Yeates 1990, Kap. 4; Ritter 1991, Kap. XIII):

(1) **Ringmodell.** Das Ringmodell von Burgess (1925) entstand ohne Kenntnisse der v. Thünen'schen Arbeiten, gelangt aber zu analogen Schlussfolgerungen über die räumliche Ordnung der städtischen Landnutzung (→ Abb. 33a). Nach Burgess (1925) entwickeln sich konzentrische Landnutzungszonen um den *CBD*. Das Modell entstand zu einer Zeit, als amerikanische Städte durch Einwanderungswellen schnell wuchsen. Neuankömmlinge siedelten sich zunächst in preiswerten Wohngebieten in Innenstadtnähe an. Durch sozialen Aufstieg erfolgte dann eine Wanderung in wohlhabendere Eigenheimgebiete am Stadtrand, wobei die Stadt sukzessive nach außen expandierte. Angrenzend an den *CBD* war vor

a) Ringmodell

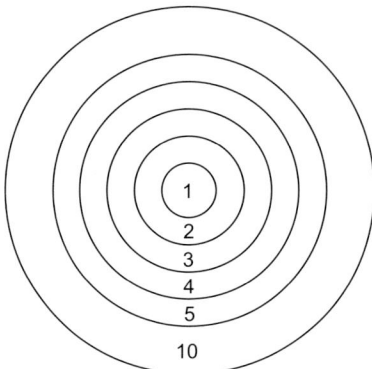

b) Sektormodell

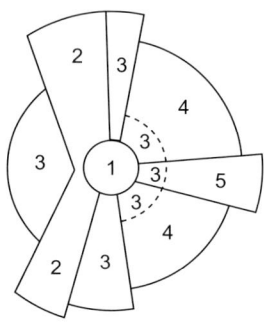

c) Mehrkernemodell

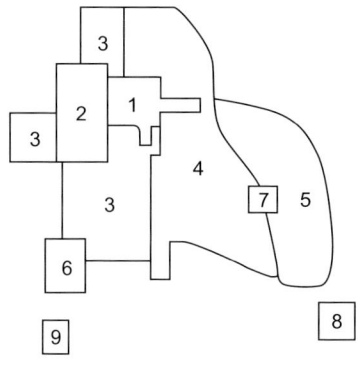

Städtische Landnutzungen

1 CBD (Central Business District)
2 Leichtindustrie
3 Wohngebiete unterer Schichten
4 Wohngebiete mittlerer Schichten
5 Wohngebiete höherer Schichten
6 Schwerindustrie
7 Verbrauchermarkt
8 Wohnvorort
9 Industrievorort
10 Pendlerzone

**Abb. 33: Generalisierte Modelle über interne Stadt-
strukturen (Quelle: nach CHAPMAN & WALKER 1987, S. 236)**

allem Leichtindustrie angesiedelt, wobei diese und die daran anschließende Zone mit Mietshäusern und Wohnfunktionen für Bezieher geringer Einkommen durchmischt war (BERRY et. al. 1987, Kap. 9). Beide Zonen bildeten eine Übergangszone mit hoher Mobilität und Dynamik. Daran schlossen sich nach außen Wohngebiete für mittlere und hohe Einkommen sowie die Vorstadt- und Pendlerzone an.

(2) **Sektormodell.** In dem Sektormodell von HOYT (1939), das auf der empirischen Untersuchung sozio-ökonomischer Merkmale wie den Hauspreisen, Einkommen und der ethnischen Struktur in 142 nordamerikanischen Städten beruhte, wird die Sichtweise einer Landnutzungsstruktur in Form konzentrischer Zonen aufgegeben (→ Abb. 33b). HOYT (1939) stellte fest, dass sich entlang der Hauptverkehrsstraßen um das Stadtzentrum die Wohngebiete zu Sektoren anordnen und sich wie Keile zum Stadtrand hin aus-

breiten. Gewerbegebiete sind in dem Modell ebenfalls sektoral entlang bestimmter Straßenzüge und Eisenbahnlinien angeordnet. Wie bei BURGESS (1925) sind die höheren Einkommensschichten tendenziell im Außen- und die niedrigeren Einkommensgruppen im Innenbereich zu finden, so dass auch hier eine Ringbildung existiert.

(3) **Mehrkernemodell.** Das Mehrkernemodell von HARRIS & ULLMAN (1945) bricht vollständig mit der Vorstellung einer konzentrischen Stadtstruktur (→ Abb. 33c). Stattdessen wird die Entstehung einer mehrkernigen, zellularen Landnutzungsdifferenzierung hervorgehoben, wobei es z. B. durch ethnische Faktoren zu räumlicher Segregation kommt.

Ein grundlegendes Problem dieser Stadtmodelle besteht darin, dass es sich hierbei im Wesentlichen um deskriptive Modelle handelt. Sie versuchen, die in der Realität beobachtbaren Stadtstrukturen allgemein zu beschreiben, wobei weniger die zugrunde liegenden ökonomischen und sozialen Prozesse im Vordergrund stehen als die

beobachtbaren ökologischen Regelhaftigkeiten wie z. B. Invasion und Fluktuation.
In der von der Chicagoer Schule ausgehenden stadtökologischen Forschung der 1960er und 1970er Jahre wurden umfangreiche statistische, insbesondere faktorialanalytische Analysen von Stadtstrukturen auf kleinräumiger Basis durchgeführt. Dabei erkannte man, dass sozio-ökonomische Merkmale eine sektorale Ordnung, Merkmale zum Stand im Familienzyklus eine ringförmige Ordnung und Merkmale zum ethnischen Status eine eher zellulare Ordnung bewirkten (LICHTENBERGER 1986, Kap. 2.2; HEINEBERG 1989, Kap. 4; YEATES 1990, Kap. 6). Allerdings gelang es auch diesen Untersuchungen nicht, die zugrunde liegenden Prozesse zu erfassen. Sie sind vielmehr durch eine Methodenüberbewertung gekennzeichnet.

Insgesamt sind die induktiv gewonnenen Vorstellungen über städtische Zonierungen problematisch, weil sie nicht ohne weiteres auf andere Städte übertragbar sind. Erst recht ist eine Übertragung auf andere Gesellschaften zweifelhaft. So entspringen auf den Stadtkern gerichtete, zentrierte Stadtbilder absolutistischen Vorstellungen städtischer Strukturen, wie sie sich historisch in Europa entwickelt haben. Entsprechend sind die sozialen Umwälzungen, die in Südafrika stattgefunden haben, ohne Pendant in europäischen Städten. BÄHR & JÜRGENS (1993) haben demonstriert, dass durch den Übergang Südafrikas zu einem Post-Apartheid-System soziale und ökonomische Prozesse eingetreten sind, die zu einer Durchmischung, Überlagerung und Verwischung der zuvor gesetzlich legitimierten Segregationsstruktur führen. Sektoral-ringartige Landnutzungsstrukturen im Innenbereich werden dadurch weiter ausdifferenziert und zellulare Muster im Außenbereich verwischt.

4.3 Vom Transportkostenprimat zum räumlichen Idealbild der Wirtschaft im System zentraler Orte

In der Landnutzungslehre sind die Ballungen wirtschaftlicher Akteure als Standorte von Menschen, Unternehmen und Institutionen vorgegeben. Es wird nichts darüber ausgesagt, warum Städte existieren, wo sie ihren Standort haben und wie ein

System von Städten zusammengebunden ist. Ein wichtiges Kennzeichen von Städten ist die Tatsache, dass sie eine Agglomeration von Einzelhandels- und sonstigen Versorgungseinrichtungen besitzen. Eine wichtige Frage, der in diesem Abschnitt nachgegangen werden soll, besteht darin, warum sich solche Dienstleistungen in Städten ballen und nicht im Umland zu finden sind.

Als einer der Ersten beschäftigte sich KOHL (1841) bereits im 19. Jahrhundert mit Fragen der Siedlungsverteilung und Verkehrssysteme. CHRISTALLER (1933) führte die Untersuchung dieser und ähnlicher Fragen mit der Theorie der zentralen Orte entscheidend weiter, in der er Gesetzmäßigkeiten analysierte, die die Anzahl, Größe und Verteilung von Orten beschreiben. Diese Arbeit griff LÖSCH (1944) in seiner Studie über die räumliche Ordnung der Wirtschaft auf und versuchte, eine allgemeine Theorie der Marktnetze abzuleiten. Im Unterschied zu CHRISTALLER verwendete er hierbei eine spezifisch ökonomische Modellformulierung und leitete aus Modellannahmen sukzessive ein räumliches Gleichgewicht ab. LÖSCH (1944) hat durch seine Arbeit über Marktnetze auch in den USA viel Beachtung gefunden und dadurch CHRISTALLERS Untersuchungen einem breiteren Publikum zugänglich gemacht.

4.3.1 Städtische Ballungen und zentrale Orte

Schon in traditionellen Gesellschaften gab es Ballungen in Form menschlicher Siedlungen. Diese erfüllten eine Schutzfunktion gegenüber Feinden, gestatteten eine effizientere Arbeitsteilung und erleichterten soziale und ökonomische Beziehungen (HOFMEISTER 1997). In einigen Siedlungen hat sich im Zeitablauf eine überdurchschnittliche Ballung von Versorgungseinrichtungen entwickelt. Wären diese Einrichtungen nicht räumlich konzentriert, sondern dispers verteilt, so hätten die Bewohner der betreffenden Siedlungen und ihres Umlands zur Befriedigung ihrer Bedürfnisse große Distanzen zurückzulegen. Ballungen von Versorgungseinrichtungen in zentraler Lage sind also insofern vorteilhaft, als sie die zurückzulegenden Distanzen und damit die Kosten der Distanzüberwindung minimieren.

Solche Siedlungen, Orte und Städte, die sich aufgrund des Prinzips der Distanzminimierung bilden, werden im Folgenden **zentrale Orte** genannt (CHRISTALLER 1933, I. Teil Kap. A). Zentrale Orte enthalten zentrale Einrichtungen, die

Abb. 34: Umlandbildung einer zentralen Einrichtung aus Produzentensicht

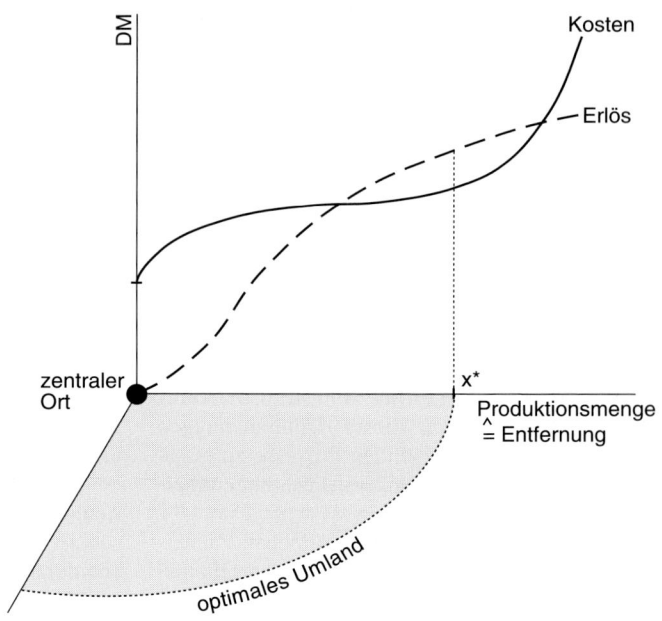

Anbieter zentraler Güter sind. Zentrale Einrichtungen sind Versorgungseinrichtungen wie Einzelhandelsgeschäfte, Arztpraxen, Universitäten, Kinos und viele andere Dienstleistungen und Verwaltungseinrichtungen. Da die Konzentration von Versorgungseinrichtungen in einem zentralen Ort stärker ausgeprägt ist als die Konzentration der Bevölkerung, gibt es einen Bereich über den zentralen Ort hinaus, den dieser mitversorgt – sein Umland. Nach CHRISTALLER (1933, I. Teil Kap. B) haben zentrale Orte aufgrund ihrer Ausstattung mit zentralen Gütern und Dienstleistungen einen Bedeutungsüberschuss gegenüber anderen Orten und bilden ein Umland aus (HEINRITZ 1979, Kap. 2; GIESE 1996).

In der empirischen Umsetzung verwendete CHRISTALLER (1933, II. Teil Kap. A) die Ausstattung mit Telefonanschlüssen als Merkmal, um die Zentralität eines Ortes zu messen. Er ermittelte den Bedeutungsüberschuss eines Ortes, indem er die tatsächliche Anzahl von Telefonanschlüssen mit der hypothetischen Anzahl verglich, die sich bei einer Gleichverteilung der Telefonanschlüsse im Gesamtraum ergeben hätte (KLÖPPER 1953a). Dieser Indikator ist allerdings inzwischen unbrauchbar geworden, da in Industrieländern fast jeder Haushalt über einen eigenen Telefonanschluss verfügt.

In der **Theorie der zentralen Orte** wird der Prozess der Umlandbildung und der Entstehung eines hierarchischen, räumlichen Ordnungssystems erklärt (RICHARDSON 1978, Kap. 3; HEINRITZ 1985; DICKEN & LLOYD 1990, Kap. 1; RITTER 1991, Kap. X; MAIER & TÖDTLING 1992, Kap. 7; BLOTEVOGEL 1995b). Sie beruht wie andere Theorien auf einer Vielzahl von **Grundannahmen**, von denen im Folgenden einige angesprochen werden (SCHÄTZL 1998, Kap. 2.1.2): So wird eine homogene Raumstruktur ohne natürliche Barrieren und eine gleichverteilte Bevölkerung unterstellt. Bei jeweils gleichen Bedürfnissen und gleichen Einkommen folgt daraus, dass auch die Nachfrage räumlich gleichverteilt ist. Des Weiteren wird davon ausgegangen, dass Produzenten und Kunden vollständige Information besitzen und rational handeln. Demnach streben Produzenten Gewinnmaximierung an, indem sie zuerst nahe gelegene Kunden beliefern, und Konsumenten minimieren ihre Kosten dadurch, dass sie ihre Versorgungseinkäufe jeweils in der nächstgelegenen zentralen Einrichtung durchführen.

4.3.2 Umlandbildung aus der Produzentenperspektive

Die wichtigste Antriebskraft unternehmerischen Handelns stellt das Gewinnmotiv dar, d. h. ein Produzent ist bestrebt, die Differenz zwischen Erlös und Kosten zu maximieren. Unter der

Annahme typischer Verläufe der Erlös- und Kostenfunktion in einem Preis-Mengen-Diagramm lässt sich für den Produzenten eine gewinnmaximale Produktionsmenge x* exakt berechnen (→ Abb. 34). Für die weiteren Überlegungen wird davon ausgegangen, dass der Produzent seine Kunden selbst beliefert. Um seine Transportkosten möglichst gering zu halten, wird er in diesem Fall zuerst die nahe gelegensten Kunden beliefern. Bei stetiger Produktionsausdehnung muss der Produzent Kunden in immer größerer Entfernung beliefern, was dazu führt, dass sich sein Absatzgebiet ausdehnt. Dies geschieht so lange, bis der Produzent sein Gewinnmaximum erreicht hat. Diesem Optimum entspricht eine bestimmte Entfernung, bis zu der er die Kunden beliefert. In dem Diagramm kann man dies stark vereinfacht durch eine Transformation der Mengen- in eine Entfernungsachse darstellen. Unter der Voraussetzung einer gleichverteilten Bevölkerung ergibt sich für den Produzenten bei einer gewinnmaximalen Produktionsmenge somit ein optimales Umland in Form einer Kreisscheibe. Anhand des Verlaufs der Erlös- und Kostenkurven lässt sich zudem ein minimales Umland bestimmen, das notwendig ist, damit überhaupt ein Gewinn erzielt wird. Analog dazu lässt sich ein maximales Umland definieren.

4.3.3 Umlandbildung aus der Kundenperspektive

Es wird nun angenommen, dass Kunden zur Befriedigung ihrer Bedürfnisse den Weg zu einer zentralen Einrichtung selbst zurücklegen und die

dabei anfallenden Transportkosten tragen. Unter der Voraussetzung, dass allen Kunden ein gleich hohes Einkommen für Konsumzwecke zur Verfügung steht, können Kunden, die weiter von einem zentralen Ort entfernt wohnen, aufgrund der anfallenden höheren Transportkosten weniger kaufen als Kunden in geringerer Entfernung vom Markt. Somit nimmt die Nachfrage mit wachsender Entfernung vom Markt in allen Richtungen gleichmäßig ab und es kommt aus Nachfragerperspektive zu einer Umlandbildung in Form einer Kreisscheibe (LÖSCH 1944, Kap. 9; DICKEN & LLOYD 1990, Kap. 1). Die äußere Grenze des Umlands ist vereinfacht dort gegeben, wo die Transportkosten zum Markt das gesamte Einkommen aufbrauchen würden (→ Abb. 35). Dieser Zusammenhang lässt sich graphisch in Gestalt eines **Nachfragekegels** (*demand cone*) darstellen und auch formal verdeutlichen:

$$D = E - t \cdot d$$

wobei gilt:
D = Nachfrage (Kaufkraft) pro Person (DM)
E = Einkommen pro Person (DM)
t = Transportkosten pro Person und Entfernungseinheit (DM/km)
d = Entfernung zum zentralen Ort (km)

Durch die Variation der zugrunde gelegten Parameter Einkommen und Transportkosten lässt sich nun feststellen, wie sich der Nachfragekegel und das zugehörige Umland verändern: Im Fall einer Erhöhung des Einkommens verschiebt sich die

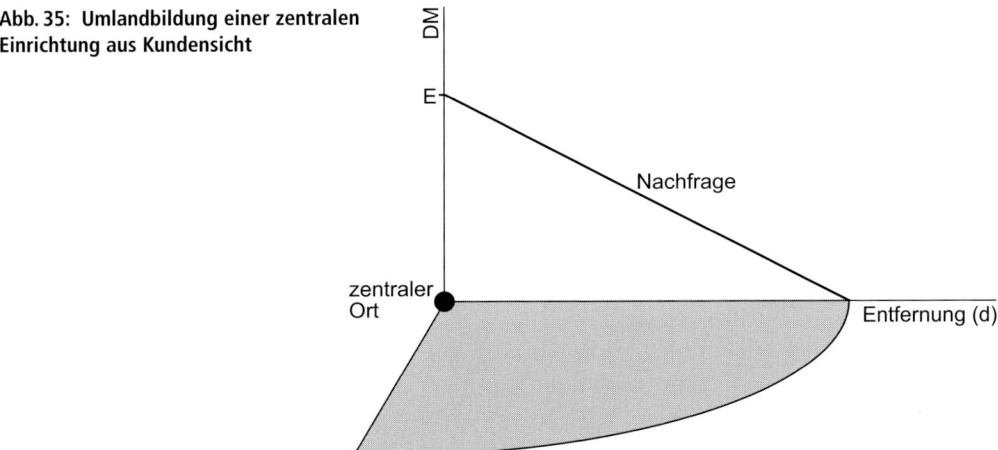

Abb. 35: Umlandbildung einer zentralen Einrichtung aus Kundensicht

Nachfragekurve parallel nach oben, so dass sich das Umland *ceteris paribus* vergrößert. Bei einer Reduzierung der Transportkosten dreht sich die Nachfragekurve nach außen, was ebenfalls zu einer Vergrößerung des Umlands führt.

4.3.4 Räumliche Anordnung der Einzugsbereiche in einem Hexagonalmuster

Simultanes Produzenten- und Kundenverhalten bewirken eine Umlandbildung um eine zentrale Einrichtung in Form einer Kreisscheibe. Die kreisscheibenförmige Aufteilung einer gegebenen Region oder eines Territoriums auf zentrale Einrichtungen ist jedoch nicht optimal:

(1) Einerseits kann es sein, dass sich die Einzugsbereiche überschneiden und aus Produzentensicht ein zu kleines Umland resultiert.

(2) Andererseits kann sich eine Situation der Unterversorgung einstellen, wobei nicht alle Kunden von den Umlandbereichen erfasst werden. Dieses wird vermieden, wenn ein Gebiet flächendeckend in Form eines Hexagonalsystems in Einzugsbereiche aufgeteilt ist und zentrale Einrichtungen in den Mittelpunkten dieser Einzugsbereiche lokalisiert sind (LÖSCH 1944, Kap. 10; SCHÄTZL 1998, Kap. 2.1.2).

4.3.5 Hierarchisches System zentraler Güter und zentraler Orte

Auch wenn in der Diskussion um zentrale Güter und Einrichtungen oft die Funktion des Einzelhandels hervorgehoben wird, so gibt es doch eine Menge anderer zentraler Einrichtungen, wie z.B. Freizeit-, Kultur- und Verwaltungseinrichtungen. Am Beispiel des Einzelhandels lässt sich allerdings sehr gut zeigen, wie sich verschieden große Einzugsbereiche herausbilden. Demnach lassen sich **zentrale Güter und Einrichtungen unterschiedlicher Ordnung** unterscheiden. Dies wird im Folgenden an drei Stufen demonstriert:

– Güter niedrigster Ordnung bzw. des täglichen Bedarfs sind Güter wie Lebensmittel und Drogerieartikel, die kleine Einzugsbereiche ausbilden.

– Bei Gütern mittlerer Ordnung bzw. des mittelfristigen Bedarfs handelt es sich um Güter wie z.B. Bekleidung und Schuhe.

– Güter höchster Ordnung bzw. Güter des langfristigen Bedarfs wie Autos oder Schmuck bilden große Einzugsbereiche aus, weil die individuelle Nachfragemenge pro Kunde und Zeiteinheit gering ist.

Die Art der Umlandbildung erfolgt jeweils nach den gleichen zuvor diskutierten Prinzipien. Es entsteht in jeder Stufe ein hexagonales Marktnetz, allerdings in unterschiedlicher Größenordnung. Um den Zentralitätsgrad einer zentralen Einrichtung empirisch zu bestimmen, gibt es eine Reihe verschiedener Kriterien (z.B. HEINRITZ 1979, Kap. 4 und 6): So kann die Größe der Kundenmenge, die Fläche des Kundeneinzugsbereichs, die Entfernung der am weitesten entfernt lebenden Kunden, die Nachfragemenge pro Kunde und Zeiteinheit oder die Anzahl der Orte mit einer entsprechenden Einrichtung als Merkmal herangezogen werden.

Ein zentraler Ort besitzt die Ordnung desjenigen Guts, welches unter den zentralen Gütern, die dort angeboten werden, die höchste Ordnung besitzt. Analog zur Differenzierung zentraler Güter kann man **drei Kategorien zentraler Orte** unterscheiden: Oberzentren, Mittelzentren und Unterzentren. In der Planungspraxis und in verschiedenen Studien werden zum Teil noch mehr Kategorien und Zwischenkategorien zentraler Orte gebildet (KISTENMACHER 1982); in der hessischen Raumordnung z.B. Kleinzentren, Unterzentren mit Teilfunktionen eines Mittelzentrums sowie Mittelzentren mit Teilfunktionen eines Oberzentrums.

CHRISTALLER (1933) und LÖSCH (1944) haben gezeigt, dass aus der Überlagerung zentraler Einrichtungen verschiedener Ordnung unterschiedliche Hierarchiesysteme entstehen können. CHRISTALLER (1933, I. Teil Kap. B.8) geht von einer strikten hierarchischen Raumstruktur aus, wobei er zahlreiche Homogenitätsannahmen wie z.B. ein gleichförmiges Verkehrsnetz zugrunde legt. Demnach erfasst ein Oberzentrum Einrichtungen höchster Ordnung sowie alle zentralen Einrichtungen der darunter liegenden Stufen, während ein Mittelzentrum analog dazu alle Einrichtungen außer denen der höchsten Ordnung umfasst. Des weiteren definiert CHRISTALLER (1933, I. Teil Kap. B.8) so genannte **k-Hierarchien**. Er ordnet einem hierarchischen System zentraler Orte den Wert k zu, in dem jeder zentrale Ort höherer Ordnung insgesamt k Orte der nächst niederen Stufe mitversorgt (HEINRITZ 1979, Kap. 3; BERRY et al. 1987, Kap. 15; DICKEN & LLOYD 1990, Kap. 1; SCHÄTZL 1998, Kap. 2.1.2).

Als besonders günstig für die Verkehrsplanung erweist sich die k = 4-Hierarchie, da von den Ver-

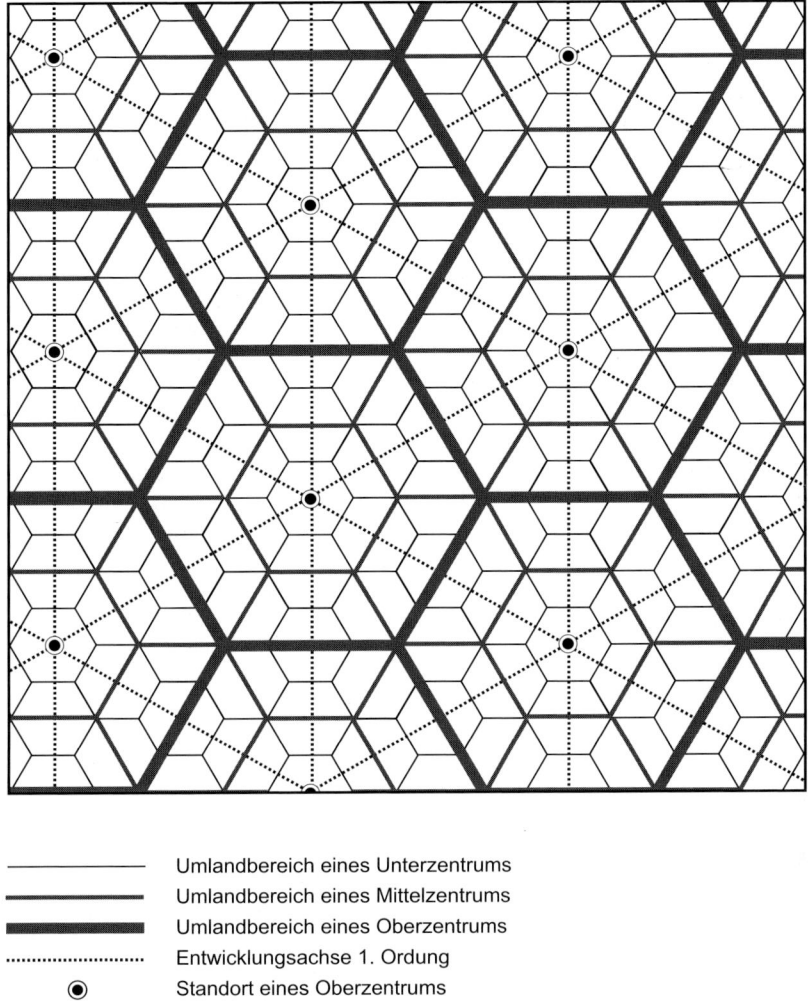

———————— Umlandbereich eines Unterzentrums

———————— Umlandbereich eines Mittelzentrums

▬▬▬▬▬ Umlandbereich eines Oberzentrums

·············· Entwicklungsachse 1. Ordung

◉ Standort eines Oberzentrums

Abb. 36: Umlandbildung zentraler Orte nach dem CHRI-STALLER**'schen Verkehrsprinzip (k = 4-Hierarchie)**

kehrsachsen zwischen Oberzentren auch Zentren niederer Ordnung erfasst werden (→ Abb. 36). Das Verkehrsprinzip bietet den Vorteil, dass man die Hierarchie in das Konzept der Entwicklungs- achsen, das die Bündelung von Infrastruktur zu Bändern vorsieht, einbeziehen kann (SEIFERT 1986, Kap. 4.3; KISTENMACHER 1995). CHRI- STALLER unterscheidet folgende weiteren Hierar- chieprinzipien: Bei der k = 3-Hierarchie, dem Ver- sorgungsprinzip, deckt ein zentraler Ort mit sei- nem Umland zugleich die Umlandbereiche von drei zentralen Orten der nächst niederen Stufe ab. Die k = 7-Hierarchie heißt Verwaltungsprinzip, weil diese Zentrenanordnung aus Verwaltungs-

gründen vorteilhaft ist. Hier werden die Umland- bereiche von Zentren niederer Ordnung vollstän- dig einem Zentrum der nächsten Hierarchiestufe zugeordnet und nicht unter mehreren Zentren auf- gesplittet.

4.3.6 Marktnetze nach LÖSCH

In seiner Arbeit über die räumliche Ordnung der Wirtschaft hat LÖSCH (1944) die räumliche Ver- teilung von Industriestandorten mit regionalen Marktnetzen untersucht und dabei CHRISTALLERS Studien erweitert und methodisch modifiziert. LÖSCH orientiert sich dabei an einem Modell- aufbau, wie er in der Ökonomie verbreitet ist. Er nennt explizit ökonomisch-geographische Modellannahmen und leitet daraus deduktiv ein räumliches Gleichgewicht von Produktion und Konsum ab (BERRY et al. 1987, Kap. 15; SCHÄTZL 1998, Kap. 2.1.2). LÖSCH (1944, Kap. 10) ermittelt **hexagonale Marktnetze** als gleichgewichtige räumliche Organisationsform, wobei die Marktnetze je nach Gut eine unterschiedliche Größenordnung haben (→ Abb. 37). Im Unterschied zu CHRISTALLER (1933, I. Teil Kap. B.8) wird nicht unterstellt, dass jeder Ort einer bestimmten Hierarchiestufe auch alle Güter der darunter liegenden Hierarchiestufen aufweisen muss. Dementsprechend entsteht keine dominante k-Hierarchie. Dieses Ergebnis ist sicher auch dadurch zu erklären, dass Lösch vor allem das verarbeitende Gewerbe untersucht, während CHRISTALLER Versorgungseinrichtungen im Auge hat. Stattdessen geht LÖSCH (1944, Kap. 11) davon aus, dass verschiedene k-Prinzipien gleichzeitig existieren und sich zu einem komplexen Gesamtgefüge ergänzen. Daraus wird abgeleitet, dass zentrale Orte nicht gleichverteilt sind, sondern dass es zur Entwick-

lung städtereicher und städtearmer Sektoren kommt.

Ein Vergleich der hierarchischen Systeme zentraler Orte nach CHRISTALLER und LÖSCH zeigt, dass sich die Hierarchiestrukturen trotz ähnlicher Annahmen deutlich unterscheiden (DICKEN & LLOYD 1990, Kap. 1). CHRISTALLERS Hierarchie besteht aus einer festen Zahl von Hierarchiestufen mit eindeutig definierten, hierarchisch aufgebauten Beziehungen (→ Abb. 38a). Demgegenüber ist das von LÖSCH definierte System nicht streng hierarchisch, sondern erlaubt Spezialisierungen von zentralen Orten auf bestimmte Funktionen (→ Abb. 38b). Dementsprechend sind die Beziehungen zwischen Orten nicht nur vertikal, sondern auch horizontal ausgerichtet.

4.3.7 Zentrale Orte in der Planungspraxis in Deutschland

Die Theorie der zentralen Orte nach CHRISTALLER (1933) hat in Deutschland in der Nachkriegszeit trotz vielfältiger Kritik eine bedeutende Funktion als Konzept in der Raumordnungspoli-

Abb. 37: System der Marktnetze nach LÖSCH **(Quelle: nach** SCHÄTZL **1998, S. 84)**

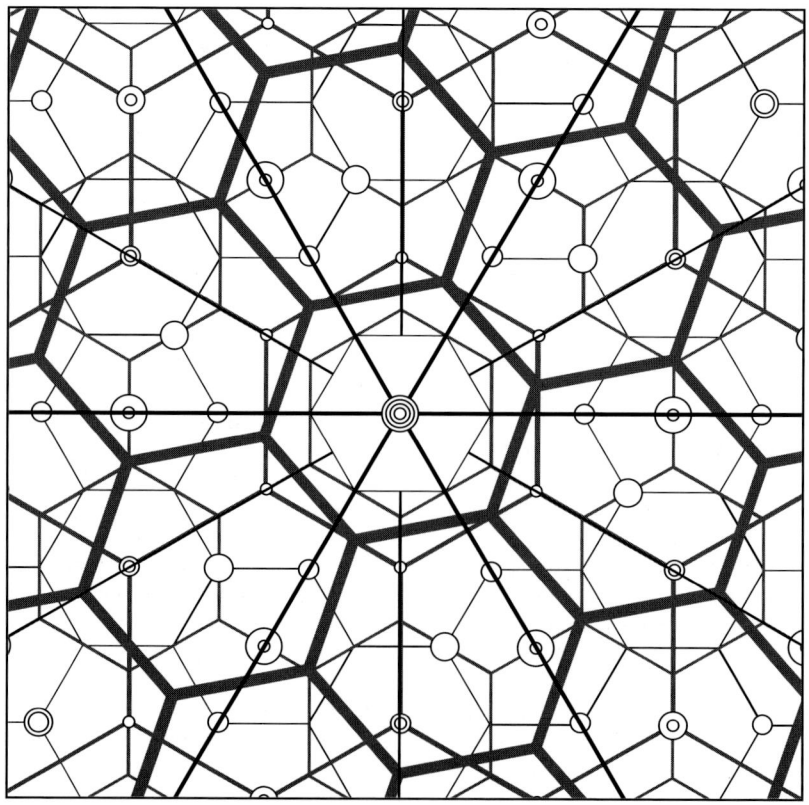

a) Hierarchiestruktur nach CHRISTALLER

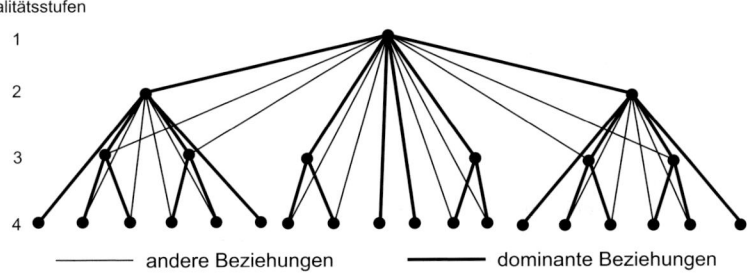

b) Hierarchiestruktur nach LÖSCH

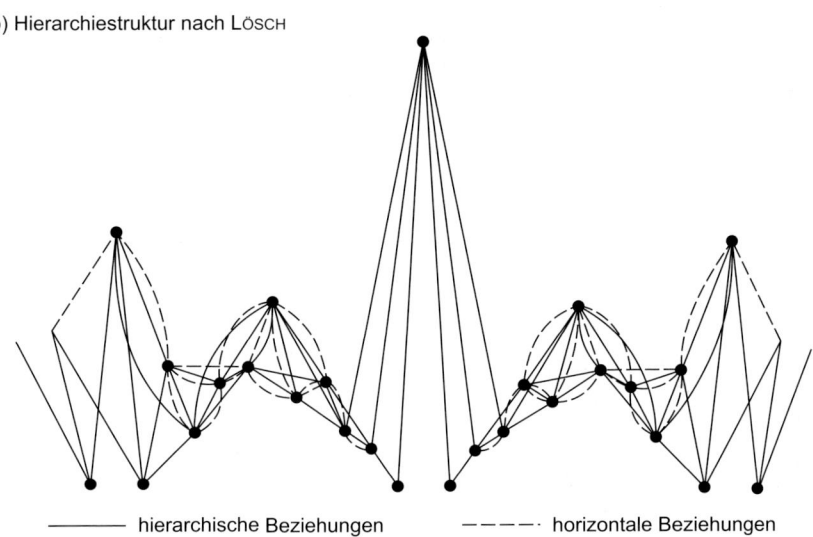

Abb. 38: Hierarchiestruktur in den Zentrensystemen nach a) CHRISTALLER und b) LÖSCH (Quelle: DICKEN & LLOYD 1990, S. 74)

tik erlangt (HEINRITZ 1979; BLOTEVOGEL 1995b; 1996a). Aufgrund der Verankerung im Raumordnungsgesetz auf Länderebene werden flächendeckend zentrale Orte ausgewiesen. Dabei werden beispielsweise hierarchische Ausstattungskataloge definiert, in denen vorgegeben wird, welche Arten von zentralen Einrichtungen ein zentraler Ort einer bestimmten Hierarchiestufe haben soll. Derartige Ausstattungskataloge dienen als Ausgangspunkt, um auf Länder- und Regionsebene ein System zentraler Orte auszuweisen (KLÖPPER 1953a; KISTENMACHER 1982). Nicht überall existieren allerdings zentrale Orte. So gibt es Gebiete, in denen ein Überangebot mit hochrangigen zentralen Einrichtungen und Orten besteht, und es

gibt andere, in denen ein Unterangebot besteht. Aus einem Vergleich der räumlichen Verteilung unterschiedlich ausgestatteter Orte mit dem von CHRISTALLER beschriebenen Idealbild werden Rückschlüsse auf planerische Eingriffe gezogen. Solche Schlussfolgerungen können wie folgt aussehen:

Beispiel 1. Aufgrund des Prinzips der Gleichwertigkeit der Lebensverhältnisse wird gefordert, dass überall in Deutschland in zumutbarer Entfernung ein Oberzentrum mit entsprechenden oberzentralen Funktionen vorhanden sein muss (z. B. BARTELS 1970d). Dort, wo dies nicht der Fall ist, werden Förderprogramme ins Leben gerufen, um beispielsweise ein Mittelzentrum mit öffentlichen Mitteln zu einem Oberzentrum auszubauen.

Beispiel 2. Ein zweites Beispiel bezieht sich auf die Standortverteilung von großflächigen Einzelhandelseinrichtungen wie etwa Verbrauchermärkten, Möbelmärkten sowie Bau- und Heimwerkermärkten (z. B. GIESE 1999). So wird in der Raumordnung durch Ausstattungskataloge definiert, welche Funktionen und Einrichtungen ein Oberzentrum, nicht aber ein Mittelzentrum oder Unterzentrum haben soll. Man versucht zu verhindern, dass sich in Zentren niederer Ordnung großflächige Verbraucher- und Fachmärkte niederlassen, denn man befürchtet, dass dadurch das Zentrengefüge unterlaufen und den Oberzentren Kaufkraft entzogen wird. Ziel ist es, voll ausgestattete Oberzentren mit hoher Kaufkraft zu erhalten und deren Attraktivität zu stärken. Dementsprechend werden nicht in allen Orten Baugenehmigungen erteilt.

Neben dem Ziel der Sicherung gleichwertiger Lebensbedingungen werden mit dem **Konzept der zentralen Orte** eine Reihe weiterer regionalpolitischer Zielvorstellungen verknüpft (BLOTEVOGEL 1995b): So versucht man durch die Ausweisung von zentralen Orten das regionale Arbeitsplatzangebot zu verbessern, ein ausgewogenes regionales Wachstum zu schaffen und zumutbare Entfernungen zwischen Wohn- und Arbeitsplätzen zu erzeugen.

Der Arbeitskreis Zentralität der deutschen Akademie für Landeskunde hält das aus CHRISTALLERS Arbeiten hervorgegangene Zentrale-Orte-Konzept trotz substantieller Kritik auch zukünftig für unverzichtbar. DEITERS (1999) unterstreicht, dass es aus der Sicht des Arbeitskreises mangels alternativer Konzeptionen kein Umdenken geben wird. Man befürchtet, dass der Verzicht auf ein hierarchisches Ordnungssystem eine Auflösung von Städten nach sich ziehen würde. Die Notwendigkeit von Zentrenkonzepten wird gerade für Verdichtungsräume, speziell im Hinblick auf Oberzentren, für unbestritten gehalten. Dabei wird innergemeindlichen Zentrensystemen eine immer größere Bedeutung eingeräumt. Ein Grundproblem sieht der Arbeitskreis darin, dass es die Gebietsreform nicht geschafft hat, konkurrierende Zentren in enger Nachbarschaft zu vermeiden. Zugleich wird die Rolle des Zentrale-Orte-Konzepts zur Sicherung der Grundversorgung im ländlichen Raum betont (DEITERS 1996a; BLOTEVOGEL 1996b). Die Ziele des Arbeitskreises Zentralität klingen zwar überzeugend, sind aber allein aufgrund freiwilliger Einsichten von Unternehmen, Politikern und betroffener Bevölkerung kaum zu erreichen. Vielmehr scheinen gezielte planerische, womöglich undemokratische Eingriffe notwendig zu sein, wie das Experiment

der gescheiterten Zusammenlegung von Gießen und Wetzlar zur Stadt Lahn in den 1970er Jahren deutlich gezeigt hat (HARDACH 1997). Bei derartigen Forderungen einer Realisierung des Zentrale-Orte-Systems zeigt sich deutlich der Wunsch vieler Planer nach größerer Kompetenz. Dies wirft aber zugleich die Frage auf, ob somit nicht die Gefahr zentralistisch verordneter Strukturen entsteht und ob dies wirklich in einer demokratischen Gesellschaft erwünscht ist.

Äußerungen aus Regionalpolitik und Raumordnung erwecken den Eindruck, als würde mit der Hierarchie zentraler Orte an einem idealtypischen Bild festgehalten, das sich so weit eingeprägt hat, dass man dadurch seine Grundfeste für unzerstörbar hält. Trotz des weitgehenden Konsenses über die Probleme in den theoretischen Grundlagen, den ordnungspolitischen Implikationen, der konzeptionellen Umsetzung sowie der politischen Anwendung halten Planer und Wissenschaftler an der Konzeption zentraler Orte fest. BLOTEVOGEL (2000a) vertritt beispielsweise die Auffassung, dass das Zentrale-Orte-Konzept auch zukünftig eines der Instrumente zur Steuerung der Siedlungsentwicklung im Sinne des Leitbilds der dezentralen Konzentration sein kann. Angesichts dieser inkonsistenten Bewertung in der Planungspraxis stellt sich die Frage, ob hier nicht vielleicht die innere Bereitschaft fehlt, einen an seine Grenzen geführten Entwicklungspfad aufzugeben und einen Paradigmenwechsel einer neuen Utopie folgend zu vollziehen.

4.3.8 Kritik und Erweiterung des zentrale-Orte-Systems

Die Theorie der zentralen Orte muss sich grundlegend hinterfragen lassen. Probleme resultieren sowohl aus den konzeptionellen Überlegungen als auch aus den praktischen Implikationen der Anwendung des Konzepts als Planungsinstrument (BLOTEVOGEL 1996b; DEITERS 1996a). Abschließend sollen einige Kritikansätze zusammengefasst und Anregungen zur Erweiterung des Konzepts gegeben werden.

Unrealistische Modellannahmen. Die Ableitung des Zentrale-Orte-Systems basiert auf Annahmen, die in der Realität nicht aufrecht zu halten sind (BLOTEVOGEL 1996a; SCHÄTZL 1998, Kap. 2.1.2). Dies betrifft z. B. die Annahmen über homogene Raumstrukturen und eine flächendeckend gleichartige Verkehrsinfrastruktur. Pro-

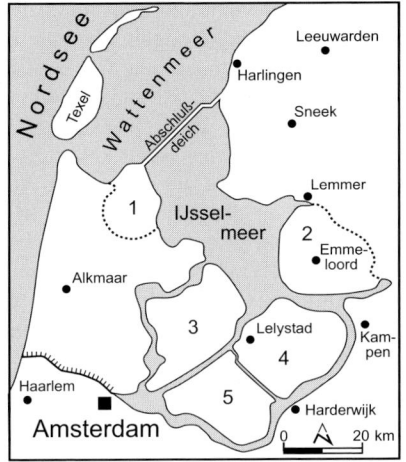

Legende:

1 Wieringer Meerpolder (1927-30)
   20.000 ha
2 Nordostpolder (1937-42)
   48.000 ha
3 Markerward (1963-nicht vollendet)
   60.000 ha
4 Ost-Flevoland (1950-57)
   54.000 ha
5 Süd-Flevoland (1959-68)
   43.000 ha

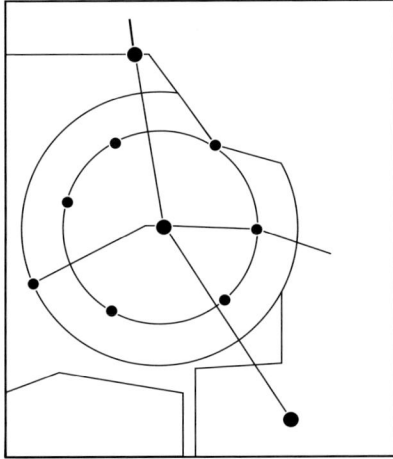

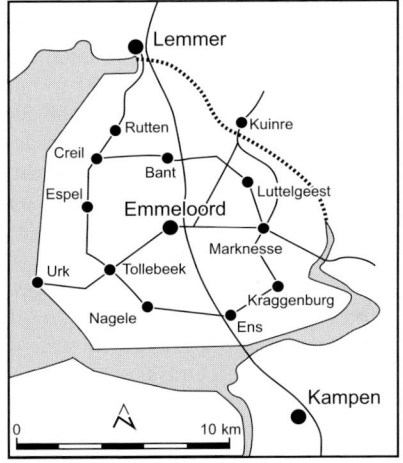

Abb. 39: Planung eines zentralörtlichen Siedlungsnetzes im niederländischen Nordostpolder (Quelle: nach HORST-MANN & HAMBLOCH 1970, S. 145 und 146)

blematisch ist aber auch die Annahme einer Gleichverteilung der Bevölkerung, denn sowohl CHRISTALLER als auch LÖSCH gelangen zu einer räumlichen Ordnung, die genau diese Annahme ausschließt. So ermittelt LÖSCH (1944, Kap. 11) in seinem komplexen System von Marktgebieten die Existenz von städtearmen und städtereichen Sektoren. Auch bei CHRISTALLER (1933, I. Teil Kap. B) impliziert das diskrete Auftreten von Oberzentren die Herausbildung von Ballungen.

Eine weitere problematische Annahme ist die, dass es reine Versorgungsgänge gibt und dass die Kunden dabei stets den nächstgelegenen zentralen Ort aufsuchen. Tatsächlich entspricht diese

Verhaltensannahme unter den Bedingungen des Individualverkehrs bei komplexen täglichen Fahrtzwecken nicht mehr der Realität (z. B. O'KELLY 1983; GEBHARDT 1996; DEITERS 1996b). Eine wichtige Versorgungsstrategie besteht stattdessen darin, verschiedene Zwecke auf einer Fahrt miteinander zu kombinieren, um Zeit und Kosten zu sparen (z. B. die Kombinierung von Freizeitgestaltung mit Versorgungsgängen). Durch die Verkettung von Versorgungsgängen mit anderen Zwecken kommt es im Unterschied zum Zentrale-Orte-System zur Überlappung von Einzugsbereichen zentraler Einrichtungen. Somit besteht auch nicht mehr die Notwendigkeit, Versorgungseinrichtungen in Stadtzentren zu konzentrieren, weil das Prinzip der Distanzminimierung nicht unbedingt das Stadtzentrum als optimalen Standort bevorzugt.

Auflösung planerischer Konzepte durch gegengerichtetes Versorgungsverhalten. Die Studie von GIESE & SEIFERT (1989) hat am Beispiel Mittelhessens gezeigt, dass aufgrund gesellschaftlicher Veränderungen im Versorgungsverhalten Oberzentren einen Bedeutungsverlust und Mittelzentren im Umland der Oberzentren einen Bedeutungsgewinn verzeichnen. Dies lässt sich anhand von Kaufkraftabflüssen und -zuflüssen nachweisen. Eine Konsequenz ist, dass sich das Zentrengefüge verschiebt und die hierarchische Struktur modifiziert oder sogar aufgelöst wird. Noch Anfang der 1950er Jahre hatte KLÖPPER (1953b) übrigens genau die entgegen gesetzte Tendenz festgestellt.

Ein bekanntes Beispiel für fehlerhafte Annahmen und Erwartungen bei der planerischen Umsetzung des zentralörtlichen Konzepts ist der Nordostpolder in den Niederlanden (HORSTMANN & HAMBLOCH 1970). Im Rahmen der Neulandgewinnung im Ijsselmeer begann man 1937 mit der Trockenlegung des Nordostpolders (→ Abb. 39). Dabei sollte das neu gewonnene Land nach dem Konzept der zentralen Orte besiedelt werden. Im Zentrum des Polders entstand der wichtigste zentrale Ort Emmeloord. Um den Ort herum wurden fünf weitere Dörfer gebaut, die zusammen mit dem Ort Kuinre auf dem Festland ein Sechseck kleiner zentraler Orte um Emmeloord bilden sollten. Da man bei einer Bevölkerungsprognose ermittelte, dass die geplanten Orte zu klein waren, wurden in der Umsetzung fünf weitere Orte der untersten Zentralitätsstufe gebaut. In der Realität stellte sich nach 20 Jahren heraus, dass die Bevölkerungsprognose zu hoch gewesen war und dass statt der erwarteten 2.200 Einwohner nur 600 Einwohner die Orte bewohnten. Die Folge war, dass sich kein hierarchisches Zentrensystem entwickelte. Viele Versorgungseinrichtungen waren entsprechend untergenutzt. Emmeloord entwickelte sich zwar in etwa wie erwartet, wurde aber von der Bevölkerung nicht als Versorgungskern akzeptiert. Die Bevölkerung orientierte sich vorrangig in Richtung der auf dem Festland gelegenen etablierten Orte Lemmer und Kampen (HORSTMANN & HAMBLOCH 1970).

Dieses Beispiel belegt, dass es nicht immer gelingt, Versorgungsgewohnheiten und -traditionen durch Planungen aufzubrechen, sondern dass diese im Sinn von Entwicklungspfaden gesellschaftlichen Verhaltens eine große Persistenz aufweisen. Die Abweichung der realen Versorgungsstrukturen von der Planung im Nordostpolder ist dabei mehr als nur ein Beispiel, denn modellfreundlichere Bedingungen als hier hätte man sich nicht wünschen können. Das beplante Gebiet war als physisch und ökologisch homogene Fläche aus dem Meer durch Trockenlegung gewonnen worden und wies somit keine differenzierte Siedlungsgeschichte auf. Trotz der Annäherung der Realität an die Annahmen des Modells hat sich ein System zentraler Orte nicht einfach in gewünschter Weise implementieren lassen.

Aushöhlung des Zentrengefüges durch die Entstehung großflächiger Einzelhandelseinrichtungen. Vor allem in den Oberzentren ist es seit den 1970er Jahren verstärkt zu Auslagerungen von Einzelhandelsfunktionen an die Stadtperipherie gekommen. Durch das Wachstum neu geschaffener Verbraucher- und Fachmärkte sowie anderer neuer Handelsformen wie z. B. *factory outlet centers* in den Stadtrandlagen oder „auf der grünen Wiese" (GLÜCKLER & LÖFFLER 1997; SCHMUDE 2000b), die dem Individualverkehr durch großflächige Parkplätze entgegen kommen und zudem verkehrsgünstig gelegen sind, wird den Innenstädten massiv Kaufkraft entzogen (GEBHARDT 1996; GIESE 1997; 1999). Damit wird das Zentrengefüge an der Spitze der Hierarchie ausgehöhlt, denn durch den Entzug von Kaufkraft ist die Ausstattungsvielfalt der Oberzentren langfristig in Frage gestellt.

Veränderungen, die sich daraus ergeben können, lassen sich exemplarisch an dem folgenden einfachen Modell darstellen, das im Wesentlichen die Grundannahmen von CHRISTALLER (1933) und LÖSCH (1944) übernimmt (→ Abb. 40): Durch die räumliche Konzentration wirtschaftlicher Aktivitäten haben sich neben den Vorteilen der zentralen Orte auch schwerwiegende Nachteile entwickelt. Die hohe Verkehrsdichte verursacht lange Transportzeiten und die dichte Bebauung mangelnde Freiflächen für Parkplätze. Der Bau von Fußgängerzonen hat bewirkt, dass der Individualverkehr zentrale Einrichtungen nicht mehr direkt erreichen kann und zusätzliche Zeit benötigt wird, um von ausgelagerten Parkplätzen zu den Versorgungseinrichtungen im Stadtzentrum zu gelangen. Diese Aspekte lassen erkennen, dass nicht nur der Faktor Transportkosten, sondern auch die Transportzeit eine große Rolle spielt. Über den Faktor Transportzeit lassen sich Abwanderungstendenzen vom Zentrum in Richtung Umland ableiten. Im Folgenden wird davon ausgegangen, dass aus diesem Grund außerhalb der Zentren an den Ausfallstraßen Verbrauchermärkte entstanden sind.

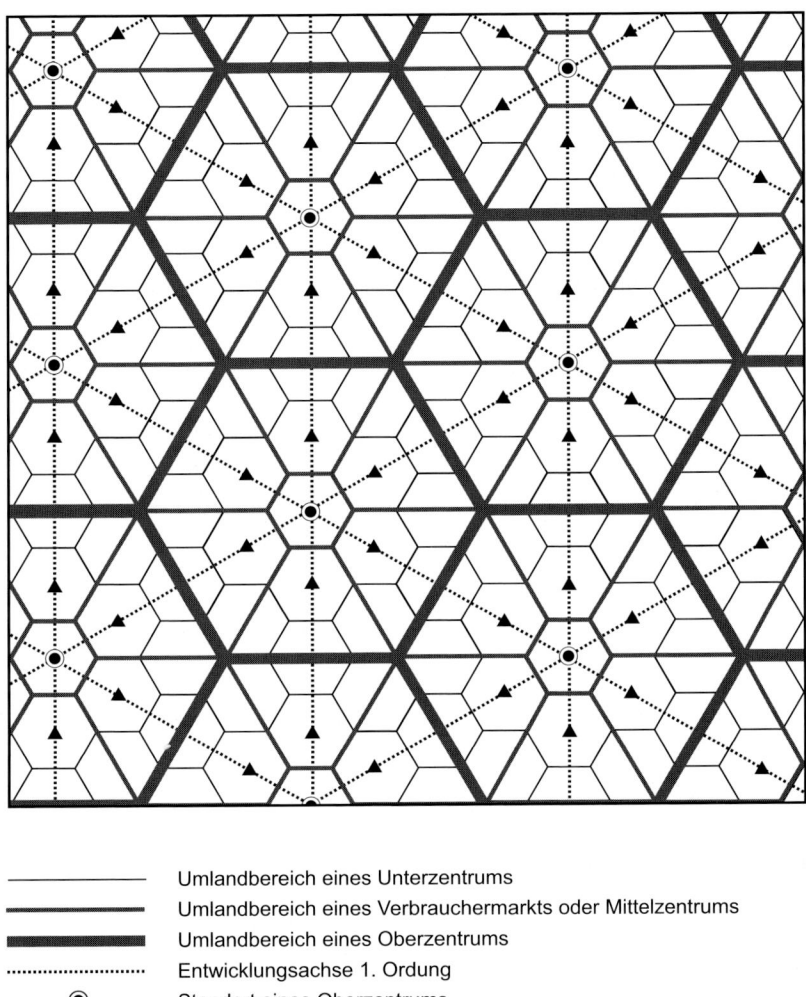

——————————— Umlandbereich eines Unterzentrums
——————————— Umlandbereich eines Verbrauchermarkts oder Mittelzentrums
——————————— Umlandbereich eines Oberzentrums
.... Entwicklungsachse 1. Ordung
⊙ Standort eines Oberzentrums
▲ Standort eines Verbrauchermarkts

Abb. 40: Zentralörtliche Umlandbereiche in einem Hexagonal-Trapez-System

Unter der Voraussetzung, dass Kunden für die langfristige Bedarfsdeckung von vornherein eine lange Zeitspanne einplanen, um sorgfältig auswählen zu können, sind hierbei die Transportkosten und nicht die Transportzeit vom Wohnort zum Versorgungsort entscheidend. Oberzentrale Einzugsbereiche bleiben somit weitgehend bestehen. Auch für die kurzfristige Bedarfsdeckung wird gegenüber der Ausgangssituation keine Veränderung angenommen.

Ein Wandel zeichnet sich vor allem im Bereich der mittelfristigen Bedarfsdeckung ab, wenn das Prinzip der Transportzeitminimierung gegenüber dem der Transportkostenminimierung herangezogen wird. In ihrer Funktion für die mittelfristige Bedarfsdeckung bilden Oberzentren nun ein flächenmäßig kleineres Umland als in der Ausgangssituation. Da für die Bildung der mittelzentralen Einzugsbereiche das Prinzip der Transportzeitminimierung entscheidend ist und in Oberzentren Verkehr und Flächennutzung immer intensiver geworden sind, übernehmen Oberzentren unter veränderten Bedingungen für kleinere Umlandbereiche als im ursprünglichen Modell die Funktion eines Mittelzentrums.

Parallel dazu siedeln sich im Umland der Oberzentren Verbrauchermärkte an, die hauptsächlich Güter des mittel- und kurzfristigen Bedarfs anbieten und weitere Versorgungseinrichtungen gleicher Ordnung an ihren Standort binden. Die Standorte der Verbrauchermärkte liegen in dem Modell an den Entwicklungsachsen erster Ordnung, weil an diesen gut ausgebauten Verkehrswegen eine schnelle Erreichbarkeit und gute Zugänglichkeit gewährleistet ist. Vereinfacht wird unter den veränderten Bedingungen folgendes Szenario angenommen: Um jedes Oberzentrum entstehen sechs Verbrauchermärkte, die an den Standorten der entlang der Entwicklungsachsen liegenden Unterzentren angesiedelt sind. Die Verbrauchermärkte bauen trapezförmige Umlandbereiche auf, weil die mittelzentralen Einzugsbereiche der Oberzentren an Bedeutung verloren haben und flächenmäßig kleiner geworden sind. Dies kann langfristig auch für die oberzentralen Funktionen in den Zentren zu einer Gefahr werden. Parallel dazu verlieren die vorherigen Mittelzentren im Umland ihre ursprüngliche Bedeutung und werden zurückgedrängt. Insgesamt resultiert ein Hexagonal-Trapez-System, in dem die von CHRISTALLER (1933, I. Teil Kap. B.8) definierte k-Hierarchie nicht länger aufrecht erhalten werden kann. Es ergeben sich Veränderungen im gesamten Zentrengefüge, die auf längere Sicht auch auf die oberzentralen Einzugsbereiche rückwirken.

4.3.9 Bewertung des Zentrale-Orte-Konzepts

LIEPITZ (1993) wirft den Stadt-Umland-Modellen von CHRISTALLER und LÖSCH vor, dass sie eigentlich von der Existenz städtischer Ballungen ausgehen, obwohl sie explizit etwas anderes behaupten. Die in den Modellen ermittelte räumliche Hierarchie sei deshalb das Ergebnis bereits vorhandener Standortverdichtungen und nicht Ursache für deren Entwicklung. Besonders problematisch ist in den Augen von LIEPITZ (1993), dass die ermittelten hierarchischen Zentrensysteme eine Rechtfertigung dafür liefern, dass das Wachstum einiger städtischer Zentren zu Lasten anderer geht. Dies wird durch zwei Prozesse verstärkt: Zum einen wandern Unternehmen in die großen Zentren, um dort Agglomerationsvorteile in Form von Fühlungs- und Marktvorteilen zu realisieren. Zum anderen werden diese Disparitäten durch staatliche Politiken verstärkt, die öffentliche Investitionen z. B. für den Bau von Schulen in die Zentren lenken. Ein großes Problem dieser Modelle besteht darin, dass sie von einer homogenen Fläche ausgehen und nicht

berücksichtigen, dass ökonomische und soziale Prozesse an verschiedenen Orten unterschiedlich organisiert sind. So ist zwar seit längerer Zeit bekannt, dass Einzugsbereiche zentraler Einrichtungen mit der sozialen Stellung der Kunden variieren (z. B. KLÖPPER 1953b). Dies führt aber normalerweise nicht zu einer systematischen Analyse der dahinter stehenden sozialen und ökonomischen Prozesse. Es ist kaum anzunehmen, dass man durch simple Transportkostenmodelle der Komplexität realer Prozesse gerecht werden kann.

BLOTEVOGEL (1996a) konstatiert, dass die Theorie der zentralen Orte für die aktuelle und künftige Grundlagenforschung keine große Bedeutung mehr besitzt (DEITERS 1996a; GEBHARDT 1996). Er hält sie für weitgehend obsolet und meint, dass es inzwischen in der Einzelhandels- und Städtesystemforschung leistungsfähigere und realitätsnähere Konzepte als das auf der Theorie der zentralen Orte basierende gibt. Wenn man als Kern der Theorie betrachtet, dass sie nie wirklich die Standorte von zentralen Einrichtungen hat erklären wollen, sondern deren räumliche Organisation und die entstehenden Ordnungsmuster, so vermag man diesen Optimismus nicht ganz zu teilen. So existieren wohl interessante empirische Arbeiten (z. B. KULKE 1992a; WEIGEL 1999), aber doch nur wenige konzeptionelle Ansätze, die den Kern der Theorie der zentralen Orte betreffen. Soll eine auf der Zentrale-Orte-Theorie fußende Konzeption dennoch auch in Zukunft bei der räumlichen Steuerung der Einzelhandelsentwicklung und der Schaffung einer gesellschaftlich tragbaren Siedlungsstruktur einen hohen Stellenwert besitzen? Hierzu müsste zunächst die Frage beantwortet werden, warum gerade diese Konzeption hierzu besonders geeignet ist – eine Frage, für die es bisher kaum überzeugende Antworten gibt.

In der Diskussion um die Bedeutung zentraler Orte kann man immer wiederkehrende Argumentationsketten beobachten, die durch eine beachtliche Inkonsistenz gekennzeichnet sind. So wird das Zentrale-Orte-Konzept zwar von allen Seiten heftig kritisiert, aber seine Grundberechtigung nicht wirklich hinterfragt. Wenn man von Beiträgen wie z. B. von SIEVERTS (1997) über die so genannte Zwischenstadt absieht, gibt es kaum eine ernsthafte Diskussion darüber, ob man Innenstädte nicht auch anders gesellschaftlich in Wert setzen und damit Stadtstrukturen anders organisieren könnte, wenn der Handel in den Zentren in Zukunft möglicherweise eine geringere Rolle spielt. Können Innenstädte nicht auch durch andere Nutzungen Zentren gesellschaftlicher Kommunikation bleiben und ist deshalb die Wanderung von Handelsfunktionen aus den Innenstädten nicht möglicherweise gerade eine Chance für eine Neuentwicklung dieser Zentren? Über diese Frage sollte auch insofern ernsthaft nachgedacht werden, als noch gar nicht absehbar ist, welche Auswirkungen neue Internet-Dienstleistungen wie etwa *electronic commerce, online shopping* (z. B. BECKER 2000) oder *online banking* auf das Einkaufsverhalten und die Struktur der innerstädtischen Geschäftszentren haben werden.

Letztlich spiegelt die Hierarchie zentraler Orte ein hierarchisch gedachtes, zentralistisches Raumbild wider, auch wenn BLOTEVOGEL (1996b) die Hierarchie eher als Beschreibung eines Strukturmusters verstanden wissen möchte. Das zentralistische Prinzip zeigt sich zunehmend darin, dass bestimmte Orte bei öffentlichen Investitionen zu Lasten anderer Zentren und Umlandbereiche bevorzugt werden. Damit werden letztendlich Arbeitsplätze zu Gunsten einiger und zu Lasten anderer Orte geschaffen. Ist die hierarchische Raumstruktur des Zentrale-Orte-Prinzips, mit deren Hilfe in der Nachkriegszeit gleichwertige Lebensbedingungen in Deutschland geschaffen werden sollten, auch noch im 21. Jahrhundert nach erfolgtem Wiederaufbau und nach der Wiedervereinigung mit demokratischen Strukturen vereinbar, wenn dadurch an manchen Orten Entwicklungschancen unterbunden werden? Möglicherweise ist das ursprünglich sinnvolle Zentrale-Orte-Konzept mit der Schaffung einer flächendeckenden Versorgungsinfrastruktur obsolet geworden.

Man kann noch weiter fragen: Was ist von einem Prinzip zu halten, das Zersiedlungsprozesse verhindern möchte, sich aber dem Druck der Konkurrenz der Städte und Gemeinden um die Ansiedlung großflächiger Verbraucher- und Fachmärkte letztlich doch fortlaufend beugt? Warum soll das Zentrale-Orte-Konzept in zukünftigen Planungen eine tragende Rolle spielen, wenn es schon in der Vergangenheit nur eine begrenzte Wirksamkeit hatte (BLOTEVOGEL 1996b)? Regionalplanung und Raumordnung werden in Zukunft wohl vor allem mediativ und weniger normativ-reglementierend tätig sein müssen als in der Vergangenheit. Aus dieser Problemlage heraus hat sich Ende der 1990er Jahre in Deutschland ein Diskussionsforum aus Planern und Wissenschaftlern gebildet, in dem in einem offenen Diskurs über die Frage der Sinnhaftigkeit des Zentrale-Orte-Konzepts und der Zentrale-Orte-Politik nachgedacht wird (BLOTEVOGEL 2000a). Da die Ergebnisse dieses Diskussionsforums noch unklar sind, wird nachfolgend mit dem Konzept der Städtenetze ein alternativer Ansatz vorgestellt, der in der Debatte um das Zentrale-Orte-Konzept neue Impulse setzen kann.

4.3.10 Exkurs: Städtenetze

Eine Neuorientierung der Raumordnungspolitik kann möglicherweise durch das **Konzept der Städtenetze** eingeleitet werden, das in den 1990er Jahren in Deutschland durch die Initiative von Bund und Ländern zur Sicherung der Wettbewerbsfähigkeit der Regionen in Deutschland wichtige Impulse erhielt (STIENS 1995). In dem Konzept der strategischen Städtenetze schließen sich Städte auf freiwilliger Basis zu Netzwerken zusammen, um eine engere Kommunikation, Koordination und Kooperation zu erreichen (SCIBBE 2000). Im Gegensatz zu traditionellen Zweckverbänden, die eine vornehmlich eindimensionale interkommunale Zusammenarbeit z. B. in den Bereichen Abwasser oder Verkehr festlegen, zeichnen sich Städtenetze durch eine mehrdimensionale Aufgabenbreite aus (BRAKE 1996). Zielsetzung ist es, durch gemeinsame Ressourcennutzung und kollektive Aktionen netzwerkinterne Vorteile zu realisieren und die Außendarstellung zu verbessern (PRIEBS 1996). So sollen Abstimmungsprozesse zwischen den beteiligten Städten dazu führen, dass kostenintensive Parallelinvestitionen in die Versorgungsinfrastruktur ausbleiben. Frei werdende Mittel können im Gegenzug dazu eingesetzt werden, Spezialisierungen von Städten mit überdurchschnittlicher Ausstattung in einem Schwerpunktbereich auch auf supranationaler Ebene zu fördern (SCHÖN 1993). Eine solche Konzeption ist natürlich nur dann sinnvoll, wenn die verschiedenen Spezialisierungen auch von der Bevölkerung der betreffenden Städte genutzt werden und Synergieeffekte entstehen. Zentrale Voraussetzungen für den Erfolg eines Städtenetzes sind deshalb die Existenz einer leistungsfähigen Verkehrsinfrastruktur zwischen den Städten, eine hohe Akzeptanz seitens der Bevölkerung sowie die Kooperationsbereitschaft und Initiative der jeweiligen Akteure in den Kommunen (BRAKE 1996). Auch wenn Städtenetze auf verschiedenen räumlichen Ebenen denkbar sind, scheint die intra-

Tab. 3: Zentrale-Orte-System versus strategische Städtenetze in der Raumordnung (Quelle: erstellt nach PRIEBS 1996)

Zentrale-Orte-System	strategische Städtenetze
formeller Planungsansatz der Raumordnung	informeller, handlungsbezogener Ansatz der Raumordung
langfristiges Instrument zur Ordnung des Raums und Sicherstellung flächendeckender Infrastruktur	strategisches Städtenetz als dauerhafte oder auch temporäre, interessengeleitete Allianz
bundesweit festgeschriebener Ausstattungskatalog	keine Mindest- oder Maximalausstattungskataloge
Planung „von oben" als Ergebnis einer vorgegebenen Planungslogik	Planung „von unten" als Ergebnis der Initiative kommunaler Akteure
eindeutige Zuordnung von Versorgungsbereichen zu einem Oberzentrum	gegenseitiger Austausch und Ergänzung von Funktionen zwischen den Städten
Hierarchie	Partnerschaft

regionale Ebene im Hinblick auf das Versorgungsziel besonders geeignet zu sein (DANIELZYK & PRIEBS 1996b). Für Städtenetze gibt es bereits einige Beispiele (DANIELZYK & PRIEBS 1996a; PRIEBS 1996; GOPPEL et al. 2000): So ist das Sächsisch-Bayerische Städtenetz mit der Städtekette Bayreuth-Hof-Plauen-Zwickau-Chemnitz ein Beispiel für ein Netzwerk größerer Zentren, das fast schon zu groß angelegt ist. Demgegenüber umfasst das norddeutsche Städte-Quartett Damme-Diepholz-Lohne-Vechta vor allem kleinere Mittelzentren (SCHNEIDER 1996). Im norddeutschen Städte-Quartett scheint sich aus der anfangs eher aus Protestgründen entstandenen Initiative inzwischen eine Kooperation auf verschiedenen Politikfeldern entwickelt zu haben, insbesondere im Fremdenverkehr, Umweltschutz und in der Wirtschaftsförderung. Im Unterschied zu vielen Städtenetzen haben sich München, Augsburg und Ingolstadt im Jahr 1993 nicht aus einer konkreten Notsituation, sondern freiwillig zu dem Städtenetz MAI zusammen geschlossen, um auf sich zukünftige Herausforderungen im Zuge der europäischen Integration vorzubereiten. Mit dem vorrangigen Ziel der kooperativen Bildung eines Wirtschaftsraumes Südbayern haben sich die Städte unter Einbeziehung der zugehörigen Landkreise mit fast 400 Gemeinden auf zentrale Handlungsfelder verpflichtet (HACHMANN & MENSING 1996). Diese umfassen ein gemeinsames Marketing der Region Südbayern, Wirtschaftsförderung, Verkehrsinfrastruktur, Technologietransfer und Fremdenverkehr.

Die Umsetzung von Städtenetzen könnte zur Entstehung einer Siedlungsstruktur beitragen, in der ähnlich wie im System der Marktnetze von LÖSCH (1944) Spezialisierungen von Städten hervortreten und hierarchische Strukturen und Beziehungen aufgeweicht werden. Hierbei würde kommunale Selbststeuerung toleriert und damit der Ordnungsanspruch des Staats zurückgeschraubt. Insofern bietet das Konzept der Städtenetze möglicherweise Chancen zur Überwindung hierarchisch-zentralisierten Planungsdenkens. Im Vergleich zu dem vorherrschenden Zentrale-Orte-Prinzip ergeben sich insgesamt eine Reihe von Unterschieden, die in Tab. 3 zusammengefasst sind.

Allerdings stehen Diskussion und Konzeptionalisierung von Städtenetzen noch am Anfang. So sind die Aufgaben und Ziele von Städtenetzen vielfach unklar. In der Realität mögen Städtenetze vor allem ein Instrument sein, um eigene Interessen gegenüber übergeordneten Verwaltungsebenen zu artikulieren und Druck auf diese auszuüben. Kritiker sind zudem besorgt, dass die zwischen den Knoten des Städtenetzes liegenden Orte möglicherweise in ihrer Entwicklung behindert werden und das Netzwerk als Machtinstrument gegen andere Zentren benutzt wird. Ein Problem der raumordnungspolitischen Diskussion über Städtenetze ist auch, dass hierbei Städte quasi als Akteure aufgefasst werden, die unter zunehmendem Konkurrenzdruck stehen (z. B. PRIEBS 1996). Dabei wird außer Acht gelassen, dass sich in erster Linie Unternehmen und nicht Städte im Wettbewerb miteinander befinden.

5 Konzeptionelle Inkremente der industriellen Standortlehre

Standortentscheidungen von Industrieunternehmen stehen im Mittelpunkt von Kapitel 5. Die hier vorgestellten Erklärungsansätze der traditionellen Standortlehre zielen auf die Bestimmung von Gesetzmäßigkeiten der Standortwahl ab. Standortentscheidungen werden dabei aus räumlichen Eigenschaften und anderen äußeren Einflussfaktoren abgeleitet. Die Analytik der Standortlehre basiert auf ähnlichen Annahmen wie die raumwirtschaftlichen Ansätze in Kapitel 3 und Kapitel 4 und wird deshalb zusammenfassend einer ausführlichen Kritik unterzogen. Ziel der Diskussion ist es, die Bedeutung dieser Ansätze darzustellen, die konzeptionellen Schwächen dieser Herangehensweise an ökonomisches Handeln und unternehmerische Entscheidungen nachzuvollziehen und in einem nächsten Schritt mit einer veränderten Sichtweise, die in Kapitel 1 als relationale Grundperspektive entwickelt wurde, zu verbinden. Vor dem Beginn der Lektüre des dritten Teils des Buchs empfiehlt es sich daher, die zentralen Argumente aus Kapitel 1 noch einmal zu wiederholen.

5.1 Raumabhängigkeit und Faktordominanz in der industriellen Standortlehre

Nachdem in Kapitel 4 Aspekte landwirtschaftlicher und städtischer Landnutzungsentscheidungen behandelt worden sind, soll in diesem Kapitel die Wahl eines geeigneten industriellen Standorts vor dem Hintergrund heterogener räumlicher Standortbedingungen diskutiert werden. Die im Folgenden behandelte industrielle Standortlehre zielt darauf ab, Gesetzmäßigkeiten und allgemeine Einflussfaktoren zu finden, unter denen industrielle Standortentscheidungen getroffen werden (RILEY 1973, Kap. 1; DICKEN & LLOYD 1990, Kap. 2 bis 5; BATHELT 1991a, Kap. 10; SCHÄTZL 1998, Kap. 2.1.1; GAEBE 1998). Die traditionelle Standortlehre konzentriert sich auf die Ermittlung räumlicher Eigenschaften, die die Standortwahl eines Industrieunternehmens beeinflussen. Es geht um die optimale Standortwahl eines Ein-Betriebs-Unternehmens in Abhängigkeit von bestimmten Standortfaktoren.

WEBER (1909, S. 16) versteht unter einem **Standort(s)faktor** „einen seiner Art nach scharf abgegrenzten Vorteil, der für eine wirtschaftliche Tätigkeit dann eintritt, wenn sie sich an einem bestimmten Ort, oder auch generell an Plätzen bestimmter Art vollzieht. Einen Vorteil, d. h. eine Ersparnis an Kosten und also für die Standortslehre der Industrie eine Möglichkeit, dort ein bestimmtes Produkt mit weniger Kostenaufwand als an anderen Plätzen herzustellen; noch genauer gesagt: den als Ganzes betrachteten Produktions- und Absatzprozeß eines bestimmten industriellen Produkts nach irgend einer Richtung billiger durchzuführen als anderswo." In dieser Definition wird der quantitative Aspekt von Standortfaktoren betont, insbesondere ihr Einfluss auf die Produktionskosten.

Während WEBER (1909, Kap. 1) Standortfaktoren auf Standorte im engeren Sinne, d. h. auf Raumpunkte bezieht, wird der Begriff in der Raumwirtschaftslehre auch flächenbezogen auf verschiedene Raumdimensionen (z. B. auf Städte, Regionen oder Länder) und auf unterschiedliche Raumkategorien (wie Grundstück, Ergänzungsraum und anonymen Adressenraum) angewendet (KLÜTER 1987; 1994; → Kap. 2.1). Da in unterschiedlichen Raumdimensionen und -kategorien verschiedene raumbezogene Merkmale eine Rol-

le spielen, kommt es in empirischen Untersuchungen über Standortfaktoren aufgrund mangelnder Präzision leicht zu Konfusionen. Eine Vermischung unterschiedlicher Erklärungsdimensionen kann unter Umständen dadurch umgangen werden, dass man die industrielle Standortwahl als Ergebnis eines mehrstufigen Entscheidungsprozesses ansieht (TOWNROE 1976; MAIER & TÖDTLING 1992, Kap. 2), wie dies am Ende dieses Kapitels demonstriert wird. In vereinfachter Form lässt sich dabei zwischen der Bestimmung eines Makrostandorts und der nachfolgenden Bestimmung eines Mikrostandorts differenzieren. Die Ebene der Mikrostandortwahl, d. h. die Auswahl eines geeigneten Grundstücks, soll in der vorliegenden Arbeit nur am Rande behandelt werden, da sie ein betriebswirtschaftliches Entscheidungsproblem darstellt, dessen Lösung in Abhängigkeit vom verwendeten Bewertungsverfahren und den Unternehmensansprüchen auf formalem Weg erfolgt (z. B. STAFFORD 1979; HAYTER 1997, Kap. 6).

Aufbauend auf der landwirtschaftlichen Landnutzungslehre von v. THÜNEN (1875) entstanden Ende des 19. Jahrhunderts die ersten wissenschaftlichen Studien, die eine modellhafte Erklärung industrieller Standortverteilungen unter Verwendung ökonomischer Variablen anstrebten (z. B. LAUNHARDT 1882). Initiator einer systematischen industriellen Standortlehre wurde WEBER (1909) mit seiner Studie über den Standort der Industrien. Obwohl diese Arbeit von den industriellen Strukturen und ökonomischen Rahmenbedingungen des beginnenden 20. Jahrhunderts geprägt war, wird sie noch heute als wichtige theoretische Grundlage für Untersuchungen über industrielle Standortverteilungen verwendet.

5.1.1 Kostenminimale Standortwahl

WEBER (1909) stellt die **optimale Standortwahl** eines industriellen Einzelbetriebs als einen Entscheidungsprozess in drei Stufen dar. Zuerst wird auf Grundlage der verwendeten Materialien im Produktionsprozess ein transportkostenminimaler Standort ermittelt. Anschließend werden Arbeitskosten und zum Schluss Agglomerationswirkungen mit berücksichtigt, die gegebenenfalls zu einer Verlagerung des optimalen Standorts führen. Dabei fungieren Transportkosten als die zentrale Größe der Standortbestimmung, während die Faktoren Arbeitskosten und Agglomerationswirkungen eher die Rolle nachgeordneter Korrektivgrößen haben (BEHRENS 1971, I. Teil; RILEY 1973, Kap. 1; RICHARDSON 1978, Kap. 3; BERRY et al. 1987, Kap. 10; CHAPMAN & WALKER 1987, Kap. 3; SCHICKHOFF 1988a; BATHELT 1991a, Kap. 10). Analog zu v. THÜNEN (1875) legt WEBER (1909) seinen Überlegungen eine Vielzahl homogenisierender **Annahmen** zugrunde (DICKEN & LLOYD 1990, Kap. 2; SCHÄTZL 1998, Kap. 2.1.1): So betrachtet er ein Ein-Betriebs-Unternehmen, das nur ein einziges homogenes Gut unter Verwendung zweier Rohstoffmaterialien produziert. Sowohl die Rohstofffundorte als auch der Standort des einzigen Absatzmarkts werden als vorgegeben angenommen. Ferner wird davon ausgegangen, dass Nachfrage und Erlöse unabhängig von der Standortwahl konstant sind und dass neben den Transport- und Arbeitskosten sowie Agglomerationswirkungen keine weiteren lageabhängigen Kostengrößen existieren. Die Transportkosten werden als direkt proportional zur zurückgelegten Entfernung angenommen, d. h. die Frachtrate pro Tonnenkilometer ist konstant. Unter Berücksichtigung dieser Annahmen hängt die Gewinnsituation eines Unternehmens ausschließlich von den standortabhängigen Kosten ab. Es sind dies in erster Linie die Transportkosten, die beim Transport der Rohstoffe, Vor- und Zwischenprodukte zum Unternehmensstandort sowie beim Transport von Endprodukten zum Markt anfallen.

Transportkostenminimierung. In der ersten Stufe der Standortbestimmung geht WEBER (1909, Kap. 3) davon aus, dass Arbeitskosten räumlich konstant sind und keine Agglomerationsvorteile entstehen. Die Bestimmung des gewinnmaximalen Unternehmensstandorts beschränkt sich deshalb auf die rechnerische Ermittlung des so genannten **tonnenkilometrischen Minimalpunkts**, dessen räumliche Lage ausschließlich von der Art der im Produktionsprozess eingesetzten Materialien und von deren Standortverteilung abhängt. Zur Ermittlung dieses Standorts trifft WEBER (1909, Kap. 3) folgende Unterscheidung von Materialien: (1) **Ubiquitäten** sind nicht an bestimmte Fundorte gebunden, sondern an jedem Standort frei verfügbar (z. B. Luft, Sauerstoff), wohingegen (2) **lokalisierte Materialien** nur an bestimmten Fundorten auftreten. Anhand des Verarbeitungsprozesses lassen sich zwei Arten lokalisierter Materialien unterscheiden: (2a) **Reingewichtsmaterialien**, z. B. Edelmetalle wie Gold und Silber, gehen mit vollem Gewicht in das Endprodukt ein. Für sie sind

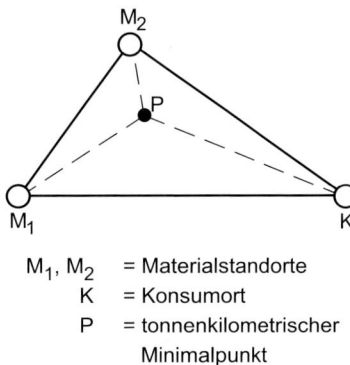

M_1, M_2 = Materialstandorte
K = Konsumort
P = tonnenkilometrischer Minimalpunkt

Abb. 41: Standortdreieck und Transportkostenminimalpunkt

Transportkosten im Urzustand genauso groß wie im verarbeiteten Zustand. (2b) **Gewichtsverlustmaterialien**, z. B. Rohstoffe wie Kohle oder Erze, gehen infolge eines Gewichtsverlusts während des Produktionsprozesses nur zum Teil in das Endprodukt ein. Aufgrund dieses Gewichtsverlusts sind die Transportkosten im unverarbeiteten Zustand größer als im verarbeiteten Zustand.

Aufgrund der getätigten Annahmen lassen sich zwei Materialfundorte M_1 und M_2 sowie ein Konsumort K unterscheiden, die geometrisch ein Standortdreieck im Raum aufspannen ($\rightarrow$ Abb. 41). In Abhängigkeit der Art der benötigten Materialien errechnet sich innerhalb dieses Standortdreiecks ein unterschiedlicher tonnenkilometrischer Minimalpunkt P (SCHICKHOFF 1988a; SCHÄTZL 1998, Kap. 2.1.1). Gehen auf der Inputseite ausschließlich Ubiquitäten in den Produktionsprozess ein, so ist der optimale Unternehmensstandort mit dem Konsumort identisch, da nur dort keine Transportkosten anfallen. Werden ausschließlich Reingewichtsmaterialien eingesetzt, so ist wiederum der Konsumort der optimale Produktionsstandort, weil dort die Summe aller Transportwege minimal ist. Je größer der Anteil von Gewichtsverlustmaterialien ist, die in den Produktionsprozess eingehen, um so mehr verlagert sich der optimale Produktionsstandort vom Konsumort in Richtung der betreffenden Materialfundorte. Insgesamt resultiert aufgrund dieser Betrachtung ein eher rohstoff- oder ein marktorientierter Standort. Aus mathematischer Sicht entspricht die Bestimmung des tonnenkilometrischen Minimalpunkts der Lösung eines nicht-linearen Optimierungsproblems, wie es von KUHN & KUENNE (1962), SCOTT (1970) und WESOLOWSKY (1973) dargestellt wird.

Einbezug von Arbeitskosten. In der zweiten Stufe der Standortbestimmung werden neben den Transportkosten auch Arbeitskosten mit berücksichtigt ($\rightarrow$ Abb. 42). Zu den Materialfundorten M_1 und M_2, dem Konsumort K und dem tonnenkilometrischen Minimalpunkt P treten nun zwei neue Standorte L_1 und L_2 hinzu, die gegenüber P durch geringere Arbeitskosten gekennzeichnet sind. Eine Verlagerung des optimalen Standorts vom tonnenkilometrischen Minimalpunkt P zu einem der Standorte mit geringeren Arbeitskosten kommt nur dann in Frage, wenn die zusätzlichen Transportkosten durch Einsparungen von Arbeitskosten überkompensiert werden. WEBER (1909, Kap. 4) löst dieses Problem, indem er um jeden Materialfundort und den Konsumort so ge-

nannte **Isotimen** als Linien gleicher Transportkosten konstruiert und diese räumlich aufaddiert. Die resultierenden Linien gleicher Transportkosten um P werden als **Isodapanen** bezeichnet. Wenn nun bekannt ist, in welcher Höhe Arbeitskosteneinsparungen an den Standorten L_1 und L_2 wirksam werden, lässt sich eine **kritische Isodapane** bestimmen. Diese markiert genau jenen Bereich um den Transportkostenminimalpunkt, innerhalb dessen zusätzliche Transportkosten durch die potenziellen Arbeitskosteneinsparungen überkompensiert werden. Ein Standort außerhalb der kritischen Isodapane wie L_2 scheidet demnach als potenzieller Unternehmensstandort aus, weil er höhere Kosten verursacht als P. Demgegenüber verursacht ein Standort innerhalb der kritischen Isodapane wie etwa L_1 geringere Kosten als P und würde deshalb zu einer arbeitskostenorientierten Standortverlagerung führen (SCHÄTZL 1998, Kap. 2.1.1).

Abb. 42: Methode der kritischen Isodapane unter Einbeziehung von Arbeitskosteneinsparungen (Quelle: SCHÄTZL 1998, S. 41)

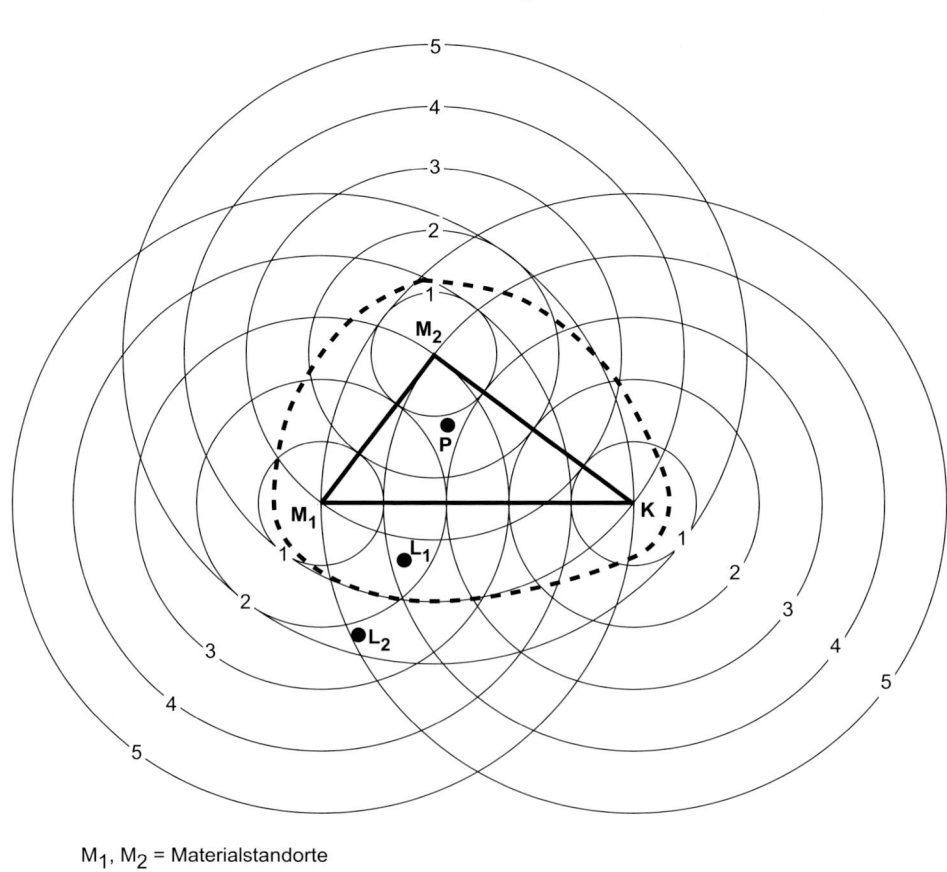

M₁, M₂ = Materialstandorte
K = Konsumort
P = tonnenkilometrischer Minimalpunkt
L₁, L₂ = Standorte mit niedrigeren Arbeitskosten

——— Isotime

‑ ‑ ‑ kritische Isodapane

Einbezug von Agglomerationswirkungen. In der dritten Stufe können Agglomerationswirkungen zu einer weiteren Verschiebung des Unternehmensstandorts führen (WEBER 1909, Kap. 5). Agglomerationsfaktoren werden von WEBER (1909, S. 123) als **Lokalisationsvorteile** einer Industriebranche definiert: „Ein Agglomerationsfaktor [...] ist ein Vorteil, also eine Verbilligung der Produktion oder des Absatzes, die sich daraus ergibt, daß die Produktion in einer bestimmten Masse an einem Platz vereinigt vorgenommen wird [...].“ Es handelt sich um eine Kosteneinsparung, die vor allem daraus resultiert, dass mehrere benachbarte Unternehmen gemeinsame Transporte für dieselben Materialien und Endprodukte organisieren. Wenn man davon ausgeht, dass durch die Standortballung mehrerer Unternehmen Kosteneinsparungen in einer bestimmen Größenordnung eintreten, lässt sich für jedes in Frage kommende Unternehmen eine entsprechende kritische Isodapane ermitteln ($\rightarrow$ Abb. 43). Innerhalb des durch die kritische Isodapane abgegrenzten Gebiets ist eine Standortverlagerung, die zu Agglomerationsvorteilen führt, für das betreffende Unternehmen vorteilhaft. Wenn die kritischen Isodapanen mehrerer Unternehmen einen gemeinsamen Überlappungsbereich aufweisen,

kommt es demzufolge zu einer Standortverlagerung der Unternehmen in den Agglomerationsraum (CHAPMAN & WALKER 1987, Kap. 4; SCHICKHOFF 1988a). Der optimale Produktionsstandort wird nun durch Agglomerationsorientierung bestimmt.

5.1.2 Konzept der Agglomerationsvorteile

In der Studie von HOOVER (1937) über die Standortverteilung der amerikanischen Schuh- und Lederindustrie erfolgt eine Reinterpretation und Erweiterung der WEBER'schen Standortlehre. Trotz Kritik an diesem Ansatz stehen auch bei HOOVER (1937, Kap. II) Transportkosten im Mittelpunkt der Analyse. Er unterstellt allerdings keine konstanten Frachtraten pro Tonnenkilometer, sondern differenziert in seiner Untersuchung zwischen verschiedenen Kostenverläufen, Transportmitteln und Kostenarten. Eine zentrale Erweiterung durch HOOVER (1937, Kap. VI) besteht in einer umfassenden Konzeption von Agglomerationsfaktoren als *economies of concentration*. Er unterscheidet folgende räumliche Konzentrationswirkungen: *large scale economies*, *localization economies* sowie *urbanization economies*.

Abb. 43: Methode der kritischen Isodapane unter Einziehung von Agglomerationsvorteilen (Quelle: SCHÄTZL 1998, S. 43)

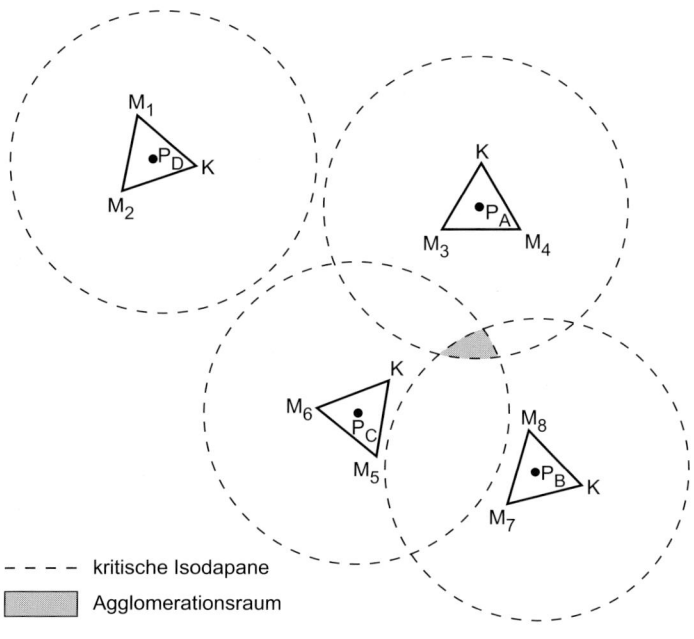

- – – – kritische Isodapane

▨ Agglomerationsraum

K = Konsumort
$M_1 ... M_8$ = Materialstandorte
$P_A ... P_D$ = tonnenkilometrische Minimalpunkte

V. BÖVENTER (1962; 1995) hat das Konzept der Agglomerationswirkungen in Anlehnung an HOOVER (1937, Kap. VI) in seine Raumwirtschaftstheorie übertragen und ausgebaut. Vereinfacht lassen sich interne und externe Effekte differenzieren, wobei unterschiedliche Arten von Effekten existieren, die jeweils sowohl positive Wirkungen (*economies*) als auch negative Wirkungen (*diseconomies*) haben können. Nachfolgend sollen lediglich die positiven Ersparnisse in ihrer Wirkungsweise betrachtet werden (CHAPMAN & WALKER 1987, Kap. 4; BERRY et al. 1987, Kap. 7; BATHELT 1991a, Kap. 10; MAIER & TÖDTLING 1992, Kap. 5; SCHÄTZL 1998, Kap. 2.1.1):

(1) *Economies of scale* (**interne Ersparnisse**). Sie entstehen, wenn die Stückkosten bei der Herstellung eines Produkts mit steigendem Produktionsumfang sinken. Im Fall von *economies of scale* sind Unternehmen bestrebt, möglichst große Produktionskapazitäten aufzubauen. Dadurch konzentriert sich die Gesamtproduktion für einen Markt tendenziell auf wenige Produktionsstandorte, die Agglomerationen bilden (z. B. DICKEN & LLOYD 1990, Kap. 5). Durch die Größe der dortigen Produktionskapazitäten entsteht für potenzielle Zulieferer ein Anreiz zur Ansiedlung, so dass interne Ersparnisse im Zeitablauf externe Ersparnisse hervorrufen können.

(2) *Agglomeration economies* (**externe Ersparnisse**). Diese können in *localization* und *urbanization economies* unterteilt werden. (2a) **Lokalisationsvorteile** lassen sich aus der räumlichen Ballung von Unternehmen derselben Industriebranchen ableiten. Sie resultieren in Analogie zu MARSHALL (1920, IV. Buch Kap. X) aus der Herausbildung eines großen Potenzials spezialisierter Arbeitskräfte und Zulieferunternehmen in einer Region sowie aus den dadurch bedingten regionsinternen Informations- und Wissensflüssen. Lokalisationsvorteile wirken insofern ballungsverstärkend, als sie einen Anreiz für weitere Unternehmensansiedlungen und Neugründungen in denselben Branchen darstellen. (2b) **Urbanisationsvorteile** sind Vorteile, die mit der räumlichen Ballung von Unternehmen verschiedener Branchen und Sektoren zusammenhängen und deshalb in metropolitanen Regionen am stärksten ausgeprägt sind. Durch sie gibt es vielfältige intersektorale Verflechtungsmöglichkeiten und es entwickeln sich quantitativ bedeutsame, diversifizierte Arbeitsmärkte. Durch die Ballung von Unternehmen verschiedener Branchen kann sich zudem ein breit gefächertes Angebot an Zulieferprodukten und Dienstleistungen etablieren und eine hochwertige Infrastruktur entwickeln. Derartige Vorteile lösen allgemeine branchen- und sektorübergreifende Ansiedlungs- und Gründungsimpulse aus und wirken somit ebenfalls ballungsverstärkend.

Obwohl es methodisch unklar ist, wie man Agglomerationsvorteile feststellen und quantifizieren kann, gehören sie zu den zentralen Forschungsobjekten der traditionellen industriellen Standortlehre. Allerdings hat sich die Art der Analyse von Agglomerationsvorteilen im Zeitablauf stark verändert. Während bei WEBER (1909, Kap. 5) Agglomerationsfaktoren z. B. durch gemeinsam organisierte Transporte in erster Linie auf die Kostenstrukturen der beteiligten Unternehmen wirken, stehen bei HOOVER (1937, Kap. VI) und v. BÖVENTER (1995) die materiellen Verflechtungsmöglichkeiten von Industrieunternehmen im Sinn von Zuliefer-Absatz-Beziehungen im Vordergrund. Dies gilt in ähnlicher Weise auch für polarisationstheoretische Ansätze und die Exportbasis-Theorie (→ Kap. 3.4). Demgegenüber werden in jüngeren wirtschaftsgeographischen Studien vor allem informelle Verflechtungsmöglichkeiten, die Art und Intensität von Kommunikations- und Abstimmungsprozesse und die Informations- und Wissensflüsse innerhalb industrieller Ballungen hervorgehoben. Hierbei werden Agglomerationswirkungen mit interaktiven Lernprozessen und der Erzeugung technologischer Innovationen bei zunehmender Komplexität des technologischen Fortschritts in Verbindung gebracht (SCOTT 1988, Kap. 4; STORPER & WALKER 1989, Kap. 3; STORPER 1997a, Kap. 3). Durch die Ballung von Unternehmen einer Wertschöpfungskette können sich spezifische Verflechtungsnetzwerke mit intensiven lokalen Arbeitsmarkt-, Kommunikations-, Zuliefer-, Absatz- und Informationsbeziehungen entwickeln (BATHELT 1991a, Kap. 10; 1997a, Kap. 8). Die Prozesse, die dazu führen, dass Unternehmen aus derartigen Verflechtungsbeziehungen Wettbewerbsvorteile ableiten, um langfristig konkurrenzfähig zu bleiben und flexibel auf veränderte Rahmenbedingungen reagieren zu können, werden im dritten Teil dieses Buchs genauer untersucht (→ Kap. 6 bis 8).

Exkurs: *Economies of scope.* In jüngerer Zeit wird in Verbindung mit neuen computergestützten Technologien und veränderten Nachfragebedürfnissen die Bedeutung einer weiteren Art von Ersparnissen, so genannter *economies of scope,* herausgestellt (z. B. CORIAT 1991). So lässt sich in Märkten für hochwertige Konsumgüter seit Ende der 1970er Jahre eine zunehmende Differenzierung und Segmentierung der Kundenbedürfnisse feststellen, was mit einer zunehmenden Pluralisierung der Lebensstile und Individualisierungstendenzen in der Gesellschaft infolge steigenden Realeinkommens der Bevölkerung zusammenhängt (MÜLLER 1992, Teil I, Kap. 2). Somit stellt sich die Frage, ob die Marktveränderungen bewirken werden, dass Massenproduktion nicht mehr absetzbar ist und *economies of scale* an Bedeutung verlieren (PIORE & SABEL 1989, Kap. 7; BATHELT 1995). Weiterhin fragt sich, ob Ballungsprozesse in der Folge rückläufig sein werden. Ein wesentliches Ergebnis der Arbeit von KRUGMAN (1991, Kap. I) besteht in der Betonung, dass *economies of scale* nach wie vor eine mächtige Kraft darstellen, die zu großräumigen Konzentrationsprozessen führt. Um die Bedeutungsänderungen zu bewerten, ist es notwendig zu untersuchen, ob es effizient ist, neue differenzierte Nachfragebedürfnisse durch eine Organisation der Produktion zu decken, bei der die verschiedenen Produktvarianten in voneinander getrennten Betrieben auf jeweils spezialisierten Ein-Zweck-Anlagen hergestellt werden, also in einer Konstellation, in der mehrere Betriebe jeweils versuchen, soweit wie möglich *economies of scale* abzuschöpfen. Oder ist es alternativ dazu kostengünstiger, die verschiedenen Produktvarianten durch den Einsatz von Viel-Zweck-Anlagen in einem einzigen integrierten Betrieb herzustellen? Letzteres ist dann der Fall, wenn *economies of scope* wirken (SCOTT 1983; 1988, Kap. 3).

Economies of scope entstehen, wenn es billiger ist, verschiedene Produkte mit den gleichen Ressourcen wie z. B. einer Produktionsanlage oder den gleichen Arbeitskräften herzustellen, als mit unterschiedlichen Ressourcen (PANZAR & WILLIG 1981). Gerade dies wird durch den Einsatz moderner computergesteuerter Anlagen ermöglicht (GERTLER 1988; CORIAT 1991; BATHELT 1997a, Kap. 2). Sie bieten die Voraussetzung für häufige Produkt- und Variantenwechsel, die Software gesteuert ohne Umrüstzeiten oder Umstellungen an den Maschinen erfolgen können, sofern auch die Arbeitskräfte entsprechend flexibel geschult und einsetzbar sind. *Economies of scope* wirken tendenziell ballungsverstärkend. Sie verhindern, dass Produktionsprozesse organisatorisch und räumlich getrennt werden, wodurch

letztlich auch ein Abbau von Industrieagglomerationen verhindert wird (BATHELT 1995). Wenn Ein-Zweck-Produktionen durch Viel-Zweck-Produktionen ersetzt werden, führt dies zudem zu einer Ausweitung des Bedarfs an Zulieferprodukten und hat dementsprechend Differenzierungs- und Diversifizierungsprozesse im Zulieferbereich zur Folge. Dies wirkt sich positiv auf die betreffenden Standortschwerpunkte aus und wirkt dem Entstehen lokaler Monostrukturen entgegen.

5.1.3 Interdependente Standortwahl

Während WEBER (1909) die industrielle Standortwahl als isoliertes Entscheidungsproblem eines Einzelbetriebs behandelt, betont HOTELLING (1929) in einem einfachen Modell die Interdependenz von Standortentscheidungen durch die Einbeziehung marktstrategischen Verhaltens in einer Wettbewerbssituation (RICHARDSON 1978, Kap. 3; CHAPMAN & WALKER 1987, Kap. 4; BATHELT 1991a, Kap. 10; HAYTER 1997, Kap. 5). Er zeigt, wie die Standortentscheidung eines Unternehmens von der seiner Konkurrenten abhängt (→ Abb. 44). Hierzu betrachtet er den Fall zweier Produzenten A und B, die ein homogenes Produkt mit gleichen Produktionskosten P pro Mengeneinheit herstellen. Es wird von einem linearen Markt ausgegangen, z. B. einer Situation, in der die Nachfrager nach einem Produkt entlang einer Straße angesiedelt sind. In dem Marktgebiet wird die Nachfrage als gleichverteilt angenommen und die Transportkosten sind direkt proportional zur Entfernung und zur transportierten Menge. Wenn nun beide Produzenten einen Standort innerhalb des Marktgebiets suchen, lässt sich zeigen, dass die Standortwahl des einen Einfluss auf die Standortwahl des anderen Produzenten hat.

Unter der Annahme gewinnmaximierenden Verhaltens der Unternehmen und nutzenmaximierenden Verhaltens der Kunden teilen sich die beiden Produzenten A und B das Marktgebiet zu gleichen Teilen auf und wählen ihren Standort jeweils im Zentrum des eigenen Marktgebiets. Es resultieren monopolistische Marktgebiete unabhängig davon, ob die Produzenten ihre Produkte selbst an die Kunden ausliefern oder ob die Kunden die Produkte am Standort der Hersteller erwerben müssen.

Diese Standortstruktur und interdependente Veränderungen lassen sich in Anlehnung an LAUNHARDT (1882) in einem Preis-Entfernungs-

Diagramm verdeutlichen, in dem die Kostenstruktur jedes Produzenten in Form eines Trichters dargestellt ist. Der **LAUNHARDT'sche Trichter** gibt an, wie die Stückkosten und damit der Preis einer Produkteinheit – ausgehend vom Produktionsstandort – aufgrund von Transportkosten mit zunehmender Entfernung ansteigen. Die Gesamtkosten setzen sich dabei aus den Produktions- und den Transportkosten zusammen. Die optimale Lösung des Standortproblems von HOTELLING (1929) stellt sich wie folgt dar (→ Abb. 44a): Produzenten A und B teilen sich das Marktgebiet genau auf. Dort, wo sich die Kostenkurven beider Hersteller schneiden, befindet sich die Grenze der Marktgebiete. Kunden links von dieser Grenze werden von Produzent A, Kunden rechts von der Grenze von Produzent B versorgt, weil dies die geringsten Kosten in dieser Marktsituation verursacht. Wenn Produzent A sich nun entschließt, seinen Standort etwas in Richtung B zu verlagern, verschiebt sich auch der Schnittpunkt der Kostenkurven (→ Abb. 44b). Somit verschiebt sich der Einzugsbereich von Produzent A in Richtung B und er kann seinen Erlös zu Lasten von Hersteller B ausweiten. In der Folge wird nun Produzent B seinerseits seinen Standort in Richtung A verlagern und so fort. Ein stabiler Zustand ist erst erreicht, wenn beide Hersteller ihren Betrieb an ein und demselben Standort angesiedelt haben, und zwar genau in der Mitte des gesamten Marktgebiets (→ Abb. 44c). Von hier aus kann keiner der Hersteller sein Marktgebiet zu Lasten des anderen ausweiten. Diese Situation ist aber nicht optimal. Da die Kunden nun größere Entfernungen zurücklegen müssen, entstehen an den Rändern des Marktgebiets höhere Kosten als in der Ausgangssituation. Während unter dem Ziel der Transportkostenminimierung eine Dispersion der Standorte erfolgen würde, führt das Modell von HOTELLING (1929) zu einer Agglomeration von Unternehmensstandorten.

5.1.4 Das Marginalprinzip

Die auf SMITH (1971) zurückgehende Marginalschule der industriellen Standortlehre geht davon aus, dass Industrieunternehmen zwar nach Gewinn, aber nicht zwangsläufig nach einer Gewinnmaximierung streben. Durch diese Modifikation löst sich SMITH (1971) von einer punktbezogenen Standortbewertung, wie sie von WEBER (1909) und HOTELLING (1929) durchgeführt wird, und gelangt zu einer flächenbezogenen

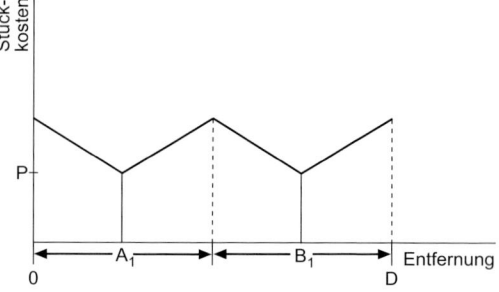
a) optimale Aufteilung des Marktgebietes

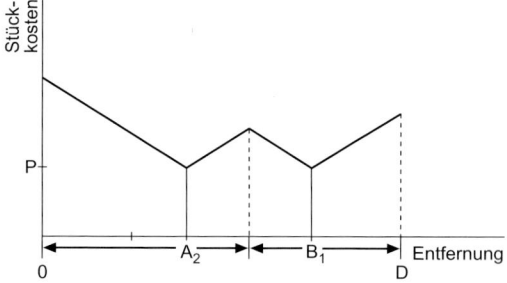
b) Veränderung der Marktgebiete durch Verlagerung von Produzent A

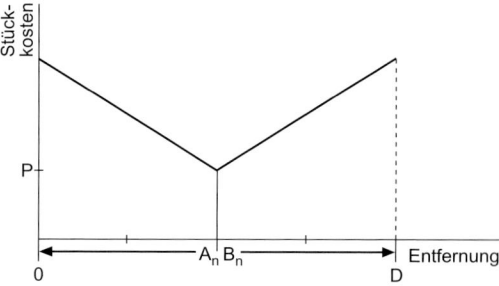
c) Standortballung als stabiler Zustand

Abb. 44: Konzept der interdependenten Standortwahl

Standortbewertung. Außerdem berücksichtigt er in Anlehnung an Arbeiten von GREENHUT (1956) und anderen auch den Einfluss räumlich variierender Erlösstrukturen auf die industrielle Standortwahl. Er unterscheidet zwischen erlösmaximalen, kostenminimalen und gewinnmaximalen Produktionsstandorten, die durchaus räumlich auseinanderfallen können. Allerdings steht auch bei SMITH (1971) die Kostenseite im Zentrum der Untersuchung. Der Tradition der industriellen Standortlehre folgend betont er speziell die Transportkosten. Als Analyseinstrument dient eine räumliche Kostenfunktion, die *space cost*

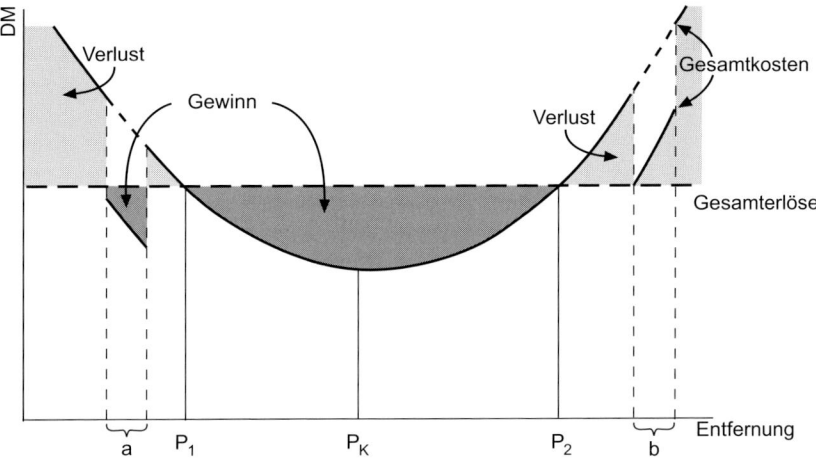

P_K = gesamtkostenminimaler Produktionsstandort
P_1, P_2 = Standorte der Grenzproduzenten (Erlöse=Kosten)
a,b = periphere Standortregionen mit Subventionsunterstützung

Abb. 45: Räumliche Kostenfunktion und *margins* **der Standortwahl (Quelle: SCHÄTZL 1998, S. 56)**

curve, während Erlöse als weitgehend räumlich konstant angesehen werden (→ Abb. 45). Die räumliche Kostenfunktion addiert sich aus den standortunabhängigen Basiskosten sowie den lageabhängigen Kosten, die im Wesentlichen den Transportkosten entsprechen. Vereinfacht sei dabei eine konstante Produktionsmenge angenommen. Durch die Projektion der Kosten- und Erlösfunktion auf eine räumliche Ebene erhält SMITH (1971) **räumliche Gewinnzonen** (*margins*), innerhalb derer eine gewisse räumliche Wahlfreiheit von Standortentscheidungen besteht.

Mittels des Instrumentariums räumlicher Kosten- und Erlösfunktionen lässt sich nun der Einfluss verschiedener Variablen auf die Standortwahl untersuchen (RILEY 1973, Kap. 1; SCHICKHOFF 1988a; HAYTER 1997, Kap. 5; SCHÄTZL 1998, Kap. 2.1.1): So verschiebt sich die Erlösfunktion durch einen Anstieg der Produktpreise bei unveränderter Nachfrage und gleich bleibenden Kosten parallel nach oben, womit sich die räumlichen Grenzen der Standortwahl ausweiten. Vorher Verlust bringende Standorte können dadurch in die Gewinnzone rücken. Im Fall einer Erhöhung der Transportkosten erhält die Kostenfunktion einen steileren Verlauf. Dies führt zu einer Verengung der räumlichen Grenzen der Standortwahl. Die Wahlfreiheit von Standortent-

scheidungen kann aber auch dadurch eingeengt werden, dass infolge geringer Managementfähigkeiten ein Kostenanstieg stattfindet und sich die Kostenfunktion nach oben verschiebt. Umgekehrt verlagert sich durch staatliche Subventionen in bestimmten Regionen die Kostenfunktion partiell nach unten. Auf diese Weise können unter Umständen neue Regionen für Industrieansiedlungen zugänglich gemacht werden. Dies ist der Fall, wenn eine Region im Zuge einer Subventionierung in die Gewinnzone rückt.

5.1.5 Behavioristische Standortwahl

Aus der Erkenntnis, dass viele empirische Standortuntersuchungen bei dem Versuch scheitern, industrielle Standortentscheidungen durch rationales Handeln zu erklären, hat sich eine behavioristische Standortlehre entwickelt, die suboptimales Standortverhalten innerhalb gewisser Gewinnspannen nicht nur zulässt, sondern auch erklärt (RILEY 1973, Kap. 1; CHAPMAN & WALKER 1987, Kap. 2; SCHICKHOFF 1988a; BATHELT 1991a, Kap. 10). So geht PRED (1967) davon aus, dass Entscheidungsträger nicht in der Lage sind, sämtliche standortrelevanten Faktoren wahrzunehmen und in das Standortkalkül optimal einzubinden. Er stellt dies in Form einer **behavioristischen Matrix** zusammen, in der Standortentscheidungen auf zwei Ursachen zurückgeführt werden (→ Abb. 46): (1) die Menge der verfügbaren standortrelevanten Informationen sowie (2) die

Abb. 46: Behavioristische Matrix und industrielle Standortentscheidungen (Quelle: CHAPMAN & WALKER 1987, S. 20; HAYTER 1997, S. 142)

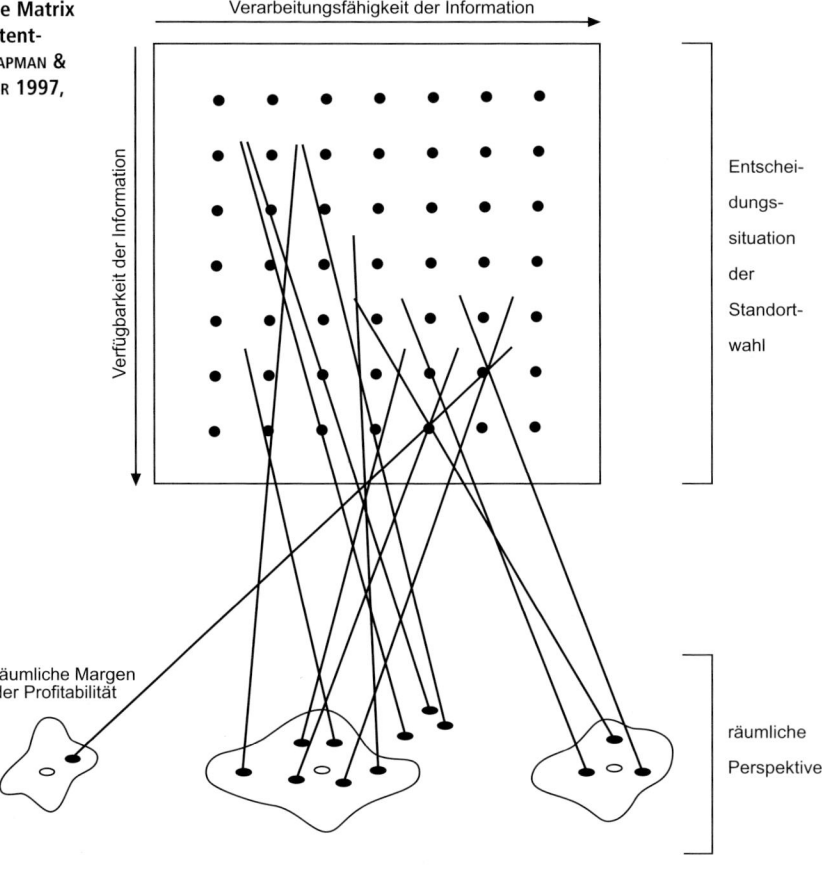

Verarbeitungsfähigkeit der Information

Verfügbarkeit der Information

Entscheidungssituation der Standortwahl

räumliche Margen der Profitabilität

räumliche Perspektive

○ optimaler Standort innerhalb einer Gewinnzone
● tatsächlicher Unternehmensstandort

Fähigkeit der Entscheidungsträger, diese Informationen zu nutzen. Die Umsetzungsfähigkeit eines Entscheidungsträgers hängt dabei von dessen Erfahrungsstand, den zuvor erzielten Erfolgen, dem Ausbildungsstand, dem Alter, dem sozialen Umfeld und der emotionalen Stabilität ab.

Mit Hilfe der behavioristischen Matrix stellt PRED (1967) historische Standortentscheidungen im Nachhinein dem Verhalten eines gewinnmaximierenden Entscheidungsträgers gegenüber. Dieser rein hypothetische Vergleich führt zu einer Differenzierung in drei Standorttypen:
– gewinnmaximale Standorte,
– Standorte innerhalb der Gewinnzone,
– Standorte außerhalb der Gewinnzone.
PRED (1967) geht davon aus, dass ein tatsächlich gewählter Standort um so näher am Gewinnmaximum liegt, je umfangreicher der Informationsstand des Entscheidungsträgers und je größer

dessen Fähigkeit ist, diese Informationen in das Standortkalkül zu integrieren. Eine solche Situation wird in der behavioristischen Matrix im unteren rechten Viertel eingetragen. Ein nicht-optimaler Standort innerhalb der Gewinnzone resultiert daraus, dass der Entscheidungsträger die ihm verfügbaren Informationen auf nicht geeignete Weise bei seiner Entscheidung umsetzen kann. Dieser Fall ist im unteren linken Viertel der behavioristischen Matrix dargestellt. Je weiter ein realer Standort außerhalb der Gewinnzone liegt, desto geringer ist der dieser Entscheidung zugrunde liegende Informationsstand und desto geringer die Umsetzungsfähigkeit des Entscheidungsträgers. In der behavioristischen Matrix lässt sich ein solcher Fall in der oberen linken Ecke lokalisieren.

In einer Studie über industrielle Strukturveränderungen verwenden KOK & PELLENBARG (1987) ein verhaltensorientiertes Modell zur Erklärung von Innovationsentscheidungen, das auch auf industrielle Standortentscheidungen anwendbar ist. Hierin findet eine Selektion der Informationen in Abhängigkeit von der Quantität und Qualität der zur Informationsbeschaffung nutzbaren Infrastruktur sowie den Informationsbedürfnissen der Entscheidungsträger statt. Je weniger Entscheidungsträger an einer Entscheidung beteiligt sind (wie z. B. im Fall eines kleinen Unternehmens), desto größer ist die Gefahr, infolge selektiver Wahrnehmung und unvollständiger Information Fehlentscheidungen herbeizuführen. Aus dieser Sicht unterliegen Entscheidungen großer Gremien z. B. bei der Standortwahl großer Unternehmen einem entsprechend geringerem Fehlentscheidungsrisiko.

5.2 Kritik an der traditionellen Standorttheorie

Die in den vorangegangenen Abschnitten behandelten standorttheoretischen Ansätze liefern zwar kein vollständiges Bild der traditionellen Standortlehre, zeigen aber, dass viele Konzeptionen implizit oder explizit auf der WEBER'schen Standortlehre basieren und in ihrer Konzeption durch die neoklassische Wachstumstheorie geprägt sind. Obwohl die Arbeit von WEBER (1909) vielfach kritisiert wurde, haben darauf aufbauende Studien die traditionelle Standortlehre nicht grundlegend hinterfragt, sondern nur modifiziert. Aus diesem Grund sind zahlreiche Schwachstellen des WEBER'schen Modells, die auf den Grundannahmen der neoklassischen Wachstumstheorie wie z. B. der Annahme einer weitgehenden Faktormobilität und der Ausklammerung räumlicher Heterogenitäten basieren, nicht ausgeräumt worden (BREDE 1971, Teil II; SCHÄTZL 1998, Kap. 2.1.1). Im Folgenden sollen zentrale Kritikpunkte an der traditionellen Standortlehre zusammenfassend dargestellt werden (BATHELT 1991a, Kap. 10; 1992).

5.2.1 Gewinnmaximierung

Ein wichtiger Kritikpunkt bezieht sich auf die Annahme gewinnmaximierenden Verhaltens in der traditionellen Standortlehre. Die Kritik an der Verhaltensannahme des *homo oeconomicus* (→ Kap. 1.2) lässt sich in drei Argumenten formulieren:

(1) *Erkenntnistheoretisch.* Diesbezüglich greift die behavioristische Annahme, gewinnmaximierendes Verhalten hänge ausschließlich von der Verfügung und Verwertung relevanter Information ab, zu kurz. Denn abgesehen davon, dass Akteure meist nicht über alle notwendigen Informationen verfügen, ist das Konzept der vollständigen Rationalität an sich irreführend. Es ist erkenntnistheoretisch unklar, wie aus einer gegebenen Handlungssituation zukünftiges Geschehen erkannt werden soll. Unter der grundlegenden Bedingung von Unsicherheit ist es nicht möglich, eine Alternative *ex ante* als rational oder irrational zu bewerten. Daher kann das Handeln immer nur einer intentionalen Rationalität folgen (BECKERT 1996).

(2) *Kontextspezifisch.* Zudem ist intentionale Gewinnmaximierung nicht die einzig mögliche unternehmerische Zielsetzung. Alternativ sind z. B. Anspruchsniveau orientierte Ziele oder an Macht und Prestige orientierte Zielsetzungen vorstellbar. Zudem hängen die Ziele eines Unternehmens mit dessen Marktstrategie, Größe und der Art und Funktion der zu errichtenden Unternehmenseinheiten zusammen. Im Fall eines Mehr-Betriebs-Unternehmens muss zwischen kurz- und langfristigen Zielen unterschieden werden. So ist es beispielsweise möglich, dass kurzfristig ein Standort mit geringem Gewinnpotenzial z. B. in einer Marktregion akzeptiert wird, in der bereits eine große Ballung von Konkurrenten existiert. Das kann mit dem Ziel verbunden sein, langfristig eine Gewinnmaximierung zu erreichen, wenn die Konkurrenten vom Markt gedrängt worden sind. Außerdem ist zu berücksichtigen, dass bei Neugründungen Einflussfaktoren auf die Standortwahl wirken, die nicht ohne weiteres in ein auf Standortfaktoren basierendes Standortkalkül einbezogen werden können (BATHELT 1991a, Kap. 12; HAYTER 1997, Kap. 9). Dies ist z. B. der Fall, wenn Unternehmen Standorte nahe dem bisherigen Wohn-, Arbeits- oder Ausbildungsort des Gründers präferieren (→ Kap. 7.2).

(3) *Empirisch.* WOLPERT (1964) und PRED (1967) haben demonstriert, dass die Annahme der Gewinnmaximierung nicht realistisch ist, weil sie vollständige Information und eine perfekte Informationsverarbeitung voraussetzt. Beide Prämissen sind jedoch in konkreten Entscheidungssituationen nicht gegeben, was in Gegenkonzepten der beschränkten Rationalität (*bounded rationality*) entsprechend berücksichtigt wird. Darüber hinaus ist ökonomisches Handeln in institutionelle Zu-

sammenhänge eingebunden und nicht von diesen trennbar. Es unterliegt sozialen Regeln und Konventionen sowie gesellschaftlichen Werten. In der empirischen Wirtschaftsforschung lässt sich anhand von Spielexperimenten nachweisen, dass Akteure oft auf eine Maximierung ihres Nutzens verzichten und stattdessen ihre Entscheidungen reziprok so auf Austauschpartner abstimmen, dass sich auch der Nutzen des oder der anderen erhöht.

Exkurs: *Homo reciprocans*. Die experimentelle Wirtschaftsforschung hat gezeigt, dass das Bild des *homo oeconomicus* die Praxis ökonomischen Handelns nur unzureichend beschreibt. Dies lässt sich in experimentellen Studien überzeugend darstellen. Dabei werden Handlungssituationen so in Spielen nachgestellt, dass die *homo oeconomicus*-These empirisch überprüft werden kann. Im so genannten ***ultimatum bargaining*-Spiel** z. B. erhält eine Person A ein Geschenk von 100 Schweizer Franken unter der Bedingung, dieses Geld mit einer Person B nach Gutdünken aufzuteilen (FEHR & GÄCHTER 1998). Die 100 Franken werden allerdings wieder eingezogen, wenn entweder A das Geld nicht teilt oder B, der die Spielregeln kennt, den angebotenen Anteil von A ablehnt. Die zentralen Fragen dieses Spiels sind folglich, welche Aufteilung Person A vornimmt und wann Person B den zugestandenen Anteil akzeptiert (UCHATIUS 2000). Unter der Verhaltensannahme des *homo oeconomicus* würde Person A 99 Franken behalten und Person B würde den einen Franken akzeptieren. A würde dadurch ihren Nutzen maximieren, weil sie den kleinstmöglichen Betrag abtreten muss, um in den Genuss des Geldes zu kommen und B würde ihren Nutzen steigern, weil sie ansonsten gar kein Geld bekommen würde.

Unter realitätsnahen Bedingungen zeigt sich hingegen, dass Person B das Spiel häufig platzen lässt, wenn der zugestandene Betrag von Person A unter 30 Franken liegt. So ergibt sich in den Spielen die Tendenz, dass die Mehrheit der Personen A den erhaltenen Betrag „fair" mit B teilen und dass in nachfolgenden Spielsituationen auch die Personen B angebotenes Geld mit A fair teilen. Sie erwidern das positive Verhalten der Personen A aus der Vorrunde, d. h. sie handeln positiv reziprok. FEHR & GÄCHTER (1998) bezeichnen dieses Verhalten als ***homo reciprocans*-Typ**. Nichtsdestotrotz handelt stets auch ein Teil der Spieler opportunistisch im Sinne des *homo oeconomicus*-Verhaltens. Über eine Serie von Spiel-

experimenten reichte der Anteil der *homo oeconomicus*-Akteure jedoch nie über 30 % hinweg, wohingegen der Anteil der *homo reciprocans*-Akteure nie unter 40 % und oft über 60 % lag. Allerdings ist damit nicht automatisch gesagt, dass die betreffenden Akteure auch genau so handeln würden, wenn sie in einen Unternehmenskontext eingebunden sind.

Das empirische Gewicht dieser Experimente ist dennoch aus zwei Gründen bedeutend:

(1) Auch unter Bedingungen völliger Anonymität der Spieler haben sich die Effekte positiv reziproken Verhaltens bestätigt. Trotz Unkenntnis der Mitspieler und vermeintlicher Leichtigkeit opportunistischen Handelns tendieren die Probanden zu fair erwiderndem Verhalten.

(2) Der *homo reciprocans*-Effekt hat sich auch interkulturell bestätigt. Sowohl in Indonesien (CAMERON 1995) als auch in Russland (FEHR & TOUGAREVA 1996) ließen sich die Ergebnisse replizieren. Die Stärke dieser Experimente drückt sich in der besonderen Spielmotivation aus. Bei einem niedrigen Einsatz von 100 Franken mag es noch leicht fallen, fair zu handeln, könnte man vermuten. Doch wie verändert sich das Verhalten bei hohen Einsätzen? Im russischen Experiment verdienten die Probanden durchschnittlich drei Monatseinkommen während eines Spiels, so dass sich der Drang, opportunistisch zu handeln, spätestens hier hätte durchsetzen können. Die Spieler verhielten sich hingegen unabhängig von der Höhe der Spielbeträge. Die Tendenz zu fair erwiderndem Handeln, d. h. zu positiver Reziprozität war identisch.

FEHR & GÄCHTER (1998) erkennen im Konzept des *homo reciprocans* einen Schlüsselmechanismus zur Bildung und Reproduktion sozialer Normen und Verhaltensregeln. Nur wenn die Möglichkeit informeller sozialer Sanktionen wie z. B. von Missachtung, Ausschluss oder Bestrafung besteht, scheinen Personen ausreichend motiviert zu sein, fair zu handeln und faires Handeln zu erwidern. In weiteren experimentellen Spielen haben sich signifikante Unterschiede ergeben: Wenn keine Sanktionen möglich sind, bleibt faires Handeln aus und Spieler tendieren dazu, sich opportunistisch zu verhalten. Dieses Ergebnis der experimentellen Wirtschaftsforschung demonstriert, dass ökonomisches Handeln keineswegs in einem norm- und wertefreien Umfeld stattfindet. Der *homo oeconomicus* tritt zwar empirisch als Verhaltenstyp auf, allerdings repräsentiert er eher einen Grenzfall als einen Standard. Wirtschaftsabläufe finden in konkreten Strukturen sozialer und institutioneller Beziehungen statt, die das ökonomische Handeln stärker beeinflussen, als ein rein gewinnmaximierendes Handlungsmotiv erwarten lassen würde. Trotz dieser Erkenntnisse wird das Konzept des *homo oeconomicus* in anderen Studien immer wieder verteidigt. ENDRES (2000, Kap. 1) argumentiert beispielsweise, das Bild des *homo oeconomicus* sei ohnehin nicht darauf angelegt, individuelles Verhalten vorherzusagen, sondern spiegele lediglich durchschnittliches Verhalten wider. Dieses Argument ist allerdings wenig zwingend, denn es lässt offen, wie ein extremer Verhaltenstyp, der einseitig auf Gewinn- bzw. Nutzenmaximierung ausgerichtet ist, durchschnittliche Verhaltensweisen abbilden soll.

5.2.2 Kausalität

Die Modellbildung der traditionellen Standorttheorie ist insofern problematisch, als sie das wirtschaftliche Handeln der Akteure nicht ursächlich erklärt, sondern bereits in Modellen als normative Handlungsvorschriften voraussetzt, denen Akteure in der Realität angeblich folgen (BHASKAR 1998). Die Ursache wirtschaftlichen Handelns wird dabei nicht empirisch ermittelt, sondern meist bereits als rational vorausgesetzt (HODGSON 1993). Derartige Standortmodelle können jedoch den Akteuren als Handlungsanleitung dienen und somit quasi zu selbsterfüllenden Prophezeiungen strategischen unternehmerischen Handelns werden. Allerdings zielen sie oft an den tatsächlichen Ursachen von Entscheidungsprozessen vorbei. Das Soziale wird als Ausgangspunkt wirtschaftlicher Entscheidungen überhaupt nicht thematisiert. So bleiben neoklassische Standortmodelle letztendlich abstrakte Projektionen von Variablenbeziehungen, die in der Realität nur teilweise und eher zufällig mit dem Handeln von Akteuren übereinstimmen.

5.2.3 Unternehmenskonzept

Unter Rückgriff auf den dominierenden Unternehmenstyp des 19. Jahrhunderts stellt die industrielle Standortlehre Standortentscheidungen von Ein-Betriebs-Unternehmen in den Mittelpunkt ihrer Studien. Dieses Unternehmenskonzept ist unzureichend, da sich im 20. Jahrhundert komplexe Unternehmens- und Organisationsstrukturen entwickelt haben (TAYLOR & THRIFT

1982; 1983; HAYTER 1997, Kap. 7; DICKEN 1998, Kap. 6). Standortentscheidungen von multinationalen Unternehmen und Unternehmenskonglomeraten finden aber nicht unter demselben Kalkül statt wie im Fall von Ein-Betriebs-Unternehmen (z. B. MIKUS 1978; BRÜCHER 1982, Kap. 6; SEDLACEK 1988, Kap. 2). In der traditionellen Standortlehre wird dies kaum berücksichtigt. Hier ist vor allem die Sektorzugehörigkeit ein differenzierendes Merkmal der Standortwahl.

5.2.4 Kostenorientierung

Insgesamt leidet die traditionelle Standortlehre trotz der nachfrage- und marktorientierten Ansätze von HOTELLING (1929), LÖSCH (1944) und GREENHUT (1956) unter einer einseitigen Betonung der Kostenseite und insbesondere der Transportkosten. Obwohl die große Bedeutung von Transportkosten in der Arbeit von WEBER (1909) angesichts der Dominanz der Schwerindustrie zu Beginn des 20. Jahrhunderts einleuchtet, kann diese Hervorhebung eines einzelnen Standortfaktors heute nicht mehr akzeptiert werden (LÖSCH 1944, Kap. 4). So hat LAUSCHMANN (1976, II. Teil Kap. A) festgestellt, dass rund drei Viertel aller Industriezweige einen Transportkostenanteil am Umsatz von weniger als 5 % haben und dementsprechend als transportkostenunempfindlich gelten (SCHICKHOFF 1988b). SCHAMP (2000a, S. 22) weist deshalb zurecht darauf hin, „dass traditionelle ökonomische Ansätze, die überwiegend auf dem Faktor Transportkosten beruhen, nicht mehr ausreichen". Auch PORTER (2000, S. 267) kritisiert eine rein kostenorientierte Ausrichtung von Standortentscheidungen: „*Locations with low wages and low taxes, however, often lack efficient infrastructure, available suppliers, timely maintenance, and other conditions that clusters offer.*" Hierbei ist allerdings zu berücksichtigen, dass gerade im Bergbau und in bergbaunahen Verarbeitungsstufen die Bindung an Ressourcenfundorte und die Minimierung von Transportkosten nach wie vor zentrale Aspekte bei der Standortwahl darstellen.

5.2.5 *Footloose*-Industrien und *ubiquitification*

In den 1970er und 1980er Jahren wurde argumentiert, dass durch die abnehmende Bedeutung von Transportkosten und die geringe Standortbindung der Wachstumssektoren an Materialfundorte eine Entwicklung hin zu so genannten ***footloose*-Unternehmen** zu beobachten sei (z. B. BRÜCHER 1982, Kap. 5). Aus Verlagerungsprozessen etwa in der Textil- und der Computerindustrie nach Asien schloss man, dass *footloose*-Industrien ihre Standorte weltweit beliebig wählen könnten und dies auf einen Abbau traditioneller Industrieballungen hinwirken würde (FRÖBEL et al. 1977; SAXENIAN 1987). Dass diese Argumentation so nur begrenzte Gültigkeit besitzt, zeigt das Beispiel der Computerindustrie besonders deutlich. Zwar haben in den 1970er Jahren viele Massenhersteller ihre Montage aus den USA nach Asien verlagert, aber die weltweit bedeutendste Ballung von Computer- und Halbleiterunternehmen befindet sich nach wie vor in den USA im *Silicon Valley* (ANGEL 1990; SAXENIAN 1994). Schon KRUGMAN (1991, Kap. I) hat darauf hingewiesen, dass geringe Transportkosten Ballungsprozesse keineswegs abschwächen, sondern im Gegenteil sogar stärken, weil Unternehmen dadurch eher in der Lage sind, ihre Produktion in den Hauptmarktregionen zu konzentrieren, um dort *economies of scale* abzuschöpfen. Bei hohen Transportkosten würden Unternehmen ihre Produktion demgegenüber eher auf mehrere Regionen verteilen (→ Kap. 3.5). Dies mag unter Umständen bedeuten, dass bei geringen Transportkosten nur die größten Industrieballungen Bestand haben und dass Unternehmen aus kleineren Ballungen in diese Hauptagglomerationen abwandern.

MASKELL & MALMBERG (1998; 1999) haben die abnehmende Bedeutung von Standortballungen mit dem Prozess der **ubiquitification** in Verbindung gebracht. Sie gehen davon aus, dass der Wettbewerbsvorteil industrieller Ballungen zumindest teilweise auf lokalisierten Fertigkeiten und Strukturen, so genannten *localised capabilities,* basiert. Beispiele dafür sind spezialisierte Ressourcen und Arbeitskräfte in einer Region, spezifische Normen, Routinen und Traditionen sowie andere lokale Institutionen. *Localised capabilities* begünstigen die Entstehung einzigartiger Technologien und spezifischer Organisationsformen der Produktion (→ Kap. 7.3).

Ubiquitification bezeichnet den Prozess, durch den *localised capabilities* aus dem lokalen Umfeld entbettet werden. Dadurch kann die Wettbewerbsfähigkeit der betreffenden Unternehmen bedroht werden. Hierbei greifen zwei Teilprozesse:

(1) Einerseits bewirken Globalisierungsprozesse eine Ausbreitung von Technologien, Organisationsformen und Lösungsprinzipien in viele Teile der Welt. Dadurch sind diese an vielen Orten zu praktisch gleichen Kosten verfügbar.

(2) Andererseits wirkt der Prozess der Kodifizierung von stillem Wissen (*tacit knowledge*) in derselben Richtung. *Tacit knowledge* entsteht durch Lern- und Innovationsprozesse und ist an die beteiligten Personen und Unternehmen gebunden (POLANYI 1967, Kap. 1). Sind die Innovationsprozesse wie im Fall des *Silicon Valley* regional organisiert, so handelt es sich bei *tacit knowledge* um eine *localised capability.* Durch Kodifizierung und Standardisierung besteht die Gefahr, dass dieses Wissen auch in andere Regionen übertragen wird. Um zu vermeiden, dass *tacit knowledge* hierbei als *black box* für alle nicht anderweitig erklärbaren Einflüsse dient, ist allerdings eine exakte Operationalisierung notwendig, die jedoch häufig fehlt (GERTLER 2001).

Um die Wettbewerbsfähigkeit einer Industrieballung zu erhalten, muss deshalb die Wissensbasis durch Lernprozesse ständig erneuert und somit der Wettbewerbsvorteil reproduziert werden (MASKELL & MALMBERG 1998; 1999; MASKELL et al. 1998). Derartige Entwicklungen können mittels der traditionellen Standortlehre nicht adäquat erfasst werden, da diese auf die Ergebnisse sozialer und ökonomischer Prozesse fixiert ist, nicht aber die Prozesse selbst untersucht.

5.2.6 Standortfaktorensicht

Unter dem Kalkül der traditionellen Standortlehre wird ein Industrieunternehmen je nachdem, ob es rohstoff-, energie-, transport-, arbeits-, markt- oder ballungsorientiert ist, denjenigen Standort wählen, der diese Anforderungen bestmöglich erfüllt. Aktive Gestaltungsmöglichkeiten sowie kontextprägende und faktorschaffende Einflüsse industrieller Aktivitäten bleiben dabei weitgehend ausgeschlossen. In industriellen Standortuntersuchungen werden unter dem Sammelbegriff der Standortvorteile alle Ursachen zusammengefasst, die den regionalen Wachstumsprozess einer Industrie beeinflussen. Diese Vorgehensweise ist problematisch, weil hierdurch verschiedenartige Prozesse zusammengefasst werden: regionsinterne Unternehmensgründungen, Ansiedlungen von Unternehmen aus anderen Regionen sowie Expansionsaktivitäten bestehender Unternehmen (SCHICKHOFF 1988b; BATHELT 1991a, Kap. 12). Es handelt sich hierbei um Entscheidungen, deren

Abläufe grundsätzlich verschieden sind und denen unterschiedliche ökonomische und soziale Prozesse zugrunde liegen.

5.2.7 Statik

Einer der Hauptkritikpunkte an traditionellen Erklärungsansätzen bezieht sich auf den weitgehend statischen Charakter dieser Modelle. Die industrielle Standortwahl wird dabei als Ergebnis eines einmaligen Entscheidungsprozesses bei gegebenen technologischen, wirtschaftlichen und gesellschaftlichen Rahmenbedingungen angesehen. Wiederholte Standortverlagerungen und Expansionsaktivitäten ein und desselben Unternehmens zu einem Mehr-Betriebs-Unternehmen sind hierbei nicht vorgesehen. Veränderungen der Standortanforderungen als Folge des technologischen Wandels, neuer Wettbewerbs- und Nachfragebedingungen bleiben im Kalkül der traditionellen Standortlehre ausgeschlossen. Gerade Unternehmen mit hohem Innovationspotenzial und geringer Standortbindung passen ihre räumliche Organisationsstruktur diesen veränderten Bedingungen sukzessive an (SCHAMP 1996; HAYTER 1997, Kap. 8), so dass insgesamt eine dynamische, sich fortlaufend verändernde Standortstruktur entsteht.

5.3 Vom Transportkostenprimat zu Standortfaktorenkatalogen

Trotz der Kritik an der industriellen Standortlehre gab es noch in den 1970er und 1980er Jahren eine Vielzahl wissenschaftlicher Untersuchungen, die weitgehend an die Schemata der traditionellen industriellen Standortlehre angepasst waren, weil kein ähnlich universell einsetzbares alternatives Paradigma existierte. Ein typisches Beispiel für eine traditionell angelegte Untersuchung ist die Arbeit von BREDE (1971), in der basierend auf einer vom Ifo-Institut für Wirtschaftsforschung durchgeführten Umfrage in der verarbeitenden Industrie die Regelmäßigkeiten der Standortwahl in der (alten) Bundesrepublik Deutschland während der Nachkriegszeit festgestellt wurden. Im Vergleich zur WEBER'schen Standortlehre spielten Transportkosten dieser Studie folgend zwar nur eine untergeordnete Rolle, aber immerhin jedes sechste Unternehmen ordnete diese Komponente unter den drei wichtigsten Ursachen der getroffenen Standortentscheidung ein. Nach wie vor gibt es wissenschaftliche Studien, die in ähnlicher Weise unter Rückgriff auf die traditionelle Methodik Standortfaktoren identifizieren, auch wenn sie einen Ansatz verfolgen, der sich wie z. B. der Ansatz des innovativen bzw. kreativen Milieus (→ Kap. 6.4) von der traditionellen Standortlehre absetzt. Derartige Studien belegen, welch' große Persistenz die traditionelle Standortlehre und ihre Methodik besitzen.

Auch im Bereich von *high-tech*-Industrien hat es seit den 1970er Jahren eine Vielzahl von Untersuchungen zum Standortverhalten gegeben, die auf dem traditionellen Paradigma aufbauend versucht haben, die den Standortentscheidungen zugrunde liegenden Faktoren zu ermitteln. Obwohl diese empirischen Studien angesichts der Unterschiedlichkeit der Stichprobenauswahl, der Art der Fragestellung, der Zusammensetzung der einbezogenen Industriegruppen, des Umfangs der vorgegebenen Standortkataloge und der unterschiedlichen regionalen Auswahl nur eingeschränkt miteinander vergleichbar sind, lassen sich Gemeinsamkeiten bezüglich der identifizierten Standortfaktoren erkennen. Die Ergebnisse deuten darauf hin, dass Arbeitsmärkte, Universitätsnähe, Transportnetze, Marktnähe sowie Lebensqualitätsfaktoren großen Einfluss auf das Standortverhalten von *high-tech*-Unternehmen ausüben (MARKUSEN et al. 1986, Kap. 8 und 9; HAYTER 1997, Kap. 4). Wenn man auf diese Weise Standortfaktoren auflistet, scheinen sich die Standortanforderungen von *high-tech*-Unternehmen allerdings nicht grundlegend von den Anforderungen anderer Industriebranchen zu unterscheiden. Dies zeigt beispielsweise die Untersuchung von REES & STAFFORD (1986) über das Standortverhalten von Unternehmen unterschiedlicher Industriezweige. Auch für Standortentscheidungen in traditionellen Industriesektoren spielen Arbeitsmärkte, Marktzugang und Transportnetze eine wichtige Rolle (BREDE 1971, Teil IV; SCHICKHOFF 1988b; SEDLACEK 1988, Kap. 2; HEALEY & ILBERY 1990, Kap. 10).

Dieses Ergebnis ist nicht einmal überraschend, wenn man berücksichtigt, dass traditionell angelegte Studien unabhängig vom sektoralen Schwerpunkt lediglich Ergebnisse sozialer und ökonomischer Prozesse miteinander vergleichen, nicht aber die Ursachen analysieren, die durch ihr komplexes Zusammenwirken und ihre Dynamik die Prozessabläufe beeinflussen. Dennoch soll in den nachfolgenden Abschnitten zunächst einmal

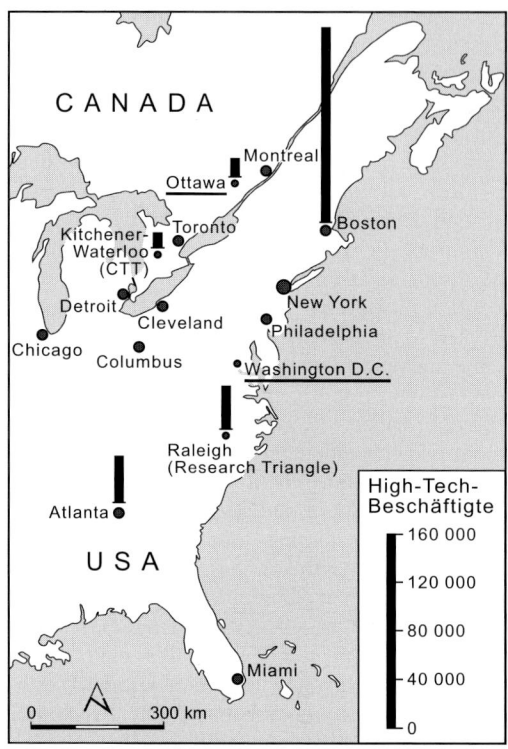

Abb. 47: Nordamerikanische *high-tech*-Untersuchungs-regionen (Quelle: nach BATHELT 1991b, S. 32)

versuch werden, die verschiedenen in der traditionellen Standortlehre hervorgehobenen Standortfaktoren am Beispiel einer Untersuchung über nordamerikanische *high-tech*-Industrien getrennt voneinander zu bewerten und nach ihrer Bedeutung einzuordnen. Die dargestellten Ergebnisse beziehen sich auf eine Befragung von 160 *high-tech*-Unternehmen aus dem Jahr 1988 (BATHELT 1991a; 1991b; 1992). Hierbei wurden Unternehmen aus insgesamt fünf Regionen der USA und Kanadas befragt (→ Abb. 47): Boston, Ottawa, *Canada's Technology Triangle (CTT)*, Atlanta, *Research Triangle (RT)*.

5.3.1 Abnehmende Bedeutung von Transportkosten

In der WEBER'schen Standortlehre ergibt sich in Abhängigkeit von der Zusammensetzung der verarbeiteten Rohstoffe eine unterschiedliche Transportkostenstruktur und eine davon abhängige, variierende Standortorientierung. Da *high-tech*-Produkte im Unterschied zu den Produkten traditioneller Industriebranchen durch ein geringes Gewicht bei gleichzeitig hohem Wert pro Volumeneinheit gekennzeichnet sind, haben Transportkosten nur einen geringen Anteil am Umsatz (BATHELT 1991a, Kap. 10). Dadurch wirkt sich selbst eine ineffiziente Organisation der Produkt- und Materialtransporte kaum nachteilig auf die Kostenstruktur eines *high-tech*-Unternehmens aus. Dementsprechend spielten Transportkosten nur für einen geringen Anteil der befragten Unternehmen eine wichtige Rolle als Standortfaktor. Weniger als 15 % der Unternehmen gaben an, dass Transportkosten in ihren Standortentscheidungen von Bedeutung waren. Dennoch spielen Transportgesichtspunkte auch im *high-tech*-Bereich vor allem in Hinblick auf eine gute Erreichbarkeit und eine hohe Transportgeschwindigkeit eine wichtige Rolle (DICKEN & LLOYD 1990, Kap. 3). Mehr als ein Drittel der befragten Unternehmen in den Regionen *Canada's Technology Triangle*, Atlanta und *Research Triangle* bezeichneten den Zugang zu Transportnetzen als wichtigen Grund ihrer Standortentscheidung (→ Tab. 4). Insbesondere die Anbindung an interregionale Autobahnnetze und leistungsfähige internationale Flughäfen ist für *high-tech*-Unternehmen von Bedeutung, um schnellen Zugang zu den Märkten zu erhalten und um flexibel auf spezifische Wünsche und Probleme bei wichtigen Kunden oder Zulieferern eingehen zu können. Fehlende räumliche Nähe zwischen den Unternehmen und ihren Kunden bzw. Zulieferern wurde vielfach durch intensiven Geschäftsreisever-

Tab. 4: Bedeutung von Transportgesichtspunkten für *high-tech*-Unternehmen (Quelle: BATHELT 1991a, S. 270)

Faktoren der Standortentscheidung	Anteil der Betriebe je Region 1988				
	Boston n = 40	Ottawa n = 33	*CTT* n = 33	Atlanta n = 25	*RT* n = 29
Transportkosten	3 %	3 %	13 %	12 %	14 %
Zugang zu Transportnetzen	18 %	15 %	34 %	44 %	35 %

Abkürzungen: *CTT = Canada's Technology Triangle, RT = Research Triangle*

Tab. 5: Bedeutung von Agglomerationsvorteilen und räumlicher Nähe für *high-tech*-Unternehmen (Quelle: BATHELT 1991a, S. 272)

Faktoren der Standortentscheidung	Anteil der Betriebe je Region 1988				
	Boston n = 40	Ottawa n = 33	CTT n = 33	Atlanta n = 25	RT n = 29
lokal-regionale Nachfrage	10 %	21 %	6 %	16 %	21 %
Nähe zu anderen Betrieben/ Unternehmen	25 %	27 %	22 %	4 %	21 %
Nähe von Zulieferern	13 %	18 %	25 %	8 %	17 %
Kundennähe	30 %	55 %	38 %	44 %	41 %
Universitätsnähe	35 %	9 %	47 %	32 %	72 %
Nähe zu FuE-Einrichtungen	13 %	21 %	13 %	16 %	59 %

Abkürzungen: *CTT = Canada's Technology Triangle, RT = Research Triangle*

kehr und regelmäßige Flugreisen von Management und technischem Personal kompensiert, um persönliche Geschäftskontakte aufrecht zu erhalten.

5.3.2 Agglomerationsvorteile im Wandel

In der traditionellen Standortlehre werden positive Agglomerationswirkungen meist als direkte Kostenvorteile aus einer räumlichen Ballung von Konkurrenzunternehmen, Zulieferern und/oder Kunden definiert. In empirischen Standortuntersuchungen wird Agglomerationsvorteilen regelmäßig eine überragende Bedeutung bei der Standortwahl zugesprochen (z. B. BREDE 1971, Teil IV), wobei es diesen Studien meist nicht gelingt, die Bedeutung von Agglomerationswirkungen genau aufzuschlüsseln (SCHICKHOFF 1988b; HEALEY & ILBERY 1990, Kap. 5). Sie sind zudem vor allem auf quantitative Verflechtungsbeziehungen ausgerichtet. In der hier zugrunde gelegten Untersuchung wurden verschiedene Arten der Nähe – z. B. die Nähe zu anderen Unternehmen, Zulieferern, Kunden und Universitäten – unterschieden, um in einem ersten Schritt festzustellen, welche Art von Agglomeration für *high-tech*-Industrien besonders vorteilhaft ist. Die Unternehmensbefragungen deuten darauf hin, dass nur ein kleiner Teil der *high-tech*-Unternehmen seine Standortentscheidungen unter Berücksichtigung der lokalen Nachfrage traf (→ Tab. 5). In Ottawa und dem *Research Triangle* lag der Anteil von Unternehmen, die der lokalen Nachfrage eine hohe Bedeutung zumaßen, mit rund 20 % noch am höchsten. Diese hohe Bewertung ist aber überwiegend auf regionale Besonderheiten zu-

rückzuführen. In Ottawa z. B. geht dies auf die Rolle der kanadischen Regierung bei der Vergabe von Rüstungsaufträgen zurück. In keiner der Untersuchungsregionen gehörte die lokale Nachfrage zu den bedeutendsten Standortfaktoren.

Demgegenüber besaß die Nähe zu anderen *high-tech*-Unternehmen und die Nähe zu Kunden einen signifikant größeren Einfluss auf Standortentscheidungen. Außer in Atlanta bezeichneten 20 bis 25 % der *high-tech*-Unternehmen die Nähe zu anderen Herstellern und sogar 30 bis 55 % die Nähe zu Kunden als wesentlichen Entscheidungsfaktor ihrer Standortwahl. Die Nähe zu Kunden gehörte durchweg zu den besonders wichtigen Standortfaktoren und hatte in allen Regionen eine deutlich größere Bedeutung als die Nähe zu Zulieferern. Die Tatsache, dass die lokale Nachfrage durchweg einen wesentlich geringeren Einfluss auf Standortentscheidungen ausübte als die Nähe zu Kunden, stellt unter dem Kalkül der traditionellen Standortlehre einen scheinbaren Widerspruch dar und zeigt, dass die Ausrichtung der traditionellen Ansätze den realen Entscheidungsprozessen nicht gerecht wird. Offensichtlich existierte in keiner der Untersuchungsregionen eine so bedeutende Nachfrage nach *high-tech*-Produkten, dass die aus dieser Ballung resultierenden Kostenvorteile einen Ansiedlungsanreiz dargestellt hätten. Das hängt damit zusammen, dass *high-tech*-Produkte oftmals so stark spezialisiert sind, dass es keine herausragenden kleinräumigen Marktballungen gibt. Dennoch sind enge Verflechtungen mit Kunden, gerade auch mit Kunden in räumlicher Nähe, von zentraler Bedeutung für die Wettbewerbs- und Innovationsfähigkeit von Unternehmen, weil die Produktlebensdauer vieler *high-tech*-Produkte relativ kurz ist, Absatzmärkte sich schnell verändern können und Produktneuentwicklungen häufig aus der Kommunikation mit Kunden entstehen. Insofern kann die Nähe zu wenigen Stammkunden mit hoher Innovationskraft oder eine großräumig marktstrategische Lagegunst von zentraler Bedeutung für die Standortwahl sein, selbst wenn die Nachfrage innerhalb der Standortregion lediglich einen Bruchteil der gesamten Nachfrage eines Unternehmens ausmacht.

Diese Ergebnisse zeigen wiederum, dass die quantitative Sicht der traditionellen Standortlehre zur Erklärung realer Entscheidungsprozesse problematisch ist. So scheinen die direkten Kostenersparnisse aus einer Agglomeration von Kunden und Zulieferern wesentlich geringer zu sein, als in der traditionellen Standortlehre angenommen (KARASKA 1969; SCHICKHOFF 1983, Kap. II; BATHELT 1991b). Stattdessen wirkt räumliche Nähe eher als vorteilhafte Rahmenbedingung zur Etablierung intensiver Technologie- und Marktverflechtungen. Neben Kunden, Zulieferern und Konkurrenten spielen in diesem Zusammenhang auch Universitäten und andere Forschungseinrichtungen eine wichtige Rolle. Rund ein Drittel der befragten *high-tech*-Unternehmen aus Boston und Atlanta, 50 % der Unternehmen aus *Canada's Technology Triangle* und sogar 70 % der Unternehmen aus dem *Research Triangle* trafen ihre Standortentscheidungen unter Einbeziehung der Zugangsmöglichkeiten zu Hochschulen. Lokale Universitäten zählten außer in der Region Ottawa überall zu den bedeutendsten Standortfaktoren der befragten Unternehmen. Zusätzlich beeinflussten auch nicht-universitäre Forschungseinrichtungen die Standortwahl. Dies war insbesondere im *Research Triangle* der Fall für fast 60 % der Unternehmen, weil dort bereits in der Anfangsphase der *high-tech*-Entwicklung wichtige Forschungseinrichtungen angesiedelt wurden und später sukzessive weitere hinzukamen.

Lokale Universitäten mit natur- und ingenieurwissenschaftlichen Ausbildungs- und Forschungsschwerpunkten sind dabei auf vielfältige Weise mit *high-tech*-Unternehmen verflochten (BATHELT 1991a, Kap. 4 und 10). So erhalten die Unternehmen infolge räumlicher Nähe einen direkten Zugang zu hochqualifizierten Hochschulabgängern. Durch intensive Kontakte zu Hochschullehrern, Graduierten und Studenten, die während ihres Studiums Praktika ableisten, kommt es zu einem ständigen Transfer wissenschaftlicher Forschungsergebnisse in die Industrie. Räumliche

Nähe gestattet den Unternehmen zudem eine flexible Nutzung universitärer Einrichtungen wie etwa von Fachbibliotheken, Rechenzentren und speziellen Forschungslabors. Des Weiteren nutzen Unternehmen den Zugang zu Universitäten zur Schulung und Weiterbildung eigener Mitarbeiter. Zugleich werden Spezialisten der lokalen Hochschulen bei der Lösung spezieller Probleme in den Unternehmen zu Rat gezogen. Vielfach kommt es dazu, dass Hochschullehrer durch *consulting*-Verträge im *high-tech*-Bereich unternehmerisch tätig werden und dass Fachkräfte aus dem *high-tech*-Sektor umgekehrt die Chance erhalten, Lehrveranstaltungen an den Universitäten anzubieten. Daneben werden Forschungsprojekte an den Hochschulen in Auftrag gegeben oder gemeinsam mit diesen durchgeführt.

Trotz dieser Kontaktvielfalt liegt die Hauptaufgabe lokaler Hochschulen aus der Sicht der meisten *high-tech*-Unternehmen vor allem im Ausbildungs- und nicht im Forschungsbereich. Qualifizierte Forschungsprogramme an den Hochschulen waren für die befragten *high-tech*-Unternehmen meist von sekundärer Bedeutung. Universitäten wurden in erster Linie als Quelle zur Rekrutierung hochqualifizierter Arbeitskräfte angesehen. Die ursprüngliche Funktion der Hochschulen als Träger des technologischen Fortschritts und Impulsgeber für Basisinnovationen in den Bereichen Elektronik, Mikroelektronik und Telekommunikation scheint im Verlauf der Technologieentwicklung weitgehend verloren gegangen zu sein. Das Beispiel Ottawa zeigt zudem, dass Universitäten ohne ausgeprägte technisch-naturwissenschaftliche Schwerpunktsetzung und ohne spezifische Reputation für herausragende Forschungen in diesen Bereichen nur geringen Einfluss auf die Entwicklung des lokalen *high-tech*-Sektors ausüben.

5.3.3 Arbeitsmarktaspekte

In der auf WEBER (1909, Kap. 4) zurückgehenden Standortlehre findet eine Arbeitsorientierung industrieller Unternehmen nur dann statt, wenn Lohnkosteneinsparungen nicht durch zusätzliche Transportkosten überkompensiert werden (BRÜCHER 1982, Kap. 5). Empirische Untersuchungen zeigen, dass Lohnkosten je nach Art des Sektors und der betrachteten räumlichen Maßstabsebene entweder einen sehr geringen oder einen relativ sehr großen Einfluss auf Standortentscheidungen haben. In *high-tech*-Industrien

Tab. 6: Bedeutung von Arbeitsmarktaspekten für *high-tech*-Unternehmen (Quelle: Bathelt 1991a, S. 277)

| Faktoren der Standortentscheidung | Anteil der Betriebe je Region 1988 | | | | |
	Boston n = 40	Ottawa n = 33	*CTT* n = 33	Atlanta n = 25	*RT* n = 29
Lohnniveau	5 %	6 %	28 %	28 %	28 %
Verfügbarkeit ungelernter/ angelernter Arbeitskräfte	20 %	–	9 %	8 %	28 %
Verfügbarkeit qualifizierter Arbeitskräfte	50 %	46 %	63 %	20 %	62 %

Abkürzungen: *CTT = Canada's Technology Triangle, RT = Research Triangle*

wird meist davon ausgegangen, dass Arbeitskosten in den innovativen Unternehmenssegmenten nur eine geringe Rolle spielen. Dies bestätigen auch die Ergebnisse der Unternehmensbefragungen in Boston und Ottawa, wo das Lohnniveau nur selten Einfluss auf Standortentscheidungen hatte (→ Tab. 6). Demgegenüber bezeichneten in den anderen *high-tech*-Regionen immerhin etwa 30 % der Unternehmen die lokalen Arbeitskosten als wichtigen Grund ihrer Standortentscheidung. Hierbei ist allerdings zu berücksichtigen, dass in diesen vergleichsweise spät entwickelten *hightech*-Regionen die Lohnkosten zum Zeitpunkt der Ansiedlung vieler Unternehmen geringer waren als in den Hauptballungen dieser Industrien.

Im Vergleich zu den Lohnkosten spielten qualitative Arbeitsmarktaspekte als Humankapital eine eindeutig größere Rolle für die Standortentscheidungen von *high-tech*-Unternehmen und für deren nachfolgendes Wachstum (Rees & Stafford 1986; Malecki 1985). Abgesehen von Atlanta bezeichneten 50 bis 60 % der befragten Unternehmen die Verfügbarkeit qualifizierter Arbeitskräfte als eine zentrale Ursache ihrer Standortentscheidung. Die Verfügbarkeit qualifizierter Arbeitskräfte rangierte damit unter den bedeutendsten Standortfaktoren dieser Regionen. Daneben wurde auch die Verfügbarkeit ungelernter Arbeitskräfte mit geringerem Qualifikationsniveau als Standortfaktor genannt. Dieser Aspekt gewann vor allem dann an Bedeutung, wenn Massenproduktionstendenzen einsetzten und im Rahmen einer großräumigen funktionalen Arbeitsteilung spezialisierte Produktions- und Montagezweigwerke geplant wurden (z. B. Rogers & Larsen 1983; Saxenian 1985; 1987). Die Verfügbarkeit ungelernter Arbeitskräfte hatte allerdings einen deutlich geringeren Einfluss auf Standortentscheidungen als die Verfügbarkeit qualifizierter Arbeitskräfte.

In der Unterscheidung zwischen qualifizierten und ungelernten Arbeitskräften bleibt die eigentliche Wirkungsweise des Faktors Humankapital sogar noch verdeckt (Dicken & Lloyd 1990, Kap. 4). *High-tech*-Unternehmen haben keinen allgemeinen Bedarf an qualifizierten Arbeitskräften, sondern stellen äußerst spezialisierte Anforderungen an die Art der Qualifikation und die Erfahrungen in spezifischen Technologiebereichen und Arbeitsprozessen. Aus diesem Grund kann ein Ingenieur aus der Computerindustrie nicht ohne weiteres durch einen gleich gut qualifizierten Ingenieur aus der Flugzeugindustrie ersetzt werden und innerhalb der Computerindustrie ein Halbleiterspezialist nicht durch einen Spezialisten für Betriebssysteme. In den Untersuchungsregionen führte der Entwicklungsprozess von *hightech*-Industrien zu ausgeprägten sektoralen Spezialisierungstendenzen. Dementsprechend entstanden unterschiedliche regionsspezifische Ansprüche an die Qualifikationsstruktur der Arbeitskräfte. Die Evolution spezialisierter Arbeitsmärkte war dabei eng mit der Ausrichtung lokaler Universitäten verzahnt und mit den regionalen Spezialisierungsprozessen in der Industriestruktur verbunden.

Exkurs: Standort Deutschland und Arbeitskosten. Obwohl empirische Studien gezeigt haben, dass Arbeitskosten bei der Standortwahl längst nicht immer entscheidungsrelevant sind, und obwohl Arbeitskosten in kapitalintensiven Industriezweigen nur einen vergleichsweise geringen Anteil an den Gesamtkosten ausmachen, werden hohe Arbeitskosten wie im Fall der deutschen Industrie immer wieder als Ursache einer geringen internationalen Wettbewerbsfähigkeit aufgeführt und als Ausgangspunkt für Unternehmensverlagerungen in andere Länder angesehen (z. B. Hayter 1997, Kap. 4; Gaebe 1998). Als empirische Basis für derartige Aussagen wird

a) Industriearbeitskosten pro Stunde

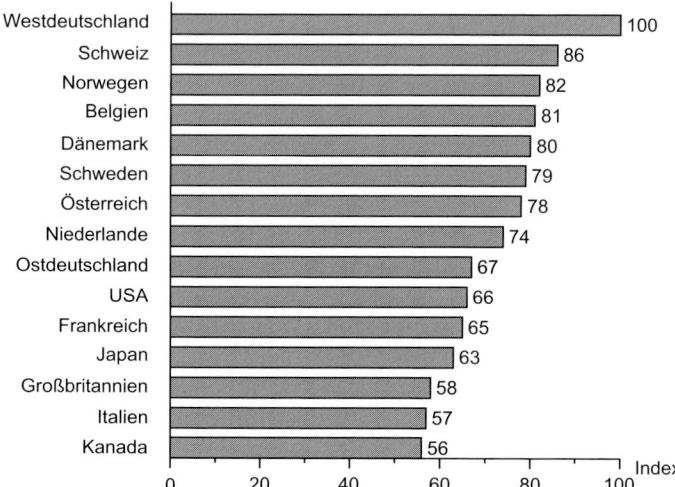

Abb. 48: Internationaler Vergleich der Arbeitskosten 1998 (Quelle: LINDLAR & SCHEREMET 1999, S. 682)

b) gesamtwirtschaftliche Arbeitskosten pro Stunde

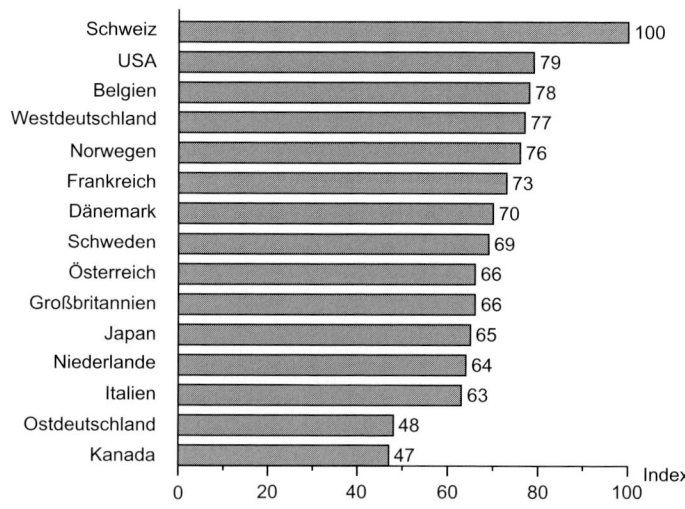

häufig ein internationaler Vergleich der Industriearbeiterkosten durchgeführt (→ Abb. 48a). Hierbei scheint sich für 1998 tatsächlich zu zeigen, dass Westdeutschland mit Arbeitskosten von 50 DM pro Stunde unter allen Ländern die höchsten Arbeitskosten verzeichnete (LINDLAR & SCHEREMET 1999). Im Vergleich dazu betrugen die Arbeitskosten in Ostdeutschland nur 33 DM pro Stunde. Die Industriearbeiterkosten anderer Industrieländer wie z. B. der USA, Japans und Kanadas lagen etwa 35 % unter dem westdeutschen Niveau.

LINDLAR & SCHEREMET (1999) halten einen derartigen Vergleich der Industriearbeiterkosten für äußerst problematisch und irreführend, weil dieser nicht alle tatsächlichen Kosten berücksichtigt: So werden durch die Beschränkung auf Produktionsarbeiter nur etwa 15 % aller Arbeitskräfte in Deutschland berücksichtigt. Zudem weisen die Qualifikationsprofile der Arbeiter große Unterschiede zwischen verschiedenen Ländern auf. Beispielsweise sind Arbeiter in Deutschland länger und gründlicher ausgebildet als in den USA und für hochwertigere Tätigkeiten geschult.

Ferner werden bei einer Fokussierung derartiger Vergleiche auf das verarbeitende Gewerbe die Arbeitskosten vieler Zuliefersektoren nicht berücksichtigt. Aus diesem Grund plädieren LINDLAR & SCHEREMET (1999) dafür, die Arbeitskosten der Gesamtwirtschaft und nicht die der Industriearbeiter für einen internationalen Vergleich zugrunde zu legen ($\to$ Abb. 48b). Die von ihnen durchgeführten Vergleichsrechnungen führen trotz einiger methodischer Unsicherheiten zu dem Ergebnis, dass Westdeutschland zwar nach wie vor als Hochlohn-Region einzustufen ist, aber mit anderen Industriestaaten wie den USA und Belgien in einer Gruppe liegt. Diese Länder hatten 1998 gesamtwirtschaftliche Arbeitskosten in Höhe von rund 45 DM pro Stunde. Der ostdeutsche Vergleichswert lag bei 28 DM pro Stunde. Auch andere Industriestaaten hatten ähnlich hohe gesamtwirtschaftliche Arbeitskosten. Wenn man zusätzlich noch Produktivitäten in die Überlegungen einbezieht, so kann die These des einseitigen Wettbewerbsnachteils Deutschlands aufgrund hoher Arbeitskosten im Vergleich zu anderen Industriestaaten nicht aufrecht erhalten werden.

5.3.4 Öffentlich-staatliche Einflüsse und Kapitalmarkt

In traditionellen Erklärungsansätzen konzentriert sich die Analyse staatlicher Einflüsse im Rahmen von Standortentscheidungen auf quantitative Effekte (z. B. SMITH 1971; BREDE 1971, Teil IV). Es wird angenommen, dass lageabhängige Steuervorteile und Subventionen zu einer größeren Wahlfreiheit von Standortentscheidungen führen

und dass somit eine Standortlenkung möglich ist. Unter dieser Annahme wurden in der Vergangenheit regionale Wirtschaftsförderungsprogramme entwickelt, in denen die Ansiedlung von Industrieunternehmen in wirtschaftsschwachen Regionen durch finanzielle Anreize unterstützt wird. Ein Beispiel hierfür ist in Deutschland die Gemeinschaftsaufgabe zur Verbesserung der regionalen Wirtschaftsstruktur ($\to$ Kap. 3.4). Allerdings wurden mit dieser Förderpraxis zumeist nur begrenzte Erfolge erzielt. Die Ergebnisse der durchgeführten Unternehmensbefragungen bestätigen die Hypothese, dass Steuern im Standortkalkül von *high-tech*-Unternehmen offenbar keine sehr wichtige Rolle spielen ($\to$ Tab. 7). Allerdings zeigt sich auch, dass die Unternehmen in bestimmten Regionen wie z. B. in Atlanta und dem *Research Triangle* Steuervorteile bewusst in Anspruch nehmen. Im *Research Triangle* bezeichneten immerhin 40 % der Unternehmen das Steuerniveau als eine der Ursachen ihrer Standortwahl.

Neben steuerlichen Regelungen gibt es eine Vielzahl weiterer Möglichkeiten der öffentlich-staatlichen Einflussnahme auf Standortentscheidungen. Seit Anfang der 1970er Jahre werden beispielsweise in vielen Regionen Technologieparks und Gründerzentren eingerichtet, in denen sich technologieorientierte Unternehmen ansiedeln sollen. Diese sollen lokale Gründungsprozesse stärken und langfristige regionale Wachstumsimpulse setzen. Wie erfolgreich solche Projekte sind, muss sich in vielen Fällen erst noch herausstellen. Die Untersuchungen von STERNBERG (1988), LUGER & GOLDSTEIN (1991) und MASSEY et al. (1992) zeigen, dass Technologieparks und

Tab. 7: Bedeutung öffentlich-staatlicher Einflüsse für *high-tech*-Unternehmen (Quelle: BATHELT 1991a, S. 280)

Faktoren der Standortentscheidung	Anteil der Betriebe je Region 1988				
	Boston n = 40	Ottawa n = 33	CTT n = 33	Atlanta n = 25	RT n = 29
Steuerniveau	3 %	3 %	3 %	12 %	41 %
öffentlich-staatliche Unterstützung	3 %	55 %	9 %	16 %	52 %
Verfügbarkeit von Rüstungsaufträgen	8 %	21 %	9 %	–	3 %
Verfügbarkeit von Investitionskapital	8 %	3 %	3 %	4 %	14 %
Gründung mit Hilfe von Risikokapital	17 %	36 %	16 %	8 %	11 %

Abkürzungen: *CTT = Canada's Technology Triangle, RT = Research Triangle*

Gründerzentren vor allem dort mittelfristig die erwünschten Wirkungen haben, wo bereits gute Standortvoraussetzungen für technologieorientierte Gründungen existieren. In den hier betrachteten nordamerikanischen Untersuchungsregionen gab es in den verschiedenen Phasen der *high-tech*-Entwicklung unterschiedliche Formen öffentlich-staatlicher Unterstützung, die Einfluss auf den späteren Entwicklungsverlauf hatten: So erfolgten in den Regionen Boston, Atlanta und Ottawa vor und nach dem Zweiten Weltkrieg entscheidende Impulse durch die Vergabe von Rüstungsaufträgen. Im *Research Triangle* nahmen wichtige Regierungsvertreter direkten Einfluss auf industrielle Standortentscheidungen. Diese Einflüsse wurden in den Unternehmensbefragungen aber regional unterschiedlich bewertet. Lediglich in Ottawa wurde die Verfügbarkeit von Rüstungsaufträgen von 20 % der befragten Unternehmen als wichtiger Standortfaktor genannt. Hier und im *Research Triangle* wurde die öffentlich-staatliche Unterstützung von mehr als 50 % der befragten Unternehmen als zentral für ihre Standortwahl bezeichnet.

Die Entwicklung von *high-tech*-Industrien in den untersuchten Regionen zeigt, dass öffentlich-staatliche Einflüsse auf industrielle Standortentscheidungen sehr vielschichtig sein können. Schwer messbare Faktoren wie die Einflussnahme durch führende Politiker mögen in der Summe sogar eine größere Bedeutung haben als die direkt kostenwirksamen steuerlichen Maßnahmen. Darüber hinaus wirken sich öffentlich-staatliche Aktivitäten auch positiv auf die Gründungsbereitschaft und die Kapitalverfügbarkeit in einer Region aus.

In empirischen Untersuchungen wird der Kapitalmarkt, vor allem die Verfügbarkeit von Risikokapital, immer wieder als ein zentraler Standortfaktor für *high-tech*-Unternehmen herausgestellt (z. B. MALECKI 1986; FLORIDA & KENNEY 1988). Obwohl in allen Untersuchungsregionen mindestens 10 bis 20 %, in Ottawa sogar rund 35 % der befragten *high-tech*-Unternehmen durch die Inanspruchnahme von Risikokapital gegründet worden waren, spielte die Verfügbarkeit von Investitionskapital offensichtlich nur eine untergeordnete Rolle für die Standortwahl. Zusammen mit den Transportkosten zählten Steuern und Investitionskapital zu den am niedrigsten eingestuften Standortfaktoren für Ansiedlungsentscheidungen. Offensichtlich hängt die Verfügbarkeit von Risikokapital primär von den Unternehmenskonzepten

als von der Lage der Unternehmensstandorte ab. Für vielversprechende Unternehmensgründungen im *high-tech*-Bereich scheint Kapitalverfügbarkeit weder ein limitierender Faktor noch ein regionales Problem zu sein. Trotzdem darf die Bedeutung von Risikokapital (z. B. KENNEY & V. BURG 1999) ebenso wie die Bedeutung von Rüstungsaufträgen nicht unterschätzt werden. Die Tatsache, dass diese Faktoren in den durchgeführten Unternehmensbefragungen als Standortfaktoren nur gering eingestuft wurden, lässt nicht die Schlussfolgerung zu, dass von ihnen keine wichtigen Impulse auf die Entwicklung von *high-tech*-Industrien ausgehen. Vielmehr zeigt sich hier ein generelles Problem der traditionellen industriellen Standortlehre: Diese konzentriert sich vor allem auf die Analyse von Ansiedlungsentscheidungen, während Rüstungsaufträge vor allem auf das Wachstum bestehender *high-tech*-Unternehmen einen positiven Einfluss ausübten und die Verfügbarkeit von Risikokapital in erster Linie eine wichtige Entscheidungskomponente für regionsinterne Unternehmensgründungen bildete (BATHELT 1991a, Kap. 12).

5.3.5 Scheinbare Bedeutung von Umwelt- und Lebensbedingungen

Die Wirkung räumlicher Umwelt- und Lebensbedingungen auf industrielle Standortentscheidungen findet in der traditionellen Standortlehre kaum Beachtung. So zieht BRÜCHER (1982, Kap. 5) das Fazit, dass physische Faktoren vor allem in limitierender Weise auf Standortentscheidungen wirken, dass von ihnen somit nicht in positiver Form Anreize für Standortansiedlungen ausgehen. Obwohl diese Schlussfolgerung in vielen Bereichen zutrifft, scheint sie doch empirischen Studien über das Standortverhalten von *high-tech*-Industrien zu widersprechen, die gerade auf die zunehmende Bedeutung von Aspekten der Lebensqualität hinweisen (z. B. REES & STAFFORD 1986). Demnach mögen unter dem Kalkül einer humankapitalorientierten Standortwahl Wohnstandortpräferenzen hochqualifizierter Arbeitskräfte und Aspekte der Lebensqualität eine zunehmende Rolle für industrielle Standortentscheidungen spielen. Ein Unternehmen in einer Region mit vorteilhafter Lebensqualität könnte aus der Sicht hochspezialisierter Arbeitskräfte eher als Arbeitgeber in Frage kommen als ein Unternehmen in einer Region mit geringerer Lebensqualität. Aus diesem Grund mögen Aspekte

Tab. 8: Bedeutung von Lebens- und Umweltbedingungen für *high-tech*-Unternehmen (Quelle: BATHELT 1991a, S. 283)

Faktoren der Standortentscheidung	Anteil der Betriebe je Region 1988				
	Boston n = 40	Ottawa n = 33	CTT n = 33	Atlanta n = 25	RT n = 29
Klimagunst	–	9%	9%	28%	69%
Umweltqualität	3%	12%	22%	16%	62%
sozio-kulturelle Qualität	5%	27%	25%	16%	45%
Wohnkosten	3%	6%	16%	12%	48%

Abkürzungen: *CTT = Canada's Technology Triangle, RT = Research Triangle*

wie Klimagunst, Umweltqualität und sozio-kulturelle Attraktivität durchaus auch Einfluss auf Standortentscheidungen im *high-tech*-Bereich ausüben. Dies scheint sich anhand der Ergebnisse der durchgeführten Unternehmensbefragungen zu bestätigen (→ Tab. 8). Besonders deutlich zeigt sich dies am Beispiel der wenig industrialisierten, im Süden der USA gelegenen Region *Research Triangle*. Jeweils 45 bis 70% der befragten Unternehmen in dieser Region bezeichneten die Klimagunst, Umweltqualität, sozio-kulturelle Qualität und Wohnkosten als eine der Ursachen ihrer Standortwahl. Aber auch in den Regionen Ottawa, *Canada's Technology Triangle* und Atlanta wurden einige Faktoren der Umwelt- und Lebensbedingungen von mehr als 20% der Unternehmen als Standortfaktoren herausgestellt. Aspekte der Umwelt- und Lebensqualität scheinen vor allem in jüngeren *high-tech*-Regionen und an Standorten mit größerem Planungseinfluss eine Rolle zu spielen. Demgegenüber war die Entwicklung in der Region Boston offensichtlich vor allem von anderen Faktoren geprägt.

Insgesamt sollte man derartige Aussagen über die Bedeutung von Lebensqualitätsaspekten im Rahmen industrieller Standortentscheidungen allerdings mit Vorsicht behandeln und keinesfalls verallgemeinern. So lässt sich aus den durchgeführten Unternehmensbefragungen keineswegs die Schlussfolgerung ziehen, dass die Umweltqualität im *Research Triangle* eindeutig besser ist als in Boston und Ottawa. Entsprechend wäre eine Schlussfolgerung völlig irreführend, die sozio-kulturelle Qualität in Boston bliebe hinter der anderer *high-tech*-Regionen zurück. In den betrachteten Untersuchungsregionen gibt es ganz unterschiedliche Lebensbedingungen, die durch heterogene klimatische und kulturelle Einflüsse mit beeinflusst und dabei von den lokalen Unternehmen unterschiedlich bewertet werden. Ein

Vergleich derartiger Bewertungen zwischen verschiedenen Regionen ist höchst problematisch. Immerhin aber scheint es Regionen wie das *Research Triangle* zu geben, wo die Lebensqualität besonders positiv bewertet wird und offensichtlich Einfluss auf Standortentscheidungen ausübt. Obwohl die im Unterschied dazu bemängelte Lebensqualität in den traditionellen Industrieregionen der USA nicht zu signifikanten Abwanderungstendenzen geführt hat, nehmen viele Untersuchungen an, dass günstige Umwelt- und Lebensbedingungen positiven Einfluss auf das *high-tech*-Wachstum in den südlichen Regionen der USA, den so genannten *sunbelt*-Staaten, gehabt haben.

5.3.6 Harte versus weiche Standortfaktoren

Auch wenn die traditionelle Standortlehre schon frühzeitig wegen ihrer restriktiven Annahmen, des statischen Charakters und der Überbetonung der Kostenseite (speziell der Transportkosten) kritisiert wurde, wurde in empirischen Studien am Instrumentarium dieses Forschungsparadigmas festgehalten. So wurde zwar bemängelt, dass Arbeitsmärkte und Agglomerationsfaktoren in traditionellen Ansätzen unterbewertet waren, trotzdem gelang es regelmäßig, die herkömmlichen Standortfaktorkategorien auf empirischem Weg zu identifizieren (z. B. BREDE 1971, Teil IV). Für das Standortverhalten der schnell wachsenden *high-tech*-Industrien lieferten die traditionellen Ansätze allerdings keine adäquate Erklärung. Traditionelle Standortfaktoren schienen hier nur noch eine geringe Bedeutung zu besitzen, zumal sich der Anteil der Transportkosten an den Gesamtkosten in diesen Industrien sukzessive verringerte und die Standortbindung an Rohstofflagerstätten anders als etwa im Bergbau nicht mehr gegeben war. Qualitativ hochwertige Verkehrsinfrastrukturnetze zum Aufbau effektiver Verflechtungsbeziehungen wurden für die Standortwahl wichtiger als Transportkosten. Gegenüber bloßen Kostenaspekten standen zunehmend qualitative Anforderungen an den Arbeitsmarkt im Blickpunkt industrieller Standortentscheidungen. Die Standortwahl in räumlicher Nähe von Kunden, Zulieferern und Universitäten basierte nicht auf Kostenüberlegungen, sondern erfolgte aufgrund der Vorteile der dabei möglichen intensiven Kommunikations- und Informationsverflechtungen.

Raumwirtschaftliche Standortuntersuchungen sind somit in ein zunehmend schwerer zu lösendes Dilemma geraten: Einerseits leiten sie ihre Methodik aus der industriellen Standortlehre ab. Andererseits aber hat sich gezeigt, dass die in dem traditionellen Paradigma betonten Standortfaktoren kaum noch einen Erklärungswert besitzen. Dieses Dilemma versuchen Standortuntersuchungen zum Teil schon seit den 1970er Jahren zu umgehen, indem sie die quantitativ messbaren Kostenfaktoren der Standortlehre als **harte Faktoren** kennzeichnen und ihnen eine zweite Gruppe neuer, weicher Standortfaktoren mit zusätzlichem Erklärungsgehalt gegenüberstellen (z. B. GRABOW et al. 1995). Als **weiche Faktoren** werden dabei solche Einflüsse auf Standortentscheidungen bezeichnet, die schwer messbar sind und subjektiv wahrgenommen werden, wie z. B. Lebens- und Umweltbedingungen, *business climate*, Standortimage, regionales Milieu und politisches Klima. Obwohl die Wirkungsweise der weichen Faktoren ungeklärt bleibt, wird in solchen Studien behauptet, dass Standortentscheidungen zunehmend nicht mehr allein als objektiv nachvollziehbare Entscheidungen auf der Basis harter Faktoren getroffen werden, sondern dass subjektive Einflüsse in Form der weichen Standortfaktoren zusehends an Bedeutung gewinnen.

Ein interessantes Beispiel liefert in diesem Zusammenhang die Untersuchung von HELBRECHT (1998) über das Standortverhalten kreativer Dienstleistungsunternehmen in Vancouver. HELBRECHT (1998) erkennt zurecht, dass die traditionelle Standorttheorie und ihre harten Standortfaktoren nicht ausreichen, um zu erklären, warum kreative Dienstleister in bestimmten Stadtteilen Vancouvers stark konzentriert sind. Sie glaubt, mit der neu definierten, weichen Standortkategorie *„look and feel"*, einem für Werbezwecke verwendeten Slogan, eine bessere Erklärung für die Ballungsprozesse geben zu können.

Demnach siedeln sich Unternehmen in bestimmten Quartieren an, weil diese das richtige Gefühl bzw. Ambiente vermitteln. Obwohl viele Schlussfolgerungen von HELBRECHT (1998) berechtigt sind, ist die Untersuchung im Sinne einer Erklärung ökonomischen Verhaltens noch nicht ausreichend. *„Look and feel"* ist vor allem ein beschreibender Struktureffekt, der erst aus spezifischen sozialen und ökonomischen Prozessen resultiert. Die weiche Standortkategorie mag Strukturen zwar besser beschreiben als die harten Standortfaktoren, eine Erklärung der dahinter stehenden Prozesse liefert sie aber nicht.

Ein Kernproblem der weichen Faktoren ist, dass sie rein empirische Konstrukte sind, für die eine theoretische Basis fehlt. In der Erweiterung der Standortfaktorenkataloge um weiche Faktoren offenbaren sich letztlich die Grenzen einer Sichtweise, die Strukturen erfasst, aber nicht die dahinter stehenden sozialen und ökonomischen Prozesse untersucht. Mit weichen Standortfaktoren wird versucht, das Ergebnis von Kommunikations- und Interaktionsprozessen zwischen den Produzenten und ihren regionalen Zulieferern und Abnehmern sowie den lokalen Institutionen, Konsumenten und Arbeitskräften in einem Schlagwort beispielsweise als *business climate* oder als regionales Milieu zusammenzufassen. Dieser Versuch muss jedoch scheitern, weil soziale und ökonomische Prozesse in spezifische sozio-institutionelle Zusammenhänge eingebettet sind, die von Ort zu Ort unterschiedlich organisiert sein können und sich im Zeitablauf evolutionär weiterentwickeln. Genau hier stoßen herkömmliche Standortanalysen, die Räume mit Eigenschaften versehen und dabei die eigentlichen ökonomischen Akteure übersehen, an ihre Grenzen.

5.3.7 Exkurs: Standortwahl als Suchprozess

Wenn man der traditionellen Standortlehre folgt und Standortentscheidungen als Ergebnis vollständig rationalen Verhaltens interpretiert, so lässt sich ein idealtypischer Suchprozess in Form eines Entscheidungsbaums darstellen. Die Frage der Standortwahl wird hierbei als integraler Bestandteil einer komplexen betriebswirtschaftlichen Investitionsentscheidung angesehen (z. B. STAFFORD 1979; MAIER & TÖDTLING 1992, Kap. 2; HARRINGTON & WARF 1995, Kap. 8; HAYTER 1997, Kap. 6). Andere Bestandteile die-

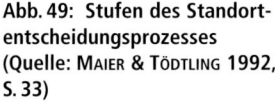

**Abb. 49: Stufen des Standort-
entscheidungsprozesses
(Quelle: MAIER & TÖDTLING 1992,
S. 33)**

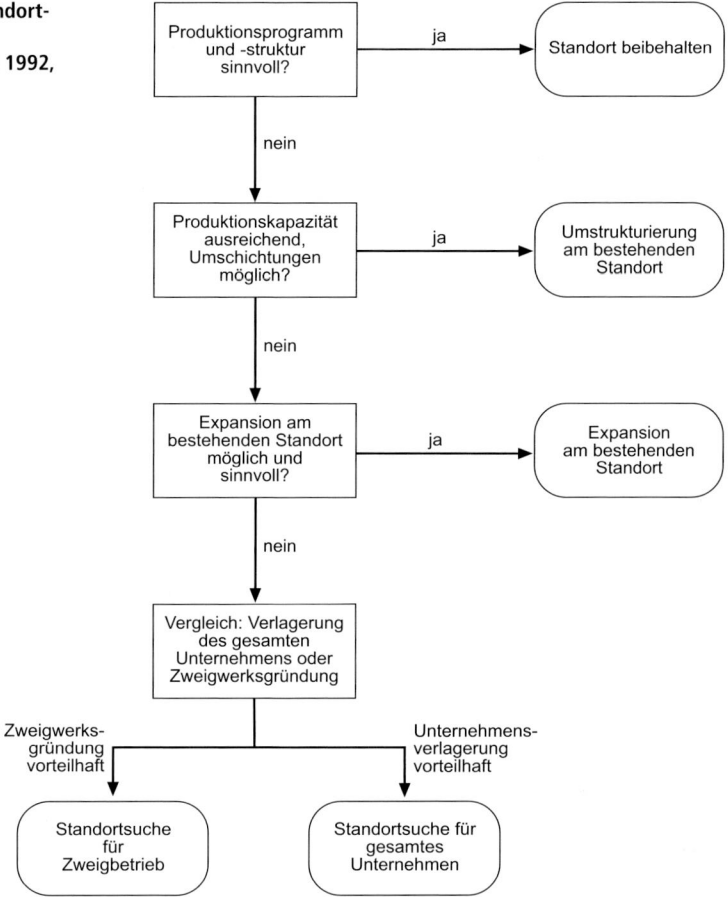

ser Entscheidung betreffen die Wahl der Technologie, den Produktionsumfang und die Ausgestaltung des Produktionsprogramms. Ausgangspunkt des Entscheidungsprozesses sind beispielsweise neue Informationen über das Unter-
nehmensumfeld oder wachsende Probleme aufgrund der vorhandenen Produktionsstruktur.
Hierbei können interne Auslöser (z. B. durch die
Wahl einer neuen Unternehmensphilosophie)
und externe Auslöser (wie eine neue Marktsituation durch Aktionen von Konkurrenten und Kunden) unterschieden werden.

Der **Suchprozess** beginnt mit einer Evaluierung
des Produktionsprogramms (→ Abb. 49). Dabei
geht es um die Frage, ob Produktionssparten
expandieren oder schrumpfen sollen, oder ob eine
Diversifizierung in neue Produktionsbereiche
sinnvoll ist. Der nächste Schritt der Entscheidung
besteht darin, festzustellen, ob die Produktionskapazitäten für die geplanten Veränderungen aus-

reichen und Umschichtungen innerhalb der vorhandenen Betriebseinheiten möglich sind. Nach
TOWNROE (1969; 1976) gibt es hierbei verschiedene Optionen (SEDLACEK 1988, Kap. 2; MAIER
& TÖDTLING 1992, Kap. 2):

(1) Eine kurzfristige Lösung vorhandener Kapa-
zitätsprobleme mag z. B. durch die Einführung
von Überstunden oder die Auslagerung bestimmter Produktionsschritte in andere Unternehmen
möglich sein.

(2) Alternativ kann es zu einer Expansion am bestehenden Standort kommen. Dies kann sinnvoll
sein, um das Management an einem Ort zu konzentrieren, um *economies of scale* abzuschöpfen
und *overhead*-Kosten einzusparen. Ein Nachteil
der Expansion vor Ort kann sein, dass bestehende Probleme wie z. B. Engpässe bei den Mate-
rialflüssen verstärkt werden.

(3) Wenn die Nachteile der beiden ersten Handlungsalternativen zu groß sind, beginnen Über-

legungen, ob ein neues Zweigwerk eröffnet oder gar das gesamte Unternehmen verlagert werden soll. In beiden Fällen ist eine Reorganisation von Arbeitsprozessen und die Einführung neuer Technologien leichter möglich als bei einer *in-situ*-Lösung. Es erfolgt nun eine Standortsuche für einen neuen Zweigbetrieb oder das gesamte Unternehmen. Tendenziell erfolgen Komplettverlagerungen eher über geringe Distanzen, weil hierbei vorhandene Zuliefer- und Absatzbeziehungen sowie Bindungen an den Arbeitsmarkt erhalten bleiben.

Die Suche nach potenziell in Betracht zu ziehenden Standorten kann ein sehr langwieriger und kostspieliger Prozess sein. In diesen Entscheidungsprozess ist die Unternehmensspitze zumeist direkt eingebunden. Sie trifft z. B. eine Vorauswahl und lenkt den Prozess. Der Entscheidungsprozess kann verschiedene räumliche Ebenen erfassen und dadurch eine hierarchische Struktur annehmen. Dabei werden etwa verschiedene Länder, Regionen, Städte und Grundstücke als Alternativen bewertet. Um die Kosten des Suchprozesses zu begrenzen, wird meist in einer relativ frühen Stufe versucht, die regionale Ebene für die Standortwahl festzulegen oder zumindest die Anzahl möglicher Alternativen stark zu begrenzen. Die Kriterien der Standortbewertung variieren hierbei mit der räumlichen Ebene der Standortwahl (CHAPMAN & WALKER 1987, Kap. 3; MAIER & TÖDTLING 1992, Kap. 2).

Ein Problem vieler empirischer Studien besteht darin, dass bei Befragungen von Unternehmen nicht zwischen Standortfaktoren für Länder, Regionen, Städte und Grundstücke unterschieden wird. Derartige Studien vermischen somit unterschiedliche ökonomische Prozesse miteinander. Während z. B. auf nationaler Ebene die politische und wirtschaftliche Stabilität eines Standorts als Entscheidungsfaktor von Bedeutung ist, spielen auf regionaler Ebene Löhne und Branchenstruktur und auf lokaler Ebene die Verfügbarkeit von Arbeitskräften und der Preis der Infrastruktur eine wichtige Rolle bei der Standortentscheidung.

Zur **Kritik** an einer derartigen Sichtweise ist anzufügen, dass raumwirtschaftliche Studien, die die Standortwahl als Suchprozess betrachten, sich vielfach damit erschöpfen, Standortentscheidungen und ihre Einflussfaktoren zu beschreiben. Diese Sichtweise wird dem evolutionären Charakter ökonomischer Entscheidungen aber nicht gerecht. Diese sind abhängig von Erfahrungen und Lernprozessen aus früheren Standortentscheidungen, der dabei angewendeten Methodik, der eingesetzten Kriterien und dem erzielten Ergebnis. Das größte Problem der Konzeption von Standortentscheidungen als Suchprozess, so wie er oben dargestellt worden ist, besteht darin, dass vollständige Rationalität und Gewinnmaximierung als zugrunde liegende Kalküle nicht hinterfragt werden. Der Einfluss von Strategien, oligopolistischen Machtstrukturen und gesellschaftlichen Aushandlungsprozessen auf die Entscheidungsfindung bleibt unberücksichtigt.

5.4 Komplexe Standortfaktoren und nationale Wettbewerbsvorteile

Die Analyse von PORTER (1990a; 1993) über nationale Wettbewerbsvorteile ist ebenfalls einer Standortfaktorensicht verhaftet, eröffnet aber neue Perspektiven in Richtung einer evolutionären Sichtweise, wie sie im dritten Teil dieses Buchs eingenommen wird. Wie bei KRUGMAN (1991) ist auch bei PORTER (1993) der Ausgangspunkt der Untersuchung die Frage, warum es in Ländern mit ähnlicher Faktorausstattung zu einer differierenden Außenhandelsspezialisierung kommt. PORTER (1993, Kap. 3) argumentiert, dass aufgrund großen Wettbewerbsdrucks und günstiger Umfeldbedingungen in einem Land bestimmte Branchen Wettbewerbsvorteile erlangen und dadurch in der Lage sind, internationale Märkte zu erschließen. Es entstehen quasi nationale Wettbewerbsvorteile in diesen Branchen. In dem ursprünglich von PORTER (1990a) formulierten Ansatz haben derartige Unternehmenscluster somit im wesentlichen eine nationalstaatliche Dimension. Später hat PORTER (2000) seinen Ansatz allerdings auch einer regionalen Perspektive geöffnet.

5.4.1 Faktorbündel zur Erklärung industrieller Cluster

Das Entstehen von Wettbewerbsvorteilen wird durch das wechselseitige Zusammenwirken von vier Faktorbündeln erklärt, die wie ein Diamant miteinander zusammengehörig illustriert werden können (→ Abb. 50). Zu den Erklärungsfaktoren

Abb. 50: Der PORTER'sche Diamant
(Quelle: PORTER 1993, S. 95)

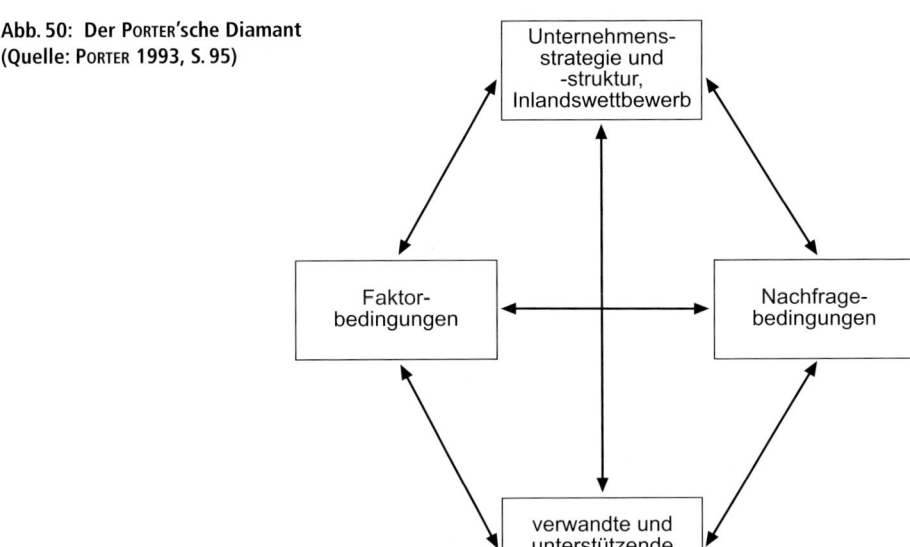

des **PORTER'schen Diamanten** zählen die Faktorbedingungen, Nachfragebedingungen, verwandte und unterstützende Branchen sowie Unternehmensstrategie, -struktur und Inlandswettbewerb. Diese Faktorbündel bilden den Ausgangspunkt für industrielle Clusterprozesse (z. B. HESS 1998, Kap. 3.2).

(1) **Faktorbedingungen.** Diese umfassen insbesondere die Quantität und Qualität der Faktorausstattung sowie die Art der Faktorbildung und die Reproduktivitätsbedingungen. Nach PORTER (1993, Kap. 3) reicht die bloße Verfügbarkeit von Faktoren nicht aus, um einen Wettbewerbsvorteil zu erlangen, sondern es kommt auf den produktiven Einsatz der Faktoren an. Besonders wichtig sind dabei fortschrittliche Faktoren statt normaler Grundfaktoren sowie spezielle statt allgemeiner Faktoren. Den faktorbildenden Prozessen und Institutionen kommt eine wichtigere Bedeutung zu als dem tatsächlichen Faktorbestand. Im Unterschied zur traditionellen Standortlehre wird betont, dass selektive Faktornachteile dann eine positive Wirkung haben können, wenn sie einen Druck erzeugen, zu investieren und Knappheiten zu umgehen.

(2) **Nachfragebedingungen.** Aus PORTERS (1993, Kap. 3) Sicht sind die Nachfragebedingungen einer Branche von entscheidender Bedeutung, da sie Investitionen und Innovationen lenken. Hierbei spielen vor allem zwei Aspekte eine wichtige Rolle: (2a) die Zusammensetzung der Inlandsnachfrage, denn dadurch entsteht ein frühes Bild der Käuferbedürfnisse, das Ausgangspunkt für Spezialisierungen sein kann, (2b) der Umfang und die Dynamik der Inlandsnachfrage. Qualitative Aspekte und Spezialisierungen der Nachfrage werden analog zur Bewertung der Faktorbedingungen als wichtiger angesehen als quantitative Aspekte. Dadurch bildet der Inlandsmarkt eine wichtige Voraussetzung für die Internationalisierung einer Branche und wird nicht durch Globalisierungsprozesse in Frage gestellt.

(3) **Verwandte und unterstützende Branchen.** Sie verschaffen Kosten-, Koordinations- und Verflechtungsvorteile und können somit die Generierung eines Wettbewerbsvorteils in einer Industrie stützen. So können enge Beziehungen zwischen Produzenten und Zulieferern Innovationsprozesse hervorbringen, die in verwandten Branchen zur Entstehung komplementärer Effekte führen. Ein gutes Beispiel hierfür ist die Verbindung von Hardware- und Softwarekomponenten bei der Entwicklung neuer Multimediaprodukte (z. B. EGAN & SAXENIAN 1999).

(4) **Unternehmensstrategie, -struktur und Inlandswettbewerb.** Das Vorliegen eines starken Inlandswettbewerbs ist im PORTER'schen Diamanten eine besonders wichtige Ursache für die Entstehung eines nationalen Wettbewerbsvorteils in einer Industriebranche. Starker inländischer Wettbewerb übt Druck auf die Unternehmen einer Branche aus, durch ständige Verbesserungen und

Innovationen ihre Marktposition zu behaupten und neue Marktgebiete zu erschließen. Durch die spezifische Form des Wettbewerbs wird auch die Art der Unternehmensführung und -struktur geprägt.

Neben den vier aufgeführten Bestimmungsfaktoren nennt PORTER (1993, Kap. 3) zwei weitere Einflussfaktoren, die aber keine gleichwertige Aufnahme im Diamanten finden. Es ist dies zum einen die Rolle des Staats aufgrund seiner Subventions-, Bildungs-, Forschungs- und Technologiepolitik und zum anderen sind es Zufälle, die durch Kriege, Naturkatastrophen und andere historische Ereignisse bedingt sind. Diese können wie in der Konzeption von KRUGMAN (1991) großen Einfluss auf die Entwicklung bestimmter Branchenstrukturen haben. PORTER (1993, Kap. 3) argumentiert, dass Länder in denjenigen Branchen den größten Erfolg haben, in denen die Bestimmungsfaktoren des nationalen Diamanten am günstigsten sind. Unter konkreten Strukturbedingungen entwickeln sich deshalb entsprechende nationale Industriecluster. Um Wettbewerbsvorteile zu wahren, sind ständige Anpassungen an neue Bedingungen sowie Investitionen in neue Technologien und verbesserte Qualifikationen notwendig.

5.4.2 Erweiterung und Kritik

PORTERS (1990a; 1993) Leistung besteht darin, dass er die Entstehung von Wettbewerbsvorteilen in einen territorialen Zusammenhang rückt und aus dem komplexen Zusammenwirken unterschiedlicher Faktorbündel erklärt. Seine Konzeption gestattet eine explizit dynamische Sicht auf die Entstehung von Wettbewerbsvorteilen. Des Weiteren betont er im Unterschied zur traditionellen Standortlehre Spezialisierungen und Qualitäten von Faktoren sowie deren Anpassungsfähigkeit. Mit der Konzeption von Clustern hebt PORTER hervor, dass ein Teil der Wettbewerbsfähigkeit von Unternehmen außerhalb ihres eigenen individuellen Einflussbereichs liegt. Industrielle Clusterprozesse beeinflussen die Wettbewerbssituation auf drei Arten: Sie führen zu einer Erhöhung der Produktivität, der Innovationskapazität und der Gründungstätigkeit.

In aktuellen Arbeiten nimmt PORTER (2000) einige Erweiterungen und Vertiefungen seiner Konzeption vor und reagiert damit auf Kritik. Während er den Clusterbegriff ursprünglich auf nationale Industrien anwendet, die sich aufgrund

von Wettbewerbsvorteilen in einem national-staatlichen Zusammenhang entwickeln (PORTER 1990a; 1993), bezieht er später verschiedene räumliche Bezugsebenen, vor allem den regionalen Kontext, in die Clusterbildung mit ein. PORTER (2000, S. 254) definiert ein Industriecluster als „[...] a geographically proximate group of interconnected companies and associated institutions in a particular field, linked by commonalities and complementarities. The geographic scope of a cluster can range from a single city or state to a country or even a group of countries.“ Die von ihm gewählten Beispiele beziehen sich inzwischen vor allem auf die regionale Ebene, ohne dass er diesen Wechsel der Perspektive durch einen veränderten Wirkungszusammenhang erklärt.

Insgesamt gehen die Arbeiten von PORTER (1990a; 2000) eindeutig über die traditionelle Standortlehre hinaus, bleiben ihr aber dennoch teilweise verhaftet. Dies zeigt sich deutlich in den Kritikpunkten an seiner Konzeption:

(1) **Faktordominanz.** Obwohl PORTER (1993, Kap. 3) betont, dass sich Wettbewerbsvorteile in einem evolutionären Prozess entwickeln, ist seine Analyse eher deskriptiv und konzentriert sich auf erkennbare Strukturfaktoren. Das von ihm erzeugte Prozessverständnis bleibt unzureichend.

(2) **Widersprüche im räumlichen Bezugsrahmen.** Mit den angesprochenen Bestimmungsfaktoren wird nicht wie angestrebt eine einheitliche nationalstaatliche Ebene definiert, sondern es findet eine Vermischung unterschiedlicher räumlicher und nicht-räumlicher Perspektiven statt. Die räumliche Bezugsebene ist keineswegs eindeutig und einheitlich. So variieren bestimmte Faktorbedingungen und Spezialisierungen vor allem regional und nicht auf nationaler Ebene. Verwandte und unterstützende Branchen entfalten zwar auch auf nationaler Ebene ihre Wirkung, sie sind aber ebenso regional bedeutsam und haben zudem einen nicht-räumlichen Branchenbezug. Entsprechend sind Unternehmensstrategien und -strukturen in erster Linie auf einer betrieblichen und nicht auf einer räumlichen Ebene definiert. Inzwischen wendet sich PORTER (2000) auch der regionalen Ebene als Bezugsrahmen für Clusterprozesse zu. Allerdings ist nicht einsichtig, warum dieselbe Kombination von Faktorbündeln in einem Fall ein nationales und in einem anderen ein regionales Industriecluster begründen soll.

(3) **Unterbelichtung institutioneller Aspekte.** Obwohl PORTER (1993, Kap. 3) die Bedeutung

der nationalstaatlichen Ebene hervorhebt, sind Institutionen und ihr Zusammenwirken mit dem Unternehmenssektor nicht ausreichend konzeptionalisiert. Dies zeigt sich deutlich in der Behandlung staatlicher Einflüsse als Restkategorie in der Untersuchung. Richtiger wäre es, das Entstehen nationaler Wettbewerbsvorteile vor dem Hintergrund institutioneller Einflüsse durch solche Bedingungen und Strukturen zu verstehen, die auf nationalstaatlicher Ebene definiert und geregelt sind (LUNDVALL 1992; NELSON 1993). Insofern ist die nationale Ebene als ein soziales und nicht als ein rein räumliches Konstrukt zu verstehen. Gerade aufgrund der Bedeutung nationalstaatlicher Institutionen bleibt unklar, warum PORTER (2000) keine differenzierte Betrachtung der verschiedenen räumlichen Bezugsebenen anstellt, sondern scheinbar problemlos von einer Ebene zur anderen wechselt.

(4) **Unterbewertung sozialer Prozesse.** Der Ansatz von PORTER (1993) schafft zwar wichtige Voraussetzungen für eine evolutionäre Analyse von Standortballungen und -spezialisierungen, vollzieht den Wandel zu einer evolutionären Betrachtungsebene aber unzureichend. So wird die historische Perspektive mit den Entstehungsursachen für Wettbewerbsvorteile inkonsistent behandelt. Zum Teil werden historische Strukturen als Restkategorie angesehen oder ignoriert, während sie an anderer Stelle gerade unter dynamischen Aspekten betont werden. Des Weiteren findet der Aspekt der Einbindung industrieller Strukturen in sozio-kulturelle Prozesse keine explizite Berücksichtigung. Auch Interaktionen und Lernprozesse zwischen verschiedenen Branchen und verschiedenen Unternehmen sind unzureichend erfasst.

In den aktuellen Arbeiten geht PORTER (2000) wesentlicher stärker auf institutionelle Zusammenhänge, die Art und Bedeutung von Netzwerkbeziehungen sowie die dynamischen Gründungsprozesse in einem Cluster ein. Insofern weist der PORTER'sche Diamant deutlich über traditionelle Analysemuster hinaus und markiert einen Wandel in der Standortanalyse. Er vollzieht aber noch nicht den endgültigen Schritt in Richtung einer evolutionären, kontextbezogenen Analyse sozialer und ökonomischer Prozesse. Dies soll in dem sich nun anschließenden dritten Teil des Buchs im Rahmen einer relationalen Wirtschaftsgeographie erfolgen.

Teil III

Zu einer relationalen Wirtschaftsgeographie

6 Organisation: Situiertes Handeln in ökonomischen Netzen

*D*er dritte Teil des Buchs verfolgt eine Neuformulierung zentraler Konzepte in der Wirtschaftsgeographie anhand der Ionen Organisation, Evolution, Interaktion und Innovation. Kapitel 6 entwickelt den relationalen Ansatz zunächst für das Leitkonzept der Organisation. Aus jüngeren ökonomischen und soziologischen Theorien wird das Konzept des Netzwerks eingeführt und auf einem kontextuellen Verständnis von ökonomischem Handeln begründet. Die relationale Perspektive der Organisation wird anschließend am Beispiel der Struktur und Entwicklung großer Unternehmen auf unternehmensinterne Beziehungen angewendet, bevor schließlich die Produktionsbeziehungen zwischen Unternehmen in räumlicher Perspektive diskutiert werden. Ziel dieses Kapitels ist es, neue Zusammenhänge der Organisationsweise von Wirtschaftsbeziehungen sowie der lokalen Ballung von Unternehmen aufzudecken und adäquate Erklärungsansätze für Strukturen der Organisation in räumlicher Perspektive zu erschließen.

Ausgehend von den konzeptionellen Schwächen der traditionellen Standortlehre und des raumwirtschaftlichen Denkens versuchen wir im dritten Teil dieses Buchs Leitlinien und Anknüpfungspunkte für eine neue wirtschaftsgeographische Sichtweise zu entwickeln. Die nachfolgenden Kapitel plädieren für eine Analyse unternehmerischen Handelns im Kontext konkreter Strukturen sozio-institutioneller Beziehungen und evolutionär-pfadabhängiger Entwicklungen. Während die Raumwirtschaftslehre die industrielle Standortwahl als eine Reaktion auf vorhandene Raumeigenschaften interpretiert und den Handlungsspielraum von Industrieunternehmen somit auf reaktive Verhaltensweisen beschränkt, betonen neue wirtschaftsgeographische Ansätze die kreativen Kräfte und Gestaltungsspielräume für Unternehmensentscheidungen. Diese Perspektive stellt die Akteure und Akteursgruppen wie z. B. Unternehmen wieder in den Mittelpunkt der Analyse.

Ein entscheidender Nachteil der zuvor behandelten traditionellen Erklärungsansätze liegt in ihrem unzureichenden Unternehmenskonzept. So beschränkt sich die Standortlehre zumeist auf Ein-Betriebs-Unternehmen und vernachlässigt dadurch die Vielfalt und Komplexität möglicher Organisationsformen sowie deren Auswirkungen auf den Kontext von Standortentscheidungen. Unternehmen haben zudem eine Wahlfreiheit in der Entscheidung für eine Markt- oder Innovationsstrategie, die wiederum Einfluss auf die Bewertung von Standortfaktoren ausübt und eine segmentierte Standortanalyse erfordert. Die folgenden Kapitel diskutieren daher in Anlehnung an die in Kapitel 1.3 konzeptionalisierten Ionen der Wirtschaftsgeographie grundlegende Prinzipien der Organisation von Unternehmen (→ Kap. 6), der Evolution der Unternehmensorganisation in räumlicher Perspektive (→ Kap. 7) sowie Prinzipien unternehmensinterner und -übergreifender Lern- und Innovationsprozesse und des technologischen Wandels (→ Kap. 8). Damit wird ein konzeptioneller Rahmen angeboten, der das ökonomische Handeln, den sozio-institutionellen Kontext und eine evolutionäre Dynamik in räumlicher Perspektive in den Mittelpunkt einer relationalen Wirtschaftsgeographie stellt und die Notwendigkeit einer evolutionären und segmentierten Standortanalyse aufzeigt.

6.1 Transaktionskosten und räumliche Produktionsorganisation in der neuen Institutionenökonomie

Wie in den Ausführungen dieses Kapitels gezeigt wird, gibt es unterschiedliche Formen der Unternehmensorganisation mit abweichenden Strategien und Entscheidungsstrukturen. Dies führt dazu, dass man verschiedene Unternehmenstypen unterscheiden kann, die unterschiedliche Handlungsspielräume haben und aus räumlicher Perspektive verschiedene Entwicklungspfade durchlaufen können. Bevor auf die Rolle von Großunternehmen, ihre Entwicklung und Struktur sowie auf die Organisation regionaler Produktionssysteme eingegangen wird, soll zunächst die Wahl einer geeigneten Organisationsform eines Unternehmens grundlegend diskutiert werden. Ansatzpunkt ist es dabei, Transaktionen als Austauschbeziehungen und Interaktionen in den Mittelpunkt der Analyse zu stellen, um zu einem dynamischen Verständnis von Unternehmen und Unternehmensgrenzen zu gelangen (DICKEN & THRIFT 1992; COWLING & SUGDEN 1998; BATHELT & GLÜCKLER 2000).

6.1.1 Unternehmensorganisation als Transaktionsproblem

Während in vielen Studien Unternehmen durch Besitzverhältnisse als fest nach außen abgegrenzt gelten, betrachtet COASE (1937) Unternehmen als Institutionen, deren äußere Grenze variabel ist. In diesem Verständnis lässt sich ein Unternehmen dadurch definieren, welche Produktionsschritte integriert und welche an andere Akteure ausgelagert sind. Von zentraler Bedeutung sind bei einer solchen Definition die technisch trennbaren Schnittstellen der Produktion. Aus der Sicht von COASE (1937) stellt sich die Frage, ob es besser ist, zwei aufeinanderfolgende Produktionsschritte in einem einzigen Unternehmen zu integrieren und damit die Schnittstelle in eine unternehmensinterne Transaktion zu überführen, oder ob es besser ist, eine Transaktion zu externalisieren und mit einem anderen Unternehmen abzuwickeln. Diese Entscheidung hat direkten Einfluss auf die Art der Steuerung und Überwachung von Transaktionen, d. h. auf deren *governance structure*. COASE (1937) unterscheidet in seiner Arbeit zwei Steuerungs- und Koordinationssysteme:

(1) Auf der einen Seite betrachtet er das Unternehmen, das auf hierarchischen Anweisungsstrukturen basiert.

(2) Auf der anderen Seite steht das Marktsystem, in dem Transaktionen preisgesteuert sind.

Die Entscheidung darüber, welche Austauschprozesse über den Markt und welche unternehmensintern abgewickelt werden, hängt von den entstehenden Kosten ab. COASE (1937) unterscheidet hierbei zwischen Organisationskosten und Tauschkosten. **Organisationskosten** sind die unternehmensintern anfallenden Kosten integrierter Produktion, die mit wachsender Größe und Komplexität eines Unternehmens ansteigen. **Tauschkosten** sind demgegenüber die Verhandlungs- und Vertragsvereinbarungskosten, die bei einer Markttransaktion anfallen. Demnach ist der Grad der Integration eines Unternehmens umso größer, je höher die Tausch- und je geringer die Organisationskosten sind. Je geringer im umgekehrten Fall die Tausch- und je höher die Organisationskosten sind, desto mehr Transaktionen werden entsprechend über Märkte abgewickelt.

Der Ansatz von COASE (1937) wurde anfangs als rein hypothetisches Konstrukt kritisiert und als empirisch unbrauchbar abgelehnt mit der Begründung, dass sich die entstehenden Kosten an den Schnittstellen der Produktion nicht spezifizieren ließen. Erst den Arbeiten von WILLIAMSON (1975; 1985) ist es zu verdanken, dass der Ansatz in den 1970er und 1980er Jahren wiederentdeckt und erheblich erweitert wurde.

6.1.2 Transaktionskostenansatz

WILLIAMSONs Arbeiten (1975; 1985; 1990; 1994) haben seit den 1970er Jahren die neue Institutionenökonomik begründet, die seither großen Einfluss auf die ökonomische Theoriebildung ausübt und schon frühzeitig vor allem durch Arbeiten von SCOTT (1983; 1988) in die Wirtschaftsgeographie übertragen worden ist (z. B. SCHAMP 2000a). Nach WILLIAMSON (1985, Kap. 1) entstehen im Leistungstausch vielfältige Kosten für die Informationssuche und -beschaffung, für Vertragsvereinbarung und -abschluss, bei der Kontrolle und Sicherung der Qualität sowie zur Koordination und Steuerung von Transaktionen. WILLIAMSON (1985, Kap. 1; 1994) definiert diese Kosten umfassend als **Transaktionskosten**. Es sind dies so genannte „Beherrschungs- und Überwachungskosten" einer Transaktion, deren Höhe von der Art des Austauschs (z. B. dem Grad der Standardisierung) und der gewählten Organisationsform abhängt. Demnach ist es das Ziel ökonomischer Akteure, Transaktionen zwischen den technisch trennbaren Schnittstellen im Produktionsprozess so zu organisieren, dass die Transaktionskosten möglichst gering sind. Das Programm des Transaktionskostenansatzes besteht konsequenterweise darin, ein analytisches Schema zur Klärung des *make-or-buy*-**Problems** zu entwickeln und für jede Transaktion die Grenze zu identifizieren, bis zu der sie unternehmensintern effizienter als unternehmensextern erbracht werden kann (z. B. BERTRAM 1992; STRAMBACH 1995, Kap. 6; HÖSL 1998; HESS 1998, Kap. 3.1; BATHELT & GLÜCKLER 2000).

Der Transaktionskostenansatz verwirft das Bild des rational handelnden *homo oeconomicus* und unterstellt davon abweichende Verhaltensmuster der Akteure:

(1) Zum einen wird begrenzte Rationalität der Akteure angenommen (SYDOW 1992, Teil II, Kap. 2). Demzufolge verfügen Akteure nicht über vollständige Informationen und ihre Fähigkeit, vorhandene Informationen zu verarbeiten, ist begrenzt. Unter der Annahme der *bounded rationality* ist die generelle Fähigkeit, optimale Entscheidungen zu treffen, in Frage gestellt.

(2) Zum anderen geht WILLIAMSON (1985, Kap. 2) von opportunistischen Verhaltensweisen aus. Er unterstellt den Akteuren die Verfolgung von Eigeninteresse, wobei auch Täuschung und List eingesetzt werden. Somit kann durch bewusstes Verhalten der Akteure eine Informationsverzerrung und -asymmetrie entstehen. **Opportunismus** ist damit Ursache von Verhaltensunsicherheit.

Welche Organisationsform einer Transaktion gewählt wird, hängt von den speziellen Eigenschaften der Transaktion ab. WILLIAMSON (1979; 1985, Kap. 2) unterscheidet diesbezüglich die Kriterien Spezifität, Häufigkeit und Unsicherheit von Transaktionen:

(1) **Spezifität.** Der Handel von unspezifischen Produkten ist unproblematisch, denn ihre Eigenschaften sind standardisiert und genaue Abstimmungen zwischen Produzent und Käufer entfallen. Es ist möglich, Produkte unter reinen Preisgesichtspunkten über den Markt zu erwerben, da es viele gleichwertige Produzenten gibt, die untereinander im Wettbewerb stehen. Anders ist die Situation, wenn eine Transaktion zwischen zwei Unternehmen genau aufeinander abgestimmt sein muss und es zu transaktionsspezifischen Investi-

tionen kommt. Dies ist der Fall, wenn ein Produkt genau an die Bedürfnisse eines Kunden angepasst werden muss. Dies kann sowohl für den Produzenten als auch für den Kunden mit spezifischen Investitionen z. B. in maschinelle Anlagen oder das Produkt-Design verbunden sein. Wenn der Leistungstausch sehr hohe Investitionen erfordert, kommt es zu einem so genannten *lock-in*, d. h. es entsteht eine feste Bindung zwischen den Transaktionspartnern, die nicht ohne weiteres durchbrochen werden kann. Hochspezifische Transaktionen werden nach WILLIAMSON (1979; 1981) tendenziell in ein Unternehmen integriert, da hierbei die Kontroll- und Überwachungskosten am geringsten sind. In diesem Zusammenhang lassen sich verschiedene Formen der Spezifität unterscheiden: Sachkapital- und Humankapital-Spezifität führen zur Anpassung von Produktspezifikationen, Maschineneinstellungen und Mitarbeiterkenntnissen. Standortspezifität erfordert wie etwa bei der Etablierung von *just-in-time*-Belieferungssystemen den Aufbau neuer Einrichtungen in räumlicher Nähe.

(2) **Häufigkeit.** Spezifische Investitionen und laufende Anpassungskosten sind bei häufigen Transaktionen besonders hoch. Die erhöhten Kosten tragen sich am ehesten, wenn Transaktionen zwischen Unternehmen über eine längere Zeitspanne hinweg regelmäßige Ereignisse sind. Bestehende Grundabstimmungen können dabei erhalten bleiben und anfallende Kontrollkosten leichter aufgeteilt werden. Die Vertragspartner sprechen die gleiche Sprache im Sinn von *tacit knowing* (POLANYI 1967, Kap. 1), teilen Kenntnisse über Tauschspezifika und entwickeln Ver-

trauen in die Zuverlässigkeit und Kompetenz des jeweils anderen Partners. Damit steigt aber auch der möglicherweise entstehende Schaden im Fall eines Missbrauchs von Informationen. Aufgrund hoher Transaktionskosten besteht bei großer Häufigkeit ein Anreiz zur Integration der Transaktion in das Unternehmen.

(3) **Unsicherheit.** Transaktionsspezifische Investitionen werden nur getätigt, wenn man von der Leistungsfähigkeit und -bereitschaft eines Partnerunternehmens und der Dauerhaftigkeit einer Beziehung überzeugt ist. Durch opportunistisches Verhalten der Akteure wird dies aber verhindert. Opportunismus bewirkt, dass Vertragslücken von großer Bedeutung sind und die Kosten zur Schließung dieser Lücken – z. B. durch die Einführung zusätzlicher Kontrollmechanismen – steigen. Je höher somit die Unsicherheit ist, desto eher erfolgt eine unternehmensinterne Abwicklung einer Transaktion.

Transaktionskosten als umfassende Kosten zur Koordination, Überwachung und Vertragsgestaltung von Transaktionen sind umso größer, je größer die damit verbundene Spezifität, Häufigkeit und Unsicherheit ist (z. B. BERTRAM 1992; BRÖSSE & SPIELBERG 1992, Kap. 4; BATHELT 1997a, Kap. 4; HÖSL 1998; HESS 1998, Kap. 3.1). Tendenziell werden Austauschbeziehungen bei geringen Transaktionskosten über den Markt abgewickelt und bei hohen Transaktionskosten in die Unternehmenshierarchie integriert. Zwischen den beiden Extremen Markt und Hierarchie gibt es je nach Konstellation aber auch andere institutionelle Arrangements wie z. B. dreiseitige Verträge und Kooperationen (→ Abb. 51). Nach WILLIAMSON (1985, Kap. 3) ergeben sich folgende Konstellationen der Gestaltung von Transaktionen:

Abb. 51: Beherrschungs- und Überwachungssysteme von Transaktionen (Quelle: nach WILLIAMSON 1990, S. 89)

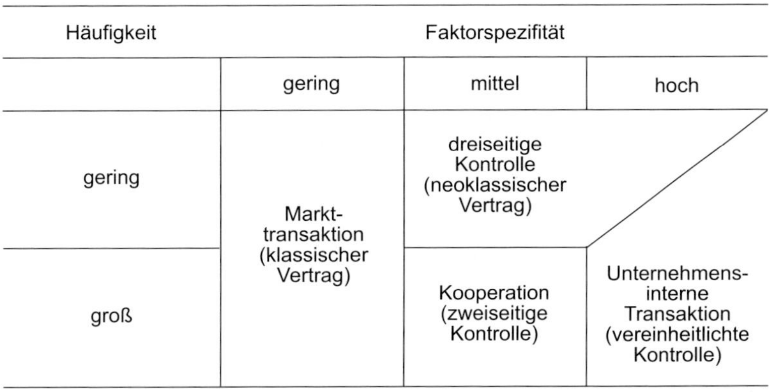

Häufigkeit	Faktorspezifität		
	gering	mittel	hoch
gering	Markt-transaktion (klassischer Vertrag)	dreiseitige Kontrolle (neoklassischer Vertrag)	Unternehmens-interne Transaktion (vereinheitlichte Kontrolle)
groß		Kooperation (zweiseitige Kontrolle)	

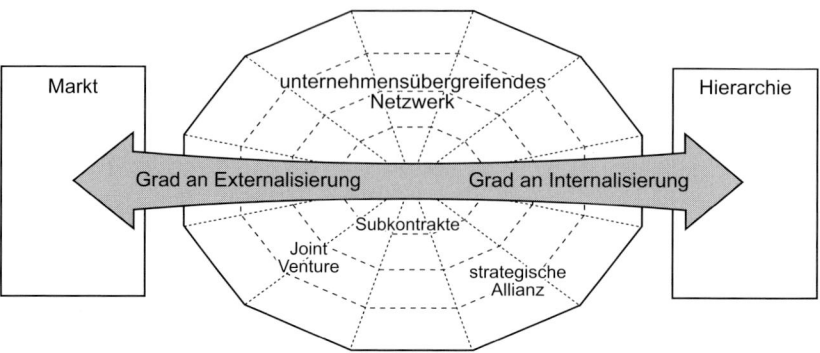

Abb. 52: Netzwerke zwischen Markt und Hierarchie (Quelle: Strambach 1995, S. 85)

(1) **Markttransaktionen.** Bei Transaktionen mit geringer Spezifität (ohne transaktionsspezifische Investitionen) ist der Markt unabhängig von der Häufigkeit einer Tauschbeziehung die wichtigste Organisationsform. Der Wechsel eines Tauschpartners ist aufgrund der weitgehenden Standardisierung relativ leicht durchführbar und die Existenz alternativer Tauschpartner schützt beide Seiten vor opportunistischem Verhalten.

(2) **Dreiseitige Kontrolle.** Bei gelegentlichen oder einmaligen Transaktionen mit mittlerer bis hoher Spezifität werden Dritte als Vermittler und Überwacher der Austauschbeziehung eingeschaltet. Dies geschieht, weil transaktionsspezifische Investitionen notwendig sind und deshalb opportunistisches Verhalten zu vermeiden ist. Es handelt sich dabei letztlich um einen überwachten, geregelten Markttausch.

(3) **Unternehmensinterne Transaktionen.** Je höher die Spezifität und je größer die Häufigkeit von Transaktionen ist, um so größer ist der Anreiz zur Integration einer Schnittstelle in die Unternehmenshierarchie. Aufgrund des hohen Investitionsbedarfs ist es von zentraler Bedeutung, opportunistisches Verhalten auszuschließen. Zudem erleichtert eine internalisierte Struktur die Anpassungsfähigkeit, weil Anpassungen zentral gesteuert werden können und nicht in aufwendigen Kommunikationsprozessen vermittelt werden müssen.

(4) **Kooperationen.** Die Organisation von Transaktionen kann aber nicht nur in Märkten oder Hierarchien, sondern darüber hinaus in einem Kontinuum von Organisationsformen zwischen diesen beiden Extremen erfolgen (z. B. Sydow 1996; Strambach 1995, Kap. 6). Während

Williamson (1975; 1979) in seinen frühen Arbeiten Zwischenformen der Organisation von Transaktionen weitgehend ausschließt, hält er in späteren Publikationen bei häufigen Transaktionen mit mittlerer Spezifität auch Kooperationsformen und Netzwerkstrukturen des Tauschs für möglich (Williamson 1985; 1990). Williamson (1985, Kap. 6) argumentiert in diesem Fall, dass Integrationsvorteile unternehmensinterner Transaktionen hohe Kosten verursachen. So können Bürokratiekosten und Anreizmängel auftreten und dadurch Skalenvorteile verloren gehen. In bestimmen Konstellationen können deshalb Netzwerkbeziehungen entstehen, insbesondere wenn glaubhafte Zusicherungen und Vertrauen das Tauschrisiko vermindern (→ Abb. 52). In seiner Konzeptionalisierung schränkt Williamson (1985; 1990) die Bedeutung von Netzwerkbeziehungen allerdings stark ein und bewertet sie letztlich als temporäre, labile Organisationsform von Transaktionen. Er bescheinigt den Partnern in einer Netzwerkbeziehung zwar ein Interesse am Erhalt dieser Beziehung, aber bei Anpassungsprozessen wie z. B. der Anpassung an veränderte Marktbedürfnisse sieht er bei den betreffenden Unternehmen grundsätzlich eigene Ziele im Vordergrund stehen. Da über kurz oder lang opportunistisches Verhalten möglich ist, besteht die Gefahr, dass wichtige Anpassungen unterbleiben und die Gewinnsituation der Unternehmen leidet. Mit zunehmender Unsicherheit besteht nach Williamson (1985, Kap. 3) ohnehin die Tendenz, sich in die Extreme, also entweder den Markttausch oder die Unternehmenshierarchie zu verflüchtigen. Somit bilden Kooperationsformen und Netzwerkbeziehungen in dieser Konzeptionalisierung nur eine Nischenform der Organisation von Tauschprozessen (Williamson 1991).

6.1.3 Transaktionskosten in räumlicher Perspektive

Mit der Einschätzung von Netzwerkbeziehungen als temporären, labilen Organisationsformen steht WILLIAMSON (1985; 1990) im Widerspruch zu vielen empirischen Studien, die in den 1980er Jahren gerade die Bedeutung solcher Beziehungen hervorgehoben haben (z. B. GOODMAN et al. 1989; CAMAGNI 1991a; KRUMBEIN 1994). Hierfür ist WILLIAMSON von Vertretern des neuen soziologischen Institutionalismus (POWELL 1991) und insbesondere von GRANOVETTER (1985) stark kritisiert worden. SCOTT (1983; 1988, Kap. 3 und 4) ist es gelungen, den Transaktionskostenansatz in seiner Arbeit über *new industrial spaces* durch die Wahl einer spezifisch räumlichen Perspektive grundlegend zu erweitern (BATHELT & GLÜCKLER 2000). Er demonstriert, dass durch räumliche Nähe Transaktionskosten zwischen Unternehmen begrenzt werden können, da somit Unsicherheit verringert und opportunistisches Verhalten weitgehend ausgeschlossen wird. Die Erzeugung räumlicher Nähe kann deshalb eine Strategie sein, um Kooperationsbeziehungen zu stabilisieren und auf eine längerfristige Basis zu stellen (PORTER 2000).

Die Möglichkeit der Organisation der Produktion in räumlicher Nähe wirkt dabei in mehrfacher Weise auf Transaktionskosten und führt zu einem Kostenabbau (SCOTT 1988, Kap. 4; 1998, Kap. 5; STORPER & WALKER 1989, Kap. 3):

(1) **Verringerung der Informationskosten.** In einer spezialisierten Industrieballung verringern sich die Kosten der Informationssuche und -beschaffung, die einer Transaktion vorausgehen. Räumliche Nähe kann den Informationstransfer beschleunigen, der die lokalen Aktivitäten und Akteure betrifft. So sind im Fall räumlicher Nähe keine aufwendigen Suchprozesse notwendig, um Zulieferer aufzufinden und technische Probleme zu lösen. Ebenso wird die Auswahl geeigneter Arbeitskräfte erleichtert.

(2) **Verringerung der Anpassungskosten.** Räumliche Nähe vereinfacht die Anpassungsprozesse zwischen Unternehmen, die in einer Wertschöpfungskette miteinander verflochten sind. Regelmäßige Treffen zur Lösung technischer Probleme und zur Abstimmung der Produktion werden erheblich erleichtert und dadurch Anpassungskosten verringert.

(3) **Verringerung der Kommunikationskosten.** Weiterhin können durch räumliche Nähe Kommunikationsvorteile entstehen, wenn die Unternehmen stilles, nicht-kodifiziertes Wissen sowie Konventionen teilen und daraus Vertrauen entsteht. Vertrauen in die Fähigkeit und die Zuverlässigkeit anderer Unternehmen ist erfahrungsgebunden. Der Prozess der Vertrauensbildung wird durch räumliche Nähe erheblich vereinfacht (HARRISON 1992). Räumliche Nähe ermöglicht zudem soziale Kontrolle des Verhaltens und der Aktionen von Unternehmen, so dass Unsicherheit reduziert wird. Kooperations- und sonstige Netzwerkbeziehungen werden somit gestärkt, weil Anbahnungs- und Vereinbarungskosten verringert und Anpassungen leichter vorgenommen werden können.

6.2 Embeddedness und Netzwerkbildung in der new economic sociology

Auf den ersten Blick erscheint der Transaktionskostenansatz von WILLIAMSON (1975; 1985) plausibel: Transaktionen werden bei hohen Transaktionskosten in ein Unternehmen integriert und unternehmensintern abgewickelt, während bei geringen Kosten Marktbeziehungen als Organisationsform dominieren. In bestimmten Fällen hält WILLIAMSON (1985, Kap. 3) auch Netzwerkbeziehungen für möglich, die er zwischen Markt und Hierarchie ansiedelt. SCOTT (1988, Kap. 4) hat in seiner Erweiterung gezeigt, dass sich durch räumliche Nähe die Transaktionskosten reduzieren lassen, so dass Netzwerke eine größere Stabilität erlangen als von WILLIAMSON angenommen. Im Ansatz der *new economic sociology* wird der Transaktionskostenansatz allerdings als Beitrag zu einer institutionellen Perspektive in Frage gestellt. Dabei konzentriert sich die Kritik auf die atomistische Konzeption des ökonomisch Handelnden, nach der jeder Akteur scheinbar kontextfrei und unbeeinflusst von seiner konkreten Umwelt handelt (GRANOVETTER 1985; 1992a; 1992b). Die Kritik entfaltet GRANOVETTER ausgehend vom traditionellen HOBBES'schen Problem, wie angesichts der individuellen Freiheit des Einzelnen gesellschaftliche Ordnung möglich ist. Er argumentiert, dass die Lösung der Ökonomie eine untersozialisierte und die herkömmliche sozialwissenschaftliche Lösung eine übersozialisierte Variante des gleichen Handlungsatomismus seien (GRANOVETTER 1985; GRABHER 1993b):

(1) **Untersozialisierte Konzeption.** In der neo-klassischen Theorie fungiert der Markt als Regulationsinstrument für den Austausch von Angebot und Nachfrage. Dem Prinzip des vollständigen Wettbewerbs liegt dabei die Annahme zugrunde, dass Akteure in vollständig rationalen Entscheidungsprozessen ihren Nutzen maximieren. Dem Markt kommt folglich eine selbst regulierende Funktion von Transaktionen über den Preis zu. Da Akteure nur über den Markt interagieren, spielen soziale Beziehungen keine Rolle. Granovetter (1985; 1990) qualifiziert dieses ökonomische Handeln als untersozialisiert, weil der Motor ökonomischen Handelns allein im von außen vorgegebenen Prinzip der formalen Rationalität besteht.

(2) **Übersozialisierte Konzeption.** Die moderne Soziologie erklärt demgegenüber das Problem der Ordnung durch gesellschaftliche Werte und Normen, die jedes Individuum im Zug der Sozialisation verinnerlicht (Parsons 1937). Das Verhalten des Einzelnen folgt automatisch den gesellschaftlichen Regeln, wobei der immanente Gehorsam gar nicht als solcher wahrgenommen wird (Wrong 1961). Diese Konzeption sozialen Handelns ist ihrerseits übersozialisiert, da sie dazu tendiert, das Handeln des Einzelnen als durch gesellschaftliche Normensysteme automatisiert zu sehen (Granovetter 1985; 1990).

Beiden Positionen gemeinsam ist eine atomistische Perspektive des Akteurs, dessen konkreter Kontext sozialer Beziehungen ignoriert wird. Im Fall des untersozialisierten Akteurs besteht das Handlungsmotiv in der Nutzenmaximierung, im Fall des übersozialisierten Akteurs in der verinnerlichten Norm, die sein Handeln steuert. Genau diese beiden Varianten des atomisierten Akteurs gehen in die Konzeption des Transaktionskostenansatzes ein (Grabher 1993b), denn der Markt stellt eine untersozialisierte und die Hierarchie eine übersozialisierte *governance structure* von Transaktionen dar. Die Hierarchie ist gegenüber dem Preismechanismus des Markts vor allem bei unsicheren, häufigen und spezifischen Transaktionen die effizientere Organisationsform, weil vertikale Integration durch klare Normen und Machtverhältnisse opportunistisches Verhalten verhindert und damit Unwägbarkeiten langfristig angelegter Transaktionsbeziehungen nicht vorab geregelt werden müssen. Aufgrund der isolierten Sicht der Akteure gelangt der Transaktionskostenansatz allerdings sowohl auf der Seite des Markts als auch auf der Seite der Hierarchie mit-unter zu problematischen Aussagen, weil die Organisationsformen nicht als Ergebnis konkreter Strukturen sozialer Beziehungen betrachtet werden.

6.2.1 Der *embeddedness*-Ansatz

Das Konzept der *embeddedness* setzt dort an, wo eine atomistische Grundperspektive des ökonomischen Akteurs den konzeptionellen Rahmen zur Erklärung von Organisationsformen bildet. Eine grundsätzliche Fehlannahme liegt darin, dass ökonomisches als soziales Handeln kontextfrei geschehen könne. Granovetter (1985, S. 487) stellt zurecht fest: *„Actors do not behave or decide as atoms outside a social context, nor do they adhere slavishly to a script written for them by the particular intersection of social categories that they happen to occupy."* Ökonomisches Handeln ereignet sich nicht zwischen isolierten Akteuren, sondern ist eingebettet in fortdauernde Systeme sozialer Beziehungen (Granovetter 1985). Die Feststellung, dass Handeln nicht einem inhärenten Motiv folgt, sondern der Interdependenz einer Struktur sozialer Beziehungen, bezeichnet nach Granovetter (1990, S. 98) den Wechsel zu einer **relationalen Perspektive des Handelns**: *„By 'embeddedness' I mean that economic action, outcomes, and institutions are affected by actors' personal [dyadic] relations, and by the structure of the overall network of relations. I refer to these respectively as the relational and the structural aspects of embeddedness."* Die Idee der *embeddedness* beschreibt somit zwei Phänomene:

(1) **Relationale *embeddedness*.** Sie kennzeichnet die Qualität der Beziehung zwischen zwei Akteuren. Ökonomische Beziehungen sind keineswegs ausschließlich durch opportunistisches Verhalten gekennzeichnet. Sie tendieren vielmehr dazu, sich zu festigen, und sind die Grundlage zur Bildung von Vertrauen. Gegenseitiges Vertrauen in die Leistungsfähigkeit und Zuverlässigkeit der Akteure wird durch Erfahrung aufgebaut (Harrison 1992) und erhöht die Erwartungssicherheit (Granovetter 1985; Kollock 1994). Vertrauen stellt eine informelle Institution zur Reduktion von Unsicherheit dar und ist Ausdruck der relationalen Einbettung einer ökonomischen Austauschbeziehung in einen übergreifenden sozialen Kontext. Empirische Studien zur Vertragsgestaltung zwischen Unternehmen bestätigen, dass Unternehmen Austauschbedingungen tatsächlich

zum Teil informell regeln und eine Vertrauens-basis aufbauen (z. B. MACAULAY 1963; BATHELT 1997a). LORENZ (1999) demonstriert am Beispiel des Maschinenbausektors in Lyon (Frankreich), dass es zwischen Produzenten und Zulieferern zu Langzeitverträgen kommen kann, deren vertragliche Regelungen den Orientierungsrahmen zum Entstehen von Vertrauen bilden, nicht aber den Austausch selbst betreffen. In einem schrittweisen Prozess nähern sich die Parteien einander durch Vertrauensbildung bewusst an und erlernen auf diesem Weg die informelle Koordination durch Vertrauen. Nicht allein das ökonomische Motiv eines Unternehmens bestimmt folglich die Beziehung zu einem Partner, sondern auch die Geschichte dieser Beziehung und die daraus resultierende Erwartungssicherheit.

(2) **Strukturelle** *embeddedness*. Sie kennzeichnet die Qualität der Struktur von Beziehungen zwischen einer Menge von Akteuren. Dies impliziert eine strukturelle Perspektive des Handelns, der die Annahme zugrunde liegt, dass das Handeln zweier Akteure auch vom Kontext der Beziehungen mit anderen Akteuren abhängt. Strukturelle *embeddedness* ist also darauf bezogen, dass ökonomisches Handeln situiert, d. h. in Strukturen sozialer Beziehungen eingebettet ist. Für den Missbrauch von Vertrauen können die Konsequenzen aus struktureller Perspektive gravierender sein als in einer bilateralen Beziehung. Wenn z. B. gemeinsam befreundete Dritte vom opportunistischen Verhalten eines Unternehmens zu Lasten eines anderen erfahren, so wirkt sich der Vertrauensverlust nicht nur auf das geschädigte Unternehmen, sondern auch auf weitere verbundene Unternehmen aus (COLEMAN 1984; GRANOVETTER 1992b; BURT 1995). In gleicher Weise kann der umgekehrte Mechanismus zum Aufbau von Reputation gegenüber Dritten dienen (UZZI 1996; 1997; GLÜCKLER 2001a). Dieser Handlungsrahmen lässt sich weder durch Marktmechanismen noch durch Hierarchien angemessen abbilden. Aus Unternehmenssicht heißt dies, dass ökonomisches Handeln in eine Gesamtstruktur von Netzwerkbeziehungen eingebettet ist (GRABHER 1993b). Hierbei steht nicht mehr das Unternehmen als isolierter Akteur, sondern in seinem Beziehungsgeflecht mit Zulieferern und Abnehmern sowie Institutionen wie z. B. staatlichen Behörden im Mittelpunkt der Analyse.

Das Konzept der *embeddedness* ist kontingent, d. h. trotz gleicher technologischer und ökonomischer Probleme können sich aufgrund unter-schiedlicher sozialer Strukturen in Raum und Zeit verschiedene Ergebnisse einstellen (GRANOVETTER 1992a). Seit der Formulierung durch GRANOVETTER (1985) hat sich das Argument der *embeddedness* in zahlreichen disziplinären Debatten etabliert. So wird die *embeddedness*-Perspektive inzwischen in organisationstheoretischen Diskursen auf Fragen der Strategiebildung (GINSBERG et al. 1996; EISENHARDT & BROWN 1996), der Legitimation von Organisationen durch ihre institutionelle Umwelt (BAUM & OLIVER 1992; CAELDRIES 1996), der Innovativität von Unternehmen (KEIL et al. 1997; LARSSON & MALMBERG 1999) und der Bedeutung von Branchenstrukturen für branchenübergreifende Transaktionen (TALMUD & MESCH 1997) angewendet.

6.2.2 *Embeddedness* in räumlicher Perspektive

Das Konzept der sozio-institutionellen *embeddedness* als eingebettete Struktur sozialer Beziehungen von Unternehmen hat in der Wirtschaftsgeographie Eingang als geographische bzw. lokale *embeddedness* gefunden (z. B. DICKEN et al. 1994). Dahinter verbirgt sich die Annahme, dass die Beziehungen zwischen Akteuren dem Prinzip einer lokalen Einbettung unterliegen. Auch empirischen Studien aus der Wirtschaftssoziologie liegt zum Teil das Konzept von *embeddedness* als lokalisiertes Phänomen zugrunde, was sich darin ausdrückt, dass der soziale Kontext von Unternehmen als lokaler Kontext untersucht wird (PORTES & SENSENBRENNER 1993; ROMO & SCHWARTZ 1995; UZZI 1996; 1997). Wenngleich diese Sicht zum Verständnis lokaler Institutionen und ökonomischer Prozesse einen wichtigen Beitrag liefert, kann sie in zwei Aspekten problematisch sein:

(1) *Theoretisch.* Theoretisch eröffnet diese Perspektive die Möglichkeit, Raum als Bedingung des Sozialen überzubewerten. Wenn *embeddedness* stets ein lokales Phänomen ist, so ließe sich folgern, dass vom physischen Raum eine Wirkung auf das Soziale ausgehe. Allerdings gibt es keine zwangsläufig gemeinsame Variation von Raum und Sozialem (HARD 1993), so dass soziale *embeddedness* nicht systematisch gleich geographischer Einbettung ist (OINAS 1997).

(2) *Methodisch.* Viele Studien würden einen deterministischen Raumbezug zwar ablehnen, jedoch deutet ihre methodische Vorgehensweise genau in diese Richtung. Wenn eine Gruppe von

Akteuren *a priori* regional ausgewählt und anschließend deren Verflechtung untersucht wird, so ist der Nachweis von *embeddedness* als regionales Phänomen durch die Anlage des Untersuchungsdesigns quasi voreingestellt. Sofern die Beziehungen außerregionaler Akteure ausgeblendet bleiben, gelangen Studien zwangsläufig zu dem Ergebnis, dass *embeddedness* ein lokales Phänomen ist.

Anstelle einer geographischen *embeddedness* schlagen wir das Konzept der **embeddedness in räumlicher Perspektive** vor. Die Struktur sozioinstitutioneller Beziehungen ist nicht in erster Linie durch räumliche Kriterien begrenzt und nicht notwendigerweise durch räumliche Nähe gekennzeichnet. Allerdings gibt es sehr wohl wichtige Komponenten der *embeddedness*, die lokalisierbar sind und in räumlicher Perspektive verschiedenen Maßstabsebenen zugeordnet werden können (BATHELT & GLÜCKLER 2000; GLÜCKLER 2001a):

(1) Unternehmen sind eingebettet in institutionelle Zusammenhänge, die auf nationalstaatlicher Ebene definiert sind. Das zeigt sich beispielsweise darin, dass ihre Organisationsstruktur auf die spezifischen nationalen Beschäftigungs- und Produktionsverhältnisse ausgerichtet ist, die durch Gesetze, Regeln und Gewohnheiten definiert sind (GERTLER 1992; BERNDT 1996). Dadurch werden Kommunikationsprozesse innerhalb desselben nationalstaatlichen Zusammenhangs erheblich erleichtert.

(2) Unternehmen können aber auch in lokale oder regionale institutionelle Zusammenhänge eingebettet sein. Dies ist der Fall, wenn sie spezifische lokale Ressourcen, Arbeitsmarktstrukturen oder Zulieferpotenziale nutzen, um ihre Wettbewerbsfähigkeit zu steigern (MASKELL & MALMBERG 1998; 1999). Zudem können die Unternehmen einer Region über enge Verflechtungsbeziehungen von lokalen Konventionen profitieren (STORPER 1997a, Kap. 2; 1997b), die Ausdruck gemeinsamer Normen, Routinen, Einstellungen und Ziele der regionalen Akteure sind.

(3) Das Konzept der *embeddedness* impliziert, dass ökonomische Beziehungen kontextspezifisch und somit auch erfahrungsabhängig sind. Bei Ungewissheit durch mögliches opportunistisches Verhalten schaffen soziale Routinen Vertrauen, wodurch Entscheidungen erleichtert werden und längerfristige Netzwerkbeziehungen resultieren. HARRISON (1992) hat darauf hingewiesen, dass die Bildung von Vertrauen eine

spezifische räumliche Komponente haben kann. Vertrauen zwischen Unternehmen im Sinn eines Vertrauens in gegenseitige Zuverlässigkeit, Leistungsfähigkeit und Loyalität entsteht nicht von heute auf morgen. Vertrauen ist erfahrungsabhängig und erfordert deshalb über einen längeren Zeitraum hinweg wiederkehrende Interaktionen. Räumliche Nähe kann die Vertrauensbildung erheblich erleichtern und beschleunigen, weil gleiche Traditionen und ein gemeinsames Verständnis zugrunde liegen und sich private und geschäftliche Aktionskreise der Akteure überlappen (STORPER & SCOTT 1990; BECATTINI 1991).

6.2.3 Konzeptionalisierung von Unternehmensnetzwerken

Die Kritik des *embeddedness*-Ansatzes an der atomistischen Akteurskonzeption des Transaktionskostenansatzes stellt auch das Effizienzkriterium für die Wahl der Organisationsform von Transaktionen in Frage. Aus ökonomischen, wirtschaftssoziologischen und wirtschaftsgeographischen Arbeiten lassen sich zahlreiche Argumente ableiten, die darauf hindeuten, dass tatsächlich beobachtete Organisationsformen keineswegs immer effizienter sein müssen als ihre Alternativen und dass sowohl Hierarchien als auch Märkte Schwachstellen aufweisen.

Kritik der Hierarchie als effiziente Organisationsform. Hierbei lassen sich zwei Argumentationen unterscheiden:

(1) WILLIAMSON (1981; 1994) erklärt die Existenz von Unternehmen dadurch, dass sie bestimmte Transaktionen intern effizienter organisieren als über den Markt. Dass Unternehmen effizientere Organisationsformen als der Markt seien, stellen allerdings die Ergebnisse empirischer Studien in vielen Fällen in Frage. So zeigt sich, dass Unternehmen oft über den Bedarf hinaus Personal einstellen und damit *overhead*-Kosten erhöhen (HANNAN & FREEMAN 1984), dass die Kontrolle von Arbeitsprozessen und Produkten häufig nicht effizient ist (DALTON 1992) und dass Organisationen oftmals nicht die kostengünstigste Form der Koordination von Austauschbeziehungen sind, sondern lediglich die am meisten legitimierte bzw. akzeptierte (HANNAN & FREEMAN 1993). Auch Williamson (1985, Kap. 4) räumt ein, dass es nur selten technologische Unteilbarkeiten gibt, die eine unternehmensinterne Organisation erzwingen und dass bei genauer Untersuchung Markttransaktionen oft effizienter sind.

(2) Diese Kritik stellt nicht in Frage, dass aufgrund der konkreten Transaktionsbedingungen, wie von WILLIAMSON (1979; 1994) dargestellt, eine unternehmensinterne Organisation zustande kommen und sinnvoll sein kann. Die Möglichkeit zu gesteigerter Effizienz ist allerdings keine hinreichende Bedingung zur Integration einer Transaktion in die Unternehmensorganisation. Selbst in Situationen mit größerer Effizienz der Hierarchie gegenüber dem Markt müssen nicht notwendigerweise Unternehmen entstehen (GRANOVETTER 1995a). Eine Reihe ethnographischer Studien demonstrieren diesen Zusammenhang. So schildert GEERTZ (1963) im Fall der javanesischen Stadt Modjokuto, dass Austauschbeziehungen zwischen den Händlern nicht zu dauerhaften Kooperationsformen oder Unternehmensbildungen führen, obwohl dadurch auf Kosteneinsparungen und Skalenerträge verzichtet wird. Da sich die Händler durch nutzenmaximierendes Verhalten auszeichnen, fehlt es ihnen weniger an Antrieb oder an Kapital zur Integration der Transaktionen, stattdessen verhindert der Mangel an Kooperationsbereitschaft der Akteure die Institutionalisierung von Unternehmen. Diese Kritik bedeutet nicht, dass Unternehmen keine effizienten Organisationsformen sein können. Sie macht jedoch deutlich, dass die ökonomische Effizienz einer Organisation nicht a priori das Entstehen von Organisationen determiniert, sondern einer sozialen Kontingenz unterliegt.

Kritik des Markts als effiziente Organisationsform. Die Kritik des Markts als effiziente Organisationsform lässt sich in zwei Argumentationslinien zusammenfassen:

(1) Märkte im Sinn der neoklassischen Theorie existieren fast nie, da es nicht zu einer einheitlichen Preisbildung kommt. Dies demonstrieren zwei Beispiele:

(1a) Preise bilden sich neben anderen Kriterien unter anderem in Abhängigkeit vom Inhalt und der Struktur der Beziehungen, in die ökonomische Transaktionen eingebettet sind. So argumentiert BAKER (1983), dass sich der Preis entgegen der neoklassischen Gleichgewichtstheorie mit zunehmender Anzahl von Wettbewerbern nicht stabilisiert, sondern dass mehrere unterschiedliche Preise gebildet werden. Dies ist darauf zurückzuführen, dass die Information über sämtliche Transaktionen immer unvollständiger wird und somit ein einzelner Gleichgewichtspreis nicht mehr gebildet werden kann. Die fragmentierte Struktur der Beziehungen bewirkt somit eine zunehmende Heterogenität des Verhaltens.

(1b) In der neoklassischen Theorie erfolgt die Preisbildung durch einen Ausgleich von Nachfrage bei gegebener Zahlungsbereitschaft und Angebot bei gegebenen Herstellungskosten (z. B. DEMMLER 1990, Kap. 2 und 6; LIPSEY et al. 1993, Kap. 4). WHITE (1981) hält dem entgegen, dass es bei der Preisbildung eines Produkts nur wenig Information über die Zahlungsbereitschaft der Nachfrager gibt. Deshalb legen Hersteller ihre Preise in Anlehnung an die Wettbewerber fest, deren Herstellungskosten und Produktionsbedingungen transparenter sind (UZZI 1997).

(2) Unternehmen tätigen nur einen Teil ihrer Transaktionen in marktartiger Weise. Stattdessen tendieren sie zu alternativen Formen unternehmensübergreifender Austauschbeziehungen. Unternehmen agieren oft miteinander in längerfristigen Transaktionsbeziehungen z. B. in *joint ventures*, auf der Basis von Subkontrakten oder in strategischen Allianzen, die angesichts ihrer Preisbildungsmechanismen gegenüber dem Markt nicht unbedingt als effizienter einzuschätzen sind. Offensichtlich stellen reine Markttransaktionen aber nur eine von mehreren Formen der Koordination von Unternehmensbeziehungen dar.

Während basierend auf dem Transaktionskostenansatz von einem Kontinuum an Transaktionsformen ausgegangen wird (SYDOW 1996), in dem sich einerseits Markt und Hierarchie ausschließen und sich andererseits Organisationsformen zwischen den Extremen Markt und Hierarchie durch einen unterschiedlichen Grad an Integration auszeichnen (→ Abb. 52), lehnt die *embeddedness*-Kritik diese abstrakte Unterscheidung hinsichtlich tatsächlicher Organisationsformen als zu stark vereinfacht ab.

Demnach können in jeder Organisationsform sowohl marktliche als auch hierarchische Strukturen aufeinander treffen und spezifisch rekombiniert werden (ECCLES & WHITE 1988; BRADACH & ECCLES 1991; GRABHER 1993b). So gibt es innerhalb von Hierarchien sowohl verschiedene Formen des Wettbewerbs als auch opportunistische Verhaltensweisen. Dies zeigt sich einerseits im direkten Wettbewerb verschiedener Forschungsabteilungen eines Unternehmens um knappe Ressourcen und an der Praxis des marktartigen Güter- und Leistungsverkaufs zwischen Einheiten eines Unternehmens sowie andererseits in der Konkurrenz zwischen Abteilungsleitern eines Unternehmens um beruflichen Aufstieg. Ebenso existieren in Märkten hierarchische Organisationsformen, wie sie sich etwa in Form der

Zulieferpyramiden in der Automobilindustrie darstellen (z. B. HUDSON & SCHAMP 1995; DICKEN 1998, Kap. 10).

Ebenso wenig schließen sich Markt und Staat gänzlich aus. Märkte sind durchsetzt mit staatlich festgelegten Regelungen und institutionellen Bedingungen, die einen gemeinsamen Handlungsrahmen für ökonomische Akteure schaffen und Interaktionsprozesse zwischen Unternehmen überhaupt erst ermöglichen (→ Kap. 1.2). PRIDDAT (2001) fordert deshalb, dass es statt der Durchsetzung reiner Marktregimes darum gehen müsse, kontextuell und evolutionär angepasste Wettbewerb-Kooperations-Lösungen (*co-opetition*) an den Schnittstellen von Markt und Staat sowie innerhalb der Märkte zu installieren.

POWELL (1991), BRADACH & ECCLES (1991) und GRABHER (1993b) verstehen **Unternehmensnetzwerke** als Mischungen von Markt- und Hierarchieformen, die auf unterschiedliche Weise organisatorisch zusammengebunden sind. Anhand der Art und Weise wie dies erfolgt, können verschiedene Arten von Netzwerken unterschieden werden (z. B. POWELL 1991; GRABHER 1993b; PFÜTZER 1995; HESS 1998, Kap. 3.1; HELLMER et al. 1999, Kap. 3.1). Hierzu lassen sich die Kriterien Reziprozität, Interdependenz, Macht und lose Kopplung heranziehen:

(1) **Reziprozität.** Bei Netzwerkbeziehungen handelt es sich um freiwillige Sequenzen von Transaktionen, die über einen längeren Zeitraum erfolgen und durch Gegenseitigkeit gekennzeichnet sind. Reziprozität bedeutet, dass nicht jede einzelne Transaktion genau aufgerechnet wird, sondern dass die Tauschpartner darauf vertrauen, dass keiner von beiden langfristig zu Lasten des anderen profitiert (GAMBETTA 1988b; LOWEY 1997, Teil B, Kap. 2). Diese Gegenseitigkeit ist oft eher implizit als explizit. Die Unternehmen versprechen sich durch die Austauschbeziehung einen gegenseitigen Vorteil und sind deshalb auf eine längerfristige Zusammenarbeit ausgerichtet. Vertrauen und Reziprozität sind die wesentlichen Eigenschaften, die Netzwerkbeziehungen von Marktbeziehungen unterscheiden (STRAMBACH 1995, Kap. 6).

(2) **Interdependenz.** Durch die Dauerhaftigkeit von Verflechtungsbeziehungen entsteht Interdependenz in Netzwerken. Im Unterschied dazu sind Märkte konzeptionell durch vollständige Unabhängigkeit (Independenz) und Hierarchien durch vollständige Abhängigkeit (Dependenz) der Akteure gekennzeichnet. Im Zeitablauf werden innerhalb einer Netzwerkbeziehung Reputation, Loyalität und Vertrauen aufgebaut. Dies geschieht erfahrungsabhängig, stärkt die Dauerhaftigkeit einer Austauschbeziehung und schränkt opportunistisches Verhalten ein (z. B. HARRISON 1992). Durch wiederholte Interaktionen wächst das gegenseitige Verständnis über technologische Entwicklungsmöglichkeiten und -grenzen, woraus gemeinschaftliche Lernprozesse und „blindes Verstehen" resultieren.

(3) **Macht.** Die zuvor genannten Eigenschaften bedeuten nicht, dass die Partnerunternehmen in einem Netzwerk absolut gleichberechtigt sind. Auch in Netzwerken gibt es Machtasymmetrien, so dass einige Unternehmen mehr Macht als andere haben (TÖDTLING 1994b; LOWEY 1999, Teil B, Kap. 2). Je nach der Machtstruktur lassen sich verschiedene Arten der Netzwerkorganisation unterscheiden. In jedem Fall sind die Machtverhältnisse innerhalb eines Netzwerks komplexer als die in Märkten und Hierarchien, wobei asymmetrische Abhängigkeiten nicht immer mit nachteiligen Effekten verbunden sind, sondern durchaus Vorteile bedingen können (LOWEY 1997).

(4) **Lose Kopplung.** Im Unterschied zu der festen Verknüpfung von Akteuren in hierarchischen Systemen sind die Transaktionspartner in Netzwerken nur lose aneinander gekoppelt. Sie behalten ihre Autonomie und sind im Prinzip frei darin zu entscheiden, ob sie eine Verflechtungsbeziehung fortsetzen oder beenden wollen. Durch die freiwillige Mitwirkung im Netzwerk entsteht ein stabiler Kontext für die Interaktion und Kommunikation der Akteure, woraus interaktive Lern- und Innovationsprozesse resultieren können. GRABHER (1994, Kap. II) verweist darauf, dass in Netzwerken eine größere Ideenvielfalt zusammenkommt und damit mehr Problemlösungsoptionen bestehen als in einem hierarchischen System. Durch lose Kopplung werden Redundanzen geschaffen, die verhindern, dass ein Netzwerkverbund auseinander bricht, wenn ein Partnerunternehmen ausscheidet.

6.2.4 Paradoxon der *embeddedness* und *lock-in*

Aus der Konzeptionalisierung von Unternehmensnetzwerken lassen sich Netzwerkbeziehungen als spezifische empirische Beziehungen mit marktlichen und hierarchischen Elementen abbilden. Netzwerkbeziehungen haben gegenüber Unternehmenshierarchien den Vorteil, dass sie sich durch dezentrale Produktionsumstellungen unter Umständen flexibler an veränderte Rahmenbedingungen anpassen können. Zudem ist aufgrund der in ihnen vorhandenen Ideen- und Meinungsvielfalt das *lock-in*-Risiko geringer, dass sich eine Fixierung aller Akteure auf ineffiziente Technologien einstellt. Wenn aber die Vorteile von netzwerkartigen Beziehungen so zahlreich sind, lässt sich mit PODOLNY & PAGE (1998) fragen, warum existieren dann überhaupt noch Märkte und Hierarchien? Zur Beantwortung dieser Frage kann man zunächst den Transaktionskostenansatz von WILLIAMSON (1975; 1985) heranziehen. Demnach gibt es Konstellationen von Transaktionen, in denen Märkte und Hierarchien statt Netzwerken aufgrund ihrer Kostenstruktur als Organisationsform des Austauschs dominieren.

Abgesehen davon sind die Vorteile von Netzwerkbeziehungen keineswegs uneingeschränkt (HELLMER et al. 1999, Kap. 3.2): Bei wachsender Anzahl von Akteuren entstehen auch in Netzwerken Koordinationsprobleme und es kommt zu Blockadepotenzialen (z. B. bei der Festlegung technischer Standards). Daneben besteht, wie im Folgenden gezeigt wird, die Gefahr, dass sich lose Kopplungen zu stark verfestigen und ein *lock-in* bewirken. Zugleich können sich Konsensstrukturen und ein Übermaß an Vertrauen hemmend auf Innovationsprozesse auswirken.

Die Gefahr des **lock-in** in einen ungünstigen technologischen Entwicklungspfad besteht nicht nur in Unternehmenshierarchien, sondern ist, wie GRABHER (1989; 1993c) am Beispiel des Ruhrgebiets demonstriert, auch in Unternehmensnetzwerken gegeben. Dies ist insbesondere dann der Fall, wenn die Offenheit der Netzwerke für neue Ideen begrenzt und die interne Meinungsvielfalt eingeschränkt ist. Besonders schwerwiegend kann ein *lock-in*-Prozess in regionalen Unternehmensnetzwerken sein, weil dadurch ganze Regionen in eine Strukturkrise geraten können. Ein derart nachteiliger Effekt übermäßiger Einbettung wird auch als **Paradoxon der *embeddedness*** bezeichnet (UZZI 1997). GRANOVETTER (1973) betont die Bedeutung nach außen offener Netzwerke, indem er die Rolle enger Verbindungen (*strong ties*) und schwacher Verbindungen (*weak ties*) für den Informationsfluss untersucht. **Enge Verbindungen** sind dabei durch eine größere Intensität, Häufigkeit, Dauerhaftigkeit und Vertrautheit gekennzeichnet als schwache Verbindungen. GRANOVETTER (1973) zeigt, dass

es gerade die schwachen Verbindungen sind, die es einem Unternehmensnetzwerk ermöglichen, neue Wissensquellen zu erschließen. **Schwache Verbindungen** sind deshalb für die Offenheit eines Netzwerks von zentraler Bedeutung.

Um dies zu verdeutlichen, sollen in Analogie zu GRANOVETTER (1973) zwei spezifische Netzwerke betrachtet werden ($\rightarrow$ Abb. 53). Das erste Netzwerk besteht aus den Unternehmen A, B und C und das zweite aus den Unternehmen D, E, F und G. Im Wesentlichen konstituieren sich beide Netzwerke durch enge Verbindungen und sind dadurch nach außen abgrenzbar. Allerdings gibt es in beiden Netzwerken auch schwache Verbindungen. Innerhalb jedes der Netzwerke existieren somit unterschiedliche Wege der Wissensübermittlung zwischen zwei Akteuren, z. B. der direkte Weg von F nach G oder der indirekte Weg von F über D und E zu G. Wenn innerhalb eines Netzwerks eine der engen Beziehungen wegfällt, gibt es also noch alternative Wege der Wissensübermittlung, so dass das Netzwerk als Ganzes weiter funktionieren kann. Wie aber wird die Verbindung eines Netzwerks zu anderen Netzwerken und damit zur Außenwelt hergestellt? Die Antwort lässt sich anhand der Argumentation von GRANOVETTER (1973) geben:

Fall 1. Hier werden beide Netzwerke durch eine schwache Verbindung zwischen den Unternehmen A und D überbrückt ($\rightarrow$ Abb. 53a). Es lässt sich zeigen, dass der Kontakt zwischen verschiedenen Netzwerken fast ausschließlich durch derartige überbrückende schwache Verbindungen hergestellt wird.

Fall 2. Gibt es hingegen eine enge Verbindung zwischen den beiden Netzwerken, bleibt es nicht bei dieser einen Verbindung ($\rightarrow$ Abb. 53b). Es entwickeln sich weitere schwache Verbindungen und im Zeitablauf auch weitere enge Verbindungen (z. B. zwischen den Unternehmen A und E). In Fall b verschmelzen beide Netzwerke letztlich zu einem einzigen integrierten Netzwerk, das in sich geschlossen, also nicht nach außen geöffnet ist.

Dieses vereinfachte Beispiel verdeutlicht, welche zentrale Bedeutung überbrückende schwache Verbindungen haben, um die Offenheit eines Systems zu garantieren GRABHER (1994, Kap. II). Je weniger schwache (insbesondere überbrückende schwache) Verbindungen ein Unternehmensnetzwerk aufweist, umso stärker ist es vom Rest der Welt isoliert. Demgegenüber sind enge Verbindungen insofern weniger bedeutsam, als sie

a) Brücke zwischen zwei Netzwerken

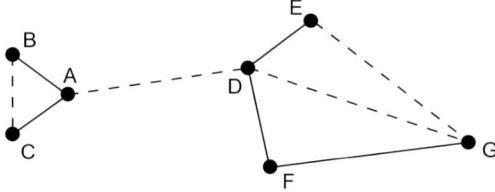

b) Beziehungen in einem integrierten Netzwerk

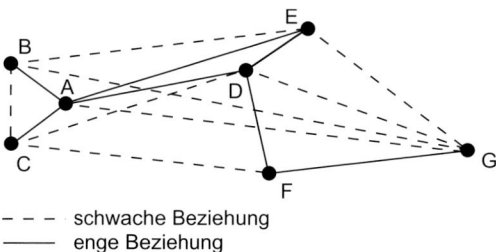

– – – schwache Beziehung
——— enge Beziehung

Abb. 53: Bedeutung schwacher Beziehungen für den Wissenstransfer zwischen Netzwerken (Quelle: nach GRA-NOVETTER 1973, S. 1365)

leichter ersetzt werden können. GRANOVETTER (1973) zeigt, dass sich dies auch auf die Ausbreitung von Innovationen niederschlägt. So werden unumstrittene, inkrementale Innovationen über enge Verbindungen schnell innerhalb eines Netzwerks verbreitet. Kontrovers diskutierte, radikale Innovationen werden dagegen durch enge Verbindungen eher gebremst. Sie breiten sich vor allem am Rand eines Netzwerks über schwache Verbindungen aus.

KERN (1996) weist darauf hin, dass Vertrauen in Netzwerken auch negative Auswirkungen haben kann. Dies ist der Fall, wenn es durch Vertrauensseligkeit und „blindes Vertrauen" zu einer Ideenverkrustung innerhalb eines Netzwerks kommt. Ein Übermaß an Vertrauen kann Innovationen entgegenwirken, wenn dies zu einem Festhalten an bewährten Problemlösungsstrategien führt. Dies geschieht in Konstellationen, in denen man sich vertrauensselig auf netzwerkinterne Partner verlässt und netzwerkexternes Wissen vernachlässigt. Nur durch die bewusste Offenhaltung von Netzwerken lassen sich die Gefahren eines derartigen technologischen *lock-in* vermeiden. Deshalb ist ein gesundes Misstrauen unter Umständen notwendig, um auf Distanz gegenüber bewährten Problemlösungsstrategien zu gehen und Innovationen besser vorantreiben zu kön-

nen (KERN 1996). Nachfolgend wird am Beispiel einer Studie von UZZI (1996; 1997) demonstriert, welchen Einfluss die spezifische Struktur von Beziehungen auf *lock-in*-Effekte haben kann. Es wird deutlich, dass die *embeddedness* von Unternehmen in Strukturen sozio-institutioneller Beziehungen nur bis zu einem gewissen Maß vorteilhaft ist und darüber hinaus im Gegenteil negative Effekte entstehen können.

Fallbeispiel: Lokalisierte Textilproduktion in New York. Am Beispiel der New Yorker Bekleidungsindustrie hat UZZI (1996; 1997) empirisch untersucht, wie sich der Grad der Einbettung von Unternehmen in unternehmensübergreifende Beziehungen auf die Überlebens- bzw. Sterbewahrscheinlichkeit der beteiligten Unternehmen auswirkt (GLÜCKLER 2001b). Dabei unterscheidet er reine Marktbeziehungen von dauerhaften, eingebetteten Netzwerkbeziehungen, deren Zusammenhang mit dem Marktaustritt der Unternehmen untersucht wurde. Der ausgewählte Industriezweig eignet sich besonders für einen Test der Bedeutung von Marktbeziehungen, da er aufgrund geringer Eintrittsbarrieren sowie geringer Such- und *start-up*-Kosten für Marktbeziehungen gute Voraussetzungen bietet. Das methodische Design der Untersuchung demonstriert die Vorzüge einer Kombination qualitativer und quantitativer Methoden.

(1) In einer qualitativen (ethnographischen) Feldstudie des lokalen Produktionskontexts werden zunächst die Mechanismen und Vorteile netzwerkartiger Zusammenarbeit zwischen den Unternehmen aufgeklärt. Aus intensiven Gesprächen mit 43 Geschäftsführern und aus Betriebsaufenthalten ergab sich, dass Unternehmen durch relationale *embeddedness* so genannte *economies of time* erzielen (UZZI 1997). Dabei zeigt sich, dass in Vertrauensbeziehungen implizitere Informationen transferiert, schnellere Problemlösungen erreicht und kooperativere Lernprozesse entfaltet werden als in nicht-vertrauensbasierten Beziehungen. Zudem werden zeitraubende Aushandlungen von Verträgen vermieden (UZZI 1996). Die Folge für die Partnerunternehmen ist ein schnellerer Marktzugang und eine raschere Reaktionsfähigkeit auf Umweltveränderungen. Damit bestätigt UZZI (1996; 1997) die Argumentation des *embeddedness*-Ansatzes, dass netzwerkartige Beziehungen spezifische Vorteile für die Akteure bewirken.

(2) In einem zweiten Schritt untersucht UZZI (1996) die Struktur sozio-institutioneller Bezie-

a) Netzwerkstruktur 1. Ordnung

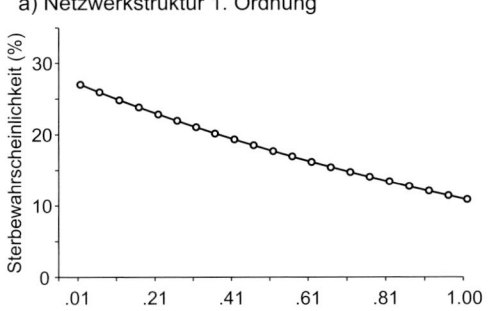

b) Netzwerkstruktur 2. Ordnung

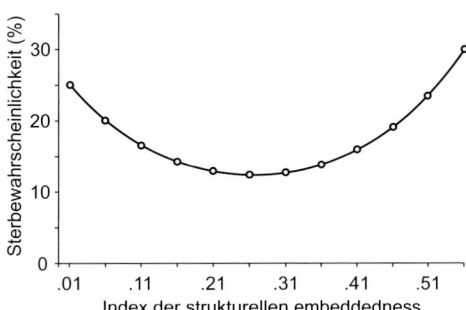

Abb. 54: Wirkung struktureller *embeddedness* auf das Scheitern von Unternehmen (Quelle: nach Uzzi 1996, S. 692)

hungen. Für die Jahre 1991 und 1992 analysiert er die Transaktionsverflechtungen zweier Gruppen von Unternehmen: 91 Produzenten und 504 Zulieferern. Die Auswertung konzentriert sich auf die Verteilung der Transaktionen von Unternehmen auf deren Partner. Hierbei zeigt sich, dass die Hälfte der Produzenten mindestens 25 % ihrer Beschaffung auf einen einzigen Zulieferer konzentrieren. Umgekehrt konzentrieren 45 % aller Zulieferer die Hälfte ihrer Lieferungen und 15 % der Zulieferer sogar ihren gesamten Lieferumfang auf einen einzigen Abnehmer (Uzzi 1996). Etwa ein Viertel der Produzenten besitzen eng verknüpfte Netzwerke mit fünf oder weniger Mitgliedern, 30 % haben Netzwerke von sechs

Abb. 55: Strukturelle *embeddedness* aus der Sicht eines Unternehmens (Quelle: nach Uzzi 1997, S. 60)

bis zwölf Partnerunternehmen und 40 % der Produzenten verfügen über keine integrierten Netzwerke, sondern über Beziehungen zu einer diffusen Menge von atomisierten Partnern. Ähnliches gilt für die Zulieferer. Die statistische Analyse belegt, dass der Grad der Vernetzung erster und zweiter Ordnung Einfluss auf die Sterbewahrscheinlichkeit der Zulieferer hat:

(2a) Die Vernetzung ersten Grades misst das Ausmaß, in dem sich das Gesamtvolumen der Transaktionen eines Zulieferers auf wenige Produzenten konzentriert, ein Unternehmen also in dauerhaften Beziehungen eingebettet ist. Mit steigendem Index nimmt die Wahrscheinlichkeit des Scheiterns eines Unternehmens ab (→ Abb. 54a).

(2b) Demgegenüber kennzeichnet die Vernetzung zweiten Grades das Beziehungsverhalten der jeweiligen Produzenten, mit denen ein betrachteter Zulieferer in Beziehung steht, zu den anderen Zulieferern. Uzzi (1996) stellt fest, dass die Wahrscheinlichkeit für das Scheitern eines Unternehmens (Sterbewahrscheinlichkeit) auf

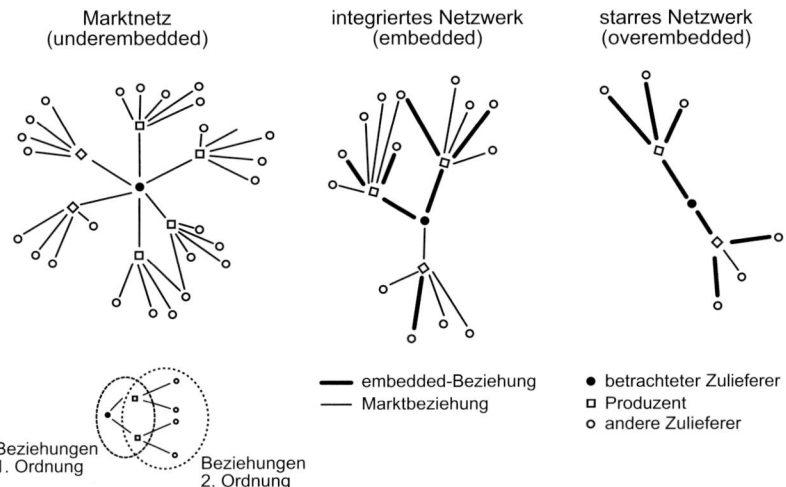

dieser Ebene bis zu einem bestimmten Schwellenwert der Einbettung sinkt, darüber hinaus aber wieder ansteigt (→ Abb. 54b). Dies zeigt, dass sich durch die soziale Einbettung in Netzwerke der Unternehmenserfolg gemessen an der Überlebenswahrscheinlichkeit einerseits deutlich verbessern lässt, er zugleich aber wieder abnimmt, wenn Netzwerke ein gewisses Maß an *embeddedness* überschreiten und zu stark eingebettet (*overembedded*) sind (→ Abb. 55). Es ist diese zunächst positive und dann negative Wirkung auf die Überlebenswahrscheinlichkeit, die das Paradoxon der *embeddedness* beschreibt (UZZI 1997).

6.2.5 Exkurs: Soziales Kapital

Seit Ende der 1980er Jahre ist der Bedeutung sozialer Beziehungen für das Handeln von Menschen in den Politikwissenschaften, der Entwicklungsforschung, den Planungswissenschaften und zahlreichen weiteren Disziplinen unter dem Konzept des sozialen Kapitals besondere Aufmerksamkeit geschenkt worden. Das Konzept des sozialen Kapitals greift den aus der Systemtheorie bekannten Zusammenhang auf, dass die Wirkung eines Ganzen größer sein kann als die Summe seiner Einzelbestandteile – und zwar infolge der Beziehungen zwischen den Einzelbestandteilen. Der Aufstieg des Konzepts erfolgt parallel zu einer stärkeren Hinwendung der Wirtschaftsgeographie zu sozialwissenschaftlichen Konzepten und Methoden (→ Kap. 1). So steht nicht mehr das Unternehmen als isolierter Akteur, sondern in seinem Beziehungsgeflecht mit Zulieferern, Abnehmern, staatlichen Behörden und anderen Institutionen im Mittelpunkt der Analyse (GRABHER 1993b; PODOLNY & PAGE 1998). Mithin richten sich Untersuchungsinhalte zusehends auf die Kommunikations-, Abstimmungs- und Lernprozesse zwischen Unternehmen statt auf die Eigenschaften isolierter Unternehmen (z. B. BATHELT 1997b; 2000b). Die Anwendung des Konzepts auf geographische Fragestellungen darf allerdings nicht dazu verleiten, dass sozialem Kapital *a priori* ein konkreter regionaler Wirkungsbezug zugewiesen wird, wie dies z. B. in der Arbeit von PUTNAM (1993) erfolgt.

Das **Konzept des sozialen Kapitals** thematisiert eine Ressource, die sich im Unterschied zu Sach- und Humankapital nicht in der Verfügungsgewalt eines einzelnen Akteurs oder einer einzelnen Organisation befindet, sondern in der Beziehung zwischen Akteuren besteht und somit nur in Abhängigkeit von Partnern mobilisiert werden kann. COLEMAN (1988), der neben BOURDIEU (1986) einer der Begründer des Konzepts ist, fasst soziales Kapital als kumulierte Geschichte in Gestalt sozialer Struktur auf, die für persönliche Ziele in Wert gesetzt werden kann. Das Konzept des sozialen Kapitals bezeichnet zwar kein neues soziales Phänomen, allerdings eröffnet es die Möglichkeit, nicht-monetäre Ressourcen als wichtige Quellen von Macht und Einfluss zu erfassen und diese anderen Formen von Kapital gegenüber zu stellen (PORTES 1998).

In Netzwerken zwischen Händlern derselben ethnischen Gruppen bewirkt soziales Kapital eine Erhöhung der Wettbewerbsfähigkeit (BEBBINGTON & PERREAULT 1999) und ist dadurch ein Vehikel zur Schaffung von Human- und Sachkapital (COLEMAN 1988). Soziales Kapital verschafft den Besitzern bzw. Begünstigten eine Reihe von Vorteilen: So ermöglicht es erstens die Bildung von Verpflichtungen und Erwartungen zwischen Akteuren, die als Formen eines Kredits aufgefasst werden können. Zweitens genießen Akteure Informationsvorteile, wenn sie über ihre sozialen Beziehungen zusätzliche Information erlangen. Und drittens können Akteure durch eine gemeinsame Identität und wiederholte Interaktionen gemeinsame Normen und Werte bilden. Diese ermöglichen Handlungsorientierung und Sicherheit für die Beziehungen innerhalb sozialer Systeme, so dass die Effizienz von Transaktionen steigt und opportunistisches Verhalten verhindert wird (COLEMAN 1988).

Für COLEMAN (1988) resultiert soziales Kapital vor allem aus der relativen **Geschlossenheit von sozialen Systemen** oder Netzwerken (→ Abb. 56a). Dass Geschlossenheit bzw. soziale Kohäsion (sozialer Zusammenhalt) aber keineswegs nur Vorteile impliziert, demonstriert z. B. PORTES (1998). Nach außen erzeugt soziale Kohäsion negative externe Effekte, da Nicht-Mitglieder ausgeschlossen bleiben. Ferner kann die Kohäsion einer Gruppe auch negative Wirkungen auf die Gruppe selbst haben. So bietet sie z. B. die Möglichkeit des *free-riding* einzelner Mitglieder, wobei alleine aus der Zugehörigkeit zu einer Gruppe Ansprüche auf deren Ressourcen erhoben werden, ohne eigene Ressourcen einzubringen (SANDEFUR & LAUMANN 1998; PORTES 1998). Ferner können einer Gruppe hohe Opportunitätskosten entstehen, wenn wichtige Informationen aufgrund der Geschlossenheit nicht in die Gruppe hinein dringen. KERN (1996) verdeutlicht die daraus erwachsende Gefahr der Ideenverkrustung und letztlich des kollektiven Scheiterns geschlossener Netzwerke.

Aufgrund der mit der Geschlossenheit sozialer Systeme verbundenen Probleme schlägt BURT (1995) eine entgegen gesetzte Perspektive des sozialen Kapitals vor. Nicht etwa die Kohäsion einer Gruppe, sondern die **Fragmentierung sozialer Strukturen** bildet hierbei das Potenzial für soziales Kapital (→ Abb. 56b). Das zentrale Argument der *structural hole*-**Theorie** von BURT (1995) besteht darin, dass unverwirklichte Beziehungen zwischen Akteuren eines Netzwerks Informations- und Kontrollvorteile für denjenigen schaffen, der die untereinander unverbundenen Akteure mit seinen eigenen Beziehungen erreicht. Solche nicht-redundanten Beziehungen konstituieren das soziale Kapital eines Akteurs, das diesem die Gelegenheit des Aushandelns und Vermittelns zwischen anderen, unverbundenen Akteuren bietet. BURT (1997) gelangt anders als COLEMAN (1988) zu dem Ergebnis, dass soziales Kapital nicht eine kollektive Ressource, sondern eine individuelle Gelegenheit ist, Informations- und Kontrollvorteile zu erlangen, die sich aus einer offenen Netzwerkstruktur und weitreichender Unverbundenheit (*structural holes*) anderer Akteure ergibt.

Die gegensätzlichen Darstellungen von COLEMAN (1988) und BURT (1995; 1997) verweisen auf einen ähnlichen Antagonismus wie zuvor das Paradoxon der *embeddedness* (UZZI 1996; 1997). Die Geschlossenheit der Beziehungen einer Gruppe ermöglicht einerseits die Bildung von gemeinsamen Normen und Sanktionen, zu viel Abschottung jedoch isoliert von der Chance, Informations- und Kontrollgelegenheiten wahrzunehmen. Offenbar ermöglicht eine bestimmte Struktur sozialer Beziehungen aufgrund der Unverbundenheit anderer die Bildung spezifischen sozialen Kapitals. SANDEFUR & LAUMANN (1998) streben an, aus der gegensätzlichen Argumentation ein allgemeineres Verständnis sozialen Kapitals zu formulieren, und plädieren für eine Konzeption, die die Überlegungen von COLEMAN (1988) und BURT (1995) integriert. In dieser Konzeption sind drei Eigenschaften des sozialen Kapitals grundlegend:

(1) Eine bestimmte Form sozialen Kapitals kann verschiedene Vorteile bewirken, wobei Vorteile z. B. als Information, Einfluss oder soziale Solidarität definiert sind.

a) soziales Kapital durch strukturelle Geschlossenheit

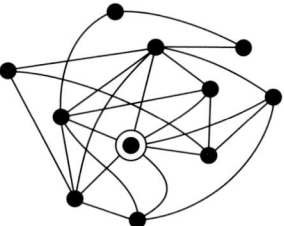

b) soziales Kapital durch strukturelle Löcher

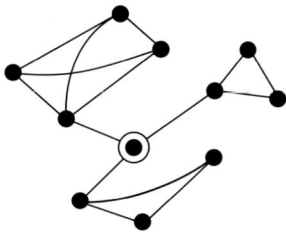

⦿ betrachteter Akteur

Abb. 56: Gegensätzliche Quellen sozialen Kapitals aufgrund der Struktur sozialer Beziehungen

(2) Verschiedene Formen sozialen Kapitals variieren insofern in ihren Wirkungen, als sie Vorteile für ein bestimmtes oder mehrere Ziele persönlichen Handelns bedeuten können.

(3) Formen sozialen Kapitals können Vorteile, zugleich aber auch Nachteile für bestimmte Handlungsziele darstellen.

Soziales Kapital hat folglich eine Valenz (Wertigkeit), die abhängig ist von den Zielen, die ein Akteur verfolgt. Darauf aufbauend definieren SANDEFUR & LAUMANN (1998, S. 484) den individuellen Wert sozialen Kapitals wie folgt: *„An individual's potential stock of social capital consists of the collection and pattern of relationships in which she is involved and to which she has access, and further to the location and patterning of her associations in larger social space. That is, her potential social capital is both the contact she herself holds and the way in which those contacts link her to other patterns of relations.“*

6.3 Struktur und Strategie: Die Rolle von Großunternehmen

Ökonomischer Austausch ist nicht nur ein Transfer von Leistungen und Zahlungen, sondern er ist darüber hinaus wesentlich verbunden mit und bedingt durch Kosten im eigentlichen Austausch (→ Kap. 6.1) sowie durch soziale Bedeutung und Strukturen von Beziehungen, die den Austausch einbetten (→ Kap. 6.2). Transaktionskosten-, *embeddedness*- und Netzwerk-Ansätze ermöglichen eine Perspektive, die konsequenterweise ökonomische Beziehungen in den Mittelpunkt der Analyse stellt. Im vorangegangenen Abschnitt wurden Netzwerke zunächst als Konzept der Analyse von Beziehungen zwischen Unternehmen eingeführt. Der Netzwerkansatz eignet sich darüber hinaus aber besonders dazu, die Organisation von Beziehungen in komplex aufgebauten, großen Unternehmen nachzuvollziehen. In diesem Abschnitt wird nun die Netzwerkperspektive angewendet, um die interne Struktur großer Unternehmen zu betrachten und ihre räumliche Organisation im Kontext von externer und interner *embeddedness* und evolutionärer Entwicklung zu untersuchen. Hierbei werden die Aspekte der Verfolgung strategischer Optionen und ihren Auswirkungen auf die Struktur sowie der Einfluss von Machtasymmetrien auf den Entwicklungsverlauf hervorgehoben.

Aus der Diskussion alternativer Organisationsformen von Transaktionen wird deutlich, wie wichtig eine Differenzierung von Unternehmen nach ihrer Organisationsstruktur, Größe und Funktionsvielfalt ist, um Grundorientierung und Rahmenbedingungen ihres Agierens zu verstehen. So besteht ein prinzipieller Unterschied in der Entscheidungsstruktur kleiner Ein-Betriebs- und großer Mehr-Betriebs-Unternehmen. Standortentscheidungen von Mehr-Betriebs-Unternehmen für Zweigwerksgründungen werden in Abhängigkeit spezifischer Unternehmensziele und -strategien, der Art der zu errichtenden Betriebe (z. B. ob Forschungs- oder Montagezweigwerk), den spezifischen Arbeitsmarkt- und Verflechtungsbedürfnissen, Kostengesichtspunkten sowie vielfältigen Standortanforderungen getroffen. Die Entscheidungsfindung beruht auf einem komplexen unternehmensinternen Entscheidungsprozess und resultiert aus der Bewertung mehrerer Standortalternativen (STAFFORD 1979; HAYTER 1997, Kap. 6). Im Unterschied zu diesen Unternehmen

verfügen Ein-Betriebs-Unternehmen über ein schlechter ausgestattetes Informations- und Entscheidungssystem und sind in ihrer Standortentscheidung stärkeren Beschränkungen unterworfen. Außerdem ist die Standortwahl des Ein-Betriebs-Unternehmens zumeist ein einmaliger Entscheidungsprozess, der sich nach der Unternehmensgründung nicht wiederholt (BATHELT 1991a, Kap. 12).

6.3.1 Unternehmenssegmentierung: Von der dualen zur tripolaren Wirtschaft

Eine Unterscheidung zwischen Ein-Betriebs- und Mehr-Betriebs-Unternehmen ist zwar geeignet, um einige durch die Organisationsstruktur bedingte Unterschiede in den Standort- bzw. Gründungsentscheidungen zu erkennen, allerdings hat diese Differenzierung für praktische Anwendungen eine zu geringe Komplexität. Eine detaillierte Klassifizierung in homogene Unternehmenssegmente, die auf der Dichotomie zwischen Kleinunternehmen mit nur einem Standort und Großunternehmen mit mehreren Betriebsstätten an verschiedenen Standorten aufbaut, stammt von TAYLOR & THRIFT (1982; 1983). Diese Autoren gehen von einer **dualen Wirtschaft** aus, in der neben großen Unternehmen, die sie als Planungstyp identifizieren, kleine Unternehmen existieren, die sie als Markttyp kennzeichnen. Innerhalb dieser Hauptgruppen werden zahlreiche Teilsegmente von Unternehmen differenziert, die durch unterschiedliche Markt-, Organisations- und Standortstrukturen sowie abweichende Zielsysteme geprägt sind (MORPHET 1987; DICKEN & LLOYD 1990, Kap. 7; HEALEY & ILBERY 1990, Kap. 7; BATHELT 1991a, Kap. 12; HAYTER 1997, Kap. 8).

Die Unternehmensgröße ist in der Klassifikation von TAYLOR & THRIFT (1982) nicht nur eine Eigenschaft, die auf eine Vielzahl technologischer Optionen und die Möglichkeit zur Ausschöpfung von *economies of scale* hindeutet. Größe steht auch für eine Machtposition auf den Märkten gegenüber den Beschäftigten und im Verhältnis zu Institutionen und Planungsbehörden. Mit zunehmender Größe üben Unternehmen zugleich eine größere Kontrolle über eigene Zielsysteme und Strategien aus. Dennoch kann nicht davon ausgegangen werden, dass große Unternehmen generell effizienter arbeiten und besser organisiert sind als kleine Unternehmen (DIMAGGIO & POWELL 1983; HANNAN & FREEMAN

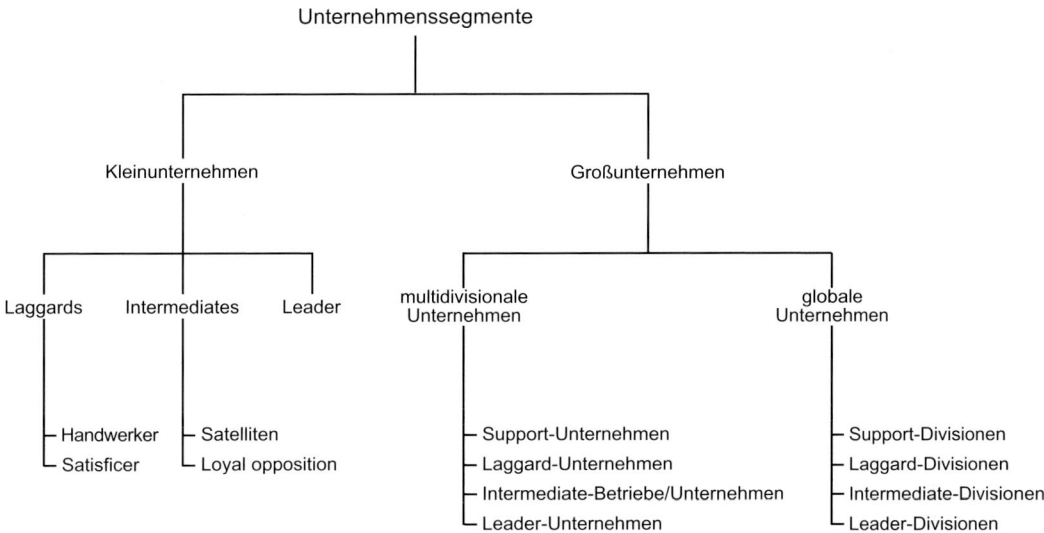

Abb. 57: Duales Modell der Segmentierung von Unternehmenstypen (Quelle: nach Taylor & Thrift **1983, S. 452)**

1993). Im Einzelnen differenzieren Taylor & Thrift (1982; 1983) verschiedene Unternehmenssegmente und Subsegmente (→ Abb. 57):

(1) **Kleinunternehmen.** In der Unterscheidung bestehen Kleinunternehmen aus den drei Segmenten *laggards*, *intermediates* und *leaders* mit Untergruppen.

(1a) *Laggards.* Diese Gruppe setzt sich zusammen aus Handwerksbetrieben und *satisficers*, die durch geringes Wachstum und hohe Konjunkturanfälligkeit gekennzeichnet sind. Die Lebensdauer der Unternehmen ist oft mit der Lebensdauer der jeweiligen Besitzer identisch. *Laggards* (Nachzügler) beliefern in der Regel kleine Märkte und setzen nur in geringem Umfang moderne Technologien ein. Sie werden bewusst klein und überschaubar gehalten.

(1b) *Intermediates.* Dieses Segment setzt sich aus der *loyal opposition* und den *satellites* zusammen. Unternehmen der *loyal opposition* operieren in Marktnischen oder Restmärkten, die von Großunternehmen nicht oder nicht mehr abgedeckt werden. Es handelt sich dabei zumeist um Ein-Produkt- oder Ein-Markt-Unternehmen mit einer gut ausgebauten Marketing- bzw. Managementorganisation. Forschungsaktivitäten spielen nur eine untergeordnete Rolle. Es gibt relativ wenige Marktein- und -austritte, so dass eine stabile Wettbewerbssituation vorliegt. Das *satellite*-Segment ist durch Unterverträge und Konzessionen

eng mit Großunternehmen verflochten und von diesen stark abhängig. Es existieren hohe Markteintritts- und -austrittsraten als Ausdruck einer instabilen Wettbewerbssituation. Die Konkurrenzfähigkeit großer *satellite*-Unternehmen beruht auf ihrer Fähigkeit, interne Ersparnisse zu erzielen. Kleine *satellite*-Unternehmen entstehen durch die Externalisierung bestimmter Produktionsstufen aus dem Großunternehmensbereich.

(1c) *Leaders.* Die Gruppe der führenden Unternehmen ist relativ jung und beruht auf intensiver Innovationstätigkeit. Sofern ausreichend Investitionskapital verfügbar ist, haben diese Unternehmen das größte Wachstumspotenzial unter den Kleinunternehmen. Da sich der Wettbewerbsvorteil der *leader*-Unternehmen durch Imitation und wachsende Konkurrenz im Zeitablauf verringert, existieren sowohl hohe Gründungs- als auch hohe Insolvenzraten. Erfolgreiche *leader* werden häufig durch Großunternehmen aufgekauft, erfolglose *leader* scheiden vom Markt aus oder wechseln in das Segment der *laggards*.

(2) **Großunternehmen.** Unter den Großunternehmen lassen sich multidivisionale und globale Unternehmen als Segmente jeweils mit Subsegmenten spezifizieren.

(2a) **Multidivisionale Unternehmen.** Es ist dies der am häufigsten auftretende Typ von Großunternehmen. Durch räumliche Expansion und sektorale Diversifikation sind multidivisionale Unternehmen zu einer Größe gewachsen, die erhebliche Leitungs- und Koordinationsprobleme verursacht. Ihre Wettbewerbsfähigkeit wird durch

Oligopolisierungs- und Innovationsprozesse gesichert. Analog zum Segment der Kleinunternehmen lassen sich *leader*, *intermediates* und *laggards* sowie zusätzlich *support*-Unternehmen unterscheiden, die in mehrere Divisionen (Geschäftsfelder) aufgeteilt sind und eine divisionale Struktur aufweisen. *Leader*-Großunternehmen besitzen große Innovationskapazitäten und operieren mit hohem Risiko. Sie sind auf technisches *know-how*, qualifizierte Arbeitskräfte, Managementerfahrungen und externe Ersparnisse angewiesen und durch die Herstellung etablierter Produkte gekennzeichnet. Sie benötigen in erster Linie Marketingfähigkeiten und Kapitalzugang. *Intermediate*-Strukturen treten nicht nur in eigenständigen Unternehmen auf, sondern finden sich in jedem Großunternehmen in Divisionen. *Laggard*-Unternehmen konzentrieren sich auf die Fertigung standardisierter Produkte und profitieren von Kostenvorteilen. *Support*-Unternehmen übernehmen Dienstleistungen für den Großunternehmenssektor.

(2b) **Globale Unternehmen.** Dieses Segment ist infolge der Internationalisierung von Kapital aus der Gruppe der multidivisionalen Unternehmen hervorgegangen. Die Zahl der Unternehmen dieses Segments ist klein, da nur wenige Großunternehmen in der Lage sind, die finanziellen Mittel zum Aufbau eines weltweiten Standortnetzes aufzubringen. Ein globales Unternehmen setzt sich aus *leader-*, *intermediate-*, *laggard-* und *support*-Divisionen zusammen, die potenzielle Investitionsobjekte für die Unternehmensleitung darstellen. In Abhängigkeit von den weltweiten politischen, gesellschaftlichen und ökonomischen Rahmenbedingungen werden Investitionsalternativen ständig neu bewertet, die aussichtsreichsten Investitionsprojekte ermittelt und Kapitalzuweisungen entsprechend zwischen den Divisionen verschoben.

Aus den unterschiedlichen Organisationsstrukturen der verschiedenen Unternehmenssegmente und ihrer spezifischen räumlichen Organisation leiten TAYLOR & THRIFT (1983) die Notwendigkeit einer segmentierten industriellen Standortlehre ab. Für Großunternehmen schlagen sie den Einsatz der Produktzyklustheorie und betriebswirtschaftlicher Entscheidungsmodelle als Erklärungsansätze vor, für Kleinunternehmen soziologische Modelle wie etwa evolutionäre Clusterungs- und Agglomerationsansätze. Obwohl die Klassifikation von TAYLOR & THRIFT (1982; 1983) in den 1980er Jahren breite Beachtung in industriegeographischen Untersuchungen gefunden hat, darf sie aufgrund ihrer Schwachstellen nicht unkritisch übernommen werden. Diese be-

Abb. 58: Erweitertes tripolares Modell der Unternehmenssegmentierung (Quelle: nach HAYTER et al. 1999, S. 429)

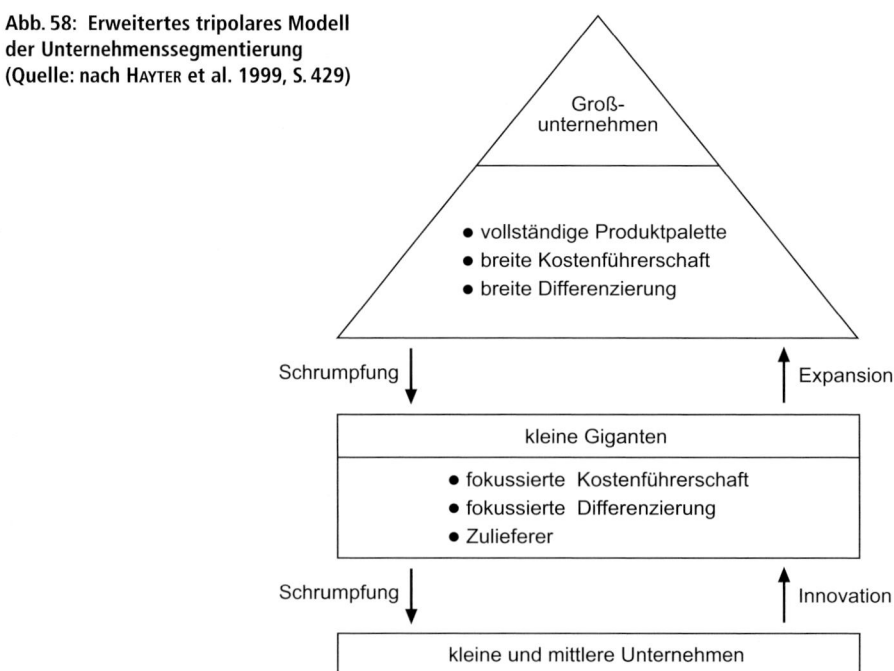

treffen die weitgehend deskriptive und statische Zuordnung von Unternehmen zu Segmenten, die für den Großunternehmenssektor sehr starke Anlehnung an produktzyklustheoretische Erklärungen (→ Kap. 8.1) und die unzureichende Berücksichtigung unternehmensinterner Leitungsstrukturen und Entscheidungsprozesse (BATHELT 1991a, Kap. 12).

HAYTER et al. (1999) kritisieren, dass das duale Modell der Unternehmenssegmentierung reale Organisationsformen nicht ausreichend erfasst, da eine wesentliche Gruppe von Unternehmen ausgeblendet bleibt und dynamische Veränderungen der Organisationsstruktur nicht berücksichtigt werden. Aus diesem Grund erweitern HAYTER et al. (1999) das Modell von TAYLOR & THRIFT (1982; 1983) um ein Segment der kleinen Giganten (*little giants* bzw. *hidden champions*) und gelangen somit zu einer **tripolaren Struktur** (→ Abb. 58). Die **kleinen Giganten** bilden ein Übergangssegment zwischen den lokal operierenden kleinen und mittleren Unternehmen und den international ausgerichteten Großunternehmen. Im Unterschied zu den Großunternehmen, die auf breiter Ebene mit diversifizierter Produktpalette *economies of scale* abschöpfen, sind kleine Giganten stärker auf Kernarbeitsgebiete fokussiert. Aufgrund dieser Fokussierung erreichen sie eine international bedeutsame Marktposition, verbleiben dabei aber stark mit ihren Heimatmärkten und -standorten verbunden. Auch Zulieferer können in diese Gruppe vordringen und aufgrund ihrer Marktmacht eine starke Verhandlungsposition erlangen.

In der Klassifikation von TAYLOR & THRIFT (1982; 1983) sind die Segmentgrenzen im wesentlichen undurchlässig, da in der Gruppe der Großunternehmen Eintritts- und in der Gruppe der Kleinunternehmen Austrittsbarrieren bestehen. Dies ändert sich durch die Einbeziehung des Segments der *little giants*. Ihr Entstehen wird von HAYTER et al. (1999) aus einem Entwicklungsverlauf erklärt: So können kleine und mittlere Unternehmen durch erfolgreiche Innovationen einen Wachstumsprozess in die Gruppe der kleinen Giganten vollziehen. Erfolgreiche Aufsteiger können durch weiteres Wachstum später sogar in das Segment der Großunternehmen übergehen. Voraussetzung hierfür ist die Expansion in internationale Märkte durch Direktinvestitionen und Akquisitionen. Umgekehrt ist durch Schrumpfungsprozesse und Ausgründungen bzw. Abspaltungen der Übergang aus der Gruppe der Großunternehmen in das Segment der kleinen Giganten und weiter in das der kleinen und mittleren Unternehmen möglich.

6.3.2 Unternehmen als machtvolle Institutionen

In der in der angelsächsischen Geographie entwickelten *enterprise geography* oder *corporate geography* (MCNEE 1960; KRUMME 1969; DICKEN 1990; DICKEN & THRIFT 1992) stehen große multinationale Unternehmen im Mittelpunkt des Interesses. Die Unternehmen haben eine starke Machtposition und können so das Verhalten anderer Akteure sowie deren Erfolge beeinflussen. Macht ist ein wesentlicher Bestandteil und prägendes Element sozialer Beziehungen innerhalb und zwischen Unternehmen (z. B. BERNDT 1999; TAYLOR 2000). Machtasymmetrien haben dabei nicht notwendigerweise stets eine negative Wirkung auf einen Produktionszusammenhang. Nach GRANOVETTER (1985) helfen sie zu verhindern, dass es im Fall von Konflikten zu einer Eskalation kommt. Trotz der offensichtlichen Bedeutung von Machtbeziehungen wird dieser Aspekt in vielen Studien vernachlässigt oder nur randlich behandelt.

Die Macht von Unternehmen drückt sich in Aushandlungsprozessen gegenüber anderen Unternehmen, den Beschäftigten und gegenüber Regierungsbehörden aus. Standortbedingungen in Bezug auf Löhne, Steuern und Infrastruktur sind für die Unternehmen keine fest vorgegebenen Größen, sondern sie werden zum Gegenstand von Verhandlungen gemacht, um sie gemäß den Unternehmenserfordernissen zu verbessern. Zugleich gibt es aber auch mächtige Gegenkräfte wie z. B. Gewerkschaften, den Nationalstaat und Umweltorganisationen, die diesen Unternehmen gegenüber stehen. Unternehmen lassen sich aus institutioneller Perspektive als formelle institutionelle Strukturen begreifen, die in gesellschaftliche Strukturen eingebettet sind (DICKEN 1994; 1998, Kap. 8; HAYTER 1997, Kap. 7). Ihr Verhalten ist Ausdruck bestimmter Regeln, Traditionen und Werte. Durch ihre Organisationsform versuchen Unternehmen, Ressourcen effizient zu nutzen und Kontrolle über Ressourcen zu erlangen. Ein wichtiges Ziel großer Unternehmen ist Wachstum, wodurch allerdings interne Probleme der Koordination und Effizienz entstehen, die durch eine geeignete Organisationsform überwunden werden müssen.

6.3.3 Entwicklungsstufen der Unternehmensorganisation

In einem vereinfachten Modell haben DICKEN & LLOYD (1990, Kap. 8) untersucht, wie sich die Unternehmensorganisation mit dem Wachstum eines Unternehmens im Zeitablauf verändert. Sie unterscheiden exemplarisch drei Entwicklungsstufen (→ Abb. 59), die durch steigende Komplexität und eine zunehmende Arbeitsteilung zwi-

Abb. 59: Entwicklung der Unternehmensorganisation (Quelle: nach DICKEN & LLOYD 1999, S. 243)

schen den verschiedenen Entscheidungsebenen gekennzeichnet sind (CHAPMAN & WALKER 1987, Kap. 7; BATHELT 1991a, Kap. 12):

(1) **Ein-Produkt-Ein-Betriebs-Unternehmen.** Es handelt sich hierbei beispielsweise um Neugründungen. In einer einfachen, oftmals personengebundenen Leitungsstruktur besteht keine klare Trennung zwischen strategischer, administrativer und operativer Entscheidungsebene.

(2) **Ein-Produkt-Mehr-Betriebs-Unternehmen.** Mit zunehmender Unternehmensgröße und räumlicher Expansion erfolgt eine unternehmensinterne organisatorische Arbeitsteilung. Für spe-

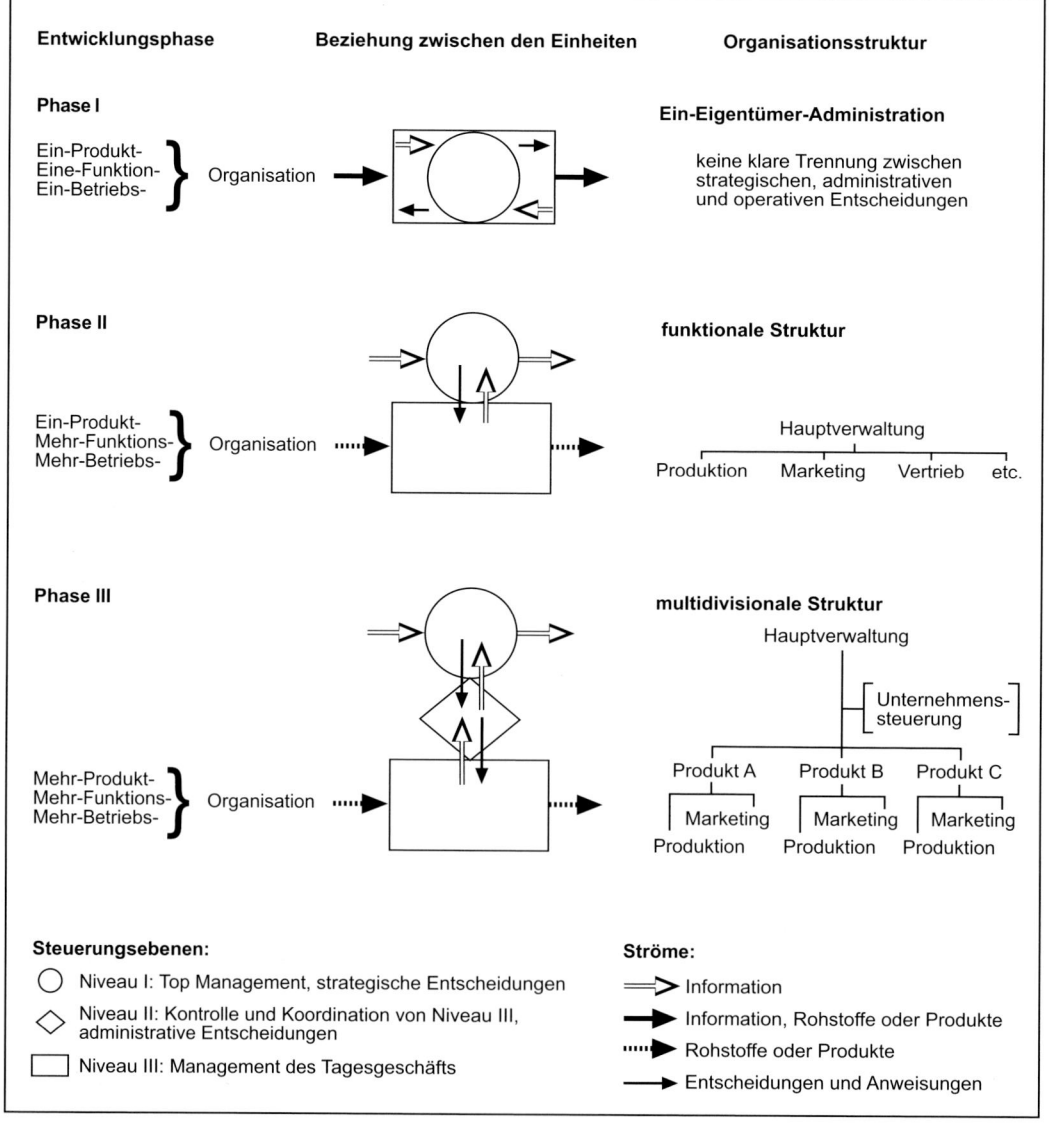

zifische Funktionsbereiche wie z. B. Produktion, Forschung und Marketing entstehen eigenständige Abteilungen, die dezentrale Leitungsfunktionen der operativen Entscheidungsebene übernehmen. Funktionale Spezialisierung und Mehr-Betriebs-Organisation erfordern zugleich ein höheres Maß an zentraler Kontrolle. Als übergeordnete Entscheidungsebene wird hierbei ein *headquarter* (Unternehmenszentrale) gebildet, wo die Unternehmensziele festgelegt und die funktionalen Entscheidungsbereiche koordiniert und überwacht werden.

(3) **Mehr-Produkt-Mehr-Betriebs-Unternehmen.** Mit wachsender Diversifikation entsteht eine divisionale Organisationsstruktur. An die Stelle funktionaler Abteilungen treten produktspezifische Divisionen (Geschäftsfelder), die vereinfacht jeweils der Struktur eines Ein-Produkt-Mehr-Betriebs-Unternehmens entsprechen. Bezüglich der Leitungsfunktionen entwickelt sich eine dreistufige Hierarchie. Auf der unteren Ebene werden von den einzelnen Geschäftsfeldern operative Leitungsfunktionen wahrgenommen. Die mittlere Ebene erfüllt koordinierende und administrative Funktionen. Auf der obersten Entscheidungsebene werden Nicht-Routineentscheidungen gefällt, die das Gesamtsystem betreffen, und es werden Unternehmensziele vorgegeben und überwacht.

Aus den verschiedenartigen Bedarfsstrukturen der drei Entscheidungsebenen lässt sich nach DICKEN & LLOYD (1990, Kap. 8) ein differenziertes Standortverhalten ableiten. Von den strategischen Leitungsfunktionen wird angenommen, dass sie hohe Anforderungen an flexible und qualitativ hochwertige Kommunikations- und Informationsnetze stellen und sich deshalb vorrangig auf große Metropolen mit Agglomerations- und Fühlungsvorteilen konzentrieren. Operative Leitungsfunktionen verzeichnen demgegenüber möglicherweise eine größere Standortvariabilität, da sie unterschiedliche Standortbedürfnisse haben. In Abhängigkeit von den strategischen Zielen und spezifischen Funktionen siedeln sie sich in Regionen mit entsprechenden Standortvorteilen an (MIKUS 1978). Durch den Aufbau einer funktionalen Arbeitsteilung zwischen räumlich getrennten Unternehmenseinheiten besteht die Möglichkeit, bestimmte Unternehmensfunktionen in den Regionen mit den jeweils besten Standorteigenschaften anzusiedeln.

Diese Sichtweise findet auch Ausdruck in der **These der neuen internationalen Arbeitsteilung** (FRÖBEL et al. 1977). Forschungszweigwerke können dementsprechend z. B. in Regionen mit einem großen Potenzial an hochqualifizierten Arbeitskräften, Agglomerationsvorteilen, renommierten Forschungsuniversitäten, einer hohen sozio-kulturellen Qualität und hochwertigen Lebensbedingungen angesiedelt werden, Montagezweigwerke analog dazu in Regionen mit einem großen Potenzial ungelernter Arbeitskräfte, geringen Lohnniveaus und anderen Kostenvorteilen. Durch eine räumlich-funktionale Arbeitsteilung dieser Art lässt sich unter Umständen, so das Argument der Vertreter dieser Sichtweise, eine Effizienzsteigerung innerhalb des Produktionsablaufs erzielen. Diese Form der räumlichen Organisation von Mehr-Betriebs-Unternehmen ist allerdings nicht die einzig mögliche und, wie BADE (1979) gezeigt hat, außerdem in ihrer empirischen Bedeutung fragwürdig. SCHAMP (2000a, Kap. 2.2) weist darauf hin, dass die Bedeutung der Lohnstückkosten auf die internationale Arbeitsteilung weithin überschätzt wird, und kritisiert die These der räumlich-funktionalen Arbeitsteilung als eine zu starke Vereinfachung.

6.3.4 Von regionalen Ein-Betriebs- zu multinationalen Mehr-Betriebs-Unternehmen

Die Konzeption der räumlich-funktionalen Arbeitsteilung ist insofern problematisch, als sie auf traditionellen Erklärungsmustern verharrt und mit ihrer Standortfaktorensicht nur wenig zum Verständnis räumlicher Unternehmensstrukturen und ihrer Dynamik beiträgt. Darüber hinausgehend ist es notwendig, eine evolutionäre Sichtweise zu wählen, denn die Struktur multinationaler Mehr-Betriebs-Unternehmen ist nicht die Folge eines einmaligen Optimierungsprozesses, sondern sie ist im Zeitablauf entstanden (HÅKANSON 1979). Aus evolutionsökonomischer Sicht sind Entscheidungen über die zukünftige Organisations- und Standortstruktur immer auch abhängig von der bereits vorhandenen Struktur, von Lernprozessen aus den Erfolgen und Misserfolgen früherer Entscheidungen und von Vergangenheitserfahrungen bei der Umsetzung von Unternehmenszielen (→ Kap. 7.1 und 8.2). Darüber hinaus wird die Organisation eines Unternehmens etwa im neuen soziologischen Institutionalismus als Ergebnis mimetischen (nachahmenden) Verhaltens gegenüber dem eigenen Umfeld – der Umwelt – interpretiert, welches eher einer Legitimations- denn einer Optimierungslogik folgt (DI-

MAGGIO & POWELL 1983; POWELL & DiMAGGIO 1991).

Ein gutes Beispiel für eine evolutionäre Veränderung der Organisationsstruktur ist der Übergang von einem nationalen zu einem multinationalen Unternehmen (→ Kap. 9.3): Nach STORPER (1997c) haben sich **multinationale Unternehmen** von ihrem Heimatmarkt und ihrem nationalen Standortnetz ausgehend schrittweise in andere Länder ausgebreitet und dort durch die Akquisition anderer Unternehmen und die Errichtung

von Zweigwerken zum Teil umfassende Standortsysteme aufgebaut. So sind z. B. die großen Hersteller der Automobil- und Chemieindustrie darum bemüht, in Westeuropa, Nordamerika und ansatzweise auch in Ost- bzw. Südostasien, d. h. in der gesamten so genannten Triade, eigenständige Produktionssysteme zu entwickeln. Kern des Aktionsraums dieser Unternehmen ist in der Regel aber nach wie vor ihr Stammland (sofern es sich dabei nicht um einen Kleinstaat handelt), in dessen sozio-institutionelles Umfeld ihre Unterneh-

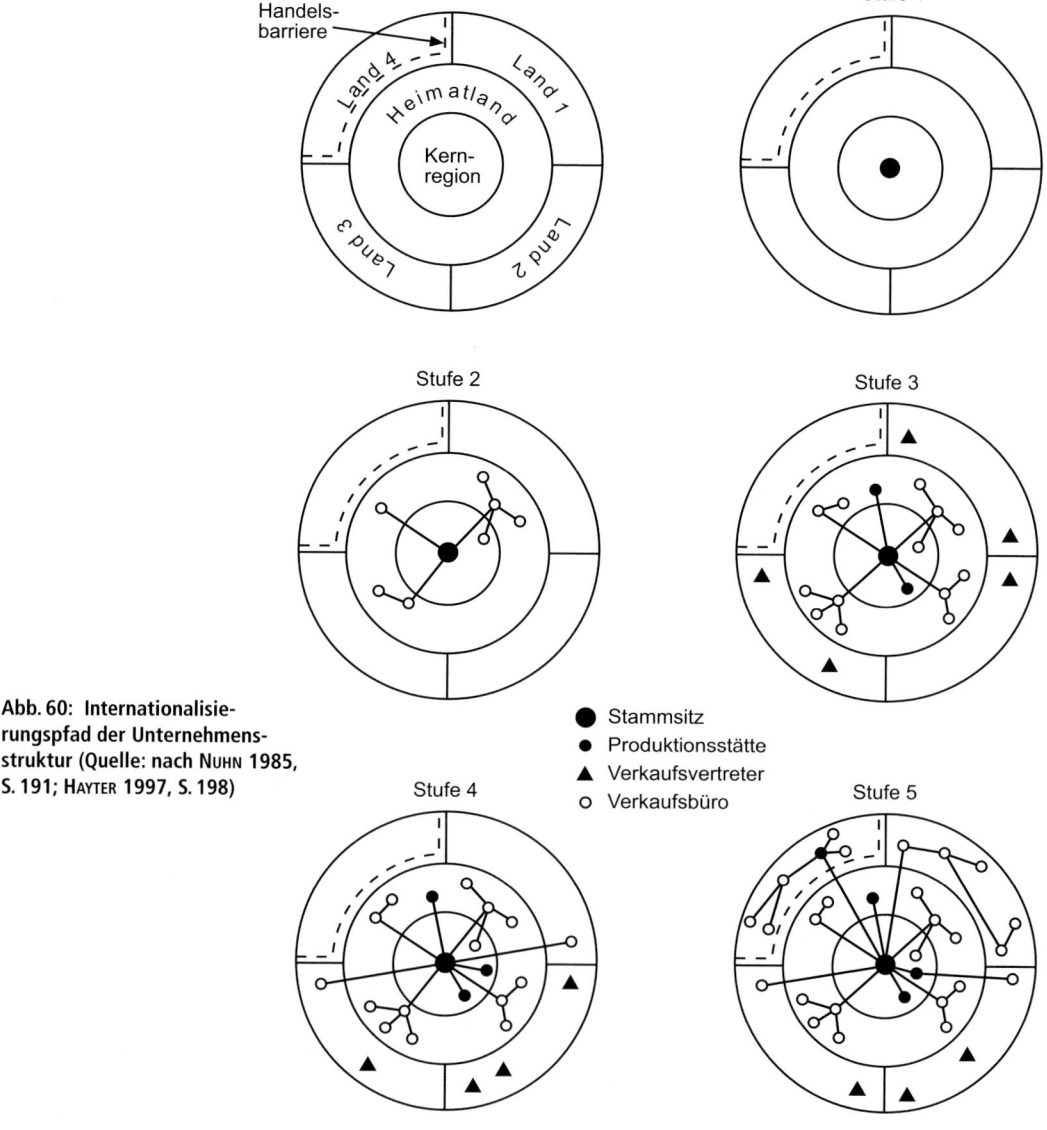

Abb. 60: Internationalisierungspfad der Unternehmensstruktur (Quelle: nach NUHN 1985, S. 191; HAYTER 1997, S. 198)

● Stammsitz
• Produktionsstätte
▲ Verkaufsvertreter
○ Verkaufsbüro

menskultur eingebettet ist. Hier haben die Unternehmen über interaktive Lernprozesse die notwendige Produkt- und Prozesskompetenz erworben, um international wettbewerbsfähig zu sein (PORTER 1993, Kap. 3).

Bei genauerer Analyse ist es gar nicht so einfach, transnationale Unternehmen zu identifizieren, die keinen nationalen Heimatmarkt mehr haben, von dem aus sie primär operieren, sondern die Länder übergreifend und Länder unabhängig tätig sind. Im Unterschied zu multinationalen Unternehmen sind **transnationale Unternehmen** dadurch gekennzeichnet, dass sie enge Grenzen überschreitende Verbindungen haben und ihre Aktivitäten Länder übergreifend integrieren (BARTLETT & GOSHAL 1987). Transnationale Unternehmen bauen eine internationalisierte Kompetenzbasis auf. Allerdings hat sich die These bisher nicht bestätigt, wonach sich alle großen Unternehmen in Richtung einer transnationalen Organisation bewegen.

Einer Grenzen überschreitenden Koordination und Integration sind durch nationalstaatliche Unterschiede in den institutionellen Kontextbedingungen Grenzen gesetzt, die nicht ohne weiteres überwunden werden können (z. B. DICKEN 1998, Kap. 6; BATHELT 2000a). Eine Ausnahme stellen möglicherweise große pharmazeutische Unternehmen wie z. B. Novartis und Hoffmann-La Roche dar, die sich mittels *global focussing* in Richtung einer transnationalen Struktur bewegen (ZELLER 2000; 2001). Hierbei werden bestehende Forschungszentren als spezialisierte *centers of excellence* oder Kompetenzzentren ausgewiesen und ihnen Forschungseinrichtungen anderer Regionen und Länder zugeordnet. Die *centers of excellence* haben die Aufgabe, in dem ihnen zugewiesenen Kompetenzbereich sämtliche weltweiten Aktivitäten zu koordinieren. Parallel dazu erhalten bestimmte Produktionsstätten ein Länder übergreifendes (z. B. kontinentales oder globales) Produktionsmandat in einem Spezialgebiet.

HÅKANSON (1979) hat die Entwicklung von einem regionalen zu einem multinationalen Unternehmen in einem einfachen **Fünf-Stufen-Modell** dargestellt (→ Abb. 60): (1) Ausgangspunkt ist hierbei ein regionales Ein-Betriebs-Unternehmen, das sich in Stufe (2) zunächst über Verkaufsniederlassungen auf dem nationalen Markt ausbreitet. (3) In der nächsten Stufe folgen erste Zweigwerksgründungen außerhalb der Standortregion und die Erschließung internationaler Märkte über Verkaufsagenturen. (4) Anschließend werden andere Länder systematisch über eigene Verkaufsniederlassungen erschlossen und in Stufe (5) schließlich sogar internationale Produktionsstätten errichtet (NUHN 1985; CHAPMAN & WALKER 1987, Kap. 6; HAYTER 1997, Kap. 8).

Nach OHMAE (1987) vollzieht sich der Prozess der Erschließung internationaler bzw. globaler Märkte parallel dazu in fünf Schritten. Diese umfassen: (1) Exporte aus der nationalen Produktion, (2) Direktverkäufe vor Ort, (3) lokale Produktion in anderen Ländern, (4) Errichtung der gesamten Wertschöpfungskette in anderen Ländern, (5) globale Integration der Produktion. Auch wenn sequenzielle Modelle keineswegs die einzigen möglichen Entwicklungspfade abbilden und in ihrem Ablauf die interne Organisationsstruktur und Arbeitsteilung ausgeklammert bleibt, zeigen sie doch, dass die räumliche Struktur von Unternehmen eine zeitliche Momentaufnahme in einem Entwicklungsprozess ist und die räumliche Ausbreitung zwar ausgehend von einer Region nach außen in andere Regionen und Länder erfolgt, aber keineswegs rein distanzabhängig ist. Allerdings besteht ein Problem derartiger Beschreibungsmodelle darin, dass sie die zugrunde liegenden sozialen und ökonomischen Prozesse nicht erfassen und die Unternehmen losgelöst von ihrer Umwelt betrachten.

6.3.5 Wechselwirkung von Strategie und Struktur

Durch Strategien steuern Unternehmen, wie ihre Ressourcen intern verteilt, Investitionen getätigt und welche Politiken zur Erreichung der Unternehmensziele eingeschlagen werden. Strategien wirken sich insofern auf die Unternehmensstruktur aus, als sie Strukturveränderungen auslösen. Bei der Entwicklung und Ausformulierung einer Strategie werden auch Verhaltensannahmen über andere Akteure in Wirtschaft und Umwelt getroffen. Die heutige Struktur eines Unternehmens ist dabei ein Ergebnis von Strategien aus der Vergangenheit. Über reflexive Verhaltensweisen beeinflusst diese Struktur zugleich die Formulierung aktueller und zukünftiger Strategien. Die strategischen Wahlmöglichkeiten eines Unternehmens werden durch sein akkumuliertes Wissen und durch Wettbewerbsvorteile in bestimmten Technologien und Märkten, d. h. durch die erworbene Kompetenz, zu einem gewissen Grad vorgeprägt.

PRAHALAD & HAMEL (1990) stellen dies im **Konzept der Kernkompetenz** wie folgt dar: Die

Kompetenz eines Unternehmens entsteht aus kollektiven Erfahrungen und Lernprozessen in der eigenen Produktion, kann aber auch durch strategische Partnerschaften mit anderen Unternehmen erweitert werden. Der Prozess des Aufbaus von Kompetenz ist langwierig. Dafür verändert sich die Kompetenz nicht so schnell wie ein Produkt und ist durch eine größere Stabilität gekennzeichnet. Im Unterschied zu anderen Ressourcen verringert sie sich nicht, sondern wird größer, wenn man sie nutzt. PRAHALAD & HAMEL (1990) sehen in der Kompetenz den zentralen Ausgangspunkt der Wettbewerbsfähigkeit eines Unternehmens (LAWSON 1999). Auf der Unternehmensebene kann technologische Kompetenz als Ergebnis eines evolutionären Prozesses angesehen werden (→ Kap. 8.2), in dessen Rahmen fortlaufende Problemlösungsaktivitäten zur Verbesserung des Produkt- und Prozessdesigns stattfinden (CANTWELL & FAI 1999). Durch Lernprozesse werden diese Fähigkeiten fortlaufend auch dann weiter entwickelt, wenn im Umfeld des Unternehmens kein größerer Technologiewechsel stattfindet.

Durch die Wahl einer Strategie versucht ein Unternehmen, die akkumulierten Vorteile auszuweiten und seine Macht zu vergrößern. Im Hinblick auf das Produktionsspektrum lassen sich folgende Strategietypen unterscheiden (CHAPMAN & WALKER 1987, Kap. 6; PORTER 1990b, Teil III; DICKEN & LLOYD 1990, Kap. 8; HAYTER 1997, Kap. 7):

(1) **Vertikale Integration.** Sie regelt die vorwärts- oder rückwärtsgerichtete Expansion der Produktionsaktivitäten.

(2) **Horizontale Integration.** Sie bezieht sich auf den Eintritt in neue Märkte mit bestehenden Produkten.

(3) **Horizontale Diversifizierung.** Sie umfasst den Eintritt in neue Märkte mit neuen Produkten. Hierbei kann zwischen internem Wachstum durch Investitionen in neue Betriebe und externem Wachstum durch die Akquisition bestehender Betriebe unterschieden werden.

Bereits CHANDLER (1962) hat darauf hingewiesen, dass Strategien die Unternehmensstruktur beeinflussen und dass die Regel „*structure follows strategy*" gilt. Er hat dies in historischen Beispielen anhand der Evolution von einer zentralisierten, Unternehmer basierten zu einer hierarchisch aufgebauten, Management gesteuerten, multidivisionalen Unternehmensstruktur dargestellt. In CHANDLERS (1962) Sicht ist dieser Strukturwandel die Folge einer Integrationsstrategie. Unter-

nehmensstrategien können auch die räumliche Organisationsform beeinflussen (CHAPMAN & WALKER 1987, Kap. 7; HEALEY & ILBERY 1990, Kap. 7; BATHELT 1991a, Kap. 12; GAEBE 1998). In jedem Fall bilden sich die Wirkungen von Strategien in räumlicher Perspektive ab (SEDLACEK 1988, Kap. 2). Mit STAHL (1992, Kap. 4.2) sollen im Folgenden am Aktionsfeld orientierte und am Wettbewerb orientierte Unternehmensstrategien unterschieden werden. In den jeweiligen Strategien werden die Aktionsfelder eines Unternehmens, die zentralen Aktionsparameter und die dazu erforderlichen Ressourcen festgelegt (SCHREYÖGG 1984, Kap. 3.4; MEFFERT 1986, Kap. 3.4; PORTER 1990b, Teil III; LAMBKIN 2000; DIBB 2000; MCDONALD 2000). Sie dienen dem Aufbau langfristiger Wachstumspotenziale.

(1) **Aktionsfeld-orientierte Strategien.** Hier lassen sich mit der Differenzierungs-, Diversifikations- und Konzentrationsstrategie drei Strategietypen unterscheiden.

(1a) **Differenzierungsstrategie.** Bei dieser Strategie versucht ein Unternehmen, die eigenen Produkte durch besondere Qualitäts- und Leistungsmerkmale von denen der Konkurrenz abzuheben. Ziel ist es, ein einzigartiges Produktimage zu erwerben und eine starke Kundenbindung zu erreichen. Die Differenzierungsstrategie ist kundenorientiert und kann zur Folge haben, dass Standorte in der Nähe wichtiger Stammkunden als besonders bedeutsam eingeordnet werden. Aus räumlicher Sicht kann unter dieser Strategie eine Spezialisierung erfolgen, bei der die einzelnen Produktbereiche in räumlich getrennte Unternehmenseinheiten zerlegt und jeweils marktnah lokalisiert werden (→ Abb. 61b).

(1b) **Diversifikationsstrategie.** Das Ziel dieser Strategie besteht darin, durch Erweiterung des Marktbereichs in Form einer räumlichen Diversifikation oder des Leistungsprogramms in Form einer Produktdiversifikation neue Wachstumspotenziale zu erschließen. Damit soll die Anfälligkeit gegenüber Konjunktur- und Strukturkrisen verringert werden. Die Diversifikation kann entweder auf einer unternehmensinternen oder auf einer unternehmensexternen Erweiterungsstrategie, d. h. der Diversifikation durch Fusions- oder Akquisitionsaktivitäten, beruhen. Daneben lässt sich zwischen einer horizontalen Diversifikation in neue Produktbereiche, einer vertikalen Diversifikation in vorgelagerte bzw. nachgelagerte Produktbereiche sowie einer gemischten Diversifikation unterscheiden. Ziel der räumlichen Diversifi-

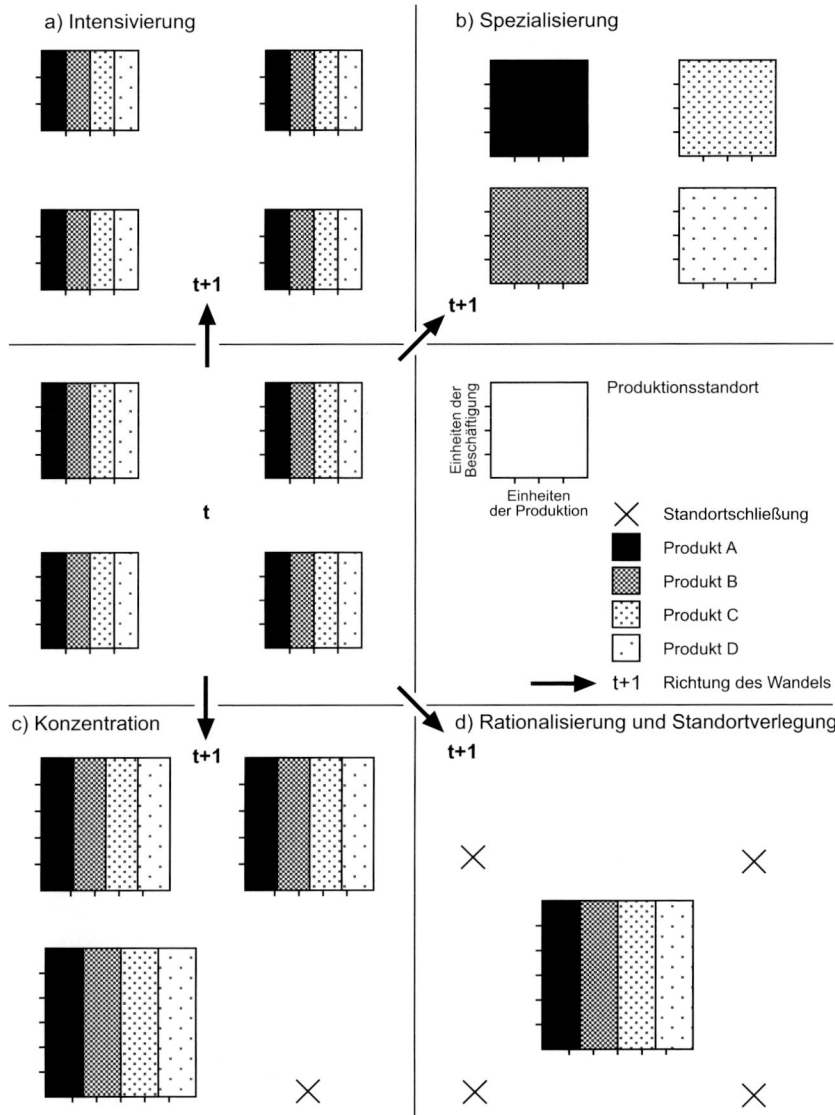

a) Intensivierung

b) Spezialisierung

t+1

t+1

t

Einheiten der Beschäftigung

Produktionsstandort

Einheiten der Produktion

✕ Standortschließung

◼ Produkt A

▦ Produkt B

⬚ Produkt C

▫ Produkt D

→ t+1 Richtung des Wandels

c) Konzentration

t+1

d) Rationalisierung und Standortverlegung

t+1

Abb. 61: Räumliche Wirkungen von Unternehmensstrategien (Quelle: nach Chapman & Walker **1987, S. 121)**

kation ist eine schnelle Durchdringung wichtiger Märkte auf nationaler bzw. internationaler Ebene. Bei einer rückwärts- oder vorwärtsgerichteten Produktdiversifikation können wie im Fall einer Differenzierungsstrategie räumliche Spezialisierungstendenzen die Folge sein. Durch Aufkaufaktivitäten im Zulieferbereich kann beispielsweise ein unternehmensinternes Verflechtungsnetz zwischen verschiedenen Produktionsstufen entstehen. Je höher das technologische Niveau der Leis-

tungserstellung ist, desto größer ist der zu erwartende Abstimmungsbedarf zwischen den Produktionsstufen und desto vorteilhafter die Erzeugung von Nähe zwischen den verschiedenen Einheiten. Die Folge kann eine räumliche Diversifikation innerhalb bestimmter Regionen bzw. Nationalstaaten sein, die nach außen begrenzt ist.

(1c) **Konzentrationsstrategie.** Hierbei wird im Unterschied zur Diversifikationsstrategie angestrebt, eine begrenzte Zahl von Märkten und Produkten mit möglichst hohem Gewinnpotenzial auszuwählen und sich auf diese zu konzentrieren, wie dies z. B. im Konzept der Kernkompetenz vorgeschlagen wird (PRAHALAD & HAMEL 1990). Die Spezialisierung auf wenige Geschäftsfelder ermöglicht es, Märkten mit intensivem Wettbewerb auszuweichen und durch interne Ersparnisse Kostenvorteile gegenüber Konkurrenten zu erzielen. Im Fall einer Konzentrationsstrategie sind verschiedene Formen der räumlichen Anpassung denkbar. So kann es zur Aufgabe einzelner Standorte bei gleichzeitiger Konzentration der Produktionsaktivitäten in den anderen Betriebsstätten eines Unternehmens oder zu einer Rationalisierung und Verlagerung sämtlicher Produktionsaktivitäten zu einem neuen Standort kommen (→ Abb. 61c und 61d).

(2) **Wettbewerbs-orientierte Strategien.** Zu unterscheiden sind hierbei die Kosten- bzw. Preisführerschafts- und die Kooperationsstrategie.

(2a) **Kosten- und Preisführerschaftsstrategie.** Ziel dieser Strategie ist es, die Stückkosten unter das Niveau wichtiger Konkurrenzunternehmen zu senken. Dies geschieht durch die Nutzung niedriger Lohn- und Steuerniveaus, die Einführung standardisierter Produktionsverfahren zur Massenproduktion sowie die kontinuierliche Verbesserung der unternehmensinternen Arbeitsteilung. Folge dieser Strategie ist ein Verdrängungswettbewerb, bei dem jedes Unternehmen versucht, möglichst große Marktanteile zu erwerben. Niedrige Produktpreise wirken hierbei als Markteintrittsbarriere und verstärken vorhandene Oligopolisierungstendenzen. Preisführerschaft kann je nach Marktlage unterschiedliche Veränderungen der Organisation in räumlicher Perspektive zur Folge haben. Einerseits kann es durch eine Substitution von Arbeit durch Kapital zu einer Intensivierung kommen, wobei an den meisten Standorten Arbeitskräfte freigesetzt werden, ohne die Produktionskapazitäten zu verringern (→ Abb. 61a). Andererseits können Rationalisierungsprozesse einsetzen, die zu einer Konzentration der Produktionsaktivitäten an neuen, kostengünstigeren Standorten führen (→ Abb. 61d). Auch ist eine räumlich-funktionale Arbeitsteilung möglich, bei der Unternehmensfunktionen wie Forschung, Produktion und Montage jeweils Standorte mit besonders geeigneten Standortvoraussetzungen wählen. Die Strategie der Preisführerschaft hat jedoch nicht in allen Wirtschaftsbereichen gleiche Bedeutung. Während in der Industrieproduktion, in der Landwirtschaft und im Handel die Kostenstrategie sehr wettbewerbsrelevant ist, spielt sie im Bereich produktionsorientierter Dienstleistungen hingegen kaum eine Rolle (LINDAHL & BEYERS 1999).

(2b) **Kooperationsstrategie.** Im Gegensatz zur Preisführerschaftsstrategie verfolgt die Kooperationsstrategie das Ziel einer vertikalen oder horizontalen Zusammenarbeit mit Konkurrenzunternehmen. Derartige Kooperationen in Form von *joint ventures* oder strategischen Allianzen sind vorteilhaft, wenn durch die gemeinsamen Aktivitäten Wettbewerbsvorteile entstehen (z. B. PFÜTZER 1995). Kooperationen in einer spezifisch nationalen Strategie können sinnvoll sein, um Schutz vor ausländischer Konkurrenz aufzubauen. Kleine und mittlere Unternehmen wenden Kooperationsstrategien aus marktlichen oder technologischen Erfordernissen an, um gegen Großunternehmen erfolgreich konkurrieren zu können (PIORE & SABEL 1989, Kap. 10). Durch Kooperation innerhalb der Wertschöpfungskette können sie ihre begrenzte individuelle Kompetenz zu einer übergreifenden Kompetenz über größere Abschnitte der Wertschöpfungskette ausweiten (BATHELT 1995). Dadurch werden Spezialisierungsprozesse kleiner und mittlerer Unternehmen ermöglicht und das Entstehen lokalisierter Produktionskomplexe gefördert, in denen Kommunikations- und Verflechtungsvorteile eine große Bedeutung haben (PYKE et al. 1990; KRUMBEIN 1994; RATTI et al. 1997).

6.3.6 Macht, Wettbewerb und Aushandlungsprozesse

Während in neoklassischen Modellen davon ausgegangen wird, dass sich Märkte über Preismechanismen selbst regulieren, argumentieren HAYTER (1997, Kap. 7) und DICKEN (1998, Kap. 8), dass Großunternehmen Macht ausüben und dadurch Marktdominanz gewinnen. Große Unternehmen operieren häufig auf **oligopolistischen Märkten.** Diese sind durch eine kleine Zahl von Anbietern und eine große Zahl von Nachfragern gekennzeichnet. Hier beeinflussen sich die Unternehmen durch ihre Aktionen gegenseitig. Die spieltheoretischen Überlegungen von HOTELLING (1929) zeigen exemplarisch, wie durch wechselseitige Einflussnahme bei der Standortwahl eine Standortkonzentration resultiert (→ Kap. 5.1). Die gegenseitige Einflussnahme oligopolistischer Unternehmen erfolgt nicht in erster Linie über den Preis, sondern über Investitionen und Innovationen, wobei die Aktionen eines Unternehmens Reaktionen anderer hervorrufen. Dies kann völlig unterschiedliche Konsequenzen nach sich ziehen (KNICKERBOCKER 1973):

(1) **Konkurrenz.** Unter Wettbewerbsbedingungen kommt es zu sich überlappenden standörtlichen Investitionsentscheidungen, wenn konkurrierende Unternehmen in denselben Regionen investieren, um dort jeweils einen Marktanteil zu erkämpfen. In kleinen Volkswirtschaften können dadurch ineffiziente Strukturen entstehen, weil keine der konkurrierenden Produktionsstätten eine optimale Größe erreicht. Die Folge mag sein, dass die Unternehmen versuchen, über Preise die Konkurrenten aus dem Markt zu drängen. Im *exchange of threats*-**Modell** nehmen die Marktführer durch den Aufbau von Zweigwerken Investitionen in den Heimatmärkten der Hauptkonkurrenten vor, sobald diese umgekehrt in die eigenen Märkte einzudringen drohen.

(2) **Kollusion.** Handeln durch geheimes, meist illegales Einverständnis (Kollusion) hat demgegenüber andere räumliche Strukturen zur Folge. Kollusion kann dazu führen, dass regionale Märkte aufgeteilt und bewusst nur in die eigenen Märkte investiert wird. Es entstehen dann regionale Monopole. Dies kann über *joint ventures* und gemeinsamen Patentbesitz in legaler Form oder illegal über Preisabsprachen erfolgen.

CHESNAIS (1993) sieht in den weltweiten Akquisitions- und Fusionsprozessen Ende des 20. Jahrhunderts Anzeichen für eine fortschreitende Dominanz global agierender Großunternehmen. Es entstehe eine Wirtschaftsstruktur, die durch den Wettbewerb großer Unternehmen in globalen Oligopolen geprägt wird. CHESNAIS (1993) setzt die zunehmende Internationalisierung in den Kontext des technologischen und industriellen Wandels, staatlicher Liberalisierungs- und Deregulierungspolitiken sowie der Ausbreitung neuer Kommunikationstechnologien. Daraus resultierende Chancen und Zwänge führen dazu, dass sich vormals national begrenzte industrielle Konzentrationsprozesse auf die globale Ebene ausdehnen. Die Unternehmen produzieren zunehmend für Weltmärkte und weiten ihre Versorgungsbasis für Schlüssel-*inputs* auf die internationale Ebene aus.

Durch Übernahmen und Fusionen entsteht nach CHESNAIS (1993) eine Tendenz zur Herausbildung globaler Oligopole. Die darin verbliebenen Unternehmen nehmen Über-Kreuz-Direktinvestitionen in den jeweiligen Heimatmärkten ihrer Konkurrenten vor und dringen so in deren Territorien ein. Die **globalen Oligopole** sind gekennzeichnet durch eine abnehmende Zahl machtvoller Konzerne, die in scharfem Wettbewerb gegeneinander stehen und durch Abhängigkeitsbeziehungen miteinander verbunden sind. Sie richten ihre Aktionen und Strategien wie im *exchange of threats*-Modell nach denen ihrer Konkurrenten aus und nicht mehr nur nach Marktsignalen (KNICKERBOCKER 1973). Das Ziel der Großunternehmen besteht darin, ihre Marktanteile gegen die Konkurrenten zu verteidigen, zumal die Wettbewerbssituation so instabil ist, dass die Gefahr der Übernahme durch andere Konzerne besteht. Maßnahmen zum Schutz vor Übernahmen sind der Ausbau spezifischer Vorteile im Heimatmarkt, der Erwerb strategischer *inputs* und eine breite Internationalisierung der Produktion (ZELLER 2000, Kap. 2.3). Über ihre Dominanz und Macht innerhalb der Wertschöpfungskette sind die Unternehmen in der Lage, neue Technologien zu entwickeln oder von externen Quellen zu akquirieren sowie neue Märkte zu erschließen (CHESNAIS 1993).

Inwiefern sich unternehmerische Macht tatsächlich derart ausbreiten kann, hängt jedoch wesentlich davon ab, welche Strategien und Strukturen Nationalstaaten bzw. deren Regierungen schaffen, um die Macht großer Unternehmen zu begrenzen. In modernen kapitalistischen Wirtschaftssystemen haben Regierungen nicht nur die Aufgabe, Unternehmen durch die Versorgung mit Infrastruktur und geeigneten Rahmenbedingungen zu unterstützen. Sie sollen darüber hinaus die Unternehmen über Gesetze regulieren und als Vermittler dafür Sorge tragen, dass auch andere Interessengruppen Berücksichtigung finden. Die staatliche Regulierungsfunktion betrifft z. B. Arbeits-, Sicherheits- und Umweltvorschriften und ist in verschiedenen Nationalstaaten sehr unterschiedlich ausgeprägt (z. B. GREGERSEN & JOHNSON 1997). Weitere wichtige Aushandlungspartner neben den Regierungen sind Umweltverbände, Konsumentenorganisationen und Gewerkschaften. Standortentscheidungen können in einer Perspektive, die von der Existenz unterschiedlicher mächtiger Organisationen ausgeht, als Ergebnis von Aushandlungsprozessen aufgefasst werden (DICKEN 1994; SCHAMP 1996).

Vielfach wird behauptet, dass multinationale Unternehmen seit den 1970er Jahren im Vergleich zu den Nationalstaaten deutlich an Macht gewonnen haben. Aber es gibt auch Kritiker dieser Sicht, die betonen, dass nur wenige Unternehmen existieren, die eine transnationale Organisation aufweisen und keinen Heimatmarkt mehr besitzen.

Insofern ist bei den meisten Unternehmen eine Einflussnahme durch nationalstaatliche Regelungen nach wie vor möglich und vorhanden. Die **Machtposition multinationaler Unternehmen** ist durch technologische Kompetenz, Managementfähigkeiten und Finanzressourcen geprägt. Demgegenüber hängt die **Verhandlungsmacht der Nationalstaaten** ab von der Größe des Binnenmarkts, den vorhandenen nationalen Ressourcen, dem Arbeitskräftebestand, der Infrastrukturausstattung und der politischen Stabilität (HAYTER 1997, Kap. 7; DICKEN 1998, Kap. 8). Zwar haben multinationale Unternehmen in Aushandlungsprozessen gegenüber dem Staat Vorteile durch ihre international erworbenen Kenntnisse und Fertigkeiten. Sobald sie aber ihre Investitionsentscheidungen getätigt haben und ihre Struktur lokalisiert ist, gewinnt der Nationalstaat an Aushandlungsmacht (*bargaining power*).

Die in der Diskussion um den **Standort Deutschland** geäußerten Klagen vieler Unternehmen über hohe Steuern, hohe Löhne, lange Genehmigungszeiten und andere Standortnachteile haben zwar eine reale Grundlage, mögen aber in diesem Zusammenhang vor allem ein Argument sein, um Machtpositionen zu festigen. So zeigen empirische Untersuchungen (z. B. SCHICKHOFF 1988b; LINDLAR & SCHEREMET 1999), dass Steuern in den meisten Standortentscheidungen nur eine begrenzte Bedeutung haben und auch hinsichtlich der Lohnkosten sind gängige Argumentationsmuster zu hinterfragen (→ Kap. 5.3). Zudem mag die Drohung von Betriebsschließungen vor allem ein strategischer Schachzug sein, um die Verhandlungsposition gegenüber Regierungen und Gewerkschaften zu verbessern. Unternehmen können versuchen, durch die Ankündigung von Standortentscheidungen und die Androhung von Standortverlagerungen Nationalstaaten, Regionen oder Städte gegeneinander auszuspielen. Dies gelingt vor allem dann, wenn zwischen verschiedenen territorial gebundenen Interessengruppen eine starke Konkurrenz um Arbeitsplätze besteht. So wurde wie im Fall des Chemieunternehmens Bayer bereits im 19. Jahrhundert dem Wunsch nach einer Produktionsausdehnung mit dem Hinweis auf wachsende ausländische Konkurrenz und die Androhung von Produktionsverlagerungen Nachdruck verliehen (HENNEKING 1994, Kap. 6.2). Es sind dies dieselben Argumente, die in der gegenwärtigen Globalisierungsdebatte nach wie vor Verwendung finden (BATHELT 2000a).

6.4 Industriedistrikte und innovative bzw. kreative Milieus

Die seit den 1970er und 1980er Jahren geführten wissenschaftlichen Debatten über die räumliche Organisation von Produktionssystemen, über die Entstehung und Funktionsweise von Unternehmensnetzwerken sowie über deren Einbettung in sozio-institutionelle Zusammenhänge haben einen konkreten empirischen Hintergrund. So gab es in der industriellen Massenproduktion schwere Konjunktur- und Strukturkrisen. Zunehmender internationaler Wettbewerb führte zu einem starken Kosten- und Preisdruck in vielen angestammten Branchen. Vor allem Großunternehmen begannen deshalb, Produktionsteile in ausländische Regionen zu verlagern, um Kosten zu senken. Sie schienen als Quelle für regionale Wachstumsprozesse in den Industrieländern ihre Kraft zu verlieren (FRÖBEL et al. 1977; PIORE & SABEL 1984; 1989). Großunternehmen waren nunmehr zunehmend Auslöser für regionale Krisen.

Neben den schnell wachsenden neuen *high-tech*-Industrien gab es auch in traditionellen Branchen neuartige Organisationsmuster, die sich zu kleinräumigen Produktionszusammenhängen entwickelten und auf regionaler Ebene Wachstum und Stabilität sicherten (SCOTT 1988, Kap. 5 bis 7). Derartige Ballungsprozesse zeigten sich speziell in Italien, wo sich in bestimmten Regionen Produktionsnetze aus kleinen und mittleren Unternehmen mit hoher Spezialisierung und engen, vorwiegend vertikalen Produktionsverflechtungen entwickelten (GOODMAN et al. 1989; PYKE et al. 1990). Die Unternehmen dieser Regionen konnten sich erfolgreich gegen ausländische Niedrigkosten-Konkurrenz durchsetzen. Die Regionen wurden dadurch unter der Bezeichnung Drittes Italien weltweit bekannt und vielfach als Prototyp einer neuartigen Regionalentwicklung mit überragender Bedeutung angesehen.

Im Folgenden soll dargestellt werden, wie sich die Regionen des Dritten Italien entwickelt haben, welche Ursachen hinter ihren Wachstumserfolgen stehen und ob das Dritte Italien trotz Krisensymptomen in den 1990er Jahren als Modell für regionales Wachstum in vernetzten Strukturen auch auf andere Regionen übertragbar ist (BATHELT 1997a, Kap. 2; 1998). Aus dem Bedeutungsgewinn regionaler Produktionsnetze sind die Debatten über Industriedistrikte und innovative bzw. kreative Milieus hervorgegangen, die oftmals getrennt voneinander behandelt werden (z. B. MAILLAT 1998; HESS 1998, Kap. 2.3; SCHAMP 2000a, Kap. 2.3).

6.4.1 Entwicklung einer dreigeteilten räumlichen Wirtschaftsstruktur in Italien

Aufgrund der unterschiedlichen industriellen Strukturen entwickelte sich Italien nach dem Zweiten Weltkrieg zu einem Staat mit einem ausgeprägten **Nord-Süd-Dualismus**. Zum einen gab es den industrialisierten Nordwesten mit dem Industriedreieck Genua-Mailand-Turin, das durch industrielle Massenproduktion standardisierter Güter gekennzeichnet war. Dem stand der stärker landwirtschaftlich geprägte, zurückgebliebene Mezzogiorno im Süden Italiens gegenüber. Hier siedelten sich in der Nachkriegszeit arbeitsintensive Montagezweigwerke aus dem Nordwesten und daneben Staatsbetriebe und ausländische Betriebe an (ROTHER & TICHY 2000). Angesichts dieser Zweiteilung blieb zunächst wenig beachtet, dass in den 1970er Jahren im Zentrum

und Nordosten eine andersartige Wirtschaftsstruktur entstanden war (BRUSCO 1982; AMIN 1989a; BELLANDI 1989; LODA 1989; SFORZI 1989). Dieses so genannte **Dritte Italien** verzeichnete hohe Wachstumsraten, basierend auf traditionellen Handwerksstrukturen und mittelständischen Unternehmen der Branchen Textil, Kleidung, Schuhe, Leder und Keramik. Es handelte sich hierbei vor allem um Teile der Regionen Emilia-Romagna, Toskana, Umbrien, Marken, Venetien, Trentino-Südtirol und Friaul-Julisch-Venetien (→ Abb. 62).

Wenn man die Entwicklung der Unternehmen, Beschäftigten und Unternehmensgrößen in den 1970er Jahren in den italienischen Verwaltungsregionen untersucht, wird die Besonderheit der sich im Dritten Italien entwickelnden Industriestruktur sichtbar. So verzeichneten lediglich die Regionen des Dritten Italien ein deutliches Wachstum der Unternehmens- wie auch der Beschäftigtenzahlen (→ Abb. 63a). Während in den Regionen des Südens sowohl die Zahl der Industriebeschäftigten als auch die durchschnittliche Unternehmensgröße anstiegen, kam es im Nordwesten zu einem Rückgang der Unternehmensgröße und der Industriebeschäftigung (SCOTT

Abb. 62: Verwaltungsregionen des Dritten Italien

Kartographie: Ö. Alpaslan

a) Entwicklung von Unternehmenszahl und Beschäftigung

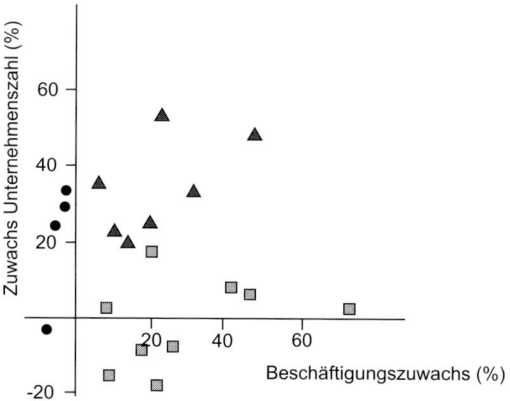

b) Entwicklung von Unternehmensgröße und Beschäftigung

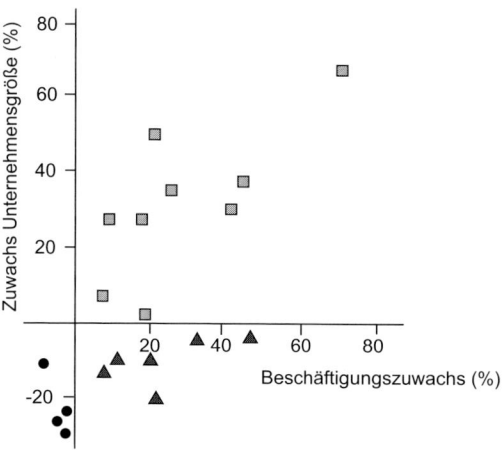

● Nordwesten　▲ Nordosten und Zentrum　■ Süden

Abb. 63: Entwicklung der Unternehmen, Beschäftigten und Unternehmensgrößen im verarbeitenden Gewerbe Italiens nach Verwaltungsregionen 1971 bis 1981 (Quelle: nach SCOTT 1988, S. 46)

1988, Kap. 5; BELLANDI 1989; BRÖSSE & SPIELBERG 1992, Kap. 4). Hierin drückte sich unter anderem die Verlagerung von Funktionen aus dem industrialisierten Nordwesten in die Zweigwerke im Süden Italiens aus. In den Regionen des Dritten Italien hingegen erhöhte sich die Gesamtbeschäftigtenzahl bei sinkender Unternehmensgröße (→ Abb. 63b). Diese Entwicklung war Ausdruck einer hohen Dynamik von Unternehmensgründungen. Das Ausmaß dieser Gründungsprozesse zeigt sich deutlich in den Städten des Dritten Italien. So existierten Ende der 1980er Jahre

über 40 zumeist mittelgroße Städte in den betreffenden Regionen, in denen jeweils mehr als 750 Unternehmen des verarbeitenden Gewerbes angesiedelt waren: rund 9 000 Unternehmen in Prato, jeweils 6 000 Unternehmen in Bologna und Florenz sowie mehr als 3 000 Unternehmen in Modena und Carpi (SCOTT 1988, Kap. 5). Im Folgenden soll anhand ausgewählter Beispielregionen aufgezeigt werden, welche Produktionszusammenhänge und Organisationsstrukturen im Dritten Italien entstanden sind (HARRISON 1997, Kap. 4; Bathelt 1998).

Fallbeispiel 1: Ledergerbereien in Santa Croce (Toskana). Santa Croce ist ein Ort, der zwischen Pisa und Florenz am Arno gelegen ist. Die verarbeitende Industrie in Santa Croce ist auf die Herstellung qualitativ hochwertigen Leders für modische und designintensive Schuhe und Taschen spezialisiert. AMIN & THRIFT (1992) berichten, dass es Anfang der 1990er Jahre in Santa Croce rund 300 kleine und mittlere Unternehmen mit etwa 4 500 Beschäftigten gab, die auf das Gerben und Zubereiten von Leder spezialisiert waren. Daneben gab es etwa 200 reine Zulieferbetriebe mit weiteren 1 700 Beschäftigten, die als Auftragnehmer der Gerbereien einzelne Produktionsschritte ausführten. In der Nachkriegszeit überwogen allerdings zunächst Standardisierungs- und Konzentrationstendenzen, so dass die Produktion tendenziell in wenigen größeren Unternehmen angesiedelt war. Diese produzierten große Mengen einheitlichen Leders und hatten alle Produktionsstufen unter einem Dach vereint.

Die Massenmärkte stagnierten allerdings in den 1970er Jahren und es setzte ein starker internationaler Wettbewerb ein. Demgegenüber verzeichneten modeabhängige Märkte weiterhin hohes Wachstum, so dass in der Region ein Anreiz für Umstrukturierungen in der Produktion entstand. Es kam zur Gründung zahlreicher kleiner und mittlerer Unternehmen mit einer nach Farbe, Dicke, Härte und Oberflächenstruktur differenzierten Produktpalette. Die Produkte wurden fortlaufend an neue und veränderte Kundenbedürfnisse angepasst und einzelne Produktionsschritte an spezialisierte Zulieferer ausgelagert. Es entstanden z. B. Unternehmen, die auf das Entfernen von Haaren und Fettrückständen oder auf das Spalten und Pressen der Häute spezialisiert waren. Die resultierende regionale Arbeitsteilung erwies sich als robust gegen konjunkturelle Schwankungen und ausländische Konkurrenz. Ursache hierfür war die Einbettung der Produzenten in ein gemeinsames sozio-institutionelles Netzwerk (AMIN & THRIFT 1992):

(1) Durch die Ballung von Gerbereibetrieben siedelten sich zunehmend komplementäre Produktions- und Dienstleistungsbetriebe in Santa Croce wie z. B. Farbenhersteller, Chemikalienhändler, Marketing- und Verkaufsspezialisten sowie spezialisierte Maschinenbauer an.

(2) Es entwickelte sich ein differenziertes Netz von Kooperationsbeziehungen. Hersteller derselben Stufe organisierten beispielsweise gemeinsam den Einkauf von Rohstoffen und die Entsorgung. Enge Zulieferbeziehungen führten darüber hinaus zu Verbesserungsinnovationen im Produktionsablauf und Produktdesign. Durch diese Kooperationen wurde der Wettbewerb allerdings nicht völlig ausgeschaltet. Es gab eine Vielzahl von Herstellern der gleichen Produktionsstufe, die über Preise gegeneinander konkurrierten.

(3) Die Unternehmen der Region waren durch eine lange Gründungs- und Handwerkstradition, ein gemeinsames Bewusstsein über die Stärken der Region und soziale Netze mit flachen Hierarchien eng mit den lokalen sozio-ökonomischen Strukturen verbunden.

(4) Die vorhandene Produktionsstruktur wurde zudem durch spezialisierte formelle Institutionen wie etwa lokale Handwerkskammern, Planungsgremien und Lokalregierungen, insbesondere unter der Beteiligung der kommunistischen Partei, unterstützt. Als Mitte der 1980er Jahre eine Stagnation der Nachfrage nach italienischen Schuhen einsetzte, zeigten sich die positiven Effekte dieser Einbettung. Man suchte nach kollektiven Problemlösungen und entschloss sich deshalb, ein gemeinsames Forschungszentrum zur Analyse von Marktentwicklungen aufzubauen. Damit konnten allerdings nicht alle Probleme gelöst werden. In den 1990er Jahren verzeichnete das lokale Produktionssystem deutliche Krisentendenzen. So wurde halbfertiges Leder zunehmend aus Niedrigkosten-Ländern importiert. Zudem wurden bestimmte Produktionsteile ins Ausland verlagert und damit lokale Bindungen reduziert. Außerdem zeigten sich gewisse Integrationstendenzen in der Produktion.

Fallbeispiel 2: Textilhersteller in Prato (Toskana). Trotz wachsender Konkurrenz aus Niedrigkosten-Ländern waren die Hersteller von qualitativ hochwertigen, designintensiven Textilien in Prato (nördlich von Florenz) in den 1970er Jahren ausgesprochen wettbewerbsfähig. Die

Zahl der Beschäftigten blieb mit rund 45 000 Personen in mehr als 9000 überwiegend kleinen und mittleren Unternehmen weitgehend konstant, während sie in anderen europäischen Textilregionen zurückging. Exporte verzeichneten sogar einen sprunghaften Anstieg. Nach PIORE & SABEL (1984, Kap. 8) basierte der Erfolg von Prato auf einer Umstellung der Produktionsstruktur von standardisierten hin zu designintensiven Fabrikaten in exquisitem Stil sowie auf einem Ausbau der unternehmensübergreifenden Kooperationsbeziehungen. In der Nachkriegszeit entwickelte sich aus der traditionellen Produktionsstruktur ein enges regionales Produktionsnetzwerk zwischen kleinen und mittleren Unternehmen, die auf einzelne Schritte der Textilherstellung spezialisiert waren.

SCOTT (1988, Kap. 5) und SABEL (1994) berichten, wie das entstandene komplexe Produktionsnetz durch mehrere hundert Händler (so genannte *impannatore*) koordiniert wird. Diese Händler stellen die Beziehung zu den Märkten her und übernehmen den Absatz der Endprodukte. Durch ihre internationalen Kontakte erlangen die Handelsunternehmen Zugang zu Informationen über den Wandel der Kundenpräferenzen. Sie entwickeln daraus neue Designs und geben entsprechende Aufträge an die lokalen Produzenten weiter. REHLE (1996) hat in einer Untersuchung gezeigt, dass sich in Neugablonz (Kaufbeuren) in der Nachkriegszeit im Bereich der Modeschmuckherstellung in kleinerem Maßstab eine ähnliche Produktionsstruktur wie in Prato entwickelt hat. Ein weiteres Beispiel für ein so genanntes **Verlagssystem** ist die frühere Organisation des Verlagswesens im Graphischen Viertel von Leipzig (DENZER & GRUNDMANN 1999). Derartige Verlagssysteme, bei denen der Verleger die Vorprodukte beschafft, die Endprodukte ordert und den anschließenden Verkauf selbst durchführt, entstanden im 19. Jahrhundert vor allem auf der Grundlage natürlicher Ressourcen, hoher Transportkosten und bedingt durch Distanzüberwindungs- und Erreichbarkeitsprobleme (z. B. SCHAMP 2000a, Kap. 2.3). Verlagssysteme kombinieren regionale Produktionskompetenz mit überregionalen Marktbeziehungen.

Obwohl das lokale Produktionssystem in Prato in der Nachkriegszeit prosperierte, kam es in den 1980er Jahren zu Krisentendenzen, die HARRISON (1994; 1997, Kap. 4) in seinen Studien genauer untersucht hat. So verzeichnete die Region einen drastischen Rückgang der Exporte und größere Hersteller errichteten vermehrt Zweigwerke in Niedriglohn-Ländern (z. B. in der Türkei). HARRISON (1997, Kap. 4) berichtet, dass es durch die zunehmende Fragmentierung des Produktionssystems in Prato immer schwieriger wurde, die Produktion effizient zu koordinieren. Zudem erwies es sich als ein Problem, dass veraltete Kleinunternehmen nicht aus dem Produktionssystem ausschieden, sondern durch Selbstausbeutung und mit Niedrigstpreisen gegen innovative Unternehmen aus der Region konkurrierten. Dadurch wurde der Spielraum für innovative Unternehmen immer geringer, neue Technologien zu erwerben. Des Weiteren wurden lokale Händler durch große internationale Kunden gegeneinander ausgespielt. Trotz dieser Veränderungen erwies sich das Produktionssystem in den 1990er Jahren als erstaunlich stabil (FIORETTI 2001).

Fallbeispiel 3: Schuhhersteller in Porto Sant' Elpidio (Marken) und Riviera del Brenta (Venetien). Südlich von Ancona in Porto Sant' Elpidio entstand nach dem Zweiten Weltkrieg eine räumliche Ballung von Schuhherstellern (→ Abb. 64). Es handelte sich hierbei überwie-

gend um kleine und mittlere spezialisierte Produzenten, die qualitativ hochwertige Schuhe herstellten und deren Produktion über enge Abstimmungen miteinander verflochten war (SCOTT 1988, Kap. 5). In den 1980er Jahren gab es mehrere hundert Unternehmen in einem Umkreis von wenigen Kilometern um Porto Sant' Elpidio. Einige der Unternehmen hatten zwar bis zu 150 Mitarbeiter, allein in Monte Granaro ein halbes Dutzend, die meisten Unternehmen verzeichneten aber nur 30 oder weniger Mitarbeiter. Wie leistungsfähig diese Industriestruktur war, zeigt sich daran, dass ein Viertel der gesamten italienischen Schuhproduktion und zwei Drittel der Schuhexporte der Region Marken hier ihren Ursprung hatten.

Die Region Riviera del Brenta in Venetien entwickelte sich ebenfalls zu einem kleinbetrieblich geprägten Zentrum der Schuhherstellung mit einer engen unternehmensübergreifenden Arbeitsteilung zwischen rund 700 spezialisierten Produzenten und Zulieferern (RENTMEISTER 2001). Aufgrund des zunehmenden internationalen Wettbewerbs fand in den 1990er Jahren allerdings eine Hierarchisierung der Produktionsbeziehungen verbunden mit einer Auslagerung kostenintensiver Produktionsschritte ins Ausland statt. Zugleich orientierten sich lokale Unternehmen durch ihre Verflechtungsbeziehungen stär-

Abb. 64: Standortstruktur von Unternehmen der Schuhindustrie in Porto Sant' Elpidio (Quelle: nach SCOTT 1988, S. 55)

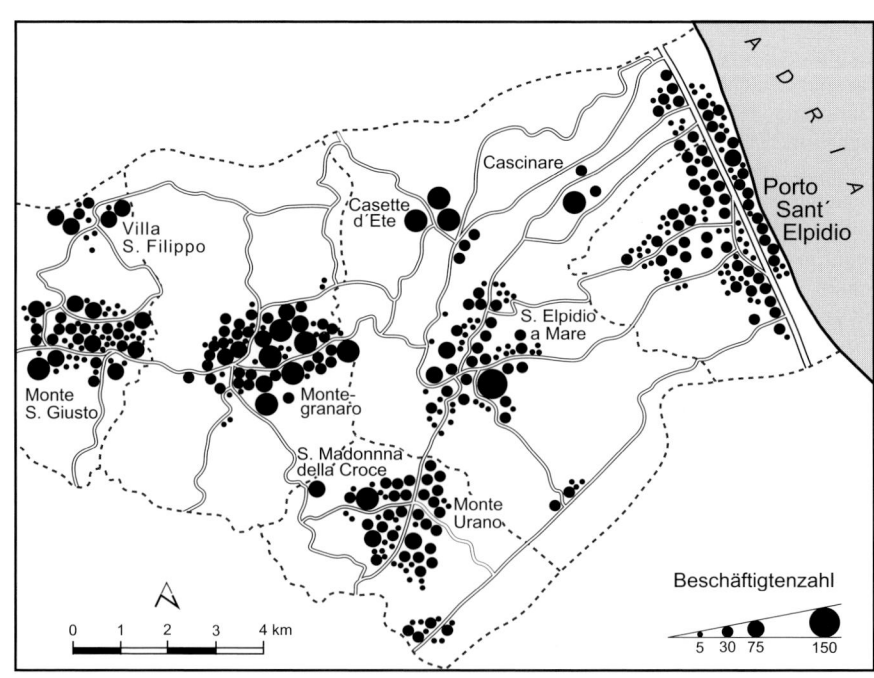

ker hin zu führenden Modekonzernen außerhalb der Region. Dadurch wurde das lokale Produktionssystem zusehends geschwächt.

6.4.2 Konzeptionalisierung der italienischen Industriedistrikte

Bereits Ende des letzten Jahrhunderts hatte der britische Ökonom MARSHALL (1920, IV. Buch, Kap. X) ähnliche regionale Produktionsnetzwerke aus kleinen und mittleren Unternehmen beobachtet und diese als Industriedistrikte bezeichnet. Er untersuchte speziell die Messerwarenindustrie in Sheffield und Solingen sowie die Wollwarenherstellung in Lancashire (MARSHALL 1927, III. Buch, Kap. XII). SFORZI (1989) hat in einer Studie anhand von Sekundärstatistiken untersucht, in welchem Umfang sich derartige regionale Produktionsstrukturen auf die italienischen

Regionen erstrecken. Er kommt zu dem Ergebnis, dass Industriedistrikte kleinräumig abgegrenzt sind und sich, allerdings nicht flächendeckend, vor allem über den Nordosten und das Zentrum Italiens ausdehnen. Aufgrund sozio-ökonomischer Strukturmerkmale grenzt SFORZI (1989) rund 60 potenzielle Industriedistrikte in mehr als 20 zusammenhängenden Teilräumen ab, die sich schwerpunktmäßig auf die Regionen Emilia-Romagna, Toskana, Venetien und Marken erstrecken (→ Abb. 65). Industriedistrikten ähnliche Strukturen finden sich vor allem in den Branchen Textilien und Bekleidung, Lederwaren und Schuhe, Holzmöbel, Metallverarbeitung und Maschinenbau sowie Keramik, Spielwaren und Musikinstrumente (AMIN & ROBINS 1990). Die ökonomischen und sozialen Prozesse und Strukturen hinter der Leistungsfähigkeit der italienischen Industriedistrikte lassen sich wie folgt zusammenfassen (BATHELT 1998):

(1) **Flexible Spezialisierung und Kooperation.** Der Analyse von PIORE & SABEL (1984;

Abb. 65: Räumlich-sektorale Struktur der Industriedistrikte des Dritten Italien (Quelle: nach SFORZI 1989, S. 172 f.)

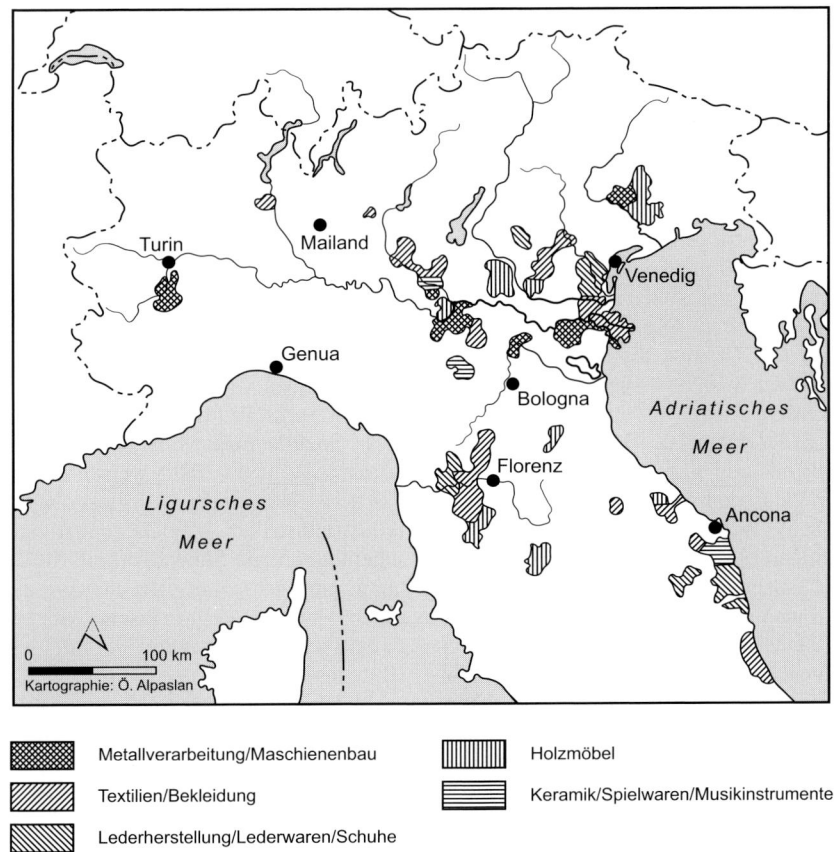

Metallverarbeitung/Maschienenbau

Textilien/Bekleidung

Lederherstellung/Lederwaren/Schuhe

Holzmöbel

Keramik/Spielwaren/Musikinstrumente

1989) folgend sind spezialisierte kleine und mittlere Unternehmen in wechselhaften Märkten mit individuellen Bedarfsstrukturen eher in der Lage, sich fortlaufend an die Nachfragebedürfnisse anzupassen als große Unternehmen (BRUSCO 1982; SCOTT 1988, Kap. 5; AMIN 1989a). Die Unternehmen erwerben eine spezifische Kompetenz, wenn sie sich auf einzelne Produktionsschritte spezialisieren, moderne Technologien einsetzen und Produkte in großer Variantenvielfalt herstellen. Die individuell begrenzte Kompetenz kann zu einer breiteren Kompetenz über größere Teile der Wertschöpfungskette ausgedehnt werden, wenn Unternehmen sich zur Zusammenarbeit bereit erklären und ein Verflechtungsnetz aufbauen.

(2) **Räumliche Nähe.** Räumliche Nähe ermöglicht häufige persönliche Treffen. Dies erleichtert kontinuierliche Abstimmungsprozesse in der Produktion, erhöht die Interaktionsdichte und verringert das Risiko opportunistischen Verhaltens (STERNBERG 1995b; BATHELT 1998). Durch hohe Informationsflüsse entstehen neue Ideen und kollektive Lernprozesse werden ermöglicht.

(3) **Vertrauen und *embeddedness*.** Vertrauen ist eine wesentliche Voraussetzung für die Entstehung und Stabilität regionaler Produktionssysteme (SABEL 1994). Der Aufbau von Vertrauen ist erfahrungsgebunden und erfordert wiederholte Interaktionen zwischen den betreffenden Akteuren (HARRISON 1992). Räumliche Nähe erleichtert den Prozess der Vertrauensbildung entscheidend, weil die Akteure gemeinsame Normen, Gewohnheiten, Konventionen und Traditionen teilen und sie dadurch bereit sind, einen Vertrauensvorschuss zu gewähren. Die Unternehmen sind eingebettet in ein spezifisches sozio-kulturelles Umfeld und können nicht losgelöst von diesem betrachtet werden.

(4) ***Institutional thickness.*** Neben einem akzeptierten Regelwerk und gemeinsamen Traditionen gibt es in den Industriedistrikten des Dritten Italien eine hohe Dichte formeller Institutionen. Technische Weiterbildungs- und Schulungseinrichtungen, spezialisierte Forschungslabors, gemeinsame Einkaufs- und Handelsorganisationen, Banken sowie Industrieverbände stärken den regionalen Produktionszusammenhang und ermöglichen den Aufbau einer kollektiven Ordnung (PIORE & SABEL 1989, Kap. 10; LAZERSON 1993; SCHAMP 1995). Die Einbindung in ein dichtes Netz sozio-institutioneller Beziehungen und Strukturen erzeugt im Sinne von AMIN & THRIFT (1994b) eine wachstumsfördernde *institutional thickness*.

6.4.3 Probleme der Übertragbarkeit des Dritten Italien

Durch die Wachstumserfolge des Dritten Italien setzte in den 1980er Jahren eine fieberhafte Suche nach weiteren Regionen ein, deren Struktur der eines italienischen Industriedistrikts entsprach. Durch die Übertragung auf andere Länder und Regionen wollte man zeigen, dass das Dritte Italien modellhaften Charakter für eine neue Form der Regionalentwicklung in vernetzten Strukturen hatte und auch in anderen Regionen planerisch umsetzbar war. Tatsächlich gelang es, Industrieregionen zu identifizieren, die einige Gemeinsamkeiten mit dem Dritten Italien haben. So werden vielfach der Maschinenbausektor in Baden-Württemberg sowie die Ballung von *high-tech*-Industrien im *Silicon Valley* als Beispiele für regionale Produktionszusammenhänge in Form von Industriedistrikten bezeichnet (z. B. HAYTER 1997, Kap. 13). Obwohl bereits in diesen Regionen Vergleiche mit dem Dritten Italien problematisch erscheinen (DIGIOVANNA 1996; MARKUSEN 1996; GROTZ & BRAUN 1993), wurde der Begriff auch auf solche Regionen übertragen, die eine völlig andere Struktur aufweisen. Vielfach reichten simple Analogievergleiche aus, um eine regionale Industrieballung als Industriedistrikt darzustellen und mit dem Dritten Italien zu vergleichen. Diese Vorgehensweise hat allerdings zu einer konzeptionellen Verwässerung geführt, wie SCHAMP (2000a, Kap. 2.3) zurecht herausstellt. Vor dem Hintergrund der positiven Wirtschaftsentwicklung wird oftmals übersehen, dass die regionalen Produktionsnetze des Dritten Italien spezifische Nachteile, Probleme und Beschränkungen haben, die eine Übertragbarkeit erschweren (BATHELT 1998):

(1) **Soziale und wirtschaftliche Missstände.** AMIN & ROBINS (1990) weisen darauf hin, dass das hohe Wirtschaftswachstum der italienischen Industriedistrikte oftmals negative Begleiterscheinungen wie Schwarzarbeit, Steuerhinterziehung, geringe soziale Absicherung der Beschäftigten und eine systematische Missachtung von Arbeitsschutzbestimmungen mit sich bringt (BRUSCO 1982).

(2) **Massenmärkte und technologische Unteilbarkeiten.** Die unternehmensübergreifende Arbeitsteilung in einem Industriedistrikt setzt voraus, dass die einzelnen Produktionsstufen zerlegt und räumlich getrennt werden können und dass Massenmärkte an Bedeutung verlieren. Die-

se Bedingungen sind aber nicht in jeder Branche erfüllt. So gibt es neben segmentierten Märkten nach wie vor Teilmärkte mit hohen Wachstumsraten, die für Massenproduzenten zugänglich sind und Konzentrationstendenzen der Produktion in Großunternehmen begünstigen (CORIAT 1991; 1992). Die Strukturen des Dritten Italien scheinen am ehesten in Branchen mit niedrigem und mittlerem Technologieniveau möglich zu sein, die ein geringes Wachstum und eine hohe Marktsegmentierung aufweisen (BATHELT 1995). SCHAMP (2000a, Kap. 2.3) zweifelt daran, dass es überhaupt genügend Marktnischen gibt, damit sich eine große Anzahl von Industriedistrikten entwickeln kann.

(3) **Bedrohung durch Großunternehmen.** Mit dem Unternehmenswachstum nimmt häufig die Außenorientierung zu. Dies zeigt sich im Dritten Italien durch Produktionsverlagerungen in andere Regionen und wachsende Importe (AMIN & THRIFT 1992). Zudem dringen Großunternehmen in die Industriedistrikte des Dritten Italien ein, um dort neue Innovationspotenziale zu erschließen. Dies geschieht durch die Akquisition kleiner und mittlerer Unternehmen oder den Aufbau von Zulieferbeziehungen in den entsprechenden Regionen. Ergebnis ist ein Abzug regionsspezifischer Kompetenzen und ein Aufbrechen regionaler Produktionszusammenhänge (AMIN & ROBINS 1991; HERRIGEL 1993; HARRISON 1997, Kap. 4; SCHAMP 2000b).

(4) **Vertrauensseligkeit und *lock-in*.** In einem regional begrenzten Produktionssystem ist die Gefahr des *lock-in* in ineffiziente Entwicklungen besonders groß, weil das Ideenpotenzial begrenzt ist. Durch enge und häufige Interaktionen wird diese Grenze zwar ständig erweitert, aber wohl vor allem in Richtung auf eine Verbesserung bestehenden Wissens. KERN (1996) weist darauf hin, dass durch zu großes Vertrauen und ein Sich-Aufeinander-Verlassen die Gefahr besteht, dass die betreffenden Unternehmen ineffiziente technologische Entwicklungspfade beschreiten und externes Wissen unterschätzen (→ Kap. 6.2).

(5) **Grenzen der Verallgemeinerbarkeit.** Die Unternehmen des Dritten Italien sind eingebettet in ein sozio-institutionelles Umfeld, das erst die Voraussetzungen für den Aufbau regionaler Produktionssysteme geschaffen hat. Hieraus sind eigenständige lokale Identifikationsmuster entstanden, die zum Teil über Jahrhunderte gewachsene Handwerkstraditionen und Technikeinstellungen widerspiegeln und die nicht planerisch

reproduzierbar sind (AMIN 1989a; MARTINELLI & SCHOENBERGER 1991; STERNBERG 1995b; GROTZ & BRAUN 1997). AMIN (1989b) hat verdeutlicht, dass zudem nicht jede spezialisierte Industrieballung automatisch ein Industriedistrikt ist. In umfangreichen empirischen Untersuchungen in wachstumsstarken Regionen vieler Länder macht MARKUSEN (1996) deutlich, dass Industriedistrikte italienischer Prägung nur eine Ausnahmeerscheinung darstellen. Die untersuchten Regionen sind zum größten Teil durch Produktionsstrukturen und -beziehungen gekennzeichnet, die grundlegend von denen des Dritten Italien abweichen. Die Tatsache, dass auch in derart kritischen Studien das Konzept der Industriedistrikte Italiens leichtfertig auf andere Produktionskonfigurationen übertragen wird, erklärt, warum der Mythos der Industriedistrikte Italiens trotz der Probleme und Beschränkungen nach wie vor ungebrochen fortbesteht. Mit SCHAMP (2000a, Kap. 2.3) lässt sich zurecht fragen, worin die empirische Leistungsfähigkeit dieses Konzepts angesichts seiner inkonsequenten Anwendung noch liegt.

6.4.4 Der Milieuansatz der *GREMI*-Schule

Parallel zu den Diskussionen über die Industriedistrikte Italiens entstand in den 1980er Jahren der Ansatz des innovativen bzw. kreativen Milieus. Ähnlich wie in den Arbeiten über das Dritte Italien werden hierbei innovative Unternehmen nicht isoliert betrachtet, sondern mit ihrem lokalen Umfeld und den dortigen sozio-institutionellen Strukturen in Verbindung gebracht (z. B. BECATTINI 1990; CAMAGNI 1991b; MAILLAT 1998). Insofern kennzeichnet beide Ansätze das Bemühen, sich von einer isolierten Unternehmensbetrachtung abzuwenden und Innovationsfähigkeit als Ergebnis kollektiven Handelns aus ökonomischen und sozialen Prozessen zu verstehen. Nach LAWSON (1999) ist dies Ausdruck eines übergreifenden Trends in den raumbezogen arbeitenden Wirtschafts- und Sozialwissenschaften, sich von der Kompetenzperspektive des Unternehmens zu lösen und diese auf die Region, d. h. auf das regionale Produktionssystem, auszuweiten.

Eine Vorreiterrolle bei der Entwicklung des Milieuansatzes hatte die französische Forschergruppe *GREMI* (*Groupe de Recherche Européen sur les Milieux Innovateurs*) mit ihren Studien

(z. B. AYDALOT & KEEBLE 1988; CAMAGNI 1991a; RATTI et al. 1997). Obwohl die Industriedistriktdebatte und Milieuansätze einen ähnlichen Ansatzpunkt haben, sind beide bisher weitgehend unabhängig voneinander geblieben. Dies mag auch mit den unterschiedlichen Forschungstraditionen zusammenhängen, die den Schulen zugrunde liegen. So waren die Arbeiten über Industriedistrikte anfangs eher empirisch ausgerichtet und konzentrierten sich auf die Erfassung und Beschreibung der im Dritten Italien auffindbaren Produktionsstrukturen. Dabei lag das Schwergewicht auf den neuen Formen der Produktionsorganisation, die sich in den italienischen Industriedistrikten entwickelten. Aus diesem Grund kritisieren Vertreter von *GREMI* an den Studien über Industriedistrikte, dass sie vor allem ökonomisch ausgerichtet sind und soziale Prozesse vernachlässigen (z. B. BRAMANTI & RATTI 1997; MAILLAT 1998). Die Arbeiten von AMIN (1989a), BECATTINI (1990; 1991) und anderen belegen aber, dass dies so nicht mehr stimmt. Im Unterschied zu den Studien über die Industriedistrikte Italiens waren die Arbeiten über innovative bzw. kreative Milieus in der Anfangsphase stärker konzeptionell ausgerichtet und sozialwissenschaftlich eingebunden.

Ausgangspunkt der Arbeiten von *GREMI* waren zunächst nicht Regionen, die durch traditionelle Industriebranchen geprägt sind, sondern vor allem Regionen mit großem Innovationspotenzial und einer Ballung von Unternehmen in modernen *high-tech*-Sektoren. Innovationen werden hierbei als Ergebnisse arbeitsteiliger Prozesse verstanden, in denen eine Vielzahl von Akteuren zusammenwirken. Diese sind in komplexe Verflechtungsnetzwerke eingebunden, die eine starke lokale Verankerung aufweisen (z. B. MAIER & TÖDTLING 1992, Kap. 4; KRÄTKE 1995a, Kap. 3; FROMHOLD-EISEBITH 1995; SCHAMP 1995; STERNBERG 1995a, Kap. 3.4; BLOTEVOGEL 1999). In den Netzwerken gibt es Zugangsmöglichkeiten zu industriellen Kooperationspartnern, zu spezifischen Informationen, zu *know-how* und zu Finanzierungsquellen. Obwohl regionale Begrenztheit ein wichtiges Merkmal dieser Netzwerke ist, wird sie in den Studien von PERRIN (1991), CAMAGNI (1991b) und CREVOISIER & MAILLAT (1991) nicht als konstituierend angesehen, um innovative Milieus zu erfassen und abzugrenzen.

6.4.5 Vom lokalisierten Produktionssystem zum innovativen bzw. kreativen Milieu

Ansatzpunkt der **Konzeptionalisierung des Milieubegriffs** in der Arbeit von CREVOISIER & MAILLAT (1991) ist das lokalisierte Produktionssystem als Form der gebietsgebundenen Produktionsorganisation (FROMHOLD-EISEBITH 1995; BRAMANTI & RATTI 1997; SCHAMP 2000a, Kap. 2.3). Das innovative bzw. kreative Milieu umfasst folgende Verflechtungsdimensionen (→ Abb. 66):

(1) **Lokalisiertes Produktionssystem.** Hierunter ist eine Ballung von Industrieunternehmen, Zulieferern, Kunden und Dienstleistern in räumlicher Nähe zueinander zu verstehen. Diese sind über vielfältige Güter-, Arbeitsmarkt-, Technologie- und Informationsverflechtungen zu einem Beziehungsnetzwerk zusammengebunden. Es handelt sich hierbei um die lokalisierte Form einer Wertschöpfungskette oder eines substanziellen Teils von ihr, wobei durch räumliche Nähe Transaktionskostenvorteile erzielt werden. Die Zugehörigkeit zu demselben Produktionssystem fördert Kooperationen zwischen den Akteuren und kollektive Problemlösungen.

(2) **Sozio-institutionelle Einbettung.** Nach MAILLAT (1998) geht der Begriff des Milieus aber über den des lokalisierten Produktionssystems hinaus, insofern als er explizit die Einbindung in einen gemeinsam getragenen sozio-institutionellen Zusammenhang beinhaltet. Im Milieu ist das lokalisierte Produktionssystem in sozio-institutionelle Strukturen eingebettet und untrennbar mit diesen verbunden. Dabei führen informelle und formelle Informations- und Kommunikationsflüsse innerhalb des vernetzten Produktionssystems zu einer gemeinsamen Wissensbasis. So entwickeln sich Routinen, Gewohnheiten, Verhaltensnormen, Technikkulturen, Vertrauensbeziehungen und gemeinsame Perzeptionen, die allgemein akzeptiert werden und damit eine Ordnung für gemeinsames Handeln schaffen (z. B. SCHAMP 1995). Hierzu kommen formelle Institutionen wie etwa Schulungs- und Forschungseinrichtungen sowie öffentliche und private Förderprogramme, die die Einbindung der Akteure in das Milieu ermöglichen.

(3) **Innovations- und Lernprozesse.** Damit ein Milieu kreativ wird, so dass neues Wissen entsteht und Innovationen gefördert werden, muss sichergestellt sein, dass Offenheit nach außen gewährleistet ist. Ferner müssen intensive

Abb. 66: Innovatives Milieu

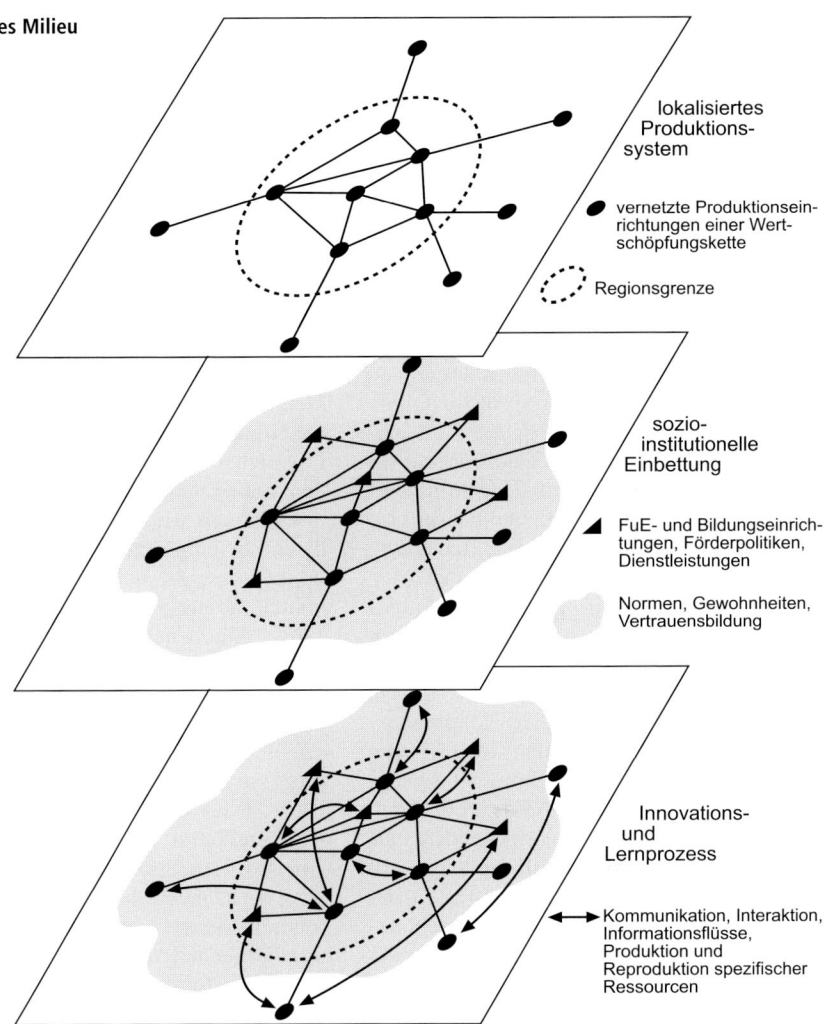

lokalisiertes
Produktions-
system

● vernetzte Produktionseinrichtungen einer Wert-
schöpfungskette

◌ Regionsgrenze

sozio-
institutionelle
Einbettung

▲ FuE- und Bildungseinrichtungen, Förderpolitiken,
Dienstleistungen

Normen, Gewohnheiten,
Vertrauensbildung

Innovations-
und
Lernprozess

⟷ Kommunikation, Interaktion,
Informationsflüsse,
Produktion und
Reproduktion spezifischer
Ressourcen

Interaktionen und Lernprozesse dazu beitragen, dass Wissen und Technologien sich schnell verbreiten können und spezialisierte Ressourcen und Qualifikationen entstehen (CREVOISIER & MAILLAT 1991; CAMAGNI 1991b; MAILLAT 1998). Die Fähigkeit, Innovationen durchzusetzen, ist nicht automatisch eine Folge der Offenheit nach außen. Entscheidend ist vielmehr, dass die Akteure in der Lage sind, spezifische Informationen und Ressourcen zu akquirieren und zu generieren.

Erfolgreiche Produktionssysteme spezialisieren sich auf einen Technologiebereich bzw. eine Wertschöpfungskette und richten ihre Aktivitäten, Interaktionen und Ressourcen gezielt darauf aus. Dies führt dazu, dass eine lokalisierte Wissensbasis entsteht, die nicht beliebig in andere Regionen übertragen werden kann. Dadurch ist es möglich, Spezialisierungen weiter zu entwickeln, Kompetenzen zu reproduzieren und die Wettbewerbsfähigkeit auszubauen. Dies setzt voraus, dass es innerhalb des Milieus enge Kommunikationsprozesse und Interaktionen gibt, die die Wissensdiffusion kanalisieren und eine Anpassung von *know-how* an die spezifischen Bedürfnisse des Produktionssystems ermöglichen. Durch die Einbettung der Unternehmen und Akteure in allgemein akzeptierte sozio-institutionelle Zusammenhänge werden entsprechende Lernprozesse gefördert. Innovation ist somit das Ergebnis gemeinsamen Handelns von Akteuren, die in ein enges Beziehungsgeflecht – insbesondere mit regionalen Akteuren – eingebunden sind (MAILLAT et al. 1995).

In den Studien Ende der 1990er Jahre nehmen Milieuvertreter eine evolutionäre Perspektive ein. Sie betonen die Fähigkeiten der Milieuakteure, Strategien zu entwickeln und externe Kontakte aufzubauen, um die Überlebensfähigkeit des Milieus zu sichern und betonen dabei die Vorreiterrolle führender Akteure (BRAMANTI & RATTI 1997; MAILLAT et al. 1997).

Fallbeispiel: Uhrenindustrie im Schweizer Jura. Häufig zitiertes Beispiel für eine milieuartige Struktur ist die Uhrenindustrie im Schweizer Jura, die in den 1980er Jahren nach einer Phase des Niedergangs den erfolgreichen Übergang zu einer Mikroelektronik-Branche schaffte (GLASMEIER 1991; MAILLAT et al. 1995; 1997). Basierend auf der feinmechanischen Tradition war im Schweizer Jura bereits seit dem 17. Jahrhundert ein Zentrum der Uhrenindustrie und des Mikromaschinenbaus von internationaler Bedeutung entstanden. Die Uhrenindustrie war dabei Ausgangspunkt für eine spezifische mikrotechnologische Kompetenz, die noch heute in den Produkten, Arbeitsmarktqualifikationen und der Industriekultur der Region erkennbar ist. In den 1970er Jahren geriet die Schweizer Uhrenindustrie in eine Krise, die durch den Technologiewechsel von mechanischen Uhren zu Quarzuhren und den zunehmenden Wettbewerb durch internationale Konkurrenten (insbesondere aus Japan, den USA und später aus Hongkong) ausgelöst wurde. Obwohl es Unternehmen in der Region gab, die die Bedeutung der Quarztechnologie frühzeitig erkannten (z. B. im Bereich der Zeitmessung im Sport), unterschätzte der Großteil der Unternehmen des Schweizer Jura diesen technologischen Wandel zunächst. Viele reagierten erst, als die Märkte für mechanische Uhren zusammenbrachen (GLASMEIER 1991). Die dadurch bedingte regionale Krise bewirkte, dass sich die Zahl der Beschäftigten zwischen 1970 und 1985 von rund 90 000 auf nur noch 33 000 drastisch reduzierte (MAILLAT et al. 1995). Erst danach stellten sich erneutes Wachstum und eine erhöhte Exporttätigkeit ein. Der technologische Wandel wurde entscheidend durch die führenden Unternehmen der Region vorangetrieben, insbesondere durch *Ebauches SA*, ASU AG (Allgemeine Schweizerische Uhrengesellschaft AG) und *SSIH (Société Suisse pour l'Industrie Horlogère)*. Die Umstrukturierung führte dazu, dass sich die Uhrenindustrie der Region auf zwei Produktbereiche spezialisierte: (1) teure Qualitätsuhren, (2) preiswerte Modeuhren. Parallel dazu

konnten Erfahrungen aus der Kombination von Mikrotechnologie und Elektronik auf immer neue Produktbereiche angewendet werden (z. B. Herzschrittmacher). In der Folge kam es zu vermehrten Gründungsaktivitäten in der Region, die zum Teil von ehemaligen Mitarbeitern ausgingen. Zur Sicherstellung der Wettbewerbsfähigkeit fand in zweifacher Weise eine stärkere Orientierung der Unternehmen nach außen statt: Einerseits erfolgte eine Öffnung in andere Regionen und Länder, um neue Technologien zu akquirieren. Andererseits wurden Kooperationen und Interaktionen zwischen den überwiegend kleinen und mittleren, spezialisierten Unternehmen der Region ausgeweitet und intensiviert. Zugleich entwickelten sich enge Beziehungen zu den regionalen Forschungs- und Ausbildungsinstitutionen wie etwa dem gemeinsam gegründeten Forschungszentrum *CEH (Centre Electronique Horloger)* in Neuchâtel, die zu einem erhöhten Wissenstransfer führten (MAILLAT et al. 1997). Die Unternehmen profitierten von der Einbindung in ein enges Netzwerk an formellen und informellen Institutionen in der Region, wodurch Ungewissheiten reduziert, das regionale Zugehörigkeitsgefühl gestärkt und Innovationsprozesse gefördert wurden.

Nach MAILLAT et al. (1995) muss der Wandel der Uhrenindustrie im Schweizer Jura deshalb in einem Milieuzusammenhang verstanden werden. Dies wird insbesondere im Vergleich mit der Uhrenindustrie des französischen Jura deutlich, der trotz ähnlicher Ausgangssituation kein erfolgreicher Transformationsprozess gelang (MAILLAT et al. 1997). In der Analyse der unterschiedlichen Entwicklungspfade beider Regionen durch MAILLAT et al. (1997) wird der große Einfluss nationalstaatlicher institutioneller Unterschiede allerdings unterbelichtet. Zudem ist kritisch anzumerken, dass sich die im Schweizer Jura festgestellten sozio-institutionellen Strukturen und Beziehungen nicht grundlegend von denen eines Industriedistrikts unterscheiden (AMIN 1989a; BECATTINI 1990).

6.4.6 Konvergenz der Milieu- und Distriktansätze

Im Unterschied zu den stark empirisch ausgerichteten Arbeiten über Industriedistrikte beziehen sich die Vertreter des Milieuansatzes auf einen gemeinsamen konzeptionellen Rahmen. Obwohl MAILLAT (1998) bestrebt ist, die Unterschiede zwischen Milieus, Industriedistrikten und anderen Formen lokalisierter Produktionsorganisation herauszustellen (z. B. BRAMANTI & RATTI 1997), ist diese Differenzierung nicht trennscharf. So deuten zahlreiche Studien auf die Gemeinsamkeiten zwischen den Milieu- und Distriktansätzen hin (z. B. AMIN 1989a; AMIN & ROBINS 1991; BECATTINI 1991). Die Schwierigkeit der Unterscheidung zwischen beiden zeigt sich beispielsweise daran, dass dieselben italienischen Zentren der Schuhproduktion ein Mal als Industriedistrikte (SCOTT 1988, Kap. 5; RENTMEISTER 2001), ein anderes Mal dagegen als innovative bzw. kreative Milieus (CAMAGNI & RABELLOTTI 1997) diskutiert werden. LAWSON (1999) macht in seinen Ausführungen deutlich, dass sich die Milieu- und Distriktdebatten einander angenähert haben. In beiden werden kollektive Lernprozesse als Resultat von Interaktionen in einer Wertschöpfungskette analysiert. Soziale Interaktion basiert dabei auf gemeinsamen Normen, Konventionen, spezialisierten Qualifikationen usw.

Ein Problem der Debatte über das Dritte Italien besteht darin, dass der Begriff des Industriedistrikts vielfach unpräzise und uneinheitlich benutzt wird. Dies belegt das Beispiel Velbert im niederbergischen Land. Während SCHAMP (2000a, Kap. 2.3) in der Arbeit von HAIN (1977) Anzeichen für die Existenz eines Industriedistrikts der Schloss- und Beschlagindustrie erkennt, ist HAFNER (2000) in ihrer Interpretation zurückhaltender. Konträr zu der Situation im Dritten Italien findet sie im niederbergischen Raum beispielsweise ein ausgeprägtes Konkurrenzverhalten und Misstrauen statt Kooperation vor. Hiermit wird deutlich, dass der Industriedistrikt als Konzept nur schwer einsetzbar ist. Ähnliche Probleme treten auch in empirischen Studien über Milieus auf.

Hinzu kommt, dass aktuelle raumbezogene Diskussionen darunter leiden, dass die empirische Bedeutung von Industriedistrikten und innovativen Milieus häufig überschätzt wird. So gibt es offensichtlich nur eine begrenzte Anzahl von Regionen mit derartigen lokalisierten Produktionsstrukturen. STORPER (1997a, Kap. 3) hat deutlich gemacht, dass es darüber hinaus auch Normalregionen gibt, die keine entsprechenden Strukturen aufweisen, und in denen, wie die Untersuchung von KRUMBEIN et al. (1994) zeigt, keine engen Interaktions- und Netzwerkbeziehungen zustande kommen (HELLMER et al. 1999, Kap. 5). Zudem wird in der Fokussierung auf Milieus und Industriedistrikte häufig übersehen, dass es zumeist Großunternehmen sind, die internationale Produktions- und Marktbeziehungen dominieren (MARTINELLI & SCHOENBERGER 1991; HARRISON 1997, Kap. 1). Insofern ist es fraglich, inwiefern Ansätze zur Umsetzung von innovativen Milieus in regionalen Entwicklungsstrategien (z. B. BUTZIN 1996) verallgemeinerbar sind.

Eine schwierige, nicht immer befriedigend gelöste Aufgabe besteht in der Entwicklung eines angemessenen Untersuchungsdesigns für empirische Milieustudien. So ist keineswegs immer klar ersichtlich, welche Untersuchungsmethodik im Einzelnen angewendet wurde. Innovative bzw. kreative Milieus mittels Kontakttagebüchern der Akteure oder durch Mitgliedschaften in lokalen Vereinen zu erfassen, wie FROMHOLD-EISEBITH (1995) es vorschlägt, oder die Eigenschaften von Milieus über eine Liste von Standortfaktoren erfragen zu wollen, wie STERNBERG (1995a, Kap. 3.4) dies andeutet, ist hierzu nicht ausreichend. Auch der Vorschlag von GUESNIER & BOUBA-OLGA (1997), Milieus anhand quantitativer Indikatoren zu identifizieren, kann lediglich grobe Anhaltspunkte für weitergehende Studien liefern. Um die konstituierenden sozialen und ökonomischen Prozesse und ihre institutionelle Einbettung zu erfassen, ist es im Kern erforderlich, ein sorgfältiges qualitatives Forschungsdesign zu entwerfen und anzuwenden.

7 Evolution: Gründung und Entwicklung von Unternehmen entlang historischer Pfade

*D*ie relationale Analyse der Organisation ökonomischen Austauschs bedingt zugleich eine evolutionäre Perspektive der Entwicklung von Austauschbeziehungen. Kapitel 7 führt Grundzüge einer evolutionären Perspektive ein und stellt evolutionäre Gründungs- und Wachstumsprozesse von Unternehmen in räumlicher Perspektive dar. Schließlich wird die Betrachtung von Unternehmen auf regionale Produktionszusammenhänge ausgeweitet und am Beispiel der historischen Entwicklung von high-tech-Clustern in Nordamerika nachvollzogen. Ziel des Kapitels ist es, dynamische Entwicklungen von Unternehmen und regionalen Produktionszusammenhängen nicht als vorbestimmt, sondern als historisch beeinflusst und zukünftig offen anzusehen. Hierbei wird die Sichtweise der traditionellen Standortlehre umgekehrt. Es interessiert weniger, wie Standortentscheidungen durch räumliche Eigenschaften und Einflüsse geprägt werden, als vielmehr, wie Unternehmen ihr lokales und regionales Umfeld durch ihre Produktionstätigkeit aktiv verändern.

Nach einer revidierten Perspektive der Organisation in Kapitel 6, die eine Fokussierung auf ökonomische Austauschprozesse beinhaltet, wird in diesem Kapitel in einem zweiten Schritt die Sichtweise der Wirtschaftsgeographie so reformuliert, dass ökonomisches Handeln nicht nur in seiner aktuellen Struktur kontextspezifisch gesehen wird, sondern dass diese Kontexte konkrete Ergebnisse früheren Handelns sind. *Embeddedness* ist keineswegs ein ahistorisches Phänomen, sondern immer das Ergebnis einer sozial kontingenten Entwicklung von Beziehungen. Da ökonomisches Handeln in dynamischer Perspektive nicht ausreichend in Form von Strukturanalysen und Gleichgewichtsmodellen abgebildet werden kann, schlagen wir alternativ eine Evolutionsperspektive vor. Diese ermöglicht es, den sozio-institutionellen Kontext auf eine dynamische Perspektive zu übertragen (GRANOVETTER 1992b), um die Entwicklung von Unternehmen und Produktionssystemen zu verstehen. In diesem Kapitel werden Grundzüge einer evolutionären Perspektive eingeführt und der Ansatz der Organisationsökologie als eine theoretische Grundlage diskutiert. Anschließend wird eine Evolutionsperspektive zum besseren Verständnis von Gründungs- und Wachstumsprozessen von Unternehmen in räumlicher Perspektive angewendet, bevor durch sie die Möglichkeit der sozialen Konstruktion von Standorten weiter entwickelt wird. Schließlich wird die Betrachtung von Unternehmen auf regionale Produktionszusammenhänge ausgeweitet und am Beispiel der historischen Entwicklung von *high-tech*-Clustern in Nordamerika nachvollzogen.

7.1 Evolution und Organisation von Unternehmen und Unternehmenspopulationen

Traditionelle neoklassische und raumwirtschaftliche Modelle verwenden nicht nur ein unzureichendes Konzept der Organisationsstruktur von Unternehmen und damit des organisierten ökonomischen Austauschs, sie vermögen auch wenig zu sagen über die Möglichkeiten und Mechanismen von ökonomischem Wandel. Dies hängt mit ihrer Fokussierung auf Gleichgewichtsstrukturen zusammen. Demgegenüber ist es das Ziel evolutionärer Theorien, gerade die Möglichkeiten von

Wandel z. B. durch Prozesse des Lernens und Kreierens zu erklären (NELSON 1995). In Anlehnung an die biologische Evolutionstheorie von DARWIN haben sowohl die Ökonomie als auch die Soziologie evolutionäre Perspektiven entwickelt. So führen NELSON & WINTER (1982) in ihrem evolutionsökonomischen Modell einen Vergleich durch zwischen dem durch Innovationsprozesse vermittelten Unternehmenswettbewerb um Marktanteile und dem Konkurrenzbegriff aus der biologischen Evolutionstheorie, bei dem Lebewesen um knappe Lebensräume konkurrieren.

7.1.1 Grundzüge evolutionärer Theorien

Evolutionär sind solche Theorien, die versuchen zu erklären, wie sich Wandel vollzieht oder warum sich der Wandel in einer bestimmten Weise und Richtung vollzogen hat. Deterministische Theorien können nicht als evolutionäre Theorien gelten, weil sie Wandel als determinierte Funktion vorgegebener Mechanismen darstellen und somit das Endergebnis mit den Bedingungen *a priori* feststeht. Im eigentlichen Sinn vollzieht sich dabei kein Wandel, da jeder Zustand in der Zukunft aus einer vollständigen Kenntnis der Gegenwart erklärt werden kann. Eine solche Perspektive ist nicht in der Lage, der Bedeutung von Innovation und Kreativität gerecht zu werden (HODGSON 1997). Daher verwenden Evolutionsökonomen das Konzept evolutionärer Theorien ($\rightarrow$ Kap. 8.2), um neben systematischen auch zufällige, nicht vorhersehbare Größen in ihre Überlegungen einzubeziehen (NELSON 1994). In diesen Grundüberlegungen finden evolutionäre Theorien individueller, organisatorischer und kultureller Anpassung ihre gemeinsame Basis. Aufgrund der differenzierten Formulierung der biologischen Evolutionstheorie werden in der Ökonomie und Organisationstheorie oftmals biologische Analogiekonzepte als analytische Instrumente eingeführt. Die wichtigsten **Grundkonzepte der Evolutionstheorie** werden nachfolgend in ihrer Anwendung auf Organisationen kurz dargestellt:

(1) **Phänotyp (Organismus).** Jeder Organismus ist eine mögliche Erscheinungsform des gemeinsamen Erbguts einer Art und gilt als Phänotyp. Dem einzelnen Organismus entspricht in evolutionsökonomischer Perspektive das Unternehmen.

(2) **Genotyp (Population).** Die gemeinsame Erbinformation kennzeichnet den Genotyp einer Art, seine Population. Eine Art ist biologisch ab-

gegrenzt durch die Fähigkeit der gemeinsamen Reproduktion bzw. Fortpflanzung und lässt sich dementsprechend von anderen Arten unterscheiden. In der Evolutionsökonomie und insbesondere in der Organisationsökologie werden Unternehmen ebenfalls zu Populationen zusammengefasst. Sie werden nach Organisationstypen, Branchen oder Regionen zu analytischen Populationen aggregiert.

(3) **Gene.** Sie enthalten die spezifische Erbinformation eines Genotyps. Die Gesamtheit der Gene stellt den Gen*pool* dar. Dieser repräsentiert den biologischen Bauplan von Organismen einer Art. In der Evolutionsökonomie hat sich ein analoges Verständnis von Organisationen etabliert. Als „Gene" von Unternehmen werden organisatorische Routinen wie z. B. spezifische Strukturen, Abläufe und Traditionen in der Produktion angesehen (NELSON & WINTER 1974). Die Gesamtkonstellation der Ziele, Regulations- und Verfahrensweisen kennzeichnet dementsprechend den genetischen *code* einer Organisationsform (HANNAN & FREEMAN 1981).

(4) **Fitness.** Sie beschreibt analog zum biologischen Verständnis die Überlebensfähigkeit von Unternehmen, Technologien sowie sozialen oder kulturellen Praktiken. *Fitness* bezieht sich z. B. auf die Fähigkeit von Unternehmen, sich in einer bestimmten Umwelt im Vergleich mit konkurrierenden Unternehmen zu behaupten. Die Güte evolutionärer Theorien hängt davon ab, ob es ihnen gelingt, Kriterien der *fitness* in einer gegebenen Umwelt zu definieren.

(5) **Selektion.** *Fitness* ist kein Selbstzweck. Sie ist vielmehr ein relationales Konzept der Überlegenheit gegenüber anderen und der Umwelt (GRABHER & STARK 1997), das angesichts eines Auswahlmechanismus, der Selektion, ein Überleben ermöglicht. Durch Selektion werden „bessere, stärkere" Eigenschaften eines Organismus weitergegeben, während „schlechtere, schwächere" Eigenschaften sukzessive verdrängt werden. Aufgabe und zugleich Problem der Evolutionsökonomie ist es, Kriterien der Selektion in sozialen, ökonomischen und kulturellen Umwelten zu identifizieren und empirisch exakt zu beschreiben.

(6) **Variation.** In der biologischen Evolutionstheorie ist die ökologische *fitness* eines Organismus allein durch den Gen*pool* bestimmt. Daher kann eine Umweltanpassung immer erst durch eine Veränderung der genetischen Substanz innerhalb einer Art erfolgen. Genetische Variatio-

nen geschehen dabei entweder durch **Rekombination** vorhandener Gene oder durch Mutation von Genen. **Mutationen** sind ungerichtete, zufällige Variationen des Genbestands, die im Prozess der Selektion ihre *fitness* beweisen müssen. Da Umweltveränderungen eintreten können, ist es möglich, dass Mutationen in einer veränderten Umwelt Überlebensvorteile bieten und somit eine erfolgreiche Anpassung an die betreffende Umwelt darstellen. Ein ähnlicher Zusammenhang zwischen Selektion und Mutation wird auch in der Evolutionsökonomie angenommen. NELSON & WINTER (1975) definieren ein **technologisches Mutationskonzept**, indem sie die Bedingungen und Mechanismen von Innovationen in Unternehmen untersuchen. Die Selektionsumwelt wird hierbei als sozio-institutionelle Größe verstanden, die für die Anpassung und Überlebensfähigkeit von Innovationen maßgeblich ist. Innovationen sind zwar oft Ausdruck zielgerichteten Forschens, können aber vereinfacht als Mutationen gedacht werden, da ihre *fitness* auch von den Umweltbedingungen abhängt und somit zu einem bestimmten Anteil quasi-zufällig ist. Die Bedeutung von Zufall für die Anpassung an Umweltbedingungen kommt in der sozial- und wirtschaftswissenschaftlichen Evolutionsperspektive in Form unvorhersehbarer Ereignisse als historischer Zufall zum Tragen.

7.1.2 Evolution und Organisationsökologie

Die Organisationsökologie ist ein Ansatz zur Erklärung des Wandels von Organisationen, der mit einer ökologischen und einer evolutionären Perspektive zwei biologische Ansätze verbindet (HANNAN & FREEMAN 1993). Der Ausgangspunkt der Organisationsökologie besteht darin, dass sich sozialer und organisatorischer Wandel nicht als linearer Fortschritt vollziehen (GRANOVETTER 1979; CARROLL 1984). Stattdessen zeichnet sich die Evolution von Organisationen durch eine Vielzahl möglicher Entwicklungspfade aus, die nicht *a priori* bestimmt werden können. Während traditionelle Ansätze davon ausgehen, dass sich Organisationen fortwährend an veränderte Umweltbedingungen anpassen, wird in der **Organisationsökologie** argumentiert, dass der Wandel weniger in der Anpassung als vielmehr in der Selektion von Organisationen begründet liegt. Organisationen werden aus mehren Gründen als strukturell nicht-anpassungsfähig an dynamische

Veränderungsprozesse angesehen (HANNAN & FREEMAN 1984):

(1) Im Gegensatz zu einem individuellen Akteur unterliegen Organisationen einem kollektiven Meinungsbildungs- und Entscheidungsprozess, bei dem durch die Diversität der Einzelinteressen oftmals konsensuale Anpassungen resultieren, die suboptimal sind.

(2) Unsicherheit über die optimale Zweck-Mittel-Relation impliziert unerwartete und unbeabsichtigte Handlungsfolgen, die *ex ante*, d. h. im Voraus, keine Gewissheit über die bestmögliche Anpassung gestatten. Angesichts des Handelns in Unsicherheit können adaptive Entscheidungen von außen gesehen unter Umständen sogar als willkürlich erscheinen.

(3) Durch die Abstimmungs- und Verhandlungsprozesse innerhalb von Organisationen sowie durch die zeitaufwändige Umsetzung von Anpassungszielen resultiert eine strukturelle Trägheit von Organisationen. Das *timing* der Anpassung gegenüber veränderten Rahmenbedingungen wird damit zu einem entscheidenden Faktor. Unter sich schnell wandelnden Umweltbedingungen hinken die Anpassungsschritte der Veränderungen immer hinterher, so dass die Organisationen zum Zeitpunkt der Umsetzung bereits wieder unangepasst sein können.

In der Organisationsökologie wird davon ausgegangen, dass Organisationen aus diesen Gründen selbst zum Gegenstand der Selektion werden. Somit bedarf es eines konkreten Konzepts einer **Unternehmenspopulation**, deren Mitglieder von denselben Selektionskriterien betroffen sind. Analyseebene ist die Menge derjenigen Organisationen, die sich hinsichtlich ihrer „Gene", d. h. ihrer organisatorischen Routinen, ähneln (NELSON & WINTER 1982). Diese Routinen umfassen das spezifische Wissen, die Konventionen, Regeln und Verfahrensweisen, die sich in einer Organisation angesammelt haben. In Unternehmen finden diese Ausdruck in den angewendeten Produkt- und Herstellungstechniken, Qualitätsrichtlinien, Qualifikationsprofilen und Unternehmensstrategien und -philosophien. MCKELVEY & ALDRICH (1983) sprechen in diesem Zusammenhang auch von *comps* und beziehen sich dabei auf die spezifischen technologischen und organisatorischen Fähigkeiten, die die Kompetenz einer Organisation auszeichnen. Die Gesamtheit der Routinen definiert den genetischen *code* einer Organisation und zugleich die Grenzen der Population (HANNAN & FREEMAN 1993).

Eine evolutionäre Perspektive des organisatorischen Wandels entsteht durch das Konzept der Variation. Variationen bezeichnen Veränderungen des *pools* von Routinen, die durch Innovation und Imitation erfolgen. Auslöser von Variationen können sowohl zielgerichtete Forschung und Entwicklung sein (→ Kap. 8.1) als auch Anpassungen bei der Adaption bestehender Routinen anderer Unternehmen. Auch zufällige Variationen können bereits evolutionäre Prozesse bewirken. Da HANNAN & FREEMAN (1984) Organisationen als strukturell träge ansehen, konzipieren sie die Möglichkeit der Variation immer erst für die nächste Generation von Organisationen, d. h. für Neugründungen. Die **Auslese von Organisationen** vollzieht sich dabei (1) durch den Wettbewerb um gemeinsame Ressourcen, (2) über die Akzeptanz innerhalb der Gesamtpopulation und (3) durch den Einfluss veränderter Umweltbedingungen (BAUM & OLIVER 1992).

Die Umwelt einer Population von Unternehmen ist unter anderem charakterisiert durch Konjunktur, Nachfrageentwicklung sowie politische und sozio-institutionelle Rahmenbedingungen. Diejenigen Unternehmen, die aufgrund ihrer Routinen die größte *fitness* haben, setzen sich gegenüber anderen durch. Unternehmen, die weniger angepasst an ihre Umwelt sind, unterliegen in diesem Konzept der Auslese und scheiden aufgrund ihrer Unterlegenheit letztlich aus dem Markt aus. Hierbei folgt die Auslese keineswegs einer ausschließlich effizienzbasierten Rationalität. Da die *fitness* von Organisationen auch von den in der Gesellschaft akzeptierten Normen, Regeln und Konventionen abhängt, werden neben der ökonomischen Effizienz auch kognitive und politische Legitimität in der Selektion wirksam.

In der *density dependence*-**Theorie** haben Wettbewerb und Legitimität als selektive Mechanismen je nach Entwicklungsstadium einer Population eine unterschiedliche Bedeutung. So genießt eine in einer Umwelt- bzw. Marktnische entstehende Population anfangs meist nur geringe Akzeptanz (Legitimität) in der Gesamtpopulation. Gründungen von Unternehmen sind daher unwahrscheinlich. Mit zunehmendem Wachstum der Population erhöht sich jedoch die Legitimität im Zeitablauf, so dass die Gründungswahrscheinlichkeit für weitere Unternehmen ansteigt. Durch die kontinuierliche Zunahme der Anzahl der Unternehmen in der Marktnische werden die verfügbaren Ressourcen und freien Marktanteile später allerdings immer knapper, so dass der Wettbewerb zwischen den Unternehmen ansteigt. Mit zunehmendem Wettbewerb sinkt allerdings die Gründungswahrscheinlichkeit wieder ab und die kognitive, soziale oder politische Legitimität als das Maß der Akzeptanz in einer gegebenen Umwelt wird zu einem wichtigen Überlebensvorteil einer Organisation.

BAUM & OLIVER (1992) haben versucht, die *density dependence*-Theorie mit dem *embeddedness*-Ansatz in Verbindung zu bringen. Sie argumentieren, dass die Beziehungen der Organisationen einer Population zu den politischen Institutionen und anderen formellen Institutionen ihrer Umwelt ihre Akzeptanz (Legitimität) und somit ihre Überlebenswahrscheinlichkeit steigern. Diese Beziehungen charakterisieren BAUM & OLIVER (1992) als *institutional embeddedness*. Am empirischen Beispiel von Kindertagesstätten in Toronto im Zeitraum von 1971 bis 1989 zeigen sie, dass im reifen Stadium der Population die Überlebenswahrscheinlichkeit derjenigen Kindertagesstätten am größten ist, die über die meisten Beziehungen zu lokalen und überregionalen Behörden und Interessenverbänden verfügen. Institutionelle Einbettung ist somit eine wichtige Quelle der Legitimität von Organisationen.

7.1.3 Organisationsökologie in räumlicher Perspektive

Evolutionsperspektive und Organisationsökologie finden auch in wirtschaftsgeographischen Studien Anwendung. Die zentralen Fragestellungen bestehen darin, einerseits die Evolution von lokalisierten Produktionssystemen nachzuvollziehen und andererseits Prozesse und Mechanismen der Variation von Organisationsstrukturen in räumlicher Perspektive aufzuklären. Dabei kann ein evolutionärer Ansatz in dreifacher Weise Unterstützung leisten: (1) bei der Untersuchung des Einflusses lokalisierter Lernprozesse auf Variationen der Organisationsstruktur, (2) bei der Beobachtung der Anpassungsprobleme von Regionen an sich verändernde Umwelten, (3) zur Erklärung des Entstehens lokalisierter Produktionssysteme als ein räumlicher *lock-in*-Prozess unter dem Einfluss von Agglomerationseffekten (BOSCHMA & LAMBOOY 1999).

Nachfolgend wird die Evolution regionaler Produktionssysteme im Hinblick auf die Frage untersucht, ob organisatorische Homogenität oder organisatorische Vielfalt die besseren Entwicklungsmöglichkeiten bietet. Bei der Analyse

lokalisierter Produktionssysteme werden Unternehmen nicht in Populationen gleicher Organisationsstruktur, sondern nach ihrer Regionszugehörigkeit in Gruppen zusammengefasst. STABER (1997) hat die Ergebnisse der *density dependence*-Theorie auf die Entwicklung der Textilindustrie Reutlingens in Baden-Württemberg von 1946 bis 1993 übertragen. So verzeichnete die Region anfangs niedrige Gründungsraten. Aus einer Netzwerksperspektive kann der zögerliche Gründungsprozess dadurch erklärt werden, dass Informationen in der Anfangsphase zu knapp und Netzwerke nicht dicht genug sind, um Gründungen zu ermöglichen. Mit jeder Neugründung vergrößert sich allerdings das Netzwerk von Unternehmern, die über ähnliches *know how*, Erfahrungen und Ressourcen verfügen. In dem entstehenden dichten Netzwerk mit vielen Akteuren entsteht damit eine hohe Interaktivität. Enge Beziehungen (*strong ties*) unterstützen den Erfahrungsaustausch und die Zirkulation von relevantem Wissen. Wenn bei einem weiteren Anstieg der Unternehmensgründungen hingegen die Ressourcen einer Region immer knapper werden, gewinnen schwache Beziehungen (*weak ties*) an Bedeutung. Durch schwache Beziehungen gelingt es den Unternehmen eher, an neue Informationen zu gelangen (GRANOVETTER 1973), um außerhalb des Produktionssystems Potenziale zu entwickeln und neue Ressourcen zu erschließen. Während also zu Beginn der Evolution einer Population dichte Netze entscheidend sind zur Erlangung des notwendigen Wissens über das entstehende Produktionssystem, werden mit zunehmender Reife offene, schwach gekoppelte Netzwerke immer bedeutsamer, um Lernprozesse zu ermöglichen und alternative Ressourcen zu mobilisieren. In späteren Phasen der Evolution nehmen Unternehmensgründungen ab und Insolvenzen zu, da nicht allen Unternehmen die Anpassung ihrer Organisationsstruktur gelingt.

Dauerhafte Entwicklungschancen lokalisierter Produktionssysteme können nur dann gewahrt werden, wenn Überspezialisierungen und *lock-in*-Prozesse in der Struktur eines Netzwerks vermieden werden. GRABHER & STARK (1997) stellen in diesem Zusammenhang das **Prinzip der Vielfalt** (*compartmentalization*) im Gegensatz zur Homogenität in das Zentrum ihrer Betrachtung. Sie argumentieren, dass die Anpassung vieler Organisationen an eine homogene Struktur nur kurzfristig Vorteile bewirkt, langfristig jedoch die Fähigkeit zu weiteren Anpassungen reduziert.

Durch die Wahrung organisatorischer Vielfalt hingegen entstehen demgegenüber parallel zueinander angepasste und weniger angepasste Formen der Organisationsstruktur. Dadurch ist jedoch die Anpassungsfähigkeit eines lokalisierten Produktionssystems an zukünftige Umweltveränderungen eher zu wahren als durch Homogenität (HANNAN & FREEMAN 1993, Kap. 1). Je mehr verschiedene Entwicklungspfade durch organisatorische Vielfalt in einem Produktionssystem erhalten bleiben, desto mehr Umweltänderungen sind bewältigbar und desto mehr Anpassungsmöglichkeiten bleiben offen. Dies bedeutet letztlich zwar eine suboptimale Anpassung des gesamten Produktionssystems in der Gegenwart, bedingt jedoch angesichts der Unbestimmtheit und Ungerichtetheit zukünftiger Umweltveränderungen eine erhöhte Überlebenschance des Produktionssystems durch die Vielfalt möglicher Variationen (Mehrpfadigkeit).

Die Ergebnisse der Evolutionstheorie lassen sich nun mit denen der Netzwerkperspektive verknüpfen. Offene regionale Netzwerke, die sich durch schwache Beziehungen auszeichnen, haben gegenüber geschlossenen, dichten Netzwerken evolutionäre Vorteile (→ Kap. 6.2):

(1) So sind offene, schwach gekoppelte Netzwerke sensibler gegenüber Umweltänderungen als hoch integrierte Netzwerke, denn sie beziehen aufgrund ihrer Offenheit viel Information von außen.

(2) Daneben können derartige Netzwerke aufgrund ihrer Diversität insgesamt mehr Variationen verkraften, ohne dass die Gesamtstruktur zerbricht (GRABHER & STARK 1997).

Entgegen der Forderung nach permanenten Optimallösungen und zunehmender Spezialisierung argumentieren evolutionär orientierte organisationsökologische Ansätze umgekehrt für Vielfalt und Diversität. Nur dadurch kann die langfristige Anpassungsfähigkeit lokalisierter Produktionssysteme gesichert werden.

7.1.4 Kritik der Organisationsökologie

Die Organisationsökologie ist ein evolutionärer Ansatz zur Erklärung des Wandels von Organisationsstrukturen auf der Ebene von Unternehmenspopulationen. Neben einem systematischen evolutionären Wirkungsverständnis wird hierbei ein Konzept der Zufälligkeit durch die Kombination von Variation und Umweltselektion mit in die Erklärung einbezogen. Aufgrund der Ungewissheit

über zukünftige Bedingungen der *fitness*, der Offenheit von Entwicklungspfaden sowie der Möglichkeit von Innovation und Kreativität stellen wirtschaftsgeographische Argumentationen die Bedeutung von Vielfalt in der Organisationsstruktur zur Sicherstellung der Entwicklungschancen heraus. Entgegen deterministischer Fortschrittskonzeptionen demonstriert die Organisationsökologie, wie dynamische Prozesse unter dem Einbezug von Zufälligkeit systematisch verstanden werden können, ohne die Zukunft aus der Gegenwart *ex ante* erklären zu wollen. Dennoch sind mit dem Ansatz auch eine Reihe von Schwächen verbunden, die nachfolgend diskutiert werden:

(1) **Biologische Semantik.** Die konzeptionellen Analogien aus der evolutionären Biologie tragen dazu bei, die Bedeutung des Handelns von Akteuren zu unterschlagen. So hat z. B. PENROSE (1952) schon frühzeitig darauf hingewiesen, dass die Übertragung des Lebenszyklus' eines Organismus' zu einem inadäquaten Verständnis von Unternehmen führt. Ein Unternehmen ist keineswegs als Organismus aufzufassen, der einem natürlichen Gesetz von Wachstum und Sterben unterliegt. Unternehmen haben keine vorgegebene Lebensspanne, müssen nicht ultimativ sterben und haben keine natürliche Größe (NELSON 1994). Sie sind zugleich weniger komplex als lebende Organismen. Gleiches gilt auch für die Übertragung von Lebenszyklen auf Industrieregionen (→ Kap. 8.1), wobei das Verständnis einer Region als lebender Organismus bzw. als Population von Organismen noch missverständlicher erscheint.

(2) **Vernachlässigung von Lernprozessen.** Da Organisationen strukturell träge sind, erweisen sich Gründungen und Marktaustritte als die signifikanten Ereignisse von Variation und Selektion. Diese Perspektive ist jedoch zu stark vereinfacht. Innerhalb und zwischen Unternehmen finden fortlaufend Lernprozesse von Akteuren statt, die Innovationen erzeugen und Veränderungen durchsetzen (→ Kap. 8.2). Der permanente Wandel durch kreatives Handeln und Innovieren wird jedoch aus dem Konzept herausgefiltert und die Bedeutung von Lernprozessen unterschätzt. Dieses Problem wird auch von Vertretern des Ansatzes selbst erkannt (MCKELVEY & ALDRICH 1983; KIESER & WOYWODE 1999).

(3) **Simplifizierende Operationalisierung.** Das organisationsökologische Programm leidet unter einer zu starken Vereinfachung zentraler

Begriffe in der empirischen Umsetzung. So lassen sich z. B. Populationen von Unternehmen im Unterschied zur Natur nicht eindeutig abgrenzen. In der Biologie sind Populationen durch die Möglichkeit zur Fortpflanzung definiert, so dass die Populationsgrenzen trennscharf sind. Es handelt sich um natürliche Populationen. Da Unternehmen aber nur aufgrund von Ähnlichkeiten zu Populationen zusammengefasst werden, kann ein Unternehmen durchaus unterschiedlichen Populationen angehören. Populationen von Organisationen sind deshalb rein analytisch. Darüber hinaus gehören komplexe Organisationen wie Konzerne und *holdings* vielen verschiedenen Populationen gleichzeitig an.

(4) **Unzureichende Akteursperspektive.** Da die Restrukturierungs- und Anpassungsfähigkeit von Organisationen nur für eine Minderheit großer Konzerne als möglich erachtet wird (STABER 1997), behandelt die Organisationsökologie Unternehmen im Prinzip als nicht-adaptive Organisationen. Dadurch wird die Fähigkeit zur Innovation und zur Restrukturierung bestehender Unternehmen programmatisch ausgeschlossen (YOUNG 1988). Im Unterschied dazu sind Unternehmen bewusste und intendierte Gründungen, die nicht an ihre „Gene" gebunden sind, sondern die die Struktur, Strategie und Größe ihrer Organisation ändern können. In Unternehmen verfolgen Akteure einen gemeinsamen Zweck und sind in der Lage, die Umwelt des Unternehmens mit zu gestalten, anstelle von ihr determiniert zu sein. Gerade die Fähigkeit von Unternehmen, ihre Standortumgebung selbst zu kreieren, ist zentraler Bestandteil neuer, relationaler Ansätze der Wirtschaftsgeographie und unterscheidet diese vom Verständnis der traditionellen Raumwirtschaftslehre. Dies wird z. B. in dem evolutionären Modell industrieller Entwicklungspfade von STORPER & WALKER (1989) sehr deutlich (→ Kap. 7.3).

Ein Problem der Organisationsökologie besteht darin, dass sie die Aufmerksamkeit auf das Unternehmen als kleinste Untersuchungseinheit lenkt und somit den Wandel innerhalb von Organisationen unterschätzt. In einem handlungsorientierten Ansatz hingegen sind die Akteure in Unternehmensleitung und -management durchaus in der Lage, Anpassungen der Organisationsstruktur prospektiv, also vorausschauend, durchzuführen oder gar eine Organisation zu etablieren, die besonders flexibel ist und leicht an eine Vielzahl verschiedener Umweltzustände angepasst werden

kann. Zudem besteht die Möglichkeit, zunächst nur die Leitungsebene und das Management eines Unternehmens anstatt des gesamten Unternehmens auszutauschen, um damit Voraussetzungen für eine grundlegende Umstrukturierung innerhalb der bestehenden Organisation zu schaffen.

Fallbeispiel Hoechst. Der ehemalige Chemie-Konzern Hoechst aus Frankfurt ist ein gutes Beispiel für einen derartigen Wandel. Bis in die 1990er Jahre war das Unternehmen durch eine historisch gewachsene Struktur in praktisch allen Bereichen der chemischen Produktion tätig. Erst der Wechsel des Vorstandsvorsitzes von HILGER zu DORMANN schuf die Voraussetzungen für eine grundlegende Reorganisation (OCHS & SIEVERS 1999; BATHELT & GRIEBEL 2001). Es erfolgte eine Konzentration der Aktivitäten auf die Arbeitsgebiete Gesundheit und Landwirtschaft, die unter dem Dach der *life sciences* mit der Gentechnik als zukünftiger Schlüsseltechnologie integriert werden sollten. Parallel dazu wurden klassische Chemiesparten verkauft oder ausgegliedert. Wie erfolgreich diese Umstrukturierung langfristig sein wird, ist noch ungewiss, zumal das Unternehmen durch Fusionen und Akquisitionen auf internationaler Ebene Mitte der 1990er Jahre weiter unter Druck geriet. Im Jahr 1998 erfolgte die Fusion mit dem französischen Unternehmen Rhône-Poulenc zu Aventis. EWEN (1999) bemerkt zurecht, dass das Unternehmen durch die Fokussierung auf den *life sciences*-Bereich die organisatorische Vielfalt reduziert und somit möglicherweise zukünftige Entwicklungschancen eingeschränkt hat. Ende 2000 ging Aventis sogar noch einen Schritt weiter. Die Unternehmensleitung beschloss die Aufgabe des *life sciences*-Konzepts, um sich zukünftig nur noch auf den Pharmabereich zu konzentrieren (HOFFRITZ 2000).

Insgesamt rückt die organisationsökologische Forschung zusehends von biologischen Erklärungszusammenhängen ab und entwickelt immer häufiger sozialwissenschaftliche Konzepte (KIESER & WOYWODE 1999). Die Verwendung biologischer Analogiekonzepte und die Makroperspektive erschweren ein Verständnis des Wandels von Organisationen durch soziales Handeln, Kommunizieren und Kreieren. Der zentrale Beitrag des Ansatzes besteht jedoch in einem evolutionären Verständnis der Dynamik von Organisationsstrukturen durch eine Kombination von Wettbewerb, Innovation und Zufall. Aus diesem Grund werden wir nachfolgend die Handlungsmotive und Strategien sowie die sozio-institutionellen und evolutionär-historischen Rahmenbedingungen in den Mittelpunkt zur Erklärung von Unternehmensgründungen stellen.

7.2 Unternehmensgründungen aus evolutionärer Sicht

Zwar wird in industriegeographischen Untersuchungen zwischen Betriebsverlagerungen, Unternehmensgründungen und Zweigwerksansiedlungen unterschieden (SCHICKHOFF 1988b), oftmals entfällt diese Unterscheidung jedoch, wenn die Bewertung einer Region als Wirtschaftsstandort im Mittelpunkt des Interesses steht. So werden unter dem Sammelbegriff der Standortvorteile zumeist alle Ursachen zusammengefasst, die für den industriellen Entwicklungsprozess einer Region verantwortlich sind.

7.2.1 Gründungs-, Standort- und Wachstumsfaktoren

Die nachfolgenden Ausführungen zeigen, dass in regionalen Branchenstudien und Standortuntersuchungen eigentlich eine differenzierte Betrachtung notwendig ist. Faktoren, die auf regionale Gründungsaktivitäten wirken, können ebenso das Wachstum existierender Unternehmen oder die Ansiedlung neuer Unternehmen beeinflussen. Vielfach unterscheiden sich allerdings die auf diese Entwicklungsprozesse wirkenden Ursachen (BATHELT 1991a, Kap. 12):

(1) Im Fall einer Unternehmensgründung steht der Übergang von einer abhängigen zu einer selbständigen Beschäftigung im Mittelpunkt der Entscheidungsfindung. Die Gründungsentscheidung basiert z. B. auf persönlichen Wertvorstellungen, dem Verhältnis des bisherigen zum zukünftigen Tätigkeitsbereich sowie dem vorhandenen Marktpotenzial des neugegründeten Unternehmens. Oftmals entsteht in dieser Entscheidungssituation kein eigentliches Standortproblem, weil die innerhalb des bisherigen Aktivitätsraums vorherrschenden Standortbedingungen und Verflechtungsbeziehungen eine notwendige Voraussetzung für die Gründungsoption darstellen.

(2) Demgegenüber werden im Fall einer Ansiedlungsentscheidung die Bedingungen der alten Standortregion denen einer neuen gegenüber gestellt. Hierbei mögen Standortfaktoren, wie sie in der traditionellen Standortlehre diskutiert werden, eine wichtige Rolle spielen – so z. B. Kostenstrukturen, Zuliefer- und Absatzpotenziale, Arbeitsmarktstrukturen und Agglomerationsvorteile (→ Kap. 5.3).

(3) Eine wiederum andersartige Entscheidungsstruktur liegt der Expansionstätigkeit existierender Unternehmen zugrunde. Die Entscheidung eines Industrieunternehmens, die in einer Region vorhandenen Produktionskapazitäten auszubauen, hängt in erster Linie ab vom Nachfragepotenzial auf den Absatzmärkten, die überwiegend außerhalb der Region liegen, vom Verhalten der Konkurrenten sowie von der Möglichkeit, interne Ersparnisse zu erzielen. Unter den Wachstumsfaktoren spielen räumliche Merkmale nur indirekt eine Rolle, wenn es etwa um die Frage geht, ob zusätzliche Produktionskapazitäten am bisherigen Standort oder in einer neuen Standortregion geschaffen werden sollen (→ Kap. 5.3).

Auf das Problem der Vermischung verschiedenartiger Prozesse in empirischen Standortanalysen weist auch HAYTER (1997, Kap. 4) hin. Hierzu vergleicht er Kataloge von Standortfaktoren aus verschiedenen Studien zum Standortverhalten von *high-tech*-Unternehmen. In diesen Studien werden weiche Faktoren wie die soziokulturelle Qualität, Lebensqualität, staatliche Politik und das Geschäftsklima als wichtige Einflussgrößen von Standortentscheidungen eingeordnet. Durch den Bezug auf weiche Standortfaktoren wird zwar die Bedeutung sozialer Prozesse für Standortentscheidungen akzeptiert, diese werden aber unzureichend konzeptionalisiert (→ Kap. 5.3). Weiterhin fällt auf, dass in diesen Standortuntersuchungen neben Faktoren der Arbeitsmarktqualität und Infrastrukturausstattung, die eine Bewertung einer Region als Industriestandort ermöglichen, auch Aspekte wie etwa der Wohnort des Unternehmensgründers oder die Nähe zum vorherigen Aktivitätsraum aufgelistet werden, die kaum etwas über eine Standorteignung aussagen.

Hierin zeigt sich die fehlende Differenzierung von Gründungs-, Standort- und Wachstumsentscheidungen. Den betreffenden Prozessen liegen unterschiedliche Entscheidungsstrukturen zugrunde, die wiederum einen dynamischen Bedeutungswandel vollziehen (z. B. MARKUSEN et al. 1986; STERNBERG 1995a). Dies lässt sich am Beispiel der bereits in Kapitel 5 herangezogenen Studie über Standortentscheidungen von *high-tech*-Unternehmen in den fünf nordamerikanischen

Regionen Boston, Ottawa, *Canada's Technology Triangle (CTT)*, Atlanta und *Research Triangle (RT)* darstellen (BATHELT 1991a; 1991b; 1992).

Gründungsfaktoren. In allen Untersuchungsregionen außer dem *Research Triangle* basierten Unternehmensgründungen in der Anfangsphase der *high-tech*-Entwicklung auf neuen technologischen Optionen, die aus universitären oder militärischen Forschungsprojekten hervorgingen. Erste Unternehmensgründungen, die für die nachfolgende Entwicklung eine Vorreiterfunktion übernahmen, wurden oftmals durch eher zufällige, nicht-wiederholbare Ereignisse beeinflusst. Nachdem diese Unternehmen etabliert waren, kam es in allen Untersuchungsregionen zu **Nachfolgegründungen** *(follow-the-leader-*Verhalten). Die frühen *high-tech*-Gründungen hatten großen Einfluss auf die sektorale Ausrichtung der später folgenden Unternehmensgründungen und -ansiedlungen. Sektorale Spezialisierungstendenzen trugen zur Entstehung hochqualifizierter Arbeitsmärkte und vielfältiger Verflechtungspotenziale bei. Somit entstanden eigendynamische Agglomerationsprozesse, die durch universitäre und private **Ausgründungen** (so genannte *spin-offs*) verstärkt wurden. Hierbei spielten lokale Kommunikationsstrukturen, das Vorhandensein von Universitäten, Risikokapital sowie Gründungstraditionen eine unterstützende Rolle.

Standortfaktoren. Zunächst spielten bei Unternehmensansiedlungen in den fünf Untersuchungsregionen quasi-zufällige Einflussfaktoren eine wichtige Rolle. Diese Standortentscheidungen hatten großen Einfluss auf die nachfolgenden Spezialisierungsprozesse. Die Unternehmen erzielten auf dem lokalen Arbeitsmarkt durch ihre Größe einen hohen Grad an Dominanz und waren Auslöser von *spin-off*-Prozessen. Sie zogen ferner spezialisierte Ansiedlungen und Umstrukturierungen im Zulieferbereich nach sich. Zusätzlich war in der Nachkriegszeit die Verfügbarkeit von Rüstungsaufträgen und die Präsenz von Regierungsinstitutionen ein wichtiger Ansiedlungsanreiz. Die renommierten Universitäten und Forschungseinrichtungen wurden durch ihre Rolle als Anbieter hochqualifizierter Arbeitskräfte und durch ihre Bemühungen um eine enge Kooperation mit dem Privatsektor ebenfalls zu bedeutenden Standortfaktoren. Großen Einfluss auf die Ansiedlung von *high-tech*-Unternehmen hatten zudem in jeder Standortregion diejenigen Spezifika, die sich im Zeitablauf unter den jeweiligen lokalen Bedingungen entwickelt hatten.

Wachstumsfaktoren. In den älteren *high-tech*-Regionen, die bereits während des Zweiten Weltkriegs wichtige Impulse erhalten hatten, wurde das Wachstum in der Nachkriegszeit zunächst durch militärische Ausgaben entscheidend beeinflusst. Erst später erfolgte die Erschließung privater Märkte. Dies stand insbesondere im Zusammenhang mit der Ausbreitung von Mikroelektronik und Computertechnologie in viele Sektoren und Anwendungsbereiche, wodurch die militärische Nachfrage an Bedeutung verlor. Weitere Wachstumsquellen, insbesondere für kleine und mittlere Unternehmen, bildeten die Zulieferbedürfnisse der großen international tätigen *high-tech*-Unternehmen. In den Hauptballungen von *high-tech*-Industrien wirkte sich ferner der schnelle Technologietransfer stimulierend auf die Expansionstätigkeit bestehender Unternehmen aus – bedingt durch eine hohe Arbeitsplatzmobilität, enge Kommunikationsverflechtungen zwischen den Unternehmen sowie durch Interaktionen der Unternehmen mit den lokalen Universitäten.

7.2.2 SCHUMPETER'scher Unternehmerbegriff

Die Neugründung eines Unternehmens ist ein unternehmerischer Akt einer oder mehrerer Personen, die sich zum Schritt in die Selbständigkeit entschließen und das betriebswirtschaftliche Risiko des Findens ausreichender Märkte für ihre Produkte und Leistungen auf sich nehmen. Neoklassische Studien charakterisieren Neugründungen wie folgt (HAYTER 1997, Kap. 9): Unternehmensgründungen haben in der Startphase nur eine geringe Beschäftigtenzahl, einen kleinen Marktanteil und sind unabhängig von anderen Unternehmen. Dabei sind Besitz und Geschäftsführung zumeist in einer Hand, so dass der Unternehmer starke persönliche Anreize besitzt, erfolgreich zu sein. Der Neugründungsschritt zeigt die Bereitschaft, Risiken auf sich zu nehmen.

Häufig wird der **Unternehmerbegriff** in Anlehnung an SCHUMPETER mit Innovationen in Verbindung gebracht. SCHUMPETER (1911, Kap. 2) bezeichnet eine Person als Unternehmer, wenn sie in der Lage ist, neue Kombinationen, insbesondere neue Produkte, Produktionsverfahren und Organisationsstrukturen, gegen alte Kombinationen auf dem Markt durchzusetzen. Mit diesem Unternehmerbegriff fasst SCHUMPETER also die Innovatoren und nicht die Besitzer von Unternehmen ins Auge (BATHELT 1991a,

Kap. 2). Ein Innovator hat insofern eine Vorbild-funktion, als er als Erster die Bahnen des ge-wohnten Kreislaufs verlässt und ein Risiko ein-geht. Bei erfolgreicher Durchsetzung neuer Kom-binationen entsteht ein so genannter **Unterneh-mergewinn**, d. h. ein vorübergehender Monopol-gewinn aus der zunächst konkurrenzlosen Ver-marktung der neuen Kombination. Aus der Sicht von SCHUMPETER (1911, Kap. 4) ist der Unter-nehmergewinn ein Anreizinstrument, da er wei-tere Innovationen und Unternehmensgründungen motiviert und somit einen Gründungsprozess nach sich zieht. Im Verlauf dieses Prozesses sinkt der Unternehmergewinn im Zeitablauf ab.

Die Argumentation von SCHUMPETER (1911) macht verständlich, warum in den 1980er und 1990er Jahren Unternehmensgründungen eine große Beachtung in Politik und Wissenschaft er-fahren haben. In einer Phase, in der das Potenzial für Unternehmensverlagerungen und -ansied-lungen zunehmend geringer eingeschätzt wird (→ Kap. 3.4), erhofft man sich durch die Grün-dung neuer Unternehmen zusätzliche Wachs-tumsimpulse, Innovationen und letztlich Arbeits-plätze. Das Modell der Unternehmenssegmentie-rung von TAYLOR & THRIFT (1982; 1983) belegt, dass eine Beschreibung und Analyse von Unter-nehmensneugründungen nicht undifferenziert und kontextlos vorgenommen werden kann. So operieren beispielsweise *loyal opposition*-Unter-nehmen unabhängig voneinander in Marktni-schen und Restmärkten, während *satellite*-Unter-nehmen ebenfalls autonom, aber nicht unabhän-gig sind und erfolgreiche *leader*-Unternehmen der Gefahr unterliegen, von großen Unternehmen aufgekauft zu werden (→ Kap. 6.2).

Auf volkswirtschaftlicher Ebene wird die Rate von Unternehmensneugründungen oft mit dem Grad der Innovationstätigkeit und Wettbewerbs-fähigkeit einer Nation in Verbindung gebracht. Auf individueller Ebene hängt die **Motivation einer Unternehmensgründung** mit verschiede-nen Wünschen zusammen und kann unterschied-lich sein (HAYTER 1997, Kap. 9; STERNBERG 2001). Hierbei sind insbesondere folgende Grün-de von Bedeutung: (1) der Wunsch, sein eigener Chef zu sein, (2) der Wunsch, ein hohes Einkom-men zu erzielen, (3) der Wunsch, z. B. durch eine freie Zeiteinteilung die Lebensqualität zu verbes-sern, (4) der Wunsch, eigene Ideen zu verwirkli-chen, um Befriedigung bei der Arbeit zu erlangen.

Vor allem in den 1960er und 1970er Jahren gab es eine Vielzahl von Untersuchungen, die bestrebt

waren, typische Merkmale und Eigenschaften von Unternehmensgründungen und Gründerper-sönlichkeiten zu erfassen (z. B. ROBERTS & WAI-NER 1971). Daraus sollten Erkenntnisse darüber gewonnen werden, welche Personen zu einem Gründungsschritt besonders prädestiniert sind. Ziel war es, die betreffenden Personengruppen z. B. im Rahmen von Förderprogrammen anzu-sprechen und zu einer Unternehmensgründung zu motivieren. Derartige Studien konzentrierten sich auf die Erfassung formaler Strukturmerkmale wie etwa Alter, Bildungsstand und frühere Arbeitsver-hältnisse. Dabei wurden die sozialen und ökono-mischen Prozesse vernachlässigt, die den Grün-dungsentscheidungen zugrunde liegen. Auch wenn diese Untersuchungen einem deterministi-schen Denken Vorschub leisteten, konnten sie doch herausstellen, dass Neugründungen oftmals eine enge Beziehung zu dem früheren Arbeits-platz des Unternehmensgründers aufweisen. Sol-che Beziehungen bestehen z. B. in der Vergabe von Unteraufträgen durch den früheren Arbeit-geber oder in Form finanzieller Hilfen. Häufig ist ein neu gegründetes Unternehmen genau in derjenigen Branche und in den Märkten tätig, in denen der Gründer zuvor Erfahrung gesammelt hat (SEDLACEK 1988, Kap. 3; SZYPERSKI & ROTH 1990; BATHELT 1991a, Kap. 12; MOSSIG 2000).

7.2.3 Saatbeet-Hypothese

Viele wirtschaftsgeographische Studien belegen, dass neue Unternehmen primär in denjenigen Or-ten und Regionen gegründet werden, in denen die Gründer bereits vorher tätig waren und in denen sie ihren Wohnsitz haben. Als Begründung für dieses Verhalten hebt HAYTER (1997, Kap. 9) her-vor, dass Unternehmensgründer mit dem Ort, an dem sie leben, bestens vertraut sind und sie dort umgekehrt bei anderen gut bekannt sind. Sie kennen den lokalen Arbeitsmarkt, wovon sie bei der Einstellung von Mitarbeitern profitieren. Außerdem besitzen die Unternehmensgründer Kenntnisse über die lokalen Absatzmärkte und Zulieferer und haben Kontakte zu den Behörden und Banken. Das Wissen über den Standort ist Bestandteil der Entscheidung, ein Unternehmen überhaupt zu gründen. An anderen Orten wären die Ungewissheiten bei einer Gründung zu groß, da entsprechende Informationen hier nicht vor-liegen. Die Unternehmensgründung ist deshalb zumeist nicht mit einer echten Standortentschei-dung verbunden, weil der Unternehmensstandort durch den zuvor erschlossenen Aktivitätsraum weitgehend vorher bestimmt ist.

Normalerweise findet eine Unternehmensgründung nicht spontan statt, sondern ist über einen gewissen Zeitraum hinweg vorgeplant. Aufgrund der mit der Gründung verbundenen persönlichen Existenzrisiken erfolgt der Übergang von einer abhängigen zu einer selbständigen Beschäftigung stufenweise. Die ersten Gründungsschritte werden häufig am Wohnort parallel zur bisherigen Tätigkeit unternommen. Man ist zunächst noch abhängig beschäftigt und bereitet den Schritt in die Selbständigkeit vor. Auch nach der Gründung sind die Unternehmen stark in ihr lokales Umfeld und die ihnen bekannten Zulieferer- und Absatznetze eingebettet. Mit dem Unternehmenswachstum wird der Aktionsraum später sukzessive um neue Bezugsquellen und Märkte erweitert (SCHICKHOFF 1983, Kap. III). Dies geschieht aufbauend auf einem festen, zumindest teilweise regionalen Zulieferer- bzw. Kundenstamm.

7.2.4 Inkubator-Hypothese

Die Inkubator-Hypothese wurde ursprünglich entwickelt, um die Bedeutung etablierter Industrieschwerpunkte in städtischen Ballungsgebieten als Inkubatoren für Unternehmensgründungen hervorzuheben (HAYTER 1997, Kap. 9). Darin wurde argumentiert, dass die bestehenden Industriegebiete für neugegründete Unternehmen zahlreiche Vorteile bieten. Hierzu zählten die vorhandenen Freiflächen und leerstehenden Gebäude sowie der Zugang zu Zulieferern, Märkten und Unternehmensdienstleistungen. Zugleich wurde davon ausgegangen, dass es möglich sei, Kostenvorteile durch externe Ersparnisse wie z. B. den Zugang zu einem vorhandenen Arbeitsmarkt mit entsprechenden Qualifikationen zu erzielen. Mit der abnehmenden Bedeutung alter städtischer Industriegebiete wandelte sich die Inkubator-Hypothese allerdings und man wandte sich anderen Gründungsprozessen zu (MALECKI 1991, Kap. 8). Im Bereich der *high-tech*-Industrien zeigte sich, dass führende Unternehmen und Universitäten eine zentrale Rolle als **Inkubatoren** für Neugründungen spielten (BATHELT 1991a, Kap. 4 bis 8). **Beispiel 1.** In der Nachkriegszeit kam es in der Region Boston beispielsweise bis 1965 zu 156 technologieorientierten Unternehmensgründungen aus dem *Massachusetts Institute of Technology (MIT)* und seinen Forschungslabors. Daneben standen die größten Technologieunterneh-

men der Region – der Rüstungskonzern *Raytheon* und der Minicomputerhersteller *Digital Equipment Corporation (DEC)* – Pate für rund 50 weitere Unternehmensgründungen (ROBERTS 1968; DE JONG 1987, Kap. 4.2).

Beispiel 2. In Ottawa kam es durch *spin-off*-Prozesse im Bereich der Telekommunikations- und Mikroelektronikindustrie zwischen 1970 und 1985 zu insgesamt 66 Unternehmensgründungen (STEED & DEGENOVA 1983; RYWAK 1987). Wichtiger Ausgangspunkt hierfür war die Schließung des Gemeinschaftsunternehmens *Microsystems International Limited (MIL)* von *Bell Northern Research* und der kanadischen Regierung. Die daraus hervorgegangenen Unternehmensgründungen hatten einen bedeutenden Einfluss auf die Entwicklung des *high-tech*-Sektors in der Region Ottawa.

Beispiel 3. In der Region Waterloo (*Canada's Technology Triangle – CTT*) in Südontario kam es in den 1970er und 1980er Jahren zu fast 70 Unternehmensgründungen aus einer renommierten natur- und ingenieurwissenschaftlich geprägten Hochschule, der University of Waterloo (BATHELT 1991a, Kap. 6). Die meisten Unternehmensgründungen blieben allerdings relativ klein und waren nicht ausschließlich technologieorientiert.

Beispiel 4. Im *Silicon Valley*, dem Ursprung der Halbleiterindustrie, gingen *spin-off*-Prozesse in großem Umfang von den etablierten Unternehmen aus (ROGERS & LARSEN 1983; SAXENIAN 1985; HARRISON 1997, Kap. 5). Sie basierten auf einer hohen Kommunikationsdichte und der kontinuierlichen Entwicklung neuer Ideen für Innovationen. Daneben spielten auch unterstützende Institutionen für den Gründungsschritt eine wichtige Rolle, insbesondere die große Anzahl von Risikokapital-Unternehmen, die Kapital für Unternehmensgründungen zur Verfügung stellten (FLORIDA & KENNEY 1988).

7.2.5 Neugründungen als *spin-offs*

In Anlehnung an die Inkubator-Hypothese können folgende Arten der Ausgründung bzw. Neugründung von Unternehmen unterschieden werden (z. B. GARVIN 1983; HUNSDIEK 1987; MOSSIG 1998; 2000, Kap. 3):

(1) **Universitäre *spin-off*-Gründungen** aus Universitäts- und sonstigen Forschungseinrichtungen.

(2) **Originäre *spin-offs*** aus der Privatwirtschaft. Sie setzen sich aus *split-offs*, die ohne Ein-

verständnis des Inkubators entstehen, und aus *sponsored-spin-offs* zusammen, die mit Unterstützung des Inkubators gegründet werden.

(3) Derivative *spin-offs* aus der Privatwirtschaft. Hierzu zählen *spin-outs*, die durch die Auslagerung von Teileinheiten z. B. als eigenständige Tochterunternehmen entstehen. Daneben gibt es *buy-outs*, die durch den Verkauf von Unternehmenseinheiten an Außenstehende oder als *management-buy-outs* an eigenes Personal Selbständigkeit erlangen.

Ursachen für *spin-off*-Prozesse beruhen nicht primär auf interregionalen Standortvorteilen, sondern hängen von spezifischen personen- und unternehmensbezogenen Merkmalen und Beziehungen ab, die *a priori* keine räumliche Dimension aufweisen. Nach DE JONG (1987, Kap. 7) gehören hierzu die Gründereigenschaften, die Arbeitsbedingungen innerhalb der Inkubatororganisation, Kapitalverfügbarkeit, das Geschäftsklima, die Förderbedingungen für Neugründungen und das Vorhandensein unternehmerischer Netzwerke. Der eigentliche Gründungsentschluss geht auf positive und negative Deplatzierungswirkungen (KEUNE & NATHUSIUS 1977) zurück, die mit den Lebens- und Arbeitsbedingungen der potenziellen Gründer zusammenhängen und als *pull*- bzw. *push*-Faktoren der Gründungsmotivation dienen (STERNBERG 2000, Kap. 5):

(1) **Negative Deplatzierungswirkungen.** Hierzu zählen (1a) Kündigung oder Bedrohung des bisherigen Arbeitsplatzes, (1b) Unzufriedenheit mit den vorhandenen Arbeitsbedingungen, (1c) konzeptionelle Divergenzen mit den Vorgesetzten über zukünftige Produkt- oder Prozessentwicklungen.

(2) **Positive Deplatzierungswirkungen.** Anreize zu Gründungen resultieren aus (2a) Finanzierungsmöglichkeiten (z. B. durch die Verfügbarkeit von Risikokapital), (2b) einem vorhandenen Marktpotenzial (*market-pull*-Hypothese), (2c) aus den Erfolgen früherer Gründungen, d. h. der Vorreiterfunktion erfolgreicher Gründer, (2d) spezifischen Gründereigenschaften und persönlichen Erfahrungen.

7.2.6 Herkömmliche Gründungsforschung und Förderpolitik

Aus wirtschaftsgeographischer Sicht besonders interessant ist die Frage, warum Unternehmensgründungen sich in bestimmten Regionen ballen, in anderen hingegen weitgehend ausbleiben

(MALECKI 1991, Kap. 8; HAYTER 1997, Kap. 9). Um hierfür Ursachen aufzudecken, haben zahlreiche Untersuchungen, dem Paradigma der traditionellen Raumwirtschaftslehre folgend, Regionen mit unterschiedlichen Gründungsraten statistisch miteinander verglichen. In derartigen Studien wurde beispielsweise festgestellt, dass die regionale Gründungsrate umso größer ist, je größer der Anteil kleiner Unternehmen, je größer der Anteil von Managern und Personen mit Universitätsabschluss, je größer der Arbeitskräfteanteil in Industrien mit geringen Eintrittsschranken und je höher das Bevölkerungswachstum ist. Es wurde vermutet, dass Regionen mit großbetrieblichen Strukturen und ausländischen Zweigwerken insgesamt eine geringe Gründungsintensität aufweisen (z. B. COOPER 1971; STEED & DEGENOVA 1983). Hierbei wird davon ausgegangen, dass Großunternehmen über Strukturen verfügen, die Unternehmensgründungen bremsen, und dass ausländische Zweigwerke nicht in erster Linie innovationsorientiert sind. Dem stehen allerdings Studien gegenüber, die gerade die Bedeutung solcher Unternehmen als Inkubatoren herausstellen. In dem international durchgeführten Forschungsprojekt *Global Entrepreneurship Monitor* wird auch der Zusammenhang zwischen Gründungsintensität und der Einschätzung schwer quantifizierbarer und komplexer Größen wie etwa sozialer und kultureller Normen und Werte von zehn Industrienationen untersucht und modelliert (STERNBERG 2000, Kap. 6 und 7). Ein zentrales Problem dieses Vorgehens ist, dass der soziale und ökonomische Kontext von Regionen mit hohen Gründungsraten nicht ausreichend beachtet wird. Die Studien untersuchen nicht die sozialen und ökonomischen Prozesse, die zu Unternehmensgründungen geführt haben, sondern begnügen sich mit dem Auffinden statischer Gründungsfaktoren.

Da das Potenzial von Unternehmensansiedlungen seit den 1980er und 1990er Jahren in vielen Industrieländern gering eingeschätzt wird und da Modernisierungs- und Rationalisierungsprozesse in der Industrie eine massive Erhöhung der Arbeitslosigkeit bewirken, haben sich Wirtschaftsförderung, Technologiepolitik und Regionalpolitik verstärkt der Förderung von Unternehmensneugründungen zugewendet. Besonderes Augenmerk kommt hierbei technologisch weit entwickelten, innovativen Branchen zu (STERNBERG 1995a, Kap. 2). Dieser Politikorientierung liegt die Erwartung zugrunde, dass hohe Gründungsraten in einer Region zu einem späteren Zeitpunkt eine hohe regionale Wachstumsdynamik nach sich ziehen werden. Weiter wird angenommen, dass hohes Wachstum wiederum neue Unternehmensgründungen auslöst und dass somit ein positiv rückgekoppelter, selbstverstärkender Prozess in Gang kommt. Diese Erwartungen sind allerdings häufig unbegründet. SCHMUDE (1994) weist beispielsweise für Baden-Württemberg nach, dass auch hohe Gründungsaktivitäten keineswegs zur positiven Entwicklung des Unternehmensbestands führen müssen. Er konnte keinen statistischen Zusammenhang zwischen Gründungsrate und der Entwicklung des Unternehmensbestandes nachweisen.

In vielen Studien wird betont, dass kleine, neugegründete Unternehmen für lokale und regionale Entwicklungsprozesse eine zentrale Rolle spielen. BIRCH (1987) hat in einer empirischen Studie für die USA gezeigt, dass ein großer Teil des Wachstums in der Nachkriegszeit von solchen Unternehmen ausging (SCHMUDE 1994). Auch wenn HARRISON (1997, Kap. 1 und 2) die Studie von BIRCH (1987) angreift und überzeugend darlegt, dass die Bedeutung großer Unternehmen ungebrochen ist, ja sie sogar vielfach an Bedeutung gewonnen haben, ist die Rolle kleiner und neugegründeter Unternehmen als Erzeuger stabiler Arbeitsplätze inzwischen in zahlreichen Studien belegt. Daneben gibt es Untersuchungen, die zeigen, dass neugegründete Unternehmen auch für die technologische Entwicklung wichtig sind, indem sie bestehende Entwicklungspfade durch inkrementale Innovationen voranbringen (z. B. BRITTON 1991). Außerdem können Neugründungen durch lokale Verflechtungen im Sinne des Exportbasis-Ansatzes Wachstumseffekte in eine Region übertragen (→ Kap. 3.4). Hingegen wird aus regionalpolitischer Sicht oftmals nicht beachtet, dass gerade bei neugegründeten Unternehmen auch Misserfolge und Insolvenzraten besonders hoch sind (SCHAMP 2000a, Kap. 2.2 und 3.2).

Seit den 1980er Jahren hat die regionale Wirtschafts- und Technologiepolitik in vielen Ländern versucht, Unternehmensgründungsprozesse auszulösen oder zu verstärken. Gemäß den Schlussfolgerungen raumwirtschaftlicher Untersuchungen wurden in der Nähe bestehender technologieorientierter Industriestandorte und nahe von Universitäten und Forschungszentren so genannte **Technologieparks und Gründerzentren** bereit gestellt (STERNBERG 1988). In derartigen Inkubatoreinrichtungen sollten Unternehmen mit den Faktoren versorgt werden, die sie in der Startphase benötigen: Risikokapital, preiswerte Flächen und geeignete Räumlichkeiten zur Ansiedlung sowie hochwertige technische Infrastruktur zur gemeinsamen Benutzung. In der Realität ist die Konzeption von Technologieparks und Gründerzentren allerdings nur in einer kleinen Zahl von Fällen wirklich erfolgreich gewesen. Nur wenige Einrichtungen sind tatsächlich ausgelastet und wie beabsichtigt überwiegend mit technologiebasierten Unternehmensgründungen belegt. Auch wenn diese Zentren viele Vorteile für neugegründete Unternehmen bieten und deren Startphase unterstützen, gibt es doch nur wenige Anhaltspunkte dafür, dass durch derartige Inkubatoreinrichtungen tatsächlich die erhofften Gründungsprozesse ausgelöst werden. Symptomatisch dafür ist eine Studie von MASSEY et al. (1992) aus Großbritannien, die zeigt, dass nur knapp 30 % der Betriebe in *science parks* tatsächlich Neugründungen sind und weitere 10 % neue Zweige bestehender Unternehmen darstellen. Rund 60 % der Betriebe sind hingegen keine Neugründungen. Die Untersuchungen von LUGER & GOLDSTEIN (1991) und MASSEY et al. (1992) belegen, dass sich in Technologieparks keineswegs nur innovative, technologisch hochstehende Unternehmen angesiedelt haben.

Das zentrale Problem der herkömmlichen Förderpolitik besteht darin, dass sie den Gründungsprozessen ein problematisches Verständnis zugrunde legt. Es wird angenommen, man müsse die Standortfaktoren so beeinflussen, dass für Unternehmensgründungen besonders günstige Standortbedingungen geschaffen werden. Unter diesen Bedingungen würden dann über kurz oder lang Gründungen erfolgen. Gründungsaktivitäten lassen sich jedoch nur schwer systematisch durch Förderprogramme anstoßen. Empirische Untersuchungen zeigen, dass trotz gleicher Förderbedingungen, wie etwa des Eigenkapitalhilfeprogramms in Deutschland während der 1980er Jahre, erhebliche regionale Unterschiede in den Gründungsaktivitäten vorherrschen (SCHMUDE 1994). STERNBERG (2000, Kap. 6) belegt im Rahmen des *Global Entrepreneurship Monitors* von zehn Industrienationen, dass trotz der in Deutschland am weitaus besten entwickelten Förderkulisse in Quantität und Qualität der Programme nur eine unterdurchschnittliche Gründungsquote vorherrscht.

Tatsächlich lassen sich Unternehmensgründungen besser aus einer evolutionsökonomischen Perspektive verstehen. Unternehmensgründungen geschehen nicht aus dem „Nichts" heraus, sondern müssen in ihrem sozio-ökonomischen Kontext gesehen werden (BATHELT 1991a, Kap. 12). Gründungen haben eine Vorgeschichte. Sie basieren auf Erfahrungen und Lernprozessen, die ein Gründer in der Vergangenheit erlebt hat. Die daraus gewonnenen Erkenntnisse sind eng mit der Technologie verknüpft, mit der sich der Gründer in seiner Ausbildung und seiner bisherigen Arbeit beschäftigt hat. Die Erkenntnisse sind das Ergebnis von engen Kommunikationsprozessen mit Kollegen vor Ort und mit Personen aus anderen Unternehmen und Institutionen (z. B. Zulieferern, Kunden, Universitäten). Die Gründungsidee basiert auf sozialen und ökonomischen Beziehungen und Prozessen, die dort verankert sind, wo die Unternehmensgründer arbeiten, leben und lernen. Die Standortwahl einer Neugründung ist deshalb zumeist von Anfang an vorgegeben.

7.3 Zur sozialen Konstruktion industrieller Standortstrukturen

Die in der traditionellen Raumwirtschaftslehre vorgenommene Fixierung auf Standortfaktoren und die Einbeziehung ökonomischer Distanzen in Form von Transportkosten in die Standortmodelle reicht nicht aus, um die ökonomischen und sozialen Prozesse zu verstehen, die der Entwicklung von Standortstrukturen zugrunde liegen. Um regionale Gründungsprozesse nachzuzeichnen, ist es notwendig, Gründungsentscheidungen aus evolutionsökonomischer Perspektive im Kontext spezifischer sozio-institutioneller Strukturen zu analysieren (SCHAMP 2000a, Kap. 3.3). Auch die Entstehung und Entwicklung spezialisierter Industrieballungen steht in engem Zusammenhang mit Unternehmensneugründungen und der Entwicklung neuer Technologien. Sie erfordert deshalb eine dynamisch-evolutionäre Sicht (BATHELT 1991a, Kap. 12). Insbesondere die Vertreter der kalifornischen Schule industrieller Wachstums- und Standortprozesse haben in ihren Arbeiten seit den 1980er Jahren eine grundlegende Umorientierung der industriellen Standortlehre gefordert. Sie plädieren dafür, die traditionelle Sichtweise aufzugeben, wonach Regionen aufgrund ihrer vorgegebenen Ausstattung mit Stand-

ortfaktoren bestimmte Industriebranchen anziehen. Vielmehr sind es umgekehrt die Unternehmen, die ihre Standortumgebung selbst gestalten und formen. Zentrale Autoren der kalifornischen Schule sind SCOTT, STORPER und WALKER (WALKER & STORPER 1981; SCOTT 1988; 1996; 1998; SCOTT & STORPER 1988; STORPER & WALKER 1989; STORPER 1995; 1997a; 1997b). Sie legen ihren Studien ein grundlegend anderes evolutionär-prozessuales Wirkungsgefüge zugrunde und analysieren den Verlauf industrieller Entwicklungspfade (→ Abb. 67). Die Neuorientierung ihres Ansatzes der Wirtschaftsgeographie lässt sich folgend zusammenfassen (STORPER & WALKER 1989, S. 96):

„[...] industries create regional resources and not the other way around. The composition of inputs in an industry and the scope of the market are the result of innovations in product, process, and organization that generate competitive advantage, dynamic economies, and high rates of accumulation. [...] Thus firms and sectors generate their own input histories, and those of their chosen regions, at the same time. It follows that the central motor of regional development is not industry location as a response to prior resource endowments, but geographical industrialization as a process of growth and resource creation."

7.3.1 Lokalisation und *windows of locational opportunity*

Ausgangspunkt der Untersuchung von STORPER & WALKER (1989, Kap. 3 und 4) ist die Beobachtung, dass sich neu entstehende Industrien in der Vergangenheit in bestimmten Regionen konzentriert haben, die zuvor nur gering industrialisiert waren und an sich keine auffällige Standorteignung für diese Aktivitäten besaßen. Wie kommt es dazu, dass neue Industrien wie die Automobilindustrie in Detroit oder die Halbleiterindustrie im *Silicon Valley* im Widerspruch zur traditionellen Standortlehre in Regionen mit scheinbar ungünstigen Produktionsbedingungen vorstoßen? STORPER & WALKER (1989, Kap. 3) begründen dies mit der vorhandenen räumlichen Wahlfreiheit schnell wachsender, junger Industriezweige, die in der Anfangsphase ihrer Entwicklung (Lokalisationsphase) keine fest vorgegebenen Anforderungen an die Produktions- und Standortstrukturen im Hinblick auf Qualifikationsmuster, Ressourcen, Märkte und Zulieferverflechtungen stellen. Deshalb gibt es *a priori* nur wenige Regio-

a) **Lokalisation:** Ein neuer Sektor entsteht an verschiedenen Standorten außerhalb älterer Industrieregionen.

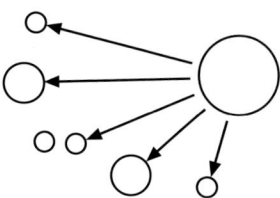

b) **Clusterung:** Ein Gründungsstandort entwickelt sich schnell, während die anderen nur langsam wachsen oder scheitern.

c) **Dispersion:** Wachstumsperipherien des neuen Sektors entstehen außerhalb der Kernkonzentration des neuen Sektors.

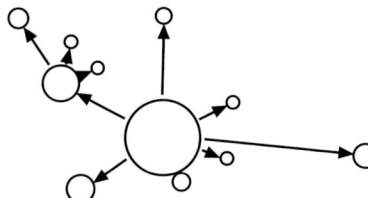

d) **Shifting Center:** Ein neues Zentrum entsteht und steht im Wettbewerb zu dem bestehenden Zentrum.

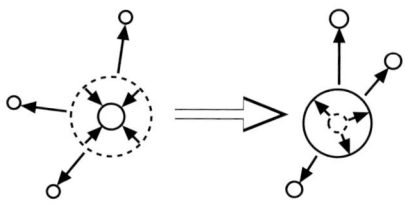

Abb. 67: Raumwirksame Effekte industrieller Entwicklungspfade (Quelle: STORPER & WALKER 1989, S. 71)

nen, die für diese Unternehmen als potenzielle Standorte ausgeschlossen sind. An Ressourcen gebundene Wirtschaftszweige wie der Bergbau bleiben in diesen Überlegungen somit ausgeklammert. Die Unternehmen schnell wachsender, neuer Industriezweige sind in der Lage, ihre Produktionsbedürfnisse relativ standortunabhängig sicher zu stellen. Fehlende Materialressourcen und Arbeitskräfte werden in der Lokalisationsphase durch langfristige Lieferverträge bzw. die Rekrutierung qualifizierter Arbeitskräfte aus anderen Regionen angezogen. Die dabei anfallenden zusätzlichen Kosten können infolge überdurchschnittlich hoher Gewinne leicht kompensiert werden. Darüber hinaus werden eigene Verflechtungsnetzwerke innerhalb der Standortregion generiert. Die benötigten Zulieferprodukte sind in dieser Phase so neuartig, dass sie entweder unternehmensintern oder in engem Kontakt mit kundenorientierten Zulieferern aus der Region hergestellt werden. Da in dieser Phase entsprechend qualifizierte Arbeitskräfte praktisch in keiner Region vorhanden sind, spielen anpassungsfähige Arbeitskräfte auf dem lokalen Arbeitsmarkt eine große Rolle.

Im Unterschied zu einer kostenminimalen Standortwahl bei vollständigem Wettbewerb kann eine neue Industrie aufgrund temporärer Monopolmacht ihren Standort relativ frei wählen. Es entstehen so genannte *windows of locational opportunity* (→ Abb. 67a). Dies bedeutet hingegen nicht, dass jede Region dieselben Entwicklungschancen besitzt. Nicht-industrialisierte, periphere Standorte mit geringem Zuliefererpotenzial und einem geringen Angebot qualifizierter Arbeitsplätze scheiden als Industriestandorte aus (STORPER 1997a, Kap. 3). Insgesamt aber lässt sich die Frage, warum sich innovative, neue Industrien in bestimmten Regionen niederlassen und dort einen Ballungsprozess einleiten, nicht allgemeingültig beantworten. Um die entstehende Standortverteilung zu erklären, ist es wichtig, die Bedingungen zu analysieren, unter denen die ersten Unternehmensgründungen stattfinden. So scheinen die Standortregionen einer neuen Industrie durch historische Gründungsaktivitäten größtenteils vorbestimmt zu sein und zeichnen sich im Zeitablauf durch starke Persistenzeffekte aus.

7.3.2 Selektive Clusterungsprozesse

Nicht alle Regionen, in denen sich neue Industrien in der Lokalisationsphase ansiedeln, entwickeln sich später zu bedeutenden Standortkonzentrationen. Aufgrund unterschiedlicher regionaler Entwicklungsverläufe kommt es zu **selektiven Clus-**

terungsprozessen (→ Abb. 67b). Diese werden dadurch ausgelöst, dass die Unternehmen einiger Regionen dauerhafte Wettbewerbsvorteile erlangen, die durch den Ausbau technologischer Kapazitäten und die Zuwanderung von Arbeitskräften und weiteren Unternehmen sukzessive verstärkt werden. Wenn die Wettbewerbsvorteile in diesen Regionen eine kritische Schwelle übersteigen, kommt es zu einer drastischen Einschränkung in der Wahlfreiheit von Standortentscheidungen.

Innerhalb der neu entstehenden Industrieregionen werden Agglomerationsvorteile wirksam, die auf spezifischen Produktivitäts- und Organisationsstrukturen beruhen (STORPER & WALKER 1989, Kap. 3 und 4). Zunächst wirken durch die Mechanisierung und Rationalisierung der Arbeitsprozesse vor allem interne Ersparnisse auf den Clusterungsprozess. Gleichzeitig ergeben sich durch die Arbeitsteilung zwischen Unternehmen Möglichkeiten zur Erzielung externer Ersparnisse. Daraus kann ein enges Netzwerk von Transaktionsbeziehungen mit regionalem Bezug hervorgehen. Spezialisierungseffekte fördern einen eigendynamischen Agglomerationsprozess, so dass eine spezialisierte Ballung von Arbeitskräften und Unternehmen mit hoher Verflechtungsintensität und sinkenden Produktionskosten entsteht. Andere Regionen fallen demgegenüber hinter die führenden Agglomerationen zurück. Dort bleiben nur vereinzelte, meist große Unternehmen mit hoher vertikaler Integration übrig, während in den schnell wachsenden Agglomerationen auch spezialisierte kleine und mittlere Zulieferer dauerhafte Absatzmärkte finden. Insgesamt heben STORPER & WALKER (1989, Kap. 3) zwei Komponenten des selektiven Clusterungsprozesses hervor:

(1) **Vertikal integrierte Unternehmen als geographische Cluster.** Maßnahmen zur Steigerung der Arbeitsproduktivität lassen sich am effektivsten innerhalb großer Unternehmen verwirklichen. Mit zunehmender Produktivität können immer größere Marktgebiete durch einzelne Unternehmen versorgt werden, so dass die Situation eintreten kann, dass sich eine gesamte Industriebranche auf wenige fokale Unternehmen und wenige Standorte konzentriert. An diesen Standorten entstehen zugleich Anreize für Unternehmensgründungen und -ansiedlungen spezialisierter Zulieferer sowie Anreize zum Zuzug von Arbeitskräften aus anderen Regionen.

(2) **Lokalisierte Produktionskomplexe mit vertikal desintegrierten Unternehmen.** Tech-nologische Unvereinbarkeiten, unterschiedliche optimale Produktionsumfänge, wechselhafte Nachfragemuster und segmentierte Marktstrukturen können dazu führen, dass statt vertikaler Integration eine vertikal desintegrierte Produktionsstruktur entsteht, verbunden mit einer engen Arbeitsteilung zwischen den Unternehmen einer Region. Eine derartige Struktur hat sich beispielsweise in den Industriedistrikten des Dritten Italien entwickelt (GOODMAN et al. 1989; PYKE et al. 1990). Mit zunehmender Ballung werden Verflechtungsbeziehungen komplexer und es entstehen vertikale Produktionsnetzwerke zwischen den spezialisierten Unternehmen einer Wertschöpfungskette. Daneben entwickeln sich aber auch horizontale Verflechtungsbeziehungen, um z. B. Kapazitätsengpässe auszugleichen. Mit zunehmender Agglomeration erhöhen sich lokale Beschaffungs- und Absatzpotenziale, so dass Anreize für weitere Ansiedlungen, Neugründungen und *spin-off*-Prozesse entstehen. Die erforderlichen Qualifikationen und Spezialisierungen werden innerhalb der Produktionskomplexe in Interaktion mit lokalen Institutionen wie z. B. Behörden und Bildungseinrichtungen selbst erzeugt.

7.3.3 Dispersionsprozesse in *growth peripheries*

In einer späteren Phase kann es vorkommen, dass Stagnations- und Schrumpfungsprozesse in den etablierten Industrieballungen eintreten und gleichzeitig neue Wachstumsschwerpunkte entstehen. STORPER & WALKER (1989, Kap. 3 und 4) sehen derartige industrielle Dispersionstendenzen lediglich als sekundäre Entwicklungsprozesse an, die nicht zu einer Auflösung der vorhandenen Standortschwerpunkte führen (→ Abb. 67c). Industrielle Dispersion wird vielmehr als ein Prozess der Erschließung neuer **Wachstumsperipherien** (*growth peripheries*) interpretiert, der mit dem sich verstärkenden Wettbewerb in etablierten Märkten zusammenhängt. Durch das Vordringen in andere Regionen versuchen die Unternehmen neue Märkte mit großem Nachfragepotenzial zu erschließen und Konkurrenten vom Markt zu drängen. Dies erfolgt durch die Errichtung neuer Produktions- und Vermarktungseinrichtungen oder den Aufkauf von Konkurrenzunternehmen in den betreffenden Regionen. Die räumliche Dispersion hat nicht in erster Linie das Ziel, neue industrielle Gravitationskerne zu entwickeln, sondern die vorhandenen Produktions- und Standortschwerpunkte zu sichern und zu stärken. Es handelt sich also um einen Prozess der Expansion und nicht des Abbaus industrieller Ballungen. Der Technologietransfer zwischen den industriellen Kernregionen und der Wachstumsperipherie vollzieht sich dabei über unternehmensinterne Verflechtungsnetzwerke zwischen räumlich getrennten Unternehmenseinheiten.

Unternehmensverlagerungen zu Niedriglohn-Standorten sind häufig die Folge einer Preisführerschaftsstrategie, die verschiedene Ursachen haben kann (z. B. technologische Alterung, zunehmenden Wettbewerbsdruck oder den Abbau regionaler Kapazitätsüberschüsse). Eine monokausale Erklärung wie in der Produktzyklustheorie (VERNON 1966; HIRSCH 1967), die einen systematischen Wandel der Standortanforderungen mit zunehmender technologischer Reife behauptet, vermag die Komplexität der stattfindenden Prozesse nicht zu erfassen (→ Kap. 8.1). Zudem ist zu beachten, dass das Verhalten von Unternehmen erfahrungsabhängig ist und deshalb nicht alle Unternehmen einer Industriebranche auf die gleiche Weise reagieren und die gleichen Strategien einsetzen (→ Kap. 6.3).

7.3.4 *Shifting centers*

Im Unterschied zu Dispersionsprozessen, die im Prinzip vorhandene industrielle Ballungen stärken, können radikale Neuorientierungen einer Industrie zu einer vollständigen **Verlagerung der Wachstumskerne** führen (*shifting centers*). STORPER & WALKER (1989, Kap. 3) führen radikale Verlagerungen industrieller Schwerpunkte auf grundlegende Umstrukturierungs- und Erneuerungsprozesse zurück (→ Abb. 67d). Diese können dazu führen, dass ehemalige Standortschwerpunkte innerhalb kurzer Zeit ihre industrielle Basis verlieren, wenn die zuvor wirksamen Spezialisierungsvorteile von Arbeitsmärkten und technologischer Infrastruktur keine wachstumsfördernden Effekte mehr ausüben. Dies geschieht nicht unbedingt parallel zu einem industriellen Niedergang, sondern kann umgekehrt aus wachstumsinduzierenden Erneuerungsprozessen resultieren.

Die Ursachen für die Entstehung neuer Industriezweige können meist auf existierende Branchen zurückgeführt und als **Erneuerungsprozess** dieser Branchen aufgefasst werden. Eine Erneue-

rung kann durch die Entwicklung neuer Produkte ebenso wie durch radikale Veränderungen vorhandener Produkte, Produktionsprozesse und Organisationsformen hervorgerufen werden. Diese bieten neue Wachstumschancen, so dass der industrielle Entwicklungspfad trotz der Existenz von Industrieballungen und Wachstumsperipherien in das Anfangsstadium der Lokalisierung zurück versetzt wird. In diesem Fall öffnen sich wiederum *windows of locational opportunity* und es entsteht eine erneute größere Wahlfreiheit industrieller Standortentscheidungen.

Unternehmen, die den Erneuerungsprozess tragen, siedeln sich oftmals außerhalb der alten Standortschwerpunkte an, weil die dortigen Strukturen und Verflechtungsbeziehungen einseitig auf traditionelle Industriebranchen ausgerichtet sind. Die etablierten Entwicklungspfade der vorherrschenden Industrien sind nur schwer umzulenken. Daher entstehen in Konkurrenz zu den alten Ballungskernen neue Industrieregionen, in denen später eigendynamische Clusterungsprozesse ablaufen und neue regionale Entwicklungsverläufe begründet werden.

Industrielle Erneuerung muss aber nicht zwangsläufig zur Entstehung neuer Standortschwerpunkte führen, sondern kann auch innerhalb bestehender Industrieregionen stattfinden. Dies ist der Fall, wenn es den Unternehmen gelingt, lokale Ressourcen aus den bisher dominierenden Industriesektoren abzuziehen und in neue technologische Entwicklungspfade einzubinden. GRABHER (1989; 1993c) hat gezeigt, dass dies im Ruhrgebiet in der Nachkriegszeit nicht ohne weiteres möglich war, weil die Dominanz der etablierten Großunternehmen ein Wachstumshemmnis für andere Unternehmen darstellte und eine Ausdifferenzierung der regionalen Branchenstruktur verhinderte.

7.3.5 *New industrial spaces* und Super-Cluster

In seiner Arbeit über *new industrial spaces* beschäftigt sich SCOTT (1988) ebenfalls mit der Frage, welche Bedeutung neue Industrieregionen haben und wie sie sich entwickeln. Er versteht unter *new industrial spaces* entgegen verbreiteter Meinungen nicht nur solche Produktionsstrukturen, die abseits der etablierten Standortschwerpunkte neu entstehen. Einbezogen werden auch Produktionsstrukturen, die in bestehenden Industrieballungen, aber sozial getrennt von den eta-

Tab. 9: Clusterkonfigurationen in Abhängigkeit von räumlichen Transaktionskosten und lokalen externen Effekten (Quelle: nach SCOTT 1998, S. 87)

Ausmaß der lokalen externen Effekte	Höhe der räumlichen Transaktionskosten		
	durchweg niedrig	gemischt niedrig/hoch	durchweg hoch
gering	A. räumliche Entropie	B. zufällige Standortmuster mit Ansätzen lokaler Marktverdichtungen	C. LÖSCH-WEBER-Landschaften
hoch	D. kleine, miteinander verbundene Cluster	E. Super-Cluster	F. kleine, nicht miteinander verbundene Cluster

blierten Industrien heranwachsen. SCOTT (1988, Kap. 3 und 4) argumentiert, dass unter veränderten Nachfragebedingungen mit schwankender, segmentierter Nachfrage und neuen computergestützten Technologien vertikale Desintegrationstendenzen in der Industrie einsetzen. Es entwickeln sich arbeitsteilige Prozesse zwischen den Unternehmen. Hieraus gehen neue Industrieballungen hervor, die räumlich oder sozial von den bisherigen Ballungen getrennt sind. Desintegrationstendenzen entstehen, um unter den neuen Nachfragebedingungen Überkapazitäten abzubauen, technologische *lock-in*-Prozesse zu vermeiden und Spezialisierungsvorteile zu maximieren. Durch den Wechsel von unternehmensinternen zu unternehmensexternen Transaktionen steigen die Kosten für den Übergang von einer Produktionsstufe zur nächsten tendenziell an. Räumliche Ballungsprozesse wirken diesem Anstieg allerdings entgegen, da sie zu einer Reduzierung der Kosten bei der Informationssuche, Vertragsgestaltung und beim Technologietransfer führen (→ Kap. 6.1).

Derartige neue Industrieräume werden von SCOTT & STORPER (1990) vor allem in designintensiven Handwerksbranchen, *high-tech*-Industrien und hochwertigen unternehmensorientierten Dienstleistungen identifiziert. **Räumliche Ballungsprozesse** erklärt SCOTT (1988, Kap. 4) ähnlich wie KRUGMAN (1991, Kap. 2) unter Rückgriff auf die Arbeit von MARSHALL (1920, IV. Buch Kap. X). Ballungstendenzen werden demnach durch verschiedene Teilprozesse begünstigt:

(1) Regionale Verflechtungsbeziehungen mit Zulieferern sind vorteilhaft, wenn der Materialkauf, die Vergabe von Unteraufträgen und der Informationsaustausch wenig standardisiert sind. Stabile Zulieferbeziehungen in räumlicher Nähe führen zu einer erhöhten Interaktionshäufigkeit und zu größeren Informationsflüssen.

(2) Durch die Entwicklung eines spezialisierten regionalen Arbeitsmarkts wird für Unternehmen die Suche nach Arbeitskräften und für Beschäftigte die Suche nach neuen Arbeitgebern erleichtert. Mit der Größe des Arbeitsmarkts steigt zugleich seine Flexibilität.

(3) Zudem haben gemeinsame Einstellungen und Gewohnheiten innerhalb derselben *community* und die daraus resultierenden Wissens- und Informationsnetze einen positiven Einfluss auf den Agglomerationsprozess. Diesbezüglich unterscheidet sich die Einschätzung von SCOTT (1988, Kap. 4) deutlich von KRUGMANS (1991, Kap. 2) Bewertung, denn dieser ordnet technologischen *spillover*-Effekten eine vergleichsweise geringe Bedeutung zu (→ Kap. 3.5). Demgegenüber betont SCOTT (1988) gerade die Rolle sozialer und ökonomischer Interaktionsprozesse.

Die Erkenntnis, dass diese Wirkungsprozesse eine wichtige Antriebskraft industrieller Agglomerationen bilden, gestattet allerdings noch keine Aussage darüber, wie groß die entstehenden Industrieballungen sind und welche Struktur clusterinterner und clusterexterner Verflechtungen sie aufweisen. Genaueren Aufschluss hierüber liefert eine Studie von SCOTT (1998, Kap. 5), in der er den Wachstumsprozess industrieller Cluster in Abhängigkeit vom Ausmaß lokaler externer Effekte und der Höhe räumlicher Transaktionskosten untersucht (→ Tab. 9). Ausgangspunkt der Überlegungen von SCOTT (1998, Kap. 5) ist die Annahme, dass keine externen Effekte wirksam sind. Wenn Produktions- und Innovationsprozesse dementsprechend nicht von Ballungsvorteilen wie z. B. *spillover*-Effekten aus lokalen Informationsflüssen profitieren, gibt es für Unternehmen keinen Anreiz, sich in derselben Standortregion anzusiedeln. Bei geringen räumlichen Transaktionskosten stellt sich eine quasi-zufällige Standortverteilung ohne spezifische Ballungen ein (räumliche Entropie), während bei hohen Transaktionskosten kleine, abgegrenzte Cluster mit regionalen Versorgungsbereichen entstehen, die den Marktnetzen von LÖSCH (1944, Kap. 10) ähnlich sind (→ Kap. 4.3).

Die Standortstruktur ändert sich, wenn hohe lokalisierte externe Effekte anfallen. In diesem Fall ist es vorteilhaft, dass sich Produzenten nahe zueinander ansiedeln, um an lokalen Wissens- und Informationsflüssen Teil zu haben und davon zu profitieren. Es entwickeln sich **räumliche Industriecluster** (SCOTT 1998, Kap. 5; MALMBERG & MASKELL 2001). Die Größe der Cluster hängt dabei von den Transaktionskosten ab. Sind die räumlichen Transaktionskosten durchweg sehr niedrig, so ist es für die Unternehmen nicht von Vorteil, Transaktionen vorwiegend über geringe Entfernung mit anderen Clusterproduzenten abzuwickeln. Verflechtungen sind somit nicht an bestimmte Standortregionen gebunden, sondern können auch über größere Distanzen abgewickelt werden. Die resultierenden Cluster sind über Transaktionen miteinander verflochten, bleiben aber klein. Im Fall durchweg sehr hoher räumlicher Transaktionskosten sind demgegenüber clusterinterne Verflechtungen besonders vorteilhaft. Die sich entwickelnden Industrieballungen sind kaum noch miteinander verflochten, sondern vor allem durch interne Transaktionsbeziehungen gekennzeichnet. Allerdings bilden sich wie im Fall geringer Transaktionskosten nur kleine Cluster aus, da die clusterinternen Märkte nicht groß genug sind, um hohes Wachstum auszulösen.

Eine gänzlich andere Konfiguration ergibt sich, wenn die räumlichen Transaktionskosten eine hybride Struktur aufweisen (SCOTT 1998, Kap. 5). Neben den räumlichen Ballungsanreizen aufgrund externer Effekte kommt es nun zu heterogenen räumlichen Verflechtungs- und Kommunikationsbeziehungen. Bestimmte Transaktionen finden clusterintern, andere clusterextern statt. In dieser Situation entwickeln sich nach SCOTT (1996; 1998, Kap. 5) so genannte **Super-Cluster**, die durch eine hohe regionale Konzentration und Wachstum geprägt sind (→ Tab. 9). Das hängt damit zusammen, dass durch die clusterexternen Transaktionen wachstumsstarke Märkte erschlossen werden. Dieses Wachstum wird in die Cluster hinein transferiert und durch clusterinterne Verflechtungen weiter transportiert und verstärkt. Es resultiert letztlich ein sich verstärkender regionaler Wachstumsprozess, der zur Herausbildung großer Industrieballungen führt. Es handelt sich

hierbei allerdings nicht um einen reinen Multiplikatorprozess, wie er im Exportbasis-Ansatz dargestellt ist (→ Kap. 3.4). Das Wachstum des Clusters resultiert, wie MAILLAT (1998) mit Blick auf einen gleichartigen Prozess in innovativen Milieus betont (→ Kap. 6.4), speziell aus den Lern- und Innovationsprozessen, die im Zusammenhang mit neuen Technologien und Marktanforderungen anderer Regionen zur Entwicklung spezifischer, lokal angepasster Produkt- und Technologiestrukturen führen. Das bedeutet, dass das Ausmaß industrieller Ballungsprozesse nicht nur von clusterinternen Verflechtungen, sondern auch von den externen Strukturen abhängt, die über Kommunikations- und Abstimmungsbeziehungen an ein Cluster angebunden sind.

7.3.6 Theorie der regionalen Clusterbildung

Die in Kapitel 5 bis Kapitel 7 behandelten Ansätze zur industriellen Standortlehre, zur Organisation von Produktionsprozessen und zur sozialen Konstruktion industrieller Standortstrukturen schaffen zwar aus unterschiedlichen Blickwinkeln ein Verständnis für einzelne Aspekte ökonomischer Ballungsprozesse, bilden aber noch keine in sich geschlossene, umfassende Konzeption industrieller Cluster und ihres Entstehungsprozesses. MALMBERG & MASKELL (2001) weisen darauf hin, dass eine allgemeine Clustertheorie erklären muß, warum regionalökonomische Cluster existieren, welche interne Differenzierung und Struktur sie aufweisen und wie sie in das lokale Umfeld institutionell eingebunden sind. Hierbei ist zwischen der horizontalen, vertikalen, institutionellen und externen Dimension eines Clusters zu unterscheiden.

(1) **Horizontale Clusterdimension.** Nicht weniger bedeutend als die vertikale, aber häufig vernachlässigt ist nach MALMBERG & MASKELL (2001) die horizontale Dimension eines Clusters. Sie umfasst diejenigen Unternehmen, die ähnliche Produkte herstellen und miteinander im Wettbewerb stehen (PORTER 1993, Kap. 3; 2000). Diese Unternehmen haben nicht unbedingt enge Kontakte zueinander bzw. sind nicht durch intensive Austauschbeziehungen miteinander verflochten. Sie profitieren dennoch in erheblichem Maße von der Ko-Präsenz an einem Standort bzw. in einer Region. Durch Ko-Präsenz sind sie stets über die Produktionsbedingungen und die Produkte ihrer Konkurrenten informiert. Aufgrund

der unmittelbaren Nähe können die Unternehmen ihre Konkurrenten beobachten und zugleich ihre eigenen Produkte mit denen ihrer Konkurrenten vergleichen. Durch Beobachtung und Vergleich werden Lern- und Verbesserungsprozesse ausgelöst. Es entsteht ein Anreiz zu innovieren, woraus Variation und Vielfalt in dem Cluster resultieren. Damit Variation in dieser Form überhaupt möglich ist, muss eine ähnliche Wissensbasis zwischen Unternehmen existieren und die Produktionsbedingungen müssen bekannt sein. Dies ist in besonderem Maße bei räumlicher und kultureller Nähe gegeben (Lundvall 1988; Gertler 1993) und über große Distanzen nur schwer herzustellen (→ Kap. 2.2). Die horizontale Dimension spielt eine zentrale Rolle für den Entstehungs- und Spezialisierungsprozess eines Clusters.

(2) **Vertikale Clusterdimension.** Die vertikale Dimension beinhaltet demgegenüber die über Zuliefer- und Absatzbeziehungen verflochtenen komplementären Unternehmen, die meist im Zentrum empirischer Untersuchungen stehen. Wenn ein spezialisiertes Industriecluster erst einmal existiert, entsteht ein Anreiz für entsprechend ausgerichtete Zulieferer, Dienstleister und Abnehmer sich in derselben Region anzusiedeln, um Kompetenzvorteile auszuschöpfen (Malmberg & Maskell 2001). Die vertikale Clusterdimension hat somit zentrale Bedeutung für den Agglomerationsprozess. Der Ansiedlungsanreiz ist umso größer, je größer die Arbeitsteilung innerhalb der Wertschöpfungskette des bestehenden Clusters ist. Je umfassender allerdings diese vertikale Arbeitsteilung (*social division of labor*) angelegt ist, desto geringer sind *ceteris paribus* die Möglichkeiten des Beobachtens und Vergleichens auf horizontaler Ebene. Nur durch ein fortgesetztes Wachstum des Clusters können sowohl die vertikale Arbeitsteilung als auch die horizontalen Variationsmöglichkeiten des Clusters ausgeweitet werden, ohne dass es zu einem *trade-off* zwischen beiden Komponenten kommt (Malmberg & Maskell 2001).

(3) **Institutionelle Clusterdimension.** In der institutionellen Dimension des Clusters kommt zum Ausdruck, dass regionale Ballungs- und Spezialisierungsprozesse zur Herausbildung eines spezifischen Normen- und Regelsystems führen, das in formellen und informellen Institutionen verankert ist. Dies drückt sich beispielsweise darin aus, dass die Akteure dieselben Technikeinstellungen und Werte teilen (z. B. Crevoisier & Maillat 1991; Bramanti & Ratti 1997), dass Konventionen und feste Beziehungen existieren und ein Vertrauen in die gegenseitige Leistungsfähigkeit und Zuverlässigkeit besteht (z. B. Granovetter 1985). Hierbei ist festzustellen, dass sich Institutionen nicht unabhängig von ökonomischen Strukturen entwickeln, sondern dass es eine fundamentale Interdependenz zwischen den Institutionen und der Clusterstruktur gibt.

(4) **Externe Clusterdimension.** Die institutionelle Einbettung ökonomischer Beziehungen birgt aber auch eine Gefahr in sich, so dass ein zweiter *trade-off*-Prozess zwischen internen Beziehungen und Offenheit nach außen die Folge sein kann (Bathelt 2001). Enge, langfristige Netzwerkbeziehungen haben nicht nur positive Auswirkungen auf die Wettbewerbs- und Innovationsfähigkeit von Unternehmen, sondern können diese im Gegenteil sogar bedrohen, wenn sie zu eng, zu exklusiv und zu starr sind. Es gibt eine Reihe von Studien, die darauf hindeuten, dass durch derartige Netzwerkbeziehungen eine Abschottung nach außen entsteht (Granovetter 1973), Strukturen der *overembeddedness* (Uzzi 1996; 1997) resultieren, blindes Vertrauen und Vertrauensseligkeit (Kern 1996) an Bedeutung gewinnen sowie Stagnation und *lock-in* (Grabher 1993b; Maillat 1998; Scott 1998) die Folge sein können (→ Kap. 6). Diese Strukturen limitieren nicht nur den regionalen Wachstumsprozess, sondern können sogar die langfristige Überlebensfähigkeit des Clusters bedrohen (Schamp 2000b). In Ergänzung des Ansatzes von Malmberg & Maskell (2001) ist deshalb eine Erweiterung um eine externe Clusterdimension notwendig. Die systematische Öffnung und Offenhaltung der Cluster nach außen ist von zentraler Bedeutung, um Märkte und deren Wandel zu erfassen und neue Technologien zu akquirieren. Die systematische Integration externer Impulse bildet eine wichtige Voraussetzung, um Reproduktivität sicherzustellen und über clusterinterne Netzwerke Wachstums- und Innovationsprozesse zu generieren (Bathelt 2001).

7.3.7 Bedeutung von *untraded interdependencies* und *localised capabilities*

In einer Reinterpretation und Erweiterung des Modells regional-industrieller Entwicklungspfade folgt Storper (1995) einigen Kritikern der kalifornischen Schule (z. B. Lovering 1990) und räumt ein, dass in der ursprünglichen Modellformulierung (WALKER & STORPER 1981; STORPER & WALKER 1989) sozio-institutionelle Kontexte bei der Entstehung neuer Industrieräume vernachlässigt würden. Das Modell regional-industrieller Entwicklungspfade konzentriere sich auf eine transaktionskostenanalytische Kostensicht, sei auf kleinbetriebliche Strukturen fixiert und nur auf eine begrenzte Anzahl von Industriesektoren anwendbar. Wir schließen uns dieser Kritik nur bedingt an, weil sie der Komplexität der Arbeiten von SCOTT (1988) und STORPER & WALKER (1989) nicht gerecht wird. Deren Studien gehen über eine rein quantitative Kostensicht deutlich hinaus, da sie die Bedeutung unternehmensübergreifender Interaktions- und Lernprozesse herausstellen und den Fokus der Analyse auf die *social division of labor* lenken. Auch wenn primär kleine und mittlere Unternehmen im Mittelpunkt stehen, ist es möglich, große Unternehmen in das Modell industrieller Entwicklungspfade einzubeziehen (STORPER & WALKER 1989, Kap. 3; Scott 1992). Zudem bietet die Konzeption im Unterschied zur traditionellen Raumwirtschaftslehre die Möglichkeit, sozio-institutionelle Kontexte einer bestehenden Industrieballung zu berücksichtigen und den Prozess der Institutionenbildung zu beobachten.

Eine wichtige Erweiterung der ursprünglichen Modellformulierung liefert STORPER (1997a, Kap. 2; 1997b) durch die Berücksichtigung und Hervorhebung der Rolle von Konventionen und Beziehungen zwischen Unternehmen im Rahmen regionaler Ballungs- und Spezialisierungsprozesse (HELLMER et al. 1999, Kap. 3.3; BATHELT 2000a). In diesen so genannten ***untraded interdependencies*** kommt zum Ausdruck, dass neben quantitativen Kostenstrukturen gerade soziale Prozesse und informelle Institutionen eine zentrale Bedeutung für Innovations- und Wachstumsprozesse haben. MASKELL & MALMBERG (1998; 1999) sprechen in diesem Zusammenhang von ***localised capabilities*** und betonen damit die Bedeutung lokalisierter Fertigkeiten und Strukturen für die Entstehung einzigartiger Technologien und Organisationsformen der Produktion. Es handelt sich hierbei um spezialisierte Ressourcen und Arbeitskräfte in einer Region, spezifische Normen, Routinen und Traditionen sowie andere lokale Institutionen (→ Kap. 5.2).

Nach STORPER (1992) führen kontinuierliche Lernprozesse dazu, dass die Hersteller einer Wertschöpfungskette einen Wettbewerbsvorsprung erlangen und ihre Endprodukte erfolgreich exportieren können. Aufgrund der Wirkung lokalisierter Konventionen und Gewohnheiten sowie der Existenz akzeptierter Regeln und einheitlicher Zielsysteme erhalten Regionen eine wichtige Funktion als Arena für technologische Lernprozesse. Technologisch anspruchsvolle Produktionen und komplexe Innovationsprozesse erfordern interaktives Handeln und gemeinsame Problemlösungen zwischen den Herstellern, Zulieferern und Abnehmern in einer Wertschöpfungskette. Die Ziele der dabei entfalteten Aktivitäten sind oftmals nicht *a priori* vorgegeben, sondern werden erst im Verlauf der Aktionen konkretisiert und aufgrund produkt- und prozessbezogener Lernprozesse fortlaufend neu definiert. Dies funktioniert besonders gut, wenn **Beziehungen und Konventionen** existieren, d. h. wenn die Interaktionen an Personen gebunden sind und ein Mindestmaß an Übereinkünften und Regeln zur Zusammenarbeit besteht (STORPER 1997a, Kap. 2). In diesem Prozess werden vergangene Aktionen ständig überprüft und neu bewertet, so dass mit zunehmender Dauer der Interaktionen eine kontinuierliche Anpassung der Konventionen und Beziehungen an neue Erkenntnisse notwendig wird.

Allerdings ist es nicht selbstverständlich, dass Konventionen fortlaufend verändert werden (BOYER & ORLÉAN 1992). Je mehr Akteure eine Konvention teilen, desto größer ist der Druck zu konformem Verhalten und desto schwerer eine Veränderung einer Konvention. Deshalb stellt sich die Frage, wie es erreicht werden kann, dass eine Konvention durch eine bessere ersetzt wird. BOYER & ORLÉAN (1992) argumentieren, dass ein Konventionenwechsel die Lösung eines Koordinationsproblems erfordert und deshalb in einer Situation mit atomistischen Akteuren kaum möglich ist. Die bei einem Konventionenwechsel notwendigen Anpassungen basieren auf Erfahrungen mit anderen Akteuren bei der Lösung derartiger Probleme in der Vergangenheit. Sie erfordern die Existenz einer konkreten Struktur und Geschichte sozialer Beziehungen (GRANOVETTER 1985).

Da das bei der Anpassung von Konventionen in Lernprozessen zugrunde liegende Wissen nichtkodifiziert ist, ist der Prozess der Konventionenbildung personenabhängig und ortsgebunden (MASKELL & MALMBERG 1998; 1999). Er kann nicht ohne weiteres auf andere Personen, Betriebe und Orte übertragen werden. Hierbei ist es notwendig, verschiedene Formen kodifizierten und nicht-kodifizierten Wissens sorgfältig zu unterscheiden, um zu vermeiden, dass *tacit knowledge* als eine Art *black box* für alle nicht anderweitig erklärbaren Einflüsse dient (GERTLER 2001). So kann kodifiziertes Wissen durch Anpassung in die lokale Industriestruktur eingebettet und zu kontextualisiertem Wissen angereichert werden (BELUSSI & PILOTTI 2001). In dieser Form ist auch kodifiziertes Wissen *sticky* und kann nicht leicht in andere räumliche Kontexte weiter gegeben werden.

Im Vergleich zu dem ursprünglichen Modell industrieller Entwicklungspfade schlägt STORPER (1997a, Kap. 3) eine komplexere Sicht regionaler Wachstumsprozesse vor und unterscheidet verschiedene Regionstypen:

(1) **Industrielle Kernregionen.** Sie profitieren von Agglomerationsprozessen vor allem dann, wenn vor Ort entscheidende Innovationen in einer Industrie stattgefunden haben und sich deshalb zu einem späteren Zeitpunkt *windows of locational opportunity* zu Gunsten dieser Regionen schließen (*first mover*-Vorteile), es also zu einem räumlichen *lock-in*-Prozess kommt. Lokalisiertes, nicht überall verfügbares (nicht-kosmopolitanes) Wissen spielt gerade bei der Entwicklung des Arbeitsmarkts und der Zulieferbeziehungen in den Kernregionen eine wichtige Rolle. Dabei entstehen selbstverstärkende Ballungs- und Spezialisierungsprozesse.

(2) **Andere spezialisierte Industrieregionen.** Falls die technologische Entwicklung in einer Branche nicht durch Standardisierung, sondern durch eine hohe Dynamik und Spezifität gekennzeichnet ist, haben Konventionen und Beziehungen eine große Bedeutung. Dadurch können auch in Industrieregionen, die keine Kernregionen sind, eigenständige Entwicklungspfade entstehen. Voraussetzung hierfür sind unter anderem eigenständige Lernprozesse der Unternehmen

und die Möglichkeit, spezifische lokale Anpassungen vorzunehmen.

(3) **Nicht-Kernregionen.** Nicht-Kernregionen ohne Spezialisierung in einer Branche, so genannte **Normalregionen**, haben geringe Chancen auf eine eigenständige Entwicklung, die Ballungsprozesse nach sich zieht (z. B. SCHAMP 1996; HELLMER et al. 1999, Kap. 5). Dennoch kann die regionale Entwicklung durch kontinuierliches Wachstum gekennzeichnet sein, wenn Unternehmen regionsexternes Wissen lokal anwenden. So können Technologietransfers aus anderen Regionen zur Folge haben, dass lokale Interaktionen mit Zulieferern und Abnehmern angestoßen werden.

STORPER (1997a, Kap. 3) betont, dass es je nach Organisationsform der Produktion und der Art des benötigten Wissens unterschiedliche Formen räumlich gebundener oder ungebundener Transaktionen geben kann. Hierzu verwendet er eine vereinfachte **Vier-Felder-Tafel**, in der in Abhängigkeit von der Art des verwendeten Wissens und dem Grad der Externalisierung bzw. Internalisierung der Produktion vier verschiedene Transaktionsszenarios dargestellt sind (→ Tab. 10): A. lokalisierte Transaktionen zwischen Unternehmen, B. lokalisierte Transaktionen innerhalb integrierter Unternehmen, C. nicht-lokalisierte Marktbeziehungen, D. weltweite unternehmensinterne Transaktionen. Von diesen Grundkonstellationen ausgehend lassen sich unterschiedliche Entwicklungspfade darstellen, die aus verschiedenen Teilprozessen hervorgehen und so eine Erweiterung der Modellformulierung von STORPER & WALKER (1989) bilden. Dies wird im Folgenden an mehreren Fällen dargestellt (→ Tab. 10):

Fall 1 kennzeichnet den Übergang von kundenspezifischer Produktion (A) zu Massenproduktionen (D). Die Konsequenz hiervon ist beispielsweise, dass die zuvor dominierende regionsinter-

Tab. 10: Lokalisierte und nicht-lokalisierte Transaktionsformen in Abhängigkeit von Wissensstruktur und Externalisierungsgrad (Quelle: nach STORPER 1997a, S. 79)

Arten der Produktionsorganisation	Arten benötigten Wissens	
	nicht-kosmopolitane Struktur	kosmopolitane Struktur
externalisierte Struktur	A. lokalisierte Transaktionen zwischen Unternehmen (basierend auf spezifischem Wissen und Konventionen)	C. nicht-lokalisierte Marktbeziehungen
internalisierte Struktur	B. lokalisierte Transaktionen in integrierten Unternehmen	D. weltweite unternehmensinterne Transaktionen

ne Arbeitsteilung nun teilweise durch eine regionsübergreifende, unternehmensintern gesteuerte Arbeitsteilung ersetzt wird.

Fall 2 bringt eine andere mögliche Entwicklung infolge der Kodifizierung von Wissen zum Ausdruck, die mit dem Übergang von lokalisierten unternehmensübergreifenden Netzwerken (A) zu Marktbeziehungen (C) gegeben ist. Hierbei kommt es zu einer Abnahme regionaler Bindungen und Beziehungen.

Fall 3 skizziert den Prozess der Diffusion von unternehmensgebundenem (nicht-kosmopolitanem) Wissen, wodurch dieses allgemein (also kosmopolitan) verfügbar wird. Hierdurch erfolgt ein Übergang von unternehmensinternen Transaktionen (B) zu externen marktlichen Tauschprozessen (C). Unternehmensgebundene Lernprozesse verlieren dabei an Bedeutung und lokale Bezüge werden aufgegeben.

Fall 4 beschreibt die Möglichkeit, durch lokalisierte Lernprozesse immer neues spezifisches (nicht-kosmopolitanes) Wissen zu erzeugen, wodurch Konventionen und Beziehungen fortlaufend reproduziert werden, um kosmopolitane, d. h. für den Weltmarkt bestimmte Produkte herzustellen (Beharrung in A). In diesem Fall werden regionale Zusammenhänge gestärkt und es kann zur Entwicklung einer umfassend verflochtenen *learning economy* kommen, wie sie von LUNDVALL & JOHNSON (1994) beschrieben wird.

7.4 Exkurs: Evolution regionaler *high-tech*-Cluster in Nordamerika

Nach einer Periode anhaltenden Wirtschaftswachstums in der Nachkriegszeit zeigten sich in den 1970er und 1980er Jahren in Nordamerika ähnlich wie in Westeuropa ökonomische Krisentendenzen, die Ausdruck der strukturellen Krise des so genannten fordistischen Entwicklungszusammenhangs waren (→ Kap. 8.4). Die ökonomische Krise war verbunden mit Deindustrialisierungsprozessen in den Industrien, die eine wichtige Basis für den Wirtschaftsaufschwung der Nachkriegsperiode gebildet hatten, so etwa Kohlebergbau, Stahlverarbeitung und Fahrzeugbau. Dies hatte zur Folge, dass industrielle Standortschwerpunkte wie z. B. Pittsburgh, Chicago und Detroit einen regionalen Niedergang ver-

zeichneten, der verbunden war mit zunehmender Massenarbeitslosigkeit und wachsenden sozialen Problemen. Gleichzeitig entstanden neue Standortkonfigurationen in Regionen wie Boston (Massachusetts) und dem *Research Triangle* (North Carolina), die auf der Basis so genannter *high-tech*-Industrien in späteren Phasen hohes Wachstum verzeichneten (→ Abb. 47).

Kennzeichen der *high-tech*-Industrien waren überdurchschnittliche Wachstumsraten, hohe Forschungsintensitäten, technologische Innovationen in Spitzentechnologien sowie enge Rückkopplungswirkungen mit anderen Sektoren. Zu den *high-tech*-Industrien zählen die Sparten Elektronik, Mikroelektronik, Computer, Telekommunikation, Präzisionsinstrumente, Flugzeug- und Raketentechnik sowie Pharmazeutika (z. B. GLASMEIER et al. 1983; SAXENIAN 1994; STERNBERG 1995a). Man sollte allerdings beachten, dass unterschiedliche Studien verschiedene Abgrenzungen des *high-tech*-Sektors vornehmen und zugrunde legen (BATHELT 1991a, Kap. 2). Eine Eigenart dieser Industrien scheint darin zu bestehen, dass sie sich in bestimmten Regionen ballen und dort Agglomerationswirkungen entfalten, während andere Regionen nur eine geringe Rolle als *high-tech*-Standorte spielen.

Aus planerischer Hinsicht ist es wichtig zu wissen, warum bestimmte Regionen stärker als Standorte von *high-tech*-Industrien nachgefragt werden als andere. Es ist von besonderem Interesse festzustellen, durch welche Prozesse auf regionaler Ebene das Wachstum dieser Industrien stimuliert wird. Dahinter verbirgt sich die Idee, aus dem Verständnis des Wachstumsprozesses von *high-tech*-Regionen geeignete Standortvoraussetzungen zu identifizieren und diese durch eine entsprechende Wirtschafts- und Technologiepolitik auf andere Regionen zu übertragen (z. B. MARKUSEN et al. 1986; STERNBERG 1995a). Die beiden im Folgenden dargestellten Fallbeispiele von Boston und dem *Research Triangle* zeigen, dass die Wachstumserfolge von *high-tech*-Regionen nur aus evolutionärer Sicht unter Berücksichtigung der spezifischen lokalen sozio-institutionellen Bedingungen erklärt werden können. Eine Übertragbarkeit der Ergebnisse auf andere Regionen ist nur bedingt möglich. Zudem zeigt sich, dass auch *high-tech*-Regionen nicht vor Krisen geschützt sind.

7.4.1 Fallbeispiel 1:
Bostons *Route 128*-Region

Boston wurde in den 1950er und 1960er Jahren weltweit bekannt als Standort wachsender Elektronikindustrien (DORFMAN 1983; STERNBERG 1995a, Kap. 4.4). In der Nachkriegszeit entwickelte sich die Region in Massachusetts zur zweitgrößten Ballung von *high-tech*-Industrien in Nordamerika nach dem *Silicon Valley* südlich von San Francisco (SAXENIAN 1987; 1994). Ende der 1980er Jahre umfasste der *high-tech*-Sektor Bostons mehr als 135 000 Industriearbeitsplätze sowie weitere 30 000 Arbeitsplätze im Bereich der Computer- und EDV-Dienste. Trotz substanzieller Umstrukturierungen und Entwicklungsbrüche lag die Gesamtzahl der *high-tech*-Beschäftigten Ende der 1990er Jahre etwa genauso hoch (BATHELT 1999; U. S. Department of Commerce 1999a).
Die Verkehrsinfrastruktur der Region wird durch zwei konzentrische Autobahnringe geprägt, die Boston umgeben (→ Abb. 68): Die *Route 128* wurde in den 1950er Jahren als Umgehungsautobahn gebaut und entwickelte sich schon frühzeitig zu einem Schwerpunkt für *high-tech*-Ansiedlungen. Später orientierten sich Neuansiedlungen auch entlang der *Interstate 495*, die als zweite Umgehungsautobahn in den 1960er Jahren gebaut wurde (KEUNE & NATHUSIUS 1977). Ein wichtiger Auslöser des *high-tech*-Wachstums waren die bedeutenden Universitäten, technischen *colleges* und deren Forschungsinstitute in der Region, wie z. B. das *Massachusetts Institute of Technology (MIT)*, die *Harvard University* und die *Northeastern University* (DORFMAN 1983; ROSEGRANT & LAMPE 1992).
Die große Konzentration von *high-tech*-Unternehmen entlang der *Route 128* wird im nordwestlichen Teilabschnitt zwischen Waltham und Wilmington besonders deutlich (→ Abb. 69). Hier hatten Ende der 1980er Jahre entlang eines Streckenabschnitts von rund 25 km Länge etwa 60 Produktions-, Verwaltungs- und Vertriebseinrichtungen von *high-tech*-Unternehmen ihren Standort. Die meisten Einrichtungen waren in den Forschungs- und Industrieparks angesiedelt, die sich entlang der Ausfahrten der *Route 128* erstrecken. Ein ähnliches Bild (allerdings mit geringerer Verdichtung) zeigte sich entlang der *Interstate 495*. In Waltham gab es aufgrund der frühen Industrialisierung auch innerstädtische Industriestandorte, die von *high-tech*-Unterneh-

Abb. 68: Die Region Boston, Massachusetts (Quelle: nach BATHELT 1991a, S. 65)

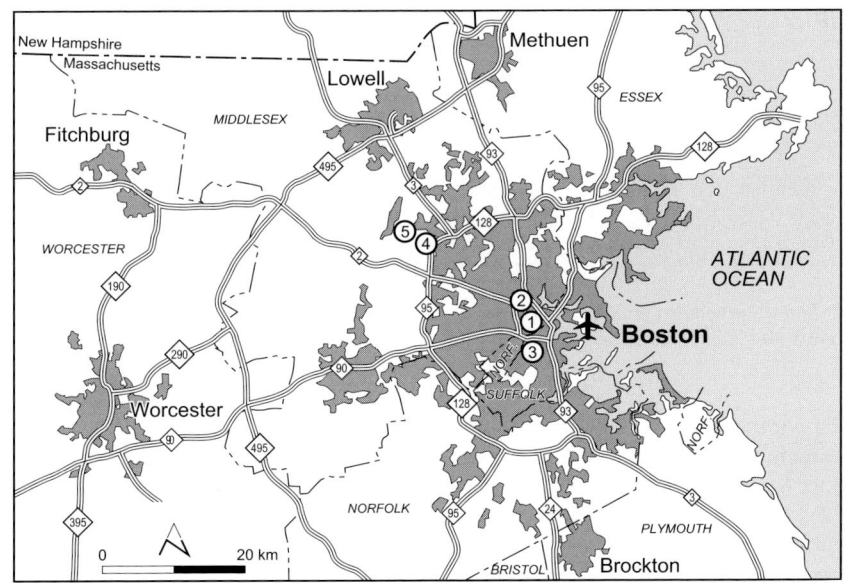

✈ Logan International Airport
① Massachusetts Institute of Technology (MIT)
② Harvard University
③ Northeastern University
④ Lincoln Laboratories des MIT
⑤ Hanscom Field Air Force Base

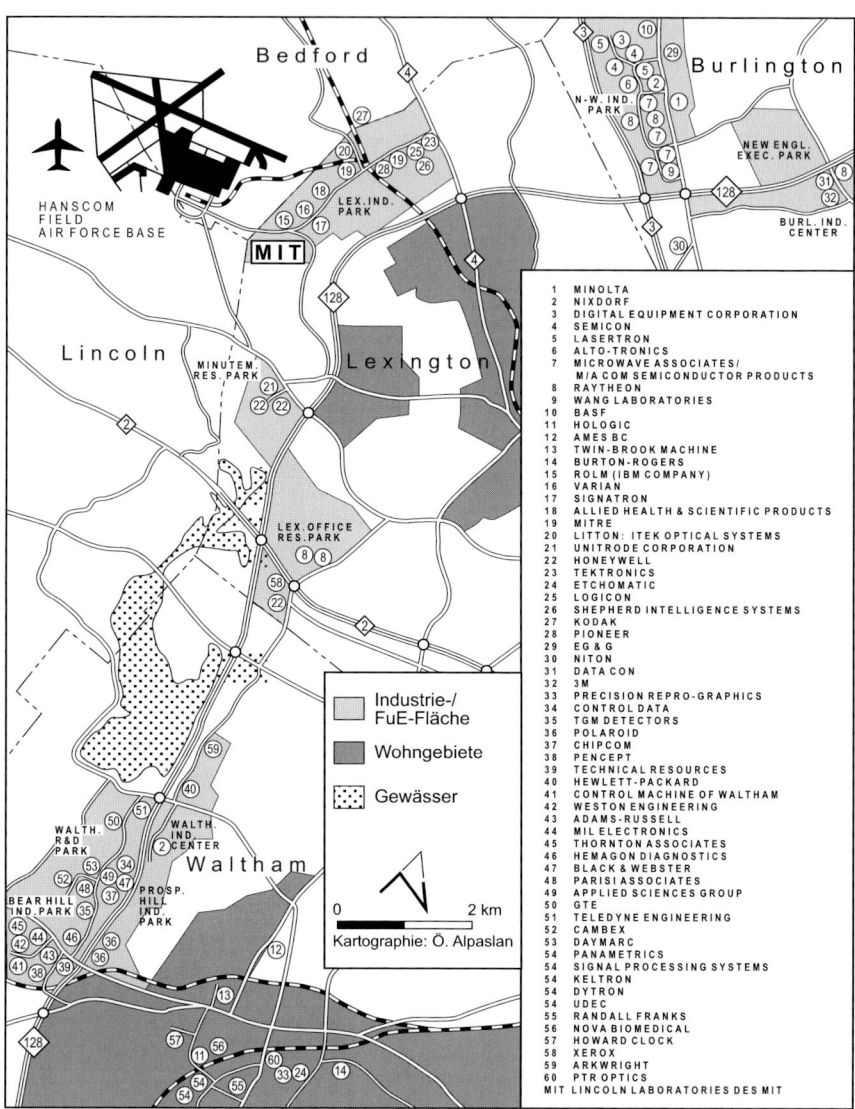

B e d f o r d

Burlington

N-W. IND. PARK

NEW ENGL. EXEC. PARK

HANSCOM FIELD AIR FORCE BASE

LEX. IND. PARK

MIT

BURL. IND. CENTER

L i n c o l n

MINUTEM. RES. PARK

Lexington

LEX. OFFICE RES. PARK

WALTH. R & D PARK

WALTH. IND. CENTER

W a l t h a m

BEAR HILL IND. PARK

PROSP. HILL IND. PARK

1	MINOLTA
2	NIXDORF
3	DIGITAL EQUIPMENT CORPORATION
4	SEMICON
5	LASERTRON
6	ALTO-TRONICS
7	MICROWAVE ASSOCIATES/
	M/A COM SEMICONDUCTOR PRODUCTS
8	RAYTHEON
9	WANG LABORATORIES
10	BASF
11	HOLOGIC
12	AMES BC
13	TWIN-BROOK MACHINE
14	BURTON-ROGERS
15	ROLM (IBM COMPANY)
16	VARIAN
17	SIGNATRON
18	ALLIED HEALTH & SCIENTIFIC PRODUCTS
19	MITRE
20	LITTON: ITEK OPTICAL SYSTEMS
21	UNITRODE CORPORATION
22	HONEYWELL
23	TEKTRONICS
24	ETCHOMATIC
25	LOGICON
26	SHEPHERD INTELLIGENCE SYSTEMS
27	KODAK
28	PIONEER
29	EG & G
30	NITON
31	DATA CON
32	3M
33	PRECISION REPRO-GRAPHICS
34	CONTROL DATA
35	TGM DETECTORS
36	POLAROID
37	CHIPCOM
38	PENCEPT
39	TECHNICAL RESOURCES
40	HEWLETT-PACKARD
41	CONTROL MACHINE OF WALTHAM
42	WESTON ENGINEERING
43	ADAMS-RUSSELL
44	MIL ELECTRONICS
45	THORNTON ASSOCIATES
46	HEMAGON DIAGNOSTICS
47	BLACK & WEBSTER
48	PARISI ASSOCIATES
49	APPLIED SCIENCES GROUP
50	GTE
51	TELEDYNE ENGINEERING
52	CAMBEX
53	DAYMARC
54	PANAMETRICS
54	SIGNAL PROCESSING SYSTEMS
54	KELTRON
54	DYTRON
54	UDEC
55	RANDALL FRANKS
56	NOVA BIOMEDICAL
57	HOWARD CLOCK
58	XEROX
59	ARKWRIGHT
60	PTR OPTICS
MIT	LINCOLN LABORATORIES DES MIT

Industrie-/ FuE-Fläche

Wohngebiete

Gewässer

0   2 km

Kartographie: Ö. Alpaslan

Abb. 69: *High-tech*-Unternehmen entlang des nordwestlichen Abschnitts der *Route 128* (Quelle: nach BATHELT 1990, S. 158)

men genutzt wurden. Die *Lincoln Laboratories* des *MIT* wurden zwischen Bedford und Lexington in direkter Nachbarschaft zur *Hanscom Field Air Force Base* angesiedelt. Die Nachbarschaft war Ausdruck der engen Verflechtung des *MIT* mit militärischen Einrichtungen. Zu den dominierenden *high-tech*-Unternehmen im nordwestlichen Abschnitt der *Route 128* gehörten um 1990 (BATHELT 1990; 1991a, Kap. 4): (1) Minicomputer-Produzenten (darunter *Digital Equip-*

ment Corporation – DEC, Honeywell, Wang Laboraties, Nixdorf-Siemens), (2) Militärelektronik-Hersteller (z. B. *Raytheon, Litton*), (3) Hersteller von Präzisionsinstrumenten (insbesondere *Polaroid, Panametrics*), (4) Biotechnologie-Unternehmen (wie z. B. ein Zweig von *Hewlett Packard* und *Nova Biomedical*).

Vorkriegsentwicklung. Schon im 19. Jahrhundert entwickelte sich Boston zu einem Zentrum der Textil- und Lederindustrie der USA. Vor dem Zweiten Weltkrieg verlor die Region diese Rolle allerdings zusehends, weil massenhafte Abwanderungen der Industrie in die Niedrigkosten-Regionen der Südstaaten stattfanden (FERGUSON &

LADD 1986; HEKMAN 1980a). Allein zwischen 1919 und 1929 ging die Zahl der Industriearbeitsplätze in Massachusetts um 25% zurück. Parallel dazu entwickelte sich Boston immer mehr zu einem Zentrum der militärischen Forschung und Rüstungsproduktion (CHAPMAN & WALKER 1987, Kap. 9), was damit zusammenhing, dass die lokalen Spitzenuniversitäten und ihre Forschungslabors in den 1930er Jahren große staatliche Forschungsbudgets für die Entwicklung neuer Waffensysteme und -technologien erhielten (DORFMAN 1983). Vor allem die *MIT*-Labors zeichneten sich hierbei aus. Aus der Forschung in diesen Labors resultierten Innovationen in den Bereichen Radar-, Mikrowellen- und Computerentwicklung. Anfang der 1920er Jahre kam es mit der Gründung von *Raytheon* zu einer ersten wichtigen *spin-off*-Gründung.

Frühe Nachkriegsentwicklung. Unter der Leitung von COMPTON wurden die Industriekontakte des *MIT* in der Nachkriegszeit noch intensiviert. Zudem gab es nach der Gründung des Risikokapitalunternehmens *American Research & Development Corporation* erstmals Risikokapitalfonds in der Region. Unternehmen wie *DEC* und *High Voltage Engineering* nahmen diese Fonds in ihrer Gründungsphase in Anspruch. Daneben erhöhten sich in der Zeit des kalten Kriegs die Budgets für Rüstungs- und Weltraumforschung, die in der Region verfügbar waren. Aus dieser Entwicklung resultierten umfangreiche Gründungs- und *spin-off*-Prozesse (ROSEGRANT & LAMPE 1992; STERNBERG 1995a, Kap. 4.4). Die frühe Gründung von Unternehmen wie *DEC*, *Wang Laboratories* und *Microwave Associates* war vielfach eine direkte Folge der Rüstungsforschung und zog später weitere Gründungen nach sich. Bis 1965 kam es allein aus dem *MIT* zu 156 technologieorientierten Unternehmensgründungen, von denen ein Drittel aus den *Lincoln Laboratories* stammten (ROBERTS 1968; KEUNE & NATHUSIUS 1977). Außerdem fanden in den 1960er Jahren originäre *spin-off*-Gründungen aus etablierten *high-tech*-Unternehmen der Region statt, darunter mindestens 25 *spin-offs* von *Raytheon* und 20 von *DEC* (MALECKI 1986; DE JONG 1987, Kap. 4.2). Daneben ereigneten sich zusehends Unternehmensgründungen, die ohne Bezug zu den lokalen Universitäten und unabhängig von Rüstungsprojekten entstanden. Viele dieser Unternehmen fungierten als Zulieferer für den lokalen *high-tech*-Sektor und profitierten von dessen Wachstum (BATHELT 1990). Insge-

samt führten diese Gründungen zu einer Spezialisierung der Region auf bestimmte Technologien und zur Entwicklung entsprechender Kompetenzen (DORFMAN 1983; SAXENIAN 1994, Kap. 3 und 4).

Entwicklungen der 1970er und 1980er Jahre. Überraschenderweise erlebte die Region Boston in den 1970er Jahren eine Wirtschaftskrise (HARRISON & KLUVER 1989). Dies hing eng mit Rüstungseinschnitten nach dem Vietnamkrieg, den Ölkrisen sowie der Verlagerung traditioneller Industrien aus Massachusetts zusammen (STERNBERG 1995a, Kap. 4.4). Durch die Einschnitte in den Rüstungsetats konnten die *high-tech*-Industrien der Region die Beschäftigtenverluste anderer Sektoren zunächst nicht ausgleichen. Ende der 1970er Jahre setzte ein erneuter Aufschwung ein, der als *Massachusetts Miracle* bekannt wurde und vor allem auf den *high-tech*-Sektor zurückzuführen war (Massachusetts Division of Employment Security 1985). Dieser Aufschwung hing zwar auch damit zusammen, dass die Rüstungsausgaben unter der REAGAN-Administration wieder angehoben wurden. Noch wichtiger aber war, dass *high-tech*-Unternehmen zusehends ihre militärische Abhängigkeit verringerten und private Märkte erschlossen. Während um 1960 noch etwa 50% der Unternehmen zu mehr als einem Drittel ihrer Umsätze auf Rüstungsaufträge angewiesen waren (MALECKI 1986), waren es Ende der 1980er Jahre schätzungsweise nur noch 20% der Unternehmen (BATHELT 1991a, Kap. 4). Alles entscheidender Auslöser des Booms waren Minicomputer und Elektronikprodukte, die breite Anwendungsmöglichkeiten fanden und immer größere Märkte eroberten (HEKMAN 1980a; 1980b; SAXENIAN 1994). Später kam zusätzliches Wachstum im Bereich der Gentechnik hinzu. Die Entwicklung des *high-tech*-Sektors war auch mit räumlichen Dezentralisierungsprozessen verbunden. So kam es zu Verlagerungstendenzen in Außenbereiche der Region nahe der *Interstate 495*, z. B. nach Lowell und Worcester (DE JONG 1987, Kap. 4.2; HARRISON & KLUVER 1989). Zugleich wurden Produktionsstätten in anderen Teilen der USA und in Übersee errichtet.

Entwicklungen der 1990er Jahre. Ende der 1980er Jahre erlebte die Region Boston wiederum eine Krise, die diesmal durch *high-tech*-Industrien ausgelöst wurde (SAXENIAN 1994, Kap. 3 und 4; KENNEY & v. BURG 1999; BATHELT & GLÜCKLER 2000). Die Zahl der Indus-

Tab. 11: *High-tech*-Beschäftigte und -Betriebe in der Region Boston 1987 bis 1997 (Quelle: nach U. S. Department of Commerce 1989; 1994; 1999a)

SIC-Gruppe	High-tech-Industriezweig	Anzahl der Beschäftigten			Anzahl der Betriebe		
		1987	1992	1997	1987	1992	1997
283	Arzneimittel	1599	3429	5456	38	39	48
357	Computer und Büroausstattung	25124	12951	6528	129	121	87
365	Heimaudio- und -videotechnik	2385	1514	236	17	20	11
366	Kommunikationstechnik	34224	14720	7241	104	55	55
367	Elektronische Bauteile	26956	21828	24319	308	281	295
372	Luftfahrzeuge und Bauteile	9260	7061	5443	19	17	13
376	Lenkraketen, Raumfahrzeuge und Bauteile	70	3810	–	2	4	–
38	Präzisionsinstrumente/ Feinmechanik	37301	48928	38788	381	437	417
737	Computer- und EDV-Dienste	32159	38406	77020	1108	1615	3376
Summe	***High-tech*-Industrien**	**169078**	**152647**	**165031**	**2106**	**2589**	**4302**
	– ohne Computer- und EDV-Dienste –	**136919**	**114241**	**88011**	**998**	**974**	**926**

Anmerkung: Die Region Boston umfasst die *counties* Essex, Middlesex, Norfolk und Suffolk. Beschäftigtenzahlen sind teilweise geschätzt. *SIC = Standard Industrial Classification*.

triearbeitsplätze im *high-tech*-Bereich verringerte sich von 1987 bis 1995 um mehr als 45000 (→ Tab. 11). Dies war darauf zurückzuführen, dass die Minicomputer-Industrie zusehends ihre internationale Wettbewerbsfähigkeit verlor und den größten Teil ihrer Arbeitskräfte freisetzte (TÖDTLING 1994a). Minicomputer-Hersteller, die gekennzeichnet waren durch starke Hierarchien, einen hohen Integrationsgrad, eine starke Abschottung nach außen und die bestrebt waren, ihre eigenen technologischen Standards durchzusetzen, hatten die Konkurrenz der wesentlich preiswerteren *PCs (personal computers)* schlichtweg unterschätzt und verloren ihre Märkte (SAXENIAN 1994, Kap. 3 und 4). Zudem kam es durch die Öffnung Osteuropas und das Ende des kalten Kriegs zu einem drastischen Rückgang der Rüstungsausgaben, wodurch der Bereich Militärelektronik starke Einschnitte erfuhr. Außerdem waren die *high-tech*-Unternehmen der Region durch Niedrigkosten-Konkurrenz aus anderen Teilen der USA und aus dem Ausland bedroht, so dass zusätzlich Abwanderungstendenzen im Produktionsbereich stattfanden. Allerdings zeigt sich seit Mitte der 1990er Jahre, dass der *high-tech*-Sektor der Region Boston wieder neues Wachstum entfaltet (BATHELT 1999). Um die erneute Gesundung zu verstehen, reicht es nicht aus, auf die wiederbelebte Konjunktur der USA zu verweisen. Stattdessen ist

eine evolutionsökonomische Betrachtung hilfreich. Hierbei ist allerdings im Unterschied zu der Argumentation von KENNEY & V. BURG (1999) zu beachten, dass sich der regionale *high-tech*-Sektor aus verschiedenen Subsektoren zusammensetzt, die unterschiedlichen technologischen Entwicklungspfaden folgen. Die Regenerationsfähigkeit der lokalen *high-tech*-Industrie ist also darauf zurückzuführen, dass die Wachstumsschwäche einiger *high-tech*-Branchen durch andere kompensiert wurde (BATHELT & GLÜCKLER 2000):

(1) Besonders hohes Wachstum zeigte sich in den Bereichen *software*-Erstellung und Datenverarbeitungsdienste. Interessant ist dabei, dass auch ehemalige Minicomputer-Hersteller wie *DEC* und *Wang* in diesem Markt Fuß gefasst haben und hier neue Wachstumsquellen suchen.

(2) Produzenten elektronischer Bauteile, die ursprünglich von der Minicomputer-Industrie abhängig waren, haben neue Märkte erschlossen und verzeichnen ebenfalls Wachstum. Dieser Umstrukturierungsprozess steht zumindest teilweise im Zusammenhang mit engen Verflechtungsbeziehungen zu regionalen Zulieferern, die von den Herstellern bewusst gesucht werden. Hierbei kommt es zu gemeinsamen Anpassungen und Umstrukturierungen in der Produktion.

(3) In der Biotechnologie und insbesondere in der Gentechnik gehört die Region inzwischen zu den weltweit führenden Standorten. Das hängt

mit frühen Unternehmensgründungen in diesem Feld, der Präsenz von Spitzenuniversitäten und spezialisierten medizinischen Einrichtungen zusammen (TÖDTLING 1994a). Der daraus resultierende Beschäftigtenzuwachs war allerdings bisher eher gering.

Evolutionäre Sicht des *high-tech*-Wachstums in Boston. Die Entwicklung von *high-tech*-Industrien in der Region Boston lässt sich sehr gut in das Schema industrieller Entwicklungspfade von STORPER & WALKER (1989, Kap. 3) einordnen (DORFMAN 1983; BATHELT 1990; BATHELT & GLÜCKLER 2000; SAXENIAN 1987; 1994, Kap. 3 und 4):

(1) In der Lokalisationsphase der neuen Industrien profitierte die Region von originären Ansiedlungsentscheidungen und besonderen Entwicklungsbedingungen durch ein enges Geflecht von Beziehungen zwischen Universitäten, Industrie und Militär. Unter diesen historisch einzigartigen Ausgangsbedingungen ereigneten sich entscheidende Unternehmensgründungen, die weitere Neugründungen nach sich zogen und den Ausgangspunkt für die lokale Spezialisierung im Bereich der Militärelektronik, Minicomputer-Industrie und Herstellung von Präzisionsinstrumenten bildeten (HEKMAN 1980a; 1980b).

(2) In der Clusterungsphase kam es aufgrund vorhandener Wettbewerbsvorteile aus der bestehenden Ballung von spezialisierten *high-tech*-Produzenten, Zulieferern und Arbeitskräften zu einem hohen Wachstum. Enge Zuliefer-, Militär-, Universitäts- und Technologieverflechtungen führten zu umfangreichen Neugründungs- und *spin-off*-Prozessen. Dadurch erhöhte sich der Kompetenzvorsprung in den betreffenden Technologiefeldern und es kam zur Ansiedlung weiterer Unternehmen von anderen Standorten.

(3) Dispersionsprozesse durch die Verlagerung oder Teilverlagerung von Unternehmensfunktionen in andere Regionen bzw. Länder fanden erst später und nur in begrenztem Umfang statt. Sie konzentrierten sich vor allem auf die größten Unternehmen der Region. Diese Dispersionsprozesse dauerten auch Ende der 1990er Jahre weiter an und führten dazu, dass insbesondere standardisierte Produktionen in Niedrigkosten-Regionen ausgelagert wurden. Davon abgesehen haben Dispersionsprozesse vor allem dazu gedient, für die betreffenden Unternehmen neue Wachstumsquellen zu erschließen.

(4) Die Phase der *shifting centers* ist in Boston bisher nicht eingetreten, zumindest nicht in räumlicher Hinsicht. Allerdings bestand durch den Niedergang der Minicomputer-Industrie und die Schrumpfung des Bereichs Militärelektronik seit Ende der 1980er Jahre durchaus die Gefahr, dass genau dies geschehen könnte. Jedoch hat eine Reorientierung des *high-tech*-Sektors in Richtung *software*-Erstellung und Netzwerkdienste stattgefunden, der einem *social shift* in der ökonomischen Basis entspricht. Die beachtliche Regenerationsfähigkeit der Region beruhte in den 1990er Jahren darauf, leistungsfähige Ressourcen wie z. B. hoch qualifizierte Arbeitskräfte in einem anderen, erfolgreicheren Entwicklungspfad neu zusammenzuführen.

7.4.2 Fallbeispiel 2: *Research Triangle*

Durch das *high-tech*-Wachstum in der Nachkriegszeit und den Erfolg des *Research Triangle Park (RTP)* als Forschungspark wurde das *Research Triangle* weltweit als *high-tech*-Region bekannt. Dabei darf aber nicht übersehen werden, dass es sich hier im Vergleich zu Boston nur um eine mittlere *high-tech*-Ballung handelt (STERNBERG 1995a, Kap. 4.5). Im Jahr 1997 betrug die Zahl der Arbeitsplätze im *high-tech*-Industriesegment rund 33 000 und im Bereich der Computer- und EDV-Dienste weitere 11 000 (U. S. Department of Commerce 1999b). Die Region liegt im Zentrum von North Carolina und wird durch die drei Städte Durham, Chapel Hill und Raleigh geprägt (→ Abb. 70). Die Universitäten dieser Städte – *Duke University, University of North Carolina* und *North Carolina State University* – bilden die Eckpunkte des *Research Triangle*.

Im Mittelpunkt der *high-tech*-Entwicklung steht der *RTP*, in dem sich seit Mitte der 1960er Jahre *high-tech*-Unternehmen ansiedelten (→ Abb. 71). In den 1980er Jahren entstanden in direkter Umgebung des *RTP* zahlreiche Industrie- und Gewerbeparks (BATHELT 1991a, Kap. 8). Im *RTP* konzentrieren sich etwa zwei Drittel der *high-tech*-Arbeitsplätze der Region. Der Forschungspark umfasst eine Fläche von rund 13 km Länge und 3 km Breite. Er besitzt eine parkartige Atmosphäre mit ausgedehnten Grünflächen, Wäldern und versteckten, futuristisch anmutenden Gebäuden. Der Forschungspark ist allerdings nach wie vor nicht voll belegt. Unternehmen konzentrieren sich vor allem auf die nördliche Hälfte des *RTP*. In den 1980er Jahren waren nur etwa 60 % der Grundstücke bebaut (HAMLEY

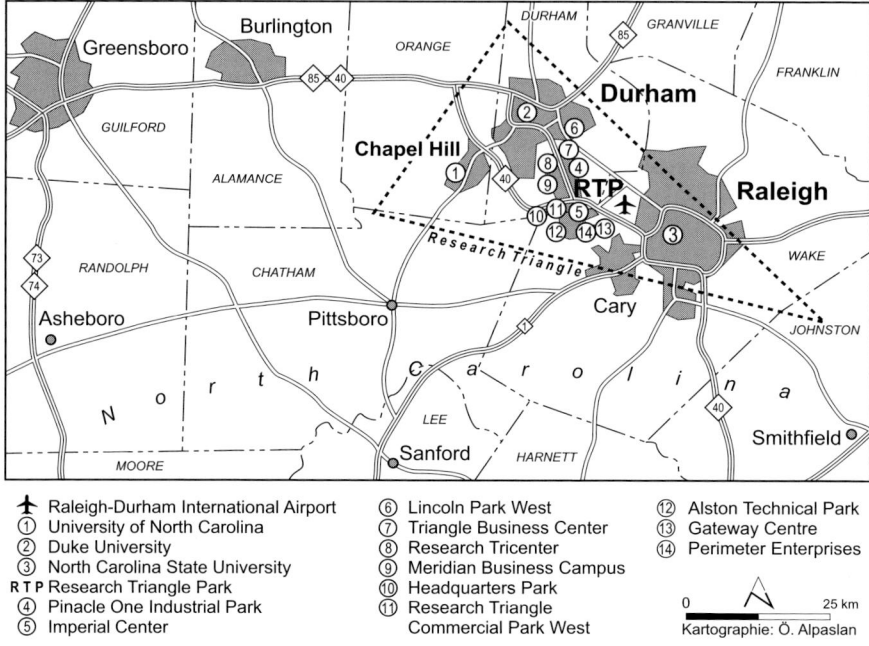

Abb. 70: Die Region *Research Triangle*, North Carolina
(Quelle: nach BATHELT 1991a, S. 195)

1982; MORIARTY 1985). Seither ist es zu weiteren, vorwiegend kleineren Neuansiedlungen im südlichen Teil und zu Umstrukturierungen im nördlichen Teil gekommen.

Zu den dominierenden *high-tech*-Unternehmen gehörten Ende der 1990er Jahre (Research Triangle Foundation 1999a; 1999b):
(1) *Life science*-Hersteller mit Schwerpunkt im Bereich Pharmazeutika und Agrochemie (z. B. *Glaxo Wellcome*, *Aventis Crop Science*, *Novartis Agribusiness Biotechnology Research*, BASF),
(2) die Elektronik- und Telekommunikations-Konzerne *IBM* und *Nortel Networks* (mit 14 000 bzw. 8 500 Beschäftigten in der Region),
(3) öffentlich-staatliche Forschungseinrichtungen (wie das *Microelectronics Center of North Carolina*, das *North Carolina Biotechnology Center* und die *U. S. Environmental Protection Agency*).

Im Jahr 2000 waren etwa 30 der 100 im *RTP* angesiedelten Unternehmen dem *high-tech*-Bereich zuzuordnen.

Vorkriegsentwicklung. Traditionell war North Carolina innerhalb der USA ein Niedriglohn-Staat ohne bedeutende industrielle Ballungen. Die Textil- und Lederindustrie erlebte allerdings seit Anfang des 20. Jahrhunderts einen Aufschwung, als sich Unternehmen aus den Neuengland-Staaten im Süden ansiedelten (DE JONG 1987, Kap. 4.4). In den 1920er Jahren entwickelte der Soziologieprofessor ODUM ein organisatorisches Konzept, um die Ressourcen der drei Universitäten der Region zu einem *Research Triangle* zusammen zu fügen. Ziel war es dabei, universitäre Forschung und wirtschaftliche Entwicklung aneinander zu koppeln und zu stärken (VOGEL & LARSON 1985). Dies hatte zunächst aber keine Konsequenzen.

Frühe Nachkriegsentwicklung. In der Nachkriegszeit beklagte man starke Abwanderungstendenzen von Hochschulabgängern aus North Carolina (HAMLEY 1982). Es entstand ein so genannter *brain-drain*-Effekt, weil 80 % der Graduierten den Bundesstaat nach ihrem Studium verließen. Somit war der regionale Arbeitsmarkt trotz der drei Universitäten durch einen hohen Anteil gering qualifizierter Arbeitskräfte gekennzeichnet. Um diese Situation zu ändern, wurde nach dem Krieg die Idee von ODUM zur Schaffung eines *Research Triangle* wieder aufgegriffen. Die Universitäten und der Gouverneur von North Carolina, HODGES, entwickelten konkrete Planungen zum Aufbau eines Forschungsparks in der Region. Dieser sollte als Wachstumspol für den gesamten Bundesstaat fungieren. Der Be-

1   Reichhold Chemicals
2   Aventis
3   Glaxo Wellcome, Inc.
4   The University of N. C. Center for Public Television
5   North Carolina State
    Education Assistance Authority
6   Bekaert Fibre Technologies
7   Innovative Specialty Films, LCC
8   DuPont Photopolymer & Electronic Materials
9   Sphinx Pharmaceuticals, a Division of Eli Lilly Co.
10 National Humanities Center
11 North Carolina Biotechnology Center
12 National Institute of Statistical Sciences
13 Microelectronics Center of North Carolina
14 International Business Machines Corporation (IBM)
15 U.S. Dept. of Agriculture - Forest Service
16 Troxler Electronic Laboratories, Inc.
17 Data General Corporation
18 UAI Technology, Inc./ Möbius Group, Inc./
    United Therapeutics Corporation
19 LITESPEC Optical Fiber LLC/
    Sumitomo Electric Lightwave Corporation
20 ISA
21 U.S. Environmental Protection Agency
22 Research Triangle Institute
23 Research Triangle Foundation of NC
24 Chemical Industry Institute of Toxicology
25 National Center for Health Statistics
26 American Association of
    Textile Chemists and Colorists (AATCC)
27 Novartis Agribusiness Biotechnology Research, Inc.
28 Underwriters Laboratories, Inc.
29 Motor & Equipment Manufacturers Assoc.
30 Nortel Networks (Northern Telecom, Inc.)
31 Becton Dickinson Research Center
32 Bayer Biotechnology
33 ManTech Environmental Technology, Inc.
34 BOC Gases
35 Ticketmaster Online-CitySearch
36 Duke Mass Spectrometry Facility,
    Sigma Xi, The Scientific Research Society
37 BASF Corporation Agricultural Products
38 National Institute of Environmental Health
    Sciences/ National Toxicology Program
39 JMC (USA), Inc.
40 Eisai, Inc.
41 Ericsson, Inc.
42 Delta Products Corporation
43 Biogen, Inc.
44 Larscom, Inc.
45 Cisco Systems, Inc.
46 Covance Biotechnology Services, Inc.

A   Research Commons
B   First Flight Venture Center
C   Park Plaza and Offices
D   Offices/ Laboratories
E   Progress Center

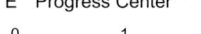

Kartographie: Ö. Alpaslan

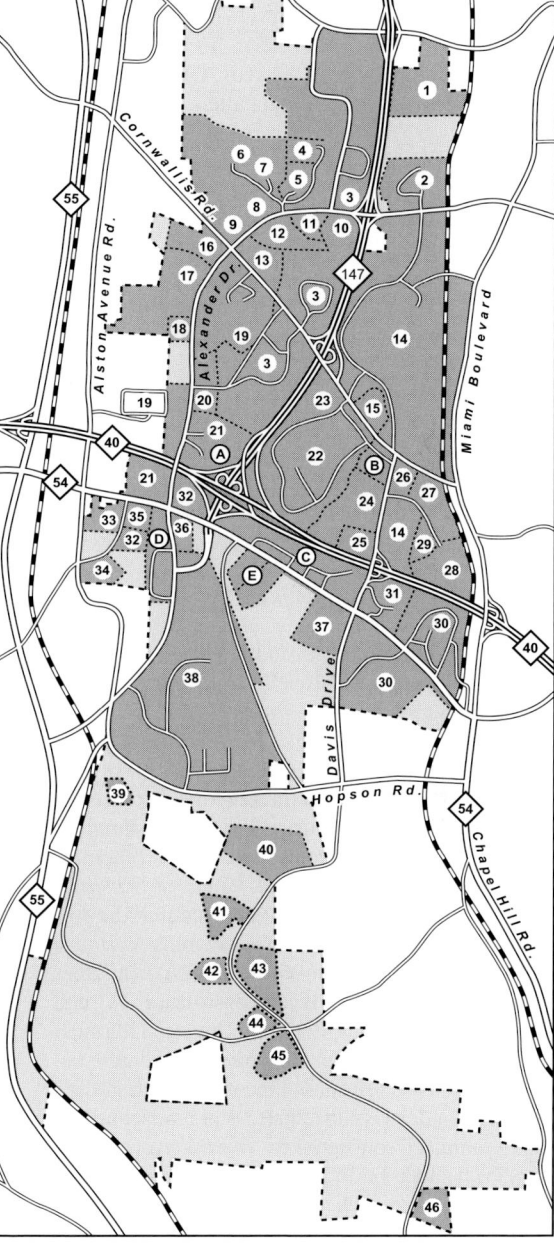

Abb. 71: *High-tech-*Unternehmen im *Research Triangle Park (RTP)* (Quelle: nach Research Triangle Foundation 1999b)

trieb des Forschungsparks wurde durch die Gründung zweier nicht-gewinnorientierter Institutionen abgesichert (VOGEL & LARSON 1985; LINK 1995): Die *Research Triangle Foundation* übernahm die administrative Gesamtaufsicht über den *RTP*. Das *Research Triangle Institute* betrieb Auftragsforschung für öffentliche und private Auftraggeber in den Bereichen Medizin, Pharmazie, Umweltforschung und Elektronik.

Im Jahr 1959 wurde der *RTP* eröffnet. Er sollte Ansiedlungsflächen ausschließlich für Forschungs- und Entwicklungsaktivitäten sowie technologieorientierte Produktionen anbieten (MORIARTY 1985; DE JONG 1987, Kap. 4.4; STERNBERG 1995a, Kap. 4.5). Im *RTP* sollten keine Emissionen gestattet sein. Dieses Prinzip wurde allerdings nicht eingehalten, wie die Ansiedlung von *IBM* und der BASF belegen. Ein Durchbruch in der Entwicklung des *RTP* ereignete sich Mitte der 1960er Jahre, als *IBM* und die *U. S. Environmental Protection Agency* die Entscheidung trafen, große Forschungs- bzw. Produktionseinrichtungen dort anzusiedeln. Beide Standortentscheidungen geschahen unter Einflussnahme von Gouverneur HODGES (VOGEL & LARSON 1985; MORIARTY 1985). Es kann vermutet werden, dass der Bundesstaat North Carolina hierbei auch anderweitige Ansiedlungsanreize geltend machte. So erhielt z. B. *IBM* einen eigenen Gleisanschluss am neuen Standort.

Entwicklungen der 1970er und 1980er Jahre. Die Ansiedlungsentscheidungen von *IBM* und der *U. S. Environmental Protection Agency* wirkten als Initialzündung für die *high-tech*-Entwicklung in der Region und zogen in den 1970er und 1980er Jahren weitere Ansiedlungen nach sich. In der Folge wurden zahlreiche Forschungszweige von multinationalen Unternehmen mit Hauptsitz in Europa oder im *manufacturing belt* der USA in der Region aufgebaut (HAMLEY 1982), so z. B. *Glaxo* und *Burroughs Wellcome* (die inzwischen zu *Glaxo Wellcome* fusioniert sind), *Novartis Agribusiness Biotechnology Research* (ehemals *Ciba-Geigy*), *Data General*, *General Electric*, *Sumitomo*, BASF. Zugleich kam es durch die Ansiedlung von *Nortel Networks* (ehemals *Northern Telecom & Bell Northern Research*) zu einer Diversifizierung der Branchenstruktur in den Telekommunikations-Bereich. Die Ansiedlungsentscheidungen hingen teilweise auch damit zusammen, dass die Region eine strategisch günstige Lage an der Ostküste hatte und landschaftlich und klimatisch sehr attraktiv war (WHITTINGTON 1985b). Lokale Gründungs- und *spin-off*-Prozesse entwickelten sich allerdings in dieser Phase nicht (MALECKI 1986; DE JONG 1987, Kap. 4.4). Dafür gibt es mehrere Gründe (BATHELT 1991a, Kap. 8; VOGEL & LARSON 1985): So war der *RTP* weitgehend ohne Bindung zu anderen Industrien in North Carolina. Außerdem gab es keine erfolgreichen Gründungsvorbilder, denen andere Gründer hätten folgen können. Zudem dominierten im *RTP* Zweigwerke und Töchter von Unternehmen, deren Hauptsitze in anderen Regionen und Ländern lagen.

Entwicklungen der 1990er Jahre. Bis zum Jahr 2000 hatten die Unternehmen des *RTP* noch keine engen Verflechtungen zu anderen Industrien in der Region und in North Carolina aufgebaut. Allerdings gab es durchaus Ansätze für Ausbreitungs- und Wachstumseffekte, die vom *Research Triangle* ausgingen (GOLDSTEIN & MALIZIA 1985; BATHELT 1991a, Kap. 8). Seit den 1980er Jahren fand eine geringe Zahl überwiegend kleiner Unternehmensgründungen statt. Zudem bauten Unternehmen in den umliegenden Industrie- und Gewerbeparks weitere Produktions-, Verwaltungs- und Marketingeinrichtungen auf und expandierten so in die nähere Umgebung. Daneben errichteten Unternehmen des *RTP* Produktionsbetriebe in anderen Städten North Carolinas, die in enger Beziehung zu den Einrichtungen im *RTP* standen (z. B. *IBM* in Charlotte und *Sumitomo* in Greensboro). In den 1990er Jahren gab es zudem weitere Neuansiedlungen in der Region, von denen sich einige in der südlichen Hälfte des *RTP* niederließen (Research Triangle Foundation 1999b). Neuansiedlungen von Biotechnologie-Unternehmen wie z. B. *Biogen* verstärkten die Spezialisierung des lokalen *high-tech*-Sektors auf die *life sciences*. Die Kompetenzen in den Bereichen Mikroelektronik und Telekommunikation wurden ebenfalls weiter entwickelt.

Allerdings verzeichnete der *RTP* auch Probleme, die sich in Umstrukturierungen, Besitzwechseln und Arbeitsplatzverlusten niedergeschlugen. So wechselte das Mikroelektronikzentrum des Forschungsparks zweimal seinen Besitzer und ist seit 1994 Bestandteil von *Harris Semiconductor* (LINK 1995, App. B). Ferner ging die Fusion von *Glaxo* und *Burroughs Wellcome* zu *Glaxo Wellcome* mit einer substanziellen Umstrukturierung einher, bewirkte aber zugleich einige *spin-off*-Gründungen (WYSOCKI 1996). Im Unterschied dazu baute *IBM* seine Aktivitäten in der Region aus. Insgesamt verzeichnete der *high-tech*-Sektor des *Research Triangle* auch in den 1990er Jahren Wachstum, konnte aber keinen entscheidenden Entwicklungssprung vollziehen. Die Gesamtzahl der *high-tech*-Beschäftigten erhöhte sich zwischen 1993 und 1997 nur moderat von 41 000 auf 44 000, wobei die Beschäftigtenzahl im Industriesegment des *high-tech*-Sektors mit 33 000 weitgehend konstant blieb (→ Tab. 12). Der Anstieg in der Beschäftigten- und Betriebszahl resultierte vor allem aus dem überdurchschnittlich hohen Wachstum der Computer- und EDV-

Tab. 12: *High-tech*-Beschäftigte und -Betriebe in der Region *Research Triangle* 1993 bis 1997 (Quelle: nach U. S. Department of Commerce 1995; 1999b)

SIC- Gruppe	*High-tech-* Industriezweig	Anzahl der Beschäftigten		Anzahl der Betriebe	
		1993	1997	1993	1997
283	Arzneimittel	2379	2436	9	15
357	Computer und Büroausstattung	19260	18260	22	23
365	Heimaudio- und -videotechnik	70	36	3	3
366	Kommunikationstechnik	5328	6723	14	18
367	Elektronische Bauteile	2459	3406	32	34
372	Luftfahrzeuge und Bauteile	130	70	4	2
376	Lenkraketen, Raumfahrzeuge und Bauteile	–	–	–	–
38	Präzisionsinstrumente/ Feinmechanik	3683	2166	53	54
737	Computer- und EDV-Dienste	7869	11126	422	887
Summe	***High-tech*-Industrien**	**41178**	**44213**	**559**	**1036**
	– ohne Computer- und EDV- Dienste –	**33309**	**33097**	**137**	**149**

Anmerkung: Die Region *Research Triangle* umfasst die *counties* Durham, Orange und Wake. Beschäftigtenzahlen sind teilweise geschätzt. *SIC = Standard Industrial Classification.*

Dienste, während das *high-tech*-Industrieseg-ment stagnierte.

Evolutionäre Sicht des *high-tech*-Wachstums im *Research Triangle*. Die Entwicklung des *high-tech*-Sektors im *Research Triangle* erfolgte im Unterschied zu Boston nicht ungeplant und spontan, sondern wurde wesentlich durch den Aufbau des *RTP* als Forschungspark initiiert. Das Wachstum in der Region begann zu einem relativ späten Zeitpunkt, als die Lokalisations-phase dieser Industrien eigentlich vorüber war und die *windows of locational opportunity* sich zugunsten anderer Regionen wie etwa dem *Silicon Valley* und Boston zu schließen begannen. Das *Research Triangle* entwickelte sich erst in der Phase der Dispersionsprozesse zu einem *high-tech*-Standort und profitierte dabei insbe-sondere von der Ansiedlung von Zweigwerken und Tochterunternehmen aus anderen Regionen und Ländern. Die Region kann in diesem Sinn als Wachstumsperipherie angesehen werden, in der sich *high-tech*-Unternehmen ansiedelten, um neue Märkte zu erschließen. Aufgrund dessen entwickelte sich eine Industriestruktur, die durch eine große Außenabhängigkeit geprägt ist. Diese Struktur erklärt auch, warum das Potenzial für eigenständige Wachstums- und Gründungspro-zesse bisher gering war. Dennoch besteht die Möglichkeit, dass es durch technologische Er-neuerungsprozesse in Zukunft zu unterneh-

mensübergreifender Zusammenarbeit und Inno-vationsprozessen in der Region kommt, woraus im Sinn von STORPER (1997a, Kap. 3) ein eigen-ständiger Entwicklungspfad mit regionsinternen Gründungsprozessen hervorgehen kann.

7.4.3 *High-tech*-Wachstum und Politikverständnis

In den 1970er und 1980er Jahren wurde versucht, allgemeine Ursachen zu finden, die den Wachs-tumsprozessen erfolgreicher *high-tech*-Regionen zugrunde liegen. Dies geschah, indem man die Faktoren der Standortentscheidungen von *high-tech*-Unternehmen untersuchte. Als wichtige Standortfaktoren für den *high-tech*-Sektor wur-den die Nähe zu führenden Universitäten und sonstigen Forschungseinrichtungen, die Existenz von Technologieparks und Gründerzentren, das Vorhandensein von Risikokapitalfonds, enge Be-ziehungen zwischen Universitäten und Industrie sowie weitere Faktoren ermittelt (z. B. MARKU-SEN et al. 1986). Die Schlussfolgerung daraus war, in anderen Regionen gleichartige Standort-bedingungen zu erzeugen, um dort eine ähnliche *high-tech*-Entwicklung zu generieren. Es zeigte sich allerdings, dass dies nicht ohne weiteres in der Realität umzusetzen war. Entwicklungen wie im *Silicon Valley* oder Boston ließen sich nicht beliebig an anderen Orten reproduzieren. Die Folge dieser Politik waren untergenutzte Gründerzentren und Technologieparks, in denen sich vor allem Unternehmen traditioneller Branchen ohne Technologieschwerpunkt ansiedelten (z. B. LUGER & GOLDSTEIN 1991; MASSEY et al. 1992). Aus diesem Grund ist Skepsis an einer derartigen Umsetzung von Technologiepark-Konzepten angebracht (SCHAMP 2000a, Kap. 3.3).

Eine problemadäquate Analyse der *high-tech*-Entwicklungen in Boston und im *Research Triangle* setzt ein Verständnis struktureller *embeddedness* und evolutionärer Entwicklung voraus. Die Untersuchung der Entwicklungspfade und ihrer Stadien verdeutlicht, dass die Entfaltung beider Regionen insofern einzigartig war, als hier jeweils Bedingungen und Strukturen wirkten, die sich in dieser Ausprägung über lange Zeit vor Ort entwickelt hatten (SAXENIAN 1987). Diese Bedingungen sind lokalisiert und drücken sich in spezifischen Strukturen konkreter sozialer Beziehungen aus, die nicht auf andere Orte projizierbar sind. Ein evolutionärer Ansatz führt zu einem besseren Verständnis der dem *high-tech*-Wachstum zugrunde liegenden Prozesse. Dies kann helfen, Ansatzpunkte für eine prozessgeleitete (statt einer strukturorientierten) Wirtschaftspolitik in solchen Regionen zu finden, in denen ebenfalls, aber unter anderen Bedingungen eigenständige Entwicklungspfade möglich sind.

8 Innovation und Interaktion: Technologischer und gesellschaftlicher Wandel

Kapitel 8 nutzt die Konzepte der Organisation und Evolution zur Beantwortung der Frage: Warum und durch welche Prozesse entsteht Neues und wie verbreitet es sich in die Welt? Anhand der Ionen Interaktion und Innovation werden Theorien des technologischen und gesellschaftlichen Wandels erschlossen, wobei traditionelle Ansätze des linearen Wandels kritisiert und ihnen komplexere evolutionäre Ansätze gegenüber gestellt werden. Ziel des Kapitels ist es, soziale und ökonomische Prozesse der Wissensgenerierung kennen zu lernen und die Bedeutung der Kontextualität lokalisierter Kompetenzen sowie historischer Entwicklungspfade für den Innovationsprozess zu untersuchen. Die Entwicklung einer relationalen Wirtschaftsgeographie wird mit Kapitel 8 abgeschlossen. Am Ende des Kapitels empfiehlt sich eine erneute Lektüre der zentralen Abschnitte aus Kapitel 1, um die vorgestellten Ionen mit der relationalen Grundperspektive zu verbinden. Kapitel 1 sollte sich nunmehr vollständig erschließen lassen.

In Kapitel 6 und Kapitel 7 wurden die konzeptionellen Grundlagen für ein im Vergleich zur Raumwirtschaftslehre umfassenderes Verständnis von unternehmerischem Handeln gelegt. Wirtschaftliche Entscheidungen sind demnach situiert in sozialen und institutionellen Kontexten. Ökonomisches Handeln ist eingebettet in Strukturen unternehmensinterner und unternehmensübergreifender Organisation. Die Wirkungen ökonomischer Prozesse sind evolutionär, d. h. durch vorangegangenes Handeln geprägt und hinsichtlich ihrer Zukunft kontingent. In diesem Kapitel sollen zwei weitere Ionen in das Konzept einer neuen, relationalen Wirtschaftsgeographie eingeführt werden. Es sind dies die Leitkonzepte Innovation und Interaktion, die beide in der Raumwirtschaftslehre und der ökonomischen Neoklassik vernachlässigt werden.

Während in traditionellen Konzeptionen Technologien als exogen angenommen und Veränderungen systematisch ausgeklammert werden, erfolgt in der neuen endogenen Wachstumstheorie (→ Kap. 3.3) und in evolutionsökonomischen Ansätzen (→ Kap. 7.1) eine explizite modellinterne Berücksichtigung der Prozesse der Wissensgenerierung und des technologischen Wandels durch Innovationen. Auch sozialwissenschaftliche und wirtschaftsgeographische Studien beschäftigen sich zunehmend mit den Abläufen von Innovationsprozessen und den Wirkungen neuer Technologien auf die Gesellschaft und auf regionale Wachstumsprozesse, um zu einer dynamischen Perspektive und einem vertieften Verständnis von technologischem und ökonomischem Wandel zu gelangen.

Mit der Analyse von Innovationsprozessen sind zudem Interaktionen zwischen ökonomischen Akteuren und Akteursgruppen in den Mittelpunkt des Interesses gerückt. Die Annahme hierbei ist, dass Interaktionen Lernprozesse bewirken und somit das Resultat kollektiven Handelns mehr ist als nur die Summe der individuellen Fertigkeiten der Akteure. In solchem Handeln zeigt sich der Nutzen von sozialem Kapital (→ Kap. 6.2). Dies scheint gerade im Zusammenhang mit Innovationsprozessen von Bedeutung zu sein, weil Unternehmen zunehmend nicht mehr in der Lage sind, für sich allein neue Technologien zu entwickeln. Der Prozess der Wissens- und Technologiegenerierung ist ein arbeitsteiliger, interaktiver Prozess zwischen verschiedenen Akteuren in und zwischen Unternehmen sowie mit anderen Institutionen, der durch reflexive Verhaltensweisen geprägt ist.

Aus der Sicht der Wirtschaftsgeographie ergeben sich daraus folgende Fragen:

(1) Welche sozialen und ökonomischen Prozesse beeinflussen die Entstehung von Wissen und neuen Technologien und wie unterscheiden sich diese Prozesse von Ort zu Ort?

(2) Inwiefern hängen Innovationsprozesse von lokalisierten Kompetenzen ab und werden durch regionale Ballungs- und Spezialisierungsprozesse begünstigt?

(3) In welchem Maß sind Prozesse der Wissensgenerierung in technologische Entwicklungspfade und spezifische soziale Kontexte in örtlichen und zwischenörtlichen Zusammenhängen eingebettet?

In diesem Kapitel werden ältere und jüngere Konzeptionen des technologischen Wandels einander gegenüber gestellt. Die ersten beiden Abschnitte dieses Kapitels diskutieren mikrotechnologische Ansätze des technologischen Fortschritts und seiner Verbreitung in räumlicher Perspektive. Die restlichen Abschnitte stellen den technologischen Wandel unter einer gesamtwirtschaftlichen Perspektive in den Kontext langfristiger ökonomischer und gesellschaftlicher Entwicklung.

8.1 Lineares Modell des technologischen Wandels und Produktzyklustheorie

Das bis in die 1980er Jahre dominierende und auch in den 1990er Jahren noch verwendete lineare Modell des technologischen Wandels unterstellt einen deterministischen Verlauf von Innovationsprozessen. Im Mittelpunkt des Interesses steht dabei eine idealtypische Abfolge miteinander verbundener Schritte von Forschung und Entwicklung (FuE). Aufgrund des als typisch angenommenen Forschungs- und Entwicklungsprozesses lassen sich im Zeitablauf verschiedene Stufen der Produktion differenzieren, die in der Produktzyklustheorie mit unterschiedlichen Standortstrukturen in Verbindung gebracht werden.

8.1.1 Forschung und Entwicklung im linearen Modell

Im **linearen Modell des technologischen Wandels** stehen systematische FuE-Aktivitäten im Zentrum von Innovationsprozessen, beginnend

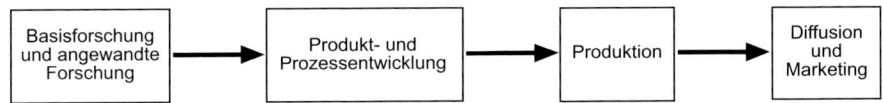

Abb. 72: Lineares Modell des technologischen Wandels (Quelle: nach MALECKI 1991, S. 115)

mit Basisforschung und angewandter Forschung. Über den Schritt der Produkt- und Prozessentwicklung werden anschließend Neuheiten bis zur Marktreife entwickelt und im darauf folgenden Schritt produziert ($\rightarrow$ Abb. 72). Der letzte Schritt des linearen Modells umfasst die Diffusion der Produkt- und Prozessinnovationen zu den Abnehmern und Anwendern. Produktinnovationen werden hierbei aus der Kontinuität von FuE-Aktivitäten abgeleitet. Während noch im 18. und 19. Jahrhundert viele Erfindungen nicht auf wissenschaftliche Forschungen zurückzuführen waren, sondern aus den praktischen Erfahrungen von Ingenieuren und Handwerkern resultierten, gewannen systematische FuE-Aktivitäten für die arbeitsteiligen, komplexen Innovationsprozesse im 20. Jahrhundert zunehmend an Bedeutung (FREEMAN 1982, 1. Teil). Selbst relativ einfache Produkt- und Prozessänderungen konnten ohne ein Mindestmaß an Laborexperimenten und ohne den Einsatz wissenschaftlicher Prinzipien nicht vorangetrieben werden. Die Bedeutung des linearen Modells ist damit zu erklären, dass Innovationsprozesse in den meisten Industriesektoren nicht mehr ohne kontinuierliche FuE-Aktivitäten in speziellen Labors bzw. Unternehmensabteilungen denkbar waren.

Wie von MALECKI (1979; 1980) und FREEMAN (1982, 2. Teil) dargestellt, können sich Aufbau und Organisation industrieller Forschung und Entwicklung im Einzelfall stark voneinander unterscheiden. Die **Organisation der Forschung** hängt von den Unternehmenszielen, spezifischen Technologien sowie der Art der Unternehmensorganisation ab. Kleine Ein-Produkt-Unternehmen besitzen häufig keine eigenständige Forschungsabteilung. Stattdessen werden Entwicklungsaktivitäten unter zentraler Leitung dem Produktionsprozess angegliedert und von Arbeitskräften durchgeführt, die sowohl Poduktions- als auch Forschungsaufgaben übernehmen. Mit steigender unternehmensinterner Arbeitsteilung enthält der Forschungs- und Entwicklungsbereich einen organisatorisch unabhängigen Charakter. Es erfolgt der Aufbau von räumlich separaten FuE-Abtei-

lungen mit spezialisiertem Mitarbeiterstab. Mit zunehmender Diversifizierung der Produktpalette entstehen mehrere FuE-Abteilungen, die unter dezentraler Leitung räumlich und organisatorisch voneinander getrennt die verschiedenen Produktlinien betreuen.

Im linearen Modell des technologischen Wandels lassen sich verschiedene Arten von Forschung und Entwicklung unterscheiden (FREEMAN 1982, Kap. 1; BATHELT 1991a, Kap. 2; MALECKI 1991, Kap. 4; MAIER & TÖDTLING 1996, Kap. 7):

(1) **Grundlagenforschung und angewandte Forschung.** Grundlagen- bzw. Basisforschung ist langfristig orientiert und versucht, neue wissenschaftlich-technische Erkenntnisse und Prinzipien zu generieren. Sie ist nicht direkt auf Produkt- und Prozessinnovationen ausgerichtet. Die Basisforschung ist in erster Linie in Universitäten und staatlichen Forschungslabors konzentriert, wobei es eher selten zu regionalen Verflechtungen mit der Industrie kommt. Demgegenüber besteht das Ziel der angewandten Forschung darin, neue wissenschaftlich-technische Erkenntnisse kommerziell zu verwerten und in Produkt- und Prozessinnovationen umzusetzen. Die angewandte Forschung ist stärker als die Grundlagenforschung auch in industriellen Forschungsabteilungen angesiedelt.

(2) **Produkt- und Prozessentwicklung.** Hierunter versteht man die letzten Schritte, die notwendig sind, um den kommerziellen Erfolg einer Erfindung (Invention) zu ermöglichen. Entwicklungsaktivitäten konzentrieren sich auf den Bereich der verarbeitenden Industrie und hier vor allem auf große Unternehmen. In der Entwicklungsphase werden Prototypen an Marktbedürfnisse angepasst, neue Produkte perfektioniert und Prozessinventionen in den Produktionsprozess eingepasst. Die Entwicklungsphase ist eng an die Produktion gekoppelt, so dass es zu Interaktionen mit dem Produktionsbereich kommt.

Langfristige Forschungsaktivitäten sind meist in zentralen Forschungslabors konzentriert, während kurzfristige Produktentwicklungen dezentral an die Produktlinien gekoppelt sind. MALECKI (1979; 1980) weist darauf hin, dass eine zentrale FuE-Organisation vor allem unter Kostengesichtspunkten Vorteile bietet und zu internen Ersparnissen führt. Demgegenüber erweisen sich dezentrale Organisationsformen vor allem bei hohen Flexibilitätsanforderungen und intensiven Kommunikationsbedürfnissen zwischen Forschung und Produktion als geeignet. In großen Mehr-Betriebs-Unternehmen sind zentral gesteuerte FuE-Labors meist in der Nähe der Unternehmenszentrale anzutreffen, während produktorientierte Entwicklungsaktivitäten dezentral an die verschiedenen Produktionsstandorte angeschlossen sind.

Gemäß dem linearen Modell des technologischen Wandels wird angenommen, dass Produktinnovationen zuerst an denjenigen Standorten hergestellt werden, an denen eine besonders hohe Konzentration von FuE-Aktivitäten gegeben ist. Dies wird in der Produktzyklustheorie damit begründet, dass in der Anfangsphase die Entwicklungsarbeiten noch unvermindert weiterbetrieben werden. Erst wenn die Produktanpassungen zu einem späteren Zeitpunkt abgeschlossen sind, kommt es nach dem Produktzyklusmodell zu Verlagerungen der Produktion in Richtung peripherer Standorte, die besondere Kostenvorteile für die Produktion aufweisen.

Ein **Problem des linearen Modells** technologischen Wandels besteht darin, dass Lernprozesse keine Berücksichtigung finden. Diese führen aber dazu, dass der lineare Ablauf durch vielfältige *feedbacks* zwischen Produktion und Forschung durchbrochen wird und sich reflexive Verhaltensweisen etablieren, die eine schrittweise Produkt- und Prozessverbesserung generieren (BATHELT 1991a, Kap. 2; MALECKI 1991, Kap. 4). Derartige Lernprozesse sind keineswegs auf Unternehmen mit eigenständigen Forschungsabteilungen beschränkt, sondern können in jeder Art von Produktionsorganisation verwirklicht werden.

8.1.2 Produktzyklustheorie in räumlicher Perspektive

Die mit dem linearen Modell des technologischen Wandels verknüpfte **Produktzyklustheorie** wurde Mitte der 1960er Jahre von VERNON (1966) und HIRSCH (1967) an der *Harvard Business School* begründet. Sie wurde zunächst als dynamischer Ansatz in der Außenhandelstheorie zur Erklärung bestimmter Außenhandelsströme eingesetzt, später aber auch auf interregionale Güterflüsse und die Standortwahl von Produktionsaktivitäten angewendet. Ausgangspunkt der Produktzyklustheorie ist das so genannte **LEONTIEF-Paradoxon** (VERNON 1966). LEONTIEF hatte Anfang der 1950er Jahre überraschenderweise festgestellt, dass Exporte der USA aus relativ arbeitsintensiven Produkten und Importe aus vergleichsweise kapitalintensiven Produkten bestanden. Nach dem HECKSCHER-OHLIN-Theorem der Neoklassik wären aufgrund der hohen Kapitalverfügbarkeit und komparativer Kostenvorteile für kapitalintensive Produktion demgegenüber umgekehrte Außenhandelsströme zu erwarten gewesen (→ Kap. 3.2). VERNON (1966) versuchte, das LEONTIEF-Paradoxon unter Rückgriff auf das Konzept des Produktlebenszyklus zu lösen. Seine Arbeit wurde von HIRSCH (1967, Kap. II; 1972) und WELLS (1972b) später von der internationalen auf die interregionale Ebene übertragen. Die Produktzyklustheorie, die auf einer Reihe vereinfachender Annahmen über Produktionsverhältnisse, Konsummuster und Technologiebedingungen beruht (VERNON 1966), unterscheidet drei Phasen im Lebenszyklus eines Produkts (→ Abb. 73): Innovations-, Reife- und Standardisierungsphase (NUHN 1985; HESSE 1988; HEALEY & ILBERY 1990, Kap. 6; BATHELT 1991a, Kap. 11; 1992; MAIER & TÖDTLING 1992, Kap. 4; SCHÄTZL 1998, Kap. 2.3.9).

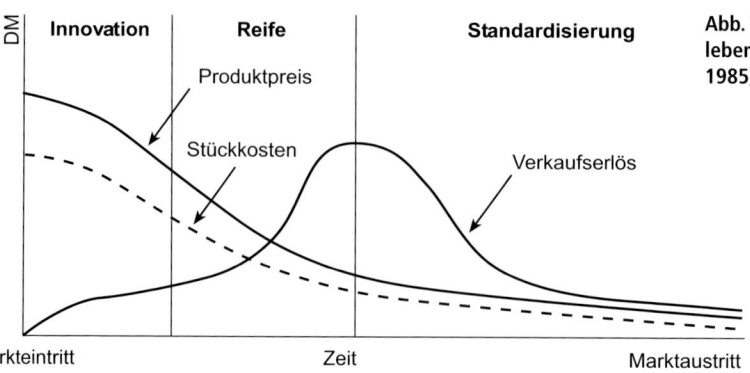

Abb. 73: Phasen des Produktlebenszyklus (Quelle: nach NUHN 1985, S. 189)

(1) Innovationsphase. In dieser Phase sind die Grenzkosten der Produktion und damit die Produktpreise noch relativ hoch und die Nachfrage entsprechend gering. FuE-Aktivitäten werden in der Innovationsphase fortgesetzt, um ein neues Produkt an Marktbedürfnisse anzupassen, kleine Fehler zu korrigieren und den Produktionsprozess zu perfektionieren. Da die endgültige Kombination der Inputs nicht feststeht, gibt es keine Möglichkeit, einen kostenminimalen Standort zu ermitteln (VERNON 1966). Zudem besteht noch kein Zwang zu kostenminimaler Produktion, da die Preisunterschiede zwischen konkurrierenden Unternehmen aufgrund der geringen Preiselastizität der Nachfrage keine größeren Auswirkungen auf die Erlössituation der Unternehmen haben. Aufgrund der bestehenden Ungewissheit auf den potenziellen Märkten besteht allerdings die Notwendigkeit zum Aufbau hochwertiger Kommunikationsnetze zu Nachfragern und Konkurrenten, um flexibel und schnell auf sich verändernde Marktbedürfnisse reagieren zu können. In dieser Phase haben somit Kommunikationsmöglichkeiten und Agglomerationsvorteile eine große Bedeutung (HIRSCH 1967, Kap. II). Entscheidende Standortfaktoren der Innovationsphase sind die Verfügbarkeit von wissenschaftlich-technischem Fachpersonal, externen Zulieferern und Diensten sowie von Managementqualitäten. Kapitalverfügbarkeit zum Aufbau spezialisierter Maschinenparks spielt demgegenüber nur eine geringe Rolle, weil noch keine Massenproduktion aufgebaut wird (→ Abb. 74). Die Produzenten der neuen Produkte sind gemäß der Produktzyklustheorie in der Innovationsphase überwiegend in hochentwickelten Volkswirtschaften und hier vor allem in den Hauptagglomerationen lokalisiert, weil dort die besten Standortbedingungen vorherrschen.

(2) Reifephase. In der Reifephase setzt eine starke Nachfrage ein und die Verkaufserlöse erhöhen sich exponentiell. Zugleich verringert sich die Ungewissheit über die Bedürfnisse der Nachfrage. Es setzt ein Prozess der Standardisierung und Homogenisierung des neuen Produkts ein, wenngleich unter dem erhöhten Preiswettbewerb nach wie vor geringe Produktänderungen vorgenommen werden (VERNON 1966). Bestimmte Standards im Produktionsprozess erfahren eine zunehmende Akzeptanz und es entsteht eine Tendenz zur Massenproduktion mit der Möglichkeit, interne Ersparnisse zu erzielen. In der Folge sinken die durchschnittlichen Produktionskosten und die Produktpreise. Da Käuferpräferenzen in der Reifephase weitgehend bekannt sind, sinkt der Bedarf an Flexibilität in Bezug auf die Standortansprüche. Vor allem Managementqualitäten zur Entwicklung langfristiger Unternehmensstrategien und zur Organisation einer kostengünstigen Produktion sowie ausreichende Kapitalverfügbarkeit zum Aufbau von Maschinenparks für die Massenproduktion besitzen nun großen Einfluss auf die Standortwahl (→ Abb. 74). Produktionsaktivitäten erfordern weniger qualifizierte Arbeitskräfte als in der Innovationsphase und werden zunehmend durch ungelernte Arbeitskräfte durchgeführt (HIRSCH 1967, Kap. II). In dieser Phase kommt es dazu, dass Produktionsstandorte außerhalb der Hauptindustrieballungen und in an-

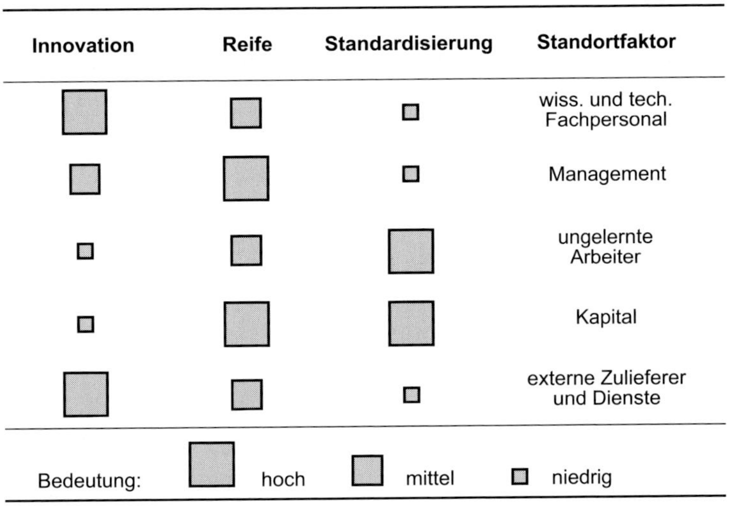

Abb. 74: Bedeutungswandel von Standortfaktoren im Produktlebenszyklus (Quelle: nach HIRSCH 1967, S. 35)

deren entwickelten Volkswirtschaften aufgebaut werden und somit erste Produktionsverlagerungen stattfinden. Voraussetzung hierfür sind geringere Produktionskosten als an den ursprünglichen Standorten.

(3) **Standardisierungsphase.** Mit zunehmender Standardisierung von Produkten und Prozessen werden internationale Märkte immer leichter zugänglich. Investitionen in anderen Regionen und Volkswirtschaften sind mit abnehmenden Risiken verbunden. Gemäß der Produktzyklustheorie tendieren Unternehmen in der Standardisierungsphase zu einer optimalen Standortwahl basierend auf Kostenvorteilen (VERNON 1966; HIRSCH 1967, Kap. II). Wichtige Standortfaktoren sind die Verfügbarkeit und die Kosten von ungelernten Arbeitskräften und Kapital (→ Abb. 74). Managementfähigkeiten, Agglomerationsvorteile und die Verfügbarkeit wissenschaftlich-technischer Fachkräfte haben nur noch einen geringen Einfluss auf die Standortwahl. Unter Kostenaspekten werden Produktionsbereiche nun zusehends in weniger entwickelten Volkswirtschaften und Regionen mit geringem Lohnniveau, geringen Steuern, reichhaltigen Rohstoffvorkommen und ausreichender Verkehrsinfrastruktur aufgebaut.

Mittels einer produktzyklustheoretischen Begründung gelingt es VERNON (1966), das eingangs skizzierte LEONTIEF-Paradoxon aufzuklären. So exportieren die USA vor allem deshalb relativ arbeitsintensive Produkte, weil sie für Produkte der Innovationsphase, die mit einem hohen Aufwand an Humankapital von wissenschaftlichem und technischem Fachpersonal hergestellt werden, die besten Standortvoraussetzungen bieten. Demgegenüber lassen sich relativ standardisierte Produkte der Reife- und Standardisierungsphase kostengünstiger in anderen Ländern herstellen und werden als kapitalintensive Güter in die USA importiert. Diese Art des Außenhandels lässt sich auch als *technology-gap trade* charakterisieren (HESSE 1988).

8.1.3 Exkurs: Traditionelle räumliche Innovations- und Diffusionsforschung

Neben der Produktzyklustheorie gibt es in der Wirtschaftsgeographie einen weiteren Forschungszweig, der sich traditionell mit der räumlichen Ausbreitung von Innovationen befasst. Der Prozess der Ausbreitung von Innovationen

wird als **Diffusion** bezeichnet und beinhaltet eine räumliche und eine zeitliche Dimension. In der Nachkriegszeit hat sich die räumliche Innovations- und Diffusionsforschung zu einem wichtigen Forschungsgebiet in der raumwirtschaftlichen Wirtschaftsgeographie entwickelt (ABLER et al. 1971; WINDHORST 1983). Eine zentrale Frage der traditionellen Diffusionsforschung ist es, durch welche Dynamik Phänomene, die ursprünglich auf einen oder wenige Raumpunkte konzentriert sind, im Zeitablauf zu anderen Raumpunkten transferiert werden. HÄGERSTRAND (1967) erkannte bereits frühzeitig, dass die Adoption einer Innovation aus einem Kommunikationsprozess zwischen verschiedenen Akteuren resultiert und dass das Schema der Diffusion deshalb wesentlich von den Faktoren abhängt, die auf die Informationsflüsse zwischen Akteuren wirken (ROGERS 1962; KATZ et al. 1963).

Dabei liegen der Verbreitung Konsum orientierter und technologischer Innovationen unterschiedliche Prinzipien zugrunde (BROWN 1981). **Technologische Innovationen** sind Neuerungen, die von Unternehmen adoptiert und in deren Produktionsprozess integriert werden (z. B. neue Prozesstechnologien und Organisationsformen). Daher stehen hier die Eigenschaften und Fähigkeiten der adoptierenden Unternehmen im Vordergrund des Diffusionsprozesses (BROWN 1981; GIESE & NIPPER 1984). Anreizinstrument zur Annahme einer technologischen Innovation innerhalb eines laufenden Produktionsprozesses ist die so genannte Adoptionsrente, die im Wesentlichen dem Unternehmergewinn von SCHUMPETER (1911, Kap. 4; 1961, Kap. III) entspricht (→ Kap. 8.3). Sie ist ein temporärer Monopolgewinn, der durch den frühen Einsatz einer neuen Technologie erzielt werden kann, z. B. durch die Senkung der Produktionskosten (BROWN 1981). In der traditionellen geographischen Innovations- und Diffusionsforschung sind technologische Innovationen zumeist nur randlich behandelt worden (z. B. ABLER et al. 1971).

Konsum orientierte Innovationen sind Neuerungen und Neuheiten, die unmittelbar die Endnachfrage – d. h. die Konsumenten – betreffen und beispielsweise in Form von neuen Produkten durch Konsumenten aufgegriffen werden. Am Prinzip der Nachbarschaftsdiffusion lässt sich der konzeptionelle Ansatz der Diffusionsforschung besonders gut illustrieren (HÄGERSTRAND 1967; ABLER et al. 1971; CLIFF et al. 1981; WINDHORST

1983). **Nachbarschaftsdiffusion** liegt vor, wenn eine Innovation durch den direkten Kontakt eines Innovationsträgers mit einer anderen Person übertragen wird. In der Innovations- und Diffusionsforschung wird dieser Prozess auf einer räumlichen, einer zeitlichen und einer raumzeitlichen Ebene dargestellt.

(1) **Räumliche Diffusion.** Es wird angenommen, dass der Raum durch das Prinzip der Entfernung den Diffusionsprozess strukturiert. Die Verbreitung einer Neuerung erfolgt ähnlich der Ausbreitung einer ansteckenden Krankheit (CLIFF et al. 1981) durch den persönlichen Kontakt zwischen Personen im Rahmen eines Informations- und Wissenstransfers, wobei die dem Innovationszentrum am nächsten gelegenen Personen zuerst und die am weitesten entfernten zuletzt von der Innovation erreicht werden. Bei der Nachbarschaftsdiffusion breiten sich Innovationen vom Innovationszentrum ausgehend sukzessive nach außen aus (MORRILL 1968). Der Anteil der Adoptoren an der Anzahl der potenziellen Adoptoren nimmt dabei mit zunehmender Entfernung vom Ursprungsort durch den Distanzeffekt ab (→ Abb. 75a).

(2) **Zeitliche Diffusion.** Da eine Innovation in einer gegebenen Raumeinheit nicht von allen potenziellen Adoptoren gleichzeitig angenommen wird, unterliegt der Diffusionsprozess ferner einer zeitlichen Komponente. ABLER et al. (1971) gehen davon aus, dass die Zahl der neu hinzu kommenden Adoptoren im Zeitablauf eine symmetrische, glockenförmige Verteilung aufweist. Anhand dieses Verlaufs lassen sich vier Gruppen von Adoptoren unterscheiden (→ Abb. 75b). Die Innovatoren stellen eine vergleichsweise kleine Gruppe dar, die eine Neuerung sehr schnell annehmen. Ihrem Beispiel folgt bald eine frühe Majorität, deren Verhalten nach einer gewissen Zeit von der späten Majorität nachvollzogen wird. Schließlich folgen noch einige Nachzügler.

(3) **Raumzeitliche Diffusion.** Insgesamt wird der Prozess der Nachbarschaftsdiffusion durch eine Kombination und Überlagerung von räumlichen und zeitlichen Faktoren geprägt und in der traditionellen Diffusionsforschung als ein wellenartiges Phänomen dargestellt (MORRILL 1968; CLIFF et al. 1981). Zu jedem Zeitpunkt der Analyse hat die Funktion der neu hinzukommenden Adoptoren in Abhängigkeit von der Distanz die Form einer Welle (→ Abb. 75c). Der Gipfel der Welle bewegt sich im Zeitablauf immer weiter vom Innovationszentrum weg und schwächt sich

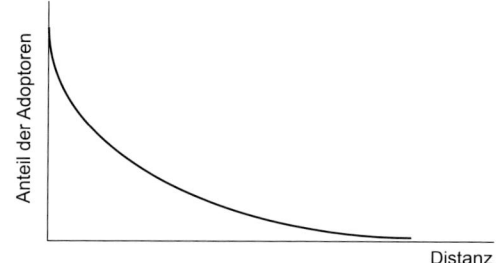

a) räumliche Diffusion von Innovationen

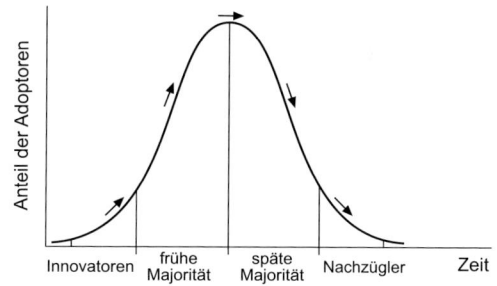

b) zeitliche Diffusion von Innovationen

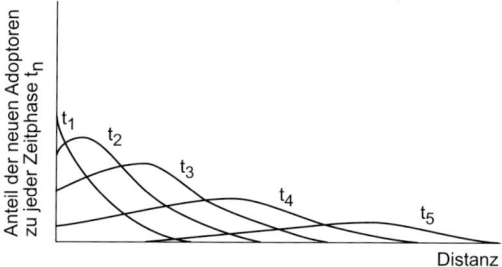

c) raum-zeitliche Diffusion von Innovationen in Wellen

Abb. 75: Räumliche, zeitliche und raumzeitliche Form des Diffusionsprozesses (Quelle: nach MORRILL 1968, S. 4 und 7; ABLER et al. 1971, S. 397 und 405)

dabei ab. Die Welle verliert quasi an Kraft, wobei ihre Reichweite im Zeitablauf größer wird. In weitergehenden Untersuchungen hat MORRILL (1968) die Effekte des Aufeinandertreffens verschiedener derartiger Diffusionswellen beschrieben und damit verdeutlicht, wie die Akzeptanz einer Innovation durch eine nachfolgende, von einem anderen Ort aus startende konkurrierende Innovation beeinträchtigt wird.

Nicht jeder Diffusionsprozess ist allerdings an die persönliche Weitergabe einer Innovation und daher räumlich gebunden. Bei **hierarchischen**

Diffusionsprozessen verbreiten sich Innovationen von oben nach unten durch ein hierarchisches System von Personen- bzw. Raumeinheiten, wobei Personen bzw. Raumeinheiten gleicher hierarchischer Stellung etwa zeitgleich einbezogen werden. Diese Art der Diffusion wird nicht von Distanzeffekten geprägt. In der traditionellen Innovations- und Diffusionsforschung werden derartige Diffusionsprozesse häufig mit dem hierarchischen System zentraler Orte von CHRISTALLER (1933) oder dem System der Marktnetze von LÖSCH (1944) in Verbindung gebracht (→ Kap. 4.3). BERRY (1972) hat die Bedeutung hierarchischer Diffusionseffekte am Beispiel der Ausbreitung von Fernsehstationen und der Marktdurchdringung der Fernsehindustrie in den USA dargestellt. Allerdings folgen empirische Verbreitungsprozesse nur selten der modellierten hierarchischen Struktur, sondern werden von einer Mischung hierarchischer, nachbarschaftlicher und nicht-erklärter sonstiger Effekte beeinflusst (BAHRENBERG & LOBODA 1973; PRED 1975; CLIFF et al. 1981).

Unterschiedliche **Barrieren** wie z. B. topographisch-physische, psychologische, sozio-kulturelle oder politische Barrieren können den Diffusionsprozess verändern oder aufhalten (MORRILL 1968; ABLER et al. 1971; WINDHORST 1983). HARD (1972) hat in einer Studie über die Ausbreitung der zweiten Lautverschiebung in der rheinischen Sprachgeschichte unterschiedliche räumliche Barriereeffekte modelliert. So wie Barrieren den Diffusionsprozess hemmen, können umgekehrt von Anbieterseite aus so genannte **Diffusionsagenturen** eingesetzt werden, die den Diffusionsprozess steuern oder beschleunigen (BROWN 1981). Durch die Existenz von Verkaufs- oder Vertriebsstellen als Diffusionsagenturen wird der Erwerb einer Innovation vielfach überhaupt erst möglich. Aus dieser Sicht hat die Wahl der Standorte, an denen Diffusionsagenturen errichtet werden, wesentlichen Einfluss auf die räumlichen Muster des nachfolgenden Adoptionsprozesses durch die Endverbraucher (BROWN 1981).

Obwohl sich die räumliche Innovations- und Diffusionsforschung mit der Ausbreitung neuer Technologien befasst und damit eine neue Perspektive in die Wirtschaftsgeographie einbringt, ist sie in ihrer Methodik der traditionellen Raumwirtschaftslehre verhaftet. Die an der Raumwirtschaftslehre geäußerten **Kritikpunkte** treffen deshalb größtenteils auch hier zu.

(1) **Quantitativ-deskriptive Sichtweise.** Obwohl das Modell von HÄGERSTRAND (1967) bei der Analyse von Kommunikationsprozessen ansetzt, ist die Diffusionsforschung darauf fixiert, distanzabhängige Beschreibungsmodelle für die Ausbreitung von Innovationen zu konstruieren. Die räumliche Diffusionsforschung ist dabei geprägt von der quantitativen Revolution in den Sozialwissenschaften. So werden unterschiedliche mathematisch-statistische Methoden zur Modellformulierung und -überprüfung herangezogen. Die daraus hervorgegangene Methodendominanz zeigt sich etwa in der Studie von CLIFF et al. (1981), in der stochastische Modelle verwendet werden, um die Ausbreitung von Masern auf Island nachzuzeichnen.

(2) **Vernachlässigung sozialer und ökonomischer Prozesse.** Die traditionelle Innovations- und Diffusionsforschung versucht, die den Diffusionsprozessen zugrunde liegenden räumlichen Gesetzmäßigkeiten zu identifizieren. Dies gelingt nur teilweise und vor allem in Form von Beschreibungsmodellen. Es wird übersehen, dass der Schritt der Adoption einer Innovation vom sozialen und ökonomischen Kontext einer Person bzw. eines Unternehmens abhängig und erfahrungsgebunden ist. Wohl auch aus diesem Grund verzeichnet die traditionelle Diffusionsforschung seit den 1980er Jahren einen Stillstand.

(3) **Überbetonung der Personen- bzw. Konsumentenperspektive.** In den Arbeiten zur Diffusionsforschung wird vor allem untersucht, wie sich Neuerungen unter Personen bzw. Konsumenten ausbreiten. Die Frage, wie sich neue Produkte und Technologien auf den Unternehmenssektor auswirken und sich darin ausbreiten, bleibt unterbeleuchtet.

(4) **Vernachlässigung der Wissens- und Technologiegenerierung.** Die traditionellen Forschungsansätze versuchen, die Ausbreitung von Innovationen zu erklären, vernachlässigen dabei aber die Entstehungsseite, d. h. den Prozess, wie Wissen und neue Technologien erzeugt werden.

8.1.4 Unternehmens-, Industrie- und Regionalzyklen

Gegenüber der traditionellen räumlichen Innovations- und Diffusionsforschung greift die Produktzyklustheorie insbesondere den Aspekt der Ausbreitung von Innovationen im Unternehmenssektor auf. Allerdings ist die Behandlung dieses

Aspekts in der Produktzyklustheorie auch mit Problemen verbunden. Bevor im nächsten Abschnitt die Kritikansätze an der Produktzyklustheorie zusammenfassend dargestellt werden, wird im Folgenden auf ein spezielles **Aggregationsproblem** hingewiesen.

In den 1970er und 1980er Jahren wurde die Produktzyklustheorie erweitert und als allgemeiner Erklärungsansatz für räumliche Veränderungen in Produktionssystemen angesehen. Mit Hilfe der Produktzyklustheorie bestand nicht nur die Möglichkeit, unterschiedliche industrielle Standortschwerpunkte auf die Lebenszyklusphasen der Produkte zurückzuführen, sondern es konnten zudem Verlagerungen von Standortschwerpunkten im Zeitablauf als Folge eines technologischen Alterungs- und Reifungsprozesses erklärt werden. Dies geschah auf verschiedenen räumlichen Maßstabsebenen (z. B. CHAPMAN & WALKER 1987, Kap. 7).

So verwendeten SAXENIAN (1981) und NUHN (1989) die Produktzyklustheorie dazu, um zu erklären, warum in der Nachkriegszeit *high-tech*-Unternehmen ihre Standorte im Silicon Valley verließen und Produktionseinrichtungen in ost- und südostasiatischen Niedriglohn-Ländern errichteten. Eine derartige internationale Arbeitsteilung schien sich speziell in der Computer- und Halbleiterindustrie abzuzeichnen, in der durch Standardisierungstendenzen und Massenproduktion zusehends Kostengesichtspunkte in den Mittelpunkt von Standortentscheidungen rückten. FREEMAN (1982, Kap. 4) und SCHOENBERGER (1988) verwendeten am Beispiel der Elektronikindustrie ebenfalls eine produktzyklustheoretische Erklärung, um die scheinbar neu entstehende internationale Arbeitsteilung (FRÖBEL et al. 1977) zu erklären. Eine produktzyklustheoretische Interpretation impliziert allerdings, dass die betreffenden Industrien sich in der letzten Phase ihres Lebenszyklus befinden. Derartige Tendenzen konnten im Silicon Valley in den 1980er und 1990er Jahren jedoch nicht bestätigt werden. Im Gegenteil: Die Region erzielte in diesem Zeitraum hohe Wachstumsraten infolge der ungebrochenen Wettbewerbsfähigkeit produzierender *high-tech*-Unternehmen (ANGEL 1990). Insofern scheint die Produktzyklustheorie in diesem Fall nicht dazu geeignet zu sein, Standortprozesse zu erklären (BATHELT 1991a, Kap. 11).

Als klassisches Beispiel für interregionale Unternehmensverlagerungen im Rahmen des Produktlebenszyklus gilt die US-amerikanische Tex-

tilindustrie (z. B. HEKMAN 1980a; HEKMAN & STRONG 1981; FERGUSON & LADD 1986). Der überwiegende Teil der Textilindustrie konzentrierte sich im 19. Jahrhundert auf den Nordosten der USA. Neuengland verschaffte den Unternehmen bedeutsame Agglomerationsvorteile und bot ihnen in diesem Stadium günstige Standortvoraussetzungen. Mit zunehmender Standardisierung und dem Einstieg in die Massenproduktion setzten aber Verlagerungstendenzen in die Südstaaten der USA ein. Diese besaßen ein großes Angebot ungelernter Arbeitskräfte und ein geringes Lohnniveau und waren somit ideale Standorte für die lohnkostenempfindliche, arbeitsintensive Textilproduktion. Bis in die 1970er Jahre erfolgte ein fast vollständiger Exodus der Textilindustrie aus den ursprünglichen Standortregionen in die Südstaaten.

In den Studien und Ergänzungen zur Produktzyklustheorie lässt sich ein ständiger Wechsel zwischen verschiedenen Analyseebenen feststellen. Während sich das Konzept des Produktlebenszyklus eindeutig auf die Produktebene bezieht und die Veränderung betriebswirtschaftlicher Kennziffern von Angebot und Nachfrage im Zeitablauf beschreibt, steht in den Arbeiten von VERNON (1966) und HIRSCH (1967; 1972) bereits nicht mehr das Produkt, sondern das Unternehmen im Mittelpunkt der Analyse. Sie gehen quasi von einem Produktlebenszyklus zu einem **Unternehmenslebenszyklus** über, indem sie eine Dynamik von Standortfaktoren herleiten und daraus Unternehmensverlagerungen erklären. Die **Profitzyklustheorie** nach MARKUSEN (1985, Kap. 3) führt eine Erweiterung des Produktzyklusmodells um unterschiedliche Marktformen und Wettbewerbsstrukturen durch und nimmt unter Bezug auf so genannte Profitzyklen eine Übertragung auf ganze Industriesektoren vor. Ähnlich wie AUTY (1984) versucht MARKUSEN (1985) damit, Industrien in unterschiedlichen Lebenszyklusphasen zu unterscheiden.

Noch problematischer ist die Übertragung der Produktzyklustheorie auf die regionale Ebene, wie z. B. in den Studien von NORTON & REES (1979), BARKLEY (1988), KULKE (1992b) und REICHART (1999, Kap. 9). REES (1979, S. 51) bezieht sich explizit auf die Existenz **regionaler Lebenszyklen**: „*Over time, the spatial manifestation of product cycles may result in regional cycles of growth and decline.*" Der Wechsel von der Produkt- zur Unternehmens-, Industrie- und Regionsebene erfolgt zumeist ohne zwingende Logik und ist mit erheblichen Aggregationsproblemen verbunden. Bestenfalls lassen sich regionale Lebenszyklen als Sonderfälle einstufen, denn ihre Existenz setzt voraus, dass innovative Regionen ausschließlich innovative Industrien beherbergen, die sich ausschließlich aus innovativen Unternehmen zusammensetzen, die ihrerseits nur Produkte der Innovationsphase herstellen. Es ist keinesfalls einzusehen, warum Produktlebenszyklen sich auf diese Weise zu Unternehmenszyklen, Industriezyklen oder Regionalzyklen aggregieren müssen (BATHELT 1991a, Kap. 11; 1992).

8.1.5 Kritik an der Produktzyklustheorie

Nachdem sich VERNON (1979) in einer späteren Studie zurückhaltend über den Erklärungsgehalt der Produktzyklustheorie für Außenhandelsflüsse und internationale Standortstrukturen äußerte, häuften sich Mitte der 1980er Jahre kritische Darstellungen. Die Arbeiten von STORPER (1985) und TAYLOR (1986; 1987) dämpften den vorhandenen Optimismus, die Produktzyklustheorie sei ein weithin einsetzbares Modell für dynamische industrielle Standortanalysen. Neben dem Aggregationsproblem, das mit den meisten produktzyklustheoretischen Ansätzen verbunden ist, gibt es zahlreiche weitere Kritikpunkte, von denen im Folgenden einige genannt sind (z. B. BATHELT 1991a, Kap. 11; TICHY 1991).

(1) **Unzureichendes Unternehmenskonzept.** In der Produktzyklustheorie wird keine Differenzierung von Unternehmen nach Größe, Aktionsradius, Wachstumsziel und Marktstrategie vorgenommen. Nicht einmal eine Unterscheidung zwischen Ein-Betriebs- und Mehr-Betriebs-Unternehmen findet Berücksichtigung, obwohl sich diese hinsichtlich der Realisierung von Unternehmensstrategien, möglicher Aktionsradien und der Nutzung von Standortfaktoren substanziell voneinander unterscheiden (→ Kap. 6.3).

(2) **Produktbegriff und Phasenabgrenzung.** Ein weiteres Problem der Produktzyklustheorie betrifft den Produktbegriff. Ist es wirklich gerechtfertigt, so ist zu fragen, am Beginn und am Ende eines Produktlebenszyklus von ein und demselben Produkt zu sprechen, obwohl sich im Zeitablauf erhebliche Veränderungen eingestellt haben? Gerade aufgrund dieses Wandels bereitet die empirische Abgrenzung der Phasen des Lebenszyklus große Schwierigkeiten, zumal kein anerkanntes Indikatorensystem zur Ermittlung der verschiedenen Phasen existiert.

(3) **Technologischer Determinismus.** Der in der Produktzyklustheorie unterstellte technologische Determinismus beginnt bereits in der Innovationsphase. Es wird davon ausgegangen, dass neue Produkte in fast vollendeter Form auf dem Markt erscheinen. Dieses Schema widerspricht jedoch empirischen Befunden, wonach Produktentwicklungen auch in späteren Phasen immer wieder zu Produktverbesserungen führen. Die unterstellte Produkthomogenisierung in der Reifephase findet in der Praxis so nicht statt. Die Produktzyklustheorie geht von einem einzigen existierenden Entwicklungspfad aus. Danach unterliegt die Produktion einer zunehmenden Standardisierungstendenz, woraus eine Entwicklung

Abb. 76: Variationsmöglichkeiten von Produktlebenszyklen (Quelle: nach v. DUIJN 1981, S. 266)

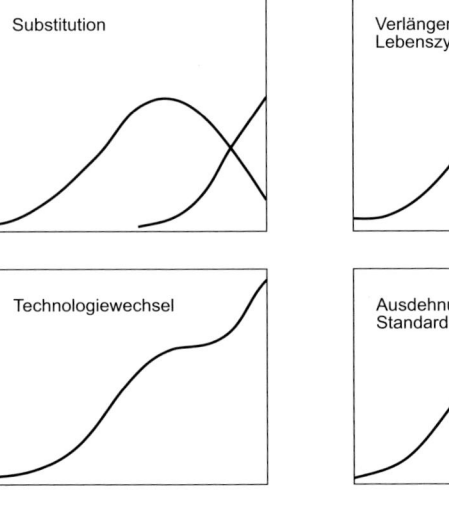

in Richtung Massenproduktion resultiert. Durch diese Vorgabe werden dauerhafte Strukturen flexibler Produktion, spezialisierter Einzelfertigung und kundenorientierter Nischenproduktion implizit ausgeschlossen.

(4) **Unzulängliche Prozessanalyse.** In der Produktzyklustheorie wird im Zeitablauf eine glockenförmige Entwicklung der Umsätze eines Produkts unterstellt. Es wird angenommen, dass es sich dabei um einen idealtypischen Verlauf handelt, der auf technologische Alterungsprozesse zurückgeführt werden kann. Wenn für ein bestimmtes Produkt ein derartiger Verlauf tatsächlich vorliegt, ist aber noch längst nicht klar, ob es sich dabei um eine quasi-natürliche Entwicklung handelt oder ob ein solcher Zyklus nicht nur die Folge eines Wechsels der Unternehmensstrategie ist (z. B. in Form einer Produktsubstitution in einem hart umkämpften Marktsegment). In der Praxis lässt sich nur für wenige Produkte ein zyklischer Wandel der Angebots- und Nachfragebedingungen nachweisen (→ Abb. 76). Durch diskontinuierliche Produktverbesserungen und Prozessinnovationen besteht die Möglichkeit, den Produktlebenszyklus zu verlängern oder gar zu überwinden. So kann ein radikaler Technologiewechsel gar zu einem erneuten Start des Produktlebenszyklus führen (v. Duijn 1981). Zudem gibt es eine Vielzahl von Gütern wie z. B. Grundnahrungsmittel und Rüstungsprodukte, bei denen spezifische Nachfragebedingungen ohne zyklischen Charakter vorherrschen.

(5) **Vernachlässigung des sozialen und ökonomischen Kontexts.** Obwohl die Produktzyklustheorie in ihrer dynamischen Betrachtungsweise den statischen Charakter der traditionellen Raumwirtschaftslehre überwindet, bleibt sie ihr durch die Überbetonung von Standortfaktoren und eine raumdeterministische Perspektive letztlich verhaftet. Der Erklärungsgehalt der Produktzyklustheorie wird dadurch entscheidend beeinträchtigt, dass die den Standortentscheidungen und -entwicklungen zugrunde liegenden ökonomischen und sozialen Kontexte nicht berücksichtigt werden. Entscheidungen über das Produktionsprogramm, die angewendete Marktstrategie und die realisierte Standortstruktur können sich im Zeitablauf grundsätzlich ändern, weil die Unternehmen aufgrund von Kommunikations- und Interaktionsprozessen mit anderen Akteuren unterschiedliche Erfahrungen gesammelt haben und daraus durch reflexives Verhalten unterschiedliche Entwicklungspfade einschlagen.

8.2 Technologischer Wandel und Lernprozesse aus evolutionsökonomischer Perspektive

Im Unterschied zu traditionellen Erklärungsansätzen beziehen evolutionsökonomische Ansätze die Betrachtung von Innovationen in den Untersuchungsrahmen mit ein und wenden sich der Erklärung des Innovationsprozesses zu. Innovationen werden als das Ergebnis menschlicher Kreativität und interaktiver Such- und Experimentierprozesse konzipiert, deren Abläufe *a priori* nicht bekannt sind und über die im Vorhinein noch kein genaues Wissen vorliegt. Dabei wird der Innovationsprozess als soziales Phänomen in einer arbeitsteilig organisierten Wirtschaft beschrieben. In dieser Konzeption müssen technologische Innovationen nicht zwangsläufig besser sein als konventionelle Produkte und Prozesse. Zudem kann es Bedingungen geben, unter denen sich schlechtere Lösungen gegenüber einer besseren Technologie durchsetzen. Mit der Hinwendung zur Innovation als einem komplexen sozialen und ökonomischen Prozess ist die Linearität des Fortschritts nicht mehr aufrecht zu erhalten. Nachfolgend werden zunächst grundlegende Mechanismen evolutionärer Entwicklung am Beispiel des technologischen Wettbewerbs dargestellt. Anschließend werden soziale Institutionen des Innovationsprozesses und schließlich die Bedeutung von Interaktionen in gemeinsamen Lernprozessen hervorgehoben.

8.2.1 Entwicklung von Technologien im Wettbewerb mit anderen Technologien

Anknüpfend an die biologische Evolutionstheorie (→ Kap. 7.1) werden nachfolgend evolutionsökonomische Grundkonzepte vorgestellt, die die Mechanismen evolutionärer Entwicklung bestimmen. Hierbei spielen die Pfadabhängigkeit und Pfadeffizienz einer technologischen Entwicklung, der Prozess des *lock-ins* sowie die Kontingenz zukünftiger Entwicklungen eine wichtige Rolle. Anhand der Ausgestaltung dieser Konzepte wird deutlich, dass sich technologischer Wandel nicht linear vollziehen muss und dass sich durchaus auch weniger effiziente Lösungen sozial durchsetzen können. In frühen Stadien einer technologischen Entwicklung gibt es häufig eine Rei-

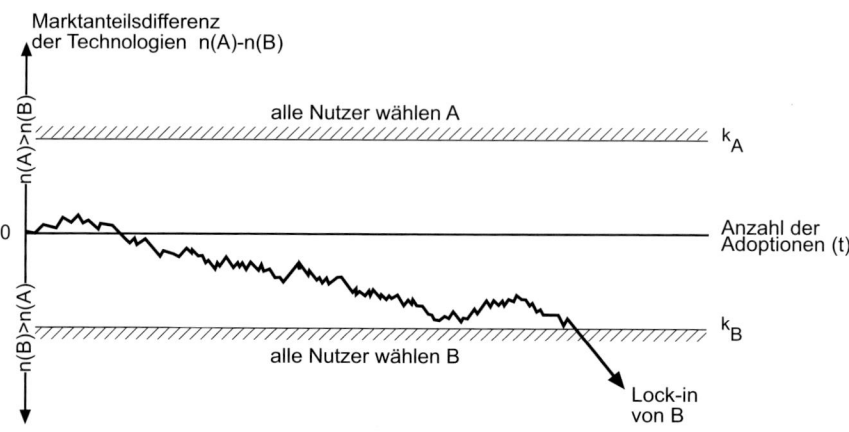

Abb. 77: Pfadabhängigkeit und *lock-in* einer Technologie unter steigenden Skalenerträgen (Quelle: nach ARTHUR 1989, S. 120)

he konkurrierender Varianten einer neuen Technologie. So existierten z. B. nach der Erfindung des Automobils verschiedene Antriebsvarianten: den benzinbetriebenen Verbrennungsmotor, die Dampfmaschine und die elektrische Batterie. Alle Antriebsvarianten wurden anfangs eingesetzt, doch letztlich setzte sich der Benzin-Verbrennungsmotor als technologischer Standard durch (NELSON 1994). Gemäß der herkömmlichen Erklärung für diese Entwicklung hat sich der Verbrennungsmotor als die überlegene Technologie durchgesetzt. Doch ist es wirklich immer so, dass die etablierte Technologie auch die größte *fitness* besitzt?

Die evolutionäre Argumentation bietet eine alternative Erklärung an, in der nicht nur die Überlegenheit *(fitness)* einer Technologie, sondern auch quasi-zufällige historische Ereignisse einen Einfluss darauf haben, dass sich eine Technologie unabhängig von ihrer Qualität gegenüber anderen Technologien durchsetzt. Als zentrales Konzept zur Erklärung dieses Zusammenhangs dient die Pfadabhängigkeit technologischer Entwicklung unter der Bedingung steigender Skalenerträge. Steigende Skalenerträge *(increasing returns)* beziehen sich auf den Anstieg der durchschnittlichen Gewinne infolge eines Skaleneffekts (etwa durch sinkende Durchschnittskosten bei zunehmender Produktionsmenge und steigender Nutzerzahl). Die meisten evolutionären Modelle gehen davon aus, dass nicht-vorhersehbare Ereignisse in frühen Stadien der Entwicklung über den langfristigen Pfad einer Technologie entscheiden

können (NELSON 1994). Ein einfaches Beispiel dafür liefert das bekannte **Modell konkurrierender Technologien** von ARTHUR (1988; 1989).

In dem Modell von ARTHUR (1988; 1989) konkurrieren zwei Technologien A und B um den größten Marktanteil. Der Marktanteil wächst in dem Maße, in dem Nutzer sich für eine der beiden Technologien entscheiden. Zwei Typen von Nutzern werden in das Modell einbezogen (→ Abb. 77): R-Typen haben eine natürliche Präferenz für die Technologie A und S-Typen bevorzugen Technologie B. Beide Typen sind gleich häufig in der Gesamtheit vertreten. Die Präferenz jedes Typs gilt, so lange keine andere Technologie einen höheren Nutzen als die ursprünglich präferierte erzielt. Das Modell wird dadurch dynamisiert, dass die Nutzer ihre Entscheidung für eine Technologie nacheinander treffen. Hierbei wird die Möglichkeit kleiner historischer Zufälle mit berücksichtigt, indem die Reihenfolge der Entscheidungen als zufällig angenommen wird. Die R- und S-Typen entscheiden somit in einer *ex-ante* unbestimmbaren Sequenz, wobei jede Entscheidung von den vorher durch andere Nutzer getroffenen Entscheidungen mit beeinflusst wird. Das Modell von ARTHUR (1989) wird für den Wettbewerb von Technologien unter drei unterschiedlichen Profitabilitätsbedingungen diskutiert:

(1) *Konstante Skalenerträge.* Sind die durchschnittlichen Gewinne beider Technologien unabhängig von der Zahl der Adoptionen konstant, so wählt jeder Nutzertyp stets entsprechend seiner Präferenz. Die Wahrscheinlichkeit für die Wahl einer Technologie A oder B ist in dem Modell zu jedem Zeitpunkt 50%, so dass es langfristig zu einer gleichförmigen Marktaufteilung beider Technologien kommt.

(2) *Sinkende Skalenerträge.* Da die durchschnittlichen Gewinne beider Technologien in diesem Fall mit zunehmender Zahl von Adoptionen sinken, kann sich keine Alternative gegenüber den natürlichen Präferenzen der Nutzertypen durchsetzen. Langfristig teilen sich beide Technologien den Markt wie im Fall konstanter Skalenerträge je zur Hälfte.

(3) *Steigende Skalenerträge.* Wenn der Durchschnittsgewinn pro Einheit einer Technologie mit der Zahl ihrer Nutzer hingegen zunimmt, so verändert sich die Wahrscheinlichkeit ihrer Wahl im Verlauf des Wettbewerbs. R-Typen, die eine natürliche Präferenz für die Technologie A haben, entscheiden sich dann beispielsweise für die Technologie B, wenn diese zuvor bereits so viele Wahlen hatte, dass die daraus resultierenden durchschnittlichen Gewinne die von A übersteigen. Umgekehrtes gilt für die Entscheidung von S-Typen, wenn die Technologie A bereits durch eine zufällige Sequenz von Adoptionsentscheidungen einen ausreichenden Vorsprung vor B hat.

Der Entscheidungsverlauf bei steigenden Skalenerträgen lässt sich in einer Kurve verdeutlichen, die den Vorsprung von Technologie A gegenüber Technologie B in einer zeitlichen Abfolge darstellt, d. h. in Abhängigkeit von den neu hinzu kommenden Adoptoren ($\rightarrow$ Abb. 77). Der Vorsprung von Technologie A gegenüber Technologie B wird dabei gemessen als Differenz in der Anzahl ihrer Nutzer. Solange diese Marktanteilsdifferenz die Wahl zwischen beiden Technologien gemäß den natürlichen Präferenzen offen lässt, konkurrieren A und B miteinander. Wenn jedoch der Vorsprung einer der beiden Technologien eine kritische Schwelle k_A oder k_B überschreitet, entspricht das weitere Entscheidungsverhalten nicht mehr der ursprünglichen Präferenz. Aufgrund steigender Skalenerträge setzt sich die weiter verbreitete Technologie gegenüber der anderen dauerhaft durch. Bei Überschreitung der Schwelle k_B sind die durch die Wahl von B zu erwartenden Gewinne so groß, dass sie die der Technologie A auch bei entgegengesetzter Präferenz übersteigen. Insgesamt nimmt somit die Wahrscheinlichkeit für die Wahl von B immer weiter zu, bis sie schließlich 100 % erreicht. Es resultiert ein *lock-in* dieser Technologie. Von nun an ist B die bevorzugte Wahl aller Nutzertypen. Der unterschiedliche Ausgang des dynamischen Modells hat je nach den Profitabilitätsbedingungen der betreffenden Technologien Konsequenzen für die Eigenschaften der damit beschriebenen Entwicklung (ARTHUR 1989; $\rightarrow$ Tab. 13):

(1) **Vorhersehbarkeit.** Sie liegt vor, wenn die Marktaufteilung zwischen den beiden Technologien *ex ante* bestimmt werden kann. In den Fällen konstanter und sinkender Skalenerträge erfolgt die Marktaufteilung gemäß den Präferenzen der Nutzer je zur Hälfte auf Technologie A und Technologie B. Die Sequenz der Adoptionsentscheidungen ist angesichts der natürlichen Präferenzen der Adoptoren bedeutungslos. Im Fall steigender Durchschnittsgewinne bei wachsender Akzeptanz einer Technologie ist die Marktentwicklung nicht vorhersehbar. Die Wahrscheinlichkeit für die Dominanz von Technologie A ist 50 %, solange keine der kritischen Schwellen k_A oder k_B erreicht wird, oder sie ist alternativ 0 oder 100 %, je nachdem welche der kritischen Schwellen zuerst überschritten wird. Entsprechendes gilt für Technologie B.

(2) **Pfadabhängigkeit.** Pfadabhängigkeit ist gegeben, wenn die Sequenz vorangegangener Ereignisse Einfluss auf zukünftige Ereignisse hat. Unter der Bedingung steigender Skalenerträge ist die spezifische Geschichte der Adoptionsentscheidungen ausschlaggebend dafür, dass entweder Technologie A oder Technologie B Dominanz erlangt. Wenn in einem frühen Stadium viele R-Typen eine Entscheidung treffen, so folgt die Marktentwicklung rasch einem Pfad hin zu Technologie A. Die Wahrscheinlichkeit, dass auch S-Typen A wählen, nimmt hierbei zu. Im Wettbewerb von Technologien mit steigenden Skalenerträgen ist der Verlauf der Marktentwicklung

Tab. 13: Eigenschaften der technologischen Entwicklung unter verschiedenen Profitabilitätsbedingungen (Quelle: nach ARTHUR 1989, S. 121)

Arten der Skalenerträge	Vorhersehbarkeit des Pfads	Pfadabhängigkeit	Pfad-Effizienz
konstant	ja	nein	ja
sinkend	ja	nein	ja
steigend	nein	ja	nein

pfadabhängig. Bei konstanten oder sinkenden Durchschnittsgewinnen führt hingegen jede annehmbare Sequenz historischer Ereignisse zu dem gleichen Marktergebnis. Unabhängig von der Reihenfolge der Entscheidungen im Adoptionsprozess wird immer eine Marktteilung realisiert, so dass keine Pfadabhängigkeit gegeben ist.

(3) **Pfadeffizienz.** Sie liegt dann vor, wenn bei gleichmäßiger Adoption der R- und S-Typen die unterlegene Technologie zu keinem Zeitpunkt größere Durchschnittsgewinne erbracht hätte als die dominante Technologie. Sowohl für konstante als auch für sinkende Skalenerträge ist dies der Fall. Bei steigenden Skalenerträgen besteht demgegenüber die Möglichkeit, dass sich eine schwächere Technologie langfristig durchsetzen kann, wenn sie durch ihre anfängliche Attraktivität früh auf einen dominanten Pfad geführt wird. Erfolgt durch die anfangs rasche Adoption ein *lock-in*, so wird die eigentlich überlegene Technologie frühzeitig und irreversibel ausgeschlossen.

Das Modell von Arthur (1989) ist allerdings in seinem Erklärungsgehalt begrenzt und kann nur eingeschränkt zum Verständnis realer Entwicklungspfade eingesetzt werden. Die **Probleme** hängen damit zusammen, dass ein Wechsel von einem zu einem anderen Entwicklungspfad ausgeklammert wird und der Einfluss ökonomischer und sozialer Beziehungen auf Entscheidungen unberücksichtigt bleibt:

Ausschluss von Paradigmenwechseln. Das Modell der konkurrierenden Technologien erklärt nicht den möglichen Wechsel von einer etablierten Technologie zu einer anderen. Es wird argumentiert, dass aufgrund steigender Skalenerträge ab einer gewissen Akzeptanzschwelle eine Technologie nicht mehr in Frage gestellt wird. Wie aber kann dann eine bestehende Technologie oder ein technologisches Paradigma durch ein neues ersetzt werden? Während das Modell das Entstehen eines *lock-ins* zwischen alternativen Technologien diskutiert, bleibt offen, wie der Wandel von einer bereits etablierten Technologie zu einer neuen stattfindet.

Vernachlässigung sozialer Beziehungen. Auslöser der pfadabhängigen Entwicklung ist bei ARTHUR (1989) der historische Zufall, der im Modell in Form einer zufallsgenerierten Sequenz von Entscheidungen abgebildet wird. Obwohl der Zufall den Ausgang des Wettbewerbs entscheidend beeinflusst, wird er inhaltlich nicht ausgefüllt. Im Vergleich dazu erhält man durch eine

relationale Perspektive der Akteure ein besseres Verständnis über den Verlauf von Adoptionsentscheidungen. Das Problem des Zufallsbegriffs von ARTHUR (1989) besteht darin, dass damit ein atomistisches Verständnis der Nutzer und ihrer Handlungen eingeführt wird. Dabei sind die Nutzer aber keine isolierten Akteure ohne Beziehungen zu ihrer Umwelt. Jeder Akteur ist eingebettet in eine Struktur sozialer Beziehungen, in der er seine Entscheidungen kommuniziert und bewertet. Daher kann aus der Kenntnis des Netzwerks eines Nutzers besser als durch eine scheinbar zufällige Entscheidungsfolge geschlossen werden, welche und wie viele weitere Nutzer sich wahrscheinlich für die gleiche Technologie entscheiden werden (MIZRUCHI 1994). Nutzer, die über eine große Zahl von *strong ties* verfügen, werden mehr Partner ermuntern können, dieselbe Technologie zu adoptieren als Nutzer mit vorwiegend *weak ties*. Während bei ARTHUR (1989) die Sequenz der Entscheidungen dem Zufall überlassen bleibt, kann unter Einbeziehung einer *embeddedness*-Perspektive aus der Kenntnis der Akteure und ihrer Beziehungen erklärt werden, warum welche Entscheidungen getroffen werden.

Trotz seiner Einfachheit verdeutlicht das Modell von ARTHUR (1989), wie **steigende Skalenerträge** zu einem *lock-in* einer Technologie und sogar zu pfadineffizienten Entwicklungen führen können. Steigende Skalenerträge entstehen zumindest aus fünf Quellen (ARTHUR 1988):

(1) *Learning by using.* Je mehr Nutzer eine Technologie erfährt, desto mehr kann über sie gelernt werden und desto wahrscheinlicher lässt sie sich erfahrungsabhängig verbessern (ROSENBERG 1982).

(2) **Netzwerkexternalitäten.** Sie liegen vor, wenn die Wahl eines Nutzers für eine Technologie zugleich Vorteile der anderen Nutzer bewirkt, die interdependent miteinander verflochten sind (KATZ & SHAPIRO 1985). Ein anschauliches Beispiel hierfür ist die Telefontechnologie. Wenn nur ein Nutzer ein Telefon hat, kann er damit noch niemanden erreichen. Erst mit steigender Anzahl der Telefoninhaber wird das Telefon als Kommunikationstechnologie immer nützlicher, da die Zahl der Personen zunimmt, die jeder Nutzer per Telefon ansprechen kann.

(3) *Economies of scale* in der Produktion. Je mehr Einheiten einer Technologie genutzt und somit produziert werden, desto geringer sind die Stückkosten der Produktion dieser Technologie. Durch die geringen Herstellungskosten bei

großem Produktionsumfang wird zugleich eine Reduzierung des Preises dieser Technologie möglich, so dass sie noch attraktiver für potenzielle Nutzer wird.

(4) **Steigende Skalenerträge der Information.** Je stärker eine neue Technologie verbreitet ist, desto mehr steigt das Wissen über und das Verständnis für diese Technologie. Somit werden sich im Zeitablauf auch zunächst vorsichtige und risikoscheue Nutzer der Technologie anschließen.

(5) **Technologische Verbundvorteile.** Wenn eine Technologie sich zu verbreiten beginnt, können parallel Sub- oder Komplementärtechnologien entstehen, die die Akzeptanz dieser Technologie erst ermöglichen oder unterstützen (FRANKEL 1955). So war die Durchsetzung der Benzinverbrennung im Automobilbetrieb nicht möglich ohne eine komplexe Infrastruktur von Ölraffinerien und ein flächendeckendes Versorgungsnetz von Tankstellen. Eine alternative Antriebstechnologie könnte sich nur schwer etablieren und die bestehende verdrängen, da sie durch eigene Sub-Technologien erst eine weit verbreitete Infrastruktur entwickeln müsste.

8.2.2 Fallbeispiel: Evolution und *lock-in* der Schreibmaschinentastatur

Die wirtschaftshistorische Studie der Schreibmaschinentastatur (DAVID 1985) wird oft als Beispiel herangezogen, um einen **nicht-pfadeffizienten technologischen Entwicklungspfad** zu erläutern (z. B. ENDRES 2000, Kap. 4; BATHELT & GLÜCKLER 2000). Wie ist es nämlich zu erklären, dass sich die in arbeitsökonomischer Hinsicht wenig effiziente Buchstabenanordnung *Q-W-E-R-T-Y* auf englischsprachigen Schreibmaschinentastaturen und *keyboards* mit geringen Variationen zum weltweiten Standard entwickelt hat? Die **QWERTY-Tastatur** wurde 1867 von SHOLES nach mehrfacher Modifikation in den USA eingeführt, um den Schreibfluss auf einer mechanischen Schreibmaschine so zu verlangsamen, dass die Buchstabenbügel sich möglichst selten verhakten. Diese Verlangsamung verhinderte das häufige und zeitaufwendige Entzerren verhakter Bügel. Die *QWERTY*-Kombination erwies sich daher als eine geeignete Anpassung an die vorherrschende Schreibmaschinenmechanik. Durch verbesserte Anschlagtechniken und neue Maschinenmechaniken war die *QWERTY*-Anordnung nach einigen Jahren jedoch nicht mehr unbedingt erforderlich. Tastaturanordnungen, die

ein schnelleres Schreiben gestatteten, wären effizienter gewesen. So gab es seit den 1880er Jahren eine Reihe alternativer Tastaturdesigns, die mit der *QWERTY*-Tastatur durchaus konkurrieren konnten. In den USA wurde experimentell nachgewiesen, dass sich die Kosten des Umlernens auf die überlegene *DSK (Dvorak Simplified Keyboard)*-Tastatur, die 1932 patentiert worden war und Weltrekorde im Schnellschreiben ermöglichte, schon nach zehn Arbeitstagen amortisieren würden. Noch in den 1980er Jahren warb das Computerunternehmen *Apple* deshalb, dass die *DSK*-Tastatur die Schreibgeschwindigkeit um 20 bis 40 % erhöhen könnte.

Doch weder das *DSK*-Design noch eine andere Alternative setzte sich gegen *Q-W-E-R-T-Y* als Buchstabenfolge durch. Inzwischen waren Schreibtechniken entwickelt und in Schreibmaschinenkursen standardisiert und weitergegeben worden, die eine schnelle Schreibfolge mit der *QWERTY*-Tastatur ermöglichten. Obwohl das ursprüngliche Anpassungsoptimum der *QWERTY*-Tastatur nicht mehr existierte, setzte sie sich als technologischer Standard durch. Einerseits wurde die Tastatur unter Schreibkräften am besten beherrscht, andererseits waren die meisten Unternehmen damit bereits ausgerüstet (GRANOVETTER 1992b). Dies war mit steigenden Skalenerträgen verbunden. Ein Unternehmen konnte beispielsweise Kosteneinsparungen erzielen, wenn es Schreibkräfte einstellte, die bereits die dominante *QWERTY*-Buchstabenfolge beherrschten und ersparte sich somit die Ausbildungskosten zur Anpassung an ein anderes Design. Je mehr Personen auf der *QWERTY*-Tastatur ausgebildet waren, umso niedriger waren die Einarbeitungskosten eines Schreibbüros. Die frühe Markteinführung der SHOLES'schen Tastatur erbrachte somit einen Vorsprung in der Verbreitung der Bedienfähigkeit und führte zu einem *lock-in* der Technologie.

8.2.3 Routinen, Heuristiken und technologische Paradigmen als Institutionen des technologischen Wandels

Das Modell von ARTHUR (1989) demonstriert, dass Skaleneffekte bei der Nutzung einer Technologie zu einer pfadabhängigen Entwicklung führen und ein *lock-in* bewirken können. Diese Konzeption des technologischen Wandels vermag es jedoch nicht, ein vertieftes Verständnis der

Abb. 78: Interaktionen im Innovationsprozess aus evolutionsökonomischer Perspektive (Quelle: nach MALECKI 1991, S. 116)

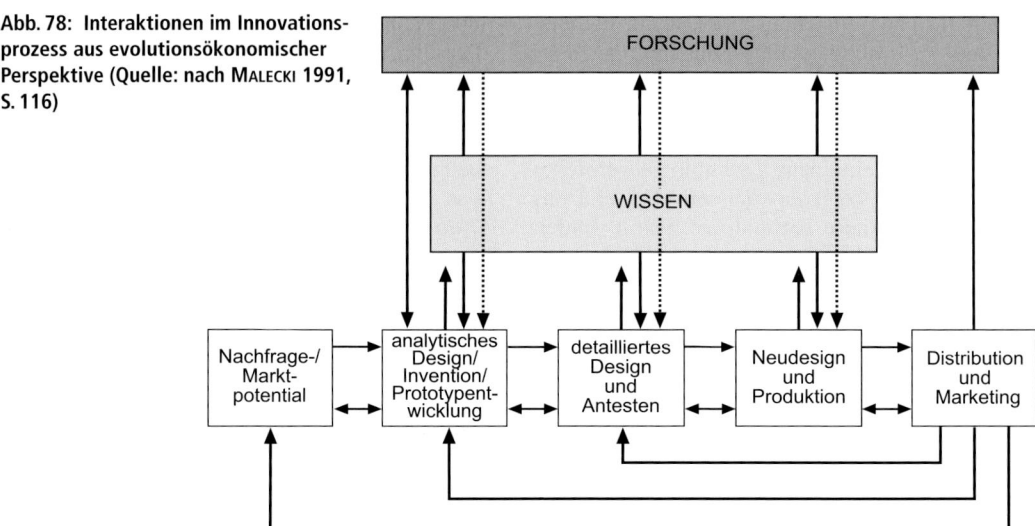

sozialen Prozesse zu erzeugen, die mit der Möglichkeit zu kreativem Handeln, Lernen und Innovieren verbunden sind (BATHELT & GLÜCKLER 2000). Während ARTHUR (1989) den Wettbewerb von Innovationen unabhängig von ihrer Entstehung untersucht, soll im Folgenden ein grundlegendes Verständnis über den Prozess der Generierung von Innovationen erzeugt werden.

Technologische Innovationen werden dabei aus evolutionsökonomischer Sicht als das Ergebnis von Such- und Experimentierprozessen angesehen, deren Ablauf *a priori* nicht bekannt ist und über die im Vorhinein noch kein genaues Wissen vorliegt (→ Abb. 78). Innovationsprozesse sind somit durch eine fundamentale Unsicherheit gekennzeichnet (MALECKI 1991, Kap. 4). Lernprozesse und positive *feedback*-Schleifen können zwar durch systematische FuE-Aktivitäten beschleunigt werden. Häufig gibt es aber Problemlösungen, für die keine exakte wissenschaftliche Erklärung vorliegt und die nicht aus einem derartigen Forschungsprozess resultieren. Aus evolutionsökonomischer Sicht spielen daher Interaktionen zwischen ökonomischen Akteuren, reflexive Verhaltensweisen sowie *feedbacks* zwischen verschiedenen Stufen im Innovationsprozess eine entscheidende Rolle. In diesem Prozess wird ständig neues Wissen über die Eigenschaften und die Wirkungsweise neuer Produkte und Technologien erzeugt, das dann über systematische Forschung und deren Ergebnisse wieder in den Entstehungsprozess eines Produkts bzw. einer Technologie zurückfließt.

Im interaktiven Modell des technologischen Wandels kann man sich den Ablauf des Innovationsprozesses wie folgt vorstellen: In einem neuen Marktsegment wird zur Befriedigung der Kundenbedürfnisse beispielsweise ein neues Produktdesign entworfen und aus einer Invention ein Prototyp erstellt. Dieser Prototyp wird in ständiger Rückkopplung mit potenziellen Kundenbedürfnissen im Detail auf seine Funktionsweise getestet, woraus zusätzliches Wissen resultiert, das wiederum in ein neues Design und eine verbesserte Produktstruktur umgesetzt wird. In diesen Prozess der schrittweisen Produkt- und Technologieverbesserung fließen auch Erkenntnisse aus systematischen Entwicklungsaktivitäten ein. Wenn daraus schließlich ein Produkt bis zur Marktreife entwickelt worden ist und in größerer Stückzahl produziert und auf die Märkte verteilt wird, ist der Forschungsprozess aber noch nicht beendet. Erfahrungen der Kunden mit dem neuen Produkt bzw. der neuen Technologie gehen weiterhin in den FuE-Prozess ein und führen dazu, dass das Produktdesign neu überdacht wird, neue Testreihen stattfinden und die Produktion fortlaufend verbessert wird (MALECKI 1991, Kap. 4; MAIER & TÖDTLING 1996, Kap. 7; TÖDTLING & KAUFMANN 1999; SCHAMP 2000a, Kap. 1.4).

Das interaktive Modell des technologischen Wandels ist insbesondere durch die Arbeit von NELSON & WINTER (1982) über eine evolutionäre Theorie des ökonomischen Wandels beeinflusst worden. Das Konzept der ökonomischen Evolution wird hier als Pendant zum Prinzip der natürlichen Auslese in der biologischen Entwicklung gebraucht (→ Kap. 7.1). NELSON & WINTER (1982) ordnen die in der biologischen Evolution identifizierten Entwicklungsfaktoren Selektion, Mutation, Variation und Zufall den ökonomischen Prozessen der Wissens- und Technologiegenerierung zu. Sie betonen dabei die Bedeutung von **Routinen** im Sinn von Regeln und Gewohnheiten als institutionelle Arrangements, durch die die Produzenten mit ihren Zulieferern und Kunden Kommunikations- und Abstimmungsprozesse überhaupt erst durchführen können. Hierdurch wird der Transfer von Neuerungen und Wissen ermöglicht, wobei sich die Routinen wiederum durch Erfahrungen innerhalb eines Unternehmens und zwischen Unternehmen sukzessive verändern. Routinen haben als informelle Institutionen quasi die Rolle standardisierter Sozialtechnologien (NELSON & SAMPAT 2001). Selektion, Mutation und Variation in ökonomischen Prozessen haben technologische Innovationen zur Folge und prägen somit die ökonomische und technologische Entwicklung. Welche Neuerungen sich dabei durchsetzen, kann sowohl das Ergebnis einer zielgerichteten Suche sein, aber auch durch zufällige, zunächst wenig bedeutsam erscheinende Ereignisse geprägt werden (SCHAMP 2000a, Kap. 1.4).

Im Unterschied zur Neoklassik stellt die Evolutionsökonomie den endogen erzeugten technologischen Wandel in den Mittelpunkt der Untersuchung ökonomischer Prozesse. Nach DOSI (1982; 1988) wird die Richtung des Innovationsprozesses durch bestehende Technologien vorgeprägt, wenn auch nicht in deterministischer Weise. Bestehende Technologien stecken die Möglichkeiten des Wandels ab und definieren damit einen **technologischen Entwicklungspfad**

(→ Abb. 79). Variation wird dadurch ermöglicht, dass Unternehmen durch Lern- und Innovationsprozesse spezifisches Wissen über bestimmte Technologien und Organisationsformen erlangen. Prozesse der Imitation und Adaption durch andere Unternehmen führen dazu, dass ein Teil der Variabilität verloren geht und somit eine Selektion stattfindet. Einige Technologien setzen sich somit gegenüber anderen durch und stecken eine Umgebung für zukünftige Entwicklungen ab. Inkrementale Veränderungen führen dabei zu kumulativen Veränderungen entlang eines Entwicklungspfads (RIGBY & ESSLETZBICHLER 1997). Der technologische Wandel innerhalb eines Unternehmens ist abhängig davon, welche Entscheidungen das Unternehmen in der Vergangenheit getroffen hat, welche Erfahrungen dabei gesammelt wurden und in welchen Technologien spezifische Kompetenzen aufgebaut wurden. Der Prozess der Entstehung von Wissen und Technologien ist somit ein kumulativer, evolutionärer Prozess, der auf Lernprozessen und Erfahrungswissen basiert (NELSON & WINTER 1982; ROSENBERG 1982; MALECKI 1991, Kap. 4).

Nach DOSI (1982; 1988) spielt der Begriff des technologischen Paradigmas in diesem Zusammenhang eine wichtige Rolle. Ein **technologisches Paradigma** kann als ein Modell bzw. Lösungsschema für ausgewählte technologische Probleme angesehen werden, das auf bestimmten naturwissenschaftlich-technischen Prinzipien basiert. Es kennzeichnet ein gemeinsames Verständnis über die Potenziale, Charakteristika und Schwächen einer Technologie (NELSON 1994). Innerhalb eines solchen allgemein anerkannten technisch-ökonomischen Problemlösungsmusters existieren Heuristiken, die vorgeben, in welcher

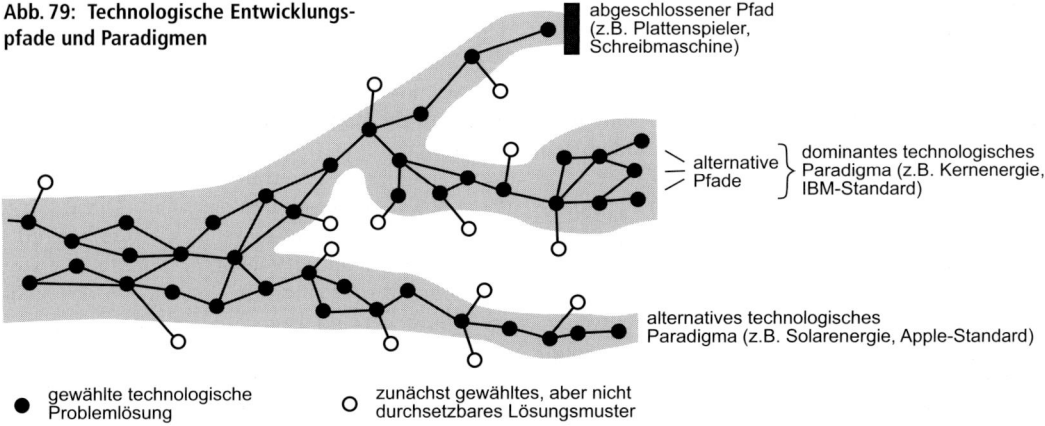

Abb. 79: Technologische Entwicklungspfade und Paradigmen

abgeschlossener Pfad (z.B. Plattenspieler, Schreibmaschine)

alternative Pfade

dominantes technologisches Paradigma (z.B. Kernenergie, IBM-Standard)

alternatives technologisches Paradigma (z.B. Solarenergie, Apple-Standard)

● gewählte technologische Problemlösung

○ zunächst gewähltes, aber nicht durchsetzbares Lösungsmuster

Richtung die Problemlösungssuche fortgesetzt wird und welches Wissen dabei verwendet wird. Unter der Bedingung fundamentaler Ungewissheit der technologischen Entwicklung setzen innerhalb eines technologischen Paradigmas heuristische Suchprozesse ein, um Problemlösungen zu finden und den technologischen Wandel voranzutreiben. **Heuristiken** orientieren den Suchprozess als *mental shortcuts* (MYERS 1996, Kap. 3) oder Faustregeln, die sich aus positiven Erfahrungen und früheren Lernprozessen ableiten. Allerdings garantiert die Anbindung einer Heuristik weder ein wünschenswertes noch das einzig mögliche Ergebnis dieses Prozesses.

Durch ein konkretes Muster von Problemlösungsaktivitäten innerhalb eines technologischen Paradigmas wird eine technologische Trajektorie – d. h. ein Entwicklungspfad technologischen Wandels – abgesteckt, der bestimmten Heuristiken folgt (→ Abb. 79). Das bedeutet, dass Unternehmen nicht sämtliche technologischen Optionen in einem Innovationsprozess überprüfen, sondern Problemlösungen in einem begrenzten Bereich mittels bewährter Problemlösungstechniken suchen (DOSI 1988). Dadurch entstehen **unternehmensspezifische Entwicklungspfade** (CANTWELL & FAI 1999).

Da unter Umständen zur gleichen Zeit mehrere verschiedene technologische Paradigmen und innerhalb jedes einzelnen Paradigmas eine unbekannte Zahl technologischer Trajektorien existieren, ist der Prozess der Wissens- und Technologiegenerierung in seiner Gesamtheit kein deterministischer Prozess. Er ist individuell, weil er von den spezifischen Erfahrungen der Akteure eines Unternehmens abhängt, und selektiv, insofern als Routinen und Heuristiken Ausgangspunkte für spezielle Lern- und Suchprozesse sind. Technologische Entwicklungen sind dadurch in Strukturen kognitiver Routinen und Skripte (ZUKIN & DIMAGGIO 1990b; DIMAGGIO 1997, NOTEBOOM 2000, Kap. 6.4) sowie sozialer Beziehungen eingebettet. Frühere Suchroutinen haben Einfluss auf zukünftiges Forschen und lenken den Innovationsprozess. Die spezifische Geschichte von Entscheidungen, Verhaltensweisen, Denkmustern oder Einstellungen verläuft entlang eines Entwicklungspfads, der durch seine Vergangenheit bedingt ist.

Technologischer Fortschritt entsteht entweder durch die Entwicklung entlang einer bekannten technologischen Trajektorie, durch einen Wechsel zu einer anderen technologischen Trajektorie in-

nerhalb eines bewährten Paradigmas oder durch den Wechsel zu einem anderen technologischen Paradigma. Demzufolge kann technologischer Wandel mehr oder weniger revolutionär verlaufen und mit einem unterschiedlichen Grad an Ungewissheit verbunden sein (BATHELT 1991a, Kap. 2).

8.2.4 Interaktion: Wissensaustausch und Lernen im Innovationsprozess

Ausgehend von einem evolutionsökonomischen Erklärungsansatz folgt die technisch-ökonomische Entwicklung einem abgesteckten Entwicklungspfad und wird von Routinen und Heuristiken geleitet. Der Prozess der Gewinnung neuen Wissens spielt in dieser Konzeption eine zentrale Rolle. Dabei ist zwischen kodifiziertem Wissen und nicht-kodifiziertem Wissen zu unterscheiden (→ Kap. 2.4). Während noch nicht in einen Kontext eingebettetes, kodifiziertes Wissen relativ leicht auf andere ökonomische Akteure und damit auch auf andere Orte und Regionen übertragen werden kann, ist nicht-kodifiziertes, kontextualisiertes Wissen nur schwer auf Akteure an anderen Orten transferierbar (MASKELL & MALMBERG 1998; 1999). Es ist an diejenigen Personen und Lokalitäten gebunden, durch die der Prozess der Wissensgenerierung vorangetrieben wird und an denen neues Wissen geschaffen wird. Dieses Wissen spielt im evolutionären Modell des technologischen Wandels eine zentrale Rolle, weil der Prozess der Wissensgenerierung auf vielfältigen Interaktionen von ökonomischen Akteuren innerhalb und zwischen Unternehmen basiert und sich technologische Spezifikationen in dem Prozess sukzessive verändern (STORPER 1997b). MALECKI (1991, Kap. 4) hebt in diesem Zusammenhang die Bedeutung unterschiedlicher Lernprozesse hervor (BATHELT & GLÜCKLER 2000):

(1) *Learning by searching.* In diesem Lernprozess kommt zum Ausdruck, dass ein Unternehmen gezielt nach neuen Informationsquellen sucht, neues Wissen und Informationen über relevante Technologien aufnimmt und die am besten geeigneten Informationen auswählt. Diese Form des Lernens ist eng mit systematischen FuE-Aktivitäten in speziellen Forschungsabteilungen verbunden und bereits im linearen Modell des technologischen Wandels von zentraler Bedeutung.

(2) **Produktionsbezogenes Lernen.** Demgegenüber ist *learning by doing* ein mit der Produktion verbundener Lernprozess, der von AR-

ROW (1962) untersucht wurde und bei dem Lernen als Nebenprodukt aus den alltäglichen Produktionserfahrungen resultiert. Erfahrungsabhängiges *learning by using* in der Konzeption von ROSENBERG (1982) ist das Ergebnis von Lernprozessen bei der Anwendung von Neuerungen in der Praxis und führt zu inkrementalen Verbesserungen im Produktdesign und in der Prozesseffizienz. Beide Arten des *learning by doing* und *learning by using* sind oftmals nicht mit extra zu verbuchenden Kosten verbunden und können deshalb bei einer Betrachtung des Forschungsprozesses leicht übersehen werden.

(3) **Qualifikationsbezogenes Lernen.** BELL (1984) hat in seiner Klassifikation von Lernprozessen außer auf produktionsbezogene Formen des Lernens mit dem *learning through training* und dem *learning by hiring* noch auf zwei weitere Arten des qualifikationsbezogenen Lernens hingewiesen. Hierbei akquiriert ein Unternehmen durch systematische Fortbildungsprogramme und gezielte Anwerbung von Arbeitskräften neues Wissen. Diese Lernprozesse funktionieren allerdings nicht bei Spitzentechnologien, sondern sind im Wesentlichen auf etablierte Technologien beschränkt, um durch nachholendes technologisches Lernen Technologievorsprünge anderer Unternehmen aufzuholen. Es ist dies auch ein Weg zur Imitation.

(4) **Unternehmensübergreifendes Lernen.** Ein Lernprozess, der seit den 1980er und 1990er Jahren im Gefolge der Arbeiten von LUNDVALL (1988; 1993) und GERTLER (1993) intensiv diskutiert wird, ist der des *learning by interacting*. Dieser Lernprozess stellt vor allem die Kommunikations- und Anpassungsprozesse zwischen Produzenten und ihren Zulieferern bzw. Abnehmern in den Mittelpunkt. Hierbei wird davon ausgegangen, dass durch enge Kontakte und Abstimmungsprozesse innerhalb einer Wertschöpfungskette neues Wissen geschaffen wird, das als Ausgangspunkt für Verbesserungsinnovationen dient. Dies kann z. B. dadurch geschehen, dass ein Produzent systematisch seine Abnehmer über deren Bedürfnisse und Erfahrungen mit einer Technologie befragt, um die Ergebnisse in das eigene Produktdesign eingehen zu lassen (v. HIPPEL 1987). Die Konzeption des *learning by interacting* berücksichtigt, dass technologischer Wandel die Folge eines kontextspezifischen, sozialen Prozesses zwischen unterschiedlichen Akteuren ist (GERTLER 1995; 1996).

Das interaktive Modell des technologischen Wandels betont, dass neues Wissen und neue Technologien nicht nur das Ergebnis systematischer Forschungsaktivitäten sind, sondern dass sie zum großen Teil aus der Produktion und den damit zusammenhängenden Lernprozessen resultieren (→ Abb. 78). Das Potenzial eines Unternehmens, dauerhaft wettbewerbsfähig und innovativ zu bleiben, hängt somit auch von seiner Produktionskompetenz und von seiner Fähigkeit ab, im Produktionsprozess zu lernen (CANTWELL & FAI 1999). Die Betrachtung von Lernprozessen verdeutlicht, dass technologischer Wandel kontextspezifisch ist, da er einerseits auf spezifischen institutionellen Arrangements innerhalb eines Unternehmens und eines Kooperationsnetzwerks mit Zulieferern und Abnehmern beruht und andererseits von den institutionellen Regelungen auf regionaler und nationalstaatlicher Ebene geprägt wird. Hierbei spielen neben Gesetzen und Vorschriften auch Routinen, Konventionen, Gewohnheiten und Verhaltensnormen eine wichtige Rolle. Diese sind territorial an einen Geltungsbereich gebunden und schaffen dort, wo sie gelten, eine Ordnung für gemeinsames Handeln (SCHAMP 1995; MAILLAT 1998).

In der Anfangsphase eines spezifischen Innovationsprozesses gibt es unter Umständen größere Wahlmöglichkeiten zwischen verschiedenen technologischen Paradigmen (Dosi 1988). Welches Paradigma sich letztlich durchsetzt, hängt ab von den institutionellen Arrangements, den eingeschlagenen Such- und Lernprozessen sowie den Selektionskriterien der Nachfrage. Hierbei treten zunächst auch Diskontinuitäten auf. Wenn sich jedoch ein technologisches Paradigma etabliert hat, sind vor allem Kontinuitäten prägend und es erfolgt eine Verbreitung durch Zuliefer- und Absatzbeziehungen, speziell über technologische Komplementaritäten innerhalb der Wertschöpfungskette (→ Abb. 79). Dadurch bilden sich im Prozess der Technologiegenerierung wichtige und weniger wichtige Wertschöpfungsketten, spezifische intersektorale Unterschiede sowie interregionale und internationale Differenzen heraus. Der Prozess verläuft folglich ungleichgewichtig.

8.2.5 Lernprozesse und Innovationssysteme in räumlicher Perspektive

Lernprozesse sind häufig lokalisiert, da sie nur bei bestimmten Technologien, erfahrenen Beschäftigten und unter den Produktionsbedingungen in einem ganz bestimmten Betrieb realisiert werden können. Sie sind somit standortabhängig (BATHELT 2000a). Komplementäre Produkte und Technologien, die aus einem regionalen Spezialisierungs- und Ballungsprozess resultieren, können interaktive regionale Lernprozesse stimulieren und somit die Entstehung regionsspezifischer Pfade der Wissens- und Technologiegenerierung fördern. Derartige regionale Entwicklungspfade sind wiederum erfahrungsabhängig, kumulativ und in einen spezifischen sozio-institutionellen Zusammenhang eingebettet. Räumliche Nähe erleichtert hierbei regelmäßige persönliche Treffen und die Bildung von Konventionen fördert spezifische Kommunikationsvorteile und erleichtert den Informationstransfer zwischen ökonomischen Akteuren. Insofern spielen nicht nur die durch formelle und informelle Institutionen auf nationalstaatlicher Ebene begründeten **Innovationssysteme** (*national systems of innovation*) eine Rolle (LUNDVALL 1992; NELSON 1993), sondern daneben auch Innovationsprozesse, die in besonderem Maße durch Lernprozesse und Interaktionen in ihrem regionalen Umfeld mit beeinflusst werden (STORPER 1997a, Kap. 3).

Ob man aus regionsspezifischen Innovationsprozessen und Entwicklungspfaden allerdings auf die Existenz regionaler Innovationssysteme schließen kann (COOKE 1998), scheint zumindest fragwürdig. Es liegt vielmehr nahe, dass hierbei das gleiche Problem auftritt wie bei dem Versuch, die in der Regulationstheorie auf nationalstaatlicher Ebene konzipierten Akkumulationsregime und Regulationsweisen auf die regionale Dimension zu transferieren (→ Kap. 8.4). Dabei wird jeweils die große Bedeutung nationalstaatlich definierter Institutionen unterschätzt. Regionale und nationale Regelsysteme werden quasi auf dieselbe Stufe gestellt. Ein **regionaler Entwicklungspfad** sollte unseres Erachtens weniger als Ausdruck eines eigenen regionalen Systems als vielmehr als das Ergebnis eines spezifischen Anpassungsprozesses nationalstaatlicher Institutionen an lokale Gegebenheiten und Bedürfnisse verstanden werden. Eine solche Anpassung ist eine regionsspezifische Umsetzung des nationalen Systems, die das Gesamtsystem stützt. Aus diesem Grund ist auch die seit den 1990er Jahren geführte Debatte über so genannte lernende Regionen (MORGAN 1997; HASSINK 1997) mit Skepsis zu betrachten. RIGBY & ESSLETZBICHLER (1997) schlagen demgegenüber vor, Regionen wie Unternehmen durch ihre technisch-organisatorische Struktur zu charakterisieren und den regionalökonomischen Wandel ent-

sprechend als Entwicklungspfad zu analysieren. In beiden Fällen besteht die Gefahr, Regionen zu Akteuren hochzustilisieren, wenn nicht beachtet wird, dass es die betreffenden Unternehmen sind, die im Mittelpunkt der Analyse stehen müssen (LAWSON 1999; → Kap. 1.2).

Seit Mitte der 1990er Jahre gibt es eine Reihe groß angelegter empirischer Studien, die sich mit der räumlichen Struktur und Variation der Erfindungstätigkeit (GIESE et al. 1997; CANTWELL & FAI 1999) sowie der Identifikation regionaler Innovationspotenziale, Innovationsnetze und Innovationssysteme befassen (FRITSCH et al. 1998; KOSCHATZKY 1998; 1999; TÖDTLING & KAUFMANN 1999; KOSCHATZKY & STERNBERG 2000; ARNDT & STERNBERG 2000). Die zum Teil in mehreren europäischen Regionen mit großem Stichprobenumfang durchgeführten Unternehmensbefragungen gelangen noch nicht zu einheitlichen Ergebnissen im Hinblick auf regionsspezifische Innovationscharakteristika. Offensichtlich ist es nicht so leicht, regionale Innovationstypen zu identifizieren (BLOTEVOGEL 1999). Die Ergebnisse deuten darauf hin, dass Innovation vor allem ein unternehmensinterner Prozess ist, der bei verschiedenen Unternehmenstypen unterschiedlich organisiert ist. Abnehmer, Zulieferer und Universitäten werden dabei keineswegs immer bewusst und systematisch in die unternehmensinternen Innovationsprozesse eingebunden (TÖDTLING & KAUFMANN 1999). Dies deckt sich mit evolutionsökonomischen Studien, die nachweisen, dass große Unternehmen mit ihren internen Strukturen und Fertigkeiten eine zentrale Quelle für Innovation und Wachstum bilden (CANTWELL & FAI 1999). Demnach finden innerhalb großer Unternehmen wichtige technologische Lernprozesse statt und führen zur Entstehung unternehmensspezifischer Kompetenzen in Innovationsprozessen. Dadurch werden kumulative unternehmensspezifische Entwicklungspfade erzeugt, die sich nur allmählich verändern.

Es lässt sich zwar ein positiver Einfluss von räumlicher Nähe in Innovationsbeziehungen ermitteln (ARNDT & STERNBERG 2000), allerdings bleiben in den betreffenden Arbeiten Bedeutung und Gewicht dieser Erkenntnis unklar. Insgesamt lassen sich große Unterschiede zwischen den untersuchten europäischen Regionen, aber auch zwischen den verschiedenen Studien feststellen. Allgemeine Regelhaftigkeiten über die Existenz regionaler Innovationssysteme vermögen die Studien nicht zu ermitteln. Das mag allerdings auch damit zusammenhängen, dass die Identifikation von Innovationssystemen in weitgehend standardisierten Unternehmensbefragungen kaum leistbar ist.

8.3 Technisch-ökonomischer Wandel in der Theorie der langen Wellen

Während sich die ersten beiden Abschnitte dieses Kapitels mit dem technologischen Fortschritt und dessen Verbreitung auf mikrotechnologischer Ebene beschäftigen, sollen in den folgenden Abschnitten neue Technologien und deren Entstehung in einen gesamtwirtschaftlichen Ansatz einbezogen werden. Es wird versucht, den Prozess der Wissens- und Technologiegenerierung in ein umfassendes Konzept der langfristigen wirtschaftlichen und gesellschaftlichen Entwicklung zu integrieren, das es gestattet, die räumliche Organisation sozialer und ökonomischer Prozesse im Gesamtkontext zu analysieren und in zeitliche Phasen zu gliedern. So zeigen empirische Erfahrungen, dass Innovationsprozesse sich im Zeitablauf strukturell verändern und es somit notwendig ist, den technologischen Wandel in eine Theorie der wirtschaftlich-gesellschaftlichen Entwicklung einzubetten (BATHELT 1992). Hierzu bietet die Theorie der langen Wellen einen ersten Ansatzpunkt. Sie ist Bestandteil der Konjunkturtheorie und entstand Ende des 19. Jahrhunderts, als man feststellte, dass die wirtschaftliche Entwicklung in kapitalistischen Volkswirtschaften nicht durch stetiges Wachstum, sondern durch regelmäßig wiederkehrende Abweichungen vom langfristigen Wachstumstrend gekennzeichnet war (VOSGERAU 1988; STERNBERG 1995a, Kap. 3.2; SCHÄTZL 1998, Kap. 2.3.9). In empirischen Studien wurden derartige Wellen der wirtschaftlichen Entwicklung mit unterschiedlichen Wellenlängen, Tragweiten und Entstehungsursachen differenziert (HOLTFRERICH 1988). Durch die Arbeiten von SCHUMPETER (1911; 1961) rückten vor allem die langen Wellen in den Mittelpunkt des Forschungsinteresses, da diese nicht durch normale marktwirtschaftliche Anpassungsmechanismen erklärt werden konnten. SCHUMPETER ist damit der Begründer der Theorie der langen Wellen. Im Unterschied zur klassischen ökonomischen Theorie wird in der Theorie der langen Wel-

len der technologische Wandel und das Entstehen technologischer Innovationen nicht als exogen vorgegeben angesehen, sondern als integraler Bestandteil der wirtschaftlichen Entwicklung modellintern erklärt. Die Theorie der langen Wellen ist als übergeordnete Theorie des technologischen Wandels allerdings nicht unumstritten, zumal sehr unterschiedliche Ansätze zur Erklärung des Wellenverlaufs existieren (z.B. MENSCH 1975; ROSTOW 1975; MANDEL 1981; DELBEKE 1981; ROTHWELL 1982; LÄPPLE 1987).

8.3.1 SCHUMPETERS Theorie der langen Wellen

Die langen Wellen der wirtschaftlichen Entwicklung bezeichnete SCHUMPETER (1961) zu Ehren des russischen Wissenschaftlers KONDRATIEFF als **KONDRATIEFF-Zyklen**. Dieser hatte versucht, die Existenz langer Wellen anhand verschiedener Zeitreihen wie etwa der Roheisenerzeugung und der landwirtschaftlichen Arbeitslöhne in England sowie der Außenhandelsumsätze und des Kohleverbrauchs in Frankreich nachzuweisen (KONDRATIEFF 1926). Er konnte mittels gleitender Durchschnitte lange Wellen in der Entwicklung dieser Zeitreihen mit einer Wellenlänge von 50 bis 60 Jahren identifizieren.

SCHUMPETER (1911, Kap. 2 und 6) erklärt das Entstehen langer Wellen als einen „Prozess der schöpferischen Zerstörung durch das scharenweise Auftreten von Unternehmern". Demnach gerät die wirtschaftliche Entwicklung genau dann in eine Abschwungphase, wenn neue Kombinationen (Basisinnovationen) entstehen und in Konkurrenz zu alten Kombinationen (etablierten Produkten und Technologien) treten. Sie wirken damit auf die Produktionsbedingungen der alten Kombinationen und entziehen diesen zunehmend Produktionsfaktoren (SCHUMPETER 1911, Kap. 2). In der Folge kommt es zu einer ökonomischen Krise. Diese kann erst überwunden werden, wenn die neuen Kombinationen eine hinreichende Akzeptanz gefunden haben und ihr Wachstumspotenzial entfalten können. Durch Nachahmungseffekte werden nunmehr „schwarmweise" neue Unternehmer mit Verbesserungs- und Folgeinnovationen aktiv. Die Wellenbewegung entsteht dadurch, dass sich neue gegen alte Kombinationen im Wettbewerb durchsetzen müssen (SCHUMPETER 1961, Kap. IV). Infolge des wirtschaftlichen Niedergangs der alten Kombinationen und der noch bestehenden engen Verflechtungen mit anderen Sektoren entsteht zunächst eine Krisentendenz in der gesamten Volkswirtschaft. Erst durch das Wachstum der sich sukzessive durchsetzenden neuen Kombinationen werden Multiplikatoreffekte auf andere Sektoren übertragen. In dieser sekundären Welle manifestiert sich schließlich eine neue Aufschwungphase – die nächste lange Welle.

Das scharen- bzw. schwarmweise Auftreten von Unternehmern begründet SCHUMPETER (1911, Kap. 2) damit, dass Unternehmerfähigkeiten nicht auf alle Personen gleich verteilt sind, sondern einer Normalverteilung folgen. Deshalb gibt es in der Anfangsphase einer langen Welle nur wenige Personen, die die Fähigkeit haben, die Marktchancen einer Innovation abzuschätzen und die mit ihr verbundenen Risiken zu tragen. Sie werden jedoch im Erfolgsfall zu Vorreitern, weil sie einen Unternehmergewinn als temporäre Monopolrente abschöpfen. Dieser Unternehmergewinn bildet einen Anreiz zur Nachahmung (SCHUMPETER 1911, Kap. 4; 1961, Kap. III). Zudem sinkt das Risiko für Nachfolgeinnovationen, da Routineabläufe der alten Kombinationen bereits durchbrochen sind. Im Zeitablauf verringern sich die Anforderungen an Unternehmerfähigkeiten und es werden immer mehr Innovationshindernisse beseitigt. Es kommt zum scharenweisen Auftreten von Unternehmern, der sich über Rückkopplungseffekte auch auf vor- und nachgelagerte Sektoren ausdehnt.

Basierend auf den Arbeiten von SCHUMPETER (1911; 1961) und KONDRATIEFF (1926) werden vier **lange Wellen** der wirtschaftlichen Entwicklung seit dem Beginn der industriellen Revolution unterschieden (→ Abb. 80). Jede Welle wurde dabei von bestimmten Industriesektoren getragen, in denen wichtige Basisinnovationen eingeführt wurden (SCHUMPETER 1961, Kap. VI und VII; HOLTFRERICH 1988; DICKEN 1986, Kap. 2; 1998, Kap. 5):

(1) Die erste lange Welle von 1790 bis 1840 wurde vor allem durch die Dampfkraft als Basisinnovation geprägt. Zentrale Sektoren waren die Textilverarbeitung und die Eisenindustrie.

(2) Die zweite lange Welle von 1840 bis 1890 war durch die weitreichende industrielle Nutzung der Dampfkraft und die Erfindung der Eisenbahn gekennzeichnet. In dieser durch erheblich verbesserte Transportmöglichkeiten gekennzeichneten Phase waren die Eisen- und Stahlverarbeitung die wichtigsten Industriesektoren.

(3) Die dritte lange Welle von 1890 bis 1940 wurde vor allem durch die Elektrizität als Basiserfindung getragen. Bedeutende Innovationen fanden in dieser Phase vor allem in der Elektro-, Chemie- und Automobilindustrie statt.

Abb. 80: Schematischer Ablauf der KONDRATIEFF-Wellen (Quelle: nach DICKEN 1986, S. 20; 1998, S. 148)

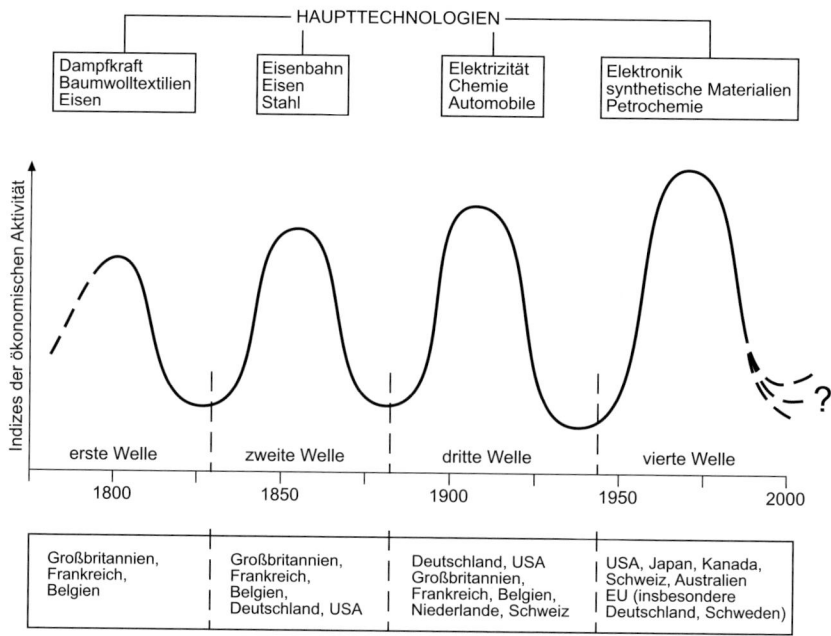

(4) Die um 1940 einsetzende vierte lange Welle war durch Erfindungen im Bereich der Elektronik- und Computerindustrie, der Petrochemie und der Verarbeitung synthetischer Materialien geprägt.

(5) Einige Autoren vermuten, dass in den 1970er oder 1980er Jahren eine fünfte lange Welle eingesetzt hat (MENSCH 1975; ROSTOW 1975; 1977; HALL 1985). Diese Vermutung ist allerdings umstritten, zumal über die zentralen Innovationen dieser Welle bisher keine Einigkeit besteht.

Hinsichtlich eines empirischen Nachweises für die Existenz langer Wellen wurde die Arbeit von KONDRATIEFF (1926) aufgrund der Verwendung von Preisreihen allerdings stark kritisiert. Eine viel beachtete empirische Überprüfung der Theorie der langen Wellen geht auf MENSCH (1975) zurück (DELBEKE 1981). In einer zeitlichen Untersuchung der Innovationstätigkeit stellte MENSCH (1975) fest, dass in den Jahren 1825, 1886 und 1935 jeweils eine Clusterung von Basisinnovationen stattgefunden hatte, die in der Folgezeit zur Entwicklung neuer Industriesektoren führte. Während Basisinnovationen den wirtschaftlichen Aufschwung lediglich einleiteten, stützte sich die eigentliche Aufschwungphase vor allem auf Verbesserungsinnovationen.

8.3.2 Lange Wellen in räumlicher Perspektive

Obwohl die Theorie der langen Wellen keinen expliziten räumlichen Bezug anstrebt, lassen sich aus der historischen Analyse empirische Regelmäßigkeiten über die räumlichen Standortschwerpunkte tragender Industriesektoren und deren langfristige Dynamik ableiten (BATHELT 1991a, Kap. 11). In der Aufeinanderfolge von langen Wellen änderten sich nicht nur die jeweils dominierenden Industriesektoren, sondern auch die in dieser Phase tragenden Volkswirtschaften (HALL 1985; → Abb. 80). Während die grundlegenden Erfindungen der ersten langen Welle vor allem in England stattfanden, traten in der zweiten Welle neben England auch Deutschland und teilweise die USA hinzu. Die dritte lange Welle mit Erfindungen in der Elektro-, Chemie- und Automobilindustrie konzentrierte sich vor allem auf die USA und Deutschland. Mit der vierten Welle schließlich verlor Deutschland an Bedeutung. Die wichtigen Innovationen der Computer- und Halbleiterindustrie fanden in den USA statt, wobei im Verlauf dieser Welle zusätzlich Japan zu

einer tragenden Volkswirtschaft wurde. Parallel zu dieser Abfolge lassen sich auch innerhalb von Volkswirtschaften mit dem Ablauf langer Wellen räumliche Verlagerungen von Standortschwerpunkten der führenden Industriesektoren feststellen (ROSTOW 1977; ROTHWELL 1982). So entwickelten sich von Welle zu Welle in Deutschland, England und den USA jeweils neue regionale Standortschwerpunkte mit einer hohen Konzentration der jeweils dominierenden Industriesektoren. Dies war häufig mit der Tendenz zur Entstehung monostrukturierter Industrieballungen verbunden, die durch enge regionale Verflechtungsnetze gekennzeichnet waren.

Empirische Beobachtungen legen die Schlussfolgerung nahe, dass mit der Dynamik langer Wellen auch eine grundlegende Dynamik der industriellen Standortwahl einher geht, die dazu führt, dass sich internationale und interregionale Standortschwerpunkte mit der Abfolge der tragenden Industriesektoren verändern. Unter dem Einfluss einer langen Welle und der mit ihr verbundenen Innovationen in den tragenden Industriesektoren entwickeln sich ausgeprägte industrielle Agglomerationen mit starken Persistenzeffekten (BATHELT 1991a, Kap. 11). Die Standortschwerpunkte scheinen zu Beginn der nachfolgenden langen Welle nicht dieselbe Rolle erneut spielen zu können. Die in der nächsten langen Welle führenden Industriesektoren ballen sich in anderen Volkswirtschaften und Regionen als die zuvor dominierenden Branchen.

Der traditionellen Standortlehre folgend würde man argumentieren, dass verschiedene Industriesektoren unterschiedliche Standortanforderungen stellen und dass mit der Abfolge langer Wellen somit unterschiedliche optimale Standortschwerpunkte resultieren (HALL 1985). So waren die Standortschwerpunkte der Eisen- und Stahlindustrie der zweiten langen Welle aufgrund der Bedeutung von Transportkosten in erster Linie rohstofforientiert in der Nähe der Kohle- und Erzreviere zu finden. Diese Standortfaktoren spielten für die tragenden Industrien der späteren Wellen hingegen keine so große Rolle mehr. Für die Unternehmen der Computer- und Halbleiterindustrie der vierten langen Welle waren stattdessen Standorte mit vielfältigen Agglomerationsvorteilen, der Nähe zu Forschungseinrichtungen und Universitäten sowie einem qualitativ hochwertigen Arbeitsmarkt von erheblich größerer Bedeutung.

Diese Erklärung ist allerdings unbefriedigend, weil hierbei die politischen, gesellschaftlichen und institutionellen Rahmenbedingungen nicht berücksichtigt werden, die sich innerhalb der letzten zwei Jahrhunderte grundlegend verändert haben. Mit dem Wandel hat sich das Möglichkeitsspektrum für Unternehmensstrategien und Produktionsstrukturen derart verändert, dass die Organisationsformen sozialer und ökonomischer Prozesse und deren Einbettung in lokale Kontexte kaum mehr miteinander vergleichbar sind (→ Kap. 6.3). ROSTOW (1977) betrachtet langfristige Verlagerungen von Standortschwerpunkten vor allem als einen wechselseitigen Prozess von Konzentrations- und nachfolgenden Ausgleichstendenzen. In jedem Fall lässt sich feststellen, dass sich mit dem Ablauf langer Wellen jeweils spezialisierte Industrieballungen mit vielfältigen regionalen Arbeitsmarkt-, Informations- sowie Zuliefer- und Absatzbeziehungen entwickelt haben. Dadurch wurde zugleich eine starke Ausrichtung der Ressourcen dieser Regionen auf die dominierenden Industriesektoren bewirkt, wodurch Wachstumsvoraussetzungen für andere Branchen beeinträchtigt wurden (z. B. STORPER & WALKER 1989, Kap. 3; GRABHER 1989; 1993c).

8.3.3 Kritik an der Theorie der langen Wellen

Die Hauptkritikpunkte an der Theorie der langen Wellen beziehen sich auf die in dem Konzept enthaltenen **technologischen Determinismen** (WALKER 1987). So ist bisher weder die Wellenlänge von 40 bis 60 Jahren empirisch nachgewiesen, noch existiert eine zwingende theoretische Begründung für eine strenge Zyklizität der wirtschaftlichen Entwicklung in genau dieser Länge. Aus den bisherigen lediglich vier langen Wellen lässt sich jedenfalls nicht mit hinreichender Sicherheit auf eine deterministische Sequenz schließen. Letztlich bleibt unklar, warum es in einem etwa 50-jährigen Rhythmus zum scharenweisen Auftreten von Basisinnovationen kommt, und es ist reine Spekulation anzunehmen, dass sich dieser Rhythmus in Zukunft in gleicher Weise fortsetzt (BATHELT 1991a, Kap. 11).

Ebenso muss der **monokausale Erklärungszusammenhang** in der von SCHUMPETER (1911) geprägten und weithin akzeptierten Version der Theorie der langen Wellen abgelehnt werden. So wird zu Recht kritisiert, dass die initialen Marktdurchbrüche in dem Modell von SCHUMPETER (1911) als exogene Faktoren behandelt werden (ROSTOW 1975; WALKER 1985). Ferner liefert

diese Version der Theorie langer Wellen eine rein technisch-ökonomische Erklärung der langfristigen Entwicklungsverläufe und vernachlässigt den institutionellen und gesellschaftlichen Handlungsrahmen. Lässt sich tatsächlich aus der möglicherweise nur zufälligen zeitlichen Übereinstimmung von Innovationswellen und wirtschaftlichen Abschwung- und Aufschwungperioden eine monokausale Abhängigkeitsbeziehung herleiten? Es besteht kein zwingender Grund, wirtschaftliche Entwicklungsprozesse ausschließlich auf den technologischen Fortschritt zurückzuführen. Seit Beginn der industriellen Revolution gab es mindestens ebenso fundamentale Veränderungen der institutionellen und gesellschaftlichen Strukturen z. B. durch Kriege, Revolutionen und gesellschaftlichen Wandel wie der Technologien. In neoschumpeterianischen Ansätzen über die Entstehung technisch-ökonomischer Paradigmen und in der Regulationstheorie werden demgegenüber die institutionellen und gesellschaftlichen Rahmenbedingungen der wirtschaftlichen Entwicklung als wichtige Ursachen für das Entstehen neuer Wirtschaftsepochen hervorgehoben.

8.3.4 Technisch-ökonomische Paradigmen im neoschumpeterianischen Ansatz

In dem neoschumpeterianischen Erklärungsansatz von FREEMAN & PEREZ (1988) wird die langfristige wirtschaftliche Entwicklung als eine Abfolge langer Wellen angesehen, die durch unterschiedliche technisch-ökonomische Paradigmen geprägt sind. Die Aufschwung- und Abschwungphasen entstehen dabei aus dem Zusammenwirken des technisch-ökonomischen Systems mit den sozio-institutionellen Rahmenbedingungen. Der Übergang von einer langen Welle zu der darauf folgenden langen Welle wird durch einen krisenbehafteten Paradigmenwechsel verursacht. Im Unterschied zu SCHUMPETERS (1911; 1961) Theorie der langen Wellen gehen FREEMAN & PEREZ (1988) davon aus, dass die Überwindung der mit dem Paradigmenwechsel verbundenen Krise auch soziale und institutionelle Anpassungen erfordert, damit die neuen technisch-ökonomischen Strukturen gesellschaftlich abgesichert werden (FREEMAN 1990; NIELSEN 1991; BENKO & DUNFORD 1991b; ELAM 1994; BATHELT 1997a, Kap. 2; HAYTER 1997, Kap. 2; SCHAMP 2000a, Kap. 1.1).

Unter einem **technisch-ökonomischen Paradigma** verstehen FREEMAN & PEREZ (1988) eine

Menge dominanter Produkt-, Prozess-, Management- und Organisationsinnovationen, die miteinander in Beziehung stehen. Sie ermöglichen radikale Produktivitätsanstiege sowie ein breites Spektrum an Investitionsmöglichkeiten in vielen Teilsektoren einer Volkswirtschaft. Innerhalb eines solchen Paradigmas etablieren sich führende Technologien und ein charakteristischer Schlüssel-*input* in Verbindung mit spezifischen *input*-Strukturen. Es entwickelt sich ein charakteristisches räumliches und sektorales Muster der Investitionen und Unternehmensgründungen und es setzen sich bestimmte Konsummuster und Verhaltensweisen durch. Fortlaufende inkrementale Innovationen entlang bestimmter Entwicklungspfade (DOSI 1982; 1988) führen zu einem kumulativen Wachstumsprozess innerhalb des technisch-ökonomischen Paradigmas.

Wenn die dominanten technologischen Entwicklungspfade eines Paradigmas an ihre Grenzen stoßen, kündigt sich ein Paradigmenwechsel an, der mit einer Hinwendung zu neuen Entwicklungspfaden auf der Basis neuer Produktions-, Organisations- und Managementprinzipien verbunden ist. Während der krisenhaften Umbruchphase sind Anpassungen der technologischen und wirtschaftlichen Strukturen erforderlich. Auf der Seite der Produktionsfaktoren setzt sich ein neuer *input*-Faktor als Schlüssel-*input* durch, der durch sinkende Stückkosten, praktisch unbegrenzte Verfügbarkeit und breite Anwendungsmöglichkeiten gekennzeichnet ist. Aufgrund seiner Überlegenheit wird der neue Schlüssel-*input* in weiten Bereichen der Volkswirtschaft eingesetzt und rückt in den Mittelpunkt der mit dem Paradigmenwechsel verbundenen Innovationsprozesse (FREEMAN & PEREZ 1988; NIELSEN 1991; SCHAMP 2000a, Kap. 1.1). Mit der Ausbreitung des technisch-ökonomischen Paradigmas erhöht sich zugleich das Vertrauen der Entscheidungsträger in die zukünftige wirtschaftliche Entwicklung, so dass die allgemeine Investitionstätigkeit ansteigt.

Da das technisch-ökonomische Paradigma anfangs auf sozio-institutionelle Strukturen trifft, die noch durch das alte System geprägt sind, kann das neue Paradigma seine Wachstumsimpulse nicht voll entfalten. Ein grundlegender Strukturwandel wird erst dann möglich, wenn Inkonsistenzen zwischen dem technisch-ökonomischen und dem **sozio-institutionellen System** ausgeräumt sind und das neue technisch-ökonomische Paradigma durch veränderte gesellschaftliche Verhaltensweisen, Institutionen und Koordinationsformen unterstützt wird (FREEMAN & PEREZ 1988).

Obwohl der neoschumpeterianische Ansatz die Bedeutung des sozio-institutionellen Systems für die langfristige wirtschaftliche Entwicklung hervorhebt, leidet er ähnlich wie andere Versionen der Theorie der langen Wellen an einem technologischen Determinismus und einer Monofunktionalität (BATHELT 1997a, Kap. 2). Das drückt sich darin aus, dass die wirtschaftliche Entwicklung als durch die technisch-ökonomische Struktur bestimmt angesehen wird. Das sozio-institutionelle System spielt nur eine untergeordnete Rolle, wird in seiner Funktionsweise nicht näher erläutert und erzeugt in dem Ansatz von FREEMAN & PEREZ (1988) lediglich Randbedingungen zur Entfaltung des neuen technisch-ökonomischen Paradigmas. Sozio-institutionelle Strukturen sind durch die Erfordernisse des technisch-ökonomischen Systems weitgehend vorbestimmt (NIELSEN 1991; ELAM 1994).

Die Vertreter des neoschumpeterianischen Ansatzes gehen davon aus, dass das in der Nachkriegszeit dominierende technisch-ökonomische Paradigma in den 1970er Jahren seine Grenzen erreicht und einen krisenhaften Umstrukturierungsprozess eingeleitet hat. Es wird erwartet, dass das neue Paradigma informationsintensiv statt energieintensiv ist, durch die Mikroelektronik als Schlüssel-*input* und durch Innovationen im Bereich der Informations- und Kommunikationstechnologien gekennzeichnet ist. Ferner wird angenommen, dass sich in weiten Bereichen der Volkswirtschaft flexible Produkt- und Prozessstrukturen durchsetzen, die an die Stelle standardisierter Massenproduktion treten. Ein ähnlicher Übergang wird auch von Vertretern der Regulationstheorie angenommen.

8.4 Integration von gesellschaftlichem und ökonomischem Wandel in der Regulationstheorie

Noch stärker als die neoschumpeterianische Variante der Theorie der langen Wellen zielen regulationstheoretische Forschungsansätze auf eine umfassende integrative Erklärung der langfristigen Entwicklung kapitalistischer Wirtschafts- wie auch Gesellschaftsstrukturen ab. Die vereinfacht als Regulationstheorie zusammengefassten regulationstheoretischen Forschungsansätze sind aus der Kritik an deterministischen Interpretationen marxistischer Entwicklungstheorien sowie der unzulänglichen Behandlung des technologischen Wandels in neoklassischen Theorien hervorgegangen (BOYER 1988; 1990, Kap. 1). Es wird ein alternativer Erklärungsansatz dafür gesucht, warum bei langfristiger Betrachtung relativ stabile Phasen des Wachstums durch Phasen der krisenhaften Entwicklung abgelöst werden, ohne dabei wie in der Theorie der langen Wellen eine Zyklizität zu unterstellen. In der in Frankreich von AGLIETTA (1979), LIPIETZ (1985; 1987) und BOYER (1988; 1990) entwickelten Regulationstheorie gelingt es erstmals, die wirtschaftlich-technischen und die gesellschaftlich-institutionellen Strukturen und Prozesse auf konsistente Weise in einen komplexen Erklärungszusammenhang einzubinden (JESSOP 1986; 1992; HÜBNER 1989; HIRSCH 1990; TICKELL & PECK 1992). In der deutschen Geographie wurde der Regulationsansatz insbesondere in den Arbeiten von FUCHS (1992), DANIELZYK & OSSENBRÜGGE (1993), HELBRECHT (1994), BATHELT (1994; 1997a), KRÄTKE (1996; 1999) und DANIELZYK (1998) diskutiert.

In der **Regulationstheorie** wird die langfristige wirtschaftlich-gesellschaftliche Entwicklung durch eine nicht-deterministische Abfolge von Entwicklungsphasen und Entwicklungskrisen dargestellt. Entwicklungsphasen sind durch einen konsistenten wirtschaftlich-gesellschaftlichen Entwicklungszusammenhang über einen längeren Zeitraum hinweg gekennzeichnet, der ein Akkumulationsregime als Ausdruck der technisch-ökonomischen Struktur und eine Regulationsweise als Ausdruck der gesellschaftlich-institutionellen Struktur zusammenbindet. Der Übergang von einer Entwicklungsphase zur nächsten erfolgt durch eine strukturelle Krise. Räumliche Bezugsebene und Ausgangspunkt regulationstheoretischer Erklärungen ist dabei zumeist der Nationalstaat als Territorium einer Volkswirtschaft, auf dessen Ebene die zentralen institutionellen Arrangements geregelt sind (LIPIETZ 1987, Kap. 4; BOYER 1990, Kap. 2; HIRSCH 1990, Kap. 2; JESSOP 1992). Akkumulationsregime und Regulationsweise beeinflussen sich wechselseitig, sind aber nicht deterministisch auseinander herleitbar. Dies wird im Folgenden in vereinfachter Weise dargestellt (BATHELT 1994; 1997a, Kap. 2).

8.4.1 Akkumulationsregime und Regulationsweise

Das **Akkumulationsregime** definiert vereinfacht die Bedingungen und die Geschwindigkeit, unter denen gesamtwirtschaftliche Wachstumsprozesse ablaufen und das „gesellschaftliche Produkt" verteilt wird (LIPIETZ 1985). Eine spezifische Produktionsstruktur und ein bestimmtes Konsummuster wirken dabei über marktbedingte und nicht-marktbedingte Austauschprozesse kontinuierlich zusammen (→ Abb. 81). Zentraler Bestandteil der **Produktionsstruktur** ist das industrielle oder technologische Paradigma, das durch die vorherrschenden Produkt- und Prozesstechnologien sowie die damit verbundenen Formen der Arbeitsorganisation und Arbeitsteilung charakterisiert ist. Durch die vorherrschenden Technologien und Organisationsmuster entsteht eine bestimmte Industrie- und Produktstruktur, in der die dominierenden Branchen über Verflechtungsbeziehungen mit anderen Branchen in Kontakt sind und deren Entwicklung mit beeinflussen. Der Produktionsstruktur steht ein bestimmtes **Konsummuster** gegenüber, das sich durch ein typisches Präferenzsystem, spezifische Konsumtraditionen sowie eine gegebene Haushalts- und Familienstruktur und Einkommensverteilung auszeichnet. Dieses Konsummuster prägt wiederum Höhe und Zusammensetzung der **Nachfragestruktur** (HIRSCH 1990, Kap. 2 und 3).

In der Zeit nach dem Zweiten Weltkrieg entwickelte sich in den Industriestaaten Nordamerikas und Westeuropas eine relativ stabile und in sich konsistente Entwicklungsphase, die in Anlehnung an die Strukturen in der Automobilindustrie als fordistisch bezeichnet wird. Das **fordistische Akkumulationsregime** war gekennzeichnet durch eine Produktionsstruktur mit der Massenproduktion standardisierter Güter und einem durch Massenkonsum und standardisierte Konsumbedürfnisse gekennzeichneten Konsummuster. Die Großserien- und Massenproduktion fand in großmaßstäblichen Produktionsprozessen mit geringer Flexibilität statt, in denen durch Ein-Zweck-Anlagen *economies of scale* abgeschöpft werden konnten. Charakteristisch für die Produktion war eine auf TAYLOR (1919) und FORD (1923) zurückgehende tayloristisch-fordistische Arbeitsteilung mit strengen hierarchischen Zuständigkeiten (→ Kap. 2.4). Dieser Produktionsstruktur entsprach ein Konsummuster, das durch die Massennachfrage nach langlebigen Verbrauchsgütern

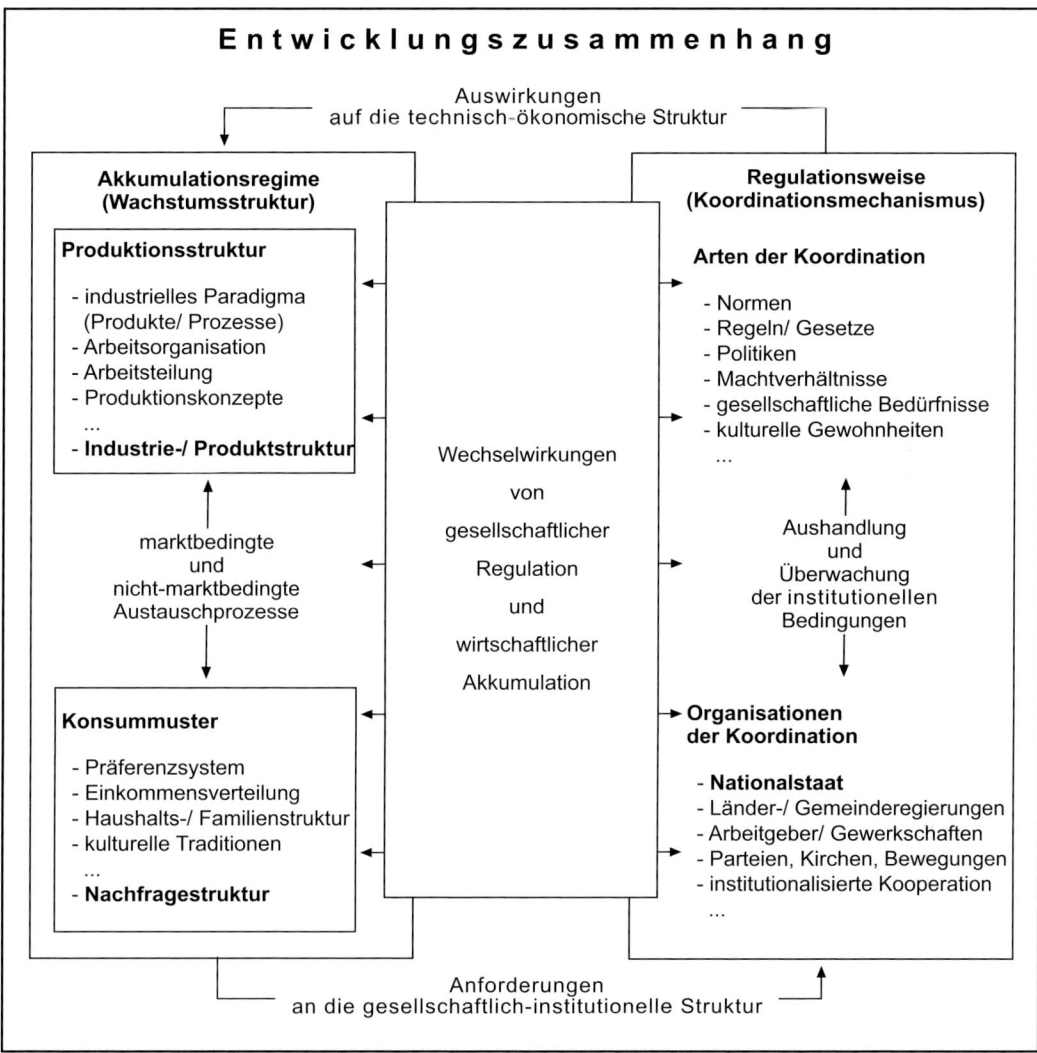

Abb. 81: Regulationstheoretische Grundstruktur der wirtschaftlich-gesellschaftlichen Beziehungen (Quelle: nach BATHELT 1994, S. 66)

wie z. B. nach Autos, Radios, Fernsehern und Kühlschränken gekennzeichnet war. Im Zentrum der sich entwickelnden Industriestruktur standen die massenproduzierenden Konsumgüterindustrien (HIRSCH & ROTH 1986, Kap. II; BOYER 1988; LEBORGNE & LIPIETZ 1990; 1992; SAYER & WALKER 1992, Kap. 4).

Nicht alle Wirtschaftszweige und alle Unternehmen waren allerdings durch eine derartige Struktur der Massenproduktion gekennzeichnet (PIORE & SABEL 1984, Kap. 2). Das hing unter anderem

damit zusammen, dass einerseits nicht in allen Branchen die technischen und marktlichen Voraussetzungen für eine fordistische Produktionsstruktur gegeben waren und andererseits für viele Produkte keine ausreichend großen Nachfragemärkte existierten, die zur Einführung einer standardisierten Massenproduktion erforderlich waren. Nicht-fordistische Industriebranchen komplettierten die Gesamtgüterstruktur, indem sie Marktlücken füllten, die von fordistischen Produzenten nicht bedient wurden, oder indem sie Zulieferfunktionen für diese Sektoren übernahmen (SAYER 1989; HIRSCH 1990, Kap. 3; JESSOP 1992).

Im Unterschied zu traditionellen Erklärungsansätzen wie z. B. der Theorie der langen Wellen berücksichtigt die Regulationstheorie neben den technisch-ökonomischen Grundstrukturen im Konzept der Regulationsweise auch die gesellschaftlich-institutionellen Strukturen und Zusammenhänge (BATHELT 1994; 1997a, Kap. 2). Die **Regulationsweise** umfasst Normen, Regeln, Gesetze, Konventionen, Machtverhältnisse und andere institutionelle Zusammenhänge, die den wirtschaftlichen und gesellschaftlichen Kontext für das Handeln der Akteure bilden (→ Abb. 81). Dadurch werden Handlungsabläufe so geregelt, dass reproduzierbare Austauschbeziehungen zwischen Produktion und Konsum entstehen (BOYER 1988; HIRSCH 1990, Kap. 2; BENKO 1996). Es werden miteinander vereinbarte Verhaltensweisen im Rahmen des Akkumulationsregimes gesichert (LIPIETZ 1985). Von besonderer Bedeutung für die Wechselwirkungen von gesellschaftlicher Regulation und wirtschaftlicher Akkumulation sind die formellen Institutionen bzw. Organisationen, die den wirtschaftlich-gesellschaftlichen Handlungsrahmen aushandeln, durchsetzen und überwachen. In der fordistischen Entwicklungsphase waren dies vor allem der Nationalstaat, der die äußere Grenze des fordistischen Entwicklungszusammenhangs bildete, und seine untergeordneten Gebietskörperschaften sowie die Arbeitgeberverbände, Gewerkschaften und eine Vielzahl weiterer formeller Institutionen und Interessengruppen (HIRSCH 1990, Kap. 2).

Im Mechanismus der Regulationsweise unterscheidet BOYER (1988; 1990, Kap. 2) fünf Arten **institutioneller Formen**, die Konfliktbereiche im Entwicklungszusammenhang regeln und zwischen individuellen Akkumulationsstrategien und gesellschaftlichen Interessen vermitteln (HÜBNER 1989, Kap. III; SCHAMP 2000a, Kap. 1.2):

– Der Arbeits-Lohn-Zusammenhang definiert die konkreten Beschäftigungsverhältnisse und regelt das Lohnsystem.
– Durch die Geld- und Kreditform wird die Höhe der Geldmenge und deren Wirksamkeit gesteuert. Somit entstehen Potenziale und Grenzen für private Investitionsaktivitäten.
– In der Wettbewerbsform werden die grundlegenden Bedingungen des Markttauschs und der Beziehungen zwischen ökonomischen Akteuren abgesteckt.
– Die Staatsform regelt den Rahmen, in dem der Staat in Märkte eingreifen darf.
– Mit der Form der internationalen Handelsbeziehungen werden Austauschprozesse zwischen Nationalstaaten geregelt.

In der fordistischen Entwicklungsphase erfolgte die Regelung der institutionellen Formen vor allem auf nationalstaatlicher Ebene (LIPIETZ 1985; JESSOP 1986). Die Löhne und Arbeitsbedingungen wurden durch *collective bargaining* zwischen den Arbeitgeberverbänden, den Gewerkschaften und dem Nationalstaat ausgehandelt, wobei weitgehende Interessengleichheit zwischen den Akteursgruppen bestand (HIRSCH & ROTH 1986, Kap. II; HARVEY 1990, Kap. 8; LEBORGNE & LIPIETZ 1990; 1992; BENKO & DUNFORD 1991b). Die Kompatibilität von Produktionsstruktur und Konsummuster war durch die antizipatorische Kopplung der Lohnanstiege an die erwarteten Produktivitäts- und Preisanstiege gewährleistet. Die Beschäftigten partizipierten somit an den Produktivitätsfortschritten der Massenproduktion, was wiederum den Massenkonsum ermöglichte (SAYER 1989). Zugleich schuf der so genannte **keynesianische Wohlfahrtsstaat** durch wohlfahrtsstaatliche und antizyklische Staatsausgaben die Voraussetzungen, dass auch Personen, die aus dem Arbeitsprozess ausgeschlossen waren, am Konsum teilhaben konnten, und dass negative Auswirkungen von Konjunkturschwankungen (z. B. vorübergehende Arbeitslosigkeit) gemindert wurden (JESSOP 1986; 1991). In gleicher Richtung wirkte auch die ausgleichsorientierte Raumordnungs- und regionale Wirtschaftspolitik, die darauf abzielte, räumliche Einkommensdisparitäten abzubauen und gleichwertige Lebens- und Arbeitsbedingungen zu schaffen (→ Kap. 3.4).

8.4.2 Entwicklungszusammenhang und Krise in räumlicher Perspektive

Die Regulationsweise ist Ausdruck der Regeln und Verhaltensmuster, die einen Ausgleich zwischen Produktion und Konsum ermöglichen und Konflikte und Probleme im Akkumulationsprozess lösen. Wenn Akkumulationsregime und Regulationsweise über einen längeren Zeitraum hinweg durch einen konsistenten **Entwicklungszusammenhang** gekennzeichnet sind, liegt eine **Entwicklungsphase** vor (LIPIETZ 1985; HIRSCH 1990, Kap. 2; BATHELT 1994).

Entwicklungsphasen sind nicht frei von Turbulenzen und Inkonsistenzen. Allerdings sind Konjunkturzyklen im Sinn der Regulationstheorie noch keine strukturbedrohenden (strukturellen) Krisen, denn sie gefährden nicht notwendigerweise die Reproduzierbarkeit und Konsistenz der technisch-ökonomischen und sozio-institutionellen Strukturen (BOYER 1988). Eine **strukturelle Krise** entsteht erst dann, wenn die Grundstrukturen von Akkumulationsregime und Regulationsweise nicht mehr miteinander kompatibel sind. Damit wird der Fortbestand des Entwicklungszusammenhangs gefährdet oder sogar verhindert (LIPIETZ 1985; TICKELL & PECK 1992). Ursache einer solchen strukturellen Krise kann es sein, wenn das vorherrschende industrielle Paradigma an technologische Grenzen stößt oder wenn ein radikaler Wandel der gesellschaftlichen Werte und Konsumgewohnheiten einsetzt, der zu einer Diskrepanz mit der Produktionsstruktur führt, die mittels der gegebenen Problemlösungsmechanismen der Regulationsweise nicht mehr auflösbar ist. Ebenso können exogene Ereignisse wie z. B. Kriege die Konsistenz eines Entwicklungszusammenhangs gefährden (BOYER 1988; 1990, Kap. 2; BATHELT 1994).

Die Überwindung einer strukturellen Krise erfordert die Entwicklung neuer Produktions-, Konsum- und Regulationsmuster. Da prinzipiell unterschiedliche Koordinationsmechanismen mit einem Akkumulationsregime kompatibel sein können, ist der Weg zu einem neuen stabilen Entwicklungszusammenhang prinzipiell unbestimmt und langfristig gesehen nicht prognostizierbar (LIPIETZ 1985; BOYER 1988). Vielmehr setzen Aushandlungs- und Abstimmungsprozesse zwischen verschiedenen wirtschaftlichen und gesellschaftlichen Interessengruppen ein, an deren Ende neue oder veränderte Institutionen, Konsumgewohnheiten und/oder Technologiestrukturen stehen. Erst das Ergebnis dieser Aushandlungen und Anpassungen schafft die Voraussetzungen für die Herausbildung eines neuen konsistenten Entwicklungszusammenhangs. In diesem Sinn versteht LIPIETZ (1985) einen konkreten Entwicklungszusammenhang als eine „geschichtliche Fundsache". Dennoch zeigen sich in der Übergangsphase bereits wichtige Strukturmerkmale und -veränderungen, die gegeneinander konkurrieren und von denen einige erfolgreich den zukünftigen Entwicklungszusammenhang prägen werden (HIRSCH & ROTH 1986, Kap. IV; MOULAERT & SWYNGEDOUW 1990). Bestimmte Charakteristika zukünftiger Entwicklungsphasen sind somit bereits latent vorhanden, bevor sie Dominanz erlangen (HIRSCH 1990, Kap. 8; JESSOP 1992).

Die Regulationstheorie vermittelt über die Rolle des Nationalstaats einen territorialen Zusammenhang und schafft durch die Abfolge von Entwicklungsphasen und -krisen ein wichtiges Grundgerüst wirtschaftsgeographischer Studien, um Strukturen der räumlichen Organisation bestimmten historischen Phasen zuzuordnen und deren Wandel zu beschreiben und zu erklären. In der Regulationstheorie wird ein Zusammenhang hergestellt zwischen dem gesellschaftlichen und technologischen Wandel, dem Einfluss von Institutionen, der vorherrschenden unternehmensinternen und -übergreifenden Arbeitsteilung sowie der beobachtbaren Standortstruktur (BATHELT 1994; 1997a, Kap. 2). Innerhalb eines konsistenten Entwicklungszusammenhangs entstehen führende Industriezweige, deren unternehmens- und branchenübergreifende Organisationsmuster wesentlichen Einfluss auf die räumliche Wirtschaftsstruktur haben. Es entwickeln sich Kernregionen, die über eine bestimmte Arbeitsteilung zwischen Unternehmen, Branchen und Wertschöpfungsketten mit anderen Regionen verbunden sind. Dies schlägt sich in einer für den Entwicklungszusammenhang typischen räumlichen Arbeitsteilung und einer entsprechenden hierarchischen Standortstruktur nieder (TICKELL & PECK 1992; ESSER & HIRSCH 1994). Die nationalstaatlich variierenden sozio-institutionellen Arrangements ermöglichen hierbei, dass wirtschaftliche Anpassungs- und Lernprozesse von Land zu Land unterschiedlich verlaufen und verschiedene Krisenlösungsstrategien zur Folge haben können.

Die **Entwicklungskrise** hat auch **in räumlicher Perspektive** Konsequenzen (MOULAERT & SWYNGEDOUW 1990). Die vorhandenen Kernregionen sind am stärksten von den Krisenauswirkungen betroffen und werden zum Fokus wirtschaftlicher und gesellschaftlicher Umstrukturierungsprozesse. Umgekehrt erhalten nun andere Regionen die Chance, durch einen neuen Entwicklungszusammenhang intensiver in die wirtschaftlichen Austauschprozesse einbezogen zu werden (SCOTT 1988; STORPER & SCOTT 1990). Der Ablauf von Entwicklungsphasen und -krisen wird von der Entstehung neuer Technologien und Industrien begleitet. Die neuen Industriestrukturen und der veränderte technologische, ökonomische und gesellschaftliche Handlungsrahmen führen zu einem Wandel der Standortanforderungen (z. B. der Rohstoffbedürfnisse), der unternehmensübergreifenden Arbeitsteilung in Netzwerken und anderer Aspekte der räumlichen Organisation. Es wäre fahrlässig, damit zusammenhängende Standortveränderungen nur über veränderte Standortanforderungen und Standortfaktoren erklären zu wollen. Stattdessen kann eine evolutionäre Perspektive die zugrunde liegenden sozialen und ökonomischen Prozesse erfassen (→ Kap. 7.1 und 8.2).

Aus evolutionärer Sicht liegt es nahe, den Ablauf von Entwicklungsphasen und -krisen mit dem **Modell regional-industrieller Entwicklungspfade** nach STORPER & WALKER (1989, Kap. 3) zu verbinden (→ Kap. 7.3). Am Beginn einer Entwicklungsphase entstehen neue Technologien und neue Industrien, die im Lokalisierungsstadium zunächst eine relativ große räumliche Wahlfreiheit haben. Die Standortwahl wird in dieser Phase oft durch lokale Besonderheiten bestimmt und lässt sich kaum in Form eines allgemeinen Modells darstellen (WALKER & STORPER 1981). Nachdem jedoch die originären Standortentscheidungen gefallen sind, technologische Reifungsprozesse eingesetzt haben und lokalisierte institutionelle Zusammenhänge entstanden sind, schließen sich die *windows of locational opportunity* (STORPER 1997a, Kap. 3; BATHELT 1997a, Kap. 2). In einigen Regionen entstehen in der Folge eigendynamische Ballungs- und Spezialisierungsprozesse. Räumliche und kulturelle bzw. institutionelle Nähe spielen hierbei eine zentrale Rolle (→ Kap. 2.2). Mit der Entwicklungskrise wird diese Standortstruktur durchbrochen. Es kann zu Dispersionstendenzen und schließlich sogar zu einer radikalen Verlagerung industrieller Standortschwerpunkte kommen, wenn die lokal entstandenen sozio-institutionellen Zusammenhänge die notwendigen Erneuerungs- und Umstrukturierungsprozesse behindern (STORPER & WALKER 1989, Kap. 3).

Allerdings gelingt eine Parallelisierung des Ablaufs von Entwicklungsphasen und -krisen mit industriellen Entwicklungspfaden nur teilweise. Da Entwicklungspfade von Industrien mit dem Einsetzen einer Entwicklungskrise nicht automatisch zu einem Ende kommen, sondern weiterbestehen, überlagern sich verschiedene Entwicklungspfade (BATHELT 1997a, Kap. 2). Es besteht kein deterministischer Zusammenhang zwischen der wirtschaftlich-gesellschaftlichen Entwicklung und ihrer räumlichen Ausprägungsform. Standortmuster sind im Gegenteil äußerst komplex und aufgrund der Überlagerung verschiedener Prozesse durch unterschiedliche, teilweise einander entgegen gerichtete Entwicklungstendenzen gekennzeichnet. Radikale Veränderungen der Standortstruktur sind bei der Entstehung eines neuen Entwicklungszusammenhangs schon deshalb nicht die Regel, weil parallel zueinander in verschiedenen Industriesektoren abweichende Entwicklungspfade existieren, die einen ungleichen Entwicklungsstand haben und unterschiedliche Impulse auf die Standortstruktur ausstrahlen.

Aus diesem Grund sind die räumlichen Organisationsmerkmale des Fordismus weit weniger klar als seine wirtschaftlich-technischen und gesellschaftlich-institutionellen Merkmale. Da sich idealtypische fordistische Akkumulationsregimes und Regulationsweisen nur in relativ wenigen Ländern und dort nur in wenigen Regionen nachweisen lassen (LIPIETZ 1987, Kap. 4; 1988; JESSOP 1992; PECK & TICKELL 1994), erweist es sich als ausgesprochen schwierig, fordistische von nicht-fordistischen räumlichen Organisationsstrukturen zu unterscheiden. Hinsichtlich der räumlichen Industriestruktur lassen sich deshalb lediglich grobe Merkmale und Tendenzen aufzeigen. Die fordistische Produktionsstruktur führte auf der Basis von *economies of scale* zu einer starken Konzentration der Massenproduktion in wenigen großen Unternehmen. Diese bildeten mit ihren Zulieferern räumliche Industrieballungen und entwickelten sich zu Kernregionen. Sie verzeichneten hohes Wachstum und anhaltende Agglomerationstendenzen. Fordistische Großunternehmen prägten durch ihre Dominanz die Standortstruktur, Qualifikationsmuster und Infrastruktur in diesen Regionen. Durch ihre Bedürfnisse übten sie großen Einfluss auf die Gestaltung des regionalen Umfelds aus (BATHELT 1994; 1997a, Kap. 2).

Zugleich entwickelte sich eine räumlich-funktionale Arbeitsteilung zwischen verschiedenen Regionen, wobei spezialisierte Leitungs-, Forschungs- und Produktionsstandorte entstanden (MOULAERT & SWYNGEDOUW 1990). Die räumliche Arbeitsteilung wurde durch unternehmensinterne und -übergreifende Verflechtungsbeziehungen und Machtstrukturen geprägt, wobei zusehends auch ausländische Regionen in den Produktionsprozess einbezogen wurden. Es resultierte eine hierarchische räumliche Arbeitsteilung mit vielfältigen Zentrum-Peripherie-Beziehungen (TICKELL & PECK 1992; ESSER & HIRSCH 1994; KRÄTKE 1999): zwischen den industriellen Stadtmetropolen und den Satellitenstädten im Umland, zwischen den industriellen Kernregionen mit Leitungsfunktionen und den Zweigwerksregionen mit Montagefunktionen sowie zwischen den Innovations-Kernländern der industriellen Produktion und den Niedriglohn-Montagestandorten in Entwicklungsländern.

Die fordistische Standortstruktur war allerdings durch latente Instabilitäten gekennzeichnet. Zunehmende Internationalisierung der Produktion und der Aufstieg der Schwellenländer verschärften den internationalen Wettbewerb, wodurch die fordistischen Kernregionen allmählich geschwächt wurden (SCHOENBERGER 1988; MOULAERT & SWYNGEDOUW 1990).

8.4.3 Aus der Fordismuskrise zu einem flexiblen Entwicklungszusammenhang?

In den 1970er und 1980er Jahren zeichnete sich in den Industriestaaten Westeuropas und Nordamerikas ein krisenhafter Umbruch ab, der weite Bereiche von Wirtschaft und Gesellschaft erfasste und die Periode anhaltenden Wirtschaftswachstums nach dem Zweiten Weltkrieg beendete. In der Regulationstheorie wird diese Krise als strukturelle Krise des fordistischen Entwicklungszusammenhangs bzw. **Fordismuskrise** angesehen (AGLIETTA 1979; LIPIETZ 1985; 1987, Kap. 1; JESSOP 1986; 1992; HARVEY 1990, Kap. 9; DANIELZYK 1998, Kap. 2). Zusehends offenbarten sich technische und ökonomische, aber auch ökologische und soziale Grenzen des fordistischen Entwicklungszusammenhangs. Fordistische Arbeitsprozesse stießen aufgrund von Starrheiten in der Produktion an technische Grenzen und führten zu stagnierenden Produktivitätszuwächsen. Durch die fordistische Massenproduktion waren zu große und zu diversifizierte Unternehmen entstanden, die kaum mehr effizient gesteuert und deren Produktion nur schwerfällig umgestellt werden konnte (BOYER 1988). Soziale Widerstände wie z. B. Streiks, Demotivation und sinkende Arbeitsleistungen (SAYER & WALKER 1992) sowie die zum Teil dramatischen ökologischen Auswirkungen der Massenproduktion (HIRSCH & ROTH 1986, Kap. III) verstärkten die Probleme. Zugleich zeichnete sich auf der Konsumseite ein grundlegender Wertewandel verbunden mit einer Individualisierung der Konsumnormen und einer Fragmentierung der Nachfrage ab (HIRSCH 1990, Kap. 8; MÜLLER 1992, Teil I, Kap. 2). Dadurch verringerten sich die Absatzchancen für standardisierte Massenkonsumgüter. Parallel dazu führte der Markteintritt von Industrieunternehmen aus Entwicklungs- und Schwellenländern in diesem Marktsegment zu einer Verschärfung des Wettbewerbs auf internationaler Ebene (LIPIETZ 1985; TICKELL & PECK 1992).

Die Auswirkungen dieses Wandels nahmen krisenhafte Ausmaße an. Fortgesetzte Lohnsteigerungen in den fordistischen Kernstaaten führten dazu, dass sich die Wettbewerbsnachteile gegenüber ausländischen Niedrigkosten-Herstellern vergrößerten. Fordistische Industrieunternehmen reagierten darauf, indem sie versuchten, durch den Abbau von Arbeitsplätzen und durch Verlagerungen in andere Länder Kosten einzusparen. Davon am stärksten betroffen waren die großen Agglomerationen der massenproduzierenden Konsumgüterindustrien und ihrer Zulieferer. In den fordistischen Kernstaaten und Kernregionen kam es zu einer sprunghaften Erhöhung der Arbeitslosigkeit und zu einer Verschärfung regionalwirtschaftlicher Disparitäten. Durch die mit der Arbeitslosigkeit verbundenen sozialen Probleme erhöhte sich zugleich der sozialstaatliche Ausgabenbedarf, während aufgrund der Wachstumsschwäche und der Unternehmensverlagerungen die nationalstaatlichen Einnahmen stagnierten bzw. schrumpften (JESSOP 1986; SCHOENBERGER 1988; MOULAERT & SWYNGEDOUW 1990).

Da die Symptome der Fordismuskrise nicht überall in gleichem Maß auftreten, sondern in bestimmten Regionen wie etwa den Standortschwerpunkten der industriellen Massenproduktion besonders stark konzentriert sind, weist der Krisenverlauf eine spezifische räumliche Dimension auf. Neue Produktionsräume außerhalb der traditionellen Industrieriere mit einer hohen Konzentration von *high-tech*-Industrien, designintensiven Handwerksbranchen und hochwertigen unternehmensorientierten Dienstleistungen scheinen den mit der Krise verbundenen Strukturwandel am erfolgreichsten bewältigen zu können (SCOTT 1988; SCOTT & STORPER 1990).

Aus regulationstheoretischer Sicht setzt eine Überwindung der Fordismuskrise voraus, dass ein neuer konsistenter Entwicklungszusammenhang mit neuen wirtschaftlich-technologischen und gesellschaftlich-institutionellen Strukturen entsteht, der den technischen, wirtschaftlichen, sozialen und ökologischen Grenzen des Fordismus entgegen wirkt (JESSOP 1992). In der Literatur wird die Überwindung der Fordismuskrise meist mit der Entwicklung und Ausbreitung flexibler Technologien, Arbeits- und Produktionsprozesse in Verbindung gebracht, die die Starrheiten der fordistischen Produktionsstruktur aufbrechen sollen. HARVEY (1990, Kap. 11) erwartet beispielsweise den Übergang von der Fordismuskrise zu einer Entwicklungsphase der **flexiblen Akkumulation**.

Es wird vielfach davon ausgegangen, dass Unternehmen durch die Einführung flexibler Technologien und flexibler Formen der Arbeitsorganisation ihre Produkt- und Prozessstruktur an veränderte Rahmenbedingungen anpassen und somit die Starrheiten der fordistischen Produktionsstruktur überwinden können. Durch die Integration moderner Computer-, Informations- und Kommunikationstechnologien ergeben sich zahlreiche Flexibilisierungsmöglichkeiten in der Produktion (GERTLER 1988; SCHOENBERGER 1988; MALECKI 1991, Kap. 6; CORIAT 1991; 1992; BATHELT 1995; STERNBERG 1995b): Es entsteht eine erhöhte Mengen-, Varianten-, Produkt-, Prozess- und Fertigungsflexibilität, die zu einer Erweiterung der strategischen Handlungsoptionen der Unternehmen führt und ihre Wettbewerbsfähigkeit erhöht (KERN & SCHUMANN 1990; BERTRAM & SCHAMP 1991; SCHAMP 2000a, Kap. 3.1). Erfahrungen im Umgang mit flexiblen Technologien zeigen aber, dass ein erfolgreicher Einsatz nicht ausschließlich von technischen Merkmalen abhängig ist. Die effiziente Nutzung flexibler Maschinen und Anlagen ist auch von der Kompetenz und dem Qualifikationsniveau der Beschäftigten, der Akzeptanz innerhalb der Belegschaft, der Arbeitsorganisation sowie von den bisherigen Erfahrungen im Umgang mit neuen Technologien abhängig (SAYER & WALKER 1992, Kap. 5; GERTLER 1993). Diese bilden den für die Produktion relevanten sozialen Kontext eines Unternehmens bzw. eines Betriebs.

Zudem ist zu beachten, dass die technologische Umrüstung der Produktionsprozesse auf flexible Maschinen und Anlagen auch mit Risiken und Problemen verbunden ist, die im Vorhinein nicht genau abschätzbar sind (LIPIETZ 1985; GERTLER 1988; SAYER & WALKER 1992, Kap. 5). Neben den hohen Anschaffungs- und Folgekosten gibt es ein generelles Investitions- und Misserfolgsrisiko. So bedeutet die Entscheidung für eine technologische Grundkonfiguration das Einschlagen eines technologischen Entwicklungspfads, der Einfluss auf die zukünftigen Entwicklungsmöglichkeiten eines Unternehmens hat. Hierbei besteht ein generelles *lock-in*-Risiko, falls ein ineffizienter Entwicklungspfad ausgewählt wird (→ Kap. 8.2). Die Einführung flexibler Technologien scheint vor allem dann erfolgreich zu sein, wenn parallel dazu eine Flexibilisierung der Arbeitsorganisation und Arbeitsteilung im Sinn einer numerischen und funktionalen Flexibilisierung erfolgt (HIRSCH & ROTH 1986, Kap. IV; ATKINSON 1987; HARVEY 1990, Kap. 11; BENKO & DUNFORD 1991b), die den Bestand an Humankapital stärkt und die starren Arbeitspraktiken der fordistischen Produktionsstruktur aufbricht (BATHELT 1995; 1997a, Kap. 2).

8.4.4 Flexibilitätsdebatte, Nachfordismus und Standortstruktur

Aus der wissenschaftlichen Debatte über den mit der Fordismuskrise verbundenen industriellen Strukturwandel sind umfassende Flexibilitätsszenarien hervorgegangen, in denen verschiedene Arten der flexiblen Arbeitskraft- und Technologienutzung miteinander kombiniert werden. Das auf der Studie von PIORE & SABEL (1984; 1989) basierende Szenario der flexiblen Spezialisierung begünstigt beispielsweise die Ausbreitung von Unternehmensnetzwerken aus flexibel spezialisierten kleinen und mittleren Unternehmen (GOODMAN et al. 1989; PYKE et al. 1990), während das Szenario der dynamischen Flexibilität zu großbetrieblichen Organisationsformen mit flexibler Massenproduktion führt (CORIAT 1991; 1992).

(1) **Flexible Spezialisierung.** Durch flexible Spezialisierung entstehen räumlich integrierte Industriedistrikte, in denen kleine und mittlere Unternehmen innerhalb einer Wertschöpfungskette eng miteinander verflochten sind (→ Kap. 6.4). Räumliche Nähe erleichtert hierbei die Abstimmungs- und Kommunikationsprozesse, reduziert die Kosten der Informationssuche und verringert die Risiken der unternehmensübergreifenden Arbeitsteilung (SCOTT 1988; HARRISON 1992).

(2) **Dynamische Flexibilität.** Sie fördert räumliche Konzentrationsprozesse in den Standortregionen der führenden Großunternehmen (CORIAT 1991; 1992; WEINSTEIN 1992). Über die Zuliefer- und Absatzsysteme dieser Unternehmen lassen sich lokalisierte Problemlösungskompetenzen abbilden und räumliche Persistenzeffekte aufzeigen. Gegenüber fordistischen Industrieregionen findet allerdings eine Ausdünnung der Standortsysteme z. B. durch Verringerung der Fertigungstiefe und Konzentration auf Kernkompetenzen statt. Die Auswirkungen auf die räumlichen Organisationsmuster sind allerdings unterschiedlich (BRÖSSE & SPIELBERG 1992; BERTRAM 1992;

SCHIMMELPFENG et al. 2000): So mag die *just-in-time*-Organisation der Produktionsstruktur dazu führen, dass bei der Zulieferung von anspruchsvollen Komponenten und Systemen räumliche Ballungen von Zulieferern an Bedeutung gewinnen, wie beispielsweise im Zulieferpark von Ford in Saarlouis (SCHAMP 2001) oder Toyota City bei Nagoya im Süden Japans (SAYER & WALKER 1992, Kap. 4). Demgegenüber mag bei standardisierten Komponenten zunehmend eine *global sourcing*-Strategie angewendet werden, die einem lokalisierten Produktionszusammenhang entgegen wirkt und globale Industriestrukturen ermöglicht (DICKEN 1994; SCHAMP 1996).

Flexible Spezialisierung und dynamische Flexibilität schließen sich allerdings nicht aus. Beide Formen der Flexibilisierung können komplementär zueinander z. B. in verschiedenen Branchen auftreten, sind aufgrund der zugrunde gelegten Annahmen allerdings auch nur begrenzt anwendbar (BATHELT 1995).

In Untersuchungen über die Rolle von Flexibilisierungsprozessen bei der Überwindung der Fordismuskrise wird nur selten der Versuch unternommen, temporäre Anpassungsstrategien der Unternehmen gegenüber dauerhaften Strukturveränderungen zu unterscheiden (JESSOP 1992). Hypothesen über ablaufende Veränderungsprozesse werden zum Teil in so großer Regelmäßigkeit wiederholt, dass der Eindruck entsteht, es handele sich dabei um einen bereits nachgewiesenen Wandel. Abgesehen von den Szenarien der flexiblen Spezialisierung und dynamischen Flexibilität sowie vorläufigen empirischen Befunden liefert die Flexibilisierungsdebatte aber noch kein klares Bild über die mögliche Produktionsstruktur in einem neuen Entwicklungszusammenhang. Dies spiegelt sich auch in zahlreichen Arbeiten wider, die die Bedeutung von Flexibilisierungsprozessen in Frage stellen und die Selektivität, Widersprüchlichkeit und einseitige Blickrichtung von Flexibilitätsstudien kritisieren (z. B. GERTLER 1988; 1992; AMIN & ROBINS 1990; LOVERING 1990; MALECKI 1991, Kap. 6; SAYER & WALKER 1992, Kap. 5).

In der Literatur werden die Veränderungen von Akkumulationsregime und Regulationsweise oftmals im Hinblick auf eine konkrete **postfordistische Entwicklungsphase** (HIRSCH 1990, Kap. 8; 1991) oder eine **neofordistische Formation** (AGLIETTA 1979, Kap. 2) gedeutet, ohne dass eine konsequente Überprüfung der Dauerhaftigkeit und inneren Kompatibilität der neuen Strukturen

durchgeführt wird (SAYER 1989). Infolgedessen stehen verschiedenartige und zum Teil widersprüchliche Hypothesen über die erwarteten und notwendigen Strukturveränderungen nebeneinander (z. B. LEBORGNE & LIEPITZ 1990; 1992; BOYER 1991; NIELSEN 1991; BREMM & DANIELZYK 1993; DANIELZYK 1998, Kap. 2). Während die krisenbedingten Anpassungsprozesse der industriellen Produktionsstruktur immerhin noch relativ leicht messbar sind, gibt es hinsichtlich der zukünftigen Regulationsweise nur wenig gesicherte Erkenntnisse und einen großen Spielraum für Spekulationen. Dies betrifft z. B. die Aufgabenverteilung und das Zusammenspiel zwischen lokal-regionalen, nationalen und supranationalen Institutionen sowie die räumlichen Entwicklungsprozesse und Machtgefüge der verschiedenen Ebenen (HARVEY 1990, II. Teil; PECK & TICKELL 1994; DANIELZYK & OSSENBRÜGGE 1996). So vermag JESSOP (1994) zwar Anzeichen für einen Übergang vom keynesianischen Wohlfahrtsstaat zu einem so genannten **schumpeterianischen Wettbewerbsstaat** festzustellen, in dem sich staatliche Eingriffe auf angebotsorientierte Maßnahmen zur Steigerung der Innovationstätigkeit, Arbeitsmarktflexibilität und internationalen Wettbewerbsfähigkeit konzentrieren. Dennoch deutet die Entwicklung in den 1990er Jahren nicht darauf hin, dass die Fordismuskrise in den Industriestaaten Westeuropas und Nordamerikas bereits überwunden ist. Deshalb wird im Folgenden von einem als **nachfordistisch** bezeichneten Entwicklungszusammenhang ausgegangen, der sich erst noch voll entfalten muss und dessen Strukturen noch unbestimmt sind (LIEPITZ 1993; BATHELT 1994; PECK & TICKELL 1994).

Die Ergebnisse von Untersuchungen über die deutsche chemische Industrie (SCHUMANN et al. 1994; BATHELT 1997a) bestätigen die Resultate anderer Studien, dass zukünftige Produktionsstrukturen nicht eindimensional zu erklären sind und die derzeitige Entwicklung starke Kontinuitäten zur vorhergehenden Entwicklungsphase aufweist (z. B. BERTRAM & SCHAMP 1991; HELLMER et al. 1999). Umstrukturierungen der Arbeits- und Produktionsprozesse stellen häufig nur scheinbar einen Bruch mit der fordistischen Produktionsstruktur dar und deuten eher auf eine Fortführung und Verfeinerung, denn auf eine Ablösung fordistischer Prinzipien hin. Als Reaktion auf die veränderten wirtschaftlich-gesellschaftlichen Rahmenbedingungen entstehen offenbar immer komplexer werdende Produkt- und Prozesskonfigurationen (BATHELT 1995; 1997b). In Teilbereichen der Produktion werden weiterhin fordistische Prinzipien verfolgt oder sogar ausgeweitet, während parallel dazu eine begrenzte Flexibilisierung der Arbeitskraft- und Technologienutzung stattfindet. Ausgehend von der Behauptung, die starre fordistische Produktionsweise werde durch flexible Formen abgelöst, wird ein künstlicher Dualismus aufgebaut, der in der Realität nicht besteht (GERTLER 1988; 1992; SAYER 1989; AMIN & ROBINS 1990; SAYER & WALKER 1992, Kap. 5). Es wäre deshalb übereilt, den auf die Fordismuskrise folgenden nachfordistischen Entwicklungszusammenhang mit Begriffen wie Flexibilität festzulegen und damit den Blick für alternative Entwicklungen zu verschließen.

Auf die Frage, welche räumlichen Entwicklungstendenzen zu einer Überwindung der Fordismuskrise beitragen und welche räumlichen Standortmuster sich in einem neuen Entwicklungszusammenhang etablieren werden, gibt es in der Literatur widersprüchliche und uneinheitliche Antworten (AMIN & THRIFT 1992; 1994a; STORPER 1992; 1997c; LIPIETZ 1993; DICKEN 1994; PECK & TICKELL 1994; KRÄTKE 1995b; DANIELZYK & OSSENBRÜGGE 1996; SCHAMP 1996; GERTLER 1997a). Im Hinblick auf die räumliche Industriestruktur ist nach wie vor offen, ob sich lokal-regionale Entwicklungszusammenhänge dauerhaft gegen global organisierte Produktionsstrukturen durchsetzen können oder ob es zu kleinräumigen Auflösungsprozessen kommt. Insgesamt zeigt sich, dass territorial organisierte Produktionssysteme nach wie vor einen großen Stellenwert haben, wenngleich eine Ausdünnung der vorhandenen Standortstrukturen stattfindet (→ Kap. 9.3). Parallel dazu schreitet die Internationalisierung der Produktions- und Marktbeziehungen voran, wobei in den wichtigen Weltmarktregionen neue lokalisierte Produktionszusammenhänge entstehen.

8.4.5 Leistung und Kritik der Regulationstheorie

Durch den Verzicht auf technologische Determinismen und die Hervorhebung des wirtschaftlich-technologischen und gesellschaftlich-institutionellen Kontexts besitzt die Regulationstheorie gewichtige Vorteile gegenüber alternativen theoretischen Erklärungsansätzen der wirtschaftlichen und gesellschaftlichen Entwicklung. Dennoch gibt es einige Schwachstellen und konzeptionelle

Defizite, die eine empirische Überprüfbarkeit und Umsetzung erschweren (HIRSCH 1990, Kap. 2; BOYER 1990, Kap. 3; BATHELT 1994). Dies mag auch ein Grund sein, warum sich die Regulationsschule bisher nicht auf breiter Ebene durchgesetzt und politische und wirtschaftliche Entscheidungsprozesse beeinflusst hat (JESSOP 1997).

(1) **Metatheoretischer Charakter.** Die Regulationstheorie hat einen metatheoretischen Charakter und ist auf empirischem Weg nur schwer widerlegbar (HIRSCH 1990, Kap. 2). Beziehungen zwischen einzelnen Strukturelementen werden zum Teil eher deskriptiv zu einem Gesamtkonzept zusammengefügt oder sind ungeklärt (TICKELL & PECK 1992).

(2) **Historisierender Charakter.** Aufgrund ihrer starken Verankerung in der fordistischen Entwicklungsphase wird der Regulationstheorie ein historisierender Charakter vorgeworfen. Letztlich werden die Ursachen für Entwicklungskrisen und neue Entwicklungsphasen vor allem an konkreten historischen Beispielen nachvollzogen (BOYER 1990, Kap. 3; HIRSCH 1990, Kap. 2; TICKELL & PECK 1992).

(3) **Überbetonung von Struktur und Vernachlässigung von Institutionen.** Ein wichtiges Defizit der Regulationsschule ist, dass sie die Struktur gegenüber dem Handeln überbetont (BERNDT 1999). Während der Entwicklungszusammenhang eigentlich makroökonomisch konzipiert ist, spielen auf der Ebene der Produktionsstruktur mikroökonomische Aspekte wie z. B. Technologien und Arbeitsorganisation und in der Regulationsweise mesoökonomische Aspekte, die etwa die Funktionsweise der vermittelnden Institutionen betreffen, eine zentrale Rolle. Die Akteure bleiben dabei weitgehend ausgeblendet und das Institutionenverständnis ist stark vereinfacht (HIRSCH 1990, Kap. 2). Auch wenn es inzwischen Versuche gibt, die verschiedenen Ebenen durch Einbeziehung der Institutionentheorie miteinander zu verknüpfen (BERNDT 1999), ist die Einbindung individueller Strategien in den gesamtgesellschaftlichen Entwicklungszusammenhang nach wie vor nicht geklärt und erschwert die Ableitung empirischer Forschungsprogramme aus der Regulationstheorie.

(4) **Hyper-Internalisierung.** Ein anderer Kritikpunkt ist, dass die Regulationstheorie wirtschaftliche und gesellschaftliche Prozesse und Ereignisse zu stark internalisiert und demgegenüber exogene Einflüsse und langfristige Trends in

Wirtschaft und Gesellschaft vernachlässigt (z. B. JESSOP 1992).

(5) **Unklare räumliche Bezüge.** Ein weiteres Problem regulationstheoretischer Studien besteht schließlich in der Fixierung auf den Nationalstaat. Wenn man davon ausgeht, dass die enge Beziehung zwischen Nationalstaat und Entwicklungszusammenhang in erster Linie eine konkrete historische Ausprägung der fordistischen Entwicklungsphase ist, so können zukünftige Entwicklungszusammenhänge möglicherweise auch eine regionale oder supranationale Dimension haben (SWYNGEDOUW 1997). Dass der Lokalstaat dabei den Nationalstaat in seiner Bedeutung ablöst oder ihn substanziell schwächt (JESSOP 1994; MAYER 1996), ist aber noch keineswegs gesichert (GERTLER 1992; STORPER 1997c). Versuche, regionale Entwicklungszusammenhänge zu identifizieren und zu konzeptionalisieren (z. B. DIGIOVANNA 1996; KRÄTKE 1999), sind bisher unbefriedigend und weitgehend erfolglos geblieben. Die Tatsache, dass Regulationsweisen lokal angepasst sind und regionale Unterschiede Einfluss auf die konkrete wirtschaftliche und gesellschaftliche Entwicklung haben (KRÄTKE 1995a, Kap. 3; DANIELZYK 1998, Kap. 2), heißt aber nicht, dass damit automatisch regionale Akkumulations- und Regulationssysteme existieren. In den Regionen des Dritten Italien (→ Kap. 6.4), die teilweise als Beispiel für die Existenz regionaler Entwicklungszusammenhänge angesehen werden, konnten sich eigenständige Produktions- und Koordinationsstrukturen wohl vor allem aufgrund der Schwäche des national-

staatlichen Entwicklungszusammenhangs Italiens entwickeln (BATHELT 1994).

Da traditionelle theoretische Ansätze zu Beginn des 21. Jahrhunderts keinen ausreichenden Beitrag zur Erklärung der fundamentalen wirtschaftlichen und gesellschaftlichen Umstrukturierungen zu leisten vermögen, liefert die Regulationstheorie trotz ihrer Grenzen in der empirischen Umsetzung und einiger ungeklärter Fragen wichtige neue Impulse, um einen Zusammenhang zwischen dem gesellschaftlichen und technologischen Wandel, der Arbeitsteilung und den wirtschaftlichen Standortmustern herzustellen (BATHELT 1994; 1997a, Kap. 2; DANIELZYK 1998, Kap. 2 und 5; KRÄTKE 1999). Sie ermöglicht die Einbeziehung einer evolutionären Perspektive in die Wirtschaftsgeographie, die eine Integration räumlich und zeitlich variierender Bedingungen in wirtschaftliche und gesellschaftliche Strukturen und Prozesse anstrebt. Mit der Regulationstheorie eröffnen sich neue Zugangsmöglichkeiten zu dem Verhältnis von Innovation und räumlicher Organisation von Unternehmen. Die Regulationstheorie ermöglicht zugleich einen Zugang zu der Frage, welche Regionen in einem nachfordistischen Entwicklungszusammenhang zu den Knotenpunkten der Weltwirtschaft werden, welche Beziehungen sich dabei zwischen verschiedenen räumlichen Produktionszusammenhängen entwickeln und wie Institutionen auf unterschiedlichen räumlichen Ebenen die Reproduktion lokal-regionaler und nationaler Zusammenhänge sicherstellen können.

9 Globalisierung im Fokus der Wirtschaftsgeographie

Die im dritten Teil des Buchs erschlossene relationale Grundperspektive der Wirtschaftsgeographie wird abschließend auf das kontrovers diskutierte Thema der Globalisierung angewendet. Hierbei wird die Notwendigkeit einer kontextuellen, evolutionären Perspektive der Akteure im Globalisierungsprozess aufgezeigt. Es wird dargestellt, dass ökonomische Prozesse der Globalisierung nicht zu einer weltweiten Vereinheitlichung führen, sondern dass lokale und nationale sozio-institutionelle Kontexte erhalten bleiben und fortwährend reproduziert werden. Diese Einsicht erfordert es, über eine quantitative Analyse hinaus auch die qualitativen Zusammenhänge und Hintergründe der Organisation ökonomischen Austauschs sowie des Innovationsprozesses zu verstehen. Das Ziel des Kapitels besteht darin, die Relevanz und den Unterschied des Perspektivenwandels von der raumwirtschaftlichen zur relationalen Wirtschaftsgeographie für eine aktuelle Debatte zu demonstrieren. Daher wird nicht die gesamte Diskussion der Globalisierung gewürdigt, sondern einige zentrale wirtschaftsgeographische Aspekte zum Zweck der Veranschaulichung grundsätzlicher Argumentationsweisen genutzt.

Nach der Kritik der raumwirtschaftlichen Wirtschaftsgeographie im zweiten Teil dieses Buchs haben wir mit dem Argument der zweiten Transition im dritten Teil für eine neue, veränderte Grundperspektive der Wirtschaftsgeographie plädiert. In Kapitel 6 bis Kapitel 8 sind die vier Ionen Organisation, Evolution, Interaktion und Innovation als Leitkonzepte eines relationalen Ansatzes in räumlicher Perspektive entwickelt worden. Damit liegen nun die analytischen Instrumente bereit, um gegenwärtige ökonomische Phänomene und Prozesse zu untersuchen. Wir beschließen dieses Lehrbuch mit einer Diskussion eines der wahrscheinlich am kontroversesten debattierten gegenwärtigen Phänomene: der Globalisierung. Hierbei werden bereits diskutierte Konzepte wieder aufgegriffen und in einen konkreten Kontext gesetzt.

Globalisierung liegt in aller Munde. Nicht nur in der Wissenschaft, sondern auch in der Öffentlichkeit hat der Diskurs über Globalisierung große Bedeutung erlangt. Die Gesellschaft für deutsche Sprache wählte „Globalisierung" sogar zum viert wichtigsten Begriff des Jahres 1996. Der Terminus ist zu einem Schlagwort avanciert, das die gesellschaftliche Öffentlichkeit als Motor der gegenwärtigen Veränderungen anerkennt und mit dem sowohl Hoffnungen als auch Befürchtungen verknüpft sind. Einerseits befürchtet die Öffentlichkeit weltweite Umweltkrisen, kulturelle Homogenisierungstendenzen z. B. in Richtung einer „McDonaldisierung" (RITZER 1996) und wirtschaftlichen Niedergang in ihrem Umfeld. Gewerkschaftsvertreter erkennen in Globalisierungsprozessen eine Bedrohung, weil sie industrielle Standortverlagerungen und einen Abbau von Arbeitsplätzen befürchten. Umgekehrt beobachten andere erste Anzeichen einer Weltgesellschaft (BECK 1997), die aus dem Streben nach einem weltweit geteilten Verständnis von Menschenrechten und einer gemeinsamen Verantwortung globaler, also auch räumlich entlegener Umweltprobleme erwächst. In wirtschaftlicher Hinsicht betonen Arbeitgeber die neuen Marktchancen infolge globaler Produktionsstrukturen und fordern zur Erhaltung der internationalen Wettbewerbsfähigkeit drastische Kostensenkungen, vor allem der Lohn- und Lohnnebenkosten (BATHELT 2000a).

Das letzte Kapitel wird zunächst ein konzeptionelles Verständnis von Globalisierung entwickeln und den Zusammenhang von Territorialität und sozio-ökonomischem Handeln herausarbeiten. Anschließend wird die vorherrschende Hypothese der wirtschaftlichen Globalisierung als gleichmäßiger weltweiter Ausbreitung von Austauschbeziehungen untersucht, die sich in ihrer Argumentation zumeist auf die messbaren internationalen Transaktionsstatistiken stützt und die Rolle von Kostenvorteilen bei der Standortverteilung hervorhebt. Diese wird im Folgenden als Globalisierungshypothese bezeichnet. Eine sorgfältige Prüfung wird Grenzen des Verständnisses aufzeigen und die Notwendigkeit eines vertieften Zugangs durch die vier Ionen demonstrieren. Das Buch schließt mit einer differenzierten Gegenargumentation, die verschiedene Dynamiken des Globalisierungsprozesses aufzeigt und in den sozio-institutionellen, unternehmensstrategischen und evolutionären Bedingungen verankert.

9.1 Grundkonzeption der Globalisierung

Globalisierung ist weder Zustand noch Ursache, sondern ein Prozess der Transformation des Zusammenhangs zwischen Territorium und der Organisation sozio-ökonomischer Beziehungen (WATERS 1995, Kap. 1). Dieser Zusammenhang ist das zentrale Element der sozial- und wirtschaftswissenschaftlichen Ansätze, die im Kontext der Globalisierung seit den 1980er Jahren entstanden sind (z. B. McGREW 1992; WATERS 1995; GIDDENS 1997; SKLAIR 1999; HELD et al. 1999). Die zunehmende Entankerung ökonomischen Handelns aus dem physischen Raum (WERLEN 1997, Kap. 5) ermöglicht sowohl eine globale Verbreitung von Gütern, Leistungen, Wissen, Konsumpräferenzen und kulturellen Einstellungen als auch deren Pluralisierung an einem einzigen Ort. Das Herauslösen von Handlungszusammenhängen aus territorialen Bezügen führt im Sinne von GIDDENS (1997, S. 85) dazu, dass sich soziale Beziehungen weltweit intensivieren und „entfernte Orte in solcher Weise miteinander verbunden werden, dass Ereignisse am einen Ort durch Vorgänge geprägt werden, die sich an einem viele Kilometer entfernten Ort abspielen, und umgekehrt." Dieser Prozess ist bereits als räumliche Entbettung bzw. Entankerung im Zusammenhang von traditioneller (vor-moderner) und moderner Gesellschaft diskutiert worden (GIDDENS 1995; 1997; → Kap. 1.1).

Neue Informations-, Kommunikations- und logistische Technologien ermöglichen seit dem

20. Jahrhundert die verstärkte Loslösung sozialer und ökonomischer Interaktionen aus Zeit und Raum, ein Phänomen, das als *time-space compression* (HARVEY 1990) oder **zeitkompakter Globus** (BECK 1997) bezeichnet wird. Im Bereich der Logistik hat die Mobilität von Personen und Gütern durch Innovationen in der modernen Luftfahrt und durch Hochgeschwindigkeitszüge auf modernen Schienennetzen sowie die Massenmotorisierung der Gesellschaft erheblich zugenommen. Distanzen werden in viel kürzerer Zeit überwunden, so dass Entfernungen Technologie bedingt zu schrumpfen (MCHALE 1969; → Abb. 82) bzw. Raum und Zeit zu konvergieren scheinen (BLOTEVOGEL 2000b).

Innovationen im Bereich der Kommunikationstechnologien wie z. B. *intranet, internet, email* oder Videokonferenzen erlauben den Austausch von Informationen in Echtzeit und schaffen virtuelle Nähe (→ Kap. 2.2). Wertpapiergeschäfte sind nicht mehr auf die Öffnungszeiten der lokalen Börse beschränkt, sondern können von einem Standort aus zu fast jeder Tages- und Nachtzeit an anderen Börsen der Welt getätigt werden. Der räumlich und zeitlich immer weniger limitierte Handel von Kapital in einem weltweit integrierten Finanzsystem wird daher zumeist als ideales Beispiel einer verwirklichten Globalisierung angesehen (CASTELLS 1999, Kap. 2). Überhaupt stellen technologische Innovationen im Bereich

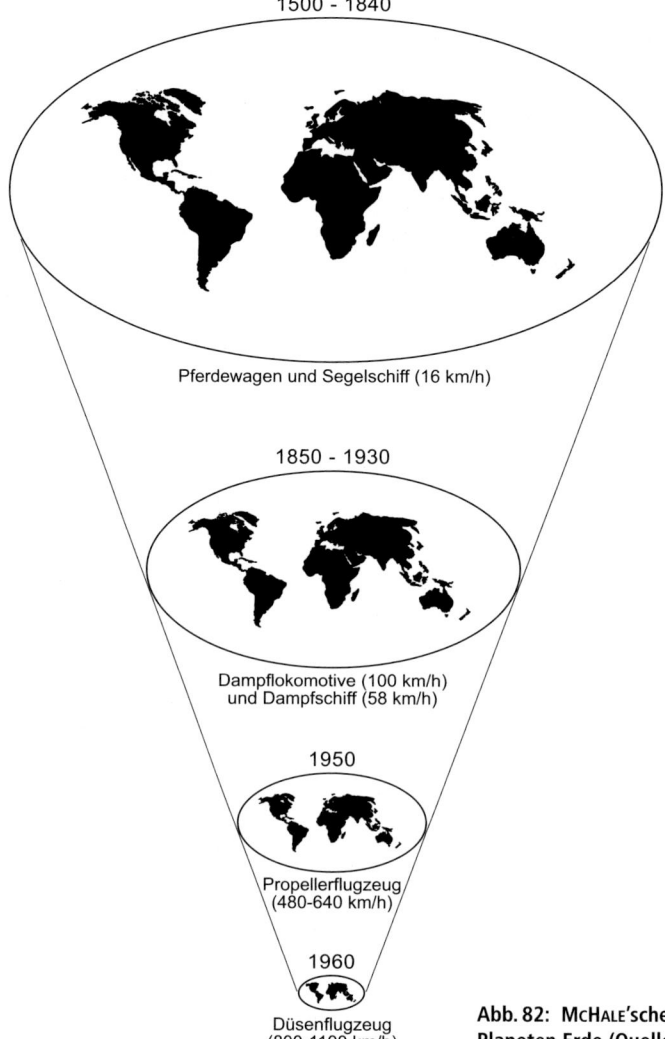

1500 - 1840

Pferdewagen und Segelschiff (16 km/h)

1850 - 1930

Dampflokomotive (100 km/h)
und Dampfschiff (58 km/h)

1950

Propellerflugzeug
(480-640 km/h)

1960

Düsenflugzeug
(800-1100 km/h)

Abb. 82: MCHALE'sche Darstellung des schrumpfenden Planeten Erde (Quelle: nach DICKEN 1998, S. 152)

der Kommunikation und der Logistik die vielleicht grundlegendste Rahmenbedingung für Internationalisierungs- und Globalisierungsprozesse dar (ROSENAU 1990; SKLAIR 1999). Zudem gibt es eine Vielzahl institutioneller Veränderungen auf internationaler Ebene (z. B. die Beseitigung von Handelsbarrieren und Deregulierung der Finanzmärkte), die das Fortschreiten von Globalisierungsprozessen erst ermöglicht haben (SCHAMP 1996; 2000a, Kap. 3.1). Jedoch kann der Prozess der Globalisierung nicht einfach als Folge von Rahmenbedingungen konzipiert werden (→ Kap. 1.3), sondern sie ist vielmehr als Ergebnis strategischen Handelns von Akteuren anzusehen.

Die neuen Informations- und Kommunikationstechnologien, die insbesondere seit den 1980er Jahren eine neue Dimension (Qualität) des internationalen Austauschs ermöglicht haben, bedeuten aber keinesfalls, dass der Prozess der Globalisierung ein gänzlich neues Phänomen ist, wie dies manche Vertreter der Globalisierungshypothese behaupten. Vielmehr setzte der Prozess bereits mit der Industrialisierung ein und wurde schon frühzeitig thematisiert, wie das folgende Zitat von MARX & ENGELS (1848, S. 23) aus ihrer Analyse der historischen Rolle der kapitalistischen Gesellschaft und ihres Wandels belegt: „Die uralten nationalen Industrien sind vernichtet worden und werden noch täglich vernichtet. Sie werden verdrängt durch neue Industrien, deren Einführung eine Lebensfrage für alle zivilisierten Nationen wird, durch Industrien, die nicht mehr einheimische Rohstoffe, sondern den entlegensten Zonen angehörige Rohstoffe verarbeiten und deren Fabrikate nicht nur im Lande selbst, sondern in allen Weltteilen zugleich verbraucht werden. An die Stelle der alten, durch Landeserzeugnisse befriedigten Bedürfnisse treten neue, welche die Produkte der entferntesten Länder und Klima zu ihrer Befriedigung erheischen. An die Stelle der alten lokalen und nationalen Selbstgenügsamkeit und Abgeschlossenheit tritt ein allseitiger Verkehr, eine allseitige Abhängigkeit der Nationen voneinander." Tatsächlich kann Globalisierung im Sinne von MARX (1890, Kap. 14) aus dem im Kapitalismus verankerten Streben zur Produktion von Mehrwert abgeleitet oder im Sinne von GIDDENS (1997) als eine Konsequenz aus der in der Moderne verankerten Reflexivität gesellschaftlicher Beziehungen verstanden werden (→ Kap. 1.1).

Doch selbst vor der Industrialisierung bestanden schon einflussreiche internationale Verflechtungen z. B. im Rahmen der interkontinentalen Kolonialisierung durch die europäischen Königreiche Spaniens, Großbritanniens und Frankreichs (HARVEY 1996). Und selbst vor dieser Zeit existierten entfernte Handelsbeziehungen z. B. über die Seidenstraße zwischen Europa und China. Internationale Beziehungen zwischen territorial definierten Herrschafts- und Wirtschaftsräumen haben daher eine sehr lange Tradition (HELD et al. 1999).

Globalisierung sollte folglich weder im Gegensatz zu dem Begriff der **Internationalisierung**, der die geographische Ausbreitung von Aktivitäten über nationale Grenzen hinweg betrachtet (DICKEN 1998, Kap. 1), noch zu dem der **Denationalisierung** gesehen werden, bei dem lokalisierte soziale Handlungszusammenhänge in zunehmendem Maße nationale Grenzen überschreiten (ZÜRN 1997). Vielmehr sollte **Globalisierung** als ein historischer Prozess verstanden werden (SCHAMP 1996; BATHELT 2000a), dessen fortwährende Veränderung der Organisation sozialer und ökonomischer Beziehungen in räumlicher Perspektive zu einer zunehmenden globalen Vernetzung von Aktivitäten und wechselseitigen Abhängigkeiten führt. Historische Phasen der Globalisierung bzw. Internationalisierung können anhand von vier **Grundcharakteristika** umschrieben und von anderen unterschieden werden. In Anlehnung an HELD et al. (1999, Kap. 1) sind dies: (1) geographische Ausbreitung, (2) Intensität, (3) Geschwindigkeit und (4) Wirkung der internationalen Verflechtungen. Die Kombination dieser Charakteristika ergibt eine Reihe unterschiedlicher Typen von Globalisierungs- oder Internationalisierungsphasen. Jede Phase der Globalisierung bzw. Internationalisierung ist abhängig von den jeweiligen historischen Kontexten wie z. B. den technologischen Bedingungen sowie den gesellschaftlichen, politischen und wirtschaftlichen Institutionen und Interessen (NORTH 1991), so dass diese Typen keineswegs als Stadien eines linearen Prozesses, sondern vielmehr als Bestandteile eines pfadabhängigen, evolutionären Prozesses zu verstehen sind.

Daher ist es unter Umständen schwierig, sprunghafte Veränderungen der weltweiten Produktions- und Konsumbeziehungen empirisch nachzuweisen. Wir begreifen den gegenwärtigen Prozess der Globalisierung als eine fortgeschrittene Stufe der Internationalisierung, deren besondere Intensität und Dynamik es aufzudecken gilt (BATHELT 2000a). Verschiedene Dimensionen des Globalisierungsprozesses, darunter die informatorische, kulturelle, ökologische, politische, zivilgesellschaftliche und ökonomische Dimension (BECK 1997, Kap. 3; WERLEN 1997, Kap. 5), werden in zahlreichen wissenschaftlichen Disziplinen diskutiert. Die nachfolgende Diskussion wird sich auf die wirtschaftliche Globalisierung in ihrer Bedeutung für die Wirtschaftsgeographie konzentrieren.

9.2 Wider die Hyperglobalisierung

Durch einen Größenvergleich der weltweit bedeutendsten Länder mit den bedeutendsten Unternehmen könnte man zu der Einschätzung gelangen, dass nur die Hälfte der hundert größten Ökonomien der Welt nationale Volkswirtschaften sind. Die andere Hälfte sind mächtige multinationale Unternehmen. Der Umsatz von *General Motors* war im Jahr 1998 beispielsweise größer als das Bruttoinlandsprodukt von Norwegen, der von *Ford* größer als das Bruttoinlandsprodukt von Südafrika und der von *Toyota* größer als das Bruttoinlandsprodukt von Malaysia (→ Abb. 83). Ob-

Abb. 83: Umsatz der größten multinationalen Unternehmen im Vergleich zum Bruttoinlandsprodukt ausgewählter Volkswirtschaften 1998 (Quelle: FORTUNE 1999; Weltbank 2000)

wohl dieser Vergleich höchst problematisch ist (haben doch Volkswirtschaften nicht das Ziel der Gewinnmaximierung und müssen sie doch die sozialen Kosten tragen, die durch Unternehmen mit verursacht werden), zeigt er, welche bedeutende Größe und damit Machtposition einzelne Unternehmen im Vergleich zu Nationalstaaten erlangt haben. In dem enormen Wachstum großer multinationaler Unternehmen drückt sich zugleich ein Paradoxon aus. FISCHERMANN (2000) wertet dieses Wachstum als Indiz, dass Planungssysteme (Planwirtschaften) global operierender Konzerne inmitten weltweiter Marktwirtschaften zunehmend an Bedeutung gewinnen.

Der Umsatz der 200 größten multinationalen Unternehmen machte 1997 mehr als ein Viertel der gesamten globalen Wirtschaftsaktivitäten aus und übertraf unter Ausklammerung der neun größten Wirtschaftsnationen die Wertschöpfung aller verbleibenden Länder der Welt. Die Zahl der multinationalen Unternehmen ist von 7000 im Jahr 1970 über 40 000 im Jahr 1995 (KARLINER 1997) auf etwa 60 000 im Jahr 1998 (UNCTAD 1999) angewachsen. Große multinationale Unternehmen erzielen über die Hälfte ihrer Umsätze außerhalb ihres Stammlands in internationalen Märkten (SKLAIR 1999). Neu industrialisierte Staaten wie z. B. die asiatischen Länder Hongkong (vor dem Anschluss an China), Singapur, Südkorea und Taiwan haben sich als wettbewerbsstarke Nationen auf den Weltmärkten etabliert (SCHAMP 1996). Zugleich sind die Zuwäch-

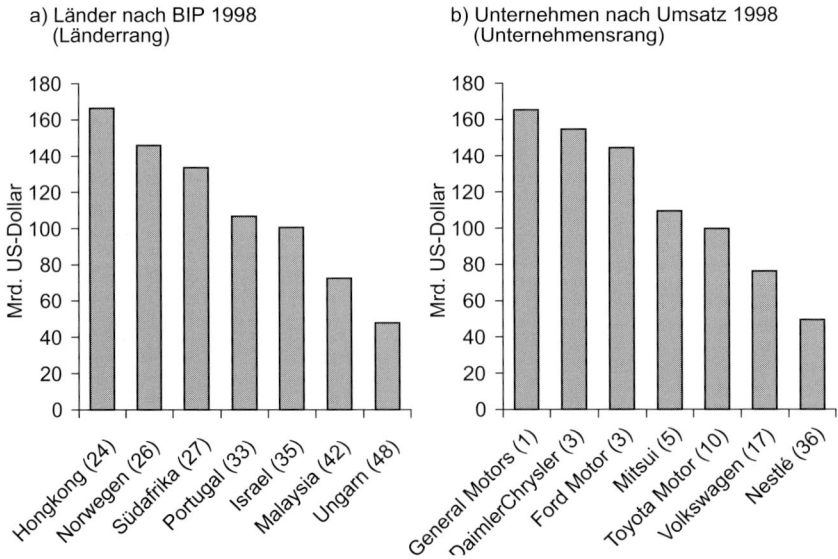

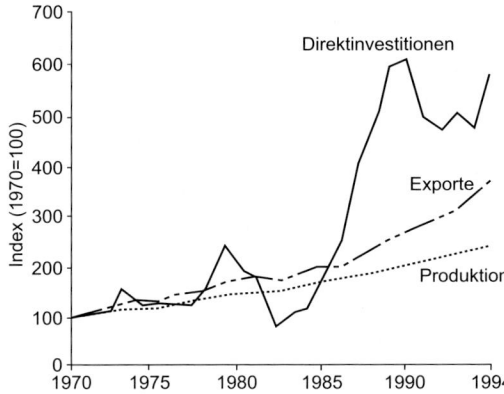

Abb. 84: Globalisierung durch Intensivierung des Außenhandels und der Kapitalverflechtungen (Quelle: nach Schamp 1996, S. 207)

se des Welthandels seit den 1970er Jahren höher als die der Industrieproduktion und multinationale Unternehmen treiben als global organisierte Akteure das Wachstum der ausländischen Direktinvestitionen an (→ Abb. 84).

Hyperglobalisten (Held et al. 1999, Kap. 1) meinen aufgrund dieser Beobachtungen, das Ende des Nationalstaats erkannt zu haben, der durch einen unbegrenzten globalen Markt und weltumspannende Produktions-, Unternehmens- und Finanznetzwerke mächtiger weltweit tätiger Unternehmen zusehends ausgehöhlt werde. Eine grenzenlose Welt (Ohmae 1990) eröffne den Rahmen der ersten globalen Zivilgesellschaft. Demgegenüber wehren **Globalisierungsskeptiker** die Globalisierung als Mythos ab und weisen in historischen Vergleichen die begrenzte internationale Ausdehnung der ökonomischen Beziehungen in den 1990er Jahren nach (Hirst & Thompson

1996; Kleinknecht & Wengel 1998; Hellmer et al. 1999, Kap. 2).

Messbare grenzüberschreitende Austauschbeziehungen können sowohl für den Handel von Vor- und Endprodukten sowie Diensten als auch für den Austausch von Produktionsfaktoren wie Kapital und Technologien statistisch erfasst werden (→ Tab. 14). Die nachfolgende Diskussion dieser internationalen Ströme soll die gegenwärtige Intensität und dabei in räumlicher Perspektive die Verflechtung der internationalen Wirtschaft veranschaulichen, um das Ausmaß bzw. die quantitative Dimension der Globalisierung kritisch zu prüfen und zugleich die Grenzen dieser Faktorperspektive zu markieren.

9.2.1 Regionalisiertes Wachstum des internationalen Handels

Der Handel von Waren und Dienstleistungen ist die wahrscheinlich älteste und wichtigste Form des wirtschaftlichen Austauschs zwischen Regionen und Nationen. Das durchschnittliche Außenhandelsvolumen der *OECD*-Staaten (*Organization for Economic Cooperation and Development*) betrug 1997 etwa 20% ihres Bruttoinlandsprodukts, wobei kleinere Staaten wie Irland, Belgien, die Tschechische Republik oder die Niederlande sogar größere Handelsvolumina von über 50% des Bruttoinlandsprodukts aufwiesen (OECD 1999). Die wachsende Bedeutung des internationalen Handels zeigt sich für die Bundesrepublik Deutschland im enormen Anstieg der Einfuhr- und Ausfuhrwerte zwischen 1950 und 1999 (→ Abb. 85). Im Jahr 1999 betrug der Wert der Einfuhr von Gütern und Dienstleistungen in die Bundesrepublik Deutschland (alte und neue Länder) 870,0 Mrd. DM bei

Tab. 14: Zentrale Dimensionen internationalen ökonomischen Austauschs

Handel von Gütern und Diensten	• inter- versus intrasektoraler Handel • Handel von Endprodukten versus Zwischenprodukten • Inter- versus Intra-Unternehmenshandel

Kapitalverflechtungen	• ausländische Portfolioinvestitionen
	• ausländische Direktinvestitionen (ADI)
	  • *greenfield*-ADI
	  • *brownfield*-ADI (*mergers & acquisitions*)

Wissens- und Technologieverflechtungen	• grenzüberschreitende Forschung und Entwicklung (FuE) • Transfer von Technologien (Lizenzierung, Patentierung) • Transfer von Designs und Marken (Verkauf, Lizenzierung, *franchising*)

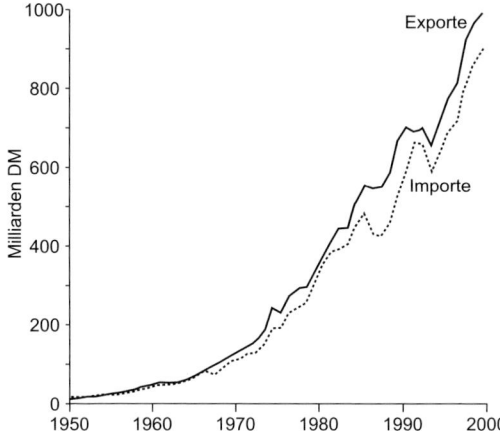

Abb. 85: Einfuhr und Ausfuhr der Bundesrepublik Deutschland (seit 1990 inklusive neue Länder) in tatsächlichen Werten 1950 bis 1999 (Quelle: Statistisches Bundesamt 2000)

einer Ausfuhr von 997,5 Mrd. DM und einem Ausfuhrüberschuss von 127,5 Mrd. DM (Statistisches Bundesamt 2000).

Gemäß der Globalisierungshypothese ist das ungebrochene Wachstum des Handels ein Indiz für zunehmende globale Verflechtungen. Seit 1970 wächst der Export kontinuierlich stärker an als die Produktion von Gütern (Schamp 1996; Hirst & Thompson 1996, Kap. 3), d. h. Produkte werden immer weniger dort konsumiert, wo sie hergestellt werden. Am Beispiel der Staaten der Europäischen Union (EU) demonstrieren Kleinknecht & Wengel (1998) allerdings, dass das Maß an globaler Handelsverflechtung außerhalb Europas seit den 1960er Jahren eher stagniert, während sich der innereuropäische Binnenhandel intensiviert hat (→ Abb. 86). Sowohl der Anteil der Importe als auch der der Exporte am Bruttoinlandsprodukt hat sich zwischen 1960 und 1995 im Binnenhandel der EU verdoppelt, während der Anteil der Importe und Exporte im Außenhandel der EU nahezu unverändert geblieben ist. Erstaunlich ist ferner, dass der durchschnittliche Anteil der Exporte und Importe am Bruttosozialprodukt 1973 weltweit sogar geringer als noch im Jahr 1913 war. Eine Reihe von Staaten hat den durch die beiden Weltkriege bedingten Einbruch des globalen Güteraustauschs sogar bis zum Jahr 1994 noch nicht wieder ausgleichen können (Kleinknecht & Wengel 1998).

Damit ist die quantitative Signifikanz der Globalisierung durchaus kritisch zu beurteilen. Entgegen der Globalisierungshypothese tritt die EU als ein regionaler Wirtschaftsblock in Erscheinung, der 1995 keineswegs stärker in die globale Weltwirtschaft eingebunden ist als noch im Jahr 1960. Internationalisierung vollzieht sich aus europäischer Perspektive daher weniger als Prozess der Globalisierung, sondern vielmehr als wirtschaftliche Integration der EU-Staaten.

Gleiches lässt sich für die Wirtschaftszentren Nordamerika und Japan belegen. Im Zeitraum von 1963 bis 1996 hat sich in allen Fällen das Handelsgewicht auf den eigenen Wirtschaftsblock verstärkt und der Anteil des Gesamthandelsaufkommens mit weniger entwickelten Weltregionen wie Südamerika und Afrika verringert. Nordamerika, Japan und Europa bilden die drei Zentren der internationalen Ökonomie und werden als **Triade** bezeichnet (Ohmae 1985; Hirst & Thompson 1996; Dicken 1998, Kap. 2 und 3). Im Jahr 1997 stammten 89 der 100 größten multinationalen Unternehmen aus der Triade (UNCTAD 1999).

Die Verflechtung der Handelsbeziehungen entwickelt sich gegenwärtig keineswegs global in

a) Anteil der Exporte am Bruttoinlandsprodukt

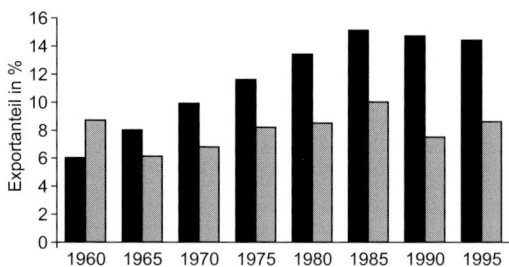

b) Anteil der Importe am Bruttoinlandsprodukt

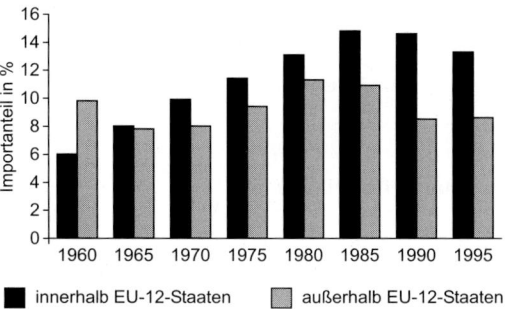

■ innerhalb EU-12-Staaten   ▨ außerhalb EU-12-Staaten

Abb. 86: Entwicklung von europäischem Binnen- und Außenhandel der EU-12-Staaten gemessen am Bruttoinlandsprodukt (BIP) 1960 bis 1995 (Quelle: nach Kleinknecht & Wengel 1998, S. 641)

dem Sinne, dass alle Regionen der Welt gleichermaßen oder überhaupt stärker mit anderen Teilen der Welt vernetzt werden (z. B. STERNBERG 1997). Vielmehr erfolgt die Internationalisierung des Handels als Prozess der Integration der industrialisierten kontinentalen Wirtschaftsblöcke (NUHN 1997; 1998). Doch das Wachstum des weltweiten Handels ist nicht nur in räumlicher Perspektive stark konzentriert. Auch hat sich in den 1980er und 1990er Jahren die Struktur des Handels verändert. Diese strukturelle Verschiebung zeigt sich in unterschiedlichen Aspekten des Handels, wobei die nachfolgend unterschiedenen Handelstypen jeweils unterschiedliche Perspektiven auf den Handel darstellen und sich nicht additiv zueinander verhalten.

(1) **Intra-sektoraler Außenhandel.** Innerhalb der EU verringert sich der Anteil des inter-sektoralen Außenhandels immer stärker zu Gunsten des intra-sektoralen Handels. Der inter-sektorale Handel repräsentiert die traditionelle Form des Außenhandels auf der Grundlage komparativer Kostenvorteile. So besagt das **Theorem der komparativen Kostenvorteile** nach RICARDO, dass es für Länder vorteilhaft ist, sich auf die Produktion derjenigen Produkte zu spezialisieren, die sie im Vergleich mit anderen Ländern am produktivsten herstellen können (HESSE 1988; SCHUMANN 1988). Es müsste sich demnach eine internationale Arbeitsteilung mit entsprechendem inter-sektoralem Außenhandel entwickeln. Import und Export von Gütern und Dienstleistungen würden dabei im Prinzip keine Überlappungen aufweisen. Diese klassische Form der internationalen Arbeitsteilung wird jedoch sukzessive durch überlappende Produktionstätigkeiten und entsprechenden intra-sektoralen Handel abgelöst, bei dem gleiche oder ähnliche Produkte desselben Sektors gehandelt werden. Zwischen 1980 und 1996 hat sich der Anteil des intra-sektoralen Handels innerhalb der EU-12-Staaten um etwa 8 % auf über 60 % erhöht (OECD 1999). Dieser wechselseitige Außenhandel vergleichbarer Güter wie z. B. der deutsche Import ausländischer Autos bei gleichzeitigem Export deutscher Autos deutet auf eine zunehmende Produktdifferenzierung und Pluralisierung der Märkte hin.

(2) **Außenhandel von Zwischenprodukten.** Eine wachsende Bedeutung hat auch der internationale Handel mit Zwischenprodukten. Während in früheren Phasen Handelsbeziehungen mit Rohstoffen und Endprodukten vorherrschten, etabliert sich inzwischen eine internationale Arbeitsteilung in der Produktion, bei der immer mehr Zwischenprodukte einzelner Wertschöpfungsstufen in andere Länder exportiert und dort weiterverarbeitet werden. Das Wachstum des Handelsvolumens für Zwischenprodukte ist ein Indiz für die zunehmende internationale Organisation von Wertschöpfungsketten.

(3) **Unternehmensinterner Außenhandel.** Durch die internationale Organisation der Produktion großer multinationaler Unternehmen gewinnt auch der grenzüberschreitende Handel zwischen Unternehmenseinheiten an Bedeutung. Nach einer Schätzung der Vereinten Nationen beträgt der Anteil des unternehmensinternen Handels weltweit etwa ein Drittel des gesamten Handelsaufkommens (UNCTAD 1995). Aufgrund der schwierigen Erfassbarkeit der tatsächlichen Ströme gibt es bislang allerdings nur wenige Studien hierzu. In einer schwedischen Untersuchung konnte für 300 Industriebetriebe, die in ausländischem Besitz waren, gezeigt werden, dass durchschnittlich über 40 % der betrieblichen Exporte an ausländische Einheiten des gleichen Unternehmens gerichtet waren und umgekehrt etwa 30 % der Importe von anderen Unternehmensteilen aus dem Ausland bezogen wurden (IVARSSON & JOHNSSON 2000). Die Anteile unternehmensinterner Importe und Exporte schwanken erheblich zwischen Unternehmen, Sektoren und Ländern. So tendieren vor allem Unternehmen in technologie- und forschungsintensiven Sektoren zu einem ausgeprägten unternehmensinternen Außenhandel. In räumlicher Perspektive scheint der unternehmensinterne Außenhandel wiederum auf regionale Wirtschaftsblöcke sowie die Triade konzentriert zu sein. Umfang und Struktur des unternehmensinternen Außenhandels hängen letztlich maßgeblich von der gewählten länder- bzw. marktspezifischen Strategie der betreffenden multinationalen Unternehmen und somit von deren spezifischer internationaler Produktionsorganisation ab.

9.2.2 Internationalisierung der Kapitalverflechtungen durch Direktinvestitionen

Ausländische Direktinvestitionen (ADI) haben im Vergleich zu internationalen Handelsverflechtungen ein noch höheres Wachstum erfahren und dokumentieren die zunehmende Bedeutung internationaler Aktivitäten multinationaler Unternehmen (HIRST & THOMPSON 1996). Als **Direktin-**

vestitionen gelten Investitionen zur Gründung von Zweigbetrieben oder zum Erwerb von bzw. zur Beteiligung (mindestens 10%) an Unternehmen mit dem Ziel, Unternehmensaktivitäten, -strategien und -führung zu kontrollieren. Hiervon sind **Portfolioinvestitionen** zu unterscheiden, die nicht aus Gründen der Einflussnahme auf die Unternehmenskontrolle und -führung erfolgen, sondern sich mit dem Ziel der Gewinnpartizipation in Minderheitsbeteiligungen an Unternehmen ausdrücken. ADI werden sowohl in Form der jährlichen Kapitalströme als auch der kumulierten Kapitalbestände in den jeweiligen Ländern erfasst.

Der größte Teil der ADI entfällt auf die Übernahme oder Erweiterung bestehender Unternehmen durch so genannte *brownfield*-**Investitionen**. Nur ein geringer Anteil wird für so genannte *greenfield*-**Investitionen** aufgewendet, also in den Aufbau neuer Unternehmen oder Zweigwerke in anderen Ländern investiert (OECD 1999). In den 1990er Jahren haben sich die Transaktionsvolumina grenzüberschreitender Fusions- und Akquisitionsprozesse (*mergers & acquisitions*) ständig erhöht (→ Abb. 87). Allein im Zeitraum von 1996 bis 1998 fand eine Verdopplung statt. Grenzüberschreitende Transaktionen machten im Jahr 1998 etwa ein Viertel aller *mergers & acquisitions* sowohl hinsichtlich der Anzahl als auch hinsichtlich der Transaktionsvolumina aus (UNCTAD 1999).

ADI tendieren in räumlicher Perspektive zur Clusterung in der Form, dass sie schwerpunktmäßig in bestimmte Zielregionen fließen (SCHAMP 2000a, Kap. 3.5). HIRST & THOMPSON (1996, Kap. 4) untersuchten im Jahr 1987 für 500 und 1992/93 für über 2000 multinationale Unternehmen aus mehreren Ländern die geographische Verteilung der ADI sowie ihrer Standorte. Trotz

geringfügiger Abweichungen zeigte sich ein eindeutiger Trend im Investitionsverhalten der Unternehmen der großen Industrienationen USA, Großbritannien, Deutschland und Japan. Umsätze, ADI und Gewinne der Unternehmen waren in allen Ländern stark auf das Herkunftsland (*home base*) konzentriert. Die Konzentration der Geschäftstätigkeit auf die *home base* traf gleichermaßen auf Industrie- wie auf Dienstleistungsunternehmen zu. Trotz erschwerter Vergleichbarkeit der Datenbanken decken sich die Ergebnisse von 1987 weitgehend mit denen von 1992/93. RUIGROK & v. TULDER (1995, Kap. 7) untersuchten in einer anderen Studie die 100 größten multinationalen Unternehmen und kamen dabei ebenfalls zu dem Ergebnis, dass die Unternehmen trotz zum Teil weltweiter Aktivitäten immer noch stark in Richtung ihres Stammlands orientiert waren. HIRST & THOMPSON (1996, Kap. 4) folgern aus ihrer Analyse, dass die großen internationalen Konzerne aufgrund der Konzentration ihrer Aktivitäten auf das jeweilige Herkunftsland bzw. auf den kontinentalen Block eher als multinationale und nicht als transnationale Unternehmen verstanden werden müssen (→ Kap. 6.3 und 9.3). Weiter gelangen sie zu der Überzeugung, dass die Idee eines offenen globalen Marktes ohne institutionelle und standörtliche Beschränkungen eine Illusion sei (HIRST & THOMPSON 1996, Kap. 3).

KLEINKNECHT & WENGEL (1998) weisen für niederländische und britische Unternehmen eine Stagnation der getätigten ADI nach. Frankreich und Deutschland verzeichnen zwar seit den 1980er Jahren einen Zuwachs an ADI, dieser geht aber mit einer Verminderung des in die Entwicklungs- und Schwellenländer fließenden Anteils von ADI einher. Der räumliche Konzentrationsprozess von Direktinvestitionen deutscher Unternehmen im Ausland untermauert dieses Ergebnis (→ Tab. 15). Zwar wachsen ADI in absoluten Werten auch in nicht-europäischen Staaten, allerdings bleibt der Anteil dieser Länder an den gesamten ADI nahezu konstant. In den Entwicklungs- und Schwellenländern hat sich der Anteil deutscher ADI seit 1980 sogar halbiert. Im Sinne der eingangs erwähnten Globalisierungshypothese müssten demgegenüber gerade Niedrigkosten-Länder aufgrund von Kostenvorteilen attraktive Magneten für Investitionen zur Standortansiedlung sein. Weder die Entwicklung der Außenhandels- noch der Kapitalverflechtungen entspricht jedoch dieser Globalisierungshypothese.

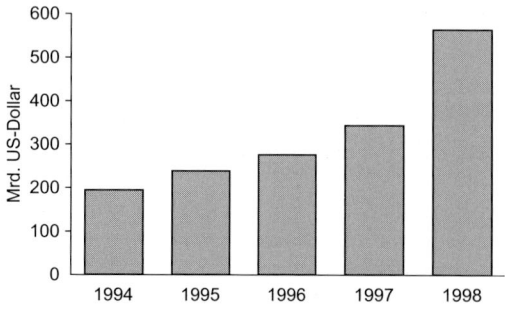

Abb. 87: Internationale Fusions- und Akquisitionstransaktionen 1994 bis 1998 (Quelle: OECD 1999, S. 70)

Tab. 15: Ausländische Direktinvestitionen (ADI) von deutschen Unternehmen nach Zielregionen 1979 bis 1993 (Quelle: nach KLEINKNECHT/WENGEL 1998, S. 643)

Jahr	ausländische Direktinvestitionen in Mrd. DM	ADI-Anteil in EU-12-Länder	ADI-Anteil in andere Industrieländer	ADI-Anteil in Entwicklungs-/ Schwellenländer
1979	69,5	39,6%	37,3%	23,2%
1981	101,2	36,0%	38,5%	23,3%
1987	150,9	40,8%	46,3%	12,9%
1989	205,6	43,7%	45,2%	11,1%
1991	262,7	51,0%	38,3%	10,7%
1993	319,4	48,0%	39,5%	12,6%

9.2.3 Internationalisierung des Austauschs von Technologien und Wissen

Neben den Handels- und Kapitalverflechtungen erfährt der internationale Transfer von Technologien und Wissen zunehmendes Interesse in der Globalisierungsdiskussion. Anhand von drei Dimensionen kann die Intensität des Austauschs dargestellt werden.

(1) **FuE-Einrichtungen.** In einer Studie von CASSON et al. (1992) über die internationale Verteilung von Forschungseinrichtungen von 500 Großunternehmen konnte nachgewiesen werden, dass die Unternehmen der meisten Industrieländer eine relativ starke Konzentration ihrer FuE-Aktivitäten im Heimatland aufrecht erhalten. Allerdings hatten niederländische, schweizerische, deutsche und britische Unternehmen zwischen 60 und 80% ihrer FuE-Einrichtungen im Ausland angesiedelt. Unternehmen aus den USA als der Nation mit den meisten FuE-Einrichtungen unterhielten demgegenüber durchschnittlich nur 30% ihrer Labors im Ausland (HIRST & THOMPSON 1996, Kap. 4). Insgesamt gewinnt die Qualität der internationalen Arbeitsteilung in Forschung und Entwicklung eine veränderte Bedeutung. Während ausländische FuE-Einrichtungen ursprünglich vorwiegend dazu dienten, Produkte und Prozesse an ausländische Produktions- und Marktbesonderheiten anzupassen, werden die Einrichtungen inzwischen stärker in unternehmensinterne Forschungsnetze einbezogen. Sie erhalten größere Budgets und umfassendere Verantwortung, was sich beispielsweise darin ausdrückt, dass sich der Anteil ausländischer FuE-Ausgaben US-amerikanischer Unternehmen von 6 auf 11% im Zeitraum von 1985 bis 1995 nahezu verdoppelte (BLANC & SIERRA 1999). Einerseits wird dadurch

mehr Nähe zu den lokalen Fähigkeiten in ihrer Standortumgebung hergestellt (BLANC & SIERRA 1999) und andererseits können lokale Spezialisierungen als *centers of excellence* für weltweite Operationen ausgebaut werden (ZELLER 2000; → Kap. 6.3). Dies ist bisher allerdings nur in wenigen Industriebranchen wie der pharmazeutischen Industrie und hier nur in bestimmten Unternehmen erkennbar.

(2) **Grenzüberschreitende Patente.** Patentanalysen sind ein weiteres Instrument der Messung grenzüberschreitender technologischer Verflechtungen. CANTWELL (1992) und PATEL & PAVITT (1992) berichten in diesem Zusammenhang, dass nur 10% aller von internationalen Unternehmen in den USA registrierten Patente von ausländischen Tochterunternehmen und Zweigwerken angemeldet wurden. Die Forschungsaktivitäten und Patenanmeldungen multinationaler Unternehmen aus den USA, Japan, Deutschland, Frankreich und Italien sind zudem fast ausschließlich auf die Triade konzentriert (PATEL 1995). Insgesamt sind die technologischen Aktivitäten großer Unternehmen stark auf ihr Stammland orientiert (COOKE & MORGAN 1998, Kap. 1; ZANFEI 2000). Hierin drückt sich die besondere Bedeutung der dort vorhandenen technologischen Kompetenz für die internationale Wettbewerbsfähigkeit aus.

(3) **Formen der technologischen Zusammenarbeit.** Es gibt unterschiedliche Möglichkeiten des organisierten Transfers von Technologien über nationale Grenzen hinweg. Die Formen reichen vom gegenseitigen Austausch von Lizenzrechten bis hin zur Einrichtung gemeinsamer FuE-Labors in *joint ventures* oder strategischen Allianzen. Die Anzahl ausländischer Unternehmensbündnisse zum Austausch von Technologien ist in kleinen Volkswirtschaften besonders hoch,

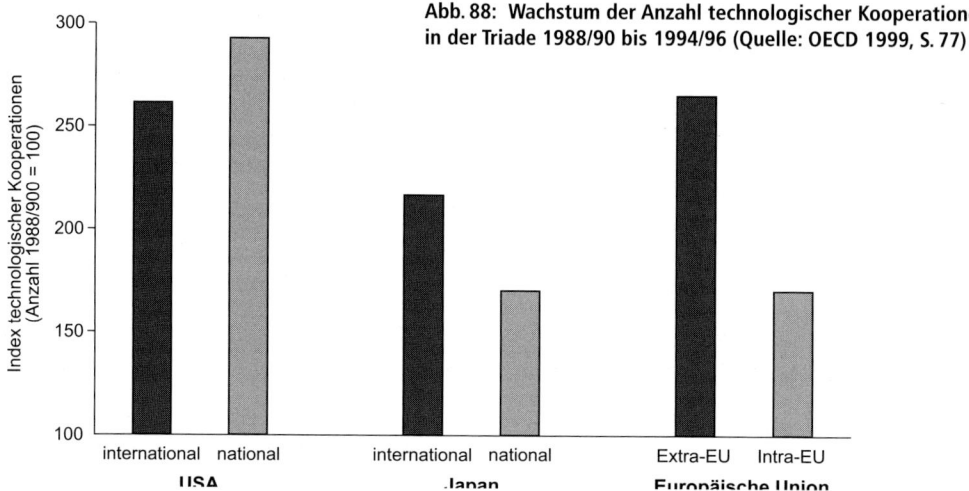

Abb. 88: Wachstum der Anzahl technologischer Kooperationen in der Triade 1988/90 bis 1994/96 (Quelle: OECD 1999, S. 77)

da für diese auch der Außenhandel eine größere Rolle spielt. Während bis Ende der 1980er Jahre die Zahl von technologischen Kooperationen in der Triade nahezu konstant blieb, stieg sie in den Jahren bis 1994/96 stark an (→ Abb. 88). Die Betrachtung auf der Ebene der Triade verdeutlicht, dass internationale technologische Verflechtungen seit den 1990er Jahren zumindest in Europa und Japan sukzessive an Bedeutung gewinnen.

Auch wenn internationale Kapitalverflechtungen und technologische Verflechtungen an Bedeutung gewonnen haben, verbleibt ihr Gesamtvolumen noch relativ niedrig. Gemessen am Bruttoinlandsprodukt der *OECD*-Staaten machten gegenüber dem internationalen Handel, der im Jahr 1997 rund 20 % des Bruttoinlandsprodukts repräsentierte, Portfolioinvestitionen weniger als 4 %, Direktinvestitionen weniger als 2 % und technologische Transaktionen sogar weniger als 0,5 % aus (OECD 1999). Zudem zeigt sich, dass einer quantitativ begründeten Euphorie der Globalisierung trotz des Wachstums der absoluten Kennziffern von Welthandel, Kapital- und Technologietransfers letztlich eine geringe internationale Verflechtung außerhalb der Triade entgegen steht (KLEINKNECHT & WENGEL 1998).

Ferner verleiht die Analyse derartiger Verflechtungsstatistiken für sich genommen noch kein Verständnis über die zugrunde liegenden Prozesse, deren Träger nicht in erster Linie die Nationalstaaten, sondern vor allem mächtige multinationale Unternehmen mit ihren Strategien sind. Das Wachstum von intra- und inter-sektoralem sowie unternehmensinternem Handel sagt zwar etwas darüber aus, wie sehr der grenzüberschrei-

tende Transfer zunimmt. Die Zunahme der ADI und des internationalen Handels alleine bedingt jedoch noch keine fortschreitende ökonomische Integration der Weltwirtschaft (SCHAMP 2000a, Kap. 2.3). Über die qualitativen Hintergründe des Austauschs geben die Statistiken keine eindeutige Auskunft (STORPER 1997a, Kap. 7; 1997c). So ist es beispielsweise schwierig, die zunehmenden Kapitalverflechtungen durch ausländische Direktinvestitionen zu interpretieren. Einerseits deuten sie darauf hin, dass Unternehmen eine intensive globale Organisation der Produktion anstreben und somit der unternehmensinterne Handel von Zwischen- und Endprodukten sowie der Transfer von Technologien und Wissen ansteigt. Andererseits können sie ebenso Ausgangspunkt dafür sein, dass der Außenhandel durch eine umfassende Marktpräsenz reduziert wird. Eine Verdichtung von Standortnetzen, die sich womöglich in der Zunahme der ADI ausdrückt, kann folglich auch eine Verringerung der Handelsverflechtungen bewirken.

9.3 Relationale Wirtschaftsgeographie und Globalisierung

Die bisher verfolgte Perspektive dieses Kapitels ähnelt aufgrund der faktororientierten Analyse einer raumwirtschaftlichen Herangehensweise, wie sie im zweiten Teil des Buchs dargestellt ist. In der Betrachtung quantitativ messbarer Parameter der Globalisierung findet diese Sichtweise allerdings auch Grenzen. In diesem Abschnitt wird daher eine stärker qualitative Perspektive eingenommen, um die hinter den internationalen Verflechtungen stehenden Zusammenhänge aufzuklären. Anhand der im dritten Teil des Buchs eingeführten zentralen Konzepte gilt es nun, tatsächliche Strategien, Organisationsweisen und Prozesse zu untersuchen, um zu einem ursächlichen Verständnis von Globalisierung zu gelangen.

9.3.1 Zwischen den Extremen: Lokalisierte versus entankerte Ökonomie

Die Betrachtung der internationalen Austauschbeziehungen hat in räumlicher Perspektive auf eine Konzentration der ökonomischen Aktivitäten auf die Triade hingewiesen. Parallel zu der Ausweitung grenzüberschreitenden Austauschs ist eine scheinbar entgegen gesetzte Entwicklung ebenso bedeutsam geworden. Regionale Ballungsprozesse in den Bereichen der Halbleiter-, Computer- und Elektronikindustrie in den Agglomerationen des *Silicon Valley*, der *Boston Route 128* oder des *Research Triangle* (→ Kap. 7.4) sind dabei nur als Spitzen eines Eisbergs zu sehen. Insbesondere in wissens- und technologieintensiven Industrien wie der Biotechnologie und Genforschung sowie in den Bereichen Telekommunikation und Multimedia entstehen auch in Europa neue regionale Unternehmenscluster, in denen Voraussetzungen zur Bildung innovativer Standortumgebungen geschaffen werden. Die neu entstehenden Cluster weisen zumeist überdurchschnittlich hohe Wachstumsraten von Wertschöpfung und Beschäftigung auf. Daneben entwickeln sich aber auch die älteren Industriedistrikte traditioneller Industriezweige z. B. in den Regionen des Dritten Italien weiter (→ Kap. 6.4).

Scheinbar sind Globalisierungsprozesse also nicht grenzenlos. Die Analyse der Struktur der quantitativen Verflechtungen deutet bereits auf eine Regionalisierung bzw. kontinentale Blockbildung der Aktivitäten innerhalb der Triade hin. Ein darüber hinaus gehendes Verständnis der Globalisierungsprozesse muss sich der Analyse der Produktionsbedingungen und Unternehmensstrategien zuwenden, um die Organisation internationaler Aktivitäten und Beziehungen zu verstehen. Aus dem Spannungsfeld der Erhaltung neuer regionaler Standortsysteme bei fortschreitender Globalisierung hat sich eine wissenschaft-

liche Diskussion über das Verhältnis des Globalen zum Lokalen, Regionalen und Nationalen entwickelt (AMIN & THRIFT 1992; 1994b; STORPER 1992; 1997a; 1997c; GERTLER 1992; 1997a; LIPIETZ 1993; KRÄTKE 1995b; DANIELZYK & OSSENBRÜGGE 1996; SWYNGEDOUW 1997). Die gegensätzlichen Tendenzen von Globalisierung und Lokalisierung lassen sich im Spannungsfeld der zwei Idealtypen der entankerten und der lokalisierten Ökonomie einander gegenüber stellen (STORPER 1997a, Kap. 7; 1997c).

Entankerte Ökonomie. Diese deterritorialisierte Version der Weltwirtschaft geht davon aus, dass die globale Verfügbarkeit von Technologien sowie die Standardisierung internationaler Verflechtungen dazu führt, dass sich ein Produktionssystem von austauschbaren Standorten etabliert. Kommunikations- und logistische Technologien erlauben eine weltweite Verbreitung von Ressourcen, so dass diese allerorts verfügbar sind. Auch ehemals spezialisiertes, lokalisiertes Wissen kann durch Kodifizierung über moderne Kommunikationstechnologien weltweit verbreitet werden. Es ist dies ein Prozess der *ubiquitification* (MASKELL & MALMBERG 1998; 1999; → Kap. 5.2). Unternehmen können aufgrund völliger Mobilität der Produktionsfaktoren ehemals gegebene Barrieren überwinden und nahezu jeden Standort zu einem Produktionsstandort entwickeln. Sie wären in dieser Sicht als *footloose*-Unternehmen zu betrachten. Die Weltwirtschaft wäre demnach ein globales Produktionssystem deterritorialisierter Ressourcen und substituierbarer Standorte (STORPER 1997a, Kap. 7). Kein Standort verfügte über Faktoren, die nicht an zahlreichen anderen Standorten ebenso verfügbar oder zumindest herstellbar wären.

Lokalisierte Ökonomie. Diese territorialisierte Version der Weltwirtschaft nimmt an, dass zentrale Ressourcen und Faktoren der Produktion spezifisch und an konkrete Lokalitäten gebunden sind. Es gibt in dieser Perspektive keine alternativen Standorte, an denen diese Ressourcen ebenso verfügbar sind. Traditionell sind solche Ressourcen natürliche Faktorausstattungen wie z. B. Edelmetalllagerstätten oder Lagerstätten fossiler Brennstoffe. Noch wichtiger als natürliche Ressourcen sind in vielen Wirtschaftszweigen inzwischen lokalisierte sozio-institutionelle Strukturen, wie in *tacit knowledge* gespeicherte Fähigkeiten (→ Kap. 2.4) sowie Normen, Regeln und Konventionen (→ Kap. 6.2 und 6.4), die spezifische Prozeduren der Wissensgenerierung, -interpretation und -verwendung festlegen (→ Kap. 8.2; BA-THELT & GLÜCKLER 2000). Nicht-kodifiziertes Wissen und informelle Institutionen definieren den konkreten Interaktionsrahmen für eine Menge von Akteuren in einem zumindest teilweise territorialen Zusammenhang. Die hohe Spezifität der Kommunikationsinhalte sowie der Verfahrensregeln wird durch fortwährende und häufige Interaktion erzeugt, die oft erst durch räumliche Nähe möglich ist. Dies drückt sich in der Bedeutung so genannter *localised capabilities* (MAS-KELL & MALMBERG 1998; 1999) und *untraded interdependencies* (STORPER 1997a, Kap. 2; 1997b) aus (→ Kap. 7.3). Normen, Regeln und Konventionen werden dabei in örtlichen Kontexten institutionalisiert und permanent verfeinert, korrigiert und reproduziert.

Beide Versionen der wirtschaftlichen Organisation in räumlicher Perspektive sind analytische Idealtypen. Die tatsächliche Organisation großer Unternehmen kann als Mischung beider Typen verstanden werden. Die Organisation eines Unternehmens oder einer Wertschöpfungskette ist aber nicht *a priori* gegeben, sondern hängt von den Zielen und Strategien ihrer Akteure sowie den technologischen und sozio-institutionellen Bedingungen ab. Diese bestimmen die kontextuellen Rahmenbedingungen, die eine standörtliche Organisation beeinflussen. Daher ist es erforderlich, sich den international agierenden Unternehmen als den zentralen Akteuren in der Analyse der Globalisierungsprozesse zuzuwenden.

9.3.2 Internationale Unternehmensstrategien

Die zentralen Akteure wirtschaftlicher Globalisierung sind mächtige, steuerungskräftige, international agierende Unternehmen (HIRST & THOMPSON 1996; SCHAMP 1996). Sie sind die Antriebskräfte des internationalen Waren-, Leistungs-, Kapital- und Wissenstransfers. Eine Analyse der Globalisierungsprozesse muss sich folglich stärker den Unternehmen als den räumlich aggregierten Verflechtungsströmen zuwenden. Neben diesen Unternehmen gewinnt auch eine Reihe weiterer Akteursgruppen an Bedeutung: Regierungen und legislative Institutionen der Nationalstaaten, internationale Organisationen (wie Weltbank, Welthandelsorganisation und Vereinte Nationen) und andere Interessensgruppen sowie Medien- und Kulturinstitutionen. Sie alle wirken an der Intensivierung internationaler Beziehun-

gen mit (SKLAIR 1995; Kap. 1; 1996; 2001). Fälschlicherweise wird oft davon ausgegangen, dass Globalisierungsprozesse Machtverhältnisse in gesellschaftlichen Aushandlungsprozessen einseitig zu Gunsten der Unternehmen und zu Lasten der Nationalstaaten verschieben. Allerdings ist ein weitgehender Machtverlust der Nationalstaaten so nicht zu beobachten (DICKEN 1994; 1998, Kap. 8; HAYTER 1997, Kap. 7; HELLMER et al. 1999, Kap. 2). Vielmehr zeigt sich, dass Nationalstaaten nach wie vor Einfluss auf die in ihrem Territorium lokalisierten Unternehmen haben. Sie gestalten die zentralen institutionellen Arrangements und beeinflussen die Reproduktivitätsbedingungen lokalisierter Fertigkeiten (z. B. die Ausbildung hochqualifizierter, spezialisierter Arbeitskräfte). Die nachfolgende Betrachtung konzentriert sich jedoch stärker auf die Strategien und Organisationsweisen international agierender Unternehmen sowie die lokalisierten Rahmenbedingungen und die evolutionäre Dynamik, der diese Unternehmen unterliegen (→ Kap. 6.3).

Neue Formen der Produktionsorganisation in internationalen Netzwerken gewinnen im Zuge der Globalisierung eine neue Bedeutung. Die Organisationsformen können nur aus den Strategien der Unternehmen abgeleitet und verstanden werden. Ein vertieftes Verständnis des Zusammenhangs von internationalen unternehmensinternen Handelsflüssen und ADI setzt die Kenntnis der spezifischen Vorteile voraus, die Unternehmen durch ihre Auslandsaktivitäten zu erreichen suchen, sowie der Strategien, die zu diesem Zweck eingesetzt werden (OHMAE 1987). Im so genannten **eklektischen Paradigma** (DUNNING 1988; 2000) werden als Ergebnis zahlreicher empirischer Studien vier zentrale Strategien unterschieden, die Unternehmen zu internationalen Aktivitäten verleiten:

(1) *Market-seeking.* Unternehmen verfolgen Internationalisierungsschritte zur Erschließung und Sicherung ausländischer Märkte. Dabei dominieren in frühen Stadien zunächst Handelsverflechtungen, so dass Produkte über Exportaktivitäten ihre Zielmärkte erreichen. In späteren Stadien folgen oft ADI, die den Aufbau eigener Vertriebs- und Produktionsstätten im jeweiligen Zielmarkt ermöglichen (→ Kap. 6.3).

(2) *Resource-seeking.* Eine weitere Zielsetzung von ADI besteht darin, lokalisierte Ressourcen zu erschließen, die die Wettbewerbsfähigkeit in der Produktion sichern oder verbessern. Dies können materielle Ressourcen sein – wie die La-

gerstätten von Rohstoffen – oder aber immaterielle Ressourcen, z. B. spezialisiertes technologisches Wissen zur Steigerung der Innovationsfähigkeit).

(3) *Efficiency-seeking*. Über die Erschließung von Ressourcen und Absatzmärkten hinaus können ADI ferner mit dem Ziel der Effizienzsteigerung der bestehenden Produktionsorganisation getätigt werden. So hat die Senkung von Transportkosten und Handelsbarrieren maßgeblich dazu beigetragen, die bestehende Arbeitsteilung in der Produktion durch Verlagerung in andere Länder kosteneffizienter zu gestalten und sie dort zu vertiefen.

(4) *Strategic asset-seeking*. Schließlich führen multinationale Unternehmen ADI auch zur Verteidigung und Sicherung spezifischer Standort- und Wettbewerbsvorteile oder gar zum gezielten Abbau der Standortvorteile von Konkurrenten in einem Auslandsmarkt durch. Derartige Investitionen verfolgen vor allem das Ziel der strategischen Wettbewerbssicherung gegenüber Konkurrenten und weniger die direkte Verbesserung bestehender Operationen oder die Erschließung neuer Ressourcen.

Diese Strategien repräsentieren Zielsetzungen, die in der Realität in veränderter oder kombinierter Weise auftreten können. Die Wahl einer Unternehmensstrategie ist aber nicht unabhängig von früheren Strukturen und Entscheidungen in den betreffenden Unternehmen. Deshalb kann auch nicht jede Strategie gleich gut ausgeführt werden (→ Kap. 6.3). Zudem sind bei der Wahl einer Strategie neben Vorteilen auch Risiken zu berücksichtigen. Bei der Debatte über Globalisierungsprozesse wird vielfach übersehen, dass es gar nicht selbstverständlich und unproblematisch ist, effiziente Verflechtungsbeziehungen zwischen räumlichen getrennten Produktionsstätten verschiedener Länder aufzubauen (BATHELT 2000a). Je anspruchsvoller die Koordination des Produktionsprozesses ist und je komplexer die Produkt- und Prozesstechnologien sind, desto

schwieriger gestaltet sich eine grenzüberschreitende Organisation der Produktion. Rechtlich, politisch, kulturell und wirtschaftlich bedingte institutionelle Unterschiede zwischen verschiedenen Nationalstaaten fungieren dabei teilweise als erhebliche Barrieren für den Markteintritt, so dass der Aufwand ihrer Überwindung die aus der Auslandsstrategie entstehenden Vorteile sogar übersteigen kann. Aus diesem Grund dominiert in vielen Fällen die Strategie des *market-seeking* durch internationalen Handel sowie zunehmend durch ADI. Eine multinationale Organisation der Produktion im Sinne des *efficiency-* oder *resource-seeking* beschränkt sich hingegen oft auf *low-tech*-Branchen wie z. B. die Textilindustrie (FRÖBEL et al. 1977). Technologieintensive Industrien müssen unter Umständen erhebliche organisatorische Anpassungen leisten, um fehlende räumliche und institutionelle Nähe durch organisatorische Nähe auszugleichen (LUNDVALL 1988; GERTLER 1992; 1997b; → Kap. 2.2).

9.3.3 Internationale Unternehmensorganisationen und ihre Vernetzung

Trotz internationaler institutioneller Barrieren schaffen veränderte ökonomische, institutionelle und technologische Rahmenbedingungen (ROSENAU 1990; WATERS 1995; SCHAMP 1996) neue Möglichkeiten der globalen Koordinations-, Produktions- und Distributionsorganisation von Unternehmen (z. B. BARTLETT & GOSHAL 1987). Wir unterscheiden im Folgenden drei Typen der internationalen Organisation von Unternehmen mit zunehmender Komplexität (→ Tab. 16): (1) internationale, (2) multinationale und (3) transnationale Unternehmensorganisationen.

(1) **Internationale Unternehmensorganisation.** Das internationale Unternehmen besitzt eine regional bzw. national integrierte Produktionsorganisation. Alle Unternehmensbereiche wie FuE, Produktion und Koordination befinden sich in

Tab. 16: Typologie von Unternehmen nach der Komplexität ihrer Auslandsaktivitäten

Unternehmenstyp	internationale/globale Organisation von		
	Distribution	Produktion/ Zirkulation	Koordination/ Kompetenz
international	✕		
multinational	✕	✕	
transnational	✕	✕	✕

Abb. 89: Produktionsorganisation von internationalen, multinationalen und transnationalen Unternehmen in räumlicher Perspektive

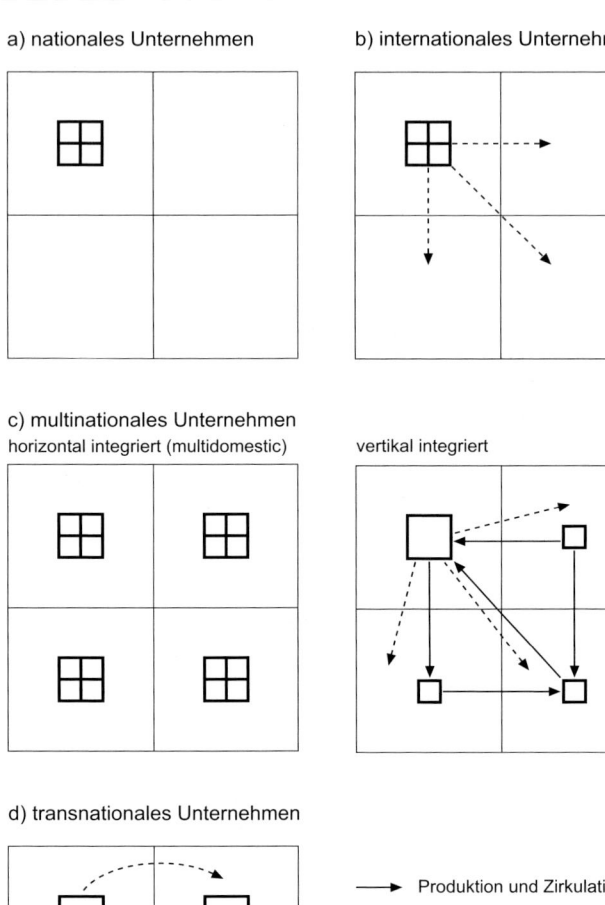

a) nationales Unternehmen

b) internationales Unternehmen

c) multinationales Unternehmen
horizontal integriert (multidomestic)

vertikal integriert

d) transnationales Unternehmen

→ Produktion und Zirkulation

--→ Distribution

Steuerung und integrierte Produktion an einem Standort

Steuerung der Produktion, Ausführung einzelner Produktionsschritte

Ausführung einzelner Produktionsschritte

dem Heimatmarkt, von dem aus die fertigen Endprodukte auf internationale Märkte exportiert werden. Im Gegensatz zum nationalen Unternehmen kombiniert dieser Typ folglich eine lokalisierte Produktion mit weltweitem Handel (→ Abb. 89a und 89b). Der internationale Handel unterliegt zumeist dem Unternehmensziel des *market-seeking*, um neue Absatzmärkte zu erschließen und Skaleneffekte in der Produktion auszunutzen.

(2) **Multinationale Unternehmensorganisation.** Das multinationale Unternehmen zeichnet sich dadurch aus, dass es in zahlreichen Ländern

eigene Produktionsstätten unterhält und somit nicht nur internationalen Handel, sondern auch eine internationale Produktionsorganisation besitzt. Mehrere Formen der Produktionsorganisation können hierbei in Anlehnung an TEECE (1985) unterschieden werden:

(2a) Das **horizontal integrierte Unternehmen** produziert die gleichen Güter und Dienste in jedem seiner Märkte (→ Abb. 89c). Dieser Typus wird auch als *host-market*-Produktion bezeichnet (DICKEN 1998, Kap. 7) und eignet sich besonders dann, wenn nationale institutionelle Rahmenbedingungen so stark variieren, dass jeweils spezifische Produktanpassungen erforderlich sind, oder wenn aufgrund von Handelsbarrieren wie z. B. Zöllen eine lokale Produktion kostengünstiger ist. Die Größe der nationalen Produktionsstätten ist dann durch die Größe der jeweiligen Märkte begrenzt. Eine Erweiterung dieses Organisationstyps besteht darin, nicht nur eine Länderverantwortlichkeit, sondern z. B. Kontinentalverantwortlichkeiten für einzelne Unternehmensteile zu definieren (DICKEN 1998, Kap. 7).

(2b) Das **vertikal integrierte Unternehmen** hingegen produziert in einem Land Güter und Dienste, die als Vorprodukte in den Produktionsprozess von Betrieben in anderen Ländern eingehen (→ Abb. 89c). Die vertikale Integration des Produktionsprozesses erfolgt als unternehmensinterne internationale Arbeitsteilung. Diese kann unterschiedlich organisiert sein. So können beispielsweise ausländische Produktionsstätten spezifische Vorprodukte erzeugen und diese parallel an einen zentralen Produktionsstandort liefern. Ebenso ist es aber auch möglich, einen sequenziellen Produktionsprozess zu unterhalten, in dem jeder Standort Vorprodukte aus einem anderen Land erhält, weiterverarbeitet und in ein weiteres Land exportiert, bevor das Endprodukt am zentralen Unternehmensstandort fertiggestellt wird. Die vertikale Integration der Produktion auf internationaler Ebene verfolgt vorwiegend das Ziel, komparative Vorteile in der regionalen Verteilung von Faktorbedingungen (z. B. bezüglich der Lohnkosten oder technologischen *spillover*-Effekte) auszunutzen. Die Organisation der Produktion erfolgt daher vorwiegend im Sinne des *efficiency-seeking* zur Maximierung von Effizienzvorteilen.

(3) **Transnationale Unternehmensorganisation.** Während bei multinationalen Unternehmen die weltweiten Operationen hierarchisch vom Heimatstandort aus koordiniert werden, sind in transnationalen Unternehmen wichtige Kompetenzen und Koordinationsaufgaben dezentral gesteuert (→ Abb. 89d). So werden beispielsweise einzelne Standorte des Unternehmens mit spezifischen Aufgaben betraut, die innerhalb dieses Kompetenzbereichs die weltweiten Aktivitäten des Gesamtunternehmens koordinieren. Die Unternehmen sind weitgehend länderübergreifend tätig und gegenüber einzelnen Staaten tendenziell unabhängig (ASHEIM & DUNFORD 1997; BATHELT 2000a). Entscheidend ist hierbei, dass die weltweit gesammelten Erfahrungen in Schaltstellen gebündelt werden und von dort aus in die ein-

zelnen Unternehmensteile zurück fließen, wo sie schließlich an lokale und nationale Bedingungen angepasst werden. Als Beispiel können die *centers of excellence* großer Pharmaunternehmen gelten, die im Rahmen einer Strategie des *global focussing* selbständig die Forschung in bestimmten Indikationsgebieten voran treiben (ZELLER 2000; 2001; → Kap. 6.3). Die Dezentralisierung der Kompetenz in räumlicher Perspektive folgt zumeist der Strategie des *resource*- bzw. *strategic asset-seeking*, indem z. B. FuE-Labors dort angesiedelt werden, wo auch wichtige Wettbewerber ihren Standort haben. Auf diesem Weg können durch lokale Cluster kontextspezifische Innovationszentren mit globaler Reichweite entstehen und in die Unternehmensstruktur der transnationalen Unternehmen eingebunden werden. In dieser Organisationsform reduziert sich die Funktion des Stammlands für das Unternehmen, da weder Distribution noch Produktion und Koordination allein auf Kompetenzen basieren, die dort lokal gebunden sind. Während die Entwicklung globaler Grundsatzstrategien in der Unternehmenszentrale verbleibt, haben die Operationen des Unternehmens transnationalen Charakter gewonnen.

Internationale, multinationale und transnationale Unternehmen sind zentrale Akteure des wirtschaftlichen Globalisierungsprozesses. Allerdings sind international organisierte Produktionsprozesse nicht nur auf einzelne Unternehmen beschränkt. Zwischen den Unternehmen entstehen neue Formen der grenzüberschreitenden Vernetzung von Produktion und Vermarktung, die zunehmend an Bedeutung gewinnen. Zwei Formen der Kooperation zwischen Unternehmen werden nachfolgend skizziert.

Horizontale Produktionsbeziehungen und strategische Allianzen. Eine strategische Allianz zeichnet sich dadurch aus, dass zwei oder mehrere Unternehmen die Risiken zur Realisation eines Projekts (z. B. der Erforschung und Entwicklung eines neuen Produkts) in gemeinsamer Verantwortung teilen, um später gemeinsam oder getrennt Vorteile daraus zu erzielen (PFÜTZER 1995; DICKEN 1998, Kap. 7). Strategische Allianzen sind ein organisatorisches Instrument zur Reaktion auf veränderten Wettbewerbs- und Innovationsdruck sowie steigende Produktions- und Vermarktungskosten. Die Zusammenarbeit beschränkt sich auf ein klar definiertes Ziel im Rahmen eines abgegrenzten Tätigkeitsbereichs und Zeitraums. Außerhalb dieser Kooperation stehen die übrigen Unternehmensbereiche weiterhin in mitunter hartem Wettbewerb (CASTELLS 1999, Kap. 3). Derartige *joint ventures* sind ein wichtiges Instrument zur gemeinsamen Schaffung neuer Märkte, in denen die Partner später einen oligopolistischen Wettbewerb führen. Die meisten strategischen Allianzen auf internationaler Ebene finden zwischen Unternehmen aus der Triade statt. Nachdem in früheren Stadien Allianzen aus zwei Partnern vorherrschten, die zumeist direkte Wettbewerber waren, gewinnen inzwischen so genannte Netzwerke von Allianzen bestehend aus mindestens drei Partnern an Bedeutung. Da allerdings längst nicht alle Allianzen erfolgreich sind, fragt sich, inwieweit die beteiligten Unternehmen tatsächlich ihre Kernkompetenz in diese Partnerschaften einbringen (SCHAMP 2000a, Kap. 2.3)

Vertikale Produktionsbeziehungen und *international subcontracting*. Neben der horizontalen Kooperation nutzen multinationale Unternehmen zunehmend das Instrument des *subcontracting*, wodurch dauerhafte internationale Transaktionen mit Zulieferern und Abnehmern einen vertraglichen Rahmen erhalten. Daraus schöpfen multinationale Unternehmen den Vorteil, dass sie Investitionen in ausländische Produktions- oder Distributionsstätten einsparen und an Flexibilität gewinnen, denn ein Vertragspartner ist leichter zu wechseln als der Standort einer eigens errichteten Betriebsstätte. Zwar wird durch die Subkontrakte auf ein gewisses Maß an hierarchischer Steuerungskraft verzichtet, zugleich allerdings werden Risiken und Kosten auf die Vertragspartner verteilt. Die Subkontrakt-Partner werden somit nicht rechtlich, oft aber technisch-organisatorisch quasi in das Unternehmen integriert. Gerade kleinere Unternehmen erzielen häufig einen großen Teil ihres Umsatzes über derartige Subkontrakte. Damit erhöht sich ihre Abhängigkeit von ausländischen Unternehmen. Zugleich sind die Subkontrakte oft auch an erhebliche technologische, infrastrukturelle und bildungsspezifische Investitionen gebunden, mit denen die Unternehmen technologische Barrieren überwinden und zu marktfähigen Akteuren werden. Im Handel findet *international subcontracting* in der Form statt, dass kleine Vertragsunternehmen Lizenzrechte im Vertrieb von Markenprodukten erwerben, um Zugang zu Märkten zu erhalten, auf denen sie sonst nicht partizipieren könnten (DICKEN 1998, Kap. 7).

Die verschiedenen Formen der Organisation internationaler Produktion innerhalb und zwischen

Unternehmen sind keineswegs hierarchiefrei. Macht spielt eine wichtige Rolle in der Koordination von Produktionsprozessen und Wertschöpfungsketten. So unterscheidet GEREFFI (1994a; 1994b; 1996) Produzenten gesteuerte (*producer-driven*) und Käufer gesteuerte (*buyer-driven*) Warenketten. In **Produzenten gesteuerten Warenketten** wird das Produktionssystem von den Herstellern kontrolliert. Unternehmen, die in der Lage sind, technologische Standards international durchsetzen, erlangen dabei eine bedeutende Machtposition. Insbesondere in kapital- und technologieintensiven Industrien wie der Automobil-, Pharma- oder Elektronikindustrie geht die Kontrolle der Produktionsorganisation von den Zentralen der dominierenden multinationalen Unternehmen aus (GEREFFI 1994b). In **Käufer gesteuerten Warenketten** bestimmen vorwiegend die Abnehmer bzw. Käuferunternehmen das Produktionssystem. Charakterstisch für diese Kontrollform sind große, oftmals US-amerikanische Handels- und Markenunternehmen (GEREFFI 1996), die ausgehend von ihrem Heimatmarkt Produkte entwickeln, ihre Produktion aber über Lizenzverträge und *franchising*-Systeme im Ausland koordinieren und fortwährend an veränderte Kundenwünsche anpassen. So besitzen multinationale Unternehmen wie *Adidas*, *Reebok* und *Nike* keine eigenen Produktionsanlagen mehr, sondern beschränken sich unter Zuhilfenahme von Marktforschung und Produktionsdesign auf die Entwicklung und den Vertrieb neuer Produkte (DONAGHU & BARFF 1990; GEREFFI 1994b; SCHAMP 2000a, Kap. 2.3). Die Unterscheidung dieser beiden Steuerungsformen der globalen Warenkette ist an die regulationstheoretische Debatte angelehnt (→ Kap. 8.4). Produzenten gesteuerte Warenketten folgen dem fordistischen Modell der Massenproduktion, während Käufer gesteuerte Warenketten dem Konzept der flexiblen Spezialisierung entsprechen (GEREFFI 1994b).

9.3.4 Globalisierung zwischen *ubiquitification* und Kontextualisierung

Die Vielfalt von Organisationsformen innerhalb und zwischen multinationalen Unternehmen verleitet dazu, von *webs of enterprise* (DICKEN 1998, Kap. 7) bzw. *network enterprises* (CASTELLS 1999, Kap. 3) zu sprechen. So ist eine Reorganisation multinationaler Unternehmen von vertikal integrierten Hierarchien zu horizontalen Netzwerkstrukturen zu beobachten. Große transnationale Unternehmen sind einerseits in lokale Zuliefer-, Vertriebs- und Kooperationsbeziehungen eingebettet, die sie den Bedingungen lokaler oder nationaler institutioneller Kontexte aussetzen. Andererseits werden die lokal verankerten Aktivitäten durch globale Strategien koordiniert, in denen sich die verschiedenen lokalen und regionalen Kontexte widerspiegeln.

Insgesamt bedingt die komplexe Reorganisation der internationalen Produktion eine Vielzahl von Prozessen, die immer nur vor dem Hintergrund der konkreten Wertschöpfungskette, den Produkten, den lokalen und nationalen institutionellen Bedingungen, den unternehmensstrategischen Zielen und den spezifischen historischen Entwicklungspfaden verstanden werden können. Die Bedingungen können eine Zunahme des internationalen Handels und der Kapitalverflechtungen, aber auch eine Abnahme auslösen, ohne zugleich eine Reduzierung der Verflechtungsintensität zu bedeuten. Die messbaren Ströme sind dahingehend kontingent, dass sie keine eindeutige Aussage darüber erlauben, welche Qualität die tatsächlichen Verflechtungen haben.

Die politische Integration regionaler Wirtschaftsblöcke wie der EU, *ASEAN (Association of Southeast Asian Nations), Mercosur (Mercado Común del Sur)* und *NAFTA (North American Free Trade Agreement)* (NUHN 1997), die zunehmende Integration und Deregulierung der Finanzmärkte (STRANGE 1994) sowie des Außenhandels durch nationale und internationale Organisationen (z. B. die Welthandelsorganisation) sowie die Globalisierung der Märkte durch die wachsende internationale Nachfrage nach gleichartigen Markenprodukten sind Rahmenbedingungen, die internationale Transaktionen erleichtern und zunehmend auch erfordern. Die Verringerung der Barrieren des internationalen Austauschs impliziert jedoch keineswegs einen linearen Prozess der Ausbreitung, Verflechtung und Vertiefung ökonomischer Aktivitäten. Statt dessen bezeichnen wir mit Globalisierung ein evolutionäres Phänomen, das von den beiden einander entgegen gerichteten Prozessen *ubiquitification* und Kontextualisierung bestimmt wird:

Ubiquitification. Wenn technologisches und organisatorisches Wissen infolge eines Kodifizierungsprozesses rasch über moderne Informations- und Kommunikationstechnologien verbreitet werden kann, erodieren spezifische lokale, wissensbasierte Wettbewerbsvorteile (BATHELT

& GLÜCKLER 2000). Lokal generierte technologische Vorsprünge nehmen in dem Maß ab, in dem es gelingt, das ihnen zugrunde liegende Verständnis zu kodifizieren und weltweit kommunizierbar zu machen. Dieser Prozess wurde bereits als *ubiquitification* (MASKELL & MALMBERG 1998; 1999) eingeführt (→ Kap. 5.2). Einerseits erlaubt der Prozess eine Dezentralisierung von FuE, Produktion und Marketing, so dass international operierende Unternehmen mehr Möglichkeiten bei der Standortwahl besitzen und ihre Verhandlungsstärke gegenüber nationalen und regionalen Regierungen stärken können. Andererseits bedeutet eine Diffusion kodifizierten Wissens und standardisierter Produktionspraktiken auch die Teilnahme von Wettbewerbern an diesem Wissen, so dass sich Wettbewerbsvorteile verringern. Diese Erosion von spezifischen Wissensvorteilen erfordert daher eine permanente Fortsetzung des Innovationsprozesses. Dies schafft Voraussetzungen dafür, lokalisierte institutionelle Milieus zu fördern, um den spezifischen Kontext von etabliertem Wissen, Verfahrensnormen und Konventionen zu erhalten und Reproduktivität zu ermöglichen.

Kontextualisierung. Der umgekehrte Prozess der Transformation unspezifischer Ressourcen und substituierbarer Standorte der Unternehmensorganisation hin zu neuen, nicht-kodifizierten Formen des Wissens, die die Entstehung neuer lokalisierter Produktionszusammenhänge fördern, wird als Prozess der Kontextualisierung bezeichnet. Der Innovationsprozess eines Unternehmens ist gebunden an spezifisches Humankapital sowie einen Kontext sozio-institutioneller Beziehungen und Interpretationsschemata, die innovative Kommunikation und kollektive Lernprozesse ermöglichen. In dem Maß, in dem Unternehmen kodifiziertes, kosmopolitanes Wissen an bestimmten Orten in neue Verfahren und Produkte umsetzen, kontextualisiert sich die Wissensbasis um die in den Prozess involvierten Personen und die lokalen institutionellen Formen. In einer Studie über Patentreferenzen haben beispielsweise JAFFE et al. (1993) nachgewiesen, dass Patente, auf deren Inhalt sich neue Patente beziehen, mit hoher Wahrscheinlichkeit aus der gleichen Region stammen und es somit zu regionalen Ballungen kommt. Damit weisen nicht nur die technologischen Beziehungen innerhalb, sondern auch zwischen Unternehmen eine Konzentration in lokalen Kontexten auf. Einmal entstandene Konventionen verfestigen sich mit zunehmender Interaktion zu Verfahrensnormen und können zur Entstehung neuer Technologien führen. Der Innovationsprozess eines Unternehmens eröffnet somit immer auch einen evolutionären Pfad der Kontextualisierung und, wenn die Handlungskontexte durch räumliche Nähe gekennzeichnet sind, der Lokalisierung von Unternehmensaktivitäten. Die Spezifität und Kontextualität des ökonomischen Innovationsprozesses drückt sich dabei nicht nur in kleinräumigen Unternehmensballungen, sondern auch auf der Ebene der Nationalstaaten aus (ZYSMAN 1996) und kann zur Entstehung nationaler Innovationssysteme (LUNDVALL 1992; NELSON 1993) und nationaler Industriecluster (PORTER 1993) führen (→ Kap. 8.2 und 5.4).

Wirtschaftliche Globalisierung vollzieht sich letztlich im Spannungsfeld der Prozesse von *ubiquitification* und Kontextualisierung. Einerseits forcieren kommunikationstechnologische und organisatorische Innovationen eine fortwährende *ubiquitification* existierender spezifischer Ressourcen und wirken damit tendenziell auf einen Abbau lokalisierter Wettbewerbsvorteile und regionaler Produktionszusammenhänge hin. Andererseits führen fortwährende Innovations-, Austausch- und Lernprozesse dazu, dass neue Formen nicht-kodifizierten Wissens entstehen. Diese ermöglichen die Herstellung neuer Produktionszusammenhänge zur Befriedigung neuer Märkte und bedingen Prozesse der Marktsegmentierung und der Zerlegung bestehender Wertschöpfungsketten in neue intermediäre Wertschöpfungsstufen. Für neue Märkte, Produkte und Leistungen entstehen jeweils neue spezifische sozio-institutionelle und lokalisierte Ressourcen im Umfeld neuer Innovations- und Wachstumszentren. Dies bedeutet aber nicht, dass damit automatisch eine Verlagerung im Sinne der *shifting centers* von STORPER & WALKER (1989, Kap. 3) hin zu neuen Standorten erfolgt. In der Ambivalenz von *ubiquitification* und Kontextualisierung liegt mit STORPER (1997a, Kap. 7; 1997c) die **paradoxe Entwicklung des Globalisierungsprozesses**: Je stärker die Standardisierung und Vernetzung globaler Kommunikation sowie des Güter-, Leistungs- und Wissenstransfers voranschreitet, desto mehr kodifiziertes Wissen kann ausgetauscht und verbreitet werden. Die große Verbreitung und allgegenwärtige Verfügbarkeit dieses Wissens eröffnet zugleich das Potenzial, neue Märkte, Produkte und neues Wissen zu entwickeln. Durch Rekontextualisierung neuen Innovations- und Lernpotenzials können Produkte differenziert, Märkte

segmentiert und die Arbeitsteilung neu vertieft werden.

Demnach muss wirtschaftliche Globalisierung nicht zwangsläufig mit einer Deterritorialisierung im Sinne einer Loslösung von lokalen Produktionsbezügen verbunden sein. Globalisierung ist nicht einfach eine Bedrohung für das Lokale, sondern sie kann neue Chancen zur Entwicklung lokalisierter Zusammenhänge schaffen. Dies kommt auch in der Hypothese der so genannten **Glokalisierung** (*glocalization*) zum Ausdruck (→ SWYNGEDOUW 1997; CABUS & HESS 2000). Hierin wird unter anderem behauptet, dass nationalstaatliche Institutionen gegenüber lokalen und globalen Institutionen an Bedeutung verlieren (SWYNGEDOUW 1997) und dass Globalisierung und Lokalisierung keine unterschiedlichen Prozesse sind, sondern zwei Seiten derselben Medaille (AMIN & THRIFT 1994b). Abgesehen davon, dass die Behauptung, der Nationstaat verliere zu Gunsten des Lokalen und des Globalen, so nicht allgemein zutrifft, ist die Sichtweise von Globalisierung und Lokalisierung als zwei miteinander verschmolzenen Prozessen auch gefährlich. Sie stellt eine dekontextualisierte Sicht des Globalisierungsprozesses dar und wirkt konfliktverschleiernd. Aus der Sicht der betroffenen Personen in einer Region bedeutet die Abwanderung eines Produktionsbetriebs in eine andere Weltregion eine konkrete Krisensituation. Es nützt wenig, dass dadurch in anderen Regionen möglicherweise neue Chancen entstehen, wenn nicht bekannt ist, wo dies sein wird, und wenn man aufgrund von Immobilitäten nicht daran partizipieren kann. In einer handlungsorientierten Perspektive stellt sich vor allem die Frage, wie die Unternehmen in ihrem lokalisierten Kontext Wettbewerbsvorteile entwickeln, ausbauen oder erhalten können.

Insgesamt ist festzuhalten, dass Globalisierung keineswegs ein Prozess der Homogenisierung ist, der regionale Produktionszusammenhänge notwendigerweise bedroht und zerstört. Ebenso wenig erlauben es Globalisierungsprozesse, dass lokale Produktionssysteme dauerhaft von Produkt- und Marktentwicklungen an anderen Orten der Welt unbeeinflusst bleiben. Der Grad der Vertiefung von wechselseitigen Abhängigkeiten nationaler Volkswirtschaften, von Unternehmen und regionalen Produktionszusammenhängen nimmt in dem Maße zu, wie die Bedeutung lokalisierter Cluster für Innovation und Produktion steigt. Die Entwicklung von Unternehmen und territorialen

Produktionszusammenhängen folgt dabei keiner globalen Einbahnstraße. Vielmehr bewegen sich die Unternehmen entlang evolutionärer Entwicklungspfade, die sich im Zusammenspiel von historisch geschaffenen institutionellen und technologischen Rahmenbedingungen, gewählten Zielen und Strategien sowie den Entscheidungen und Handlungen anderer Unternehmen entwickeln. Die dadurch bedingten spezifischen Entwicklungspfade können sowohl lokalisierende als auch globalisierende Effekte haben. Keiner dieser Pfade ist determiniert. Ihre Zukunft ist durch die vergangene Entwicklung gerichtet und dabei stets offen für Wandel.

Literaturverzeichnis

ABERLE, G., GIESE, E., MOEWES, W., SPITZER, H., UHLIG, H. (Hrsg.) (1979): Konflikte durch Veränderungen in der Raumordnung. Schriften des Zentrums für regionale Entwicklungsforschung der Justus-Liebig-Universität Gießen – Band 11. Saarbrücken, Fort Lauderdale: Breitenbach.

ABLER, R., ADAMS, J. S., GOULD, P. R. (1971): Spatial Organization: The Geographer's View of the World. Englewood Cliffs, Hemel Hempstead: Prentice-Hall.

ADLER, PA., ADLER, PE. (Hrsg.) (1983): Social Dynamics of Financial Markets. Greenwich (CT): JAI.

AGLIETTA, M. (1979): A Theory of Capitalist Regulation: The US Experience. London, New York: Verso.

Akademie für Raumforschung und Landesplanung (Hrsg.) (1982): Grundriß der Raumordnung. Hannover: ARL.

Akademie für Raumforschung und Landesplanung (Hrsg.) (1995): Handwörterbuch der Raumordnung. Hannover: ARL.

Akademie für Raumforschung und Landesplanung (Hrsg.) (1999): Europäische Einflüsse auf die Raum- und Regionalentwicklung am Beispiel des Naturschutzes, der Agenda 2000 und des regionalen Milieus. Hannover: ARL.

Akademie für Raumforschung und Landesplanung, Kommunalverband Großraum Hannover (Hrsg.) (2000): Zentrale Orte in der Raumplanung – Konzept von gestern oder Instrument mit Zukunft? Materialien zur regionalen Entwicklung – Heft 7. Hannover: Kommunalverband Großraum Hannover.

ALLKÄMPER, D., BAUER, J., DIELMANN, M., GERBER, W., KONOPKA, H.-P., MITTAG, W., NEUMANN, J., NÜBLER, W., OESTREICH, H., THEISSEN, U., WÜHRL, E. (Hrsg.) (1998): Mensch und Raum: Geographie 12/13 – Gymnasiale Oberstufe. Berlin: Cornelsen.

ALONSO, W. (1960): A Theory of the Urban Land Market. In: Papers and Proceedings of the Regional Science Association (Vol. 6), 149–157.

ALONSO, W. (1964): Location and Land Use: Toward a General Theory of Land Rent. Cambridge (MA): Harvard University Press.

AMIN, A. (1989a): A Model of Small Firms in Italy. In: GOODMAN, E., BAMFORD, J., SAYNOR, P. (Hrsg.): Small Firms and Industrial Districts in Italy. London, New York: Routledge, 111–122.

AMIN, A. (1989b): Specialization Without Growth: Small Footwear Firms in Naples. In: GOODMAN, E., BAMFORD, J., SAYNOR, P. (Hrsg.): Small Firms and Industrial Districts in Italy. London, New York: Routledge, 239–258.

AMIN, A. (Hrsg.) (1994): Post-Fordism. Oxford, Cambridge (MA): Blackwell.

AMIN, A., ROBINS, K. (1990): The Re-emergence of Regional Economics? The Mythical Geography of Flexible Accumulation. In: Environment and Planning D (Vol. 8), 7–34.

AMIN, A., ROBINS, K. (1991): These are not Marshallian Times. In: CAMAGNI, R. (Hrsg.): Innovation Networks: Spatial Perspectives. London, New York: Belhaven Press, 105–118.

AMIN, A., THRIFT, N. (1992): Neo-Marshallian Nodes in Global Networks. In: International Journal of Urban and Regional Research (Vol. 16), 571–587.

AMIN, A., THRIFT, N. (Hrsg.) (1994a): Globalization, Institutions, and Regional Development in Europe. Oxford, New York: Oxford University Press.

AMIN, A., THRIFT, N. (1994b): Living in the Gobal. In: AMIN, A., THRIFT, N. (Hrsg.): Globalization, Institutions, and Regional Development in Europe. Oxford, New York: Oxford University Press, 1–22.

AMIN, A., THRIFT, N. (2000): What Kind of Economic Theory for What Kind of Economic Geography. In: Antipode (Vol. 32), 4–9.

AMITI, M. (1998): New Trade Theories and Industrial Location in the EU: A Survey of Evidence. In: Oxford Review of Economic Policy (Vol. 14), 45–53.

ANDERSON, S., CAVANAGH, J. (2000): Top 200. The Rise of Global Corporate Power. Washington: Institute for Policy Studies. Web Site: http://www.corpwatch.org/trac/corner/glob/ips/top200.html.

ANGEL, D. P. (1990): New Firm Formation in the Semiconductor Industry: Elements of a Flexible Manufacturing System. In: Regional Studies (Vol. 24), 211–221.

ARCHER, M., BHASKAR, R., COLLIER, A., LAWSON, T., NORRIE, A. (Hrsg.) (1998): Critical Realism. Essential Readings. London, New York: Routledge.

ARNDT, O., STERNBERG, R. (2000): Do Manufacturing Firms Profit from Intraregional Innovation Linkages? An Empirical Based Answer. In: European Planning Studies (Vol. 8), 465–485.

ARROW, K. J. (1962): The Economic Implications of Learning by Doing. In: Review of Economic Studies (Vol. 29), 155–173.

ARTHUR, W. B. (1988): Competing Technologies: An Overview. In: DOSI, G., FREEMAN, C., NELSON, R. R., SILVERBERG, G., SOETE, L. L. G. (Hrsg.): Technical Change and Economic Theory. London, New York: Pinter Publishers, 590–607.

ARTHUR, W. B. (1989): Competing Technologies, Increasing Returns, and Lock-In by Historical Events. In: The Economic Journal (Vol. 99), 116–131.

ASHEIM, B., DUNFORD, M. (1997): Regional Futures. In: Regional Studies (Vol. 31), 445–455.

ASMACHER, C., SCHALK, H.-J., THOSS, R. (1986): Wirkungsweise der regionalen Strukturpolitik. In: Informationen zur Raumentwicklung (Heft 9/10.1986), 721–733.

ATKINSON, J. (1987): Flexibility or Fragmentation? The United Kingdom Labour Market in the Eighties. In: Labour and Society (Vol. 12), 87–105.

ATTESLANDER, P., HAMM, B. (Hrsg.) (1974): Materialien zur Siedlungssoziologie. Köln: Kiepenheuer und Witsch.

AUTY, R. M. (1984): The Product Life-Cycle and the Location of the Global Petrochemical Industry After the

Second Oil Shock. In: Economic Geography (Vol. 60), 325–338.

AYDALOT, P., KEEBLE, D. (Hrsg.) (1988): High Technology Industry and Innovative Environments: The European Experience. London, New York: Routledge.

BACKHAUS, K., ERICHSON, B., PLINKE, W., WEIBER, R. (1996): Multivariate Analysemethoden: Eine anwendungsorientierte Einführung. 8., verbesserte Auflage. Berlin, Heidelberg, New York: Springer.

BADE, F.-J. (1979): Funktionale Aspekte der regionalen Wirtschaftsstruktur. In: Raumforschung und Raumordnung (37. Jg.), 253–268.

BÄHR, J., JENTSCH, C., KULS, W. (1992): Bevölkerungsgeographie. Lehrbuch der Allgemeinen Geographie. Berlin, New York: De Gruyter.

BÄHR, J., JÜRGENS, U. (1993): Die Stadt in der Republik Südafrika: Von der Spät-Apartheid zur Post-Apartheid. In: Geographische Rundschau (Jg. 45), 410–419.

BÄHR, J., MERTINS, G. (1992): The Latin American City. In: EHLERS, E. (Hrsg.): Modelling the City: Cross-Cultural Perspectives. Colloquium Geographicum – Band 22. Bonn: Dümmlers, 65–75.

BAHRENBERG, G. (1972): Räumliche Betrachtungsweise und Forschungsziele der Geographie. In: Geographische Zeitschrift (Jg. 60), 8–24.

BAHRENBERG, G. (1979): Anmerkungen zu E. Wirths vergeblichem Versuch einer wissenschaftstheoretischen Begründung der Länderkunde. In: Geographische Zeitschrift (Jg. 67), 147–157.

BAHRENBERG, G. (1987): Über die Unmöglichkeit von Geographie als „Raumwissenschaft". Gemeinsamkeiten in der Konstituierung von Geographie bei A. Hettner und D. Bartels. In: BAHRENBERG, G., DEITERS, J., FISCHER, M., GAEBE, W., HARD, G., LÖFFLER, G. (Hrsg.): Geographie des Menschen. Dietrich Bartels zum Gedenken. Bremer Beiträge zur Geographie und Raumplanung – Heft 11. Bremen, 225–239.

BAHRENBERG, G. (1995): Paradigmenwechsel in der Geographie: Vom Regionalismus über den raumwissenschaftlichen Ansatz wohin? In: MATZNETTER, W. (Hrsg.): Geographie und Gesellschaftstheorie. Beiträge zur Bevölkerungs- und Sozialgeographie – Band 3. Wien: Institut für Geographie, 25–32.

BAHRENBERG, G., DEITERS, J., FISCHER, M., GAEBE, W., HARD, G., LÖFFLER, G. (Hrsg.) (1987): Geographie des Menschen. Dietrich Bartels zum Gedenken. Bremer Beiträge zur Geographie und Raumplanung – Heft 11. Bremen.

BAHRENBERG, G., GIESE, E., NIPPER, J. (1990): Statistische Methoden in der Geographie. Band 1: Univariate und bivariate Statistik. Teubner Studienbücher der Geographie. 3., überarbeitete Auflage. Stuttgart: Teubner.

BAHRENBERG, G., GIESE, E., NIPPER, J. (1992): Statistische Methoden in der Geographie. Band 2: Multivariate Statistik. Teubner Studienbücher der Geographie. 2. Auflage. Stuttgart: Teubner.

BAHRENBERG, G., LEUTZE, E., TAUBMANN, W. (Hrsg.) (1978): Quantitative Modelle in der Geographie und Raumplanung. Bremer Beiträge zur Geographie und Raumplanung – Heft 1. Bremen.

BAHRENBERG, G., LOBODA, J. (1973): Einige raum-zeitliche Aspekte der Diffusion von Innovationen am Beispiel

der Ausbreitung des Fernsehens in Polen. In: Geographische Zeitschrift (Jg. 61), 165–194.

BAKER, W. E. (1983): Floor Trading and Crowd Dynamics. In: ADLER, PA., ADLER, PE. (Hrsg.): Social Dynamics of Financial Markets. Greenwich (Conn): JAI, 107–128.

BARKLEY, D. L. (1988): The Decentralization of High-Technology Manufacturing to Non-Metropolitan Areas. In: Growth and Change (Vol. 19), 13–30.

BARNES, T. J., GERTLER, M. S. (Hrsg.) (1999): The New Industrial Geography: Regions, Regulation and Institutions. London, New York: Routledge.

BARSCH, D., FRICKE, W., MEUSBURGER, P. (Hrsg.) (1996): 100 Jahre Geographie an der Ruprecht-Karls-Universität Heidelberg (1895–1995). Heidelberger Geographische Arbeiten – Heft 100. Heidelberg: Geographisches Institut.

BARSCH, D., KARRASCH, H. (Hrsg.) (1995): Tagungsband und wissenschaftliche Abhandlungen. 49. Deutscher Geographentag Bochum 1993. Band 1: Umbau alter Industrieregionen (Koordinator: HOMMEL, M.). Stuttgart: Steiner.

BARTELS, D. (1968a): Zur wissenschaftstheoretischen Grundlegung einer Geographie des Menschen. Erdkundliches Wissen – Heft 19. Wiesbaden: Steiner.

BARTELS, D. (1968b): Die Zukunft der Geographie als Problem ihrer Standortbestimmung. In: Geographische Zeitschrift (Jg. 56), 124–142.

BARTELS, D. (Hrsg.) (1970a): Wirtschafts- und Sozialgeographie. Köln, Berlin: Kiepenheuer und Witsch.

BARTELS, D. (1970b): Einleitung. In: BARTELS, D. (Hrsg.): Wirtschafts- und Sozialgeographie. Köln, Berlin: Kiepenheuer und Witsch, 13–45.

BARTELS, D. (1970c): Zwischen Theorie und Metatheorie. Geographische Rundschau (Jg. 22), 451–457.

BARTELS, D. (1970d): Leitbilder der Raumordnung als quantifizierte Zuordnungsmodelle: Grundzüge eines Entwurfs für den Rhein-Ruhr-Raum. In: Zeitschrift für Wirtschaftsgeographie (Jg. 14), 65–79.

BARTELS, D. (1988): Wirtschafts- und Sozialgeographie. In: Handwörterbuch der Wirtschaftswissenschaft – Band 9. Stuttgart, New York: Fischer, Tübingen: Mohr (Siebeck), Göttingen, Zürich: Vandenhoeck und Ruprecht, 44–54.

BARTLETT, C. A., GOSHAL, S. (1987): Managing across Borders: New Strategic Requirements. In: Sloan Management Review (Vol. 28, Summer 1987), 7–17.

BARTLING, K. (1926): Handels- und Verkehrsgeographie. Zum Gebrauch in Handels- und Beamtenschulen und verwandten Lehranstalten. 7. Auflage. Leipzig: List und von Bressensdorf.

BASF AG (Hrsg.) (1999): Daten und Fakten – Charts 1998. Ludwigshafen.

BASTIAN, H. G. (2000): Musik(erziehung) und ihre Wirkung: Eine Langzeitstudie an Berliner Grundschulen. Mainz: Schott.

BATHELT, H. (1990): Industrieller Wandel in der Region Boston: Ein Beitrag zum Standortverhalten von Schlüsseltechnologie-Industrien. In: Geographische Zeitschrift (Jg. 78), 150–175.

BATHELT, H. (1991a): Schlüsseltechnologie-Industrien: Standortverhalten und Einfluß auf den regionalen Strukturwandel in den USA und in Kanada. Berlin, Heidelberg, New York: Springer.

BATHELT, H. (1991b): Employment Changes and Input-Output-Linkages in Key Technology Industries: A Comparative Analysis. In: Regional Studies (Vol. 25), 31–43.

BATHELT, H. (1992): Erklärungsansätze industrieller Standortentscheidungen: Eine kritische Bestandsaufnahme und empirische Überprüfung am Beispiel von Schlüsseltechnologie-Industrien. In: Geographische Zeitschrift (Jg. 80), 195–213.

BATHELT, H. (1994): Die Bedeutung der Regulationstheorie in der wirtschaftsgeographischen Forschung. In: Geographische Zeitschrift (Jg. 82), 63–90.

BATHELT, H. (1995): Der Einfluß von Flexibilisierungsprozessen auf industrielle Produktionsstrukturen am Beispiel der Chemischen Industrie. In: Erdkunde (Bd. 49), 176–196.

BATHELT, H. (1997a): Chemiestandort Deutschland: Technologischer Wandel, Arbeitsteilung und geographische Strukturen in der Chemischen Industrie. Berlin: Edition Sigma – Bohn.

BATHELT, H. (1997b): Chemische Industrie zwischen Kontinuität und Umbruch: Technologischer Wandel, Flexibilisierung und räumliche Nähe. In: Geographische Zeitschrift (Jg. 85), 193–212.

BATHELT, H. (1998): Regionales Wachstum in vernetzten Strukturen: Konzeptioneller Überblick und kritische Bewertung des Phänomens „Drittes Italien". In: Erde (Jg. 129), 247–271.

BATHELT, H. (1999): Technological Change and Regional Restructuring in Boston's Route 128 Area. IWSG Working Papers 10–1999. Frankfurt am Main. Web Site: http://www.uni-frankfurt.de/fb11/wigeo/iwsg/iwsg.html.

BATHELT, H. (2000a): Räumliche Produktions- und Marktbeziehungen zwischen Globalisierung und Regionalisierung – Konzeptioneller Überblick und ausgewählte Beispiele. In: Berichte zur deutschen Landeskunde (Bd. 74), 97–124.

BATHELT, H. (2000b): Persistent Structures in a Turbulent World: The Division of Labor in the German Chemical Industry. In: Environment and Planning C (Vol. 18), 225–247.

BATHELT, H. (2001): A New Cultural Products Industry Cluster in an Old Distrustful Environment: The Case of the Leipzig Media Industry, Germany. Paper Presented at the 2001 Annual Meeting of the Association of American Geographers, New York (NY).

BATHELT, H., ERB, W.-D. (Hrsg.) (1993): Industrieatlas Mittelhessen – Ausgabe 1994 –. Herausgegeben in Zusammenarbeit mit den mittelhessischen Industrie- und Handelskammern, Gießen.

BATHELT, H., GLÜCKLER, J. (2000): Netzwerke, Lernen und evolutionäre Regionalentwicklung. In: Zeitschrift für Wirtschaftsgeographie (Jg. 44), 167–182.

BATHELT, H., GRIEBEL, K. (2001): Die Struktur und Reorganisation der Zulieferer- und Dienstleisterbeziehungen des Industriepark Höchst (IPH). IWSG Working Papers 02-2001. Frankfurt am Main. Web Site: http://www.uni-frankfurt.de/fb11/wigeo/iwsg/iwsg.html.

BAUM, J. A., DUTTON, J. E. (Hrsg.) (1996a): Advances in Strategic Management (Vol. 13). Greenwich (CT): JAI Press.

BAUM, J. A., DUTTON, J. E. (1996b): Introduction. The Embeddedness of Strategy. In: Advances in Strategic Management (Vol. 13). Greenwich (CT): JAI Press, 1–15.

BAUM, J. A., OLIVER, C. (1992): Institutional Embeddedness and the Dynamics of Organizational Populations. In: American Sociological Review (Vol. 57), 540–559.

BAUMHEIER, R., ELTGES, M., WITTMANN, F.-T. (1995): Regionalisierung raumwirksamer Bundesmittel: Sachstand und Bewertung aus Sicht der Bundesraumordnung. In: Informationen zur Raumentwicklung (Heft 4/5.1995), 241–252.

BEBBINGTON, A., PERREAULT, T. (1999): Social Capital, Development, and Access to Resources in Highland Ecuador. In: Economic Geography (Vol. 75), 395–418.

BECATTINI, G. (1990): The Marshallian Industrial District as a Socio-Economic Notion. In: PYKE, F., BECATTINI, G., SENGENBERGER, W. (Hrsg.): Industrial Districts and Inter-Firm Co-operation in Italy. Geneva: International Institute for Labour Studies, 37–51.

BECATTINI, G. (1991): The Industrial District as a Creative Milieu. In: BENKO, G., DUNFORD, M. (Hrsg.): Industrial Change and Regional Development: The Transformation of New Industrial Spaces. London, New York: Belhaven Press, 102–114.

BECK, U. (1997): Was ist Globalisierung? Edition Zweite Moderne. Frankfurt am Main: Suhrkamp.

BECKER, M. (2000): Auswirkungen von Online Shopping auf den stationären Einzelhandel und die Entwicklung innerstädtischer Geschäftszentren. Diplomarbeit, Universität Gießen. Gießen.

BECKERT, J. (1996): What is Sociological About Economic Sociology? Uncertainty and the Embeddedness of Economic Action. In: Theory and Society (Vol. 25), 803–840.

BEHRENS, K. C. (1971): Allgemeine Standortbestimmungslehre. 2. Auflage. Opladen: Westdeutscher Verlag.

BELL, M. (1984): 'Learning' and the Accumulation of Industrial Technological Capacity in Developing Countries. In: FRANSMAN, M., KING, K. (Hrsg.): Technological Capability in the Third World. New York: St. Martin's Press, 187–209.

BELLANDI, M. (1989): The Industrial District in Marshall. In: GOODMAN, E., BAMFORD, J., SAYNOR, P. (Hrsg.): Small Firms and Industrial Districts in Italy. London, New York: Routledge, 136–152.

BELUSSI, F., PILOTTI, L. (2001): Learning and Innovation by Networking Within the Italian Industrial Districts: The Development of an Explorative Analytical Model. Paper Presented at the Annual Residential Conference of the IGU Commission on the Dynamics of Economic Spaces. Turin.

BENKO, G. (1996): Wirtschaftsgeographie und Regulationstheorie – aus französischer Sicht. In: Geographische Zeitschrift (Jg. 84), 187–204.

BENKO, G., DUNFORD, M. (Hrsg.) (1991a): Industrial Change and Regional Development: The Transformation of New Industrial Spaces. London, New York: Belhaven Press.

BENKO, G., DUNFORD, M. (1991b): Structural Change and the Spatial Organization of the Productive System. In:

BENKO, G., DUNFORD, M. (Hrsg.): Industrial Change and Regional Development: The Transformation of New Industrial Spaces. London, New York: Belhaven Press, 3–23.

BERDING, H. (Hrsg.) (1997): 125 Jahre Industrie- und Handelskammer Gießen: Wirtschaft einer Region. Schriften zur hessischen Wirtschafts- und Unternehmensgeschichte – Band 2. Darmstadt: Hessisches Wirtschaftsarchiv.

BERGER, P., HRADIL, S. (Hrsg.) (1990): Lebenslagen, Lebensläufe, Lebensstile. Soziale Welt – Sonderband 7. Göttingen: Schwartz.

BERGMANN, F. (1997): Die Neue Arbeit: Skizze mit Vorschlag. In: Gewerkschaftliche Monatshefte (Heft 9–10/97), 524–534.

BERNDT, C. (1996): Arbeitsteilung, institutionelle Distanz und Ortsgebundenheit: Strategische Anpassung an veränderte Rahmenbedingungen am Beispiel mittelständischer Unternehmen im Ruhrgebiet. In: Geographische Zeitschrift (Jg. 84), 220–237.

BERNDT, C. (1999): Institutionen, Regulation und Geographie. In: Erdkunde (Bd. 53), 302–316.

BERRY, B. J. L. (1972): Hierarchical Diffusion: The Basis of Developmental Filtering and Spread in a System of Growth Centers. In: HANSEN, N. M. (Hrsg.): Growth Centers in Regional Economic Development. New York: Free Press, 108–138.

BERRY, B. J. L., CONKLING, E. C., RAY, D. M. (1987): Economic Geography: Resource Use, Locational Choices, and Regional Specialization in the Global Economy. Englewood Cliffs (NJ): Prentice-Hall.

BERTRAM, H. (1992): Industrieller Wandel und neue Formen der Kooperation: Ein transaktionskostenanalytischer Ansatz am Beispiel der Automobilindustrie. In: Geographische Zeitschrift (Jg. 80), 214–229.

BERTRAM, H., SCHAMP, E. W. (1989): Räumliche Wirkungen neuer Produktionskonzepte in der Automobilindustrie. In: Geographische Rundschau (Jg. 41), 284–290.

BERTRAM, H., SCHAMP, E. W. (1991): Flexible Production and Linkages in the German Machine Tool Industry. In: SMIDT, M. DE, WEVER, E. (Hrsg.): Complexes, Formations and Networks. Nederlandse Geografische Studies 132. Utrecht, Nijmegen, 69–80.

BHASKAR, R. (verwendet im Nachdruck der 1. Auflage von 1997) (1975): A Realist Theory of Science. London, New York: Verso.

BHASKAR, R. (1998): Societies. In: ARCHER, M., BHASKAR, R., COLLIER, A., LAWSON, T., NORRIE, A. (Hrsg.): Critical Realism. Essential Readings. London, New York: Routledge, 206–257.

BIRCH, D. L. (1987): Job Creation in America: How Our Smallest Companies Put the Most People to Work. New York: Free Press.

BLAIKIE, P. M. (1971): Spatial Organization of Agriculture in Some North Indian Villages, Part 1. In: Transactions of the Institute of British Geographers (No. 52), 1–40.

BLANC, H., SIERRA, C. (1999): The Internationalisation of R&D by Multinationals: A Trade-Off between External and Internal Proximity. In: Cambridge Journal of Economics (Vol. 23), 187–206.

BLOIS, K. (Hrsg.) (2000): The Oxford Textbook of Marketing. Oxford, New York: Oxford University Press.

BLOTEVOGEL, H. H. (1995a): Raum. In: Akademie für Raumforschung und Landesplanung (Hrsg.): Handwörterbuch der Raumordnung. Hannover: ARL, 733–740.

BLOTEVOGEL, H. H. (1995b): Zentrale Orte. In: Akademie für Raumforschung und Landesplanung (Hrsg.): Handwörterbuch der Raumordnung. Hannover: ARL, 1117–1124.

BLOTEVOGEL, H. H. (1996a): Zentrale Orte: Zur Karriere und Krise eines Konzepts in der Regionalforschung und Raumordnungspraxis. In: Informationen zur Raumentwicklung (Heft 10.1996), 617–629.

BLOTEVOGEL, H. H. (1996b): Zur Kontroverse um den Stellenwert des Zentrale-Orte-Konzepts in der Raumordnungspolitik heute. In: Informationen zur Raumentwicklung (Heft 10.1996), 647–657.

BLOTEVOGEL, H. H. (1999): Zur Neubewertung der Region für Regionalentwicklung und Regionalpolitik. In: Akademie für Raumforschung und Landesplanung (Hrsg.): Europäische Einflüsse auf die Raum- und Regionalentwicklung am Beispiel des Naturschutzes, der Agenda 2000 und des regionalen Milieus. Hannover: ARL, 44–60.

BLOTEVOGEL, H. H. (2000a): Zentrale Orte in der Diskussion – ein Problemaufriss. In: Akademie für Raumforschung und Landesplanung, Kommunalverband Großraum Hannover (Hrsg.): Zentrale Orte in der Raumplanung – Konzept von gestern oder Instrument mit Zukunft? Materialien zur regionalen Entwicklung – Heft 7. Hannover: Kommunalverband Großraum Hannover, 9–21.

BLOTEVOGEL, H. H. (2000b): Die Globalisierung der Geographie. Eröffnungsansprache des Präsidenten der Deutschen Gesellschaft für Geographie am 52. Deutschen Geographentag 1999 in Hamburg. In: BLOTEVOGEL, H. H., OSSENBRÜGGE, J., WOOD, G. (Hrsg.): Lokal verankert – weltweit vernetzt. Tagungsbericht und wissenschaftliche Abhandlungen. 52. Deutscher Geographentag Hamburg 1999. Stuttgart: Steiner.

BLOTEVOGEL, H. H., OSSENBRÜGGE, J., WOOD, G. (Hrsg.) (2000): Lokal verankert – weltweit vernetzt. Tagungsbericht und wissenschaftliche Abhandlungen. 52. Deutscher Geographentag Hamburg 1999. Stuttgart: Steiner.

BOAL, F. W., ROYLE, S. A. (Hrsg.) (1999): North America: A Geographical Mosaic. London: Arnold.

BOBEK, H., SCHMITHÜSEN, J. (1949): Die Landschaft im logischen System der Geographie. In: Erdkunde (Jg. 3), 112–120.

BOHLE, H.-G. (1994): Dürrekatastrophen und Hungerkrisen: Sozialwissenschaftliche Perspektiven geographischer Risikoforschung. In: Geographische Rundschau (Jg. 46), 400–407.

BONTRUP, H.-J. (1998): Volkswirtschaftslehre: Grundlagen der Mikro- und Makrotheorie. München, Wien: Oldenbourg.

BORST, R., KRÄTKE, S., MAYER, M., ROTH, R., SCHMOLL, F. (Hrsg.) (1990): Das neue Gesicht der Städte: Theoretische Ansätze und empirische Befunde aus der internationalen Debatte. Stadtforschung aktuell – Band 29. Basel, Boston, Berlin: Birkhäuser.

BOSCHMA, R. A., LAMBOOY, J. G. (1999): Evolutionary Economics and Economic Geography. In: Journal of Evolutionary Economics (Vol. 9), 411–429.

BOUDEVILLE, J.-R. (1966): Problems of Regional Economic Planning. Edinburgh: Edinburgh University Press.

BOURDIEU, P. (1986): The Forms of Capital. In: RICHARDSON, J. G. (Hrsg.): Handbook of Theory and Research for the Sociology of Education. New York: Greenwood, 241–258.

BOURDIEU, P. (1987): Die feinen Unterschiede. Frankfurt am Main: Suhrkamp.

BOURDIEU, P. (1995): Sozialer Raum und Klassen. Leçon sur la leçon. Zwei Vorlesungen. Frankfurt am Main: Suhrkamp.

BOUSTEDT, O. (1975): Grundriß der empirischen Regionalforschung. Teil III: Siedlungsstrukturen. Taschenbücher zur Raumplanung – Band 6. Hannover: Schroedel.

BÖVENTER, E. v. (1962): Theorie des räumlichen Gleichgewichts. Tübingen: Mohr (Siebeck).

BÖVENTER, E. v. (1995): Raumwirtschaftstheorie. In: Akademie für Raumforschung und Landesplanung (Hrsg.): Handwörterbuch der Raumordnung. Hannover: ARL, 788–799.

BOYER, R. (1988): Technical Change and the Theory of 'Régulation'. In: DOSI, G., FREEMAN, C., NELSON, R. R., SILVERBERG, G., SOETE, L. L. G. (Hrsg.): Technical Change and Economic Theory. London, New York: Pinter, 67–94.

BOYER, R. (1990): The Regulation School: A Critical Introduction. New York: Columbia University Press.

BOYER, R. (1991): The Eighties: The Search for Alternatives to Fordism. In: JESSOP, B., KASTENDIEK, H., NIELSEN, K., PEDERSEN, O. K. (Hrsg.): The Politics of Flexibility: Restructuring State and Industry in Britain, Germany and Scandinavia. Aldershot, Brookfield: Elgar, 106–132.

BOYER, R. (2000): The Political in the Era of Globalization and Finance: Focus on Some Régulation School Research. In: International Journal of Urban and Regional Research (Vol. 24), 274–322.

BOYER, R., ORLÉAN, A. (1992): How Do Conventions Evolve? In: Journal of Evolutionary Economics (Vol. 2), 165–177.

BRACZYK, H.-J., COOKE, P., HEIDENREICH, R. (Hrsg.) (1998): Regional Innovation Systems: The Role of Governances in a Globalized World. London: UCL Press.

BRACZYK, H.-J., FUCHS, G., WOLF, H.-G. (Hrsg.) (1999): Multimedia and Regional Economic Restructuring. London, New York: Routledge.

BRADACH, J. L., ECCLES, R. G. (1991): Price, Authority and Trust: From Ideal Types to Plural Forms. In: THOMPSON, G., FRANCES, J., LEVACIC, R., MITCHELL, J. (Hrsg.): Markets, Hierarchies and Networks. London: Sage, 277–292.

BRAKE, K. (1996): Städtenetze als Raumordnungsansatz – Vernetzungspotentiale und Vernetzungskonzepte. In: DANIELZYK, R., PRIEBS, A. (Hrsg.): Städtenetze – Raumordnungspolitisches Handlungsinstrument mit Zukunft? Material zur Angewandten Geographie – Band 32. Bonn: Kuron, 19–26.

BRAMANTI, A., RATTI, R. (1997): The Multi-Faced Dimensions of Local Development. In: RATTI, R., BRAMANTI, A., GORDON, R. (Hrsg.): The Dynamics of Innovative Regions: The GREMI Approach. Aldershot, Brookfield: Ashgate, 3–44.

BREDE, H. (1971): Bestimmungsfaktoren industrieller Standorte: Eine empirische Untersuchung. Schriftenreihe des Ifo-Instituts für Wirtschaftsforschung – Nummer 75. Berlin, München: Duncker und Humblot.

BREMM, H.-J., DANIELZYK, R. (1993): Die Modernisierung alter Industrieregionen. In: MÜLLER, S., SCHMALS, K. M. (Hrsg.): Die Moderne im Park? Ein Streitbuch zur Internationalen Bauausstellung im Emscherraum. Dortmund: Dortmunder Vertrieb für Bau- und Planungsliteratur, 22–49.

BRITTON, J. N. H. (1991): Reconsidering Innovation Policy for Small and Medium Sized Enterprises: The Canadian Case. In: Environment and Planning C (Vol. 9), 189–206.

BRÖSSE, U., SPIELBERG, R. (1992): Industrielle Zulieferbeziehungen als ein Bestimmungsfaktor der Raumstruktur und der Regionalentwicklung. Akademie für Raumforschung und Landesplanung – Beiträge 121. Hannover: ARL.

BROWN, L. A. (1981): Innovation Diffusion: A New Perspective. London, New York: Methuen.

BRÜCHER, W. (1982): Industriegeographie. Das Geographische Seminar. Braunschweig: Westermann.

BRUGGER, E. A. (1984): „Endogene Entwicklung": Ein Konzept zwischen Utopie und Realität. In: Informationen zur Raumentwicklung (Heft 1/2.1984), 1–19.

BRUSCO, S. (1982): The Emilian Model: Productive Decentralisation and Social Integration. In: Cambridge Journal of Economics (Vol. 6), 167–184.

BULLOCK, A., STALLYBRASS, O., TROMBLY, S. (Hrsg.) (1989): The Fontana Dictionary of Modern Thought. London: Fontana Press.

Bundesamt für Wirtschaft (Hrsg.) (2000): Bewilligungsstatistik der Gemeinschaftsaufgabe „Verbesserung der regionalen Wirtschaftsstruktur" für die Berichtsjahre 1993 bis 1997. Sonderauswertung Juni 2000. Eschborn.

Bundesforschungsanstalt für Landeskunde und Raumordnung (1994): Ausgewählte Ergebnisse der Raumordnungsprognose 2010. In: Informationen zur Raumentwicklung (Heft 12.1994), 903–971.

Bundesministerium für Ernährung, Landwirtschaft und Forsten (Hrsg.) (1995): Johann Heinrich von Thünen: Seine Erkenntnisse aus wissenschaftlicher Sicht (1783–1850). Berichte über Landwirtschaft – 210. Sonderheft. Münster-Hiltrup: Landwirtschaftsverlag.

BURGESS, E. W. (1925): The Growth of the City: An Introduction to a Research Project. In: PARK, R. E., BURGESS, E. W., McKENZIE, R. (Hrsg.): The City. Chicago: University of Chicago Press, 47–62.

BURT, R. (1995): Structural Holes: The Social Structure of Competition. Cambridge (MA), London: Harvard University Press.

BURT, R. (1997): The Contingent Value of Social Capital. In: Administrative Science Quarterly (Vol. 42), 339–365.

BUTTLER, F., GERLACH, K., LIEPMANN, P. (1977): Grundlagen der Regionalökonomie. Reinbek bei Hamburg: Rowohlt.

BUTZIN, B. (1996): Kreative Milieus als Elemente regionaler Entwicklungsstrategien? Eine kritische Wertung. In: MAIER, J. (Hrsg.): Bedeutung kreativer Milieus für die Regional- und Landesentwicklung. Arbeitsmaterialien zur Raumordnung und Raumplanung – Heft 153. Bayreuth: Universität Bayreuth, 9–37.

CABUS, P., HESS, M. (2000): Regional Politics and Economic Patterns: Glocalisation and the Network Enterprise. In: BelGeo (Special Issue), 79–101.

CAELDRIES, F. (1996): The Institutional Embeddedness of Strategy. Predation through Legislation (Or, See you in Court). In: Advances in Strategic Management. Vol. 13. Greenwich (CT): JAI Press, 215–246.

CALLON, M. (Hrsg.) (1998): The Laws of the Markets. Oxford: Blackwell.

CAMAGNI, R. (Hrsg.) (1991a): Innovation Networks: Spatial Perspectives. Herausgegeben im Auftrag von GREMI – Groupe de Recherche Européen sur les Milieux Innovateurs. London, New York: Belhaven Press.

CAMAGNI, R. (1991b): Local 'Milieu', Uncertainty and Innovation Networks: Towards a New Dynamic Theory of Economic Space. In: CAMAGNI, R. (Hrsg.): Innovation Networks: Spatial Perspectives. London, New York: Belhaven Press, 121–144.

CAMAGNI, R., RABELLOTTI, R. (1997): Footwear Production Systems in Italy: A Dynamic Comparative Analysis. In: RATTI, R., BRAMANTI, A., GORDON, R. (Hrsg.): The Dynamics of Innovative Regions: The GREMI Approach. Aldershot, Brookfield: Ashgate, 139–163.

CAMERON, L. (1995): Raising the Stakes in the Ultimatum Game: Experimental Evidence from Indonesia. Discussion Paper. Princeton University.

CANTWELL, J. (1992): The Internationalisation of Technological Acitivity and its Implications for Competitiveness. In: GRANSTRAND, O., HÅKANSON, L., SJOLANDER, S. (Hrsg.): Technology Management and International Business. Chichester: Wiley, 75–95.

CANTWELL, J., FAI, F. (1999): Firms as the Source of Innovation and Growth: The Evolution of Technological Competence. In: Journal of Evolutionary Economics (Vol. 9), 331–366.

CARROLL, G. R. (1984): Organizational Ecology. In: Annual Review of Sociology (Vol. 10), 71–93.

CARTER, H. (1972): The Study of Urban Geography. London: Arnold.

CASSON, M., PEARCE, R. D., SINGH, S. (1992): Global Integration trough the Decentralisation of R&D. In: CASSON, M. (Hrsg.): International Business and Global Integration. Basingstoke: Macmillan, S. 163–204.

CASTELLS, M. (Hrsg.) (1987): High Technology, Space, and Society. 2. Auflage. Beverly Hills, London: Sage.

CASTELLS, M. (1999): The Information Age: Economy, Society and Culture. Volume 1: The Rise of the Network Society. Massachusetts, Oxford: Blackwell.

CHALMERS, A. F. (verwendet im Nachdruck der 2. Auflage von 1994) (1976): Wege der Wissenschaft. Berlin, New York: Springer.

CHANDLER, A. D. JR. (1962): Strategy and Structure: Chapters in the History of the Industrial Enterprise. Cambridge (MA): MIT Press.

CHAPMAN, K., WALKER, D. (1987): Industrial Location: Principles and Policies. Oxford, New York: Basil Blackwell.

CHESNAIS, F. (1993): Globalisation, World Oligopoly and Some of Their Implications. In: HUMBERT, M. (Hrsg.): The Impact of Globalisation on Europe's Firms and Industries. London, New York: Pinter, 12–21.

CHISHOLM, M. (1970): Rural Settlement and Land Use: An Essay in Location. Chicago: Aldine.

CHRISTALLER, W. (verwendet in der 3., unveränderten Auflage von 1980) (1933): Die zentralen Orte in Süddeutschland: Eine ökonomisch-geographische Untersuchung über die Gesetzmäßigkeit der Verbreitung und Entwicklung der Siedlungen mit städtischen Funktionen. Darmstadt: Wissenschaftliche Buchgesellschaft.

CLARK, G. L. (1998): Stylized Facts and Close Dialogue: Methodology in Economic Geography. In: Annals of the Association of American Geographers (Vol. 88), 73–87.

CLARK, G. L., FELDMAN, M. P., GERTLER, M. S. (Hrsg.) (2000): The Oxford Handbook of Economic Geography. Oxford: Oxford University Press.

CLIFF, A. D., HAGGETT, P., ORD, J. K., VERSEY, G. R. (1981): Spatial Diffusion: A Historical Geography of Epidemics in an Island Community. Cambridge (MA): Cambridge University Press.

COASE, R. H. (1937): The Nature of the Firm. In: Economica (Vol. 4), 386–405.

COLEMAN, J. S. (1984): Introducing Social Structure into Economic Analysis. In: The American Economic Review (Vol. 74), 84–88.

COLEMAN, J. (1988): Social Capital in the Creation of Human Capital. In: American Journal of Sociology (Vol. 94 – Supplement), S95–S120.

CONTI, S., MALECKI, E. J., OINAS, P. (Hrsg.) (1995): The Industrial Enterprise and its Environment: Spatial Perspectives. Aldershot: Avebury.

COOKE, P. (1998): Introduction: Origins of the Concept. In: BRACZYK, H.-J., COOKE, P., HEIDENREICH, R. (Hrsg.) (1998): Regional Innovation Systems: The Role of Governances in a Globalized World. London: UCL Press, 2–25.

COOKE, P., MORGAN, K. (1998): The Associational Economy. Firms, Regions, and Innovation. Oxford, New York: Oxford University Press.

COOKE, P., MOULAERT, F., SWYNGEDOUW, E., WEINSTEIN, O., WELLS, P. (Hrsg.) (1992): Towards Global Localization: The Computing and Telecommunications Industries in Britain and France. London: UCL Press.

COOPER, A. C. (1971): Spin-offs and Technical Entrepreneurship. In: IEEE Transactions on Engineering Management (Vol. EM–18), 2–6.

CORBRIDGE, S., THRIFT, N., MARTIN, R. (Hrsg.) (1994): Money, Power and Space. Oxford: Blackwell.

CORIAT, B. (1991): Technical Flexibility and Mass Production: Flexible Specialisation and Dynamic Flexibility. In: BENKO, G., DUNFORD, M. (Hrsg.): Industrial Change and Regional Development: The Transformation of New Industrial Spaces. London, New York: Belhaven Press, 134–158.

CORIAT, B. (1992): The Revitalization of Mass Production in the Computer Age. In: STORPER, M., SCOTT, A. J. (Hrsg.): Pathways to Industrialization and Regional Development. London, New York: Routledge, 137–156.

COWLING, K., SUGDEN, R. (1998): The Essence of the Modern Corporation: Markets, Strategic Decision-Making and the Theory of the Firm. In: The Manchester School (Vol. 66), 59–86.

COX, K. R. (Hrsg.) (1997): Spaces of Globalization: Reasserting the Power of the Local. New York, London: Guilford.

CREVOISIER, O., MAILLAT, D. (1991): Milieu, Industrial Organization and Territorial Production System: Towards a New Theory of Spatial Development. In: CAMAGNI, R. (Hrsg.): Innovation Networks: Spatial Perspectives. London, New York: Belhaven Press, 13–34.

DACIN, M. T., VENTRESCA, M. J., BEAL, B. D. (1999): The Embeddedness of Organizations: Dialogue and Directions. In: Journal of Management (Vol. 25), 317–356.

DALTON, M. (1992): Men Who Manage. In: GRANOVETTER, M., SWEDBERG, R. (Hrsg.): The Sociology of Economic Life. Oxford: Westview Press, 315–344.

DANGSCHAT, J. S. (1988): Gentrification: Der Wandel innenstadtnaher Wohnviertel. In: Kölner Zeitschrift für Soziologie und Sozialpsychologie (Jg. 40). Soziologische Stadtforschung – Sonderheft 29, 272–292.

DANIELS, P. W., MOULAERT, F. (Hrsg.) (1991): The Changing Geography of Advanced Producer Services. London, New York: Belhaven Press.

DANIELZYK, R. (1998): Zur Neuorientierung der Regionalforschung – ein konzeptioneller Beitrag. Wahrnehmungsgeographische Studien zur Regionalentwicklung – Heft 17. Oldenburg: Bibliotheks- und Informationssystem der Universität Oldenburg.

DANIELZYK, R., OSSENBRÜGGE, J. (1993): Perspektiven geographischer Regionalforschung: „Locality Studies" und regulationstheoretische Ansätze. In: Geographische Rundschau (Jg. 45), 210–216.

DANIELZYK, R., OSSENBRÜGGE, J. (1996): Lokale Handlungsspielräume zur Gestaltung internationalisierter Wirtschaftsräume: Raumentwicklung zwischen Globalisierung und Regionalisierung. In: Zeitschrift für Wirtschaftsgeographie (Jg. 40), 101–112.

DANIELZYK, R., PRIEBS, A. (Hrsg.) (1996a): Städtenetze – Raumordnungspolitisches Handlungsinstrument mit Zukunft? Material zur Angewandten Geographie – Band 32. Bonn: Kuron.

DANIELZYK, R., PRIEBS, A. (1996b): Städtenetze als Raumordnungsinstrument – Eine Herausforderung für Angewandte Geographie und Raumforschung! In: DANIELZYK, R., PRIEBS, A. (Hrsg.): Städtenetze – Raumordnungspolitisches Handlungsinstrument mit Zukunft? Material zur Angewandten Geographie – Band 32. Bonn: Kuron, 9–18.

DAVID, P. A. (1985): Clio and the Economics of QWERTY. In: American Economic Review, Papers and Proceedings (Vol. 75), 332–337.

DAVIS, L., NORTH, D. C. (1970): Institutional Change and American Economic Growth: A First Step Towards a Theory of Institutional Change. In: Journal of Economic History (Vol. 30), 131–149.

DEITERS, J. (1996a): Die Zentrale-Orte-Konzeption auf dem Prüfstand: Wiederbelebung eines klassischen Raumordnungsinstruments? In: Informationen zur Raumentwicklung (Heft 10.1996), 631–646.

DEITERS, J. (1996b): Ist das Zentrale-Orte-System als Raumordnungskonzept noch zeitgemäß? In: Erdkunde (Bd. 50), 26–34.

DEITERS, J. (1999): Zur Weiterentwicklung der Zentrale-Orte-Konzeption. In: Rundbrief Geographie (Heft 157), 41–43.

DELBEKE, J. (1981): Recent Long-Wave Theories: A Critical Survey. In: Futures (Vol. 13), 246–257.

DEMMLER, H. (1990): Einführung in die Volkswirtschaftslehre: Elementare Preistheorie. München, Wien: Oldenbourg.

DENZER, V., GRUNDMANN, L. (1999): Das Graphische Viertel – ein citynahes Mischgebiet der Stadt Leipzig im Transformationsprozeß: Vom Druckgewerbe- zum Bürostandort. In: Europa Regional (Jg. 7, Nr. 3), 37–50.

Deutscher Bundestag (Hrsg.) (1991): Zwanzigster Rahmenplan der Gemeinschaftsaufgabe „Verbesserung der regionalen Wirtschaftsstruktur" für den Zeitraum 1991 bis 1994 (1995). Bundestagsdrucksache 12/895. Bonn.

Deutscher Bundestag (Hrsg.) (1998): Siebenundzwanzigster Rahmenplan der Gemeinschaftsaufgabe „Verbesserung der regionalen Wirtschaftsstruktur" für den Zeitraum 1998–2001 (2002). Bundestagsdrucksache 13/9992. Bonn.

Deutscher Bundestag (Hrsg.) (2000): Neunundzwanzigster Rahmenplan der Gemeinschaftsaufgabe „Verbesserung der regionalen Wirtschaftsstruktur" für den Zeitraum 2000–2003 (2004). Bundestagsdrucksache 14/3250. Bonn.

DIBB, S. (2000): Market Segmentation. In: BLOIS, K. (Hrsg.): The Oxford Textbook of Marketing. Oxford, New York: Oxford University Press, 380–411.

DICKEN, P. (1986): Global Shift: Industrial Change in a Turbulent World. London: Harper and Row.

DICKEN, P. (1990): The Geography of Enterprise. Elements of a Research Agenda. In: SMIDT, M. DE, WEVER, E. (Hrsg.): The Corporate Firm in a Changing World Economy. Case Studies in the Geography of Enterprise. London: Routledge, 234–244.

DICKEN, P. (1992): Global Shift: The Internationalization of Economic Activity. 2. Auflage. London: Chapman.

DICKEN, P. (1994): The Roepke Lecture in Economic Geography: Global-Local Tensions: Firms and States in the Global Space-Economy. In: Economic Geography (Vol. 70), 101–128.

DICKEN, P. (1998): Global Shift: Transforming the World Economy. 3. Auflage. London: Chapman.

DICKEN, P., FORSGREN, M., MALMBERG, A. (1994): The Local Embeddedness of Transnational Corporations. In: AMIN, A., THRIFT, N. (Hrsg.): Globalization, Institutions, and Regional Development in Europe. Oxford, New York: Oxford University Press, 23–45.

DICKEN, P., LLOYD, P. E. (1990): Location in Space. Theoretical Perspectives in Economic Geography. 3. Auflage. New York: Harper Collins.

DICKEN, P., LLOYD, P. E. (1999): Standort und Raum. Theoretische Perspektiven in der Wirtschaftsgeographie. Übersetzung der 3. Auflage von 1990. Stuttgart: UTB – Ulmer.

DICKEN, P., THRIFT, N. (1992): The Organization of Production and the Production of Organization: Why Business Enterprises Matter in the Study of Geographical Industrialization. In: Transactions of the Institute of British Geographers (Vol. 17), 279–291.

DIGIOVANNA, S. (1996): Industrial Districts and Regional Economic Development: A Regulation Approach. In: Regional Studies (Vol. 30), 373–386.

DIMAGGIO, P. J. (1997): Culture and Cognition. In: Annual Review of Sociology (Vol. 23), 263–289.

DiMaggio, P. J., Powell, W. W. (1983): The Iron Cage Revisited: Institutional Isomorphism and Collective Rationality in Organizational Fields. In: American Sociological Review (Vol. 48), 147–160.

Donaghu, M. T., Barff, R. (1990): Nike Just Did It: Subcontracting and Flexibility in Athletic Footwear Production. In: Regional Studies (Vol. 24), 537–552.

Dorfman, N. S. (1983): Route 128: The Development of a Regional High Technology Economy. In: Research Policy (Vol. 12), 299–316.

Dosi, G. (1982): Technological Paradigms and Technological Trajectories: A Suggested Reinterpretation of the Determinants and Directions of Technical Change. In: Research Policy (Vol. 2), 147–162.

Dosi, G. (1988): The Nature of the Innovative Process. In: Dosi, G., Freeman, C., Nelson, R. R., Silverberg, G., Soete, L. L. G. (Hrsg.): Technical Change and Economic Theory. London, New York: Pinter, 221–238.

Dosi, G., Freeman, C., Nelson, R. R., Silverberg, G., Soete, L. L. G. (Hrsg.) (1988): Technical Change and Economic Theory. London, New York: Pinter.

Downs, R. M., Stea, D. (1982): Kognitive Karten: die Welt in unseren Köpfen. Stuttgart: UTB.

Duijn, J. J. v. (1981): Fluctuations in Innovations Over Time. In: Futures (Vol. 13), 264–275.

Dunn, E. S. (1960): A Statistical and Analytical Technique for Regional Analysis. In: Papers and Proceedings of the Regional Science Association (Vol. 6), 97–112.

Dunning, J. H. (1988): The Eclectic Paradigm of International Production: A Restatement and Some Possible Extensions. In: Journal of International Business Studies (Vol. 18), 1–31.

Dunning, J. H. (2000): The Eclectic Paradigm as an Envelope for Economic and Business Theories of MNE Activity. In: International Business Review (Vol. 9), 163–190

Dürr, H. (1993): Über Räume: Begrifflichkeiten, wissenschaftliches Handlungspotential, Alltagspraktiken auf globaler und lokaler Ebene – Momentaufnahme während einer Flugreise –. In: Mayer, J. (Hrsg.): Die aufgeräumte Welt – Raumbilder und Raumkonzepte im Zeitalter globaler Marktwirtschaft. Loccumer Protokolle 74/92. Rehburg-Loccum: Evangelische Akademie Loccum, 129–154.

Eccles, R. (1982): A Synopsis of Transfer Pricing: An Analysis and Action Plan. Cambridge (MA): Harvard University Press.

Eccles, R., White, H. (1988): Price and Authority in Interprofit Center Transactions. In: American Journal of Sociology (Vol. 94), Supplement: Organizations and Institutions. Sociological and Economic Approaches to the Analysis of Social Structure, S17–S51.

Eckey, H.-F. (1995): Arbeitsmarktregionen. In: Akademie für Raumforschung und Landesplanung (Hrsg.): Handwörterbuch der Raumordnung. Hannover: ARL, 47–49.

Eckey, H.-F., Klemmer, P. (1991): Neuabgrenzung von Arbeitsmarktregionen für die Zwecke der regionalen Wirtschaftspolitik. In: Informationen zur Raumentwicklung (Heft 9/10.1991), 569–578.

Egan A. E., Saxenian A. (1999): Becoming Digital: Sources of Localization in the Bay Area Multimedia Cluster. In: Braczyk, H.-J., Fuchs, G., Wolf, H.-G. (Hrsg.): Multimedia and Regional Economic Restructuring. London, New York: Routledge, 11–29.

Ehlers, E. (Hrsg.) (1992a): Modelling the City: Cross-Cultural Perspectives. Colloquium Geographicum – Band 22. Bonn: Dümmlers.

Ehlers, E. (1992b): The City of the Islamic Middle East. In: Ehlers, E. (Hrsg.) (1992): Modelling the City: Cross-Cultural Perspectives. Colloquium Geographicum – Band 22. Bonn: Dümmlers, 89–107.

Eisel, U., Schultz, H.-D. (Hrsg.) (1997): Geographisches Denken. Urbs et Regio. Kasseler Schriften zur Geographie und Planung – Band 65. Kassel: Gesamthochschulbibliothek.

Eisenhardt, K., Brown, S. L. (1996): Environmental Embeddedness and the Constancy of Corporate Strategy. In: Advances in Strategic Management. Vol. 13. Greenwich (CT): JAI Press, 187–214.

Elam, M. (1994): Puzzling Out the Post-Fordist Debate: Technology, Markets and Institutions. In: Amin, A. (Hrsg.): Post-Fordism. Oxford, Cambridge (MA): Blackwell, 43–70.

Endres, A. (2000): Moderne Mikroökonomik – erklärt in einer einzigen Nacht. München, Wien: Oldenbourg.

Ennen, E., Wiegelmann, G. (Hrsg.) (1972): Festschrift Matthias Zender. Studien zu Volkskultur, Sprache und Landesgeschichte. Bonn: Röhrscheid.

Ernst, W. (1995): Raumordnung. In: Akademie für Raumforschung und Landesplanung (Hrsg.): Handwörterbuch der Raumordnung. Hannover: ARL, 752–758.

Esser, J., Hirsch, J. (1994): The Crisis of Fordism and the Dimensions of a 'Post-Fordist' Regional and Urban Structure. In: Amin, A. (Hrsg.): Post-Fordism. Oxford, Cambridge (MA): Blackwell, 71–97.

Ewen, C. (1999): Chemieindustrie: Wohin marschieren die Giganten? In: Ökonomy (7/99), 7.

Ewers, H.-J., Wettmann, R.-W. (1978): Innovationsorientierte Regionalpolitik – Überlegungen zu einem regionalstrukturellen Politik- und Forschungsprogramm. In: Informationen zur Raumentwicklung (Heft 7.1978), 467–481.

Fahrmeir, L., Hamerle, A. (Hrsg.) (1984): Multivariate statistische Verfahren. Berlin, New York: De Gruyter.

Fassmann, H., Meusburger, P. (1997): Arbeitsmarktgeographie: Erwerbstätigkeit und Arbeitslosigkeit im räumlichen Kontext. Teubner Studienbücher der Geographie. Stuttgart: Teubner.

Fehr, E., Gächter, S. (1998): Reciprocity and Economics: The Economic Implications of Homo Reciprocans. In: European Economic Review (Vol. 42), 845–859.

Fehr, E., Tougareva, E. (1996): Do High Stakes Remove Reciprocal Fairness? Evidence from Russia. Discussion Paper. University of Zurich.

Ferguson, R. F., Ladd, H. F. (1986): Economic Performance and Economic Development Policy in Massachusetts. John F. Kennedy School of Government, Discussion Paper – D86-2. Harvard University, Cambridge (MA).

Fischermann, T. (2000): Giganten ohne Heimat. In: Die Zeit, Nr. 25, 15.06.2000, 25–26.

Flath, M., Fuchs, G. (Hrsg.) (1998): „Globalisierung": Beispiele und Perspektiven für den Geographieunterricht. Gotha, Stuttgart: Klett-Perthes.

FLICK, U., KARDOFF, E. V., KEUPP, H., ROSENSTIEL, L. V., WOLFF, S. (Hrsg.) (1991): Handbuch Qualitative Sozialforschung: Grundlagen, Konzepte, Methoden und Anwendungen. München: Psychologie Verlags Union.

FIORETTI, G. (2001): Structure and Behaviour of a Textile Industrial District. Working Paper No. 2/2001. International Centre for Economic Research. Turin.

FLORIDA, R. L., KENNEY, M. (1988): Venture Capital, High Technology and Regional Development. In: Regional Studies (Vol. 22), 33–48.

FORD, H. (1923): Mein Leben, mein Werk. Leipzig: Hesse und Becker.

FORTUNE (1999): 1999 Fortune Global 5 Hundred. Web Site: http://www.fortune.com.

FRANKEL, M. (1955): Obsolescence and Technological Change in a Maturing Economy. In: American Economic Review (Vol. 45), 296–319.

FRANSMAN, M., KING, K. (Hrsg.) (1984): Technological Capability in the Third World. New York: St. Martin's Press.

FREEMAN, C. (1982): The Economics of Industrial Innovation. 2. Auflage. London: Pinter.

FREEMAN, C. (1990): Technical Innovation in the World Chemical Industry and Changes of Techno-Economic Paradigm. In: FREEMAN, C., SOETE, L. (Hrsg.): New Exploitations in the Economics of Technical Change. London, New York: Pinter, 74–91.

FREEMAN, C., PEREZ, C. (1988): Structural Crisis of Adjustment: Business Cycles and Investment Behaviour. In: DOSI, G., FREEMAN, C., NELSON, R. R., SILVERBERG, G., SOETE, L. L. G. (Hrsg.): Technical Change and Economic Theory. London, New York: Pinter, 38–66.

FREEMAN, C., SOETE, L. (Hrsg.) (1990): New Exploitations in the Economics of Technical Change. London, New York: Pinter.

FRIEDLAND, R., ROBERTSON, A. F. (Hrsg.) (1990): Beyond the Market Place: Rethinking Economy and Society. New York: De Gruyter.

FRIEDMANN, J. (1966): Regional Development Policy: A Case Study of Venezuela. Cambridge (MA), London: MIT Press.

FRIEDRICHS, J. (1995): Stadtsoziologie. Opladen: Leske und Budrich.

FRITSCH, M., KOSCHATZKY, K., SCHÄTZL, L., STERNBERG, R. (1998): Regionale Innovationspotentiale und innovative Netzwerke. In: Raumforschung und Raumordnung (56. Jg.), 243–254.

FRÖBEL, F., HEINRICHS, J., KREYE, O. (1977): Die neue internationale Arbeitsteilung: Strukturelle Arbeitslosigkeit in den Industrieländern und die Industrialisierung der Entwicklungsländer. Reinbek: Rowohlt.

FROMHOLD-EISEBITH, M. (1995): Das „kreative Milieu" als Motor regionalwirtschaftlicher Entwicklung: Forschungstrends und Erfassungsmöglichkeiten. In: Geographische Zeitschrift (Jg. 83), 30–47.

FUCHS, M. (1992): Standort und Arbeitsprozeß: Arbeitsveränderungen durch CAD in multistandörtlichen Unternehmen. Wirtschaftsgeographie – Band 1. Münster, Hamburg: Lit.

FUJITA, M., KRUGMAN, P., VENABLES, A. (1999): The Spatial Economy: Cities, Regions, and International Trade. Cambridge (MA): MIT Press.

GAEBE, W. (1987): Verdichtungsräume. Teubner Studienbücher der Geographie. Stuttgart: Teubner.

GAEBE, W. (Hrsg.) (1988): Handbuch des Geographieunterrichts. Band 3: Industrie und Raum. Köln: Aulis Verlag Deubner.

GAEBE, W. (1998): Industrie. In: KULKE, E. (Hrsg.): Wirtschaftsgeographie Deutschlands. Gotha, Stuttgart: Klett-Perthes, 87–155.

GALTUNG, J. (1978): Eine strukturelle Theorie des Imperialismus. In: SENGHAAS, D. (Hrsg.): Imperialismus und strukturelle Gewalt: Analysen über abhängige Reproduktion. 4. Auflage. Frankfurt am Main: Suhrkamp, 29–104.

GAMBETTA, D. (Hrsg.) (1988a): Trust: Making and Breaking Cooperative Relations. New York: Blackwell.

GAMBETTA, D. (1988b): 'Can We Trust Trust?' In: GAMBETTA, D. (Hrsg.): Trust: Making and Breaking Cooperative Relations. New York: Blackwell, 213–238.

GARVIN, D. A. (1983): Spin-offs and the New Firm Formation Process. In: California Management Review (Vol. XXV), 3–20.

GEBHARDT, H. (1996): Zentralitätsforschung – ein „alter Hut" für die Regionalforschung und Raumordnung heute? In: Erdkunde (Bd. 50), 1–8.

GEERTZ, C. (1963): Peddlers and Princes: Social Change and Economic Modernization in Two Indonesian Towns. Chicago: University of Chicago Press.

GEREFFI, G. (1994a): The International Economy and Economic Development. In: SMELSER, N. J., SWEDBERG, R. (Hrsg.): Handbook of Economic Sociology. Princeton: Princeton University Press, 206–233.

GEREFFI, G. (1994b): The Organization of Buyer-Driven Global Commodity Chains: How US Retailors Shape Overseas Production Networks. In: GEREFFI, G., KORZENIEWICZ, M. (Hrsg.): Commodity Chains and Global Capitalism. Westport (CT): Praeger, 95–122.

GEREFFI, G. (1996): Global Commodity Chains: New Forms of Coordination and Control among Nations and Firms in International Industries. In: Competition and Change (Vol. 1), 427–439.

GEREFFI, G., KORZENIEWICZ, M. (Hrsg.) (1994): Commodity Chains and Global Capitalism. Westport (CT): Praeger.

GERFIN, H. (1964): Gesamtwirtschaftliches Wachstum und regionale Entwicklung. In: Kyklos (Vol. 17), 565–593.

GERTLER, M. S. (1988): The Limits to Flexibility: Comments on the Post-Fordist Vision of Production and its Geography. In: Transactions of the Institute of British Geographers (New Series Vol. 13), 419–432.

GERTLER, M. S. (1992): Flexibility Revisited: Districts, Nation-States, and the Forces of Production. In: Transactions of the Institute of British Geographers (New Series Vol. 17), 259–278.

GERTLER, M. S. (1993): Implementing Advanced Manufacturing Technologies in Mature Industrial Regions: Towards a Social Model of Technology Production. In: Regional Studies (Vol. 27), 665–680.

GERTLER, M. S. (1995): 'Being There': Proximity, Organization, and Culture in the Development and Adoption of Advanced Manufacturing Technologies. In: Economic Geography (Vol. 71), 1–26.

GERTLER, M. S. (1996): Worlds Apart: The Changing Market Geography of the German Machinery Industry? In: Small Business Economics (Vol. 8), 87–106.

GERTLER, M. S. (1997a): Between the Global and the Local: The Spatial Limits to Productive Capital. In: COX, K. R. (Hrsg.): Spaces of Globalization: Reasserting the Power of the Local. New York, London: Guilford, 45–63.

GERTLER, M. S. (1997b): The Invention of Regional Culture. In: LEE, R., WILLS, J. (Hrsg.): Geographies of Economies. London, New York, Sydney: Arnold, 47–58.

GERTLER, M. S. (2001): Local Knowledge: Tacitness and the Geography of Context. Paper Presented at the 2001 Annual Meeting of the Association of American Geographers, New York (NY).

GIDDENS, A. (1995): Die Konstitution der Gesellschaft. Frankfurt am Main: Campus.

GIDDENS, A. (1997): Konsequenzen der Moderne. 2. Auflage, Frankfurt am Main: Suhrkamp.

GIESE, E. (1978): Weiterentwicklung und Operationalisierung der Standort- und Landnutzungstheorie von Alonso für städtische Unternehmen. In: BAHRENBERG, G., LEUTZE, E., TAUBMANN, W. (Hrsg.): Quantitative Modelle in der Geographie und Raumplanung. Bremer Beiträge zur Geographie und Raumplanung – Heft 1. Bremen, 63–79.

GIESE, E. (1979): Innerstädtische Landnutzungskonflikte in der Bundesrepublik Deutschland – analysiert am Beispiel des Frankfurter Westends. In: ABERLE, G., GIESE, E., MOEWES, W., SPITZER, H., UHLIG, H. (Hrsg.): Konflikte durch Veränderungen in der Raumordnung. Schriften des Zentrums für regionale Entwicklungsforschung der Justus-Liebig-Universität Gießen – Band 11. Saarbrücken, Fort Lauderdale: Breitenbach, 1–32.

GIESE, E. (1995): Die Bedeutung Johann Heinrich von Thünens für die geographische Forschung. In: Bundesministerium für Ernährung, Landwirtschaft und Forsten (Hrsg.): Johann Heinrich von Thünen: Seine Erkenntnisse aus wissenschaftlicher Sicht (1783–1850). Berichte über Landwirtschaft – 210. Sonderheft. Münster-Hiltrup: Landwirtschaftverlag, 30–47.

GIESE, E. (1996): Die Einzelhandelszentralität westdeutscher Städte: Ein Beitrag zur Methodik der Zentralitätsmessung. In: Erdkunde (Bd. 50), 46–59.

GIESE, E. (1997): Das Gießener Geschäftszentrum: Entwicklung und Entwicklungsperspektiven. In: BERDING, H. (Hrsg.): 125 Jahre Industrie- und Handelskammer Gießen: Wirtschaft einer Region. Schriften zur hessischen Wirtschafts- und Unternehmensgeschichte – Band 2. Darmstadt: Hessisches Wirtschaftsarchiv, 235–261.

GIESE, E. (1999): Bedeutungsverlust innerstädtischer Geschäftszentren in Westdeutschland. In: Berichte zur deutschen Landeskunde (Bd. 73), 33–66.

GIESE, E., GREIF, S., STOUTZ, R. v. (1997): Die räumliche Struktur der Erfindungstätigkeit in Westdeutschland 1992. In: Geographische Zeitschrift (Jg. 85), 113–128.

GIESE, E., NIPPER, J. (1984): Die Bedeutung von Innovation und Diffusion neuer Technologien für die Regionalpolitik. In: Erdkunde (Bd. 38), 202–215.

GIESE, E., SEIFERT, V. (1989): Die Entwicklung innerstädtischer Geschäftszentren in Mittelhessen unter besonderer Berücksichtigung des Einzelhandels. In: Geographische Zeitschrift (Jg. 77), 1–21.

GINSBERG, A., LARSEN, E., LOMI, A. (1996): Generating Strategy from Individual Behavior. A Dynamic Model of Structural Embeddedness. In: Advances in Strategic Management. Vol. 13. Greenwich (CT): JAI Press, 121–147.

GLASMEIER, A. (1991): Technological Discontinuities and Flexible Production Networks: The Case of Switzerland and the World Watch Industry. In: Research Policy (Vol. 20), 469–485.

GLASMEIER, A., MARKUSEN, A., HALL, P. (1983): Defining High Technology Industries. Institute of Urban and Regional Development, Working Paper – No. 407. Berkeley: University of California.

GLÜCKLER, J. (1999): Neue Wege geographischen Denkens? Eine Kritik gegenwärtiger Raumkonzepte und ihrer Programme in der Geographie. Frankfurt am Main: Verlag Neue Wissenschaft.

GLÜCKLER, J. (2001a): Zur Bedeutung von Embeddedness in der Wirtschaftsgeographie. In: Geographische Zeitschrift (Jg. 89). Im Druck.

GLÜCKLER, J. (2001b): Handeln in Netzen: Zur Bedeutung von Struktur für ökonomisches Handeln. In: REUBER, P., WOLKERSDORFER, G. (Hrsg): Politische Geographie. Handlungsorientierte Ansätze und Critical Geopolitics. Heidelberger Geographische Arbeiten – Heft 112. Heidelberg, S. 257–268.

GLÜCKLER, J. (2002): Raum als Gegenstand, Begriff und Perspektive in der Geographie. In: LIPPUNER, R., WERLEN, B. (Hrsg.): Texte zur Theorie der Sozialgeographie 1. Jenaer Geographische Manuskripte – Band 23. Jena, 45–65.

GLÜCKLER, J., LÖFFLER, G. (1997): Die Grundversorgung im Einzelhandel – Erreichbarkeit und Kundenmobilität. In: Institut für Länderkunde (Hrsg.): Atlas Bundesrepublik Deutschland. Pilotband. Leipzig: Institut für Länderkunde Leipzig, 76–79.

GOLDNER, W. (1968): A Model for the Spatial Allocation of Activities and Land Uses in a Metropolitan Region. Berkeley: Bay Area Transportation Study Commission.

GOLDSTEIN, H., MALIZIA, E. E. (1985): Microelectronics and Economic Development in North Carolina. In: WHITTINGTON, D. (Hrsg.): High Hopes for High Tech: Microelectronics Policy in North Carolina. Chapel Hill, London: University of North Carolina Press, 225–255.

GOODMAN, E., BAMFORD, J., SAYNOR, P. (Hrsg.) (1989): Small Firms and Industrial Districts in Italy. London, New York: Routledge.

GOPPEL, K., GUGISCH, I., KOCH, R., MAIER, J. (2000): Regional Disparities in Bavaria: Development and Extent, Philosophy and Policy Responses. In: EUREG (8/2000), 1–8.

GRABHER, G. (1989): Regionalpolitik gegen De-Industrialisierung? Der Umbau des Montankomplexes im Ruhrgebiet. In: Jahrbuch für Regionalwissenschaft (9./10. Jg.), Göttingen, 94–110.

Grabher, G. (Hrsg.) (1993a): The Embedded Firm. On the Socioeconomics of Industrial Networks. London, New York: Routledge.

GRABHER, G. (1993b): Rediscovering the Social in the Economics of Interfirm Relations. In: GRABHER, G. (Hrsg.): The Embedded Firm. On the Socioeconomics of Industrial Networks. London, New York: Routledge, 1–31.

GRABHER, G. (1993c): The Weakness of Strong Ties: The Lock-in of Regional Development in the Ruhr Area.

In: GRABHER, G. (Hrsg.): The Embedded Firm. On the Socioeconomics of Industrial Networks. London, New York: Routledge, 255–277.

GRABHER, G. (1994): Lob der Verschwendung. Redundanz in der Regionalentwicklung: Ein sozioökonomisches Plädoyer. Berlin: Edition Sigma – Bohn.

GRABHER, G., STARK, D. (1997): Organizing Diversity: Evolutionary Theory, Network Analysis and Postsocialism. In: Regional Studies (Vol. 31), 533–544.

GRABOW, B., HENCKEL, D., HOLLBACH-GRÖMIG, B. (1995): Weiche Standortfaktoren. Schriften des Deutschen Instituts für Urbanistik – Band 89. Stuttgart: Kohlhammer.

GRANOVETTER, M. (1973): The Strength of Weak Ties. In: American Journal of Sociology (Vol. 78), 1360–1380.

GRANOVETTER, M. (1979): The Idea of 'Advancement' in Theories of Social Evolution and Development. In: American Journal of Sociology (Vol. 85), 489–515.

GRANOVETTER, M. (1985): Economic Action and Economic Structure: The Problem of Embeddedness. In: American Journal of Sociology (Vol. 91), 481–510.

GRANOVETTER, M. (1990): The Old and New Economic Sociology: A History and an Agenda. In: FRIEDLAND, R., ROBERTSON, A. F. (Hrsg.): Beyond the Market Place: Rethinking Economy and Society. New York: De Gruyter, 89–112.

GRANOVETTER, M. (1992a): Economic Institutions as Social Constructions: A Framework for Analysis. In: Acta Sociologica (Vol. 35), 3–11.

GRANOVETTER, M. (1992b): Problems of Explanation in Economic Sociology. In: NOHRIA, N., ECCLES, R. G. (Hrsg.): Networks and Organizations: Structure, Form, and Action. Cambridge (MA): Harvard Business School, 25–56.

GRANOVETTER, M. (1994): Business Groups. In: SMELSER, N. J., SWEDBERG, R. (Hrsg.): Handbook of Economic Sociology. Princeton: Princeton University Press, 453–475.

GRANOVETTER, M. (1995a): The Economic Sociology of Firms and Entrepreneurs. In: PORTES, A. (Hrsg.): The Economic Sociology of Immigration. New York: Russell Sage Foundation, 128–165.

GRANOVETTER, M. (1995b): Coase Revisited: Business Groups in the Modern Economy. In: Industrial and Corporate Change (Vol. 4), 93–130.

GRANOVETTER, M., SWEDBERG, R. (Hrsg.) (1992): The Sociology of Economic Life. Oxford: Westview Press.

GRANSTRAND, O., HÅKANSON, L., SJOLANDER, S. (Hrsg.) (1992): Technology Management and International Business. Chichester: Wiley.

GREENHUT, M. L. (1956): Plant Location in Theory and Practice. Chapel Hill: University of North Carolina Press.

GREGERSEN, B., JOHNSON, B. (1997): Learning Economies, Innovation Systems and European Integration. In: Regional Studies (Vol. 31), 479–490.

GREGORY, D., MARTIN, R., SMITH, G. (Hrsg.) (1994): Human Geography. Society, Space and Social Science. Houndmills: Macmillan.

GREGORY, D., URRY, J. (Hrsg.) (1985): Social Relations and Spatial Structures. Basingstoke: Macmillan.

GROTZ, R., BRAUN, B. (1993): Networks, Milieux and Individual Firm Strategies: Empirical Evidence of an Innovative SME Environment. In: Geografiska Annaler (Vol. 75 B), 149–162.

GROTZ, R., BRAUN, B. (1997): Limitations of Regional Network-Oriented Strategies for Manufacturing Industries. In: Erdkunde (Bd. 51), 43–52.

GRUSKY, O., MILLER, G. (Hrsg.): The Sociology of Organizations. New York: Free Press; London: Collier Macmillan.

GUESNIER, B., BOUBA-OLGA, O. (1997): Innovative Milieux: Detection and Quantification. In: RATTI, R., BRAMANTI, A., GORDON, R. (Hrsg.): The Dynamics of Innovative Regions: The GREMI Approach. Aldershot, Brookfield: Ashgate, 279–292.

GÜSSEFELDT, J. (1996): Regionalanalyse: Methodenhandbuch und Programmsystem GraphGeo (DOS). München, Wien: Oldenbourg.

HAAS, H.-D., WERNECK, T. (Hrsg.) (1998): Ausgewählte Beiträge zur Direktinvestitionsforschung. Materialien und Forschungsberichte aus dem Institut für Wirtschaftsgeographie der Universität München – Heft 13. München: Selbstverlag des Instituts für Wirtschaftsgeographie.

HACHMANN, R., MENSING, K. (1996): Städtekooperation MAI – Ein Beitrag zur Profilierung des Wirtschaftsraumes Südbayern. In: DANIELZYK, R., PRIEBS, A. (Hrsg.): Städtenetze – Raumordnungspolitisches Handlungsinstrument mit Zukunft? Material zur Angewandten Geographie – Band 32. Bonn: Kuron, 75–82.

HAFNER, S. (2000): Chancen und Grenzen einer netzwerkorientierten regionalen Strukturpolitik: Das Beispiel der Schloss- und Beschlagindustrie im Kreis Mettmann (Nordrhein-Westfalen). In: Berichte zur deutschen Landeskunde (Bd. 74), 125–148.

HÄGERSTRAND, T. (1967): Innovation Diffusion as a Spatial Process. Chicago: University of Chicago Press.

HAGGETT, P. (1991): Geographie. Eine moderne Synthese. Stuttgart: UTB.

HAIN, D. (1977): Velbert, ein kontaktbestimmter Wirtschaftsraum. Bochumer Geographische Arbeiten – Heft 29. Paderborn: Schöningh.

HÅKANSON, L. (1979): Towards a Theory of Location and Corporate Growth. In: HAMILTON, F. E. I., LINGE, G. J. R. (Hrsg.): Spatial Analysis, Industry and the Industrial Environment. Volume I: Industrial Systems. Chichester: Wiley, 115–138.

HÄKLI, J. (1994): Territoriality and the Rise of the Modern State. In: Fennia (Vol. 172), 1–82.

HALL, P. (1985): The Geography of the Fifth Kondratieff. In: HALL, P., MARKUSEN, A. (Hrsg.): Silicon Landscapes. Boston, London, Sydney: Allen and Unwin, 1–19.

HALL, P., MARKUSEN, A. (Hrsg.) (1985): Silicon Landscapes. Boston, London, Sydney: Allen and Unwin.

HALL, S., HELD, D., McGREW, A. (Hrsg.) (1992): Modernity and its Futures. Cambridge: Polity Press.

HAMILTON, F. E. I., LINGE, G. J. R. (Hrsg.) (1979): Spatial Analysis, Industry and the Industrial Environment. Volume I: Industrial Systems. Chichester: Wiley.

HAMLEY, W. (1982): Research Triangle Park: North Carolina. In: Geography (Vol. 67), 59–62.

HANNAN, M. T., FREEMAN, J. (1981): The Population Ecology of Organizations. In: GRUSKY, O., MILLER, G. (Hrsg.): The Sociology of Organizations. New York: Free Press; London: Collier Macmillan, 176–200.

HANNAN, M. T., FREEMAN, J. (1984): Structural Inertia and Organizational Change. In: American Sociological Review (Vol. 49), 165–182.

HANNAN, M. T., FREEMAN, J. (1993): Organizational Ecology. Cambridge (MA), London: Harvard University Press.

HANSEN, N. M. (Hrsg.) (1972): Growth Centers in Regional Economic Development. New York: Free Press.

HARD, G. (1969): Die Diffusion der „Idee der Landschaft". Präliminarien zu einer Geschichte der Landschaftsgeographie. In: Erdkunde (Jg. 23), 249–264.

HARD, G. (1972): Ein geographisches Simulationsmodell für die rheinische Sprachgeschichte. In: ENNEN, E., WIEGELMANN, G. (Hrsg.): Festschrift Matthias Zender. Studien zu Volkskultur, Sprache und Landesgeschichte. Bonn: Röhrscheid, 25–58.

HARD, G. (1973): Die Geographie: Eine wissenschaftstheoretische Einführung. Berlin, New York: De Gruyter.

HARD, G. (1993): Über Räume reden. Zum Gebrauch des Wortes „Raum" in sozialwissenschaftlichem Zusammenhang. In: MAYER, J. (Hrsg.): Die aufgeräumte Welt. Raumbilder und Raumkonzepte im Zeitalter globaler Marktwirtschaft. Loccumer Protokolle 74/92. Loccum: Evangelische Akademie Loccum, 53–78.

HARDACH, G. (1997): Die Wirtschaft der Region 1947–1997. In: BERDING, H. (Hrsg.): 125 Jahre Industrie- und Handelskammer Gießen: Wirtschaft einer Region. Schriften zur hessischen Wirtschafts- und Unternehmensgeschichte – Band 2. Darmstadt: Hessisches Wirtschaftsarchiv, 159–178.

HARRINGTON, J. W., WARF, B. (1995): Industrial Location: Principles, Practice, and Policy. London, New York: Routledge.

HARRIS, C. D., ULLMAN, E. L. (1945): The Nature of Cities. In: Annals of the American Academy of Political Science (No. 242), 7–17.

HARRISON, B. (1992): Industrial Districts: Old Wine in New Bottles? In: Regional Studies (Vol. 26), 469–483.

HARRISON, B. (1994): The Italian Industrial Districts and the Crisis of the Cooperative Form. In: KRUMBEIN, W. (Hrsg.): Ökonomische und politische Netzwerke in der Region. Münster, Hamburg: Lit, 77–113.

HARRISON, B. (1997): Lean and Mean: The Changing Landscape of Corporate Power in the Age of Flexibility. 2. Auflage. New York, London: Guilford.

HARRISON, B., KLUVER, J. (1989): Reassessing the 'Massachusetts Miracle': Reindustrialization and Balanced Growth, or Convergence to 'Manhattanization'? In: Environment and Planning A (Vol. 21), 771–801.

HARTFIEL, G., HILLMANN, K.-H. (1982): Wörterbuch der Soziologie. Stuttgart: Kröner.

HARTKE, W. (1956): Die „Sozialbrache" als Phänomen der geographischen Differenzierung der Landschaft. In: Erdkunde (Bd. 10), 257–269.

HARVEY, D. (1969): Explanation in Geography. New York: St. Martin's Press.

Harvey, D. (1990): The Condition of Postmodernity. An Enquiry into the Origins of Cultural Change. Cambridge (MA), Oxford: Blackwell.

HARVEY, D. (1996): Justice, Nature and the Geography of Difference. Oxford: Blackwell.

HASSINK, R. (1997): Die Bedeutung der Lernenden Region für die regionale Innovationsförderung. In: Geographische Zeitschrift (Jg. 85), 159–173.

HÄUSSERMANN, H., SIEBEL, W. (Hrsg.) (1993): New York. Strukturen einer Metropole. Frankfurt am Main: Edition Suhrkamp.

HAWLEY, A. (1968): Ecology. In: SILLS, D. (Hrsg.): International Encyclopedia of the Social Sciences. New York: Macmillan, 328–337.

HAYTER, R. (1997): The Dynamics of Industrial Location: The Factory, the Firm and the Production System. Chicester, New York, Weinheim: Wiley.

HAYTER, R., PATCHELL, J., REES, K. (1999): Business Segmentation and Location Revisited: Innovation and the *Terra Incognita* of Large Firms. In: Regional Studies (Vol. 33), 425–442.

HEALEY, M. J., ILBERY, B. W. (1990): Location and Change: Perspectives on Economic Geography. Oxford, New York, Toronto: Oxford University Press.

HEINEBERG, H. (1989): Stadtgeographie. Grundriß Allgemeine Geographie. 2. Auflage. Paderborn, München, Wien: Schöningh.

HEINRICH, H.-A. (1991): Politische Affinität zwischen geographischer Forschung und dem Faschismus im Siegel der Fachzeitschriften: Ein Beitrag zur Geschichte der Geographie in Deutschland von 1920 bis 1945. Gießener Geographische Schriften – Heft 70. Gießen: Selbstverlag Gießener Geographische Schriften.

HEINRITZ, G. (1979): Zentralität und zentrale Orte. Teubner Studienbücher der Geographie. Stuttgart: Teubner.

HEINRITZ, G. (Hrsg.) (1985): Standorte und Einzugsbereiche tertiärer Einrichtungen: Beiträge zu einer Geographie des tertiären Sektors. Wege der Forschung – Band 591. Darmstadt: Wissenschaftliche Buchgesellschaft.

HEKMAN, J. S. (1980a): The Future of High Technology Industry in New England: A Case Study of Computers. In: New England Economic Review (January, February), 5–17.

HEKMAN, J. S. (1980b): Can New England Hold Onto its High Technology Industry? In: New England Economic Review (March, April), 35–44.

HEKMAN, J. S., STRONG, J. S. (1981): The Evolution of New England Industry. In: New England Economic Review (March, April), 35–46.

HELBRECHT, I. (1994): „Stadtmarketing": Konturen einer kommunikativen Stadtentwicklungspolitik. Stadtforschung aktuell – Band 44. Basel, Boston, Berlin: Birkhäuser.

HELBRECHT, I. (1998): The Creative Metropolis: Services, Symbols and Spaces. In: Wolkenkuckucksheim, Cloud-Cuckoo-Land, vozdusnyj zamok – Positionen (1/1998), http://www.theo.tu-cottbus.de/wolke (04. 05. 2000).

HELD, D., McGREW, A., GOLDBLATT, D., PERRATON, J. (1999): Global Transformations. Politics, Economics and Culture. Cambridge: Polity Press.

HELD, D., THOMPSON, J. B. (Hrsg.) (1989): Social Theory of Modern Societies: Anthony Giddens and his Critics. Cambridge: Cambridge University Press.

HELLMER, F., FRIESE, C., KOLLROS, H., KRUMBEIN, W. (1999): Mythos Netzwerke: Regionale Innovationsprozesse zwischen Kontinuität und Wandel. Berlin: Edition Sigma – Bohn.

HENKEL, G. (1993): Der ländliche Raum. Teubner Studienbücher der Geographie. Stuttgart: Teubner.

HENNEKING, R. (1994): Chemische Industrie und Umwelt. Zeitschrift für Unternehmensgeschichte – Beiheft 86. Stuttgart: Steiner.

HERDZINA, K. (1995): Ländliche Räume – Probleme und Ansatzpunkte der Regionalpolitik. In: RIDINGER, R., STEINRÖX, M. (Hrsg.): Regionale Wirtschaftsförderung in der Praxis. Köln: Schmidt, 119–138.

HERRIGEL, G. B. (1993): Power and the Redefinition of Industrial Districts: The Case of Baden-Württemberg. In: GRABHER, G. (Hrsg.): The Embedded Firm. On the Socioeconomics of Industrial Networks. London, New York: Routledge, 227–251.

HESS, M. (1998): Glokalisierung, industrieller Wandel und Standortstruktur. Das Beispiel der EU-Schienenfahrzeugindustrie. Wirtschaft und Raum – Band 2. München: VVF.

HESSE, H. (1988): Außenhandel I: Determinanten. In: Handwörterbuch der Wirtschaftswissenschaft – Band 1. Stuttgart, New York: Fischer, Tübingen: Mohr (Siebeck), Göttingen, Zürich: Vandenhoeck und Ruprecht, 364–388.

HETTNER, A. (1927): Die Geographie. Ihre Geschichte, ihr Wesen und ihre Methoden. Breslau: Hirt.

HIPPEL, E. A. v. (1987): Has a Customer Already Developed Your Next Product? In: ROBERTS, E. B. (Hrsg.): Generating Technological Innovation. New York, Oxford: Oxford University Press, 105–116.

HIRSCH, J. (1990): Kapitalismus ohne Alternative? Hamburg: VSA.

HIRSCH, J. (1991): From the Fordist to the Post-Fordist State. In: JESSOP, B., KASTENDIEK, H., NIELSEN, K., PEDERSEN, O. K. (Hrsg.): The Politics of Flexibility: Restructuring State and Industry in Britain, Germany and Scandinavia. Aldershot, Brookfield: Elgar, 67–81.

HIRSCH, J., ROTH, R. (1986): Das neue Gesicht des Kapitalismus: Vom Fordismus zum Post-Fordismus. Hamburg: VSA.

HIRSCH, S. (1967): Location of Industry and International Competitiveness. Oxford: Clarendon Press.

HIRSCH, S. (1972): The United States Electronics Industry in International Trade. In: WELLS JR., L. T. (Hrsg.): The Product Life Cycle and International Trade. Boston: Division of Research, Graduate School of Business Administration, Harvard University, 37–52.

HIRSCHMAN, A. O. (1958): The Strategy of Economic Development. New Haven: Yale University Press.

HIRST, P., THOMPSON, G. (1996): Globalization in Question. The International Economy and the Possibilities of Governance. Cambridge, Malden (MA): Polity Press.

HODGSON, G. M. (1993): Institutional Economics: Surveying the Old and the New. Metroeconomica (Vol. 44), 1–28.

HODGSON, G. M. (1994): The Return of Institutional Economics. In: SMELSER, N. J., SWEDBERG, R. (Hrsg.): Handbook of Economic Sociology. Princeton: Princeton University Press, 58–76.

HODGSON, G. M. (1997): Economics and the Return to Mecca: The Recognition of Novelty and Emergence. In: Structural Change and Economic Dynamics (Vol. 8), 399–412.

HOFFRITZ, J. (2000): Suche nach dem neuen Traum. In: Die Zeit, Nr. 48, 23. 11. 2000, 25–26.

HOFMEISTER, B. (1988): Nordamerika. Frankfurt am Main: Fischer.

HOFMEISTER, B. (1997): Stadtgeographie. Das Geographische Seminar. 7. Auflage. Braunschweig: Westermann.

HOFMEISTER, B., LUTZ, W. (1999): Länder der Welt: Australien und Neuseeland. Dortmund: Harenberg Kommunikation.

HÖHER, M. (1993): Regionale Arbeitsmärkte. In: BATHELT, H., ERB, W.-D. (Hrsg.): Industrieatlas Mittelhessen – Ausgabe 1994 –. Gießen, 85–87.

HÖHER, M. (1997): Erfassung und Bewertung regionaler Arbeitsmärkte in Hessen unter besonderer Berücksichtigung qualitativer Merkmale. Schriften des Zentrums für regionale Entwicklungsforschung der Justus-Liebig-Universität Gießen – Band 71. Münster, Hamburg: Lit.

HOLTFRERICH, C.-L. (1988): Wachstum I: Wachstum der Volkswirtschaften. In: Handwörterbuch der Wirtschaftswissenschaft – Band 8. Stuttgart, New York: Fischer, Tübingen: Mohr (Siebeck), Göttingen, Zürich: Vandenhoeck und Ruprecht, 413–432.

HOOVER, E. M. JR. (1937): Location Theory and the Shoe and Leather Industries. Cambridge (MA): Harvard University Press.

HORSTMANN, J., HAMBLOCH, H. (1970): Die Auflösung des Christallerschen Modells der zentralen Orte im Nordostpolder (Niederlande). In: Geographische Rundschau (Jg. 22), 145–147.

HÖSL, R. (1998): Beziehungsnetzwerke ausländischer High-Tech-Unternehmen – zwei Fallbeispiele aus dem Wirtschaftsraum München. In: HAAS, H.-D., WERNECK, T. (Hrsg.): Ausgewählte Beiträge zur Direktinvestitionsforschung. Materialien und Forschungsberichte aus dem Institut für Wirtschaftsgeographie der Universität München – Heft 13. München: Selbstverlag des Instituts für Wirtschaftsgeographie, 111–160.

HOTELLING, H. (1929): Stability in Competition. In: Economic Journal (Vol. 39), 41–57.

HOTTES, K. H. (Hrsg.) (1974): Industriegeographie. Wege der Forschung – Band 329. Darmstadt: Wissenschaftliche Buchgesellschaft.

HOYT, H. (1939): The Structure and Growth of Residential Neighborhoods in American Cities. Washington: Federal Housing Administration.

HÜBNER, K. (1989): Theorie der Regulation. Berlin: Edition Sigma – Bohn.

HUDSON, R., SCHAMP, E. W. (Hrsg.) (1995): Towards a New Map of Automobile Manufacturing in Europe? New Production Concepts and Spatial Restructuring. Berlin, Heidelberg, New York: Springer.

HUMBERT, M. (Hrsg.) (1993): The Impact of Globalisation on Europe's Firms and Industries. London, New York: Pinter.

HUME, D. (verwendet in der deutschen Ausgabe von 1982) (1758): Eine Untersuchung über den menschlichen Verstand. Stuttgart: Reclam.

HUNSDIEK, D. (1987): Unternehmensgründung als Folgeinnovation – Struktur, Hemmnisse und Erfolgsbedingungen der Gründung industrieller innovativer Unternehmen. Stuttgart: Poeschel.

ILLERIS, S. (1991): Location of Services in a Service Society. In: DANIELS, P. W., MOULAERT, F. (Hrsg.): The

Changing Geography of Advanced Producer Services. London, New York: Belhaven Press, 91–107.

ILLERIS, S. (1996): The Service Economy. A Geographical Approach. Chichester: Wiley.

Institut für Länderkunde (Hrsg.) (1997): Atlas Bundesrepublik Deutschland. Pilotband. Leipzig: Institut für Länderkunde Leipzig.

Institut für Länderkunde (Hrsg.) (2001): Nationalatlas Bundesrepublik Deutschland. Band 9: Verkehr und Kommunikation. Heidelberg, Berlin: Spektrum Akademischer Verlag.

ISARD, W. (1956): Location and Space-Economy: A General Theory Relating to Industrial Location, Market Areas, Land Use, Trade and Urban Structure. New York, London: Wiley.

ISARD, W. (1960): Methods of Regional Analysis: An Introduction to Regional Science. Cambridge (MA), London: MIT Press.

IVARSSON, I., JOHNSSON, T. (2000): TNC Strategies and Variations in Intra-Firm Trade: The Case of Foreign Manufacturing Affiliates in Sweden. In: Geografiska An-naler (Vol. 82 B), 17–34.

JAFFE, A. B., TRAJTENBERG, M., HENDERSON, R. (1993): Geographic Localization of Knowledge Spillovers as Evidenced by Patent Citations. In: Quarterly Journal of Economics (Vol. 108), 577–598.

JANSEN, D. (1999): Einführung in die Netzwerkanalyse. Grundlagen, Methoden, Anwendungen. Opladen: Leske und Budrich.

JESSOP, B. (1986): Der Wohlfahrtsstaat im Übergang vom Fordismus zum Postfordismus. In: Prokla (Nr. 65), 4–33.

JESSOP, B. (1991): The Welfare State in the Transition from Fordism to Post-Fordism. In: JESSOP, B., KASTENDIEK, H., NIELSEN, K., PEDERSEN, O. K. (Hrsg.): The Politics of Flexibility: Restructuring State and Industry in Britain, Germany and Scandinavia. Aldershot, Brookfield: Elgar, 82–105.

JESSOP, B. (1992): Fordism and Post-Fordism: A Critical Reformulation. In: STORPER, M., SCOTT, A. J. (Hrsg.): Pathways to Industrialization and Regional Development. London, New York: Routledge, 46–69.

JESSOP, B. (1994): Post-Fordism and the State. In: AMIN, A. (Hrsg.): Post-Fordism. Oxford, Cambridge (MA): Blackwell, 251–279.

JESSOP, B. (1997): Twenty Years of the (Parisian) Regulation Approach: The Paradox of Success and Failure at Home and Abroad. In: New Political Economy (Vol. 2), 503–526.

JESSOP, B., KASTENDIEK, H., NIELSEN, K., PEDERSEN, O. K. (Hrsg.) (1991): The Politics of Flexibility: Restructuring State and Industry in Britain, Germany and Scandinavia. Aldershot, Brookfield: Elgar.

JOHNSTON, R. J. (1991a): A Place for Everything and Everything in its Place. In: Transactions of the Institute of British Geographers (Vol. 16), 131–147.

JOHNSTON, R. J. (1991b): A Question of Place. Oxford: Blackwell.

JONG, M. W. DE (1987): New Economic Activities and Regional Dynamics. Nederlandse Geografische Studies – 38. Amsterdam.

KARASKA, G. J. (1969): Manufacturing Linkages in the Philadelphia Economy: Some Evidence of External Agglo-meration Forces. In: Geographical Analysis (Vol. 1), 354–369.

KARLINER, J. (1997): The Corporate Planet: Ecology and Politics in the Age of Globalization. Sierra Club Books.

KATZ, E., LEVIN, M. L., HAMILTON, H. (1963): Traditions of Research on the Diffusion of Innovation. In: American Sociological Review (Vol. 28), 237–252.

KATZ, M. L., SHAPIRO, C. (1985): Network Externalities, Competition, and Compatibility. In: American Economic Review (Vol. 75), 424–440.

KEIL, T., AUTIO, E., ROBERTSON, P. (1997): Embeddedness, Power, Control and Innovation in the Telecommunications Sector. In: Technology Analysis and Strategic Management (Vol. 9), 299–316

KENNEY, M., BURG, U. v. (1999): Technology, Entrepreneurship and Path Dependence: Industrial Clustering in Silicon Valley and Route 128. In: Industrial and Corporate Change (Vol. 8), 67–103.

KERN, H. (1994): Globalisierung und Regionalisierung bei industrieller Restrukturierung. In: KRUMBEIN, W. (Hrsg.): Ökonomische und politische Netzwerke in der Region. Münster und Hamburg: Lit, 141–152.

KERN, H. (1996): Vertrauensverlust und blindes Vertrauen: Integrationsprobleme im ökonomischen Handeln. In: SOFI-Mitteilungen (Nr. 24/1996), 7–14.

KERN, H., SCHUMANN, M. (1990): Das Ende der Arbeitsteilung? Rationalisierung in der industriellen Produktion. 4. Auflage. München: Beck.

KEUNE, E. J., NATHUSIUS, K. (1977): Technologische Innovation durch Unternehmensgründungen: Eine Literaturanalyse zum Route 128 Phänomen. BIFOA Forschungsberichte – Nummer 77/4. Köln: Wison.

KIESER, A. (Hrsg.) (1999a): Organisationstheorien. Stuttgart: Kohlhammer.

Kieser, A. (1999b): Management und Taylorismus. In: KIESER, A. (Hrsg.): Organisationstheorien. Stuttgart: Kohlhammer, 65–100.

Kieser, A., Woywode, M. (1999): Evolutionstheoretische Ansätze. In: KIESER, A. (Hrsg.): Organisationstheorien. Stuttgart: Kohlhammer, 253–285.

KISTENMACHER, H. (1982): Elemente und Konzeptionen für großräumige Siedlungsstrukturen. In: Akademie für Raumforschung und Landesplanung (Hrsg.): Grundriß der Raumordnung. Hannover: ARL, 247–279.

KISTENMACHER, H. (1995): Achsenkonzepte. In: Akademie für Raumforschung und Landesplanung (Hrsg.): Handwörterbuch der Raumordnung. Hannover: ARL, 16–24.

KLEINKNECHT, A., WENGEL, J. T. (1998): The Myth of Economic Globalisation. In: Cambridge Journal of Economics (Vol. 22), 637–647.

KLEMMER, P. (1995): Gemeinschaftsaufgabe „Verbesserung der regionalen Wirtschaftsstruktur". In: Akademie für Raumforschung und Landesplanung (Hrsg.): Handwörterbuch der Raumordnung. Hannover: ARL, 395–397.

KLOHN, W. (1993): Das räumliche Verbundsystem des Hopfenbaus in der Hallertau. In: Zeitschrift für Wirtschaftsgeographie (Jg. 37), 200–207.

KLÖPPER, R. (1953a): Methoden zur Bestimmung der Zentralität von Siedlungen. In: MEYNEN, E. (Hrsg.): Geographisches Taschenbuch: Jahrweiser zur deutschen

Landeskunde – 1953. Stuttgart: Reise- und Verkehrsverlag, 512–519.

KLÖPPER, R. (1953b): Der Einzugsbereich einer Kreisstadt. In: Raumforschung und Raumordnung (11. Jg.), 73–81.

KLÜTER, H. (1987): Wirtschaft und Raum. In: BAHRENBERG, G., DEITERS, J., FISCHER, M. M., GAEBE, W., HARD, G., LÖFFLER, G. (Hrsg.): Geographie des Menschen. Dietrich Bartels zum Gedenken. Bremer Beiträge zur Geographie und Raumplanung – Heft 11. Bremen, 241–259.

KLÜTER, H. (1994): Sozialgeographie. Raum als Objekt menschlicher Wahrnehmung und Raum als Element sozialer Kommunikation: Vergleich zweier humangeographischer Ansätze. In: Mitteilungen der Österreichischen Geographischen Gesellschaft (136. Jg.), 143–178.

KNAAP, G. A. v. d., WEVER, E. (Hrsg.) (1987): New Technology and Regional Development. London, Sydney: Croom Helm.

KNICKERBOCKER, F. T. (1973): Oligopolistic Reaction and the Multinational Enterprise. Cambridge (MA): Harvard University Press.

KOHL, J. G. (1841): Der Verkehr und die Ansiedelungen der Menschen in ihrer Abhängigkeit von der Gestaltung der Erdoberfläche. Dresden, Leipzig: Arnoldi.

KOK, J. A. A. M., PELLENBARG, P. H. (1987): Innovation Decision-Making in Small and Medium-Sized Firms: A Behavioural Approach Concerning Firms in the Dutch Urban System. In: KNAAP, G. A. v. d., WEVER, E. (Hrsg.): New Technology and Regional Development. London, Sydney: Croom Helm, 145–164.

KOLLOCK, P. (1994): The Emergence of Exchange Structures: An Experimental Study of Uncertainty, Commitment, and Trust. In: American Journal of Sociology (Vol. 100), 313–345.

KONDRATIEFF, N. D. (1926): Die langen Wellen der Konjunktur. In: Archiv für Sozialwissenschaft und Sozialpolitik (Bd. 56), 573–609.

KOSCHATZKY, K. (1998): Firm Innovation and Region: The Role of Space in Innovation Processes. In: International Journal of Innovation Management (Vol. 2), 383–408.

KOSCHATZKY, K. (1999): Innovation Networks of Industry and Business-Related Services – Relations Between Innovation Intensity of Firms and Regional Inter-Firm Cooperation. In: European Planning Studies (Vol. 7), 737–757.

KOSCHATZKY, K., STERNBERG, R. (2000): R&D Cooperation in Innovation Systems – Some Lessons from the European Regional Innovation Survey (ERIS). In: European Planning Studies (Vol. 8), 487–501.

KOWALKE, H. (1994): Wirtschaftsraum Sachsen. In: Geographische Rundschau (Jg. 46), 484–490.

KRÄTKE, S. (1995a): Stadt – Raum – Ökonomie: Einführung in aktuelle Problemfelder der Stadtökonomie und Wirtschaftsgeographie. Stadtforschung aktuell – Band 53. Basel, Boston, Berlin: Birkhäuser.

KRÄTKE, S. (1995b): Globalisierung und Regionalisierung. In: Geographische Zeitschrift (Jg. 83), 207–221.

KRÄTKE, S. (1996): Regulationstheoretische Perspektiven in der Wirtschaftsgeographie. In: Zeitschrift für Wirtschaftsgeographie (Jg. 40), 6–19.

KRÄTKE, S. (1999): A Regulationist Approach to Regional Studies. In: Environment and Planning A (Vol. 31), 683–704.

KRAUSS, T. (verwendet in der Auflage von 1960) (1933): Der Wirtschaftsraum. Gedanken zu seiner geographischen Erforschung. In: KRAUS, T. (Hrsg.): Individuelle Länderkunde und räumliche Ordnung. Erdkundliches Wissen – Heft 7. Wiesbaden: Steiner, 21–45.

KRIETEMEYER, H. (1983): Der Erklärungsgehalt der Exportbasistheorie. Schriften des Zentrums für regionale Entwicklungsforschung der Justus-Liebig-Universität Gießen – Band 25. Hamburg: Verlag Weltarchiv.

KRIMSKY, S., GOLDING, D. (Hrsg.) (1992): Social Theories of Risk. Westport: Praeger.

KRUGMAN, P. (1991): Geography and Trade. Leuven: Leuven University Press, Cambridge (MA), London: MIT Press.

KRUGMAN, P. (1993): On the Relationship Between Trade Theory and Location Theory. In: Review of International Economics (Vol. 1), 110–122.

KRUGMAN, P. (1998): What's New about New Economic Geography? In: Oxford Review of Economic Policy (Vol. 14.), 7–17.

KRUGMAN, P. (2000): Where in the World is the 'New Economic Geography'? In: CLARK, G. L., FELDMAN, M. P., GERTLER, M. S. (Hrsg.): The Oxford Handbook of Economic Geography. Oxford: Oxford University Press, 49–60.

KRUMBEIN, W. (Hrsg.) (1994): Ökonomische und politische Netzwerke in der Region. Münster, Hamburg: Lit.

KRUMBEIN, W., FRIESE, C., HELLMER, F., KOLLROS, H. (1994): Industrial districts und „Normalregionen" – Überlegungen zu den Ausgangspunkten einer zeitgemäßen Wirtschaftsförderungspolitik –. In: KRUMBEIN, W. (Hrsg.): Ökonomische und politische Netzwerke in der Region. Münster, Hamburg: Lit, 153–186.

KRUMME, G. (1969): Toward a Geography of Enterprise. In: Economic Geography (Vol. 45), 30–40.

KUHN, H. W., KUENNE, R. E. (1962): An Efficient Algorithm for the Numerical Solution of the Generalized Weber Problem in Spatial Economics. In: Journal of Regional Science (Vol. 4), 21–33.

KUHN, T. (verwendet in der 14. Auflage von 1997) (1962): Die Struktur wissenschaftlicher Revolutionen. Frankfurt am Main: Suhrkamp.

KULKE, E. (1992a): Veränderungen in der Standortstruktur des Einzelhandels: Untersucht am Beispiel Niedersachsen. Wirtschaftsgeographie – Band 3. Münster, Hamburg: Lit.

KULKE, E. (1992b): Empirische Ergebnisse zur regionalen Produktlebenszyklushypothese – Untersuchung in Niedersachsen. In: Erde (Jg. 123), 49–61.

KULKE, E. (Hrsg.) (1998): Wirtschaftsgeographie Deutschlands. Gotha, Stuttgart: Klett-Perthes.

KÜLP, B. (1988): Lohntheorie. In: Handwörterbuch der Wirtschaftswissenschaft – Band 5. Stuttgart, New York: Fischer, Tübingen: Mohr (Siebeck)/Göttingen, Zürich: Vandenhoeck und Ruprecht, 73–99.

KULTURAMT DER STADT KAUFBEUREN (Hrsg.) (1996): 1946–1996: 50 Jahre Neugablonz. Kaufbeuren, 45–71.

LAMBKIN, M. (2000): Strategic Marketing in a Modern Economy. In: BLOIS, K. (Hrsg.): The Oxford Textbook of Marketing. Oxford, New York: Oxford University Press, 438–451.

LAMPING, H. (1999): Australien. Perthes Länderprofile. Gotha: Klett-Perthes.

LAMPING, H. (2000): Südafrika. Reiseführer mit Landeskunde. Mai's Weltführer – Band 43. Dreieich: Mai.

LÄPPLE, D. (1987): Zur Diskussion über „Lange Wellen", „Raumzyklen" und gesellschaftliche Restrukturierung. In: PRIGGE, W. (Hrsg.): Die Materialität des Städtischen. Stadtentwicklung und Urbanität im gesellschaftlichen Umbruch. Stadtforschung aktuell – Band 17. Basel, Boston: Birkhäuser, 59–76.

LARSSON, S., MALMBERG, A. (1999): Innovations, Competitiveness and Local Embeddedness. A Study of Machinery Producers in Sweden. In: Geografiska Annaler (Vol. 81 B), 1–18.

LASUÉN, J. R. (1969): On Growth Poles. In: Urban Studies (Vol. 6), 137–161.

LAUNHARDT, W. (1882): Die Bestimmung des zweckmäßigsten Standortes einer gewerblichen Anlage. In: Zeitschrift des Vereins Deutscher Ingenieure (Bd. 26), 107–116.

LAUSCHMANN, E. (1976): Grundlagen einer Theorie der Regionalpolitik. Taschenbücher zur Raumplanung – Band 2. 3. Auflage. Hannover: Schroedel.

LAWSON, C. (1999): Towards a Competence Theory of the Region. In: Cambridge Journal of Economics (Vol. 23), 151–166.

LAZERSON, M. (1993): Factory or Putting-out? Knitting Networks in Modena. In: GRABHER, G. (Hrsg.): The Embedded Firm. On the Socioeconomics of Industrial Networks. London, New York: Routledge, 203–226.

LEBORGNE, D., LIPIETZ, A. (1990): Neue Technologien, neue Regulationsweisen: Einige räumliche Implikationen. In: BORST, R., KRÄTKE, S., MAYER, M., ROTH, R., SCHMOLL, F. (Hrsg.): Das neue Gesicht der Städte: Theoretische Ansätze und empirische Befunde aus der internationalen Debatte. Stadtforschung aktuell – Band 29. Basel, Boston, Berlin: Birkhäuser, 109–129.

LEBORGNE, D., LIPIETZ, A. (1992): Conceptual Fallacies and Open Questions on Post-Fordism. In: STORPER, M., SCOTT, A. J. (Hrsg.): Pathways to Industrialization and Regional Development. London, New York: Routledge, 332–348.

LEE, R., WILLS, J. (Hrsg.) (1997): Geographies of Economies. London, New York, Sydney: Arnold.

LENZ, B. (1997): Das Filière-Konzept als Analyseinstrument der organisatorischen und räumlichen Anordnung von Produktions- und Distributionsprozessen. In: Geographische Zeitschrift (Jg. 85), 20–33.

LENZ, K. (1988): Kanada: Eine geographische Landeskunde. Wissenschaftliche Länderkunden – Band 30. Darmstadt: Wissenschaftliche Buchgesellschaft.

LICHTENBERGER, E. (1986): Stadtgeographie. Band 1: Begriffe, Konzepte, Modelle, Prozesse. Teubner Studienbücher der Geographie. Stuttgart: Teubner.

LINDAHL, D. P., BEYERS, W. B. (1999): The Creation of Competitive Advantage by Producer Service Establishments. In: Economic Geography (Vol. 75), 1–20.

LINDLAR, L., SCHEREMET, W. (1999): Arbeitskosten im internationalen Vergleich: Eine Auseinandersetzung mit bestehenden Konzepten. In: DIW-Wochenbericht (Nr. 38/99), 681–688.

LINK, A. N. (1995): A Generosity of Spirit: The Early History of the Research Triangle Park. Research Triangle Park: Research Triangle Foundation.

LIPIETZ, A. (1985): Akkumulation, Krisen und Auswege aus der Krise: Einige methodische Überlegungen zum Begriff „Regulation". In: Prokla (Nr. 58), 109–137.

LIPIETZ, A. (1987): Mirages and Miracles: The Crises of Global Fordism. London: Verso.

LIPIETZ, A. (1988): New Tendencies in the International Division of Labor: Regimes of Accumulation and Modes of Regulation. In: SCOTT, A. J., STORPER, M. (Hrsg.): Production, Work, Territory: The Geographical Anatomy of Industrial Capitalism. Boston, London, Sydney: Unwin Hyman, 16–40.

LIPIETZ, A. (1993): The Local and the Global: Regional Individuality or Interregionalism? In: Transactions of the Institute of British Geographers (New Series Vol. 18), 8–18.

LIPSEY, R. G., COURANT, P. N., PURVIS, D. D., STEINER, P. O. (1993): Economics. 10. Auflage. New York: Harper Collins.

LODA, M. (1989): Das „Dritte Italien": zu den Spezifika der peripheren Entwicklung in Italien. In: Geographische Zeitschrift (Jg. 77), 180–194.

LORENZ, E. (1999): Trust, Contract and Economic Cooperation. In: Cambridge Journal of Economics (Vol. 23), 301–315.

LÖSCH, A. (verwendet in der 3. unveränderten Auflage von 1962) (1944): Die räumliche Ordnung der Wirtschaft. Stuttgart: Fischer.

LOVERING, J. (1989): The Restructuring Debate In: PEET, R., THRIFT, N. (Hrsg.): New Models in Geography (Vol. 1). London: Hyman, 198–223.

LOVERING, J. (1990): Fordism's Unknown Successor: A Comment on Scott's Theory of Flexible Accumulation and the Re-emergence of Regional Economics. In: International Journal of Urban and Regional Research (Vol. 14), 159–174.

LOWEY, S. (1997): Inter-Firm Co-Operation as a Regional Development Potential? In: Erdkunde (Jg. 51), 53–66.

LOWEY, S. (1999): Organisation und regionale Wirkungen von Unternehmenskooperationen: Eine empirische Untersuchung im Maschinenbau Unter- und Mittelfrankens. Wirtschaftsgeographie – Band 16. Münster, Hamburg: Lit.

LÜDTKE, H. (1989): Expressive Ungleichheit: Zur Soziologie der Lebensstile. Opladen: Leske und Budrich.

LUGER, M. I., GOLDSTEIN, H. A. (1991): Technology in the Garden: Research Parks and Regional Economic Development. Chapel Hill, London: University of North Carolina Press.

LUNDVALL, B.-Å. (1988): Innovation as an Interactive Process: From Producer-User Interaction to the National System of Innovation. In: DOSI, G., FREEMAN, C., NELSON, R. R., SILVERBERG, G., SOETE, L. L. G. (Hrsg.): Technical Change and Economic Theory. London, New York: Pinter, 349–369.

LUNDVALL, B.-Å. (Hrsg.) (1992): National Systems of Innovation: Towards a Theory of Innovation and Interactive Learning. London: Pinter.

LUNDVALL, B.-Å. (1993): Explaining Interfirm Cooperation and Innovation: Limits of the Transaction-Cost Approach. In: GRABHER, G. (Hrsg.): The Embedded Firm. On the Socioeconomics of Industrial Networks. London, New York: Routledge, 52–64.

LUNDVALL, B.-Å., JOHNSON, B. (1994): The Learning Economy. In: Journal of Industry Studies (Vol. 1), 23–42.

LÜTGENS, R. (1921): Grundzüge der Entwicklung des La Plata-Gebietes. In: Weltwirtschaftliches Archiv (Jg. 17), 359–374.

LUTZ, W. (1980): Neuseeland. Reiseführer mit Landeskunde. Mai's Weltführer – Band 15. Frankfurt am Main: Mai's Reiseführer.

MACAULAY, S. (1963): Non-Contractual Relations in Business: A Preliminary Study. In: American Sociological Review (Vol. 28), 55–67.

MADDISON, A. (1991): Dynamic Forces in Capitalist Development. Oxford: Oxford University Press.

MAIER, G., TÖDTLING, F. (1992): Regional- und Stadtökonomik: Standorttheorie und Raumstruktur. Wien, New York: Springer.

MAIER, G., TÖDTLING, F. (1996): Regional- und Stadtökonomik 2: Regionalentwicklung und Regionalpolitik. Wien, New York: Springer.

MAIER, J. (Hrsg.) (1996): Bedeutung kreativer Milieus für die Regional- und Landesentwicklung. Arbeitsmaterialien zur Raumordnung und Raumplanung – Heft 153. Bayreuth: Universität Bayreuth.

MAIER, J., BECK, R. (2000): Allgemeine Industriegeographie. Gotha, Stuttgart: Klett-Perthes.

MAIER, J., WEBER, W. (1995): Ländliche Räume. In: Akademie für Raumforschung und Landesplanung (Hrsg.): Handwörterbuch der Raumordnung. Hannover: ARL, 589–596.

MAILLAT, D. (1998): Vom „Industrial District" zum innovativen Milieu: Ein Beitrag zur Analyse der lokalen Produktionssysteme. In: Geographische Zeitschrift (Jg. 86), 1–15.

MAILLAT, D., LÉCHOT, G., LECOQ, B., PFISTER, M. (1997): Comparative Analysis of the Structural Development of Milieux: The Watch Industry in the Swiss and French Jura Arc. In: RATTI, R., BRAMANTI, A., GORDON, R. (Hrsg.): The Dynamics of Innovative Regions: The GREMI Approach. Aldershot, Brookfield: Ashgate, 109–137.

MAILLAT, D., LECOQ, B., NEMETI, F., PFISTER, M. (1995): Technology District and Innovation: The Case of the Swiss Jura. In: Regional Studies (Vol. 29), 251–263.

MALECKI, E. J. (1979): Agglomeration and Intra-Firm linkage in R&D Location in the United States. In: Tijdschrift voor Economische en Sociale Geografie (Vol. 70), 322–332.

MALECKI, E. J. (1980): Corporate Organization of R and D and the Location of Technological Activities. In: Regional Studies (Vol. 14), 219–234.

MALECKI, E. J. (1985): Industrial Location and Corporate Organization in High Technology Industries. In: Economic Geography (Vol. 61), 345–369.

MALECKI, E. J. (1986): Research and Development and the Geography of High-Technology Complexes. In: REES, J. (Hrsg.): Technology, Regions, and Policy. Totowa (NJ): Rowman and Littlefield, 51–74.

MALECKI, E. J. (1991): Technology and Economic Development: The Dynamics of Local, Regional, and National Change. Burnt Mill: Longman, New York: Wiley.

MALMBERG, A., MASKELL, P. (2001): The Elusive Concept of Localization Economies: Towards a Knowledge-Based Theory of Spatial Clustering. Paper Presented at the 2001 Annual Meeting of the Association of American Geographers, New York (NY).

MANDEL, E. (1981): Explaining Long Waves of Capitalist Development. In: Futures (Vol. 13), 332–338.

MÄNNER, L. (1988): Kapital I: Theorie, volkswirtschaftliche. In: Handwörterbuch der Wirtschaftswissenschaft – Band 4. Stuttgart, New York: Fischer, Tübingen: Mohr (Siebeck), Göttingen, Zürich: Vandenhoeck und Ruprecht, 347–359.

MARKUSEN, A. (1985): Profit Cycles, Oligopoly, and Regional Development. Cambridge (MA), London: MIT Press.

MARKUSEN, A. (1994): Studying Regions by Studying Firms. In: Professional Geographer (Vol. 46), 477–490.

MARKUSEN, A. (1996): Sticky Places in Slippery Space: A Typology of Industrial Districts. In: Economic Geography (Vol. 72), 293–313.

MARKUSEN, A., HALL, P., GLASMEIER, A. (1986): High Tech America: The What, How, Where, and Why of the Sunrise Industries. Boston, London, Sydney: Allen and Unwin.

MARSHALL, A. (verwendet im Nachdruck der 8. Auflage 1990) (1920): Principles of Economics. Philadelphia: Porcupine Press.

MARSHALL, A. (1927): Industry and Trade. A Study of Industrial Technique and Business Organization; and Their Influences on the Conditions of Various Classes and Nations. Nachdruck der 3. Auflage. London: Macmillan.

MARSHALL, J. N., WOOD, P. A. (1992): The Role of Services in Urban and Regional Development: Recent Debates and New Directory. In: Environment and Planning A (Vol. 24), 1255–1270.

MARTIN, R. (1994): Economic Theory and Human Geography. In: GREGORY, D., MARTIN, R., SMITH, G. (Hrsg.): Human Geography. Society, Space and Social Science. Houndmills: Macmillan, 21–53

MARTIN, R. (1999): Critical Survey. The New 'Geographical Turn' in Economics: Some Critical Reflections. In: Cambridge Journal of Economics (Vol. 23), 65–91.

MARTIN, R., SUNLEY, P. (1996): Paul Krugman's Geographical Economics and Its Implications for Regional Development Theory: A Critical Assessment. In: Economic Geography (Vol. 74), 259–292.

MARTIN, R., SUNLEY, P. (1998): Slow Convergence? The New Endogenous Growth Theory and Regional Development. In: Economic Geography (Vol. 74), 201–227.

MARTINELLI, F., SCHOENBERGER, E. (1991): Oligopoly is Alive and Well: Notes for a Broader Discussion of Flexible Accumulation. In: BENKO, G., DUNFORD, M. (Hrsg.): Industrial Change and Regional Development: The Transformation of New Industrial Spaces. London, New York: Belhaven Press, 117–133.

MARX, K. (verwendet im Nachdruck der 4. Auflage 1988) (1890): Das Kapital: Kritik der politischen Ökonomie. Buch I: Der Produktionsprozeß des Kapitals. Berlin: Dietz.

MARX, K., ENGELS, F. (verwendet im Nachdruck 1990) (1848): Manifest der Kommunistischen Partei. Stuttgart: Reclam.

MASKELL, P., ESKELINEN, H., HANNIBALSSON, I., MALMBERG, A., VATNE, E. (1998): Competitiveness, Localised

Learning and Regional Development: Specialisation and Prosperity in Small Open Economies. London, New York: Routledge.

MASKELL, P., MALMBERG, A. (1998): Explaining the Location of Economic Activity: 'Ubiquitification' and the Importance of Learning. Paper Presented at the 1998 Annual Meeting of the Association of American Geographers, Boston (MA).

MASKELL, P., MALMBERG, A. (1999): Localised Learning and Industrial Competitiveness. In: Cambridge Journal of Economics (Vol. 23), 167–185.

Massachusetts Division of Employment Security (1985): High Technology Employment Developments: An Employer Perspective. Boston.

MASSEY, D. (1985): New Directions in Space. In: GREGORY, D./URRY, J. (Hrsg.): Social Relations and Spatial Structures. Basingstoke: Macmillan, 9–19.

MASSEY, D. (1994): Space, Place and Gender. London: Polity.

MASSEY, D., QUINTAS, P., WIELD, D. (1992): High-Tech Fantasies: Science Parks in Society, Science and Space. London: Routledge.

MATZNETTER, W. (Hrsg.) (1995): Geographie und Gesellschaftstheorie. Beiträge zur Bevölkerungs- und Sozialgeographie – Band 3. Wien: Institut für Geographie.

MAYER, J. (Hrsg.) (1993): Die aufgeräumte Welt. Raumbilder und Raumkonzepte im Zeitalter globaler Marktwirtschaft. Loccumer Protokolle 74/92. Loccum: Evangelische Akademie Loccum.

MAYER, M. (1996): Postfordistische Stadtpolitik: Neue Regulationsweisen in der lokalen Politik und Planung. In: Zeitschrift für Wirtschaftsgeographie (Jg. 40), 20–27.

MCCARTHY, L. (2000): European Integration, Urban Economic Change, and Public Policy Responses. In: Professional Geographer (Vol. 52), 193–205.

MCDONALD, M. (2000): Marketing Planning. In: BLOIS, K. (Hrsg.): The Oxford Textbook of Marketing. Oxford, New York: Oxford University Press, 454–472.

MCGREW, A. (1992): A Global Society? In: HALL, S., HELD, D., MCGREW, A. (Hrsg.): Modernity and its Futures. Cambridge: Polity Press, 61–116.

MCGUIGAN, J. R., MOYER, R. C. (1993): Managerial Economics. 6. Auflage. Minneapolis, St. Paul, New York: West Publishing.

MCHALE, J. (1969): The Future of the Future. New York: George Braziller.

MCKELVEY, B., ALDRICH, H. E. (1983): Population, Natural Selection, and Applied Organizational Science. In: Administrative Science Quarterly (Vol. 28), 101–128.

MCKENZIE, R. D. (1925): The Ecological Approach to the Study of the Human Community. In: PARK, R. E., BURGESS, E. W., MCKENZIE, R. D. (Hrsg.): The City. Chicago: University of Chicago Press, 63–79

MCKENZIE, R. D. (1926): The scope of human ecology. In: Publications of the American Sociological Association (Vol. 20), 141–154. [In Deutsch leicht gekürzt erschienen als: MCKENZIE, R. D. (1974): Konzepte der Sozialökologie. In: ATTESLANDER, P., HAMM, B. (Hrsg.): Materlialien zur Siedlungssoziologie. Köln: Kiepenheuer und Witsch, 101–112.]

MCNEE, R. B. (1960): Toward a More Humanistic Economic Geography: The Geography of Enterprise. In: Tijd-

schrift voor Economische en Sociale Geografie (Vol. 51), 201–205.

MEADOWS, D., MEADOWS, D., ZAHN, E., MILLING, P. (1973): Die Grenzen des Wachstums. Bericht des Club of Rome zur Lage der Menschheit. Reinbek bei Hamburg: Rowohlt.

MECKELEIN, W., BORCHERDT, C. (Hrsg.) (1970): Tagungsberichte und wissenschaftliche Abhandlungen. 37. Deutscher Geographentag Kiel 1969. Wiesbaden: Steiner.

MEFFERT, H. (1986): Marketing: Grundlagen der Absatzpolitik. 7., überarbeitete und erweiterte Auflage. Wiesbaden: Gabler.

MENSCH, G. (1975): Das technologische Patt: Innovationen überwinden Depressionen. Frankfurt am Main: Umschau.

MEYNEN, E. (Hrsg.) (1963): Geographisches Taschenbuch: Jahrweiser zur deutschen Landeskunde – 1953. Stuttgart: Reise- und Verkehrsverlag.

MIKUS, W. (1978): Industriegeographie. Erträge der Forschung – Band 104. Darmstadt: Wissenschaftliche Buchgesellschaft.

MILES, M. B., HUBERMAN, A. M. (1994): Qualitative Data Analysis: An Expanded Sourcebook. 2. Auflage. Thousand Oaks (CA), London: Sage.

MITCHELL, J. K., DEVINE, N. V., JAEGER, K. (1989): A Contextual Model of Natural Hazard. In: Geographical Review (Vol. 79), 391–409.

MIZRUCHI, M. S. (1994): Social Network Analysis. Recent Achievements and Current Controversies. In: Acta Sociologica (Vol. 37), S. 329–343.

MORGAN, K. (1997): The Learning Region: Institutions, Innovation and Regional Renewal. In: Regional Studies (Vol. 31), 491–503.

MORIARTY, B. M. (1985): Research Triangle Park: 1956–1985. Chapel Hill: Department of Geography, University of North Carolina.

MORPHET, C. S. (1987): Research, Development and Innovation in the Segmented Economy: Spatial Implications. In: KNAAP, G. A. v. D., WEVER, E. (Hrsg.): New Technology and Regional Development. London, Sydney: Croom Helm, 45–62.

MORRILL, R. L. (1968): Waves of Spatial Diffusion. In: Journal of Regional Science (Vol. 8), 1–18.

MOSSIG, I. (1998): Räumliche Konzentration der Verpackungsmaschinenbau-Industrie in Mittelhessen: Eine Analyse des Gründungsgeschehens. Studien zur Wirtschaftsgeographie. Gießen: Geographisches Institut, Universität Gießen.

MOSSIG, I. (2000): Räumliche Konzentration der Verpackungsmaschinenbau-Industrie in Westdeutschland: Eine Analyse des Gründungsgeschehens. Wirtschaftsgeographie – Band 17. Münster, Hamburg: Lit.

MOULAERT, F., SWYNGEDOUW, E. (1990): Regionalentwicklung und die Geographie flexibler Produktionssysteme: Theoretische Auseinandersetzung und empirische Belege aus Westeuropa und den USA. In: BORST, R., KRÄTKE, S., MAYER, M., ROTH, R., SCHMOLL, F. (Hrsg.): Das neue Gesicht der Städte: Theoretische Ansätze und empirische Befunde aus der internationalen Debatte. Stadtforschung aktuell – Band 29. Basel, Boston, Berlin: Birkhäuser, 89–108.

MÜLLER, H.-P. (1992): Sozialstruktur und Lebensstile. Der neuere theoretische Diskurs über soziale Ungleichheit. Frankfurt am Main: Suhrkamp.

MÜLLER, J. H. (1976): Methoden zur regionalen Analyse und Prognose. Taschenbücher zur Raumplanung – Band 1. 2. Auflage. Hannover: Schroedel.

MÜLLER, S., SCHMALS, K. M. (Hrsg.) (1993): Die Moderne im Park? Ein Streitbuch zur Internationalen Bauausstellung im Emscherraum. Dortmund: Dortmunder Vertrieb für Bau- und Planungsliteratur.

MÜLLER-WILLE, W. (1936): Die Ackerfluren im Landesteil Birkenfeld. Dissertation. Bonn.

MÜLLER-WILLE, W. (1952): Westfalen: Landschaft, Ordnung und Bindung eines Landes. Münster: Aschendorff.

MYERS, D. G. (1996): Social Psychology. New York, London: McGraw-Hill.

MYRDAL, G. (1957): Economic Theory and Underdeveloped Regions. London: Duckworth.

NELSON, R. R. (1988): Institutions Supporting Technical Change in the United States. In: DOSI, G., FREEMAN, C., NELSON, R. R., SILVERBERG, G., SOETE, L. L. G. (Hrsg.): Technical Change and Economic Theory. London, New York: Pinter, 312–329.

NELSON, R. R. (Hrsg.) (1993): National Innovation Systems: A Comparative Analysis. Oxford: Oxford University Press.

NELSON, R. R. (1994): Evolutionary Theorizing about Economic Change. In: SMELSER, N. J., SWEDBERG, R. (Hrsg.): Handbook of Economic Sociology. Princeton: Princeton University Press, 108–136.

NELSON, R. R. (1995): Evolutionary Theorizing about Economic Change. In: Journal of Economic Literature (Vol. 23), 48–90.

NELSON, R. R., SAMPAT B. N. (2001): Making Sense of Institutions as a Factor Shaping Economic Performance. In: Journal of Economic Behavior and Organization (Vol. 44), 31–54.

NELSON, R. R., WINTER, S. (1974): Neoclassical vs. Evolutionary Theories of Economic Growth: Critique and Prospectus. In: The Economic Journal (Vol. 84), 886–905.

NELSON, R. R., WINTER, S. (1975): Growth Theory from an Evolutionary Perspective: The Differential Productivity Puzzle. In: American Economic Review (Vol. 65), Papers and Proceedings of the Eighty-Seventh Annual Meeting of the American Economic Association, 338–344.

NELSON, R. R., WINTER, S. G. (1982): An Evolutionary Theory of Economic Change. Cambridge (MA): Harvard University Press.

NIELSEN, K. (1991): Towards a Flexible Future – Theories and Politics. In: JESSOP, B., KASTENDIEK, H., NIELSEN, K., PEDERSEN, O. K. (Hrsg.): The Politics of Flexibility: Restructuring State and Industry in Britain, Germany and Scandinavia. Aldershot, Brookfield: Elgar, 3–30.

NIEMZ, G. (Hrsg.) (1981): Das Rhein-Main-Gebiet. Frankfurter Beiträge zur Didaktik der Geographie – Band 4. Frankfurt am Main: Selbstverlag des Instituts für Didaktik der Geographie, 106–139.

NOHRIA, N., ECCLES, R. (Hrsg.) (1992): Networks and Organizations. Structure, Form, and Action. Boston (MA): Harvard Business School Press.

NONAKA, I. (1994): A Dynamic Theory of Organizational Knowledge Creation. In: Organization Science (Vol. 5), 14–37.

NOOTEBOOM, B. (2000): Learning and Innovation in Organizations and Economies. Oxford: Oxford University Press.

NORTH, D. C. (1990): Institutions, Institutional Change and Economic Performance. Cambridge: Cambridge University Press.

NORTH, D. C. (1991): Institutions. In: The Journal of Economic Perspectives (Vol. 5), 97–112.

NORTH, D. C. (1992): Institutionen, institutioneller Wandel und Wirtschaftsleistung. Tübingen: Mohr (Siebeck).

NORTON, R. D., REES, J. (1979): The Product Cycle and the Spatial Decentralization of American Manufacturing. In: Regional Studies (Vol. 13), 141–151.

NUHN, H. (1985): Industriegeographie. In: Geographische Rundschau (Jg. 37), 187–193.

NUHN, H. (1989): Technologische Innovation und industrielle Entwicklung: Silicon Valley – Modell zukünftiger Regionalentwicklung. In: Geographische Rundschau (Jg. 41), 258–265.

NUHN, H. (1993): Konzepte zur Beschreibung und Analyse des Produktionssystems unter besonderer Berücksichtigung der Nahrungsmittelindustrie. In: Zeitschrift für Wirtschaftsgeographie (Jg. 37), 137–142.

NUHN, H. (1997): Globalisierung und Regionalisierung im Weltwirtschaftsraum. In: Geographische Rundschau (Jg. 49), 136–143.

NUHN, H. (1998): Entwicklungen im Weltwirtschaftsraum: Globalisierung und Regionalisierung. In: FLATH, M., FUCHS, G. (Hrsg.): „Globalisierung": Beispiele und Perspektiven für den Geographieunterricht. Gotha, Stuttgart: Klett-Perthes, 50–65.

OCHS, J., SIEVERS, M. (1999): Aventis? „Wir sagen weiter Hoechst". In: Frankfurter Rundschau, Nr. 160, 14. 07. 1999, 3.

OECD (1999): Benchmarking Knowledge-Based Economies. Paris: OECD Publications Service.

OHMAE, K. (1985): Triad Power: The Coming Shape of Global Competition. New York: Free Press.

OHMAE, K. (1987): Beyond National Borders. Homewood (IL): Jones-Irwin.

OHMAE, K. (1990): The Borderless World: Power and Strategy in the Interlinked Economy. New York: Free Press.

OINAS, P. (1997): On the Socio-Spatial Embeddedness of Business Firms. In: Erdkunde (Jg. 51), 23–32.

O'KELLY, M. E. (1983): Multipurpose Shopping Trips and the Size of Retail Facilities. In: Annals of the Association of American Geographers (Vol. 73), 231–239.

OSMANOVIC, A. (2000): „New Economic Geography", Globalisierungsdebatte und Geographie. In: Erde (Jg. 131), 241–257.

OTREMBA, E. (1969): Der Wirtschaftsraum – seine geographischen Grundlagen und Probleme. 2. Auflage. Stuttgart: Franckh.

OTREMBA, E. (1970): Wirtschaftsraum. In: Handwörterbuch der Raumforschung und Raumordnung, Hannover: Jänecke, 3775–3779.

OTTAVIANO, G., PUGA, D. (1998): Agglomeration in the Global Economy: A Survey of the 'New Economic Geography'. In: The World Economy (Vol. 21), 707–731.

OTWAY, H. (1992): Public Wisdom, Expert Fallibility: Toward a Contextual Theory of Risk. In: KRIMSKY, S., GOLDING, D. (Hrsg.): Social Theories of Risk. Westport: Praeger, 215–232.

PANZAR, J. C., WILLIG, R. D. (1981): Economies of Scope. In: The American Economic Review (Vol. 71), No. 2, Papers and Proceedings of the Ninety-Third Annual Meeting of the American Economic Association, 268–272.

PARK, R. E., BURGESS, E. W., MCKENZIE, R. D. (Hrsg.) (1925): The City. Chicago: University of Chicago Press.

PARK, S. O. (2000): Knowledge-Based Industry and Regional Growth. IWSG Working Papers 02-2000. Frankfurt am Main. Web Site: http://www.rz.uni-frankfurt.de/FB/fb18/ wigeo/iwsg.html.

PARSONS, T. (1937): The Structure of Social Action. New York: Macmillan.

PATEL, P. (1995): Localised Production of Technology for Global Markets. In: Cambridge Journal of Economics (Vol. 19), 141–153.

PATEL, P., PAVITT, K. (1992): Large Firms in the Production of the World's Technology: An Important Case of Non-Globalisation. In: GRANSTRAND, O., HÅKANSON, L., SJOLANDER, S. (Hrsg.): Technology Management and International Business. Chichester: Wiley, 53–74.

PECK, J., TICKELL, A. (1994): Searching a New Institutional Fix: The After-Fordist Crisis and the Global-Local Disorder. In: AMIN, A. (Hrsg.): Post-Fordism. Oxford, Cambridge (MA): Blackwell, 280–315.

PEET, R., THRIFT, N. (Hrsg.) (1989): New Models in Geography (Vol. 1). London: Hyman

PENROSE, E. T. (1952): Biological Analogies in the Theory of the Firm. In: American Economic Review (Vol. 42), 804–819.

PERRIN, J.-C. (1991): Technological Innovation and Territorial Development: An Approach in Terms of Networks and Milieux. In: CAMAGNI, R. (Hrsg.): Innovation Networks: Spatial Perspectives. London, New York: Belhaven Press, 35–54.

PERROUX, F. (1955): Note sur la notion de pôle de croissance. In: Économie Appliquée 7, 307–320.

PERRY, D. C., WATKINS, A. J. (Hrsg.) (1977): The Rise of the Sunbelt Cities. Beverly Hills, London: Sage.

PFÜTZER, S. (1995): Strategische Allianzen in der Elektronikindustrie: Organisation und Standortstruktur. Wirtschaftsgeographie – Band 9. Münster: Lit.

PHILO, C. (1989): Contextuality. In: BULLOCK, A., STALLYBRASS, O., TROMBLY, S. (Hrsg.): The Fontana Dictionary of Modern Thought. London: Fontana Press, 173.

PIORE, M. J., SABEL, C. F. (1984): The Second Industrial Divide. Possibilities for Prosperity. New York: Basic Books.

PIORE, M. J., SABEL, C. F. (1989): Das Ende der Massenproduktion. Studie über die Requalifizierung der Arbeit und die Rückkehr der Ökonomie in die Gesellschaft. Frankfurt am Main: Fischer.

PODOLNY, J. M., PAGE, K. L. (1998): Network Forms of Organization. In: Annual Review of Sociology (Vol. 24), 57–76.

POLANYI, M. (1967): The Tacit Dimension. London: Routledge, Kegan Paul.

PORTER, M. E. (1990a): The Competitive Advantage of Nations. New York: Free Press.

PORTER, M. E. (1990b): Wettbewerbsstrategie (Competitive Strategy): Methoden zur Analyse von Branchen und Konkurrenten. 6. Auflage. Frankfurt am Main: Campus.

PORTER, M. E. (1993): Nationale Wettbewerbsvorteile: Erfolgreich konkurrieren auf dem Weltmarkt. Wien: Ueberreuter.

PORTER, M. E. (2000): Locations, Clusters, and Company Strategy. In: CLARK, G. L., FELDMAN, M. P., GERTLER, M. S. (Hrsg.): The Oxford Handbook of Economic Geography. Oxford: Oxford University Press, 253–274.

PORTES, A. (Hrsg.) (1995): The Economic Sociology of Immigration. New York: Russell Sage.

PORTES, A. (1998): Social Capital: Its Origins and Applications in Modern Sociology. In: Annual Review of Sociology (Vol. 24), 1–24.

PORTES, A., SENSENBRENNER, J. (1993): Embeddedness and Immigration: Notes on the Social Determinants of Economic Action. In: American Journal of Sociology (Vol. 98), 1320–1350.

POWELL, W. W. (1991): Neither Market nor Hierarchy: Network Forms of Organization. In: THOMPSON, G., FRANCES, J., LEVACIC, R., MITCHELL, J. (Hrsg.): Markets, Hierarchies and Networks. London: Sage, 265–276.

POWELL, W. W., DIMAGGIO, P. J. (Hrsg.) (1991): The New Institutionalism in Organizational Analysis. Chicago, London: The University of Chicago Press.

POWELL, W. W., SMITH-DOERR, L. (1994): Networks and Economic Life. In: SMELSER, N. J., SWEDBERG, R. (Hrsg.): Handbook of Economic Sociology. Princeton: Princeton University Press, 368–402.

PRAHALAD, C., HAMEL, G. (1990): The Core Competence of the Corporation. In: Harvard Business Review (Vol. 68, No. 3), 79–91.

PREBISCH, R. (1959): Commercial Policy in the Underdeveloped Countries. In: The American Economic Review. Papers and Proceedings (Vol. 49), Menasha (WI), 251–273.

PRED, A. R. (1967): Behaviour and Location: Foundations for a Geographic and Dynamic Location Theory: Part 1. Lund Studies in Geography – Series B 27. Lund.

PRED, A. R. (1975): Diffusion, Organizational Spatial Structure, and City-System Development. In: Economic Geography (Vol. 51), 252–268.

PRIDDAT, B. P. (2001): Ideen statt Ideologien. In: Die Zeit, Nr. 3, 11. 01. 2001, 21.

PRIEBS, A. (1996): Städtenetze als raumordnungspolitischer Handlungsansatz – Gefährdung oder Stütze des Zentrale-Orte-Systems. In: Erdkunde (Bd. 50), 35–45.

PUTNAM, R. (1993): Making Democracy Work: Civic Traditions in Modern Italy. Princeton: Princeton University Press.

PYKE, F., BECATTINI, G., SENGENBERGER, W. (Hrsg.) (1990): Industrial Districts and Inter-Firm Co-operation in Italy. Geneva: International Institute for Labour Studies.

RATTI, R., BRAMANTI, A., GORDON, R. (Hrsg.) (1997): The Dynamics of Innovative Regions: The GREMI Approach. Herausgegeben im Auftrag von GREMI – Groupe de Recherche Européen sur les Milieux Innovateurs. Aldershot, Brookfield: Ashgate.

RECKER, E. (1978): Methode und Ergebnisse einer Erfolgskontrolle der Gemeinschaftsaufgabe „Verbesserung der regionalen Wirtschaftsstruktur". In: Raumforschung und Raumordnung (36. Jg.), 44–52.

REES, J. (1979): Technological Change and Regional Shifts in American Manufacturing. In: Professional Geographer (Vol. 31), 45–54.

REES, J. (Hrsg.) (1986): Technology, Regions, and Policy. Totowa (NJ): Rowman and Littlefield.

REES, J., STAFFORD, H. A. (1986): Theories of Regional Growth and Industrial Location: Their Relevance for Understanding High-Technology Complexes. In: REES, J. (Hrsg.): Technology, Regions, and Policy. Totowa (NJ): Rowman and Littlefield, 23–50.

REHLE, N. (1996): Zwischen Tradition und Moderne: Essay zur Zukunft der Gablonzer Industrie. In: Kulturamt der Stadt Kaufbeuren (Hrsg.): 1946–1996: 50 Jahre Neugablonz. Kaufbeuren, 45–71.

REICHART, T. (1999): Bausteine der Wirtschaftsgeographie. Bern, Stuttgart: Haupt – UTB.

RENTMEISTER, B. (2001): Lokale Produktionssysteme in der italienischen Schuhindustrie: Das Beispiel des Industriedistrikts Riviera del Brenta. In: Geographische Rundschau (Jg. 53), 34–39.

Research Triangle Foundation (1999a): RTP Facts & Figures. Research Triangle Park.

Research Triangle Foundation (1999b): RTP Companies. Research Triangle Park.

REUBER, P., WOLKERSDORFER, G. (Hrsg.) (2001): Politische Geographie. Handlungsorientierte Ansätze und Critical Geopolitics. Heidelberger Geographische Arbeiten – Heft 112. Heidelberg.

RICHARDSON, H. W. (1978): Regional Economics. Urbana, Chicago, London: University of Illinois Press.

RICHARDSON, J. G. (Hrsg.) (1986): Handbook of Theory and Research for the Sociology of Education. New York: Greenwood.

RIDINGER, R., STEINRÖX, M. (Hrsg.) (1995): Regionale Wirtschaftsförderung in der Praxis. Köln: Schmidt.

RIGBY, D. L., ESSLETZBICHLER, J. (1997): Evolution, Process Variety, and Regional Trajectories of Technological Change in U. S. Manufacturing. In: Economic Geography (Vol. 73), 269–284.

RILEY, R. C. (1973): Industrial Geography. London: Chatto und Windus.

RITTER, W. (1991): Allgemeine Wirtschaftsgeographie: Eine systemtheoretisch orientierte Einführung. München, Wien: Oldenbourg.

RITZER, G. (1996): The McDonaldization Thesis: Is Expansion Inevitable? In: International Sociology (Vol. 11), 291–308.

ROBERTS, E. B. (1968): Entrepreneurship and Technology: A Basic Study of Innovators; How to Keep and Capitalize on Their Talents. In: Research Management (Vol. 11), 249–266.

ROBERTS, E. B. (Hrsg.) (1987): Generating Technological Innovation. New York, Oxford: Oxford University Press.

ROBERTS, E., WAINER, H. (1971): Some Characteristics of Technical Entrepreneurs. In: IEEE Transactions on Engineering Management (Vol. EM-18), 100–109.

ROGERS, E. M. (verwendet in der 3. Auflage 1983) (1962): The Diffusion of Innovation. New York, London: Free Press.

ROGERS, E. M., LARSEN, J. K. (1983): Silicon Valley Fieber: An der Schwelle zur High-Tech-Zivilisation. Berlin: Siedler.

ROMER, P. (1986): Increasing Returns and Long-Run Growth. In: Journal of Political Economy (Vol. 94), 1002–1037.

ROMER, P. (1990): Endogenous Technological Change. In: Journal of Political Economy (Vol. 98), 71–102.

ROMO, F. P., SCHWARTZ, M. (1995): The Structural Embeddedness of Business Decisions: The Migration of Manufacturing Plants in New York State, 1960–1985. In: American Sociological Review (Vol. 60), 874–907.

ROSEGRANT, S., LAMPE, D. R. (1992): Route 128: Lessons from Boston's High-Tech Community. New York: Basic Books.

ROSENAU, J. (1990): Turbulences in World Politics: A Theory of Change and Continuity. Princeton: Princeton University Press.

ROSENBERG, N. (1982): Inside the Black Box: Technology and Economics. Cambridge, New York: Cambridge University Press.

ROSTOW, W. W. (1975): Kondratieff, Schumpeter, and Kuznets: Trend Periods Revisited. In: Journal of Economic History (Vol. 35), 719–753.

ROSTOW, W. W. (1977): Regional Change in the Fifth Kondratieff Upswing. In: PERRY, D. C., WATKINS, A. J. (Hrsg.): The Rise of the Sunbelt Cities. Beverly Hills, London: Sage, 83–103.

ROTHER, K., TICHY, F. (2000): Italien. Wissenschaftliche Länderkunden. Darmstadt: Wissenschaftliche Buchgesellschaft.

ROTHWELL, R. (1982): The Role of Technology in Industrial Change. In: Regional Studies (Vol. 16), 361–369.

RUIGROK, W., TULDER, R. v. (1995): The Logic of International Restructuring. London: Routledge.

RUPPERT, K., SCHAFFER, F. (1969): Zur Konzeption der Sozialgeographie. In: Geographische Rundschau (Jg. 21), 205–214.

RYWAK, J. (1987): MIL, BNR Spin-Off Companies. Telecommunications and Microelectronics Industry Development Directorate, Summary Paper. Ottawa: Government of Canada.

SAARINEN, T. F. (1976): Environmental Planning. Perception and Behavior. Boston: Houghton Mifflin.

SABEL, C. F. (1994): Flexible Specialisation and the Re-emergence of Regional Economics. In: AMIN, A. (Hrsg.): Post-Fordism. Oxford, Cambridge (MA): Blackwell, 101–156.

SANDEFUR, R. L., LAUMANN, E. O. (1998): A Paradigm for Social Capital. In: Rationality and Society (Vol. 10), 481–501.

SANDNER, G. (1988): Recent Advances in the History of German Geography 1918–1945: A Progress Report for the Federal Republic of Germany. In: Geographische Zeitschrift (Jg. 76), 120–133.

SASSEN, S. (1996): Metropolen des Weltmarkts. Die neue Rolle der Global Cities. Frankfurt am Main: Campus.

SAUERNHEIMER, K. (1988): Faktorproportionentheorem. In: Handwörterbuch der Wirtschaftswissenschaft – Band 2. Stuttgart, New York: Fischer, Tübingen: Mohr (Siebeck), Göttingen, Zürich: Vandenhoeck und Ruprecht, 567–583.

SAUNDERS, P. (1989): Space, Urbanism and the Created Environment. In: HELD, D., THOMPSON, J. B. (Hrsg.): Social Theory of Modern Societies: Anthony Giddens and his Critics. Cambridge: Cambridge University Press, 215–234.

SAXENIAN, A. (1981): Silicon Chips and Spatial Structure: The Industrial Use of Urbanization in Santa Clara County, California. Institute of Urban and Regional Development, Working Paper – No. 345. Berkeley: University of California.

SAXENIAN, A. (1985): The Genesis of Silicon Valley. In: HALL, P., MARKUSEN, A. (Hrsg.): Silicon Landscapes. Boston, London, Sydney: Allen and Unwin, 20–34.

SAXENIAN, A. L. (1987): Silicon Valley and Route 128: Regional Prototypes or Historic Exceptions? In: CASTELLS, M. (Hrsg.): High Technology, Space, and Society. 2. Auflage. Beverly Hills, London: Sage, 81–105.

SAXENIAN, A. L. (1994): Regional Advantage: Culture and Competition in Silicon Valley and Route 128. Cambridge (MA), London: Harvard University Press.

SAYER, A. (1985): The Difference that Space Makes. In: GREGORY, D., URRY, J. (Hrsg.): Social Relations and Spatial Structures. Basingstoke: Macmillan, 49–66.

SAYER, A. (1989): Postfordism in Question. In: International Journal of Urban and Regional Research (Vol. 13), 666–695.

SAYER, A. (1991): Behind the Locality Debate: Deconstructing Geography's Dualisms. In: Environment and Planning A (Vol. 23), 283–308.

SAYER, A. (1992): Method in Social Science. London: Routledge.

SAYER, A. (2000): Realism and Social Science. London: Sage.

SAYER, A., WALKER, R. (1992): The New Social Economy: Reworking the Division of Labor. Cambridge (MA), Oxford: Blackwell.

SCHACKMANN-FALLIS, K.-P. (1987): Extern abhängige Betriebe – Ein Problem für die Entwicklung strukturschwacher Regionen. In: RaumPlanung (Jg. 37), 58–63.

SCHAFFER, F. (1970): Die Konzeption der Sozialgeographie. In: BARTELS, D. (Hrsg.): Wirtschafts- und Sozialgeographie. Köln, Berlin: Kiepenheuer und Witsch, 451–455.

SCHAMP, E. W. (1983): Grundansätze der zeitgenössischen Wirtschaftsgeographie. In: Geographische Rundschau (Jg. 35), 74–80.

SCHAMP, E. W. (1995): Arbeitsteilung, neue Technologien und Regionalentwicklung. In: BARSCH, D., KARRASCH, H. (Hrsg.): Tagungsband und wissenschaftliche Abhandlungen. 49. Deutscher Geographentag Bochum 1993. Band 1: Umbau alter Industrieregionen (Koordinator: Hommel, M.). Stuttgart: Steiner, 71–84.

SCHAMP, E. W. (1996): Globalisierung von Produktionsnetzen und Standortsystemen. In: Geographische Zeitschrift (Jg. 84), 205–219.

SCHAMP, E. W. (2000a): Vernetzte Produktion: Industriegeographie aus institutioneller Perspektive. Darmstadt: Wissenschaftliche Buchgesellschaft.

SCHAMP, E. W. (2000b): Decline and Renewal in Industrial Districts: Exit Strategies of SMEs in Consumer Goods Industrial Districts of Germany. In: VATNE, E., TAYLOR, M. (Hrsg.): The Networked Firm in a Global World: Small Firms in New Environments. Aldershot, Burlington: Ashgate, 257–281.

SCHAMP, E. W. (2001): Räumliche Arbeitsteilung und Lieferverkehr. In: Institut für Länderkunde (Hrsg.): Nationalatlas Bundesrepublik Deutschland. Band 9: Verkehr und Kommunikation. Heidelberg, Berlin: Spektrum Akademischer Verlag, 100–101.

SCHÄTZL, L. (1994): Wirtschaftsgeographie 2: Empirie. 2. Auflage. Paderborn, München, Wien: UTB – Schöningh.

SCHÄTZL, L. (1998): Wirtschaftsgeographie 1: Theorie. 7. Auflage. Paderborn, München, Wien: UTB – Schöningh.

SCHICKHOFF, I. (1983): Materialverflechtungen von Industrieunternehmen. Eine empirische Untersuchung am Beispiel von Industrieunternehmen am linken Niederrhein. Habilitationsschrift, Universität – Gesamthochschule Duisburg. Duisburg.

SCHICKHOFF, I. (1988a): Standortentscheidungen. In: GAEBE, W. (Hrsg.): Handbuch des Geographieunterrichts. Band 3: Industrie und Raum. Köln: Aulis Verlag Deubner, 40–54.

SCHICKHOFF, I. (1988b): Standortentscheidungen. In: GAEBE, W. (Hrsg.): Handbuch des Geographieunterrichts. Band 3: Industrie und Raum. Köln: Aulis Verlag Deubner, 141–151.

SCHILLING-KALETSCH, I. (1980): Wachstumspole und Wachstumszentren: Untersuchung zu einer Theorie sektoral und regional polarisierter Entwicklung. Arbeitsberichte und Ergebnisse zur wirtschafts- und sozialgeographischen Regionalforschung. 2. Auflage. Hamburg: Hirt.

SCHIMMELPFENG, K., GRANTHIEN, M., HÖFT, J. (2000): Industrielle Logistikkonzepte im Rahmen der Globalisierung und Regionalisierung. In: Industrie Management (Jg. 16, Nr. 6), 33–36.

SCHLIEPER, U. (1988): Externe Effekte. In: Handwörterbuch der Wirtschaftswissenschaft – Band 2. Stuttgart, New York: Fischer, Tübingen: Mohr (Siebeck), Göttingen, Zürich: Vandenhoeck und Ruprecht, 524–530.

SCHMUDE, J. (1994): Geförderte Unternehmensgründungen in Baden-Württemberg: Eine Analyse der regionalen Unterschiede des Existenzgründungsgeschehens am Beispiel des Eigenkapitalhilfe-Programms (1979 bis 1989). Erdkundliches Wissen – Heft 114. Stuttgart: Steiner.

SCHMUDE, J. (Hrsg.) (2000a): Factory Outlet Center. Beiträge zur Wirtschaftsgeographie Regensburg – Band 1. Regensburg: Unikopie.

SCHMUDE, J. (2000b): Factory Outlet Center (FOC) – Schreckgespenst des Einzelhandels? In: SCHMUDE, J. (Hrsg.): Factory Outlet Center. Beiträge zur Wirtschaftsgeographie Regensburg – Band 1. Regensburg: Unikopie, 1–15.

SCHMUTZLER, A. (1999): The New Economic Geography. In: Journal of Economic Surveys (Vol. 13), 355–379.

SCHNEIDER, U. (1996): Interkommunale Kooperation im ländlichen Raum. Bericht vom „Städte-Quartett" Damme, Diepholz, Lohne, Vechta. In: DANIELZYK, R., PRIEBS, A. (Hrsg.): Städtenetze – Raumordnungspolitisches Handlungsinstrument mit Zukunft? Material zur Angewandten Geographie – Band 32. Bonn: Kuron, 65–73.

SCHOENBERGER, E. (1988): From Fordism to Flexible Accumulation: Technology, Competitive Strategies, and International Location. In: Environment and Planning D (Vol. 6), 245–262.

SCHOENBERGER, E. (1991): The Corporate Interview as a Research Method in Economic Geography. In: Professional Geographer (Vol. 43), 180–189.

SCHÖN, K.-P. (1993): Struktur und Entwicklung des Städtesystems in Europa. In: Informationen zur Raumentwicklung (Heft 9/10.1983), 639–654.

SCHOTT, S. (1912): Die großstädtischen Agglomerationen des Deutschen Reichs. Breslau: Korn.

SCHREYÖGG, G. (1984): Unternehmensstrategie: Grundfragen einer Theorie strategischer Unternehmensführung. Berlin, New York: De Gruyter.

SCHULTZ, H.-D. (1987): Pax Geografica: Räumliche Konzepte für Krieg und Frieden in der geographischen Tradition. In: Geographische Zeitschrift (Jg. 75), 1–22.

SCHUMANN, J. (1988): Außenhandel III: Wohlfahrtseffekte. In: Handwörterbuch der Wirtschaftswissenschaft – Band 1. Stuttgart, New York: Fischer, Tübingen: Mohr (Siebeck), Göttingen, Zürich: Vandenhoeck und Ruprecht, 403–426.

SCHUMANN, M., BAETHGE-KINSKY, V., KUHLMANN, C., NEUMANN, U. (1994): Trendreport Rationalisierung: Automobilindustrie, Werkzeugmaschinenbau, Chemische Industrie. Berlin: Edition Sigma – Bohn.

SCHUMPETER, J. A. (verwendet in der 6. Auflage 1964) (1911): Theorie der wirtschaftlichen Entwicklung. Berlin: Duncker und Humblot.

SCHUMPETER, J. A. (1961): Konjunkturzyklen: Eine theoretische, historische und statistische Analyse des kapitalistischen Prozesses. Erster Band. Göttingen: Vandenhoeck und Ruprecht.

SCHÜTZ, A. (verwendet in der 6. Auflage von 1993) (1932): Der sinnhafte Aufbau der sozialen Welt. Frankfurt am Main: Suhrkamp.

SCIBBE, P. (2000): Städtenetzwerke – ein neues Organisationskonzept in Raumordnung und Kommunalpolitik. Würzburger Geographische Manuskripte – Heft 49. Würzburg: Geographisches Institut.

SCOTT, A. J. (1970): Location-Allocation Systems: A Review. In: Geographical Analysis (Vol. 2), 95–119.

SCOTT, A. J. (1983): Industrial Organization and the Logic of Intra-Metropolitan Location: I. Theoretical Considerations. In: Economic Geography (Vol. 59), 233–250.

SCOTT, A. J. (1988): New Industrial Spaces: Flexible Production Organization and Regional Development in North America and Western Europe. London: Pion.

SCOTT, A. J. (1992): The Role of Large Producers in Industrial Districts: A Case Study of High Technology System Houses in Southern California. In: Regional Studies (Vol. 26), 265–275.

SCOTT, A. J. (1996): The Craft, Fashion, and Cultural-Products Industries of Los Angeles: Competitive Dynamics and Policy Dilemmas in a Multisectoral Image-Producing Complex. In: Annals of the Association of American Geographers (Vol. 86), 306–323.

SCOTT, A. J. (1998): Regions and the World Economy: The Coming Shape of Global Production, Competition, and Political Order. Oxford, New York: Oxford University Press.

SCOTT, A. J., STORPER, M. (Hrsg.) (1988): Production, Work, Territory: The Geographical Anatomy of Industrial Capitalism. Boston, London, Sydney: Unwin Hyman.

SCOTT, A. J., STORPER, M. (1990): Regional Development Reconsidered. Lewis Center for Regional Policy Studies, Working Paper – No. 1. Los Angeles: University of California.

SEDLACEK, P. (1978): Einleitung. In: SEDLACEK, P. (Hrsg.): Regionalisierungsverfahren. Darmstadt: Wissenschaftliche Buchgesellschaft, 1–19.

SEDLACEK, P. (1988): Wirtschaftsgeographie: Eine Einführung. Darmstadt: Wissenschaftliche Buchgesellschaft.

SEDLACEK, P. (Hrsg.) (1989): Programm und Praxis qualitativer Sozialgeographie. Wahrnehmungsgeographische Studien zur Regionalentwicklung – Band 6. Oldenburg: Bibliotheks- und Informationssystem der Universität Oldenburg.

SEDLACEK, P. (1998): Wissenschaftliche Regionalisierungsverfahren. In: SEDLACEK, P., WERLEN, B. (Hrsg.): Texte zur handlungstheoretischen Geographie. Jenaer Geographische Manuskripte – Band 18. Jena: Institut für Geographie, Universität Jena, 35–52.

SEDLACEK, P., WERLEN, B. (Hrsg.) (1998): Texte zur handlungstheoretischen Geographie. Jenaer Geographische Manuskripte – Band 18. Jena: Institut für Geographie, Universität Jena.

SEIFERT, V. (1986): Regionalplanung. Das Geographische Seminar. Braunschweig: Westermann.

SENGHAAS, D. (Hrsg.) (1978): Imperialismus und strukturelle Gewalt: Analysen über abhängige Reproduktion. 4. Auflage. Frankfurt am Main: Suhrkamp.

SFORZI, F. (1989): The Geography of Industrial Districts in Italy. In: GOODMAN, E., BAMFORD, J., SAYNOR, P. (Hrsg.): Small Firms and Industrial Districts in Italy. London, New York: Routledge, 153–173.

SHEPPARD, E., BARNES, T. J. (Hrsg.) (2000): A Companion to Economic Geography. Oxford, Malden: Blackwell.

SIEVERTS, T. (1997): Zwischenstadt: zwischen Ort und Welt, Raum und Zeit, Stadt und Land. Bauwelt-Fundamente – 118. Wiesbaden: Vieweg.

SILLS, D. (Hrsg.) (1968): International Encyclopedia of the Social Sciences. New York: Macmillan.

SINCLAIR, R. (1967): Von Thünen and Urban Sprawl. In: Annals of the Association of American Geographers (Vol. 57), 72–87.

SINZ, M. (1995): Region. In: Akademie für Raumforschung und Landesplanung (Hrsg.): Handwörterbuch der Raumordnung. Hannover: ARL, 805–808.

SKLAIR, L. (1995): Sociology of the Global System. London: Prentice Hall.

SKLAIR, L. (1996): Conceptualising and Researching the Transnational Capitalist Class in Australia. In: Australian and New Zealand Journal of Sociology (Vol. 32), 1–19.

SKLAIR, L. (1999): Globalization. In: TAYLOR, S. (Hrsg.): Sociology: Issues and Debates. London: Macmillan, 321–345.

SKLAIR, L. (2001): The Transnational Capitalist Class. Oxford: Blackwell.

SLOVIC, P. (1987): Perception of Risk. In: Science (Vol. 236), 280–285.

SMELSER, N. J., SWEDBERG, R. (Hrsg.) (1994a): Handbook of Economic Sociology. Princeton: Princeton University Press.

SMELSER, N. J., SWEDBERG, R. (1994b): The Sociological Perspective on the Economy. In: SMELSER, N. J., SWEDBERG, R. (Hrsg.): Handbook of Economic Sociology. Princeton: Princeton University Press, 3–26.

SMIDT, M. DE, WEVER, E. (Hrsg.) (1990): The Corporate Firm in a Changing World Economy: Case Studies in the Geography of Enterprise. London: Routledge.

SMIDT, M. DE, WEVER, E. (Hrsg.) (1991): Complexes, Formations and Networks. Nederlandse Geografische Studies – 132. Utrecht, Nijmegen.

SMITH, A. (verwendet im Nachdruck 1987) (1776): The Wealth of Nations. Books I–III. London, Harmondsworth, New York: Penguin.

SMITH, D. M. (1971): Industrial Location: An Economic Geographical Analysis. New York: Wiley.

SMITH, N. (1979): Toward a Theory of Gentrification: A Back to the City Movement by Capital, Not People. In: Journal of the American Planners Association (Vol. 45), 538–548.

SMITH, N. (1993): Gentrification in New York. In: HÄUSSERMANN, H., SIEBEL, W. (Hrsg.): New York. Strukturen einer Metropole. Frankfurt am Main: Suhrkamp, 182–204.

STABER, U. (1997): An Ecological Perspective on Entrepreneurship in Industrial Districts. In: Entrepreneurship and Regional Development (Vol. 9), 45–64.

STABER, U., SCHAEFER, N., SHARMA, B. (Hrsg.) (1996): Business Networks. Prospects for Regional Development. Berlin, New York: De Gruyter.

STAFFORD, H. A. (1979): Principles of Industrial Facility Location. Atlanta: Conway Publications.

STAHL, W. (1992): Risiko- und Chancenanalyse im Marketing: Ansätze zur Identifikation, Untersuchung und Beurteilung von Risiken und Chancen. Europäische Hochschulschriften – Reihe 5, Volks- und Betriebswirtschaft – Band 1245. Frankfurt am Main: Bern, New York: Lang.

STAMER, H. (1995): Die Thünenschen Kreise aus heutiger Sicht – Erkenntnisse für Politik und Wissenschaft –. In: Bundesministerium für Ernährung, Landwirtschaft und Forsten (Hrsg.): Johann Heinrich von Thünen: Seine Erkenntnisse aus wissenschaftlicher Sicht (1783–1850). Berichte über Landwirtschaft – 210. Sonderheft. Münster-Hiltrup: Landwirtschaftverlag, 48–58.

STAMM, A., MORERA, L., TRIVELATO, M. (1995): Die Durchsetzung neuartiger Exportprodukte und die Integration der lokalen Bevölkerung. In: Zeitschrift für Wirtschaftsgeographie (Jg. 39), 92–101.

Statistisches Bundesamt (1999): Statistisches Jahrbuch für die Bundesrepublik Deutschland. Stuttgart: Metzler-Poeschel.

Statistisches Bundesamt Deutschland (2000): Außenhandelsstatistik. Web Site: http://www.statistik-bund.de.

STEED, G. P. F., DeGENOVA, D. (1983): Ottawa's Technology-Oriented Complex. In: Canadian Geographer (Vol. 27), 263–278.

STERNBERG, R. (1988): Technologie- und Gründerzentren als Instrument kommunaler Wirtschaftsförderung: Bewertung auf der Grundlage von Erhebungen in 31 Zentren und 177 Unternehmen. Dortmund: Dortmunder Vertrieb für Bau- und Planungsliteratur.

STERNBERG, R. (1995a): Technologiepolitik und High-Tech Regionen – ein internationaler Vergleich. Wirtschaftsgeographie – Band 7. Münster, Hamburg: Lit.

STERNBERG, R. (1995b): Die Konzepte der flexiblen Produktion und der Industriedistrikte als Erklärungsansätze der Regionalentwicklung. In: Erdkunde (Bd. 49), 161–175.

STERNBERG, R. (1997): Weltwirtschaftlicher Strukturwandel und Globalisierung. In: Geographische Rundschau (Jg. 49), 680–687.

STERNBERG, R. (2000): Entrepreneurship in Deutschland. Das Gründungsgeschehen im internationalen Vergleich. Berlin: Edition Sigma – Bohn.

STIENS, G. (1988): Raumordnung in der Bundesrepublik Deutschland. In: Geographische Rundschau (Jg. 40), 54–58.

STIENS, G. (1995): Die neue raumordnungspolitische Programmatik der Städtevernetzung. In: Stadt und Gemeinde (Bd. 50), 174–180.

STIENS, G. (1997): Der Begriff „regionale Disparitäten" im Wandel raumbezogener Planung und Politik. In: Informationen zur Raumentwicklung (Heft 1/2.1997), 11–25.

STORPER, M. (1985): Oligopoly and the Product Cycle: Essentialism in the Economic Geography. In: Economic Geography (Vol. 61), 260–282.

STORPER, M. (1992): The Limits to Globalization: Technology Districts and International Trade. In: Economic Geography (Vol. 68), 60–93.

STORPER, M. (1993): Regional 'Worlds' of Production: Learning and Innovation in the Technology Districts of France, Italy and the USA. In: Regional Studies (Vol. 27), 433–455.

STORPER, M. (1995): The Resurgence of Regional Economics, Ten Years Later. In: European Urban and Regional Studies (Vol. 2), 191–221.

STORPER, M. (1997a): The Regional World. Territorial Development in a Global Economy. New York, London: Guilford.

STORPER, M. (1997b): Regional Economies as Relational Assets. In: LEE, R., WILLS, J. (Hrsg.): Geographies of Economies. London, New York, Sydney: Arnold, S. 248–258.

STORPER, M. (1997c): Territories, Flows, and Hierarchies in the Global Economy. In: COX, K. R. (Hrsg.): Spaces of Globalization. Reasserting the Power of the Local. New York, London: Guilford, 19–44.

STORPER, M. (1999): Theory in Economic Geography: A Brief Response to Markusen and Krugman. Unpublished Paper, University of California, Los Angeles.

STORPER, M., SCOTT, A. J. (1990): Geographische Grundlagen und gesellschaftliche Regulation flexibler Produktionskomplexe. In: BORST, R., KRÄTKE, S., MAYER, M., ROTH, R., SCHMOLL, F. (Hrsg.): Das neue Gesicht der Städte: Theoretische Ansätze und empirische Befunde aus der internationalen Debatte. Stadtforschung aktuell – Band 29. Basel, Boston, Berlin: Birkhäuser, 130–149.

STORPER, M., SCOTT, A. J. (Hrsg.) (1992): Pathways to Industrialization and Regional Development. London, New York: Routledge.

STORPER, M., WALKER, R. (1989): The Capitalist Imperative. Territory, Technology, and Industrial Growth. New York, Oxford: Basil Blackwell.

STRAMBACH, S. (1995): Wissensintensive unternehmensorientierte Dienstleistungen: Netzwerke und Interaktion. Am Beispiel des Rhein-Neckar-Raumes. Wirtschaftsgeographie – Band 6. Münster: Lit.

STRANGE, S. (1994): From Bretton Woods to the Casino Economy. In: CORBRIDGE, S., THRIFT, N., MARTIN, R. (Hrsg.): Money, Power and Space. Oxford: Blackwell, 49–62.

SUNLEY, P. (1996): Context in Economic Geography: The Relevance of Pragmatism. In: Progress in Human Geography (Vol. 20), 338–355.

SWEDBERG, R., GRANOVETTER, M. (1992): Introduction. In: GRANOVETTER, M., SWEDBERG, R. (Hrsg.): The Sociology of Economic Life. Oxford : Westview Press, 1–26.

SWYNGEDOUW, E. (1997): Neither Global nor Local: 'Glocalization' and the Politics of Scale. In: COX, K. R. (Hrsg.): Spaces of Globalization: Reasserting the Power of the Local. New York, London: Guilford, 137–166.

SYDOW, J. (1992): Strategische Netzwerke. Evolution und Organisation. Wiesbaden: Gabler.

SYDOW, J. (1996): Flexible Specialization in Regional Networks. In: STABER, U., SCHAEFER, N., SHARMA, B. (Hrsg.): Business Networks. Prospects for Regional Development. Berlin, New York: de Gruyter, 24–40.

SZYPERSKI, N., ROTH, P. (Hrsg.) (1990): Entrepreneurship: Innovative Unternehmensgründung als Aufgabe. Stuttgart: Poeschel.

TALMUD, I., MESCH, G. S. (1997): Market Embeddedness and Corporate Instability: The Ecology of Inter-Industrial Networks. In: Social Science Research (Vol. 26), 419–441.

TAUBMANN, W. (1992): The Chinese City. In: EHLERS, E. (Hrsg.) (1992): Modelling the City: Cross-Cultural Perspectives. Colloquium Geographicum, Band 22. Bonn: Dümmlers, 108–129.

TAYLOR, F. W. (1919): Die Grundsätze wissenschaftlicher Betriebsführung (The Principles of Scientific Management). 4. Auflage. München, Berlin: Oldenbourg.

TAYLOR, M. (1986): The Product-Cycle Model: A Critique. In: Environment and Planning A (Vol. 18), 751–761.

TAYLOR, M. (1987): Enterprise and the Product-Cycle Model: Conceptual Ambiguities. In: KNAAP, G. A. v. d., WEVER, E. (Hrsg.): New Technology and Regional Development. London, Sydney: Croom Helm, 75–93.

TAYLOR, M. (2000): Enterprise, Power and Embeddedness: An Empirical Exploration. In: VATNE, E., TAYLOR, M. (Hrsg.): The Networked Firm in a Global World: Small Firms in New Environments. Aldershot, Burlington: Ashgate, 199–233.

TAYLOR, M., THRIFT, N. (1982): Industrial Linkage and the Segmented Economy: 1. Some Theoretical Proposals. In: Environment and Planning A (Vol. 14), 1601–1613.

TAYLOR, M., THRIFT, N. (1983): Business Organization, Segmentation and Location. In: Regional Studies (Vol. 17), 445–465.

TAYLOR, P. J. (1996): Embedded Statism and the Social Sciences: Opening up to New Spaces. In: Environment and Planning A (Vol. 28), 1917–1928.

TAYLOR, S. (Hrsg.) (1999): Sociology: Issues and Debates. London: Macmillan.

TEECE, D. J. (1985): Multinational Enterprise, International Governance, and Industrial Organization. In: The American Economic Review (Vol. 75), 233–238.

THOMPSON, G., FRANCES, J., LEVACIC, R., MITCHELL, J. (Hrsg.) (1991): Markets, Hierarchies and Networks. London: Sage.

THRIFT, N. (1990): For a New Regional Geography 1. In: Progress in Human Geography (Vol. 14), 272–277.

THÜNEN, J. H. v. (1875) (verwendet in der Neuauflage der 3. Auflage 1966): Der isolierte Staat in Beziehung auf Landwirtschaft und Nationalökonomie. Darmstadt: Wissenschaftliche Buchgesellschaft.

TICHY, G. (1991): The Product-Cycle Revisited: Some Extensions and Clarifications. In: Zeitschrift für Wirtschafts- und Sozialwissenschaften (111. Jg.), 27–54.

TICKELL, A., PECK, J. A. (1992): Accumulation, Regulation and the Geography of Post-Fordism: Missing Links in Regulationist Research. In: Progress in Human Geography (Vol. 16), 190–218.

TÖDTLING, F. (1994a): Regional Networks of High-Technology Firms – The Case of the Greater Boston Region. In: Technovation (Vol. 14), 323–343.

TÖDTLING, F. (1994b): The Uneven Landscape of Innovation Poles: Local Embeddedness and Global Networks. In: AMIN, A., THRIFT, N. (Hrsg.): Globalization, Institutions, and Regional Development in Europe. Oxford: Oxford University Press, 68–90.

TÖDTLING, F., KAUFMANN, A. (1999): Innovation Systems in Regions of Europe – A Comparative Perspective. In: European Planning Studies (Vol. 7), 699–717.

TÖNNIES, G. (1995): Verdichtungsräume. In: Akademie für Raumforschung und Landesplanung (Hrsg.): Handwörterbuch der Raumordnung. Hannover: ARL, 1006–1011.

TOULMIN, S. (verwendet in der Auflage von 1983) (1972): Kritik der kollektiven Vernunft. Frankfurt am Main: Suhrkamp.

TOWNROE, P. M. (1969): Locational Choice and the Individual Firm. In: Regional Studies (Vol. 3), 15–24.

TOWNROE, P. M. (1976): Planning Industrial Location. London: Leonard Hill Books.

U. S. Department of Commerce (1989): County Business Patterns 1987. Massachusetts. Washington (D. C.): U. S. Government Printing Office.

U. S. Department of Commerce (1994): County Business Patterns 1992. Massachusetts. Washington (D. C.): U. S. Government Printing Office.

U. S. Department of Commerce (1995): County Business Patterns 1993. North Carolina. Washington (D. C.): U. S. Government Printing Office.

U. S. Department of Commerce (1999a): County Business Patterns 1997. Massachusetts. Washington (D. C.): U. S. Government Printing Office.

U. S. Department of Commerce (1999b): County Business Patterns 1997. North Carolina. Washington (D. C.): U. S. Government Printing Office.

UCHATIUS, W. (2000): Der Mensch, kein Egoist. In: Die Zeit, Nr. 23, 31. 05. 2000, 31.

UHLIG, H. (1970): Organisationsplan der Geographie. In: Geoforum (Vol. 1), 19–52.

UNCTAD (1995): World Investment Report. Transnational Corporations and Competitiveness. New York, Genf: United Nations.

UNCTAD (1999): World Investment Report 1999: Foreign Direct Investment and the challenge of development. New York, Genf: United Nations.

UZZI, B. (1993): The Dynamics of Organizational Networks: Structural Embeddedness and Economic Behavior. Ph. D. Dissertation New York.

UZZI, B. (1996): The Sources and Consequences of Embeddedness for the Economic Performance of Organizations: The Network Effect. In: American Sociological Review (Vol. 61), 674–698.

UZZI, B. (1997): Social Structure and Competition in Interfirm Networks: The Paradox of Embeddedness. In: Administrative Science Quarterly (Vol. 42), 35–67.

VALKENBURG, S. v., HELD, C. C. (1952): Europe. New York: Wiley.

VATNE, E., TAYLOR, M. (Hrsg.) (2000): The Networked Firm in a Global World: Small Firms in New Environments. Aldershot, Burlington: Ashgate.

VERNON, R. (1966): International Investment and International Trade in the Product Cycle. In: The Quarterly Journal of Economics (Vol. 80), 190–207.

VERNON, R. (1979): The Product Cycle Hypothesis in a New International Environment. In: Oxford Bulletin of Economics and Statistics (Vol. 41), 255–267.

VOGEL, E. F. (Hrsg.) (1985): Comeback, Case by Case: Building the Resurgence of American Business. New York: Simon and Schuster.

VOGEL, E. F., LARSON, A. (1985): North Carolina's Research Triangle: State Modernization. In: VOGEL, E. F. (Hrsg.): Comeback, Case by Case: Building the Resurgence of American Business. New York: Simon and Schuster, 240–262.

VOGEL, F. (1975): Probleme und Verfahren der numerischen Klassifikation: Unter besonderer Berücksichtigung von Alternativmerkmalen. Göttingen: Vandenhoeck und Ruprecht.

VOLKMANN, H. (1997): Europa: Neuordnung eines Kontinents. Diercke-Oberstufe. 2. Auflage. Braunschweig: Westermann.

VOPPEL, G. (1969): Analyse und Erfassung eines Wirtschaftsraumes. In: Geographische Rundschau (Jg. 21), 369–379.

VOPPEL, G. (1970): Wirtschaftslandschaft. In: Westermanns Lexikon der Geographie IV. Braunschweig: Westermann, 999.

VOPPEL, G. (1999): Wirtschaftsgeographie: Räumliche Ordnung der Weltwirtschaft unter marktwirtschaftlichen Bedingungen. Teubner Studienbücher der Geographie. Stuttgart, Leipzig: Teubner.

VORLAUFER, K. (1981): Die Frankfurter City: Entwicklung – Funktion – Struktur. In: NIEMZ, G. (Hrsg.): Das Rhein-Main-Gebiet. Frankfurter Beiträge zur Didaktik der Geographie – Band 4. Frankfurt am Main: Selbstverlag des Instituts für Didaktik der Geographie, 106–139.

VOSGERAU, H.-J. (1988): Konjunkturtheorie. In: Handwörterbuch der Wirtschaftswissenschaft – Band 4. Stuttgart, New York: Fischer/Tübingen: Mohr (Siebeck)/Göttingen, Zürich: Vandenhoeck und Ruprecht, 478–507.

WAGNER, H.-G. (1981): Wirtschaftsgeographie. Das Geographische Seminar. Braunschweig: Westermann.

WAGNER, H.-G. (1998): Wirtschaftsgeographie. Das Geographische Seminar. 3. Auflage. Braunschweig: Westermann.

WAIBEL, L. (Hrsg.) (1933a): Probleme der Landwirtschaftsgeographie. Wirtschaftsgeographische Abhandlungen – Nummer 1. Leipzig: Hirt.

WAIBEL, L. (1933b): Das Thünensche Gesetz und seine Bedeutung für die Landwirtschaftsgeographie. In: WAIBEL, L. (Hrsg.): Probleme der Landwirtschaftsgeographie. Wirtschaftsgeographische Abhandlungen – Nummer 1. Leipzig: Hirt, 47–78.

WAIBEL, L. (1933c): Das System der Landwirtschaftsgeographie. In: WAIBEL, L. (Hrsg.): Wirtschaftsgeographische Abhandlungen – Nummer 1. Leipzig: Hirt, 7–12.

WALKER, R. (1987): Technological Determinination and Determinism: Industrial Growth and Location. In: CASTELLS, M. (Hrsg.): High Technology, Space, and Society. 2. Auflage. Beverly Hills, London: Sage, 226–264.

WALKER, R., STORPER, M. (1981): Capital and Industrial Location. In: Progress in Human Geography (Vol. 5), 473–509.

WARDENGA, U. (1989): Wieder einmal: „Geographie heute?". Zur disziplinhistorischen Charakteristik einiger Verlaufsmomente in der Geographiegeschichte. In: SEDLACEK, P. (Hrsg.): Programm und Praxis qualitativer Sozialgeographie. Wahrnehmungsgeographische Studien zur Regionalentwicklung, Band 6. Oldenburg: Bibliotheks- und Informationssystem der Universität Oldenburg.

WARDENGA, U. (1995): Geographie als Chorologie. Zur Genese und Struktur von Alfred Hettners Konstrukt der Geographie. Erdkundliches Wissen – Heft 100. Stuttgart: Steiner.

WARDENGA, U. (1996): Geographie als Chorologie. Alfred Hettners Versuch einer Standortbestimmung. In: BARSCH, D., FRICKE, W., MEUSBURGER, P. (Hrsg.): 100 Jahre Geographie an der Ruprecht-Karls-Universität Heidelberg (1895–1995). Heidelberger Geographische Arbeiten – Heft 100. Heidelberg: Geographisches Institut, 1–17.

WATERS, M. (1995): Globalization. London: Routledge.

WEBER, A. (1909): Über den Standort der Industrien. Erster Teil: Reine Theorie des Standorts. Tübingen: Mohr (Siebeck).

WEICHHART, P. (1986): Das Erkenntnisobjekt der Sozialgeographie aus handlungstheoretischer Sicht. In: Geographica Helvetica (Jg. 41), 84–90.

WEIGEL, O. (1999): Qualitative Ausstattungsmerkmale von Funktionalräumen in Ostsachsen. Beiträge zur regionalen Geographie – 50. Leipzig: Institut für Länderkunde.

WEIGT, E. (1961): Die Geographie. Das Geographische Seminar. Braunschweig: Westermann.

WEINSTEIN, O. (1992): High Technology and Flexibility. In: COOKE, P., MOULAERT, F., SWYNGEDOUW, E., WEINSTEIN, O., WELLS, P. (Hrsg.): Towards Global Localization: The Computing and Telecommunications Industries in Britain and France. London: UCL Press, 19–38.

WELLS JR., L. T. (Hrsg.) (1972a): The Product Life Cycle and International Trade. Boston: Division of Research, Graduate School of Business Administration, Harvard University.

WELLS JR., L. T. (1972b): International Trade: The Product Life Cycle Approach. In: WELLS JR., L. T. (Hrsg.): The Product Life Cycle and International Trade. Boston: Division of Research, Graduate School of Business Administration, Harvard University, 1–33.

Weltbank (2000): Total GDP 1998. In: 2000 World Development Indicators. Web Site: http://www.worldbank.org/data/ databytopic/keyrefs.html.

WERLEN, B. (1987): Gesellschaft, Handlung und Raum. Grundlagen handlungstheoretischer Sozialgeographie. Erdkundliches Wissen – Heft 89. Stuttgart: Steiner.

WERLEN, B. (1988): Von der Raum- zur Situationswissenschaft. In: Geographische Zeitschrift (Jg. 76), 193–208.

WERLEN, B. (1995a): Sozialgeographie alltäglicher Regionalisierungen. Band 1: Zur Ontologie von Gesellschaft und Raum. Erdkundliches Wissen – Heft 116. Stuttgart: Steiner.

WERLEN, B. (1995b): Konzeption sozialer Wirklichkeit und geographische Sozialforschung. In: MATZNETTER, W. (Hrsg.): Geographie und Gesellschaftstheorie. Beiträge zur Bevölkerungs- und Sozialgeographie – Band 3. Wien: Institut für Geographie, 33–50.

WERLEN, B. (1995c): Landschaft, Raum und Gesellschaft. Entstehungs- und Entwicklungsgeschichte wissenschaftlicher Sozialgeographie. In: Geographische Rundschau (Jg. 47), 513–522.

WERLEN, B. (1997): Sozialgeographie alltäglicher Regionalisierungen. Band 2: Globalisierung, Region und Regionalisierung. Erdkundliches Wissen – Heft 119. Stuttgart: Steiner.

WERLEN, B. (1998a): Thesen zur handlungstheoretischen Neuorientierung sozialgeographischer Forschung. In: SEDLACEK, P., WERLEN, B. (Hrsg.): Texte zur handlungstheoretischen Geographie. Jenaer Geographische Manuskripte – Band 18. Jena: Institut für Geographie, Universität Jena, 85–102.

WERLEN, B. (1998b): Gibt es eine Geographie ohne Raum? Zum Verhältnis von traditioneller Geographie und spätmodernen Gesellschaften. In: SEDLACEK, P., WERLEN, B. (Hrsg.): Texte zur handlungstheoretischen Geographie. Jenaer Geographische Manuskripte – Band 18. Jena: Institut für Geographie, Universität Jena, 103–126.

WERLEN, B. (2000): Sozialgeographie: Eine Einführung. Bern, Stuttgart: UTB – Haupt.

WESOLOWSKY, G. O. (1973): Location in Continuous Space. In: Geographical Analysis (Vol. 5), 95–112.

WHITE, H. C. (1981): Where Do Markets Come From? In: American Journal of Sociology (Vol. 87), 517–547.

WHITTINGTON, D. (Hrsg.) (1985a): High Hopes for High Tech: Microelectronics Policy in North Carolina. Chapel Hill, London: University of North Carolina Press.

WHITTINGTON, D. (1985b): Microelectronics Policy in North Carolina: An Introduction. In: WHITTINGTON, D. (Hrsg.): High Hopes for High Tech: Microelectronics Policy in North Carolina. Chapel Hill, London: University of North Carolina Press, 3–31.

WILLIAMSON, O. E. (1975): Markets and Hierarchies: Analysis and Anti-Trust Implications. New York: Free Press.

WILLIAMSON, O. E. (1979): Transaction-Cost Economics: The Governance of Contractual Relations. In: Journal of Law and Economics (Vol. 22), 233–261.

WILLIAMSON, O. E. (1981): The Economics of Organizations: The Transaction Cost Approach. In: American Journal of Sociology (Vol. 87), 548–577.

WILLIAMSON, O. E. (1985): The Economic Institutions of Capitalism. Firms, Markets, Relational Contracting. New York: Free Press.

WILLIAMSON, O. E. (1990): Die ökonomischen Institutionen des Kapitalismus: Unternehmen, Märkte, Kooperationen. Tübingen: Mohr (Siebeck).

WILLIAMSON, O. E. (1991): Comparative Economic Organization: The Analysis of Discrete Structural Alternatives. In: Administrative Science Quarterly (Vol. 36), 269–296.

WILLIAMSON, O. E. (1994): Transaction Cost Economics and Organization Theory. In: SMELSER, N. J., SWEDBERG, R. (Hrsg.): Handbook of Economic Sociology. Princeton: Princeton University Press, 77–107.

WINDHORST, H.-W. (1983): Geographische Innovations- und Diffusionsforschung. Erträge der Forschung – Band 189. Darmstadt: Wissenschaftliche Buchgesellschaft.

WIRTH, E. (1978): Zur wissenschaftstheoretischen Problematik der Länderkunde. In: Geographische Zeitschrift (Jg. 66), 241–261.

WOLCH, J., DEAR, M. (Hrsg.) (1989): The Power of Geography: How Territory Shapes Social Life. Boston, London, Sydney: Unwin Hyman.

WOLPERT, J. (1964): The Decision Process in Spatial Context. In: Annals of the Association of American Geographers (Vol. 54), 537–558.

WRONG, D. (1961): The Oversocialized Conception of Man in Modern Sociology. In: American Sociological Review (Vol. 26), 183–193.

WTO (1997): Annual Report 1997. Volume II. Genf: WTO Publications.

WYSOCKI, B. (1996): A Staid Research Park Finds New Life As a Cultivator of High-Tech Start-Ups. In: Wall Street Journal, 16.08.1996.

YEATES, M. (1990): The North American City. 4. Auflage. New York: Harper and Row.

YOUNG R. C. (1988): Is Population Ecology a Useful Paradigm for the Study of Organizations? In: American Journal of Sociology (Vol. 94), 1–24.

ZAKRZEWSKI, G. (1998): Der Vogelsbergkreis als strukturschwacher Wirtschaftsraum. Diplomarbeit, Universität Gießen. Gießen.

ZANFEI, A. (2000): Transnational Firms and the Changing Organisation of Innovative Activities. In: Cambridge Journal of Economics (Vol. 24), 515–542.

ZELINSKY, W. (1958): A Method for Measuring Change in the Distribution of Manufacturing Activity: The United States, 1939–47. In: Economic Geography (Vol. 34), 95–126.

ZELLER, C. (2000): Novartis auf dem Weg zum globalen Konzern? Selektive, weltweite Expansion in der pharmazeutischen Industrie. Dissertation, Universität Hamburg. Hamburg.

ZELLER, C. (2001): Globalisierungsstrategien – Der Weg von Novartis. Berlin, Heidelberg, New York: Springer.

ZUKIN, S. (1987): Gentrification: Culture and Capital in the Urban Core. In: Annual Review of Sociology (Vol. 13), 129–147.

ZUKIN, S., DIMAGGIO, P. (Hrsg.) (1990a): Structures of Capital: The Social Organization of the Economy. Cambridge: Cambridge University Press.

ZUKIN, S., DIMAGGIO, P. (1990b): Introduction. In: ZUKIN, S., DIMAGGIO, P. (Hrsg.): Structures of Capital: The Social Organization of the Economy. Cambridge: Cambridge University Press, 1–36.

ZÜRN, M. (1997): Was ist Denationalisierung und wieviel gibt es davon? In: Soziale Welt (Jg. 48), 337–360.

ZYSMAN, J. (1996): The Myth of a 'Global' Economy: Enduring National Foundations and Emerging Regional Realities. In: New Political Economy (Vol. 1), 157–184.

Register

Hier erfahren Sie mehr!

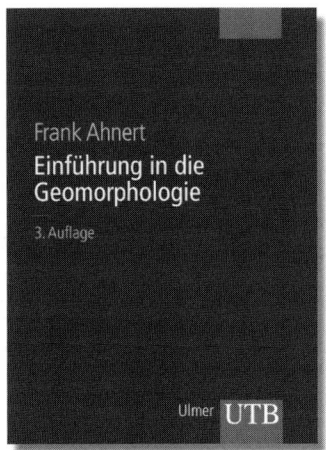

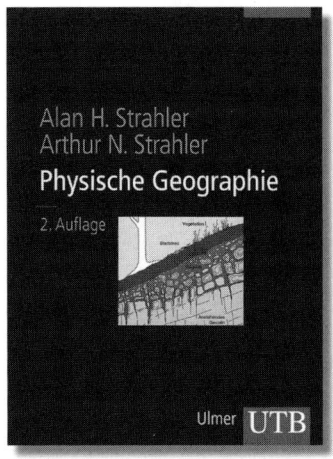

Die dritte, aktualisierte und ergänzte Auflage des Buches beschreibt und erklärt die an der Formung der Landoberfläche beteiligten Prozesse und die daraus resultierenden Oberflächenformen. Ein zentrales Thema ist die wechselseitige funktionale Abhängigkeit von Formen, Prozessen und Material. Dabei werden Ergebnisse der empirischen Geländeforschung mit theoretischen Modellen der Formenentwicklung verknüpft. Über 230 Abbildungen und mehr als 20 Tabellen erleichtern das Verständnis für die komplexen Zusammenhänge.
Aus dem Inhalt: • Das geomorphodynamische Hauptsystem • Endogene Prozessresponssysteme • Exogene Faktoren und Systeme • Gesteinsarten und ihre Eigenschaften • Verwitterung und Denudation • Grundlagen des fluvialen Systems • Flusserosion und Flusstransport • Flussbett und Flusslängsprofil • Fluss- und Talnetze.
Einführung in die Geomorphologie. F. Ahnert. 3. Aufl. 2003. 480 Seiten, 250 sw-Abb., 23 Tab. ISBN 3-8252-8103-5.

Das Buch führt in grundlegende Fragen der Bevölkerungsgeografie ein. Es informiert über Bevölkerungsverteilung und -struktur, räumliche Aspekte der natürlichen Bevölkerungsbewegung sowie Umverteilung durch Wanderungen.
Bevölkerungsgeographie. Verteilung und Dynamik der Bevölkerung in globaler, nationaler und regionaler Sicht. J. Bähr. 3. Aufl. 1997. 431 S., 82 Abb., 35 Tabellen. ISBN 3-8252-1249-1.

Strahlers „Physical Geography" gilt seit vier Jahrzehnten international als eines der führenden neuen Studienbücher. Das Werk ist die Grundlage für das Verständnis der Wirkung meteorologischer, ozeanischer, geologischer und biogeographischer Prozeßsysteme auf der Erde, ihrer Wechselwirkungen untereinander und die sich daraus ergebende naturräumliche Gliederung der Erdoberfläche. Aber auch die Rolle des Menschen in diesem Faktorengefüge wird berücksichtigt.
Physische Geographie. A. H. Strahler, A. N. Strahler. 1999. 680 Seiten, 36 Tabellen, 77 F., 519 Zeichnungen. ISBN 3-8252-8159-0.

Das Buch „Standort und Raum" gilt im englischsprachigen Raum als Standardwerk der Wirtschaftsgeographie und wird an zahlreichen Universitäten als Lehrbuch für die Studenten verwendet. Im ersten Teil befasst sich das Buch mit Standortfaktoren und Standortentscheidungen in einer einfachen Welt auf der Grundlage eines modellorientierten Ansatzes. Dabei haben das System zentraler Orte sowie Transport, Arbeit und Kapital auf einer heterogenen Landoberfläche besondere Bedeutung. Im zweiten Teil richtet sich das Augenmerk auf die moderne Wirtschaftswelt mit ihren Großunternehmen und Wettbewerbsstrategien.
Standort und Raum. P. Dicken, P. E. Lloyd. 1999. 336 Seiten, 240 Zeichnungen, 36 Tabellen. ISBN 3-8252-8179-5.